浙江省文化研究工程指导委员会

主　任　王　浩
副主任　刘　捷　彭佳学　邱启文　赵　承
　　　　　胡　伟　任少波
成　员　高浩杰　朱卫江　梁　群　来颖杰
　　　　　陈柳裕　杜旭亮　陈春雷　尹学群
　　　　　吴伟斌　陈广胜　王四清　郭华巍
　　　　　盛世豪　程为民　蔡袁强　蒋云良
　　　　　陈　浩　陈　伟　施惠芳　朱重烈
　　　　　高　屹　何中伟　李跃旗　吴舜泽

《泰和宜山会语》
《复性书院讲录》注

马一浮 著

邓新文 注

浙江人民出版社

图书在版编目（CIP）数据

《泰和宜山会语》《复性书院讲录》注 / 马一浮著；
邓新文注． －－ 杭州：浙江人民出版社，2025.3.
ISBN 978-7-213-11814-2

Ⅰ．B222.05

中国国家版本馆CIP数据核字第2024AH0069号

《泰和宜山会语》《复性书院讲录》注
马一浮　著　邓新文　注

出版发行：浙江人民出版社（杭州市环城北路177号　邮编　310006）
　　　　　市场部电话：(0571)85061682　85176516
丛书策划：王利波　卓挺亚　　　营销编辑：张紫懿
责任编辑：朱碧澄　　　　　　　责任印务：程　琳
责任校对：姚建国　　　　　　　大家读浙学经典印章设计：锁　剑
封面设计：王　芸
电脑制版：杭州天一图文制作有限公司
印　　刷：杭州钱江彩色印务有限公司
开　　本：710毫米×1000毫米　1/16　　印　张：37
字　　数：496千字　　　　　　　　　　插　页：6
版　　次：2025年3月第1版　　　　　　印　次：2025年3月第1次印刷
书　　号：ISBN 978-7-213-11814-2
定　　价：128.00元

如发现印装质量问题，影响阅读，请与市场部联系调换。

"浙江文化研究工程成果文库"总序

有人将文化比作一条来自老祖宗而又流向未来的河,这是说文化的传统,通过纵向传承和横向传递,生生不息地影响和引领着人们的生存与发展;有人说文化是人类的思想、智慧、信仰、情感和生活的载体、方式和方法,这是将文化作为人们代代相传的生活方式的整体。我们说,文化为群体生活提供规范、方式与环境,文化通过传承为社会进步发挥基础作用,文化会促进或制约经济乃至整个社会的发展。文化的力量,已经深深熔铸在民族的生命力、创造力和凝聚力之中。

在人类文化演化的进程中,各种文化都在其内部生成众多的元素、层次与类型,由此决定了文化的多样性与复杂性。

中国文化的博大精深,来源于其内部生成的多姿多彩;中国文化的历久弥新,取决于其变迁过程中各种元素、层次、类型在内容和结构上通过碰撞、解构、融合而产生的革故鼎新的强大动力。

中国土地广袤、疆域辽阔,不同区域间因自然环境、经济环境、社会环境等诸多方面的差异,建构了不同的区域文化。区域文化如同百川归海,共同汇聚成中国文化的大传统,这种大传统如同春风化雨,渗透于各种区域文化之中。在这个过程中,区域文化如同清溪山泉潺潺不息,在中国文化的共同价值取向下,以自己的独特个性支撑着、引领着本地经济社会的发展。

从区域文化入手,对一地文化的历史与现状展开全面、系统、扎实、有序的研究,一方面可以借此梳理和弘扬当地的历史传统和文化资源，繁荣和丰富当代的先进文化建设活动，规划和指导未来的文化发展蓝图，增强文化软实力，为全面建设小康社会、加快推进社会主义现代化提供思想保证、精神动力、智力支持和舆论力量；另一方面，这也是深入了解中国文化、研究中国文化、发展中国文化、创新中国文化的重要途径之一。如今，区域文化研究日益受到各地重视，成为我国文化研究走向深入的一个重要标志。我们今天实施浙江文化研究工程，其目的和意义也在于此。

千百年来，浙江人民积淀和传承了一个底蕴深厚的文化传统。这种文化传统的独特性，正在于它令人惊叹的富于创造力的智慧和力量。

浙江文化中富于创造力的基因，早早地出现在其历史的源头。在浙江新石器时代最为著名的跨湖桥、河姆渡、马家浜和良渚的考古文化中，浙江先民们都以不同凡响的作为，在中华民族的文明之源留下了创造和进步的印记。

浙江人民在与时俱进的历史轨迹上一路走来，秉承富于创造力的文化传统，这深深地融汇在一代代浙江人民的血液中，体现在浙江人民的行为上，也在浙江历史上众多杰出人物身上得到充分展示。从大禹的因势利导、敬业治水，到勾践的卧薪尝胆、励精图治；从钱氏的保境安民、纳土归宋，到胡则的为官一任、造福一方；从岳飞、于谦的精忠报国、清白一生，到方孝孺、张苍水的刚正不阿、以身殉国；从沈括的博学多识、精研深究，到竺可桢的科学救国、求是一生；无论是陈亮、叶适的经世致用，还是黄宗羲的工商皆本；无论是王充、王阳明的批判、自觉，还是龚自珍、蔡元培的开明、开放，等等，都展示了浙江深厚的文化底蕴，凝聚了浙江人民求真务实的创造精神。

代代相传的文化创造的作为和精神，从观念、态度、行为方式和价值取向上，孕育、形成和发展了渊源有自的浙江地域文化传统和与时俱进的浙江文化精神，她滋育着浙江的生命力、催生着浙江的凝聚力、激发着浙江的创造力、培植着浙江的竞争力，激励着浙江人民永不自满、永不停息，在各个不同的历史时期不断地超越自我、创业奋进。

悠久深厚、意韵丰富的浙江文化传统，是历史赐予我们的宝贵财富，也是我们开拓未来的丰富资源和不竭动力。党的十六大以来推进浙江新发展的实践，使我们越来越深刻地认识到，与国家实施改革开放大政方针相伴随的浙江经济社会持续快速健康发展的深层原因，就在于浙江深厚的文化底蕴和文化传统与当今时代精神的有机结合，就在于发展先进生产力与发展先进文化的有机结合。今后一个时期浙江能否在全面建设小康社会、加快社会主义现代化建设进程中继续走在前列，很大程度上取决于我们对文化力量的深刻认识、对发展先进文化的高度自觉和对加快建设文化大省的工作力度。我们应该看到，文化的力量最终可以转化为物质的力量，文化的软实力最终可以转化为经济的硬实力。文化要素是综合竞争力的核心要素，文化资源是经济社会发展的重要资源，文化素质是领导者和劳动者的首要素质。因此，研究浙江文化的历史与现状，增强文化软实力，为浙江的现代化建设服务，是浙江人民的共同事业，也是浙江各级党委、政府的重要使命和责任。

2005年7月召开的中共浙江省委十一届八次全会，作出《关于加快建设文化大省的决定》，提出要从增强先进文化凝聚力、解放和发展生产力、增强社会公共服务能力入手，大力实施文明素质工程、文化精品工程、文化研究工程、文化保护工程、文化产业促进工程、文化阵地工程、文化传播工程、文化人才工程等"八项工程"，实施科教兴国和人才强国战略，加快建设教育、科技、卫生、体育等"四个强省"。作为文化建设"八项工程"之一的文化研究工程，其任务就是系统研究浙江文化的历史成就和当代发展，深入挖掘浙江文化底蕴、研究浙江现象、总结浙江经验、指导浙江未来的发展。

浙江文化研究工程将重点研究"今、古、人、文"四个方面，即围绕浙江当代发展问题研究、浙江历史文化专题研究、浙江名人研究、浙江历史文献整理四大板块，开展系统研究，出版系列丛书。在研究内容上，深入挖掘浙江文化底蕴，系统梳理和分析浙江历史文化的内部结构、变化规律和地域特色，坚持和发展浙江精神；研究浙江文化与其他地域文化的异同，厘清浙江文化在中国文化中的地位和相互影响的关系；围绕浙江生动的当代实践，深入解读浙江现象，总结浙江经验，指导浙江发展。在研究力量上，通过课题组织、出版资助、重点研究基地建设、加强省内外大院名校合作、整合各地各部门力量等途径，形成上下联动、学界互动的整体合力。在成果运用上，注重研究成果的学术价值和应用价值，充分发挥其认识世界、传承文明、创新理论、咨政育人、服务社会的重要作用。

我们希望通过实施浙江文化研究工程，努力用浙江历史教育浙江人民、用浙江文化熏陶浙江人民、用浙江精神鼓舞浙江人民、用浙江经验引领浙江人民，进一步激发浙江人民的无穷智慧和伟大创造能力，推动浙江实现又快又好发展。

今天，我们踏着来自历史的河流，受着一方百姓的期许，理应负起使命，至诚奉献，让我们的文化绵延不绝，让我们的创造生生不息。

2006 年 5 月 30 日于杭州

丛书引言

陈　来

改革开放以来，浙江的经济社会发展取得了迅速的、巨大的进步。面对于此，浙江省政府和学术界，积极探讨经济社会发展的文化根源，展开了不少对于"浙学"的梳理、探讨和总结，使之成为当代浙江文化发展的一项重要课题。

就概念来说，"浙学"并不是一个新的概念，而是一个宋代以来就不断使用于每个时代用以描述浙江学术文化的概念。经过20余年的梳理，如浙江学者吴光、董平等的研究，已经大致弄清了浙学及与之相关的学术学派观念的历史源流，为我们今天总结思考这一问题提供了坚实的基础。

本文所理解的"浙学"，当然以历史上的浙学观念为基础，但强调其在新时代的意义。今天我们所讲的浙学，应该是"千百年来的浙江人的文化创造和代代相传的文化传统"，包含了"浙江大地上曾经有的文化思想成果"，因此这一浙学概念不是狭义的，而是广义的大浙学的观念。

这样一个大浙学的观念，在历史上有没有依据呢？我认为是有的。从宋代以后，浙学的观念变化过程就是一个内涵和外延不断扩大的过程。以下我们就对这一过程作一个简述。

《泰和宜山会语》《复性书院讲录》注

一

众所周知，最早提出"浙学"这一观念的是南宋大儒朱熹。但浙学的开端，现有的研究者基本认为可以追溯到汉代的王充。王充在其《论衡》中提倡的"实事疾妄"的学术精神，明显影响到后来浙学的发展。王充之后，浙学又经历了相当长的演化过程，不过直到南宋，浙江才有了成型的学术流派。朱熹不仅提出并使用浙学的概念，而且还使用"浙中学者""浙中之学""浙间学问"等概念，这些概念与他使用的浙学概念类似或相近。朱熹说：

> 浙学尤更丑陋，如潘叔昌、吕子约之徒，皆已深陷其中，不知当时传授师说，何故乖讹便至于此？（《朱子文集》卷五十《答程正思》）

潘叔昌，名景愈，金华人，是吕祖谦的弟子，而吕子约是吕祖谦的弟弟，可见朱子这里所说的浙学是指以吕祖谦为代表的婺学。《朱子年谱》淳熙十一年（1184）下："是年辩浙学。"所列即朱子与吕子约书等，说明朱子最开始与浙学的辩论是与以吕子约为首的婺学辩论。上引语录中朱熹没有提到其他任何人。这也说明，朱子最早使用的浙学概念是指婺学。

《朱子年谱》列辩浙学之后，同年中又列了辩陈亮之学。事实上，朱子与陈亮的辩论持续了两年。这也说明《朱子年谱》淳熙十一年一开始所辩的浙学不包括陈亮之学，以后才扩大到陈亮的永康之学。朱子也说：

> 婺州近日一种议论愈可恶，大抵名宗吕氏，而实主同父，深可忧叹。（《朱子文集》，《续集》卷一《答黄直卿》）

同父（同甫）是陈亮的字，朱子还说："海内学术之弊，江西顿悟，永康事功。"（《朱子年谱》淳熙十二年）用事功之学概括陈亮永康之学的宗旨要义。

《朱子年谱》淳熙十二年（1185）言"是岁与永嘉陈君举论学"，说明到了淳熙十二年，朱子与浙学的辩论从吕氏婺学、陈亮永康之学进一步扩大至陈傅良之学。绍熙二年（1191）又扩大至叶适之学。陈傅良、叶适二人皆永嘉学人，此后朱子便多以"永嘉之学"称之，而且把永康、永嘉并提了。

《朱子年谱》为朱子门人李方子等编修，李本年谱已有"辩浙学"的部分，说明朱子门人一辈当时已正式使用浙学这个概念。

朱子谈到永嘉之学时说：

> 因说永嘉之学，曰："张子韶学问虽不是，然他却做得来高，不似今人卑污。"（《朱子语类》卷一百二十三）

这是朱子晚年所说，他以张子韶之学对比永嘉之学，批评永嘉之说卑污，这是指永嘉功利之说。

> "永嘉学问专去利害上计较，恐出此。"又曰："'正其谊不谋其利，明其道不计其功。'正其谊，则利自在；明其道，则功自在。专去计较利害，定未必有利，未必有功。"（《朱子语类》卷三十七）

> 因言："陆氏之学虽是偏，尚是要去做个人。若永嘉永康之说，大不成学问，不知何故如此。"（《朱子语类》卷一百二十二）

这里的"大不成学问"，也是指卑陋、专去利害上计较功利。

以上是对南宋浙学观念的概述。朱子提出的浙学，原指婺州吕学，后扩大到永康陈亮之学，又扩大到永嘉陈傅良、叶适之学，最后定位在指南宋浙江的事功之学。由于朱子始终将浙学视为"专言功利"之学而加以批判，故此时的"浙学"之概念不仅是贬义词，而且所指也有局限性，并不足以反映当时整个浙学复杂多样的形态和思想的丰富性。

二

现在我们来看看明代。明代浙江学术最重要的是阳明学的兴起。那么，阳明学在明代被视为浙学吗？

明代很少使用"浙学"一词，如《宋元学案》中多次使用浙学，《明儒学案》中竟无一例使用。说明宋人使用"浙学"一词要远远多于明人，明代学术主流学者几乎不用这一概念。不过，明代万历时的浙江提学副使刘麟长曾作《浙学宗传》，此书具有标志性的意义。《浙学宗传》仿照周汝登《圣学宗传》，但详于今儒，大旨以王阳明为主，而援朱子以入之。此书首列杨时、朱子、象山，以作为浙学的近源：

> 缘念以浙之先正，呼浙之后人，即浙学又安可无传？……论浙近宗，则龟山、晦翁、象山三先生。其子韶、慈湖诸君子，先觉之鼻祖欤？阳明宗慈湖而子龙溪数辈，灵明耿耿，骨骨相贯，丝丝不紊，安可诬也！（刘麟长《浙学宗传序》）

刘麟长不是浙江人，他把南宋的杨时、朱熹、陆九渊作为浙学的近宗之源，而这三人也都不是浙江人。如果说南宋理学的宗师是浙学的近宗，那么远宗归于何人？刘麟长虽然说是尧舜孔孟，但也给我们一个启发，即我们把王充作为浙学的远源应该也是有理由的。然后，刘麟长把南宋的张子韶（张九成）、杨慈湖（杨简）作为浙学的先觉鼻祖，这两位确实是浙江人。《浙学宗传》突出阳明、龙溪，此书的意义是，把阳明心学作为浙学的主流，而追溯到宋代张子韶和杨慈湖，这不仅与朱子宋代浙学的观念仅指婺州、永康、永嘉之学不同，包括了张九成和杨简，而且在学术思想上，把宋代和明代的心学都作为浙学，扩大了浙学的范围。

此书的排列，在杨时、朱熹、陆九渊居首之后，在宋代列张九成、吕祖谦、杨简、何基、王柏、金履祥、许谦。刘麟长说："於越东莱先生与吾里考亭夫子，问道质疑，卒揆于正，教泽所渐，金华四贤，称朱学世嫡焉。"何基以下四人皆金华人，即"北山四先生"，这四先生都是朱学的传人。这说明在刘麟长思想中，浙学也是包括朱子学的。这个问题我们下面再讲。

此书明代列刘伯温、宋潜溪、方正学、吴叡仲、陈克庵、黄世显、谢文肃、贺医闾、章枫山、郑敬斋、潘孔修、萧静庵、丰一斋、胡支湖、王阳明、王龙溪、钱绪山、邵康僖、范栗斋、周二峰、徐曰仁、胡川甫、邵弘斋、郑淡泉、张阳和、许敬庵、周海门、陶石篑、刘念台、陶石梁、陈几亭。其中不仅有王阳明学派，还有很多是《明儒学案》中《诸儒学案》的学者，涵盖颇广。但其中最重要的应是王阳明和刘宗周（念台）。可见王阳明的心学及其传承流衍是刘麟长此书所谓浙学在明代的主干。在此之前蔡汝楠也说过"吾浙学自得明翁夫子，可谓炯如日星"，把王阳明作为浙学的中坚。

三

朱子的浙学观念只是用于个人的学术批评，刘麟长的浙学概念强调心学是主流，而清初的全祖望则是在学术史的立场上使用和理解浙学这一概念，他对浙学范围的理解就广大得多。

全祖望对南宋永嘉学派的渊源颇为注意，《宋元学案》卷六：

> 王开祖，字景山，永嘉人也。学者称为儒志先生。……又言：

《泰和宜山会语》《复性书院讲录》注

"由孟子以来,道学不明。今将述尧、舜之道,论文、武之治,杜淫邪之路,开皇极之门。吾畏天者也,岂得已哉!"其言如此。是时,伊、洛未出,安定、泰山、徂徕、古灵诸公甫起,而先生之言实遥与相应。永嘉后来问学之盛,盖始基之。

这是认为,北宋,在二程还未开始讲学时,被称为"宋初三先生"的胡瑗(安定)、孙复(泰山)、石介(徂徕)等刚刚讲学产生影响,王开祖便在议论上和"三先生"远相呼应而成为后来永嘉学派的奠基人。

全祖望在《宋元学案·周、许诸儒学案》案语中说:

世知永嘉诸子之传洛学,不知其兼传关学。考所谓"九先生"者,其六人及程门,其三则私淑也。而周浮沚、沈彬老,又尝从蓝田吕氏游,非横渠之再传乎?鲍敬亭辈七人,其五人及程门。……今合为一卷,以志吾浙学之盛,实始于此。(《宋元学案》卷三十二)

这就指出,在南宋永嘉学派之前,北宋的"永嘉九先生"(周行己、许景衡、沈躬行、刘安节、刘安上、戴述、赵霄、张辉、蒋元中)都是二程理学的传人。南宋浙学的盛行,以"永嘉九先生"为其开始。这就强调了二程理学对浙学产生的重要作用,也把二程的理学看作浙学的奠基源头。

祖望谨案:伊川之学,传于洛中最盛,其入闽也以龟山,其入秦也以诸吕,其入蜀也以谯天授辈,其入浙也以永嘉九子,其入江右也以李先之辈,其入湖南也由上蔡而文定,而入吴也以王著作信伯。(《宋元学案》卷二十九)

这就明确指明伊川之学是由"永嘉九先生"引入浙江,"永嘉九子"是

006

二程学说入浙的第一代。

"九先生"之后,郑伯熊、薛季宣都是程氏传人,对南宋的永嘉学派起了直接的奠基作用。《四库全书总目提要》说:"朱子喜谈心性,季宣兼重事功,永嘉之学遂为一脉。"

> 永嘉以经制言事功,皆推原以为得统于程氏。永康则专言事功而无所承,其学更粗莽抢魁,晚节尤有惭德。述《龙川学案》。(《宋元学案》卷五十六)

永嘉学派后来注重经制与事功,其源头来自二程;而永康只讲事功不讲经制,这正是因为其学无所承。

> 祖望谨案:永嘉之学统远矣,其以程门袁氏之传为别派者,自艮斋薛文宪公始。艮斋之父,学于武夷,而艮斋又自成一家,亦人门之盛也。其学主礼乐制度,以求见之事功。(《宋元学案》卷五十二)

按照全祖望的看法,永嘉之学的学统可远溯及二程,袁道洁曾问学于二程,又授其学于薛季宣,而从薛氏开始,向礼乐兵农方向发展,传为别派。此派学问虽为朱子所不喜,被视为功利之学,但其程学渊源不可否认。

> 梓材谨案:永嘉之学,以郑景望为大宗,止斋、水心,皆郑氏门人。郑本私淑周浮沚,以追程氏者也。(《宋元儒学案》序录)

王梓材则认为,"永嘉九先生"之后,真正的永嘉学派奠基于郑景望,而郑景望私淑周行己,追慕二程之学。

> 梓材谨案：艮斋为伊川再传弟子，其行辈不后于朱、张，而次于朱、张、吕之后者，盖永嘉之学别起一端尔。（《宋元儒学案》序录）

王梓材也认为，薛季宣是二程再传，但别起一端，即传为别派，根源上还是程学。

黄百家《宋元学案·龙川学案》案语说：

> 永嘉之学，薛、郑俱出自程子。是时陈同甫亮又崛兴于永康，无所承接。然其为学，俱以读书经济为事，嗤黜空疏随人牙后谈性命者，以为灰埃，亦遂为世所忌，以为此近于功利，俱目之为浙学。（《宋元学案》卷五十六）

总之，传统学术史认为，两宋浙学的总体格局是以程学为统系的，南宋的事功之学是从这一统系转出而"别为一派"的。

二程门人中浙人不少，在浙江做官者亦不少，如杨时曾知余杭、萧山。朱熹的门人、友人中浙人亦不少，如朱子密友石子重为浙人，学生密切者巩仲至（婺州）、方宾王（嘉兴）、潘时举（天台）、林德久（嘉兴）、沈叔晦（定海）、周叔瑾（丽水）、郭希吕（东阳）、辅广（嘉兴）、沈僴（永嘉）、徐寓（永嘉）等都是浙人。

全祖望不仅强调周行己是北宋理学传入浙江的重要代表，"永嘉九先生"是浙学早期发展的引领者，永嘉学派是程氏的别传，更指出朱熹一派的传承在浙学中的地位：

> 勉斋之传，得金华而益昌，说者谓北山绝似和靖，鲁斋绝似上蔡，而金文安公尤为明体达用之儒，浙学之中兴也。述北山四先生学案。（《宋元学案》卷八十二）

勉斋即黄榦，是朱子的高弟，北山即何基，鲁斋即王柏，文安即金履祥，再加上许谦，这几人都是金华人，是朱学的重要传人，代表了南宋末年的金华学术。全祖望把"永嘉九先生"称为"浙学之始"，把"北山四先生"称为"浙学之中兴"，可见他把程朱理学看作浙学的主体框架，认为程朱理学的一些学者在特定时期代表了浙学。这一浙学的视野就比宋代、明代要宽广很多了。于是，浙学之中，不仅有事功之学，有心学，也有理学。

其实，朱学传承，不仅是勉斋传北山。黄震的《日钞》说：

> 乾淳之盛，晦庵、南轩、东莱称三先生。独晦庵先生得年最高，讲学最久，尤为集大成。晦庵既没，门人如闽中则潘谦之、杨志仁、林正卿、林子武、李守约、李公晦，江西则甘吉父、黄去私、张元德，江东则李敬之、胡伯量、蔡元思，浙中则叶味道、潘子善、黄子洪，皆号高弟。（《宋元学案》卷六十三《勉斋学案》附录）

浙江的这几位传朱学的人，都是朱子有名的门人，如叶味道，"嘉定中，叶味道、陈埴以朱学显"（《宋元学案》卷三十二）。"永嘉为朱子学者，自叶文修公（味道）、潜室（陈埴）始。"（《宋元学案》卷六十五》）黄子洪名士毅，曾编《朱子语类》"蜀类"。潘子善名"时举"。这说明南宋后期永嘉之学中也有朱学。

关于朱学，全祖望还说：

> 四明之专宗朱氏者，东发为最，《日钞》百卷，躬行自得之言也，渊源出于辅氏。晦翁生平不喜浙学，而端平以后，闽中、江右诸弟子，支离舛戾固陋无不有之，其能中振之者，北山师弟为一支，东发为一支，皆浙产也。（《宋元学案》卷八十六）

他把黄震（字东发）视为四明地区传承朱学最有力的学者，说黄震出自朱子门人辅广。全祖望指出，南宋末年，最能振兴朱学的，一支是前面提到的金华的"北山四先生"，一支就是四明的黄震。他特别指出，这两支都是浙产，即都是浙学。《宋元学案》序录底本谓："勉斋之外，庆源辅氏其庶几乎！故再传而得黄东发、韩恂斋，有以绵其绪焉。"

此外，全祖望在浙江的朱学之外，也关注了浙江的陆学：

> 槐堂之学，莫盛于吾甬上，而江西反不逮……甬上之西尚严陵，亦一大支也。（《宋元学案》卷七十七）

"甬上四先生"是陆学在浙江的代表。全祖望称之为"吾甬上"，即包含了把浙江的陆学派视为浙学的一部分之意。严陵虽在浙西，但在全祖望看来，是浙江陆学在甬上之外的另一大支，自不能不看作浙学的一部分。

四

谈到浙学就不能不谈及浙东学派的概念。

黄宗羲是浙东学派这一概念的最早使用者之一。在《移史馆论不宜立理学传书》中，他反驳了史馆馆臣"浙东学派最多流弊"的说法，这说明馆臣先已使用了"浙东学派"这个概念，并对浙东学术加以批评。黄宗羲认为：

> 有明学术，白沙开其端，至姚江而始大明。……逮及先师蕺山，学术流弊，救正殆尽。向无姚江，则学脉中绝；向无蕺山，则流弊充塞。凡海内之知学者，要皆东浙之所衣被也。今忘其衣被之

功，徒訾其流弊之失，无乃刻乎！（《黄宗羲全集》增订本第十册）

黄宗羲认为陈白沙开有明一代学脉，至王阳明始大明，这说明他是站在心学的立场上论述明代思想的主流统系。他同时指出，阳明之后流弊充塞，刘蕺山（刘宗周）出，才将流弊救正过来。所以，明代思想学术中，他最看重的是陈白沙、王阳明和刘蕺山，而王阳明、刘蕺山被视为浙东学术的中坚。在这个意义上，他强调要看到浙东学派的功绩，而不是流弊。黄宗羲是在讨论浙东学派的历史功绩，但具体表述上他使用的是"学脉"，学脉比学派更宽，超出了学派的具体指向。从黄宗羲这里的说法来看，他对"浙东学派"的理解是儒学的、理学的、哲学的，而不是历史的。而黄宗羲开其端，万斯同、全祖望等发扬的清代浙东学派则以史学为重点，不是理学、哲学的发展了。

浙东学派的提法，可以看作是历史上一个与浙学观念类似的、稍有局限的学术史观念。因为浙东学派在名称上就限定了地域，只讲浙东，不讲浙西。这和"浙学"不分东西是不同的。浙东学派这样一个概念的提出也是有理由的，因为历史上浙学的发展，其重点区域一直在浙东，宋代、明代都是如此。

在全祖望之后，乾隆时章学诚《浙东学术》提出：

> 浙东之学，虽出婺源，然自三袁之流，多宗江西陆氏，而通经服古，绝不空言德性，故不悖于朱子之教。至阳明王子，揭孟子之良知，复与朱子抵牾。蕺山刘氏本良知而发明慎独，与朱子不合，亦不相诋也。梨洲黄氏，出蕺山刘氏之门，而开万氏弟兄经史之学，以致全氏祖望辈，尚存其意，宗陆而不悖于朱者也。唯西河毛氏，发明良知之学，颇有所得，而门户之见，不免攻之太过，虽浙东人亦不甚以为然也。
>
> 世推顾亭林氏为开国儒宗，然自是浙西之学，不知同时有黄梨洲氏出于浙东，虽与顾氏并峙，而上宗王、刘，下开二万，较之

> 顾氏，源远而流长矣。顾氏宗朱，而黄氏宗陆，盖非讲学专家，各持门户之见者，故相互推服，而不相非诋。学者不可无宗主，然必不可有门户。故浙东、浙西，道并行而不悖也。（《文史通义》内篇卷五）

其实，清初全祖望在回顾北宋中期的学术思想时曾指出：

> 庆历之际，学统四起。齐、鲁则有士建中、刘颜夹辅泰山而兴。浙东则有明州杨、杜五子，永嘉之儒志、经行二子，浙西则有杭之吴存仁，皆与安定湖学相应……（《宋元学案》卷六）

这说明全祖望在回顾浙学发展之初，就是浙东、浙西不分的。章学诚认为浙东之学，出于朱熹，而从"三袁"（袁燮为"明州四先生"之一，袁燮与其子袁肃、袁甫合称"三袁"）之后多宗陆象山，但是宗陆不悖于朱。他又说王阳明与朱子不合亦不相诋，这就不符合事实了，阳明批评朱子不少，在其后期尤多。章学诚总的思想是强调学术上不应有门户之见，宗陆者应不悖朱，宗朱者可不诋陆，不相非诋。他认为浙东与浙西正是如此，道并行而不悖。所以，他论浙学，与前人如黄宗羲不同，是合浙东、浙西为一体，这就使其浙学观较之前人要宽大得多了。

> 四明之学多陆氏。深宁之父亦师史独善以接陆学，而深宁绍其家训，又从王子文以接朱氏，从楼迂斋以接吕氏，又尝与汤东涧游，东涧亦兼治朱、吕、陆之学者也。和齐斟酌，不名一师。（《宋元学案》卷八十五）

《宋元学案·深宁学案》中把兼治陆学、朱学、吕学，没有门户之见的状态描述为"和齐斟酌"。章学诚用"并行不悖"概括浙学"和齐斟酌"的性格,也是很有见地。

由以上所述可见,"浙学"所指的内容从宋代主要是事功之学,到明代扩大到包含心学,再到清初进一步扩大到包含理学,"浙学"已经变成一个越来越大的概念;经过全祖望、章学诚等的论述,浙学由原来只重浙东学术而变成包括浙东、浙西,成为越来越宽的概念。这些为我们今天确立大的浙学概念,奠定了深厚的历史基础。

五

有关儒学的普遍性与地域性,我一向认为,中国自秦汉以来,各地文化已经交流频繁,并没有一个地区是孤立发展的,特别是在帝国统一的时代。宋代以后,文化的同质性大大提高,科举制度和印刷业在促进各地文化的统一性方面起了巨大作用。因此,儒学的普遍性和地域性是辩证的关系,这种关系用传统的表述可谓"理一而分殊",统一性同时表达为各地的不同发展,而地域性是在统一性之下的地方差别。没有跳出儒学普遍性之外的地域话语,也不可能有离开全国文化总体性思潮涵盖的地方儒学。不过,地域文化的因素在交往还不甚发达的古代,终究是不能忽视的,但要弄清地域性的因素表现在什么层次和什么方面。如近世各地区的不同发展,主要是因为各地的文化传统之影响,而不是各地的经济—政治结构不同。所以,问题的关键不在于承认不承认地域性的因素,而在于如何理解和认识、掌握地域性因素对思想学术的作用。

近一二十年,全国各地,尤其是经济发达的地区或文化教育繁荣发展的地区,都很注重地域文化的挖掘与传承。这可以看作是中国崛起的总态势下、中华文化自觉的总体背景之下各种局部的表达,有着积极的意义,也促进了地域文化研究的新开展。其中浙学的探讨似乎是在全国以省为单位的文化溯源中特别突出的。这一点,只要对比与浙江地域文化最接近、经济发展和教育发展水平最相当的邻省江苏,就很清楚。江苏不仅没有浙江那么关注地域文化总体，其所关注的也往往是"吴文化"一类。指出下面一点应该是必要的，即与其他省份多侧重"文化"的展示不同，浙江更关注的是浙学的总结发掘。换言之，其他省份多是宣传展示广义的地域文化的特色，而浙江更多关注的是学术思想史意义上的地域学术的传统，这是很不相同的。

当然，这与一个省在历史上是否有类似的学术资源或论述传统有关。如朱熹在南宋时已使用"浙学"，主要指称婺州吕氏、永康陈亮等所注重的着重古今世变、强调事功实效的学术。明代王阳明起自越中，学者称阳明学在浙江的发展为"浙中心学"；清初黄宗羲倡导史学，史称"浙东史学"。明代以后，"浙学"一词使用渐广。特别是，"浙东史学"或"浙东学派"的提法，清代以来已为学者所耳熟能详，似乎成了浙学的代名词。当代关于浙学的探讨持续不断，在浙江尤为集中。可以说，南宋以来，一直有一种对浙学的学术论述，自觉地把浙学作为一个传统来寻求其建构。我以为这显示着，至少自南宋以来，浙江的学术思想在各朝各代都非常突出，每一时代浙江的学术都在全国学术中成为重镇或重点，产生了较大影响。所谓浙学也应在这一点上突出其意义，而与其他各省侧重于"文化"展现有所分别。事实上，"浙学"与"浙江文化"的意义就并不相同。总之，这些历史上的浙学提法显示，宋代以来，每一时代总有一种浙学被当时的学术思想界所重视、所关注，表明近世以来的浙江学术总是积极地参与中国学术思想、思潮的发展潮流，使浙学成为宋代以来中国学术思想发展中的重要成分。每一时代的浙江学术都在全国发出一种重要的声音，影响了全国，使浙学成为中国学术思想史内在的一个重要部分。

当然，每一时代的浙江学术及其各种学术派别往往都有所自觉地与历史上某一浙学的传统相联结而加以发扬，同时参与全国学术思想的发展。因此，浙学的连续性是存在的，但这不是说宋代永嘉事功学影响了明代王阳明心学，或明代阳明心学影响了清代浙东史学，而是说每一时期的学术都在以往的浙学传统中有其根源，如南宋"甬上四先生"可谓明代浙中心学的先驱,而浙东史学又可谓根源于南宋浙学等。当然,由于全国学术的统一性,每一省的学术都不会仅仅是地方文化的传承,如江西陆氏是宋代心学的创立者,但其出色弟子皆在浙江如甬上;而后来王阳明在浙中兴起,但江右王学的兴盛不下于浙中,这些都是例子。浙学的不断发展不仅是对以往浙江学术的传承,也是对全国学术思想的吸收、回应和发展,是"地方全国化"的显著例子。

对浙学的肯定不必追求一个始终不变的特定学术规定性,然而,能否寻绎出浙学历史发展中的某种共同特征或精神内涵呢?浙学中有哪些是与浙江的历史文化特色有密切关联,从而更能反映浙江地域文化和文化精神的呢?关于历代浙学的共同特征,已经有不少讨论,未来也还会有概括和总结。我想在这里提出一种观察,即南宋以来,浙江的朱子学总体上相对不发达。虽然朱熹与吕祖谦学术关系甚为密切,但吕氏死后,淳熙、绍熙年间,在浙江并未出现朱子学的重要发展,反而出现了以"甬上四先生"为代表的陆学的重要发展。南宋末年至元初,"金华四先生"的朱子学曾有所传承,但具有过渡的特征,而且在当时的浙江尚未及慈湖心学的影响,与"甬上四先生"在陆学所占的重要地位也不能相比。元、明、清时代,朱子学是全国的主流学术,但在文化发达的浙江,朱子学始终没有成为重点。这似乎说明,浙江学术对以"理"为中心的形而上学的建构较为疏离,而趋向于注重实践性较强的学术。不仅南宋的事功学性格如此,王阳明心学的实践性也较强,浙东史学亦然。朱子学在浙江相对不发达这一事实可以反衬出浙江学术的某种特色,我想这是可以说的。从这一点来说,虽然朱熹最早使用"浙学"的概念,但我们不能站在朱熹批评浙学是功利主义这样的立场来理解浙学,而是要破除朱熹的偏见,跳出朱熹的局限来认识这一点。对此,我的理解是,与重视"理"相比,浙学更重视的是"事"。黄宗羲《艮斋学案》案语:"永嘉之学,教人就事上理会,步步著实,言之必使可行,足以开物成务。"(《宋元学案》卷五十二)这个对永嘉之学的概括,是十分恰当的。南宋时陈傅良门人言:"陈先生，其教人读书，但令事事理会，……器便有道，不是两样，须是识礼乐法度皆是道理。"此说正为"事即理"思想的表达。故永嘉之学的中心命题有二，一是"事皆是理"，二是"事上理会"。这些应该说不仅反映了永嘉学术，而且在一定意义上反映了浙学的性格。总之，这个问题的思考和回答是开放的，本丛书的编辑目的之一，正是为了使大家更好地思考和回答这些问题。

　　浙学是"浙江大地上曾经有的文化思想成果"，浙学在历史上本来就不是单一的，而是富于多样性的。这些成果有些是浙江大地上产生的，有些是从全国各地引进发展的，很多对浙江乃至全国都发生了重要影响。正如学者指出的，南宋的事功学、明代的心学、清代的浙东史学是"浙学最具坐标性质的思想流派"，是典型的根源于浙江而生的学术思想，而民国思想界重要的浙江籍学者也都继承了浙学的"事上理会""并行不悖""和齐斟酌"的传统，值得不断深入地加以总结研究。

目 录

导读 001

《泰和宜山会语》注 029
 泰和会语 031
  卷端题识 031
  引端 034
  论治国学先须辨明四点 036
  横渠四句教 038
  楷定国学名义　国学者六艺之学也 043
  论六艺该摄一切学术 047
  论六艺统摄于一心 055
  论西来学术亦统于六艺 058
  举六艺明统类是始条理之事 062
  论语首末二章义 067
  君子小人之辩 073
  理气　形而上之意义　义理名相一 077
  知能　义理名相二 081
  论老子流失 086
  赠浙江大学毕业诸生序 090
  对毕业诸生演词 093

 宜山会语 097
  说忠信笃敬 097

001

释学问　先释学问之义　后明问答之旨 102
　　颜子所好何学论释义 108
　　说视听言动　绪义理名相一 116
　　居敬与知言　绪义理名相二 121
　　涵养致知与止观　绪义理名相三 126
　　说止　绪义理名相四 131
　　去矜（上）　绪义理名相五 137
　　去矜（下）　绪义理名相六 141
　　浙大校歌 147

《复性书院讲录》注 153

　　复性书院讲录第一卷 155
　　　复性书院开讲日示诸生 155
　　　复性书院学规 159
　　　读书法 179
　　　通治群经必读诸书举要 194
　　复性书院讲录第二卷 221
　　　题识 221
　　　群经大义统说 224
　　　论语大义 235
　　复性书院讲录第三卷 290
　　　孝经大义 290
　　复性书院讲录第四卷 349
　　　诗教绪论 349
　　　礼教绪论 380
　　复性书院讲录第五卷 406
　　　洪范约义 406
　　复性书院讲录第六卷 498
　　　观象卮言 498

导读

马一浮，1883年4月2日（农历二月二十五日）生于四川成都，六岁随亲返回浙江故里会稽（今绍兴）上虞长塘乡。乳名锡铭，幼名福田，后又更名为马浮，字一浮，号湛翁。取义于《楞严经》卷三"如湛巨海，流一浮沤，起灭无从"句。晚号"蠲叟"或"蠲戏老人"，义为"蠲除戏论"。蠲，音 juān，意思是除去、免除。戏，即"戏论"的简称。佛教对于一切不得究竟真理的世间言论总斥之为"戏论"。"蠲除戏论"，表达的是追求究竟真理和彻底解脱的志向。马一浮取"蠲"字为号，除了义理上的考虑，还有一层感情上的纪念。从字形上看，"蠲"字由"益"和"蜀"两字构成，"蜀"是四川省的简称，马一浮取"益"与"蜀"合成的这个"蠲"字，深藏着他对出生地四川的感恩之情与报恩之心。这里分两个方面对马一浮其人其学做一简单的介绍。

一、马一浮其人

马一浮天资颖异，幼承庭训，博习诗书，无不过目成诵，被乡里誉为"神童"。十岁，母一日指庭前菊花，命作五律一首并限"麻"字韵。马一浮应声而就："我爱陶元亮，东篱采菊花。枝枝傲霜雪，瓣瓣生云霞。本是仙人种，移来高士家。晨餐秋更洁，不必羡胡麻。"母曰："儿长大当能诗。此诗虽有稚气，颇似不食烟火语。菊之为物，如高人逸士，虽有文采，却生于晚秋，不遇春夏之气。汝将来或不患无文，但少福泽耳。"①十六岁，与周树人、周作人等同时参加会稽县试，名列榜首，远在周氏昆仲之上②。竺可桢的大哥竺可材也是这一年参加会稽县试，他与马一浮同榜，马一浮第一名，竺可材第五名，都是优等生，竺可材却十分佩服马一浮。也正是因为这层关系，后来竺可桢做了浙江大学校长，遍访硕学名儒，首先就想到了马一浮。

《论语·述而》云："志于道，据于德，依于仁，游于艺。"朱子注曰："此章言人之为学当如是也。盖学莫先于立志，志道，则心存于正而不他；据德，则道得于心而不失；依仁，则德性常用而物欲不行；游艺，则小物不遗而动息有养。学者于此，有以不失其先后之序、轻重之伦焉，则本末兼该，内外交养，日用之间，无少间隙，而涵泳从容，忽不自知其入于圣贤之域矣。"③说此章言人之为学，得之；说此章言人之为道、为人，亦得。其实孔门为学、为道、为人是一而三、三而一的。为学为道即是为人，为人即是为学为道。马一浮的一生正是如此。今依此四目分疏其生平，或可得其仿佛。

1. 志于道

孟子曰："天将降大任于斯人也，必先苦其心志，劳其筋骨，饿其体肤，空乏其身，行拂乱其所为，所以动心忍性，增益其所不能。"④以此形容马一浮的成长历程可谓恰如其分。

马一浮生活的时代，中国内忧外患频仍，世道人心淆乱，圣贤血

---

① 关于马一浮生平，本文取材以马镜泉、赵士华所著《马一浮评传》及《马一浮先生年谱》为主，兼采其他人的回忆文章，因琐碎恕不一一注明。关于马一浮十岁作此诗一事，各种传记都有细节出入，此处迳引马一浮自述，见丁敬涵编注：《马一浮诗话》，学林出版社1999年版，第64页。

② 关于这次考试的结果，周作人在所著《知堂回想录》中说："会稽十一金，案首为马福田，予在十金第三十四，豫才兄在三金第三十七。这里须得说明，马福田即系浙江名流马一浮也。"豫才，即鲁迅。转引自陈星著：《隐士儒宗·马一浮》，山东画报出版社1996年版，第2—3页。

③ 《论语·述而》，〔宋〕朱熹：《四书章句集注》，《新编诸子集成》本，中华书局1983年版，第94页。下引该书，但标书名、页码。

④ 《孟子·告子下》，见《四书章句集注》，第348页。

脉危在旦夕。马一浮早年不幸，十一岁丧母，十八岁丧姊，十九岁丧父，二十岁丧妻，连遭亲人死丧之痛，人世之苦有甚于此者乎！马一浮不仅没有被伤痛摧毁，反而意志日益坚强，智慧大为增长，对于凡情俗尚，洞若观火，不为所动。1904年写于美国的绝句两首可以见之。其一云："独然心火照群魔，无复闲情度爱河。底事拈花重又梦，未须忏悔笑卢梭。"其二云："百哀历遍万缘轻，自绕恒河阅鼠生。无量人天欢喜相，一般罗刹斗胡兵。"[1]

"百哀历遍"之所以没有使马一浮精神沮丧、意志消沉，甚而能"动心忍性，增益其所不能"，与马一浮志存高远密切相关。其所作五言律诗就已倾心陶渊明，自比"仙人种"，超凡脱尘之志溢于言表。十九岁就说"浮之为志，不在促促数千年、数十国之间"，而志在倡"个人自治、家族自治，影响于社会，以被乎全球。破一切帝王圣哲私名小智，求人群最适之公安，而使个人永永享有道德法律上之幸福"[2]。二十三岁更明确地表达自己"有志于二宗。欲为儒宗，著秦汉以来学术之流派；为文宗，纪羲画以降文艺之盛衰"[3]。以后更由"二宗"而志于"穷理尽性以至于命"。孔子曰："朝闻道，夕死可也。"马一浮认为，《易》所谓"穷理尽性以至于命"，即孔子这里所谓"闻道"，即是"冥符默证，澈法源底，圆悟真常，在佛氏谓之了生脱死。"他说："闻道之人，胸中更无余疑，性体毫无亏欠，则死生一也，岂复尚留遗憾？"[4]

马一浮常自感叹程伊川年十八就能于圣学有入，未及二十就能写出《颜子所好何学论》那样光辉的篇章。孟子曰："待文王而后兴者，

---

[1] 马一浮著，虞万里点校：《马一浮集》，第一册，浙江古籍出版社、浙江教育出版社1996年版，第312页。
[2] 《马一浮集》，第二册，第217页。
[3] 《马一浮集》，第二册，第348页。
[4] 《马一浮集》，第一册，第185页。

凡民也。若夫豪杰之士，虽无文王犹兴。"①马一浮尝以此盛赞孟子善发人之志，所以无论是在浙江大学还是在复性书院以及随时随地接引后学，马一浮始终特别注重启发学者立大志、行大道。例如，避寇泰和时，为浙江大学师生演讲，首先就讲张横渠"为天地立心，为生民立命，为往圣继绝学，为万世开太平"四句教，号召广大流亡知识分子"竖起脊梁，猛着精彩，依此立志"，"堂堂地做一个人"！

马一浮"志于道"的一个显著表现就是：超凡脱俗，不求人知。俗者，习也；凡者，出没于习而不明其性者也。超凡脱俗，即是祛习复性，即是求道。马一浮认为："圣、凡心行差别，只是一由性、一由习而已。"②马一浮的一生可以说就是在为"克己复礼"而一路"扎硬寨，打死仗"中度过的。他自言"平生所学唯在自证，不求人知"③。在对弟子传授其一生做人、治学之经验时，他说："我为学得力处，只是不求人知。"④"不求人知"，看似容易，其实甚难。所以朱子说："及人而乐者，顺而易；不知而不愠者，逆而难。故惟成德者能之。"⑤顺者，顺性也；逆者，逆习也。即此便是祛习复性之真功。马一浮的过人之处，正在其难行能行，难破能破，不绕弯，不拣巧，自古华山一条道，就打这里过！一句话，"学道须是铁汉，着手心头便判。直趣无上菩提，一切是非莫管"⑥。马一浮常举禅门此偈示诸弟子，并自叹古德办道手眼之果决为儒门所不及。

马一浮一生不求闻达。1911年辛亥革命成功，蔡元培任中华民国临时政府教育总长，请他担任秘书长。不到两周他便告辞，说："我不会做官，只会读书，不如让我回西湖。"很多人但据字面意思，便以为

---

① 《孟子·尽心章句上》，见《四书章句集注》，第352页。
② 《马一浮集》，第二册，第524页。
③ 《马一浮集》，第一册，第758页。
④ 乌以风编述：《马一浮先生学赞》，内部印刷，第32页。
⑤ 《论语集注》卷一，见《四书章句集注》第47页。
⑥ 〔宋〕普济著，苏渊雷校：《五灯会元》卷十二，中华书局1984年版，第724页。

他是"不习惯官场应酬",真的"不会做官,只会读书"[1]。其实不然。马一浮是理、事双融的儒者,而非不谙世事的书生。他辞官不做,真正的原因乃是不肯枉道徇人,所谓"道不同不相与谋"。关于教育方针,他与蔡元培存在根本的分歧:一个主张废经,一个坚持经不可废。对此马一浮有详细的记述,他说:"南京临时政府收罗人望,以蔡孑民长教育。蔡君邀余作秘书长。余至,而废止读经、男女同学之部令已下,不能收回,与语亦不省。又劝设通儒院,以培国本……蔡君河汉吾言,但云时间尚早,遂成搁置,而余亦去。"[2]可见,"不会做官,只会读书"云云,不过是托辞。马一浮但责乎己而不责诸人,从中我们不难看出马一浮待人存心之厚。黎元洪继任"大总统"后,蔡元培出任北京大学校长,再次邀请马一浮担任文科学长,马一浮还是婉辞,理由是"平日所学,颇与时贤异撰"[3]。后,陈百年任北大校长,继续坚请马一浮北上。虽托马一浮的好友马叙伦从旁做工作,还是被马一浮婉言拒绝。理由是"方今学子务求多闻,则义理非所尚。急于世用,则心性非所先"[4]。浙江大学校长竺可桢四次相邀,想请马一浮到浙大任教,也都因教学内容与马意愿相左而未被应允。1937年全民族抗战爆发,浙大迁至江西泰和,竺可桢以由浙大出面为马一浮运藏书为契机,再次登门礼聘,马一浮被其尊师重教精神感动,始以类似"教外别传"的方式出主浙大讲席。

情欲是超凡脱俗的另一大障碍。《圆觉经》云:"三界轮回淫为本,六道往还爱为基。"在佛家看来,淫欲是生死轮回的根本,若淫心不断,就会被淫欲的业力牵动,在六道往返上下,周旋不停,历尽沧桑,受无量苦。马一浮十七岁结婚,十九岁丧妻,前后不过三十一个月,"中间迭更丧乱,无一日不在悲痛中",加上外出游学、创办《二十世

---

[1] 例如楼达人就持这种看法。参见其《儒学大师马一浮》一文。
[2] 转引自马镜泉、赵士华:《马一浮评传》,百花洲文艺出版社1993年版,第35页。
[3] 转引自《马一浮评传》,第36页。
[4] 转引自《马一浮评传》,第37页。

纪翻译世界》杂志,"未有与卿语尽三小时者"。尽管夫妻感情甚笃,马一浮"却不热衷于小夫妻间之儿女情长"①。其妻去世后,亲朋多劝再娶,马一浮终不为动,尝曰:"孔子子孙是濂、洛、关、闽而不是衍圣公。"遂终身不再娶。晚年尝言:"平生保啬精神,数十年不近妇人,体气虽衰,精力犹足。"②这对于他成为"千年国粹,一代儒宗"具有十分重要的意义。在给张立民的一封信中,马一浮总结儒者讲学所出人才不及佛氏多的原因有二:一是儒者"不能离仕宦",二是"儒者有室家之累"。所以在商讨复性书院的招生条件时,马一浮便主张"今欲学者深入,纵不能令其出家,必须绝意仕宦,方可与议"③。

马一浮的超凡脱俗还表现在他一生不贪恋钱财与事功。他不仅将微薄的家产大部分花在求学与购书上,而且将社会捐献给他的资金基本上都用于刻书。为了"多刻一板,多印一书,即使天壤间多留此一粒种子",马一浮不惜纡尊降贵,多次向海内外爱好其书法的人士发布"鬻字刻书"告示,将其所得全部用于刻书。20世纪50年代末,马一浮又将其一生收藏的全部图书都赠给了中国科学院广州分院④。其"接续圣贤血脉"的拳拳之心由此可见一斑。

对于事功,马一浮由于深明心亨之道,所以总是物来顺应,旷怀处之,与急于事功、力小任重、敷衍塞责、文过饰非、浮躁苟且的社会风气形成鲜明的对照。对于弘扬圣教、化民成俗的事业,马一浮表现出异乎寻常的从容不迫。他说:"无心于宰物而后能应物,无事于立知乃可以致知。"⑤

---

① 参看《马一浮评传》,第15页。
② 《马一浮集》,第三册,第1093页。
③ 《马一浮集》,第一册,第752—753页。
④ 关于此次捐书事,详见杨际开:《马一浮先生事迹撷遗》一文,载《杭州师范学院学报》2002年第5期。
⑤ 《马一浮集》,第一册,第496页。

2. 据于德，依于仁

马一浮说："知爱人即是尽己，方许识仁；知治事不异读书，始为真学。"①

马一浮待人应事，去取授受，无不据德依仁。虽其人去世已经半个多世纪，今人犹可从其亲朋、弟子之回忆，或从其讲义、书信、诗词等文字中想见其风貌。

马一浮屡屡拒绝名人名校之聘任，知者甚众。贬之者以为他拒人自高，是沽名钓誉的一种伎俩；褒之者以为他高蹈独善，是自隐无为的一种措施。其实两者皆未得其正：前者纯以小人之心度君子之腹，故不必论；后者义理未精、识人未察，故差之毫厘，失之千里。马一浮待人接物一以义理为归，时止则止，时行则行，动静不失，其道光明。他连番拒人之请，完全是义理使然，而非私意所为。他说："向外求知，是谓俗学；不明心性，是谓俗儒；昧于经术，是谓俗吏；随顺习气，是谓俗人。孔子曰：'乡原，德之贼也。'彼其奄然媚于世者，俗之所喜，彼亦喜之；俗之所非，彼亦非之，自心全无主宰，唯俗是从而已。人必先拔俗，而后可入于道；免于为乡原，然后可以为君子。以是律身，以是取友，以是教子弟，以是励国人，庶几可以无失也。"②

爱人以德，责人以礼，决不枉道徇人，是马一浮据德依仁的一贯作风。非深体马一浮爱人之诚、深知义理之可贵，往往会误解其良苦用心。这里不妨举两例以说明之。两例一则对事，一则对人。

时人对报纸之芜秽、势利每每习以为常。马一浮却不以为然。他从性德之理、六艺之教的高度看待一切人事，报纸亦不例外。在1909年给报人邵廉存的一封信中，马一浮本其忧世之心，全面阐发了办报之义。他认为，古者立言必从其义，即《论语》所谓"言思忠"，《洪

---

① 《马一浮集》，第一册，第706页。
② 《马一浮集》，第一册，第550—551页。

范》所谓"言曰从",《易传》所谓"修辞立其诚"。今人办报,"比缀国闻,傅以论议,日刊布以告邦之人",此皆立言之事,故当以义自律。在马一浮看来,如果报纸"纪事核而有体,著论详而能择,明于是非得失之故,本乎学术,稽乎政事,准之于义理,介然不阿,好恶无所蔽,辨民志之所向,使奸回者惮而弗敢恣其私,君子者确乎知正义之不亡而有所恃",就可以体现《诗》与《春秋》之遗法而成为良史之素材。他说:"报者,实具编年记注之体而兼表志之职者也。其为论说当有义类。若能本《春秋》之意,惩诸史之失;据所见之世,考之行事,正褒贬,章大义,刺讥必当于经;显微阐幽,彰往察来,则可以备人伦之纪,示王道之归。"①马一浮认为报纸虽小,却属于"属辞比事,推见至隐"之事,所以他特别吁请报人,对于此物此志,"诚不宜污损曲狭,自同于邸报,俯拾于野史"。然而当时的报业现状,却令马一浮十分痛心,他说:"十年以来,从事于报者众矣。大都哗然用稗贩相标榜,义例则犹是猥杂,文辞则犹是芜秽。又其甚者,以莠言溺吾民。究其始志,欲以哄流俗人之耳,求市利而已,非真有所不得已也。及其馁败,则相随以籍没于官而斗讼于室。"②"而今所以为报者,则视邸报为已进,跂野史犹未及。痤词俚语,纤碎已极。此浮所以为报馆诸君子惜者也。"③

马一浮自谓"生平不敢薄待天下士,亦不敢轻信天下士。其为说不苟同,亦不强人以同我"④。他不是不知其言非诸报人所乐闻,他之所以还要责之以义,乃因报纸在影响民心方面具有举足轻重的作用。他说:"今日之祸,不患在朝之多小人,而患在野之无君子;不患上之无政,而患下之无学。"⑤所以他寄希望于报业人士,仰仗学术提高品

---

① 《马一浮集》,第二册,第409—410页。
② 《马一浮集》,第二册,第409页。
③ 《马一浮集》,第二册,第410页。
④ 《马一浮集》,第二册,第411页。
⑤ 《马一浮集》,第二册,第410页。

位，为改善世道人心而努力。马一浮的此番苦心，不仅没能感化邵廉存，反而被其讥为"高而不切"。对此，马一浮的回答是"不切诚有之，高则未也"①。孟子曰："大匠不为拙工改废绳墨，羿不为拙射变其彀率。"马一浮之志，亦犹是而已。

弟子陈兆平曾从学于复性书院，后因谋职之需，求先生马一浮开一证明。这在常人完全不是问题：顺水人情，又不是作伪证，何乐而不为？然而马一浮却不仅不为，反而将陈兆平教训了一顿。他说："荀卿云：'君子之学以美其身，小人之学以为禽犊。'书院昔时讲习，来者志在以义理自淑，非将以为羔雁也，足下岂不知之？今乃欲俯同流俗，以在院之日为一种资历，求为证明，何其与平日之趣相违也？几曾见程、朱、陆、王之门有发给文凭之事，德行道艺乃为取得资格之途径邪？若要实据，何待于他？贤者平日言行乃是绝好证明，安用此废纸为？"②类似的事例还有很多，人们很容易理解为马一浮待人有失于薄。然而，真懂圣贤之道者必知这正是相待之厚：责之严，正可鞭策学人勿薄于自待也。人道之尊严岂是"学以为禽犊"者所能明白？今之所谓"人才市场""劳动力资源"，所谓"自我包装""自我推销"，世人莫不习以为常，罕有知其非者焉。人之薄于自待，必然导致社会、民风的普遍硗薄。此即《乐记》所谓"人化物"、马克思所谓"劳动异化"者也。人之习以为常，只是障蔽日深，不自觉察，不知自返耳。

3. 游于艺

马一浮常用"道艺"这个词。道、艺合言，则道以艺而显，艺依道而真。所以，孔子在说"游于艺"之前，要先说"志于道，据于德，依于仁"。盖非如是，则不能得气中之理、立业中之德、成艺中之道，即此便是所谓"玩物丧志"，亦即《乐记》所谓"灭天理而穷人欲"。

---

① 《马一浮集》，第二册，第411页。
② 《马一浮集》，第一册，第653页。

马一浮畅游艺海，领域之广博、体究之渊深、技艺之精湛，"自明末迄今，四百多年来，无此通儒"①，非过誉也。他不仅于三教九流知类通达、圆融无碍，而且于琴、医、诗、书、篆刻以及方技杂学习无不精。马一浮精通音律，琴韵高古，惜乎曲高和寡，知音甚稀，除弘一法师与之有过"此时无声胜有声"的交流，现存文献中鲜有记述。马一浮自学中医，纯出于救死扶伤之悲心。其医道术相通、理气兼备、身心兼治，非寻常医师可比。从其写给师友及弟子、门人的书信中我们常常可以看到，他因病与药的内容。

马一浮八岁初学为诗，九岁能诵《楚辞》《文选》，十岁所作五律已颇得母亲嘉许，以后一生致力不辍。马一浮对自己在诗方面的成就是相当自信的。尝言："自视四十以前之作，近多不惬，四十以后可存者多，五十以后则几乎篇篇可存。"②还说："但使中国文字不灭，吾诗必传，可以断言。"③"后人欲知我者，求之吾诗足矣。"④弟子乌以风从学近三十年，对先生诸艺知之甚深。在总结马一浮一生的成就时，乌以风说："先生诗学最精，用力最勤，造诣最深。古体出入汉魏，五七绝宗盛唐，律诗宗老杜，而运用玄、禅及经说入诗不让前人。不事雕琢，不假安排，信手拈来，已达纯熟自然、无迹可寻境界。"还说：马一浮"诗不苟作，言必有义，工深养厚，吐辞宫商，借古讽今，褒善抑恶，存微言于词章文字之外，寄深情于山川风月之中"⑤，其所成就，远非时贤所及。至于以诗说法，以玄与史论诗，则为马一浮之创见，为前人所未有。对马一浮诗艺理解最深的当数谢无量。他可以说是马一浮真正的知音与至交。他在为马一浮的《避寇集》所写的序中说，诗亡以来，寥寥千载，其间篇章，未尝无偶合于诗之义者。"然或

---

① 《马一浮先生学赞》，第14页。
② 转引自《马一浮诗话》，第63页。
③ 转引自《马一浮诗话》，第75页。
④ 转引自《隐士儒宗马一浮》，第77页。
⑤ 《马一浮先生学赞》，第13页。

文胜其质,或理过其味,至于鄙倍卑狭细黠淫靡之流,得其正者益寡。虽李、杜犹未免俗情,况下焉者乎!"然而,马一浮却"崛起横流之中,治六艺之道于百世之下;求志岩薮,玉振南服,以其仁义熟而蓄积厚,故每敷扬芳润,含吐宫商,情寄有孚,辞诚相贯,庶几得诗人之正者欤"[1]。在谢无量看来,马一浮诗作之超胜,在其襟怀旷远、理致莹澈、词气纯正;若无高世之度、夐出之智、专精之才,断难臻于此境。

马一浮在20世纪30年代就被公认为中国书法界的泰斗。马一浮童年学书即直接取法唐碑,对欧阳询、欧阳通父子的碑帖下过苦功;二十岁后又遍临魏晋六朝诸碑;此后又返归二王。其篆书直接取法李斯,隶书直接取法汉《礼器》《石门》诸碑。马一浮遍临诸碑,并有精辟而又独到的见解。所以著名书法家沙孟海说,马一浮"对历代碑帖服习之精到,体会之深刻,见解之超卓,鉴别之审谛,今世无第二人"[2]。其书多识古法,取精用宏,自具变化,较其儒宗之业,虽只是治学闲暇之消遣,然其片缣寸楮,海内莫不宝重。

熊十力在20世纪20年代就称马一浮"道高识远""窥百家之奥而世人莫知其姓名"[3]。语破天惊,慕者云集,仁者见仁,智者见智,但多泥于事迹而不识其本心。对马一浮的评价,德愈高者知之愈深,智愈大者知之愈明,因而评价愈贴切。从目前已有的材料来看,马一浮生前故交,尤其是其入室弟子如乌以风、王星贤之辈,较之后来者对马一浮确实知之为深,评价也较为贴切。但即便是故交、亲友,称得上庄子所谓"莫逆于心"者亦甚寥寥。熊十力就颇以马一浮不肯出任

---

[1] 谢无量:《避寇集·序》,转引自《马一浮集》,第三册,第58—59页。关于马一浮诗的评论还有很多,可参看《马一浮诗话》第153—175页。
[2] 参看宣大庆:《寓沈雄于静穆之中——析马一浮的书法艺术》,见《马一浮诗翰六种》,浙江人民美术出版社1993年版,第41—45页。
[3] 语出《十力语要》,转引自楼达人:《马一浮是儒家还是新儒家》,载《中国文化月刊》第237期。

《泰和宜山会语》《复性书院讲录》注

教职官职为"自隐太过",以复性书院之种种办学方针为泥古不化,为"但知有理无碍法界而不知有理事无碍法界"[1]。熊十力尚且不能尽知,其他无论矣。所以马一浮要说:"吾于今世,气类之孤也久矣。独尚友千载,开卷则亲见古人,有以得其用心,下笔则确乎自信,知古人之必不我违,为可乐耳。"[2]

综观马一浮一生言行与操守,用孔子所谓"士"来概括,最是恰如其分。从某种意义上甚至可以说,马一浮就是孔子所谓"士"在现代的一个典型。他虽无书不读,却不求多闻,但求穷理,可谓"知不务多而务审其所知";进退辞受、应事待人,据于德而依于仁,不患人之不己知,唯惧义理之有失,可谓"行不务多而务审其所由";视驰骋口辩犹庄子所谓"一蚊一虻之劳",酬机赴感,不得已而有言,亦出必由诚、指必有物,可谓"言不务多而务审其所谓"。他为人处世,但求穷理尽性以至于命,不求闻达;敬用五事,一丝不苟,可谓"虽不能尽道术,必有所由焉;虽不能尽善尽美,必有所处焉"。他虽处中华民族空前动荡、淆乱之世,却不为潮流所动,不为杂学所惑,岿然屹立,如中流砥柱,可谓"富贵不足以益,卑贱不足以损"。梁漱溟称他为"千年国粹,一代儒宗",贺麟称他为"中国文化仅存的硕果",皆是有根有据的心悦诚服之言,而非不负责任的溢美之词。

另一方面,马一浮阐发士之古义,不无针砭时弊、匡扶士心之意。他形容当时知识分子的通病是:"唯务向外求知,以多闻多见为事,以记览杂博相高,以驰骋辩说为能,以批评攻难自贵,而不肯阙疑阙殆。此皆胜心私见,欲以矜名哗众,而不知其徇物忘己,堕于肆慢,戕贼自心。故其闻见之知愈多者,其发为肆慢亦愈甚,往而不反,不可救药。"[3]

---

[1] 参看马一浮与熊十力书,《马一浮集》,第二册,第529—551页。
[2] 转引自《马一浮诗话》,第75页。
[3] 《马一浮集》,第一册,第109—110页。

二、马一浮其学

1.马一浮之好学

马一浮的一生好学不辍。早年治考据,欲从张之洞所编《书目答问》入手,求为学门径,旋悟其非,即行舍去。他还靠自学掌握英文、法文、德文、日文、俄文、西班牙文、拉丁文等七种文字。先后赴美、日、南洋诸国,精研马克思《资本论》、歌德《浮士德》及西方文艺、哲学诸书。又悟其专尚知解,无关身心受用,研习多年,遂转向佛、道之学以求安身立命之地。目睹国家内忧外患、民生困苦之现实,马一浮恫瘝在抱,于心不忍。深究其根源,发现病根在于学术之大本未明,心性之精微难知。认为欲起敝扶衰,济民于水火,非自拔流俗,穷究玄微不可。从此潜心向学,绝意仕进,远谢时缘,闭门读书,涵养察识。继而博览群书,凡中土诸子百家之学、汉宋经师之论、文史词章、小说杂记无不涉猎并求其原委,明其旨归。佛教经典亦颇致力,对于大小乘教理,尤其义学深造有得。马一浮从佛学得力最多者就是佛家之义学。打破门户之见,将义学引入儒学研究,是马一浮对儒学发展的重大贡献。对于道教、玄学,马一浮亦莫不旁研兼通。为了融会中西文化,回国后,他从1906年起寄居杭州广化寺潜心国学,专攻文澜阁《四库全书》,三年足不出户,遂淹贯群书,尽读《四库全书》三万六千余卷。马一浮记忆力超群,读书之多、之精,百年中国学苑罕有能及之者。弘一法师尝对丰子恺说:"马先生是生而知之的。假定有一个人,生出来就读书,而且每天读两本(他用食指和拇指略示书之厚薄),而且读了就会背诵,读到马先生的年纪,所读的书还不及马先生之多。"[①]丰子恺当时想象不到这种境地,视为神话。从学日久,始信弘一法师之言并非夸张。

[①] 丰子恺:《缘缘堂随笔集·桐庐负暄》,文化艺术出版社1999年版,第243—244页。

《泰和宜山会语》《复性书院讲录》注

《中庸》云："有弗学，学之弗能，弗措也；有弗问，问之弗知，弗措也；有弗辨，辨之弗明，弗措也；有弗行，行之弗笃，弗措也。"①马一浮之治学亦复如是，必辨真伪、别精粗、明异同，直至理得心安而后止。马一浮读书重在穷理，心专虑精，思深养厚，朝夕于斯，不敢苟且。

马一浮不但明辨学术源流，求义理之会通，而且切身体会，见诸躬行，在伦常日用间加以涵泳、验证。故不尚知解，不重口说。更为重要的是，马一浮治学，处处引归自己。他说："从上圣贤，唯有指归自己一路是真血脉。"②

马一浮忠信笃敬，谦虚谨慎，自始至终以六艺之教规范自己的貌、言、视、听、思，颠沛必于是，造次必于是。乌以风从学马一浮近三十年，对此有十分真切而细致的观察和评述。《问学补记》中有一段叙述说：

> 及予从学日久，方知先生平时用心行事，莫不合乎六艺之教。先生动心起念，恻怛仁慈，接物待人，忠诚敦厚，发之于语言文字，行之于君师朋友，皆合乎诗教。先生博通经史，明辨古今。历代兴衰治乱之迹，风物礼俗之变，皆能知其源流，别其同异。疏通知远，临事不惑。发之于言，见之于行，皆合于书教。先生笃敬严肃，以礼自守。进退辞受，莫不有节，出处去取，莫不中矩。发之于言，行之于事，皆合乎礼教。先生胸襟宽宏，平易近人。虽穷居陋巷，不改其乐。与人言，从无疾声厉色。谈笑风生，语缓意长，发之于外，存之于内，皆合乎乐教。先生洞彻心源，通达常变。明天人之故，穷生死之理，剖微究玄，尽性知命。不为异说所惑，不为戏论所宥，而能以常应变，终其身无悔吝，皆合乎易教。至于严

---

① 《中庸》第二十章，见《四书章句集注》，第31页。
② 《马一浮集》，第一册，第526页。

义利之辨，谨善恶之别。纤恶必除，微善必彰。尊王业，贱霸术，重礼乐，非兵刑，正名定分，存真去伪，垂戒后世，昭示国人，则又合乎春秋之教。①

2.马一浮所好何学？

研究马一浮所好何学，不能不注意他的《颜子所好何学论释义》。这是他在宜山，继《说忠信笃敬》和《释学问》两讲之后所作的第三讲。马一浮对伊川年未满二十就能深明圣人之学及行之之道推崇备至。其一生所好亦与孔、颜、程、朱一脉相承，无二无别。马一浮对于自己所好之学的性质是十分自觉的。他说："学须是学圣人。"②"学问之道无他，在变化气质，去其习染而已矣。"③"好学者无他，只是识得对治，即竭两端之教也。"④值得一提的是，马一浮此处所言"学问之道"，与孟子如出一辙⑤；所言"好学"与孔子亦无二致。《论语·雍也》记载了孔子和鲁哀公的一段对话。

> 哀公问："弟子孰为好学？"孔子对曰："有颜回者好学，不迁怒，不二过。不幸短命死矣，今也则无，未闻好学者也。"⑥

孔子门徒三千，贤者七十二，能文能武大有人在，却独许颜回"好学"，而且所好之学只是"不迁怒，不二过"两事而已。朱子说："颜子克己之功至于如此，可谓真好学矣。"⑦直接就以"克己之功"注

---

① 《马一浮先生学赞》，第31页。
② 《马一浮集》，第一册，第183页。
③ 《马一浮集》，第一册，第106页。
④ 《马一浮集》，第一册，第383页。
⑤ 孟子说："学问之道无他，求其放心而已矣。"《孟子·告子章句上》，见《四书章句集注》，第334页。
⑥ 《四书章句集注》，第84页。
⑦ 《四书章句集注》，第84页。

释孔子之"好学"。程子亦谓:"学者,约其情使合于中,正其心,养其性而已。"①约情、正心、养性,说到底就是变化气质、祛除习染的修养工夫。在马一浮看来,孔子不仅自居好学,而且独许颜回好学,可见孔门所谓"好学"实乃圣贤之事,未可轻易许人。

马一浮说:"志于学、志于道、志于仁,一也。学是知仁,道是行仁。今治六艺之学为求仁也。欲为仁,须从行孝起;欲识仁,须从学《诗》入。"②所以,马一浮所好之学,既不是训诂考据边事(尽管他的训诂考据功夫一样做得精深),亦不是于先儒旧说之外用私意窥测,务求新义(尽管他时有推陈出新之阐发),以资谈助,而是穷理之事,亦即践形尽性之事。终其一生不过知性、率性和尽性三事而已。他不仅依此致思,而且依此力行。其力行之法,不过"言忠信,行笃敬",如此而已。看似老生常谈,实则理赅礼乐,摄尽圣凡,无所不备。

在马一浮看来,儒学不重本本,不重文凭,而重实际的道德和智慧,他认为圣贤之学不载之文字,而诉诸貌、言、视、听、思,相信人的表情相貌、言行举止是性情品格、身世修养在体貌上的流露,说它是外貌,却又映射着内心。所以孟子才说:"仁义礼智根于心,则其生色也,睟然见于面,盎于背,施于四体,四体不言而喻"③。还说:"存乎人者,莫良于眸子:胸中正,则眸子瞭焉;胸中不正,则眸子眊焉。听其言也,观其眸子,人焉廋哉!"④《尚书·洪范》曰:"貌曰恭,言曰从,视曰明,听曰聪,思曰睿。恭作肃,从作义,明作哲,聪作谋,睿作圣。"⑤这是儒家"学以致用"首先现之于身者,相当于佛家所谓"得其受用"。否则,任学者满腹经纶、著作等身,都不过是

---

① 转引自《四书章句集注》,第84页。关于孔子所谓"好学",可参看拙文《孟子学问之道发微》,载《浙江学刊》2000年第2期。
② 《马一浮集》,第一册,第268页。
③ 《孟子·尽心章句上》,见《四书章句集注》,第355页。
④ 《孟子·离娄章句上》,见《四书章句集注》,第283页。
⑤ 周秉钧译注:《白话尚书》,岳麓书社1990年版,第99页。

说食数宝，不饱不富。

3.马一浮之学的基本内容

"学须是学圣人"，在马一浮那里绝不是一句空洞的口号。其学有四目：一曰主敬以涵养，二曰穷理以致知，三曰博文以立事，四曰笃行以进德。这四点可以说是马一浮大半生致力于"学圣人"的经验总结。复性书院成立后，马一浮首次将这些经验明确定为学规。他说："今为诸生指一正路，可以终身由之而不改，必适于道，只有四端：一曰主敬，二曰穷理，三曰博文，四曰笃行。主敬为涵养之要，穷理为致知之要，博文为立事之要，笃行为进德之要。四者内外交彻，体用全该，优入圣途，必从此始。"[1]复性书院四学规是马一浮全部学养的结晶，博大而精深。

三、马一浮之学的显著特点

任继愈说马一浮"从不标新，更不自构体系"[2]，但无论是同传统的宋明儒学相比，还是同与其同时代的所谓"新儒家"以及其他学者相比，其学术的个性特征都是十分鲜明的。郭齐勇先生说马一浮"学术自成一格"[3]，这个说法大体说来是不错的，所以不妨称"马一浮之学"。总体上说，马一浮之学最显著的特点，在其岿然不动、一以贯之的道德主体性与海纳百川、融会贯通的会通性。

---

[1]《马一浮集》，第一册，第107页。

[2] 楼宇烈：《理学大师马一浮》，毕养赛主编：《中国当代理学大师马一浮》，上海人民出版社1992年版，第25页。

[3] 语出郭齐勇：《马一浮的人格境界与哲理诗》注释20，载《中国文化》第9期。原话说："要之，马浮学术自成一格。"

《泰和宜山会语》《复性书院讲录》注

1. 马一浮之学的道德主体性

牟宗三认为，中国哲学的特质，就是中国哲学特重"主体性"（Subjectivity）与"内在道德性"（Inner-morality）[①]。马一浮之学就十分鲜明地体现了中国传统学术的这种特质。这本不算马一浮区别于其他学者的个性特征，因为只要是认同或亲近传统价值的学者都在或多或少地体现这种特质。而本著之所以还是把这种特质看成是马一浮之学最显著的特征，乃是因为它更典型、更彻底地体现了（而不只是论述了）这种特质。马一浮之学从价值取向到治学方法，从学问内容到表现形式，彻头彻尾地恪守着"道德的主体性"，宛如中流砥柱，岿然不动，丝毫也不肯向一浪高过一浪的西化浪潮妥协。面对铺天盖地、席卷全球的欧风美雨与传统价值分崩离析的如血残阳，中国的知识分子立得住、站得稳的很少。而马一浮在坚守传统儒学的价值时所表现出来的大义凛然和一尘不染的坚定与纯粹，在中国现代学林中不说绝无仅有，至少也是极其罕见的，以至于以捍卫儒家传统闻名的熊十力都误认他"自隐太过""泥古不化"。熊氏的误解等于从反面肯定了马一浮之学在代表中国传统文化上的典型性；而贺麟称马一浮为"传统文化仅存的硕果"，则从正面肯定了这种典型性。马一浮之学的这种特色，我们可以从马一浮与当代新儒家的比较中非常清晰地把握到。

首先，在儒学的内容上，马一浮既不务训诂考据边事，亦不于先儒旧说之外用私意窥测，务求新义，更不学时贤迫于西方文明之刺激，义理未明即汲汲于世用。也正因为如此，马一浮之学中几乎没有所谓"救亡压倒启蒙"或"救亡与启蒙的变奏"等"新"内容。他只是纯而又纯地讲他的圣人六艺之教、心性义理之学。他在讲论义理时特别注意化俗谛为真谛，真、俗不一亦不二。他在功夫上，强调"从上圣贤，唯有指归自己一路是真血脉"[②]，尊德性，下学而上达；在造诣上，强

[①] 参见牟宗三：《中国哲学的特质》，上海古籍出版社1997年版，第4—5页。
[②] 《马一浮集》，第一册，第526页。

调"穷理尽性以至于命",反对骄傲自满、得少为足、不思进取。所以在内容上,他处处将俗谛引归真谛①,发明俗学俗事当中所蕴藏之圣义。马一浮之学的这个特点最显著地表现在他的《孝经大义》中,这不仅使他解读《孝经》迥超前贤,而且使他的整个理学体系较之宋明理学呈现出别开生面的气象,具有既传统又现代的独特气质②。更显特色的是,马一浮之学从"大"着眼。马一浮讲《易经》的《观象卮言》中专门有一节"辨小大"。其中释"大"有"十重义":一、大是周遍义,举一全该故。二、大是包蕴义,含摄无尽故。三、大是自在义,随时变易故。四、大是无碍义,通而不瞹故。五、大是无尽义,为物终始故。六、大是无方义,无有远近故。七、大是无为义,感而恒寂故。八、大是不测义,两在不二故。九、大是即物义,与物为体故。十、大是无我义,虚中而应故。③此十重"大"义,无一不关涉人的道德主体性。反过来说,也只有道德主体能当此十重"大"义,否则任何形而下的存在都必然有其局限性,不可能配此十重"大"义。

对于当时中西嫁接的五花八门的各种"新"学,马一浮义正词严地斥之为"芜秽"的"杂学"。与此相反,马一浮之学在内容上给人最鲜明的印象就是尊贵与纯正。对此,马一浮是十分自觉的,尝以孟子所谓"大匠不为拙工改废绳墨,羿不为拙射变其彀率"以自处。

正是由于有坚定而透达的道德主体性作支撑,所以面对当时中华民族的内忧外患,马一浮表现出超乎寻常的冷静与理智。他本着"祸福无门,唯人自招"的儒、佛通则,推本于学术之盛衰与教化之得失,深明内忧外患皆由昧于性体、不明义理所致。对于内忧,马一浮说:"今日之祸,不患在朝之多小人,而患在野之无君子;不患上之无政,

---

① 真谛、俗谛,本佛学术语,马一浮常用以解释儒学义理。他自释二谛云:"俗谛者,彰一性缘起之事。真谛者,显一性本实之理。"(《马一浮集》,第一册,第231页小注)

② 参见拙著《马一浮六艺一心论研究》第二章第一节之三"孝经大义之伸张",上海古籍出版社2008年版。

③ 《马一浮集》,第一册,第451页。

而患下之无学。"①对于外患，马一浮说："今天下大患，惟在徇物肆欲而不知率性循理。此战祸之所由来，不独系于一国家、一民族也。"②在马一浮的心目中，人类平等，夷狄-中国之辨，只以礼乐之有无、义理之得丧为准，而不以狭隘的国家、民族主义为据。尝以孟子关于逄蒙与弈之喻形容当今天下爱恶相攻、利害相争之现实。"逄蒙学射于羿，尽羿之道，思天下唯羿为愈己，于是杀羿"，马一浮说："今西夷羿也，东夷逄蒙也，争霸是杀羿也。今羿亦知逄蒙之患不独欲亡中国。然逄蒙之道即羿之道，岂有优劣哉。故言富强者必极于不仁。争资源、辟殖民地，力征经营，狙诈飙起，趋其民以就死而不悔，曰：吾将以是生之也。至愚大惑，孰有甚于此乎？国土性空，物我一体，此义不明，人类终无宁日。"③

如何救国？是当时爱国知识分子共同关心的问题。人们都在寻找力量，新儒家们亦不例外。他们希望找到一条既能保住传统的道德价值又能令中国富强起来的现代化道路。马一浮则不然。如果问马一浮所理想的社会是什么样的，那就是孔子所谓"一日克己复礼，天下归仁焉"。人或笑其迂阔，马一浮却不以为然。尝言："孟子当战国之时，举世言利而独称仁义、道性善，故时人以为迂阔而远于事情。孰知彼所谓'迂阔'者，乃是切近；彼所谓'事情'者，乃是虚妄。此佛氏所谓众生颠倒见也。"④《易》曰："唯深也，故能通天下之志；唯几也，故能成天下之务。"马一浮认为真正的力量只能从这里出。他说："志士仁人之毅力，与元恶大憝之暴力，二者恒互为消长。毅力出于大愿，暴力出于大欲，即君子小人仁与不仁之辨也。"⑤在马一浮看来，只有从仁心出发，行君子之道，养成刚大之气，方可以济蹇难。

---

① 《马一浮集》，第二册，第410页。
② 《马一浮集》，第二册，第873页。
③ 《马一浮集》，第二册，第810页。
④ 《马一浮集》，第二册，第873—874页。
⑤ 《马一浮集》，第二册，第727页。

其次，马一浮讲论儒学完全以纯正的经学方式表达，丝毫也不迎合以西学解释儒家传统的时代潮流。他常说的一句话就是："文章自有体制，但求是当，无取随人。"①他所谓"体制"，即是以圣贤经典为楷模。在马一浮看来，圣人之文章乃是道之显现，直接合乎义理，决无私智造作，堪为后世之典范。所以，小到碑铭、序跋，大到说经论道，马一浮对各种文体都严格遵守古制，除非确实有违义理，决不轻易改作。尝以傅说告高宗"学于古训乃有获"之言，批评时人"尊今而蔑古"是"蔽于革而不知因"②；崇拜西学是"拾人土苴以为宝"。马一浮认为，著述与讲说不同：讲说可以"称意而谈，随顺时俗，语言欲人易喻，虽入方言俚语不为过"，而"著述文辞须有体制"③。孔子曰："君子名之必可言也，言之必可行也。君子于其言，无所苟而已矣。"据此，马一浮认为，"名必有实，无其实而为之名则妄也。妄言苟言，是谓不忠不信，是谓无物，是谓非礼"④。因此，现代学者的"著述文辞"，在马一浮看来十分混乱，多是"不忠不信"，多是"无物"，多是"非礼"。

因此，马一浮之学表现在文章风格上，既庄重文雅，又沉着痛快。就语言而论，马一浮之学以"雅言"入文，决不用"痓词俚语"。就辞气而论，马一浮之学诚恳中正，从容不迫；理定辞畅，如理如量，不铺张，不盖藏。就讲论经旨而论，马一浮之学但求契理，不求契机，宁为玉碎，不为瓦全。就指陈时弊而言，马一浮之学但取义理之正，不假愤激之情，语重心长，决不贬人扬己。对于其学之"沉着痛快"的风格，马一浮本人是十分自觉的。他说："人谓钟太傅书沉着痛快，今始深觉其言有味。不唯作书要沈著痛快，作诗亦要沉着痛快，说话做事亦要沉着痛快。须知非'忠信笃敬'，不能有沉着痛快气象。寻常

---

① 《马一浮集》，第一册，第101页。
② 参见《马一浮集》，第一册，第100页。
③ 《马一浮集》，第一册，第1页。
④ 《马一浮集》，第一册，第77页。

只作率直会,太浅了。"①不难看出,马一浮之学在表现形式上深得诗教与乐教之精神,与"索索无真气,昏昏有俗心"②的俗学迥然不同。

最后,马一浮研究儒学的方法与新儒家们也大不相同。新儒家中的绝大多数虽然在价值认同和情感倾向上接近传统儒家,但在研究方法上却基本上是科学和哲学的方法。在马一浮看来,"今时科学哲学之方法,大致由于经验推想、观察事相而加以分析,虽其浅深广狭所就各有短长,其同为比量而知则一。或因苦思力索如鼷鼠之食郊牛,或则影响揣摩如猿狙之求水月。其较胜者,理论组织饶有思致可观,然力假安排,不由自得,以视中土圣人'始条理''终条理'之事,虽霄壤未足以为喻。盖类族辨物必资于玄悟,穷神知化乃根于圣证,非可以袭而取之也"③。很明显,马一浮注重的是佛家所谓"现量"的"圣证"方法,而不是科学和哲学所用的"比量"的"推想"方法。二者的根本区别在于:"圣证"方法是以心物一元的本体论为基础的"回心返照",而"推想"的方法却是以心物二元的本体论为基础的"揣摩影响"。马一浮认为"物者是心所生,即心之象"④,所以他讲习之法,"要在原本经术,发明自性本具之义理,与今之治哲学者未可同日而语"⑤。

在马一浮那里,成圣成佛的学问与成圣成佛的实践是合一的。马一浮之学中既没有西方式的以知识为中心、以理智游戏为特征的思辨哲学,也没有西方式的以神为中心的启示宗教。它是以道德生命为中心,由此展开圣贤的教训、智慧、学问与修行的。它的重点是生命与德性。它的出发点或进路是敬天爱民、克己复礼、祛习复性的道德实践。"道德主体性"可以说是马一浮全部学说的筋骨与灵魂。马一浮之

---

① 《马一浮集》,第一册,第568页。
② 语出诗人庾信(513—581)《拟咏怀二十七首》之第一首。
③ 《马一浮集》,第一册,第519页。
④ 《马一浮集》,第一册,第436页。
⑤ 《马一浮集》,第一册,第527页。

学的道德主体性，不同于西学基于人与自然以及人性与神性二元对立的主体性；而是基于"心外无物，事外无理""全体起用，全用归体""全气是理，全理是气"等一系列"不二"观念的主体性。这种主体性，不是脱离伦常日用的世俗事务别求一种主体性，而是酬酢万变而心缘义理的主体性。其最主要的表现就是，祛习复性，安住义理，不以物喜，不以己悲，廓然大公，物来顺应。马一浮身处内忧外患频仍之世，然而其言传身教却自始至终洋溢着泰然自若的风采。其为学处世的法宝，就是"惟精惟一"地允执其道德主体性。马一浮落实其道德主体性的最根本的窍诀，就是朱子所说的"但知义理之无穷，不觉物我之有间"。马一浮尝盛赞"朱子此语深得颜子之用心"[1]。事实上，这也是他为人为学经验的总结。

2.马一浮之学的会通性

天下无道，处士横议。横议之兴，实因学者每每骄吝私小，规模局量，展拓不开。马一浮指出，学术研究最忌四种毛病：局、杂、烦、固。所谓局，就是执一而废他；所谓杂，就是多岐而无统；所谓烦，就是语小而近琐；所谓固，就是滞迹而遗本[2]。现代学者普遍犯此四病，如此一来便无法对各种学术求其统类、观其会通，从而导致门户之争。相比之下，马一浮之学的会通性就表现得特别鲜明。马一浮之学会通三教九流、诸子百家，通而不局，精而不杂，密而不烦，专而不固。马一浮之学之"通"，表现为曲畅旁通而无门户之见；其"精"，则表现为幽微洞彻而无肤廓之言；其"密"，则表现为条理谨严而无疏略之病；其"专"，则表现为宗趣明确而无泛滥之失。马一浮之学会通诸学之法，在求其统类[3]。

---

[1] 《马一浮集》，第一册，第495页。
[2] 参见《马一浮集》，第一册，第130页。前引孟子、朱子、荀子语均转引自此页。
[3] 关于马一浮的统类思想，参看邓新文：《马一浮六艺一心论研究》第二章第二节之"统摄观的一般性陈述"。

需要说明的是，马一浮之学之会通不是无视差别的混同，而是以"同本异迹"为基础的融会贯通。马一浮说："迹异故缘起有殊，本同故归致是一。就迹则不夺二宗，依本则不害一味。若迹同者，二俱不成；若本异者，一亦不立。今双立儒佛，正以同本异迹。"①儒佛之会通如是，其他学说之会通亦复如是。所以贺麟才盛赞说："其格物穷理，解释经典，讲学立教，一本程朱；而其返本心性，祛习复性则接近陆王之守约。他尤其能卓有识度，卓见大义，圆融会通，了无滞碍，随意拈取老、庄、释典以阐扬儒家宗旨，不惟不陷于牵强附会，且能严格判别实理玄言，不致流荡而无归宿。"②

四、今人阅读马一浮著述的困难

《泰和宜山会语》和《复性书院讲录》对于从小接受白话文教育的国人来说，理解起来确实有一定的难度。

首先是价值取向上的困难。孔子说："君子喻于义，小人喻于利。"还说："道二：仁与不仁而已矣。"儒家"以义为利"，墨家"以利为义"。今人与墨家为近，基本上是以功利主义为价值取向的。毛泽东就旗帜鲜明地说："我们无产阶级是革命的功利主义者，我们是以占全人口百分之九十以上的最广大群众的目前利益和将来利益的统一为出发点，所以我们是以最广和最远为目标的革命的功利主义者。"③而马一浮的价值取向则是孔子所说的"君子喻于义"和"志于道，据于德，依于仁，游于艺"，与今人的志向和价值取向觊体相反。"自古皆有死，民无信不立"，是马一浮恪守的人生之"义"。陆九渊说："人之所喻，由其所习，所习由其所志。志乎义，则所习者必在义；所习在义，斯喻于义矣。志乎利，则所习者必在于利；所习在利，斯喻于利矣。故

---

① 马一浮：《与蒋再唐论儒佛义》，转引自《中国当代理学大师马一浮》，第8页。
② 贺麟：《当代中国哲学》第一章，胜利出版公司1947年版。
③ 《毛泽东选集》第三卷，人民出版社1991年版，第864页。

学者之志，不可不辨也。"①正因为今人之志与习同马一浮之志与习南辕北辙，所以很难理解马一浮，以其为"客观唯心主义""理想主义"和"文化保守主义"也就情有可原了。

其次是学问涵养上的障难。今之许多学者与马一浮不光是在价值取向上背道而驰，在学问涵养上也是天地悬隔。这种悬隔有质和量两个方面。就质的一面而言，马一浮的学问涵养与今之学者有本质的不同。就量的一面而言，马一浮治学之广博、渊深，今之学者罕有能与之匹敌的。今之学者受新中国成立以来历次运动的影响，学业多有荒废，不够系统连贯，对于中国传统文化的了解多半只是"概论的概论的概论"；又受分科而治的西方模式的影响，往往各"搞一块"，局而不通，与马一浮融六艺之教于一身又出入三教九流、博览中西的通识通学殊不同伦。马一浮基于坚实的经学功夫和对诸子百家学术源流的考辨，说理无一句无来历，写诗无一字无来历，作书无一笔无来历，如此系统严整的学养，今之学者罕能企及。所以，欲单单从知识上理解马一浮"六艺一心论"的来龙去脉几乎不可能。

再次是方式方法上的障难。马一浮在治学的方式方法上自觉吸收了玄学、义学、禅学与理学四家之长，以涵养为主而又兼顾察识，其著述文、史、哲水乳交融，既言之有物，又逻辑严密，文采古雅，斐然成家。这种炉火纯青的造诣，今之学者至今未见有能及之者。

最后是艺心文风上的障难。马一浮在艺心文风上，首重义理博洽、言之有物，又讲求渊源有自之法度与超凡脱俗之气象。故其为文庄重典雅，玄而不虚，实而不板，灵动而不流荡，坦诚而又含蓄，冰肌玉骨却无自命清高之得意，光华内敛，刚柔并济，极其耐人寻味。马一浮认为艺术以美为归宿，他说："最高艺术，当以胸中至美至善之理想，改正现实之丑恶。"如何达到美？他认为关键在于去恶修善。他说："《学记》所谓'释回增美'，实为教育根本，亦即艺术原则。

---

① 转引自冯友兰：《中国哲学史新编》（下），人民出版社1999年版，第230页。

'释'，舍也。'回'，训邪，即指不善。美即是善。"关于为文，马一浮认为文字要有内涵，必须"寝馈经术，熟于义理"；要有法度，必须博览古籍；要有气象，必须超拔流俗。他说："欲作文字，当致力于经，言之乃能有物。参之《左》《国》《史》《汉》，方知文章体制，下笔乃能不苟。"

总之，由于马一浮文章义理深湛，法度谨严，气格古雅，气象恢宏，学者若"索索无真气，昏昏有俗心"，是很难契入的。所以，马一浮感到"气类之孤"也就不难理解了。

尽管存在诸如上文所说的困难，然而六艺既是吾人自性所本具，自性流露时对于"六艺一心论"便有可能一触即入，非必饱读六艺之故书而后可。这方面的例子举不胜举，禅宗六祖惠能不识字而能讲经说法，且反应神速，巧叶机宜，就是一个非常著名的例子。而且，马一浮一而再、再而三地强调：六艺之学贵在祛习复性、克己复礼的践履功夫而不在书册文字；并反复声明：只要行得彻，就可与古人把手共行。可见，说理解马一浮之学存在以上的障难，乃是就常途、渐习而言；若取道实地行持，未尝不可横超直入。

本书利用现代网络查询之便利，估摸读者理解之困难，不揣道德学问之浅陋，冒昧为作导读与注释，希望能为读者阅读提供一种参考意见，为读者遇到疑难时减免查考之烦琐做些辅助工作。书中正文偶有用字或标点与《马一浮集》和《马一浮全集》不合者，除非疏忽所致，一律经过本书注解者仔细斟酌而折中取舍。凡出入较大者，一般都会以脚注予以说明。《马一浮全集》和《马一浮集》用"（删）"和"〔补〕"对引文所做的处理，本书注解者亦偶有酌情处理，总以尊重原著、义理准确、行文流畅为原则。本书所说的"底本"指的是《马一浮集》，而以《马一浮全集》为参校本。（）是对底本的删除，〔〕是对底本的增补。文中小字夹注均为马一浮先生自注。正文前的"解题"和文中的"注释"以及文末的"研读"皆本书注释者所为。学力有限，疏误当不少，敬请读者批评指正。

《泰和宜山会语》注

◎ 解题

"泰和"是县名，隶属于江西省吉安市，地处赣中南吉泰盆地腹地，居赣江中游。"宜山"也是县名，隶属于广西壮族自治区河池地区(现河池市宜州区)，位于龙江下游。会语，相当于今天的"会谈"。马一浮取"会语"这个名目，实渊源于明儒，"明儒自阳明后，讲会益盛，每有集听，目为'会语'"。在马先生看来，"讲说与著述事异。著述文辞须有体制，讲说则称意而谈，随顺时俗，语言欲人易喻，虽入方言俚语不为过。释氏诸古德上堂垂语实近之"。

从1937年11月至1940年2月，受日寇侵略逼迫，浙江大学进行了闻名于世的"文军长征"。1938年2月，浙大师生沿赣江水路和赣粤国道陆路迁移到江西泰和，临时校址就在泰和城西2.5千米的上田村。马一浮在浙江大学竺可桢校长的帮助下，于是年3月29日抵达江西泰和，与浙大师生会合。4月4日，浙大发放聘函，正式聘请他以"特约讲座"的形式担任浙大教职。4月9日(星期六)下午，马一浮正式开始在浙江大学上课。由于战事影响，7月25日起浙大已无法在泰和上课，于当年10月底又迁抵广西宜山。马一浮于1939年2月8日离开宜山，乘交通部专车经贵阳至重庆，再转至四川乐山，主持复性书院。

马一浮在泰和讲学不到4个月，讲课11次，后结集为《泰和会语》；在宜山讲学不到3个月，讲课9次，后结集为《宜山会语》。1940年，沈敬仲、乌以风、张立民等七人在乐山将二集合辑为《泰和宜山会语合刻》，最初为木刻本，由马一浮亲自题写书名，成为浙江大学的珍贵文献。《泰和宜山会语》虽然取其"称意而谈，随顺时俗"的意思，但马一浮都是自己亲自撰述，而不是口头讲说由人笔录而成，所以义理、考据和辞章都很严谨、雅正。

泰和会语

卷端题识

◎ **解题**

"题"本义是额头,这里指审谛名号。《释名》卷六:"书称题。题,谛也,审谛其名号也。""卷端题识"意思是写在开头的话。在这篇《卷端题识》里,著者主要论述了讲说与著述的不同,以及他采用"会语"这种形式的历史渊源与现实意义。

昔伊川先生[1]每告学者:"汝信取理,莫取我语。"见人记其言语,则曰:"某在,焉用此?"盖理是人人所同具,信理则无待于言,凡言皆剩也。言为未信者说,徒取言而不会理,是执指为月[2],不唯失月,抑且失指。先儒随机施设,不得已而有言,但欲人因言见理而已。岂欲其言之流布哉!若记录之言,失其语脉者,往往有之。自非默识心融,亦鲜能如其分齐。然自孔门以来,答问讲说之辞,并有流传,未之或废。虽曰"讽味遗言,不如亲承音旨"[3],然古人往矣,千载之下,犹得因言以窥其志,如见其人,则记录亦何可绝也?人在斯道在,固无事于记言,人不可遇,则遇之在言矣。

[1] 伊川先生:指北宋理学家、教育家程颐。程颐(1033—1107),字正叔,世居中山,后徙为河南府洛阳人,世称"伊川先生"。　[2] 执指为月:

《泰和宜山会语》《复性书院讲录》注

佛学术语,禅林用语。意思是执着"手指头"为"月亮"。月:即月亮,比喻真实体。指:即手指头,比喻引示真实之道理。　[3] 语出刘义庆《世说新语·赏誉》。意思是读诵古人留在书本上的文字,不如亲耳聆听他们说话。

　　讲说与著述事异。著述文辞须有体制,讲说则称意而谈,随顺时俗,语言欲人易喻,虽入方言俚语不为过。释氏诸古德上堂垂语实近之。其不由记录,出于自撰,古之人有行之者,如象山《白鹿书院论语讲义》[1]、《荆门军皇极讲义》[2],朱子《玉山讲义》[3]是也。明儒自阳明后,讲会益盛,每有集听,目为会语,其末流寖滥。浮平生杜门,虽亦偶应来机,未尝聚讲。及避寇江西之泰和,始出一时酬问之语。其后逾岭入桂,复留滞宜山,续有称说。皆仓卒为之,触缘而兴,了无次弟。始,吾乡王子余见《泰和会语》,曾以活字本一印于绍兴。吴敬生、曹叔谋、陶赐芝、詹允明,为再印于桂林,旋已散尽。今羁旅嘉州,同处者多故旧。沈无偝、詹允明、何懋桢诸君,及从游之士乌以风、张立民、赖振声、刘公纯诸子,复谋醵资[4],取《泰和宜山会语》合两本而锓诸木[5],且为校字,欲以贻之好问者,刻成而始见告。诸君子之意则善矣,吾之言实不堪流布也。

　　[1] 象山:指陆九渊(1139—1193),字子静,抚州金溪(今江西省金溪县)人,南宋哲学家、官员,陆王心学的代表人物。因讲学于象山书院,被称为"象山先生",学者常称其为"陆象山"。淳熙辛丑(1181)春二月十日,朱熹邀请陆九渊到白鹿洞书院讲学。陆九渊讲了《论语》"君子喻于义"章,陆九渊所讲"发明敷畅","恳到明白","皆有以切中学者隐微深痼之病","听者莫不悚然动心焉"。朱熹担心时间久了会忘记,又请陆九渊把所讲内容写下来予以收藏。这就是马一浮先生这里所说的《白鹿书院论语讲义》,《四库全书》本《象山先生全集》卷之二十三中的《白鹿洞书院讲义》原名无"论语"二字。　[2]《荆门军皇极讲义》:即《荆门军上元设厅皇极讲义》,全文不足五百字,却说理透彻鲜明,情感真挚动人。宋光宗绍熙二年(1191)九月三日,陆九渊到荆门上任,次年十二月十四日卒于荆门任所,在任仅一年零三个月。这篇讲义堪称陆学之绝唱。　[3] 朱子《玉山讲义》,据《晦庵集》之《晦

庵先生朱文公文集》所载原文，这篇讲义似为口说而听者所记，非朱熹（1130—1200）所自撰。　[4] 醵（jù）资：凑集众人的钱财。　[5] 锓（qiān）：雕刻。"锓诸木"就是雕版印刷的意思。

夫天下之言学者，亦多端矣。此庄生所谓"（一蚊）一蝱[1]之劳者也，其于物也何庸？"世之览者，或诮其空疏，或斥以诞妄，吾皆不辞，不欲自掩其陋。虽然，使其言而或有一当，则千里之外应之，言虽陋，容亦有可择者存乎其间。苟其不善，则千里之外违之，是亦使吾得闻其过也。故引伊川之言，为题其卷端，以志诸子勤勤[2]之意，且以明吾之措心，故无分于语默也。

中华民国二十九年一月马浮识

[1] 蝱（méng）：同"虻"。　[2] 勤勤：诚挚恳切的样子。

◎ 研读

人生真理生动地体现在活人身上，而不是抽象地阐述在书本上，这是中国文化区别于西方文化的一个重要特征。这篇《卷端题识》开篇就引程子的话昭告学人"汝信取理，莫取我语"，体现了这一特征。篇中"人在斯道在"一句，强调的还是这一要义。《论语》卷八《卫灵公第十五》："子曰：人能弘道，非道弘人。"《中庸》第二十七章云："礼仪三百，威仪三千，待其人而后行。故曰：苟不至德，至道不凝焉。"以"至德"之人为"至道"的载体，以他们的言行举止为"道"的直接呈现与示范，而不崇尚抽象的玄想，是我国先秦儒家的自觉，故先秦儒家喜谈"君子"如何如何，而不喜抽象的文字揣摩与哲学演绎。孔子说："我欲托之空言，不如见诸行事之深切著明。"孟子也说："尽信书不如无书。"马一浮讲学伊始就强调这一点，值得读者悉心体认。

《泰和宜山会语》《复性书院讲录》注

引　端

◎解题

"引端"在这里相当于佛家所说的"缘起",讲的是著者到浙江大学开设国学讲座的由来及意义。

今因避难来泰和,得与浙江大学诸君相聚一堂,此为最难得之缘会。竺校长与全校诸君不以某为迂谬,设此国学讲座,使之参与讲论。其意义在使诸生于吾国固有之学术得一明了之认识。然后可以发扬天赋之知,能不受环境之陷溺,对自己完成人格,对国家社会乃可以担当大事。荀子曰:"物来而能应,事至而不惑,谓之大儒。"若能深造有得,自然有此效验。须知我国文化最古,圣贤最多,先儒所讲明,实已详备。但书籍浩博,初学不知所择。又现代著述往往以私智小慧轻非古人,不免疑误后学,转增迷惘。故今日所讲主要之旨趣,但欲为诸生指示一个途径,使诸生知所趋向,不致错了路头,将来方好致力。闻各教授皆言诸生资质聪颖,极肯用功,此不但是大学最好现象,亦是国家前途最好现象,深为可喜。某虽衰老,甚愿与诸生斅学相长,共与适道。但诸生所习学科繁重,颇少从容涵泳之暇。须知学问是终身以之之事,千里之行,始于跬步,但能立志,远大可期。譬如播种,但有嘉种下地,不失雨露培养,自能发荣滋长。程子说:"天地之间,只是一个感应。"有感必有应,所应复为感,其感又有应,如是则无穷。其今日所言,只患不能感动诸生,不患诸生不能应。若诸生不是漠然听而不闻,则他日必可发生影响。此是某之一种信念,但愿诸生亦当具一种信念,信吾国古先哲道理之博大精微,信自己身心修养之深切而必要,信吾国学术之定可昌明，不独要措我国家民族于磐石之安，且当进而使全人类能相生相养而不致有争夺相杀之事。具此信念然后可以讲国学，这便是今日开讲的一个引端，愿诸生谛听。

◎ 研读

　　这段《引端》主要阐述的是著者到浙江大学开设国学讲座的意义，勉励浙大师生乃至全国学人"于吾国固有之学术得一明了之认识"，并"发扬天赋之知，能不受环境之陷溺，对自己完成人格，对国家社会乃可以担当大事"，号召大家树立三种信心："信吾国古先哲道理之博大精微，信自己身心修养之深切而必要，信吾国学术之定可昌明"，最终"不独要措我国家民族于磐石之安，且当进而使全人类能相生相养而不致有争夺相杀之事"。文字简短，却力透纸背，感人至深。

《泰和宜山会语》《复性书院讲录》注

论治国学先须辨明四点

◎ 解题

这四点可以说是马一浮先生一生学问的结晶，非常深切，需要用我们用一生的实践和思考去体认，绝不是字面上看一遍就能心领神会的。

诸生欲治国学，有几点先须辨明，方能有入：
一、此学不是零碎断片的知识，是有体系的，不可当成杂货；
二、此学不是陈旧呆板的物事，是活鱻鱻的，不可目为骨董；
三、此学不是勉强安排出来的道理，是自然流出的，不可同于机械；
四、此学不是凭借外缘的产物，是自心本具的，不可视为分外。
由明于第一点，应知道本一贯[1]，故当见其全体，不可守于一曲；

[1] 道本一贯：说的是孔子思想的统一性。子曰："参乎！吾道一以贯之。"曾子曰："唯。"（《论语·里仁》）子曰："赐也，女以予为多学而识之者与？"对曰："然，非与？"曰："非也，予一以贯之。"（《论语·卫灵公》）

由明于第二点，应知妙用无方[1]，故当温故知新，不可食古不化；

[1] 妙用无方：佛教术语，意思是空诸执着，尽显法界全体大用，空有不二，神妙莫测，无形无相，无方无所，一即一切，一切即一。

由明于第三点，应知法象本然[1]，故当如量而说[2]，不可私意造作，穿凿附会；

　　[1]　法象本然：由佛教术语变来。佛教将一切物质现象和精神现象统称为"法相"。"本然"是说一切法相只是自性之表现，当体即空，无有实质。《中观论》："诸法不自生，亦不从他生，不共不无因，是故知无生。"大意是，世界上的任何事物，不是自己生了自己，不是其他事物所生，不是自己和他物合作而生，也不是无缘无故就能生的，所以要知道本来就无所谓"生"。[2]　如量而说：佛教术语。唯识家将知识的构成分为三种量：一是现量，相当于纯粹的感觉；二是比量，相当于分析综合的理智；三是非量，相当于感觉错误和理智错误。"如量而说"就是严格依据现量和比量而说，不添加，不减少，不扭曲，相当于儒家的"无过无不及"。

　　由明于第四点，应知性德具足[1]，故当向内体究，不可徇物忘己[2]，向外驰求。

　　[1]　性德具足：佛教术语。佛教认为众生心中具足一切种性，清净无染。但被无明遮蔽，不能朗然全显，好比金矿，纯金本具，却埋没于泥沙矿石之中，需要通过后天的修行才能恢复本自具足的清净性德。相对于本具的"性德"，通过修行而恢复的德称为"修德"。　　[2]　语出《吕氏春秋·贵生》："今世俗之君子，危身弃生以徇物。"高诱注："徇，犹随也。"陈奇猷校释："徇者，以身从物之谓。"徇物忘己，就是攀援、追逐外在事物而忘了反省自己为什么要这样攀援和追逐。所谓"采得百花成蜜后，为谁辛苦为谁甜"说的就是这种现象。

◎ 研读

　　《论治国学先须辨明四点》体现了马一浮对于中国学术的基本态度，也是他指示的学习中国学术的指导思想。

横渠四句教

◎解题

"横渠"指北宋大儒张载。张载（1020—1077），字子厚，世称"横渠先生"，凤翔郿县（今陕西省宝鸡市眉县横渠镇）人，北宋思想家、教育家、理学创始人之一。与周敦颐、邵雍、程颐、程颢合称"北宋五子"。其"为天地立心，为生民立命，为往圣继绝学，为万世开太平"的名言，被称作"横渠四句教"。

昔张横渠先生有四句话，今教诸生立志，特为拈出，希望竖起脊梁，猛著精采，依此立志，方能堂堂的做一个人。须知人人有此责任，人人具此力量，切莫自己诿卸[1]，自己菲薄。此便是"仁以为己任"的榜样，亦即是今日讲学的宗旨，慎勿以为空言而忽视之。

[1] 诿卸（wěi xiè）：推卸（责任）。

为天地立心

《易·大传》曰："《复》其见天地之心乎。"《剥》《复》是反对卦。䷖《剥》穷于上，是君子道消；䷗《复》反于下，是君子道长。伊川《易传》以为动而后见天地之心。天地之心于何见之？于人心一念之善见之。故《礼运》曰："人者，天地之心也。"《程氏遗书》云："一日之运，即一岁之运；一人之心，即天地之心。"盖人心之善端，即是天地之正理。善端即复，则刚浸而长[1]，可止于至善，以立人极，便与天地合德。故"仁民爱物"，便是"为天地立心"。天地以生物为心，人心以恻隐为本。孟子言四端[2]，首举恻隐，若无恻隐，便是麻木不仁，漫无感觉，以下羞恶、辞让、是非，俱无从发出来。故"天地之大德曰生",人心之全德曰仁。学者之事,莫要于识仁求仁,好仁恶不仁。能如此,乃是"为天地立心"。

[1] 刚浸而长:《周易》以阳爻为刚,阴爻为柔。"浸"是渐渐的意思。"刚浸而长"的意思是说,从《复》卦开始,阳刚会渐渐增长。 [2] 语出《说文》:"端:物初生之题也。"即"端"表示事物的开头。孟子所说的四端分别是:"恻隐之心,仁之端也;羞恶之心,义之端也;辞让之心,礼之端也;是非之心,智之端也。"

为生民立命

儒者立志,须是令天下无一物不得其所,方为圆成。孟子称伊尹"一夫不获","若己推而纳诸沟中"。横渠《西铭》云:"凡天下之疲癃[1]、残疾、惸独[2]、鳏寡,皆吾兄弟之颠连而无告者也。"此皆明万物一体之义。圣人吉凶与民同患,未有众人皆忧而己能独乐,众人皆危而己能独安者。万物一体,即是万物同一生命。若人能自扼其吭[3],自残其肢,自剸其腹,而曰吾将以求生,决无是理。孟子曰:"夭寿不贰,修身以俟之,所以立命也。"朱子注云:"立命谓全其天之所赋,不以人为害之。"又曰:"尽其道而死者,正命也。桎梏[4]死者,非正命也。"今人心陷溺,以人为害天赋,不得全其正命者,有甚于桎梏者矣。仁人视此,若疮痏[5]之在身,疾痛之切肤,不可一日安也。故必思所以出水火而登衽席之道,使得全其正命。孔子曰:"老者安之,朋友信之,少者怀之。"学者立志,合下便当有如此气象,此乃是"为生民立命"也。

[1] 疲癃(lóng):曲腰高背之疾。泛指年老多病或年老多病之人。 [2] 惸(qióng)独:孤苦无依的人。 [3] 吭(háng):喉咙,嗓子。 [4] 桎梏(zhì gù):脚镣和手铐。 [5] 疮痏(wěi):指生疮疡。

为往圣继绝学

此理不为尧存,不为桀亡,在圣不增,在凡不减。但因人为气

《泰和宜山会语》《复性书院讲录》注

习所拘蔽，不得理会，便成衰绝。其实"人皆可以为尧舜"。颜子曰："舜，何人也哉？予何人哉？有为者亦若是。"学者只是狃于习俗[1]，不知圣贤分上事即吾性分内事，不肯承当。故有终身读书，只为见闻所囿，滞在知识边，便谓已足，不知更有向上事，汩没自性[2]，空过一生。孔子曰："不曰'如之何，如之何'者，吾末如之何也已矣。"[3] "苟能一日用其力于仁矣乎，吾未见力不足者。"圣人之言剀切如此。道之不明不行，只由于人之自暴自弃。故学者立志，必当确信圣人可学而至，吾人所秉之性与圣人元无两般。孟子曰："圣人先得我心之所同然者耳。""心之所同然者何也？曰理也，义也。"濂洛关闽诸儒[4]，深明义理之学，真是直接孔孟，远过汉唐。"为往圣继绝学"，在横渠绝非夸词。今当人心否塞[5]、人欲横流之时，必须研究义理，乃可以自拔于流俗，不致戕贼其天性。学者当知圣学者即是义理之学，切勿以心性为空谈而自安于卑陋也。

[1] 狃（niǔ）于习俗：拘泥于习俗。狃是"因袭""拘泥"的意思。 [2] 汩没（gǔ mò）自性：被外在的物象所遮蔽，不能发现自己本自具足、本来清净的心性。汩没即"埋没"。 [3] 孔子这句话出自《论语·卫灵公篇》，意思是说，不思考"怎么办，怎么办"的人，我对他也不知道该怎么办了。 [4] 濂：指代北宋大儒周敦颐（1017—1073）及其学派。因其原居道州营道濂溪，世称"濂溪先生"，为宋代理学之祖，是程颢、程颐的老师。洛：指程颢（1032—1085）、程颐（1033—1107）兄弟及其学派，因其家居洛阳，世称其学派为"洛学"。关：指代张载，因其讲学于陕西关中，故其学派被称为"关学"。闽：指代朱熹，因其讲学于福建，故其学派称为"闽学"。 [5] 否塞（pǐ sāi）：闭塞不通。

为万世开太平

太平不是幻想的乌托邦[1]，乃是实有是理。如尧之"光被四表，格于上下"，文王之"自西自东，自南自北，无思不服"，都是事实。干羽格有苗之顽[2]，不劳兵车；礼让息虞芮之讼[3]，安用制裁。是故不赏而劝，不怒而威，不言而信，无为而成。《中庸》曰：

"君子笃恭而天下平","声色之于化民末也"。圣人至德渊微,自然之效,斯乃政治之极轨。自帝降而王,王降而霸,霸降而夷狄。天下治日少而乱日多。秦并六国,二世而亡,晋失其驭,五胡交乱,力其可恃乎?中外历史,诸生闻之熟矣,非无一时强大之国,只如飘风骤雨,不可久长。程子曰:"王者以道治天下,后世只是以法把持天下。"又曰:"三代而下,只是架漏牵补[4],过了时日。"孟子曰:"以力假仁者霸","以德行仁者王","以力服人者,非心服也,力不赡也。以德服人者,中心悦而诚服也。"从来辨王霸莫如此言之深切著明。学者须知,孔孟之言治,其要只在贵德而不贵力。然孔孟有德无位,其道不行于当时,而其言则可垂法于后世。故横渠不曰"致"而曰"开"者,"致"是"实现"之称,"开"则"期待"之谓。苟非其人,道不虚行;果能率由斯道[5],亦必有实现之一日也。从前论治,犹知以汉唐为卑;今日论治,乃惟以欧美为极。从前犹以管、商、申、韩为浅陋,今日乃以孟梭里尼、希特勒为豪杰。今亦不暇加以评判,诸生但取六经所陈之治道,与今之政论比而观之,则知碔砆[6]不可以为玉,蝘蜓[7]不可以为龙,其相去何啻霄壤也。中国方遭夷狄侵陵,举国之人动心忍性,乃是多难兴邦之会。若曰图存之道期跂于现代国家而止,则亦是自己菲薄。今举横渠此言,欲为青年更进一解,养成刚大之资,乃可以济蹇难[8]。须信实有是理,非是姑为鼓舞之言也。

[1] 乌托邦:本意是"没有的地方"或者"好地方",延伸为虽然理想却不可能完成的好事情。其中文翻译也可以理解为"乌"是没有,"托"是寄托,"邦"是国家,"乌托邦"三个字合起来的意思即为"空想的国家"。
[2] 干羽:古代舞者所执的舞具。文舞执羽,武舞执干,指文德教化。格:是感化的意思。有苗:即三苗,舜时的一个部落。顽:是愚顽的意思。典故出自《尚书·虞书·大禹谟》:"帝乃诞敷文德,舞干羽于两阶,七旬有苗格。" [3] 礼让息虞芮之讼:虞(在今山西平陆县)、芮(在今陕西大荔县)两国之君争田,久而不决,有人说:"西伯姬昌是有德之人,让他来裁定吧。"于是他们一起去周国,到了周国边境,看到周人耕田的互相让地边,走

路的互相让道；进入周都邑，又看到周人男女不同路，斑白不提携；到了周朝廷，更发现周人士让大夫，大夫让卿，有礼有节。两国国君非常惭愧，说："我们真是小人，不要再踏进君子的朝廷里啦。"于是两国国君让出所争之地作为间原。　[4] 架漏牵补：成语"架漏过时，牵补度日"的缩写，亦作"牵补架漏"。牵补，又是"牵萝补屋"的缩写。总的意思是，勉强支撑，艰难度日。　[5] 率由斯道：遵循这个道。　[6] 碔砆（wǔ mín）：似玉的美石。　[7] 蝘蜒（yǎn yán）：属于脊索动物门爬行纲蜥蜴目石龙子科的动物。　[8] 蹇难（jiǎn nán）：犹言困苦艰难。

◎ 研读

　　这篇《横渠四句教》，因其博大精深而又言简意赅，历代传颂不衰。马一浮国学讲座伊始，就以"横渠四句教"启发学生立大志，体现了这位国学大师高卓旷远的文化情怀与对学子的殷切期望。

楷定国学名义 <small>国学者六艺之学也</small>

◎ 解题

"楷定"是佛教义学家解释佛经所使用的名词:"每下一义,须有法式,谓之楷定。楷,即法式之意,犹今哲学家所言范畴,亦可说为领域。故楷定即是自己定出一个范围,使所言之义不致凌杂无序或枝蔓离宗。"马一浮为什么不用"确定"或"假定"而要用"楷定"?那是因为,在他看来,"学问,天下之公,言'确定'则似不可移易,不许他人更立异议,近于自专。今言楷定,则仁智各见,不妨自立范围,疑则一任别参,不能强人以必信也。如吾今言国学是六艺之学,可以该摄其余诸学,他人认为未当,不妨各自为说,与吾楷定者无碍也。又'楷定'异于'假定'。假定者,疑而未定之词,自己尚信不及,姑作如是见解云尔。楷定则是实见得如此,在自己所立范畴内更无疑义"。《楷定国学名义》就是比较谦虚地提出自己的"国学"概念。

大凡一切学术,皆由思考而起,故曰"学原于思"。思考所得,必用名言,始能诠表。<small>诠是诠释,表是表显。</small>名言即是文字,名是能诠,思是所诠。凡安立一种名言,必使本身所含摄之义理明白昭晰,使人能喻,<small>释氏立文身、句身、名身,如是三身为一切言教必具之体。喻是领会晓了,随其根器差别而有分齐不同。例如颜子"闻一以知十",子贡"闻一以知二"之类。</small>谓之教体。<small>佛说此方以音声为教体。</small>必先喻诸己,而后能喻诸人。因人所已喻,而告之以其所未喻,才明彼,即晓此,因喻甲事而及乙事,辗转关通,可以助发增长人之思考力,方名为学。故学必读书穷理。书是名言,即是能诠,理是所诠,亦曰"格物致知"。

《泰和宜山会语》《复性书院讲录》注

物是一切事物之理，知即思考之功。《易·系辞传》曰："唯深也，故能通天下之志。"换言之，即是于一切事物表里洞然，更无暧隔，说与他人，亦使各各互相晓了，如是乃可通天下之志，如是方名为学。略说"学"字大意，次说"国学"名词。

"国学"这个名词，如今国人已使用惯了，其实不甚适当。照旧时用"国学"为名者，即是"国立大学"之称。今人以吾国固有的学术名为"国学"，意思是别于外国学术之谓。此名为依他起[1]，严格说来，本不可用。今为随顺时人语，暂不改立名目。然即依固有学术为解，所含之义亦太觉广泛笼统，使人闻之，不知所指为何种学术。照一般时贤所讲，或分为小学、文字学。经学、诸子学、史学等类，大致依四部立名。然四部之名本是一种目录，犹今图书馆之图书分类法耳。荀勖《中经簿》本分甲、乙、丙、丁，《隋书·经籍志》始立经、史、子、集之目，至今沿用，其实不妥。今故不具论，他日别讲。能明学术流别者，惟《庄子·天下篇》《汉书·艺文志》最具义类。今且不暇远引，即依时贤所举，各有专门，真是皓首不能究其义，举世不能竟其业。今诸生在大学所习学科甚繁，时间有限，一部十七史从何处说起？[2]

[1] 依他起：佛教唯识宗所立三性之一（另外二性分别是"遍计所执性"和"圆成实性"），指依于他缘而生起一切如幻假有等现象之诸法。此依他起性乃属有为之法，在百法中，除六无为法外，其他九十四法皆摄于此性之中。又众缘包括因缘、所缘缘、等无间缘、增上缘等四缘，若具足四缘，则能生起心法；若具足因缘、增上缘，则能生起色法。乃知一切有为之现象皆由因缘和合而生，因缘离散则诸法灭尽，此即一切诸法有而非有、无而非无之意，故佛典中常有"如幻假有，非有似有，假有无实"等说法。　[2] 十七史：指宋以前的历代纪传体正史。句意为，史籍浩繁，不知从何处入手进行评说。

现在要讲国学，第一须楷定"国学"名义。楷定，是义学家释经用字。每下一义，须有法式，谓之楷定。楷，即法式之意，犹今哲学家所言范畴，亦可说为领域。故楷定即是自己定出一个范围，使所言之义不致凌杂无序或枝蔓离宗。老子所谓"言有宗，事有君"也。何以不言"确定"而言"楷定"？学问，天下之公，言确定则似不可移易，不许他人更立异议，近于自专。今言楷定，则仁智各见，不妨自立范围，疑则一任别参，不能强人以必信也。如吾今言国学是六艺之学，可以该摄其余诸学，他人认为未当，不妨各自为说，与吾楷定者无碍也。又楷定异于假定。假定者，疑而未定之词，自己尚信不及，姑作如是见解云尔。楷定则是实见得如此，在自己所立范畴内更无疑义。第二须先读基本书籍。第三须讲求简要方法。如是诸生虽在校听讲时间有限，但识得门径不差，知道用力方法不错，将来可以自己研究，各有成就。

今先楷定国学名义。举此一名，该摄诸学，唯六艺足以当之。六艺者，即是《诗》《书》《礼》《乐》《易》《春秋》也。此是孔子之教，吾国二千余年来普遍承认一切学术之原皆出于此，其余都是六艺之支流。故六艺可以该摄[1]诸学，诸学不能该摄六艺。今楷定国学者，即是六艺之学。用此代表一切固有学术，广大精微，无所不备。某向来欲撰《六艺论》，郑康成亦有《六艺论》，今已不传。佚文散见群经注疏中，但为断片文字，不能推见其全体，殊为可惜。某今日所欲撰之书，名同实别，不妨各自为例。未成而遭乱，所缀辑先儒旧说、群经大义，俱已散失无存。今欲为诸生广说，恐嫌浩汗[2]，只能举其要略，启示一种途径，使诸生他日可自己求之。且为时间短促，亦不能不约说也。

[1] 该摄：统摄、包括。　[2] 浩汗：形容盛大繁多。

今举《礼记·经解》及《庄子·天下篇》说六艺大旨，明其统类如下：

《经解》引孔子曰："入其国，其教可知也。其为人也，温柔敦厚，《诗》教也；疏通知远，《书》教也；广博易良，《乐》教也；洁静精微，《易》教也；恭俭庄敬，《礼》教也；属辞比事，《春秋》教也。"

《庄子·天下篇》曰："《诗》以道志，《书》以道事，《礼》以道行，《乐》以道和，《易》以道阴阳，《春秋》以道名分。"

自来说六艺，大旨莫简于此。有六艺之教，斯有六艺之人。故孔子之言是以人说，庄子之言是以道说。《论语》曰："人能弘道，非道弘人。"道即六艺之道，人即六艺之人。有得六艺之全者，有得其一二者，所谓"学焉而得其性之所近"。《论语》记"子所雅言，《诗》《书》执礼"，"兴于《诗》，立于《礼》，成于《乐》"。《王制》："乐正崇四术，立四教，顺先王《诗》《书》《礼》《乐》以造士。春秋教以《礼》《乐》，冬夏教以《诗》《书》。"是知四教本周之旧制，孔子特加删订。《易》藏于太卜[1]，《春秋》本鲁史，孔子晚年始加赞述[2]，于是合为六经，亦谓之六艺。《史记·孔子世家》云："及门之徒三千，身通六艺者七十有二人。"旧以礼、乐、射、御、书、数当之，实误。寻上文叙次，孔子删《诗》《书》，定《礼》《乐》，赞《易》，修《春秋》，自必蒙上而言，六艺即是六经无疑。与《周礼》乡三物所言六艺有别，一是艺能，一是道术。乡三物所名礼，乃指仪容器数；所名乐，乃指铿锵节奏：是习礼乐之事，而非明其本原也。唯"六德"知、仁、圣、义、中、和，实足以配六经，此当别讲。今依《汉书·艺文志》以六艺当六经。经者，常也，以道言谓之经。艺犹树艺，以教言谓之艺。

[1] 太卜：古代官名，卜筮官之长。为殷商六太之一，周时属春官。
[2] 赞述："赞"是辅佐、赞助的意思，"述"是介绍、传播的意思。

◎ 研读

这篇《楷定国学名义》简明扼要地把"国学"这个名词的来龙去脉及其意义做了梳理，楷定"国学"就是"六艺之学"。并对"楷定"与"确定""假定"严格区别开来。功底深厚，理定词畅，深入浅出，入情入理，自信无疑却不强加于人，是名副其实的国学大师手笔。

论六艺该摄一切学术

◎解题

"六艺"是汉代学者对《诗》《书》《礼》《乐》《易》《春秋》六经的称呼。"该"作为副词，表示范围，相当于"全""都"。段玉裁《说文解字注》："摄，引持也。谓引进而持之也。凡云摄者皆整饬之意。"该摄，是囊括、统领的意思。马一浮认为，六艺能够囊括和统领古今中外一切学术。这个结论不仅是马一浮六艺论的核心思想，也是其全部国学的核心思想。

何以言六艺该摄一切学术？约为二门：一、六艺统诸子；二、六艺统四部。诸子依《汉志》，四部依《隋志》。

甲、六艺统诸子

欲知诸子出于六艺，须先明六艺流失。《经解》曰："《诗》之失愚，《书》之失诬，《乐》之失奢，《易》之失贼，《礼》之失烦，《春秋》之失乱。"学者须知，六艺本无流失，"学焉而得其性之所近"，俱可适道。其有流失者，习也。心习才有所偏重，便一向往习熟一边去，而于所不习者便有所遗，高者为贤、知之过，下者为愚、不肖之不及[1]，遂成流失。佛氏谓之边见，庄子谓之往而不反，此流失所从来，便是"学焉而得其习之所近"[2]，慎勿误为六艺本体之失，此须料简明白。

[1]《中庸》引孔子的话说："道之不行也，我知之矣：知者过之，愚者不及也。道之不明也，我知之矣：贤者过之；不肖者不及也。"大意是说，道之所以没人实践，是因为聪明人眼高手低，看不起脚踏实地的实践，而愚笨的人又不懂怎么去实践；道之所以没人明白，是因为贤能的人自以为做好了就行，不需要思考，而不肖的人又不知道怎么思考。　[2]"学焉而得其习之所近"：

《泰和宜山会语》《复性书院讲录》注

是著者从韩愈"学焉而得其性之所近"一句改造而成的话。一字之隔，义理有别。

《汉志》："诸子十家，其可观者九家。"其实九家之中，举其要者，不过五家，儒、墨、名、法、道是已。出于王官之说，不可依据，今所不用。《学记》曰："师严然后道尊，道尊然后民知敬学。是故君之所不臣于其民者二：当其为尸，则弗臣也；当其为师，则弗臣也。大学之礼，虽诏于天子，无北面，所以尊师也。"此明官、师有别，师之所诏并非官之所守也。《周礼》司徒之官有"师氏掌以媺[1]诏王"，"保氏掌谏王恶"。凡"王举则从，听治亦如之。"师氏"使其属率四夷之隶，各以其兵服守王之门外，且跸。"保氏"使其属守王闱。"此如后世侍从之官。郑注《冢宰》"以九两系邦国之民"，"师以贤得民"，"儒以道得民"，乃以诸侯之师氏、保氏当之，变保为儒，此实于义乖舛，不可从。《论语》："温故而知新，可以为师矣。"又语子夏："汝为君子儒，毋为小人儒。"此所言师、儒，岂可以官目之邪？《七略》旧文某家者流出于某官，亦以其言有关政治，换言之，犹曰某家者可使为某官。如"雍也，可使南面"云尔，岂谓如书吏之抱档案邪？如谓道家出于史官，今《老子》五千是否周之国史？墨家出于清庙之守，今墨书所言并非笾豆之事。此最易明。吾乡章实斋作《文史通义》[2]，创为"六经皆史"之说，以六经皆先王政典，守在王官，古无私家著述之例，遂以孔子之业并属周公，不知孔子"祖述尧舜，宪章文武"，乃以其道言之。若政典，则三王不同礼，五帝不同乐[3]，且孔子称《韶》《武》则明有抑扬，论十世则知其损益，并不专主于"从周"也。信如章氏之说，则孔子未尝为太卜，不得系《易》；未尝为鲁史，亦不得修《春秋》矣。《十翼》之文，广大悉备，太卜专掌卜筮，岂足以知之；笔削之旨，游、夏莫赞[4]，亦断非鲁史所能与也。"以吏为师"，秦之弊法，章氏必为回护，以为三代之遗，是诚何心！今人言思想自由，犹为合理。秦法"以古非今者族"[5]，乃是极端遏制自由思想，极为无道，亦是至愚。经济可以统制，思想云何由汝统制？曾谓三王之治世而有统制思想之事邪？惟《庄子·天下篇》则云："古之道术有在于是者，某某闻其风而说之。"乃是思想自由自然之果。所言"道德不一，天下多得一察焉以自好"，"各为其所欲以自为方"，"道术将为天下裂"，乃以"不该不遍"为病，故庄立"道术""方术"二名。(非如后世言"方术"当"方伎"也。)是以道术为该遍之称，而方术则为一家之学。谓方术出于道术，胜于九流出于王官之说多矣。与其信刘歆，不如信庄子。实斋之论甚卑而专，固亦与公羊家孔子改制之说同一谬误。且《汉志》出于王官之说，但指九家，其叙六艺，本无此言，实斋乃以六艺亦为王官所守，并非刘歆之意也。略为辨正于此，学者当知。不通六艺，不名为儒，此不待言。墨家统于《礼》，名、法亦统于《礼》，道家统于《易》。判其得失，分为四句：一、得多失多；二、得多失少；三、得少失多；四、得少失少。例如道家体大，观变最深，故老子得于《易》为多，而流为阴谋，其失亦多，"《易》之失贼"也。贼训害。庄子《齐物》[6]，好为无端厓之辞，以天下不可与庄语，得于《乐》之意为多，而不免流荡，亦是得多失多，"《乐》之失奢"也。奢是侈大之意。墨子虽非乐，而《兼爱》《尚同》实出于《乐》，《节用》《尊天》《明鬼》出于《礼》，而《短丧》[7]又与《礼》悖；墨经难读，又兼名家，亦出于《礼》。如墨子之于《礼》《乐》，是得少失多也。法家往往兼道家言，如《管子》，《汉志》本在道家，韩非亦有《解老》《喻老》，自托于道。其于《礼》与《易》，亦是得少失多。余如惠施、公孙龙子之流，虽极其辩，无益于道，可谓得少失少。其得多失少者，独有荀卿。荀本儒家，身通六艺，而言"性恶""法后王"是其失也。若诬与乱之失[8]，纵横家兼而有之，然其谈王伯[9]皆游辞，实无所得，故不足判。杂家亦是得少失少。农家与阴阳家虽出于《礼》与《易》，末流益卑陋，无足判。观于五家之得失，可知其学皆统于六艺，而"诸子学"之名可不立也。

[1] 媺（měi）：古同"美"。　[2] 章实斋：指章学诚（1738—1801），原名文镳、文酕，字实斋，号少岩，会稽（今浙江绍兴）人。清代史学家、思想家，中国古典史学的终结者，方志学奠基人。马一浮籍贯也是会稽，所以称章学诚为"吾乡章实斋"。　[3] 三王不同礼，五帝不同乐：盖本《唐会要》"五帝不同乐，三王不同礼"。实源自《史记》卷九十九所记叔孙通之言："五帝异乐，三王不同礼。"　[4] 司马迁《史记·孔子世家》："孔子在位听讼，文辞有可与人共者，弗独有也。至于为《春秋》，笔则笔，削则削，子夏之徒不能赞一辞。"著者"笔削之旨，游、夏莫赞"，根据在此。游：指子游。夏：指子

夏，在孔门皆属文学科。　[5] 族：即灭族，古代的一种残酷刑罚，一人有罪，把全家或包括母亲、妻家的人都杀死。　[6]《齐物》：指《庄子》中的《齐物论》一篇。　[7]《兼爱》《尚同》《节用》《尊天》《明鬼》《短丧》，皆《墨子》一书之篇名。　[8]"诬与乱之失"：即《礼记·经解》所说"《书》之失诬""《春秋》之失乱"。"诬"是文辞虚妄不实，"乱"是礼乐崩坏、社会无序。　[9] 王伯：即王霸。王道以德化，霸道以力治。王霸之辨，是儒家的重要辨析之一。

乙、六艺统四部

何以言六艺统四部？今经部立十三经、四书[1]，而以小学[2]附之，本为未允。六经唯《易》《诗》《春秋》是完书；《尚书》今文不完，古文[3]是依托；《仪礼》仅存士礼；《周礼》亦缺冬官；《乐经》本无其书，《礼记》是传，不当遗大戴而独取小戴[4]；《左氏》《公》《谷》三传亦不得名经；《尔雅》是释群经名物；唯《孝经》独专经名，其文与《礼记》诸篇相类；《论语》出孔门弟子所记；《孟子》本与《荀子》同列儒家，与二戴所采曾子、子思子、公孙尼子七十子后学之书同科，应在诸子之列，但以其言最醇，故以之配《论语》。然曾子、子思子、公孙尼子之言亦醇，何以不得与《孟子》并？二戴所记曾子语独多，后人曾辑为《曾子》十篇。《中庸》出子思子，《乐记》出公孙尼子，并见《礼记正义》，可信。然《礼记》所采七十子后学之书多醇。《大学》不必定为曾子之遗书，必七十子后学所记则无疑也。二戴兼采秦汉博士[5]之说，则不尽醇[6]。此须料简[7]。今定经部之书为宗经论、释经论[8]二部，皆统于经，则秩然矣。宗经、释经区分，本义学家判佛书名目，然此土与彼土著述大体实相通，此亦门庭施设，自然成此二例，非是强为差排[9]，诸生勿疑为创见。孔子晚而系《易》，《十翼》之文，便开此二例。《象》《彖》《文言》《说卦》是释经，《系传》《序卦》《杂卦》是宗经。寻绎可见。六艺之旨，散在《论语》而总在《孝经》，是为宗经论。《孟子》及二戴所采曾子、子思子、公孙尼子诸篇，同为宗经论。《仪礼·丧服传》子夏所作，是为释经论。三《传》及《尔雅》亦同为释经论。《礼记》不尽是传，有宗有释。《说文》附于《尔雅》，本保氏教国子以六书之遗。如是则经学、小学之名可不立也。诸子统于六艺，已见前文。

[1] 十三经：指南宋形成的十三部儒家经典。分别是《诗经》《尚书》《周礼》《仪礼》《礼记》《易经》《左传》《公羊传》《穀梁传》《论语》《尔雅》《孝经》《孟子》。其形成过程为：汉代立《诗》《书》《易》《仪礼》《春秋》于学官，为"五经"；唐代加《周礼》《礼记》，并将《春秋》分为《春秋左氏传》《春秋公羊传》《春秋穀梁传》，为"九经"；至开成年间刻石国子学，又加《孝经》《论语》《尔雅》为"十二经"；南宋复增《孟子》，因有"十三经"之称。四书：又称"四子书"，是《论语》《孟子》《大学》《中庸》的合称，为南宋以来儒家学子研习之核心经典。南宋朱熹取《礼记》中的《中庸》《大学》两篇文章单独成书，与记录孔子言行的《论语》记录孟子言行的《孟子》合为"四书"。　[2] 小学：指研究文字字形、字义及字音的学问。包括文字学、声韵学及训诂学等。　[3] 古文：指上古的文字，主要指甲骨文、金文、籀文和战国时通行于六国的文字。汉代称当时通行的隶书为今文，以别于籀书的古文。　[4] 大戴：指戴德。小戴：指戴圣，是戴德的侄子。叔侄二人都是西汉的经学大师，尤其擅长礼学，二人合称为"大小戴"或"二戴"。戴德有《大戴礼记》八十五篇（现存三十九篇）传世，戴圣有《小戴礼记》四十九篇传世。　[5] 博士：古代学官名。起源于战国，秦、汉时设置。因其掌通古今，以备咨诣，为学术顾问的性质。　[6] 醇：通"纯"，纯粹，无杂质。　[7] 料简：清理检查，清点查看。　[8] 释经论：佛教经典分为经、律、论三藏。其中论藏又分为两种：一种叫宗经论，一种叫释经论。太虚法师说："宗经论，宗主经意自别立论；释经论，依据经文解释造论。"　[9] 差(chāi)排：安排、差遣。

其次言史。司马迁作《史记》，自附于《春秋》。《班志》因之[1]。纪传[2]虽由史公所创，实兼用编年之法[3]；多录诏令奏议，则亦《尚书》之遗意。诸《志》特详典制，则出于《礼》。如：《地理志》祖《禹贡》，《职官志》祖《周官》，准此可推。记事本末，则左氏之遗则也。史学巨制[4]，莫如《通典》《通志》《通考》，世称

"三通"，然当并《通鉴》计之为四通。编年记事，出于《春秋》；多存论议，出于《尚书》；记典制者，出于《礼》。判其失亦有三：曰诬，曰烦，曰乱。知此，则知诸史悉统于《书》《礼》《春秋》，而史学之名可不立也。

[1]《班志》：即《汉书·志》，汉班固撰。凡《律历志》《礼乐志》《刑法志》《食货志》《郊祀志》《天文志》《五行志》《地理志》《沟洫志》《艺文志》十篇。因之：即继承之。 [2] 纪传：是我国传统史书的一种体裁，以人物传记为中心叙述史实。皇帝的传记称"纪"，一般人的称"传"，特殊情形的人物称"载记"，记载制度、风俗、经济等称"志"，以表格排列历史大事称"表"。 [3] 编年之法：按年代顺序编排史料、著作等。《公羊传·隐公六年》："《春秋》编年，四时具，然后为年。" [4] 巨制：指伟大的作品，规模较大的作品。

其次言集部。文章体制流别虽繁，皆统于《诗》《书》。《汉志》犹知此意，故单出"诗赋略"[1]，便已摄尽。六朝以有韵为文，无韵为笔，后世复分骈散[2]，并弇陋[3]之见。"《诗》以道志，《书》以道事"，文章虽极其变，不出此二门。志有浅深，故言有粗妙；事有得失，故言有纯驳[4]。思知言不可不知人，知人又当论其世，故观文章之正变[5]而治乱之情可见矣。今言文学，统于《诗》者为多。《诗·大序》曰："治世之音安以乐，其政和；乱世之音怨以怒，其政乖；亡国之音哀以思，其民困。"三句便将一切文学判尽。《论语》曰："诵《诗》三百，授之以政，不达"，"虽多，亦奚以为？"可见《诗》教通于政事。"《书》以道事"，《书》教即政事也，故知《诗》教通于《书》教。《诗》教本仁，《书》教本知。古者教《诗》于南学，教《书》于北学，即表仁知也。《乡饮酒义》曰："向仁""背藏""左圣""右义"[6]。藏即是知。"知以藏往"[7]，故知是藏义。教《乐》于东学，表圣；教《礼》于西学，表义。故知、仁、圣、义，即是《诗》《书》《礼》《乐》四教也。前以六艺流失判诸子，独遗

《诗》教。"《诗》之失愚",唯屈原、杜甫足以当之,所谓"古之愚也直"。六失之中,唯失于愚者不害为仁,故《诗》教之失最少。后世修辞不立其诚,浮伪夸饰,不本于中心之恻怛,是谓"今之愚也诈"[8]。以此判古今文学,则取舍可知矣。两汉文章近质,辞赋虽沉博极丽,多以讽谕为主,其得于《诗》《书》者最多,故后世莫能及。唐以后,集部之书充栋,其可存者,一代不过数人。至其流变,不可胜言,今不具讲。但直抉根原,欲使诸生知其体要咸统于《诗》《书》,如是则知一切文学皆《诗》教、《书》教之遗,而集部之名可不立也。

[1]"诗赋略":名出自西汉刘歆撰写的《七略》。《七略》是中国第一部官修目录和第一部目录学著作,分别为辑略、六艺略、诸子略、诗赋略、兵书略、术数略、方技略。 [2]骈:指骈文。散:指散文。骈文又称骈体文、骈俪文或骈偶文,中国古代以字句两两相对而成篇章的文体,因其常用四字句、六字句,故也称"四六文"或"骈四俪六",全篇以双句(俪句、偶句)为主,讲究对仗的工整和声律的铿锵。中国六朝以来,为区别于韵文与骈文,把凡不押韵、不重排偶的散体文章(包括经传史书),统称"散文"。后又泛指诗歌以外的所有文学体裁。 [3]弇(yǎn)陋:见识浅薄。 [4]纯:是纯粹不含杂质。驳:是驳杂,本指颜色不纯夹杂着别的颜色。 [5]正变:原指《诗经》的正风、正雅和变风、变雅。《国风》中作于周王朝政治衰乱时期的作品,统称为"变风",与"正风"相对。《诗大序》:"至于王道衰,礼仪废,政教失,国异政,家殊俗,而变风变雅作矣。"这里泛指一切文章由正到变的过程及其规律。 [6]语出《礼记·乡饮酒义》,原文是:"天子之居也,左圣,向仁,右义,背藏。" [7]知以藏往:知识是用来收藏过往的经验教训的。语出《周易·系辞上》:"圣人以此洗心,退藏于密,吉凶与民同患。神以知来,知以藏往,其孰能与于此哉!" [8]《论语·阳货篇第十七》:"古之愚也直,今之愚也诈而已矣。"愚者,暗昧不明。直,谓径行自遂,无所防戒。诈,则挟私欺诳,并其愚亦不见矣。

上来所判,言虽简略,欲使诸生于国学得一明白概念,知六艺总摄一切学术,然后可以讲求。譬如行路,须先有定向,知所向后,循而行之，乃有归趣。不然则博而寡要，劳而少功，泛泛寻求，真是若涉大海，茫无津涯[1]。吾见有人终身读书，博闻强记而不得要领，绝无受用，只成得一个书库，不能知类旁通。如是又何益哉？复次当知讲明六艺不是空言，须求实践。今人日常生活，只是汩没[2]在习气中，不知自己性分内本自具足一切义理。故六艺之教，不是圣人安排出来，实是性分中本具之理。《记》曰："天尊地卑，万物散殊[3]，而礼制行矣；流而不息，合同而化，而乐兴焉。""礼者，天地之序。""乐者，天地之和。"故曰："礼乐不可斯须去身。""仁者见之谓之仁，知者见之谓之知，百姓日用而不知。"自性本具仁智，由不见，故日用不知，溺于所习，流为不仁不知。《礼》《乐》本自粲然，不可须臾[4]离，由于不肯率由[5]，遂至无序不和。今人亦知人类须求合理的生活，亦曰正常生活，须知六艺之教即是人类合理的正常生活，不是偏重考古，徒资言说而于实际生活相远的事。今所举者，真是大辂椎轮[6]，简略而又简略，然祭海先河[7]，言语之序，亦不得不如此。

[1] 津涯：岸，水边，引申为范围、边际。　[2] 汩没（gǔ mò）：沉沦。　[3] 散殊：各不相类，各有区别。　[4] 须臾：片刻。　[5] 率由：遵循，沿用。　[6] 大辂椎轮（dà lù zhuī lún）：南朝梁·萧统《〈文选〉序》："若夫椎轮为大辂之始，大辂宁有椎轮之质。"大辂：古代华美的大车。椎轮：无辐条的原始车轮。谓大辂由椎轮逐步演变而成，比喻事物的进化，由简到繁，由粗至精。后人亦称始创者为"大辂椎轮"。　[7] 祭海先河：《礼记·学记》："三王之祭川也，皆先河而后海。"比喻做事要先本后末。

论六艺统摄于一心

语曰："举网者必提其纲，振衣者必挈其领。"先需识得纲领，然后可及其条目。前讲六艺之教可以统摄一切学术，这是一个总纲，真是"范围天地之化而不过，曲成万物而不遗"[1]。学者须知六艺本是吾人性分内所具的事，不是圣人旋[2]安排出来。吾人性量本来广大，性德本来具足，故六艺之道即是此性德中自然流出的，性外无道也。从来说性德者，举一全该则曰仁，开而为二则为仁知、为仁义，开而为三则为知、仁、勇，开而为四则为仁、义、礼、知，开而为五则加"信"而为五常，开而为六并知、仁、圣、义、中、和而为六德。就其真实无妄言之，则曰"至诚"；就其理之至极言之，则曰"至善"。故一德可备万行，万行不离一德。知是仁中之有分别者，勇是仁之中有果决者，义是仁中之有断制者，礼是仁中之有节文者，信即实在之谓，圣则通达之称，中则不偏之体，和则顺应之用，皆是吾人自心本具的。

[1] 语出《周易·系辞上》："易与天地准，故能弥纶天地之道……范围天地之化而不过，曲成万物而不遗，通乎昼夜之道而知，故神无方而易无体。"指《易经》广大悉备，天地万物化育之理，它全部包括了，无所逾越，没有遗漏。　[2] 旋（xuàn）：临时（做）。

心统性情[1]：性是理之存，情是气之发。存谓无乎不在，发则见之流行。理行乎气中，有是气则有是理。因为气禀不能无所偏，故有刚柔善恶，《通书》曰："刚善为义、为直、为断、为严毅、为干固，恶为猛、为隘、为强梁；柔善为慈、为顺、为巽[2]，恶为懦弱、为无断、为邪佞。"先儒谓之"气质之性"。圣人之教，使人自易其恶，自至其中，便是变化气质，复其本然之善。此本然之善，名为"天命之性"，纯乎理者也。气质之性，自横渠始有此名。汉儒言性，皆祖述荀子，只见气质之性。然气质之性亦不一向是恶。恶只是个过不及之名。故天命之性纯粹至善,气质之性有善有恶,方为定论。若孟子道性善,则并气质亦谓无恶。如谓:"富岁,子弟多赖;凶年,子弟多暴。非天之降才尔殊也,其所以陷溺其心者然也。"又曰:"若夫为不善,非才之罪也。"才即是指气质。孟子之意是以不善完全由于习,气质元无不善也。汉人说性,往往以才性连文为言,不免含混,故当从张子。然天命之性与气质之性并非是两重。程子曰:"论性不论气则不备,论气不论性则不明;二之则不是。"气质之性有善有不善,犹水之有清浊也。清水浊水,元是一水。变化气质,即是去其砂石,使浊者变清。及其清时,亦只是元初水,不是别将个清的水来换却浊的。此理自然流出诸德,故亦名为天德。见诸行事,则为王道。六艺者,即此天德王道之所表显。故一切道术皆统摄于六艺,而六艺实统摄于一心,即是一心之全体大用也。《易》本隐以之显,即是从体起用。《春秋》推见至隐,即是摄用归体。故《易》是全体,《春秋》是大用。伊川作《明道行状》曰:"穷神知化,由通于礼乐;尽性至命,必本于孝弟。"须知《易》言神化,即礼乐之所从出;《春秋》明人事,即性道之所流行。《诗》《书》并是文章,孔子称"尧焕乎其有文章",子贡称"夫子之文章",此言文章乃是圣人之大业,勿误作文辞解。文章不离性道,故《易》统《礼》《乐》,横渠《正蒙》云:"一故神,二故化。"礼主别异,二之化也;乐主和同,一之神也。礼主减,乐主盈,礼减而进,以进为文,乐盈而反,以反为文,皆阴阳合德之理。《春秋》该《诗》《书》。孟子谓"王者之迹息而《诗》亡,《诗》亡然后《春秋》作",故《春秋》继《诗》。《诗》是好恶之公,《春秋》是褒贬之正。《尚书》称二帝三王极其治,《春秋》讥五伯极其乱,拨乱世反之正,因行事加王心,皆所以继《书》也。以一德言之,皆归于仁;以二德言之,《诗》《乐》为阳是仁,《书》《礼》为阴是知,亦是义;以三德言之,则《易》是圣人之大仁,《诗》《书》《礼》《乐》并是圣人之大智,而《春秋》是圣人之大勇;以四德言之,《诗》《书》《礼》《乐》即是仁、义、礼、智;此以《书》配义,《乐》配智也。以五德言之,《易》明天道,《春秋》明人事,皆信也,皆是实理也;以六德言之,《诗》主仁,《书》主知,《乐》主圣,《礼》主义,《易》明大本是中,《春秋》明达道是和。《中庸》曰："惟天下至圣，为能聪明睿知，足以有临也；此为德之总相。宽裕温柔，足以有容也；仁德之相。发强刚毅，足以有执也；义德之相。齐庄中正，足以有敬也；礼德之相。文理密察，足以有别也。智德之相。溥博渊泉，而时出之。"溥博言其大，渊泉言其深。此为圣人果上之德相[3]。《经解》所言"温柔敦厚"，"疏通知远"，"广博易良"，"恭俭庄敬"，"洁净精微"，"属辞比事"，则为学者因地[4]之德相。而"洁净精微"之因德，与"聪明睿知"之果德并属总相，其余则为别相。曰圣曰仁，亦是因果相望，并为总相。总不离别，别不离总，六相摄归一德，故六艺摄归一心。圣人以何圣？圣于六艺而已。大哉，六艺之为道！大哉，一心之为德！学者于此可不尽心乎哉？

[1] 语出《张载集·性理拾遗》："张子曰：心统性情者也。"意思是说，心统摄性和情两个方面。　　[2] 巽（xùn）：古同"逊"，谦让恭顺。[3] 德相：表示道德的法相。　　[4] 因地：佛教相对于"果地"而立的名词。指修行佛道的发心阶段和修行阶段，此时还没有修成佛的果位。

论西来学术亦统于六艺

六艺,不唯统摄中土一切学术,亦可统摄现在西来一切学术。举其大概言之,如自然科学,可统于《易》,社会科学或人文科学,可统于《春秋》。因《易》明天道,凡研究自然界一切现象者,皆属之。《春秋》明人事,凡研究人类社会一切组织形态者,皆属之。董生言:"不明乎《易》,不能明《春秋》。"如今治社会科学者,亦须明自然科学,其理一也。

"物生而后有象,象而后有滋,滋而后有数。"[1]今人以数学、物理为基本科学,是皆《易》之支与流裔,以其言皆源于象数[2]而其用在于制器。《易传》曰:"以制器者尚其象。"[3]凡言象数者,不能外于《易》也。人类历史过程,皆由野进于文,由乱而趋于治,其间盛衰兴废、分合存亡之迹,蕃变错综。欲识其因应之宜,正变之理者,必比类以求之,是即《春秋》之比事也;说明其故,即《春秋》之属辞也[4]。属辞以正名,比事以定分[5]。社会科学之义,亦是"以道名分"为归。凡言名分者,不能外于《春秋》也。文学、艺术统于《诗》《乐》,政治、法律、经济统于《书》《礼》,此最易知。宗教虽信仰不同,亦统于《礼》,所谓"亡于礼者之礼也"[6]。哲学思想派别虽殊,浅深小大亦皆各有所见,大抵本体论近于《易》,认识论近于《乐》,经验论近于《礼》。唯心者,《乐》之遗;唯物者,《礼》之失。凡言宇宙观者,皆有《易》之意;言人生观者,皆有《春秋》之意。但彼皆各有封执,而不能观其会通。庄子所谓"各得一察焉以自好","各为其所欲以自为方"者[7],由其习使然。若能进之以圣人之道,固皆六艺之材也。道一而已,因有得失,故有同异,同者得之,异者失之。《易》曰:"天下同归而殊途,一致而百虑。天下何思何虑?""睽而知其类,异而知其通"[8],夫何隔碍之有？勉实言之，全部人类之心灵，其所表现者，不能离乎六艺也。全部人类之生活，其所演变者，不能外乎六艺也。故曰"道外无事，事外无道"。因其心智有明有昧，故见之行事有得有失。孟子曰："行矣而不著，习矣而不察，终身由之而不知其道者，众也。"[9]彼虽或得或失，皆在六艺之中，而不自知为六艺之道。《易》曰："百姓日用而不知。"其此之谓矣。苏子瞻有诗云："不识庐山真面目，只缘身在此山中。"岂不信然哉！

[1]《左传·僖公十五年》："韩简侍，曰：'龟，象也；筮，数也。物生而后有象，象而后有滋，滋而后有数。'"滋：是增益、加多、成长的意思。　[2] 象数：指《易经》的象与数。《周易》以天、地、日、月、山、泽等为象，初、上、九、六之类为数。广义上说，"象"相当于我们今天所谓现象，"数"相当于我们今天所谓数学。　[3] 语出《周易·系辞上》："以言者尚其辞，以动者尚其变，以制器者尚其象，以卜筮者尚其占。"　[4]《礼记·经解》："属辞比事，《春秋》教也。"属辞：指撰写诗文。比事：指排比史实。属辞比事：指撰写文辞来记载史实。　[5]《庄子·天下》："《易》以道阴阳，《春秋》以道名分。"儒家思想中，君臣、父子、夫妻、兄弟、朋友、师徒种种社会角色之名称为"名"；相应的道德责任、社会义务称为"分"。春秋时期，名多不正，分多不实，故孔子作《春秋》以正名定分。　[6] 语出《礼记·檀弓上》。意思是说，宗教是在没有礼制之地发挥着礼制功能的近似物。　[7] 语出《庄子·天下篇》。"得一察焉以自好"，意思是喜好自己从局部经验中得到的一点见识。"为其所欲焉以自为方"，意思是把自己感兴趣的某个方面作为专门从事的领域。　[8] 语出《周易略例·明爻通变》，意思是，对乖违的双方知道它们的相似之处，对不同的双方知道它们的相通之处。　[9] 语出《四书章句集注·尽心章句上》。朱子《集注》："著者，知之明；察者，识之精。言方行之而不能明其所当然，既习矣而犹不识其所以然，所以终身由之而不知其道者多也。"

学者当知，六艺之教固是中国至高特殊之文化。唯其可以推行于全人类，放之四海而皆准，所以至高；唯其为现在人类中尚有多数未能了解，百姓日用而不知，所以特殊。故今日欲弘六艺之道，并不是狭义的保存国粹,单独的发挥自己民族精神而止,是要使此种文化普遍的及于全人类,革新人类习气上之流失,而复其本然之善,全其性德之真,方是成己成物、尽己之性、尽人之性,方是圣人之盛德大业。若于此信不及,则是于六艺之道犹未能有所入,于此至高特殊的文化尚未能真正认识也。诸君勿疑此为估价太高,圣人之道实是如此。世界无尽,众生无尽,圣人之愿力亦无有尽。人类未来之生命方长,历史经过之时间尚短。天地之道,只是个"至诚无息";圣人之道,只是个"纯亦不已"[1]。往者过,来者续,本无一息之停。此理决不会中断,人心决定是同然。若使西方有圣人出,行出来的也是这个六艺之道,但是名言不同而已。

[1] 语出《中庸》第三十一章。意思是说,天所以为天,文王所以为文,皆由行之无已,为之不止。

诸生当知,六艺之道是前进的,绝不是倒退的,切勿误为开倒车;是日新的,决不是腐旧的,切勿误为重保守;是普遍的,是平民的,决不是独裁的,不是贵族的,切勿误为封建思想。要说解放,这才是真正的解放;要说自由,这才是真正的自由;要说平等,这才是真正的平等。西方哲人说的真、美、善,皆包含于六艺之中。《诗》《书》是至善,《礼》《乐》是至美,《易》《春秋》是至真。《诗》教主仁,《书》教主智,合仁与智,岂不是至善么?《礼》是大序,《乐》是大和,合序与和,岂不是至美么?《易》穷神知化[1],显天道之常,《春秋》正名拨乱[2],示人道之正,合正与常,岂不是至真么?诸生若于六艺之道,深造有得,真是左右逢源,万物皆备。所谓尽虚空,遍法界,尽未来际,更无有一事一理能出于六艺之外者也。吾敢断言:天地一日不毁,人心一日不灭,则六艺之道炳然常存。世界人类一切文化最后之归宿,必归于六艺,而有资格为此文化之领导者,则中国也。今人舍弃自己无上之家珍,而拾人之土苴绪余[3]以为宝，自居于下劣，而奉西洋人为神圣，岂非至愚而可哀？诸生勉之。慎勿安于卑陋，而以经济落后为耻，以能增高国际地位遂以为可矜。须知今日所名为头等国者，在文化上实是疑问。须是进于六艺之教，而后始为有道之邦也。不独望吾国人兴起，亦望全人类兴起，相与坐进此道。勉之！勉之！

[1] 穷神知化：穷究事物的神妙，了解事物的变化。语出《周易·系辞传下》："穷神知化，德之盛也。"孔颖达疏："穷极微妙之神，晓知变化之道，乃是圣人德之盛极也。" [2]《公羊传·哀公十四年》："君子曷为为《春秋》？拨乱世，反诸正，莫近诸《春秋》。"正名：辨正名称、名分，使名实相符。《论语》："子路曰：'卫君侍子而为政，子将奚先？'子曰：'必也正名乎。'" [3]《庄子·让王》："道之真以治身，其绪余以为国家，其土苴以治天下。"陆德明释文："司马云：'土苴，如粪草也。'李云：'土苴，糟魄也。'皆不真物也。""司马、李云：'绪者，残也，谓残余也。'"

《泰和宜山会语》《复性书院讲录》注

举六艺明统类是始条理之事

◎ 解题

"统类"最早出现在《荀子》一书中。荀子认为，言语虽然千举万变，但其统类却是一，这是圣人的智慧。马一浮继承了这个概念并进行了理学的解释，他说："统是指一理之所该摄而言，类是就事物之种类而言。""始条理之事"这个说法则来源于《孟子》。孟子说："始条理者，智之事也；终条理者，圣之事也。"马一浮认为："圣人之知，统类是一，这便是始条理；圣人之道，本末一贯，这便是终条理。"他将荀子和孟子的概念运用到自己的六艺论中，以阐明他所创发的"六艺统摄一切学术"而"六艺又统摄于一心"的结论。

荀子曰："有圣人之知，有士君子之知，有小人之知，有役夫之知。多言则文而类[1]，终日议其所以，言之千举万变，其统类一也，是圣人之知也。少言则径而省，论而法，若佚之以绳[2]，佚犹引也。是士君子之知也。"今言六艺统摄一切学术，言语说得太广，不是径省之道。颇有朋友来相规诫[3]，谓"先儒不曾如此。今若依此说法，殊欠谨严，将有流失，亟须自己检点"。此位朋友，某深感其相为之切，故向大众举出，以见古道犹存，在今日是不可多得的。然义理无穷，先儒所说虽然已详，往往引而不发，要使学者优柔自得[4]，学者寻绎其义，容易将其主要处忽略了，不是用力之久，自己实在下一番体验功夫，不能得其条贯[5]。若只据先儒旧说搬出来诠释一回，恐学者领解力不能集中，意识散漫，无所抉择，难得有个入处，所以要提出一个统类来。如荀子说"言虽千举万变，其统类一也"。《易传》佚文[6]曰："得其一，万事毕。"一者何？即是理也。物虽万殊，事虽万变，其理则一。明乎此，则事物之陈于前者，至赜而不可恶[7]，至动而不可乱，于吾心无惑也。孔子自说"下学而上达"，下学是学其事，上达是达其理。朱子云："理在事中，事不在理外。"一物之中皆具一理，就那物中见得这个理，便是上达。两件只是一件，所以下学上达不能打成两橛。事物古今有变易，理则尽未来无变易。于事中见理，即是于变易中见不易。若舍理而言事，则是滞于偏曲；离事而言理，则是索之杳冥。须知一理该贯万事，变易元是不易，始是圣人一贯之学。佛氏华严宗有四法界之说：一、事法界，二、理法界，三、理事无碍法界，四、事事无碍法界。孔门六艺之学，实具此四法界，虽欲异之而不可得，先儒只是不说耳。学者虽一时辏泊[8]不上，然不可不先识得个大体，方不是舍本而求末，亦不是遗末而言本。今举六艺之道，即是拈出这个统类来。统是指一理之所该摄而言，类是就事物之种类而言。统，《说文》云"纪也"；纪，"别丝也"，俗言丝头。理丝者必引其端为纪，总合众丝之端则为统，故引申为本始之称，又为该摄之义。"类"有两义：一相似义，如"万物睽而知其类也"是；一分别义，如"君子以类辨物"是。《说文》："种类相似，唯犬为甚。"故从犬。知天下事物种类虽多，皆此一理之所该摄，然后可以相通而不致相碍。"人能弘道，非道弘人。"如此方有弘的意思。圣人往矣，其道则寓于六艺，未尝息灭也。六艺是圣人之道，即是圣人之知。行其所知之谓道。今欲学而至于圣人之道，须先明圣人之知。知即是智。孟子曰："始条理者，智之事也；终条理者，圣之事也。"圣人之知，统类是一，这便是始条理；圣人之道，本末一贯，这便是终条理。《易》曰："知至至之，可与几也；知终终之，可与存义也。"今虽说得周遮[9]浩汗，不是下稍没收煞[10]。言必归宗，期于圣人之言无所乖畔[11]。始条理是博文，终条理便是约礼。礼即是理，经籍中二字通用不别。孟子曰："博学而详说之，将以反说约也。"这不是教学者躐等[12]，是要学者致思。"学而不思则罔，思而不学则殆。"朱子说："罔是昏而无得，殆是危而不安。"《或问》又曰："罔者，其心昏昧，虽安于所安，而无自得之见。殆者,其心危迫,虽得其所得,而无可即之安。"若不入思惟,所有知识都是从闻见外铄的,终不能与理相应。即或有相应时,亦是亿中[13],不能与理为一。故今不避词费,丁宁反复,只是要学者合下知道用思,用思才能入理。虽然,多说理,少说事。事相繁多,要待学者自己去逐一理会。理则简易,须是待人启发,才有入处,便可触类旁通。《易》曰:"引而申之,触类而长之,天下之能事毕矣。"

[1] 唐·扬倞注:"文,谓言不鄙陋也。类,谓其统类不乖谬也。" [2] 唐·扬倞注:"径,易也。省,谓辞寡。论而法,谓论议皆有法,不放纵也。论,或为'伦'。佚,犹引也。佚以绳,言其直也。圣人经营事广,故曰多言;君子止恭其所守,故曰少言也。"而王先谦《荀子集解》则谓:"佚当读为秩。秩之言,次也,序也。" [3] 规诫:规劝告诫。 [4] 优柔:宽舒、从容不迫。 [5] 条贯:一个事情的内部结构,条理;做事的顺序或手续。 [6] 佚文:散失的文辞或篇什。 [7] 语出《周易·系辞传》。赜:《疏》谓"幽深难见"。《释文》:"赜,京氏作'嘖'。"徐铉《说文叙》辨俗书讹谬,不合六书之体者,以"赜"为假借之字,当通用"嘖"。《朱子语类》:"'赜'字在《说文》曰'杂乱也'。古无此字,只是'嘖'字。今从'赜',亦是'嘖'之义。'言天下之至赜而不可恶',虽是杂乱,圣人却于杂乱中见其不杂乱之理,便与下句'天下之至动而不可乱'相对。" [8] 辏泊(còu bó):船之停泊于岸旁谓"辏泊",比喻接近。 [9] 周遮:话多的样子。 [10] 收煞:收尾,结束。 [11] 乖畔:违背,反叛。 [12] 躐(liè)等:超越等级,不循次序。 [13] 亿中:谓料事能中。语本《论语·先进》:"赐不受命,而货殖焉,亿则屡中。"

《周礼》司徒之官有大司乐,"掌成均之法,以治建国之学政,而合国之子弟。"《乐经》无书,先儒亦有以《大司乐》一篇当之者。郑注引董仲舒云:"成均,五帝之学。"《礼记·文王世子》亦有"成均"。古之大学,何以名为"成均"?今略说其义。成是成就,均是周徧。《说文》:"均,平徧也。""徧,周匝也。"此本以乐教为名。乐之一终为一成,亦谓一变。乐成则更奏,故谓变。九成亦言九变。均即今之"韵"字。

八音克谐，无相夺伦，和之至也。大学取义如此，可以想见当时德化之盛。孟子说"孔子之谓集大成"，亦是以乐为比。故曰："集大成也者，金声而玉振之也。金声也者，始条理也；玉振之也者，终条理也。始条理者，智之事也；终条理者，圣之事也。"条，如木之有条；理，如玉之有理。朱注云："条理，犹言脉络，指众音而言。智者，知之所及；圣者，德之所就。"《文集》云："智是见得彻，圣是行得彻。"朱子注此章，说得最精，言"孔子集三圣之事而为一大圣之事。三圣，谓上文伯夷、伊尹、柳下惠。犹作乐者，集众音之小成，而为一大成也。（中略）盖乐有八音，（中略）若独奏一音，则其音自为始终而为一小成，犹三子之所知偏于一，而其所就亦偏于一也。八音之中，金石为重，故特为众音之纲纪。又金始震而玉终诎然[1]，故并奏八音，则于其未作先击镈[2]钟以宣其声，俟其既阕[3]，而后击特磬[4]以收其韵。宣以始之，收以终之。二者之间，脉络通贯，无所不备，则合众小成而为一大成。犹孔子之知无不尽而德无不全也"。"伯夷合下只见得清，其终亦只成就得个清底；伊尹合下只见得任，其终亦只成就得个任底；柳下惠合下只见得和，其终亦只成就得个和底。"[5]此便是小成。吾人既欲学圣人，便不可安于小知，蔽于曲学[6]，合下规模要大，心量要宽。亦如作乐之八音并奏，通贯谐调，始以金声，终以玉振。如此成就，方不是小小。今举六艺以明统类，乃正是始条理之事。古人成均之教，其意义亦是如此。学者幸勿以吾言为"河汉而无极也"[7]。

[1] 诎（qū）然：绝止貌。《礼记·聘义》："叩之，其声清越以长，其终诎然乐也。" [2] 镈（bó）：古代钟一类的乐器。 [3] 阕（què）：曲终。 [4] 特磬（qìng）：特悬磬。古代一种打击乐器，玉或石制。殷墟出土的有半圆形与稍作曲折形的两种，后多作曲折形。周代以来，用于雅乐。 [5] 语出《朱子语类》卷五十八。 [6] 曲学：邪曲的学术。《史记·赵世家》："穷乡多异，曲学多辨。" [7] 语出《庄子·逍遥游》："大而无当，往而不返，吾惊怖其言，犹河汉而无极也。"河汉：天河、银河，比喻言语大

《泰和宜山会语》《复性书院讲录》注

而无当,空泛不切实际。后引申为忽视或不信任他人的话。

◎ 研读

　　《论六艺该摄一切学术》,是马一浮继《楷定国学名义》后的一篇扛鼎之作。连同后面的《论六艺统摄于一心》《论西来学术亦统于六艺》以及《举六艺明统类是始条理之事》三篇论文,共同构成著者六艺论的基本框架,是著者把握我国学术源流的重大理论创造,对于我们宏观了解我国传统学术的"一以贯之"的整体性具有重要的参考价值。尽管著者的《六艺论》一书最终没能完成,但凭借《泰和会语》的这五篇论文,我们仍然可以大致了解著者关于中国学术历史和中国学术体系的博大精深的思想。著者说:"西方哲人说的真、美、善,皆包含于六艺之中。"还说:"所谓尽虚空,遍法界,尽未来际,更无有一事一理能出于六艺之外者也。"甚至断言:"天地一日不毁,人心一日不灭,则六艺之道炳然常存。世界人类一切文化最后之归宿,必归于六艺,而有资格为此文化之领导者,则中国也。"值此中华民族和文化复兴之际,重温著者九十多年前的宏论,其学养之深,慧悟之高,自信之强,义理之精,阐述之明,堪称三千年来中国学术的精彩总结。

论语首末二章义

◎ 解题

顾名思义，本篇阐述《论语》第一章和最后一章所蕴含的大义。

《论语》记孔子及诸弟子之言，随举一章，皆可以见六艺之旨。然有总义，有别义。别义易见，总义难知。果能身通六艺，则于别中见总，总中见别，交参互入，无不贯通。故程子说："圣人无二语，彻上彻下只是一理。"谢上蔡说："圣人之学无本末，无内外，从洒扫、应对、进退以至精义入神[1]，只是一贯。一部《论语》，只怎么看？"扬子云说："圣人之言远如天，贤人之言近如地。"程子改之曰："圣人之言，其远如天，其近如地。"学者如能善会，即小可以见大，即近可以见远，真是因该果海，果彻因原。《易·系传》曰"无有远近幽深，遂知来物"者，方来之事相，即是见微而知其著，见始而知其终。如樊迟问仁，子曰："爱人。"问知，子曰："知人。"学者合下便可用力，及到圣人地位，尧舜之仁，爱人而已矣；尧舜之知，知人而已矣。亦只是这个道理，非是别有。此乃是举因该果之说。其他问仁、问政，如此类者甚多，且须善会。今举《论语》首末二章，略明其义。

[1] 精义入神：意思是精细体认义理而达到神妙难测的境界。语出《周易·系辞下》："精义入神，以致用也。"

首章曰："学而时习之，不亦说乎？有朋自远方来，不亦乐乎？人不知而不愠，不亦君子乎？"说、乐都是自心的受用，时习是功夫，朋来是效验。说是自受用，乐是他受用[1]，自他一体，善与人同[2]。故说意深微而乐意宽广，此即兼有《礼》《乐》二教义也。《说命》曰："敬逊务时敏，厥修乃来。"实时习义。"坐如尸"，坐时习；"立如斋"，立时习；"惟敬学"，故时习，此即礼教义。"以善及人，而信从者众"，欢欣交通，更无不达之情，此即《乐》教义也。"人不知而不愠，不亦君子乎？""君子"是成德之名。"人不知而不愠"，地位尽高。孔子自己说"不怨天，不尤人"，"知我者其天乎？"《乾·文言》"遁世无闷，不见是而无闷"，《中庸》"遁世不见知而不悔"，皆与此同意。"不见是"与"不见知"意同，言不为人所是也。庄子说"举世非之而不加沮，举世誉之而不加劝"，亦同。但孔子之言说得平淡，庄子便有些过火。学至于此，可谓安且成矣，故名为君子。此是《易》教义也。何以言之？孔子系《易》大象，明法天用《易》之道，皆以"君子"表之。例如《乾》象曰："天行健，君子以自强不息。"《坤》象曰："地势坤，君子以厚德载物。"六十四卦中，称"君子"者凡五十五卦，称"先王"七卦，称"后"者二卦。《易乾凿度》曰："《易》有君人之号五：帝者，天称；王者，美称；天子者，爵号；大君者，与上行异[3]；与上，言民与之，欲使为于大君也。大人者，圣明德备也。变文以著名，题德以别操。"郑注云："虽有隐显，应迹[4]不同，其致一也。"其义甚当。五号虽皆题德之称，然以应迹而著，故见于爻辞以各当其时位。大象则不用五号，而多言"君子"，此明"君子"但为德称，不必其迹应帝王也。《系传》曰："君子之道，或出或处，或默或语。"非专指在位，明矣。《礼运》曰："禹、汤、文、武、成王、周公，由此其选也。此六君子者，未有不谨于礼者也。"此见先王亦称君子。孔子曰："文，莫吾犹人也。躬行君子，则吾未之有得。"孔子德盛言谦，犹不敢以君子自居。《论语》凡言"文"者，皆指六艺之文。学者当知。又曰："圣人，吾不得而见之；得见君子者，斯可矣。"此如佛氏判果位名号，圣人是妙觉[5]，君子则是等觉[6]也。"君子素其位而行"，富贵、贫贱、夷狄、患难，皆谓之"位"。此"位"亦是以所处之时地言之，故知君子不是在位之称，而是成德之目。孔颖达以"君临上位，子爱下民"释之，《易·正义》。不知君子虽有君临之德，不必定履君临之位也。"《易》为君子谋，不为小人谋。"君子修之，吉；小人悖之，凶。群经中，每以君子、小人对举。"小人道长"，则"君子道消"。小人亦有他小人之道。孟子曰："道二，仁与不仁而已矣。"君子之道仁，小人之道是不仁。仁者浑然与物同体，反此则有有我之私，便是不仁。由此言之，若己私有一毫未尽者，犹未离乎小人也，故曰"一日克己复礼，天下归仁"。君子与小人之辨，即是义与利之辨，亦是仁与不仁之辨。以佛氏之理言之，即是圣凡迷悟之辨。程子曰："小人只不合小了。"阳明所谓"从躯壳起见，他只认形气之私为我"。佛氏谓之"萨迦耶见"，即是"末那识"。转此识为平等性智，即是"克己复礼"，乃是君子之道矣。一切胜心客气[7]皆由此生，故尽有小人而有才智者，彼之人法二执，人执，是他自我观念；法执，是他的主张。更为坚强难拔。此为不治之证。"人不知而不愠"，非己私已尽，不能到此地步。圣人之词缓，故下个"不亦"字，下个"乎"字。《易》是圣人最后之教，六艺之原，非深通天人之故者，不能与《易》道相应。故知此言君子者，是《易》教义也。凡言君子者，通六艺言之。然有通有别，此于六艺为别，故说为《易》教之君子。

[1] 自受用、他受用：都是佛教术语。"自受用"指诸佛自己享受其悟境之乐；若令其他众生亦能享受其乐，则称"他受用"。诸佛之受用身具足此二面。又于法身、报身、应身等三身之中，报身亦兼有自受用、他受用二面。 [2] 善与人同：意思是自己有优点，愿意别人同自己一样；别人有长处，就向别人学习。语出《孟子·公孙丑上》。 [3] 与：是赞同的意思。上：是上升的意思。行异：是指《临》卦九二爻有中和美异之行。 [4] 应迹：佛教用语，谓应化垂迹。即佛菩萨应众生之机缘而自其本体示现种种身以济度众生。 [5] 丁福保《佛学大辞典》："自觉觉他，觉行圆满，而不可思议，曰妙觉。即佛果之无上正觉也。二乘止于自觉，无觉他之功；菩萨虽自觉觉他并行，而未圆满；独佛二觉圆满，觉体不可思议也。《四教仪》曰：'金刚后心，朗然大觉，妙智穷源，无明习尽，名真解脱。倏然无累，寂而常照，名妙觉地。'" [6] 陈义孝编《佛学常见辞汇》："大乘五十二阶位中，第五十一

位,名为等觉,即十地位满,将证佛果之中间阶段,因其智慧功德,等似妙觉,故名等觉。" [7]胜心:是与人争胜之心。客气:是因一时冲动而产生的勇气。

　　学者读此章,第一,须认明"学而时习之",学是学个甚么?第二,须知如何方是时习功夫?第三,须自己体验,自心有无悦怿[1]之意?此便是合下用力的方法。末了,须认明君子是何等人格?自己立志要做君子,不要做小人。如何才彀得上做君子?如何才可免于为小人?其间大有事在。如此,方不是泛泛读过。

　　[1]悦怿(yì):欢乐,愉快。

　　末章,"不知命,无以为君子也",是《易》教义;"不知礼,无以立",是《礼》教义;"不知言,无以知人",是《诗》教义。后二义显,前一义隐。今专明前义。《易·系传》曰:"穷理尽性以至于命。"《乾卦·彖传》曰:"乾道变化,各正性命。"性、命一理也。自天所赋言之,则谓之命;自人所受言之,则谓之性。《大戴礼·本命篇》:"分于道,谓之命;形于一,谓之性。化于阴阳,象形而发,谓之生;化穷数尽,谓之死。故命者,性之终也。"此皆以气言。"命者,性之终",乃是告子"生之谓性"之说,不可从。汉儒说性命,类如此。今依程子说。不是性之上更有一个命,亦不是性命之外别有一个理。故程子曰:"理穷则性尽,尽性则至命,只是一事。不是穷了理再去尽性,只穷理便是尽性,尽性便是至命。"此与孟子说"尽其心者,知其性也。知其性,则知天矣。"语脉一样。尽心、知性、知天,不是分三个阶段,一证一切证。孔子自言"五十而知天命",即是"穷理尽性以至于命"也。天命,即是天理之异名。天理,即是性中所具之理。孔子晚而系《易》,尽《易》之道。今告学者曰"不知命无以为君子也",言正而厉。连下三"不"字,三"无以"字,皆决定之词,与首章词气舒缓者不同。

此见首章是始教，意主于善诱；此章是终教，要归于成德。记者以此殿之篇末，其意甚深。以君子始，以君子终，总摄归于《易》教也。又第十六篇，孔子曰："君子有三畏：畏天命，畏大人，畏圣人之言。小人不知天命而不畏也，狎大人，侮圣人之言。"朱子注云："天命者，天所赋之正理也。"小人"不知天命，故不识义理而无忌惮"。亦正可与此章互相发明。复次，学者须知，命有专以理言者，上来所举是也。亦有专以气言者，如"道之将行也与？命也；道之将废也与？命也"，"死生有命，富贵在天"之类是也。先儒恐学者有好高躐等之弊，故说此章"命"字多主气言。朱子注云："人不知命，则见害必避，见利必趋，何以为君子？"《语录》曰："死生自有定命，若合死于水火，须在水火里死；合死于刀兵，须在刀兵里死。如何逃得！"看此说虽甚粗，所谓知命者，不过如此。又曰："只此最粗的，人都信不及，便讲学得，待如何亦没安顿处。今人开口亦解说'一饮一啄自有定分'，及遇小小利害，便生趋避计较之心。古人刀锯在前，鼎镬在后，视之如无者，盖缘只见得道理，都不见那刀锯鼎镬[1]。"此言亦甚严正。与学者当头一棒，深堪警省。据某见处，合首末两章看来，圣人之言是归重在《易》教，故与朱子说稍有不同。学者切勿因此遂于朱注轻有所疑。须知朱子之言亦是《易》教所摄，并无两般也。

[1] 刀锯鼎镬（huò）：刀、锯、鼎、镬皆为古代的刑具。鼎镬，原为烹饪器，古代也用作烹杀的刑具。

◎ 研读

本篇在阐发《论语》首章大义后，给读者提出了一系列反躬自省的问题：第一、"学而时习之"，学是学什么？第二、如何方是"时习"功夫？第三、读这一章自心是否愉快？第四、君子是何等人格，如何才够得上做君子？如何才可免于为小人？就《论语》末章而言，马一浮认为，"'不知命，无以为君子也'，是《易》教义；'不知礼，无以立'，是《礼》教义；'不知言，无以知人'，是《诗》教义"，这与他"六艺之旨，散在《论语》而总在《孝经》"的看法相吻合。

君子小人之辩

◎ 解题

对"君子"与"小人"的辨析，是儒家最主要的几组辨析之一。马一浮依据儒家经典的论述，对此做了系统的阐发。

经籍中多言君子，亦多以君子与小人对举。盖所以题别人流[1]，辨其贤否，因有是名。先儒释君子有二义：一为成德之名，一为在位之称。其与小人对举者，依前义，则小人为无德；依后义，则小人为细民。然古者必有德而后居位，故在位之称君子，亦从其德名之，非以其爵。由是言之，则君子者，唯是成德之名也。孔子曰："君子去仁，恶乎成名？"此其显证矣。仁者，心之本体，德之全称。"君子无终食之间违仁，造次必于是，颠沛必于是"，明君子体仁，其所存无间也。又曰："君子道三，我无能焉：仁者不忧，智者不惑，勇者不惧。"此见君子必兼是三德。又曰："君子义以为质，礼以行之，孙以出之，信以成之，君子哉！"此言君子之制事，本于义而成于信，而行之则为礼、逊。逊即是礼。义为礼之质，礼又为逊之质。所存是义，行出来便是礼，礼之相便是逊，实有是质便谓之信。无是质，便不能有此礼、逊，故曰"信以成之"也。"义以为质"，亦犹"仁以为体"，皆性德之符也。又曰："君子不器。"朱子云："器者，各适其用而不能相通。成德之士，体无不具，故用无不周，非特为一才一艺而已。"是知器者，智效一官，行效一能；德则充塞周徧，无有限量。《学记》亦言："大德不官，大道不器。"器因材异，而德唯性成，故不同也。君子之所以为君子，观于此亦可以明矣。然知德者鲜，故唯圣人能知圣人，唯君子能知君子。

《泰和宜山会语》《复性书院讲录》注

[1] 题：本义是额头，这里指审谛名号。别：辨别。人流：指人的类别和群体。题别人流：意思是用最简单最直观的术语来辨别人的类型。

德行者，内外之名。行则人皆见之，德则唯是自证。言又比行为显，故曰："有德者必有言，有言者不必有德。""昔吾于人也，听其言而信其行；今吾于人也，听其言而观其行。"如令尹子文之忠，陈文子之清，皆行之美者，而曰"焉得仁？"孟武伯问子路、冉有、公西华，皆曰"不知其仁"。原思问"克伐怨欲不行焉"，曰"可以为难矣，仁则吾不知也"。故虽有善行，不以仁许之，是有行者未必有德也。"恶乡原，恐其乱德也。"乡原"居之似忠信，行之似廉洁"，"非之无非，刺之无刺"[1]。观其行事，疑若有似乎君子，而孔子恶之，谓其乱德。此见君子之所以为成德者，乃在心术。行事显而易见，心术微而难知。若但就行事论人，鲜有不失之者矣。

[1] 意为要批评他们，却又找不出他们的错误来；要责备他们，却又似乎没什么可责备的。语出《孟子·万章下》，原文是："非之无举也，刺之无刺也；同乎流俗，合乎污世；居之似忠信，行之似廉洁；众皆悦之，自以为是，而不可与入尧舜之道，故曰德之贼也。""非之无举"，《马一浮集》和《马一浮全集》皆作"非之无非"。

既知君子所以为君子，然后君子、小人之辨乃可得而言。经传中言此者，不可胜举，今唯据《论语》，以孔子之言为准。如曰："君子而不仁者有矣夫，未有小人而仁者也。"君子既"无终食之间违仁"，何以有时而不仁？此明性德之存，不容有须臾之间。禅家之言曰："暂时不在，如同死人。"此语甚精。一或有间，则唯恐失之，非谓君子果有不仁也。"未有小人而仁者也"，则是决定之词。小人唯知徇物，不知有性，通体是欲，安望其能仁哉？故知君子是仁，小人是不仁。"君子喻于义，小人喻于利。"喻义，故无适无莫，义之与比[1]；喻利，故见害必避，见利必趋。故知君子是义，小人是不义。"君子上达",循理,故日进乎高明;"小人下达",从欲,故日究乎污下。故知君子是智,小人是不智。"君子泰而不骄",由礼,故安舒;"小人骄而不泰",逞欲,故矜肆。故知君子无非礼,而小人则无礼。夫不仁不智,无礼无义,则天下之恶皆归之矣。然君子、小人之分途,其根本在心术隐微之地,只是仁与不仁而已矣。必己私已尽,浑然天理,然后可以为仁;但有一毫有我之私,便是不仁,便不免为小人。参看《论语首末二章义》。

[1] 语出《论语·里仁第四》。子曰:"君子之于天下也,无适也,无莫也,义之与比。"适,音dí,义与"嫡"同。宋·邢昺疏:"適,厚也。莫,薄也。比,亲也。言君子于天下之人,无择于富厚与穷薄者,但有义者则与相亲也。"

仁者,廓然而大公,物来而顺应;反之,自私而用智,必流于不仁。"用智"之"智",只是一种计较利害之心,全从私意出发。其深者,为权谋术数,世俗以此为智,实则是惑而非智也。常人亦知有公私之辨,然公亦殊不易言。伊川曰:"公只是仁之理,不可将公便唤做仁。公而以人体之,方是仁。"朱子曰:"世有以公为心而惨刻不恤者,须公而有恻隐之心。此工夫却在'人'字上,惟公则能体之。"[1] 只为公则物我兼照,故仁。所以能恕,所以能爱,恕则仁之施,爱则仁之用也。恕之反面是忮[2],爱之反面是忍。君子之用心公以体人,故常恕人,常爱人。小人之用心私以便己,流于忮,流于忍。其与人也,"君子周而不比,小人比而不周"。周公而比私,故一则普遍,一则偏党[3]。"君子和而不同,小人同而不和":和故无乖戾,同则是偏党也。"君子成人之美,不成人之恶,小人反是":一则与人为善,一则同恶相济也。"君子易事而难说,说之不以其道,不说也;及其使人也,器之。小人难事而易说也,说之虽不以其道,说也;及其使人也,求备焉":"君子之心公而恕,小人之心私而刻"[4]也。"君子求诸己,小人求诸人":君子唯务自反,而小人唯知责人也。"君子坦荡荡,小人长戚戚"：廓而无私，故宽舒；动以不正，故忧咎[5]也。综是以观，君子、小人之用心，其不同如此。充类以言之，只是仁与不仁，公与私之辨而已。

　　[1] 以人体之：意思是从人情方面加以体认。人是人情，体是体认，"人体"在这里不是偏正结构，而是主谓结构。　　[2] 忮（zhì）：害，嫉妒，恨；违逆；刚愎。　　[3] 偏党：犹偏袒，偏私。　　[4] 刻：刻薄、尖刻　　[5] 忧咎："忧"是忧患，"咎"是悭咎。

　　人苟非甚不肖，必不肯甘于为小人。然念虑之间，毫忽之际，一有不存，则徇物而忘己，见利而忘义者有之矣。心术隐微之地，人所不及知，蔽之久者，习熟而不自知其非也。世间只有此二途，不入于此，则入于彼，其间更无中立之地。学者果能有志于六艺之学，当知此学即圣人之道，即君子之道，亟须在日用间自家严密勘验，反复省察。一念为君子，一念亦即为小人，二者吾将何择？其或发见自己举心动念有属于私者，便当用力克去。但此心义理若有未明，则昏而无觉，故必读书穷理，涵养用敬，进学致知。学进则理明，理明则私自克。久久私意自然不起，然后可以为君子而免于为小人。此事合下便须用力，切不可只当一场话说。孔子曰："苟能一日用其力于仁矣乎？吾未见力不足者。"此语绝不相瞒，望猛著精采[1]，切勿泛泛听过。

　　[1] 猛著精采：意思是勇猛地焕发精神。

◎ 研读

　　本篇通过对"君子"与"小人"两种人格及其区别的深刻揭示，让读者深切地感到君子令人向往，小人令人不齿，从而懂得抉择，亲君子而远小人，并立志学君子、做君子。

理气　形而上之意义　义理名相一

◎ 解题

"理"和"气"是宋明理学阐述义理的两个重要概念，也是马一浮用来阐述儒家"形上学"意义时所讲的两个重要范畴。"名相"是借用佛教的名词。丁福保《佛学大词典》解释"名相"说："一切之事物，有名有相。耳可闻，谓之名；眼可见，谓之相，皆是虚假，而非契于法之实性者，凡夫常分别此虚假之名相，而起种种之妄惑也。"马一浮借用这个佛教术语意在表明，名词概念好比指示"理"的手指头，都是虚妄不实的，只有"理"才是真实不虚的。

今欲治六艺，以义理为主。义理本人心之所同具，然非有悟证，不能显现。悟证不是一时可能，根器有利钝，用力有深浅。但知向内体究，不可一向专恃闻见，久久必可得之。体究如何下手？先要入思惟。体，是反之自身之谓；究，是穷尽其所以然之称。亦云体认，认即审谛[1]之意。或言察识，或言体会，并同。所以引入思惟，则赖名言。名言是能诠，义理是所诠。诠表之用，在明其相状，故曰名相。名相即是言象道理。譬如一个人，名是这个人的名字，相即状貌。譬如其人之照相，如未识此人以前，举其名字，看他照相，可得其髣髴[2]。及亲见此人，照相便用不着，以人之状态是活的，决非一个或多个之照相所能尽。且人毕竟不是名字，不可将名字当做人。识得此人，便不必定要记得他名字也。故庄子云："得言忘象，得意忘言。"《易传》曰："书不尽言，言不尽意。"老子曰："道可道，非常道。名可名，非常名。"皆是此意。得是要自得之，如今所讲，也只是名字和照相。诸君将来深造自得，才是亲识此人，不特其状貌一望而知，并其气质性情都全明了，那时这些言语也用不着。魏晋间人好谈老庄，时称为"善名理"，其实即是谈名相。因为所言之理只是理之相，若理之本体，即性，是要自证的，非言说可到。程子云："才说性时，便已不是性了。"可以说出来的，也只是名相。故佛氏每以"性""相"对举，先是依性说相，后要会相归性，这是对的。佛氏有破相显性宗（据圭峰《禅源诠》所判）[3]，儒者不须用此。如老子便是破相，孔子唯是显性而不破相，在佛氏唯圆教实义足以当之，简易又过佛氏。要学者引入思惟，不能离名相，故今取六艺中名相关于义理最要而学者致知所当先务者，举要言之，使可逐渐体会，庶几有入。

　　[1] 审谛：仔细考察或观察。　　[2] 髣髴（fǎng fú）：即"仿佛"。[3] 圭峰宗密（780—841），俗姓何，法名宗密，四川西充县人，唐代名僧，佛教华严宗第五祖，所著《禅源诠》，主张以"三教"实证禅"三宗"。教三种者：一、密意依性说相教；二、密意破相显性教；三、显示真心即性教。禅三宗者：一、息妄修心宗；二、泯绝无寄宗；三、直显心性宗。

　　《易》为六艺之原，《十翼》[1]是孔子所作，一切义理之所从出，亦为一切义理之所宗归。今说义理名相，先求诸《易》。易有三义：一变易，二不易，三简易。学者当知：气是变易；理是不易；全气是理，全理是气，即是简易。此是某楷定之义，先儒释三义未曾如此说。然颇简要明白，善会者自能得之。只明变易，易堕断见；只明不易，易堕常见；须知变易元是不易，不易即在变易，双离断常二见[2]，名为正见，此即简易也。"易简而天下之理得矣，天下之理得而成位乎其中矣。""圣人之作《易》也，将以顺性命之理。"此用"理"字之始。"精气为物，游魂为变。"魂亦是气。"同声相应，同气相求。"声亦是气。此用"气"字之始。故言"理"、"气"皆原于孔子。"形而上者谓之道，形而下者谓之器。""道"即言乎理之常在者，"器"即言乎气之凝成者也。《乾凿度》[3]曰："太易者，未见气也；太初者，气之始也；太素者，质之始也；太始者，形之始也。"言"气质"始此。此言有形必有质，有质必有气，有气必有理。未见气，即是理，犹程子所谓"冲漠无朕"[4]。理气未分，可说是纯乎理，然非是无气，只是未见。故程子曰:"万象森然已具。"理本是寂然的,及动而后始见气,故曰"气之始"。气何以始?始于动,动而后能见也。动由细而渐粗,从微而至著,故由气而质,由质而形。形而上者,即从粗以推至细,从可见者以推至不可见者,逐节推上去,即知气未见时纯是理,气见而理即行乎气中,故曰"体用一原,显微无间"。不是元初有此两个物事相对出来也。邵康节云:"流行是气,主宰是理。"不善会者,每以理气为二元,不知动静无端,阴阳无始,理气同时而具,本无先后,因言说乃有先后。两字不能同时并说。就其流行之用言,谓之气;就其所以为流行之体而言,谓之理。用显而体微,言说可分,实际不可分也。形而下,是逐节推下去,"有天地然后有万物,有万物然后有男女。""物生而后有象,象而后有滋,滋而后有数。""见乃谓之象,形乃谓之器。""天尊地卑,乾坤定矣。卑高以陈,贵贱位矣。动静有常,刚柔断矣。方以类聚,物以群分,吉凶生矣。在天成象,在地成形,变化见矣。"这一串都是从上说下来,世界由此安立,万事由此形成,而皆一理之所寓也。故曰:"天地设位,而《易》行乎其中矣。""乾坤成列,而《易》立乎其中矣。"立"字即是"位"字,古文"位"只作"立"。乾坤毁,则无以见《易》。《易》不可见,则乾坤或几乎息矣。""法象莫大乎天地",此言天地设位,乾坤成列,皆气见以后之事;而《易》行乎其中,位乎其中,则理也。"乾坤毁则无以见《易》",离气则无以见理。"《易》不可见,则乾坤或几乎息矣",若无此理,则气亦不存。"易有太极,是生两仪,两仪生四象,四象生八卦",故曰"生生之谓易"。生之理是无穷的。太极未形以前,冲漠无朕,可说气在理中;太极既形以后,万象森然,可说理在气中。"四时行,百物生","逝者如斯夫,不舍昼夜"。天地之大化,默运潜移,是不息不已的,此所谓"《易》行乎其中"也。此理不堕声色,不落数量,然是实有,不是虚无,但可冥符默证,难以显说。须是时时体认,若有悟入,则触处全真。鸢飞鱼跃,莫非此理之流行,真是活泼泼

《泰和宜山会语》《复性书院讲录》注

地。今拈出三易之义，略示体段，若能善会，亦可思过半矣。

　　[1]《十翼》：即《易传》，是对《周易》作注释的著作，内容包括《彖》上下、《象》上下、《文言》、《系辞》上下、《说卦》、《序卦》、《杂卦》共十篇，故称《十翼》。古来学者有说《十翼》全是孔子所作，有说不全是孔子所作。马一浮主张前者。　[2] 断常二见：佛教术语，属于小乘"见惑"所含"十使"中继"身见"之后的"边见"，"于身见上计我为常为断，随执一边。常见，以为人乃世世为人，神魂千古不易。断见，以为神魂一灭永灭，死后更不受生"（冯达庵《佛法要论·小乘篇》）。　[3]《乾凿度》：即《周易·乾凿度》，是西汉末纬书《易纬》中的一篇，又称《易纬·乾凿度》，简称《乾凿度》。　[4] 冲漠无朕：清虚广漠，毫无迹象。

　　或问曰："既曰气始于动，何以又言动静无端，阴阳无始？"答："一以从体起用言之，故曰有始；一以摄用归体言之，故曰无始。此须看《太极图说》朱子注可明。周子曰：'太极动而生阳，动极而静，静而生阴，静极复动。一动一静，互为其根；分阴分阳，两仪立焉。'朱子注曰：'太极者，本然之妙也。动静者，所乘之机也。自其著者而观之，则动静不同时，阴阳不同位，而太极无不在焉。自其微者而观之，则冲漠无朕，而动静阴阳之理已悉具于其中矣。虽然，推之于前而不见其始之合，引之于后而不见其终之离也。'故程子曰：'动静无端，阴阳无始，非知道者，孰能识之？'又曰：'一动一静，循环无端。无静不成动，无动不成静。譬如鼻息，无时不嘘，无时不吸，嘘尽则生吸，吸尽则生嘘。理自如此。'又曰：'阴阳有个流行底，一动一静，互为其根，寒暑往来是也；有个定位底，分阴分阳，两仪立焉，天地四方是也。'学者仔细体会，可以自得。老子亦言'无名天地之始，有名万物之母'，此有始之说也；'迎之不见其首，随之不见其后'，此无始之说也。"

◎研读

　　本篇从儒家形上学最基础性的范畴"理气"入手，将"理"与"气"的哲学思想探本溯源至于《易传》，阐述了这对范畴的最早出处及其精微之义，为儒家形而上学的思想挖掘出了哲学的基石。《系辞传》说："形而上者谓之道，形而下者之谓器。"在马一浮看来，"形而上"属于"理"，"形而下"属于"气"。

080

知能　义理名相二

◎ 解题

本篇阐述了儒家形而上学的第二对范畴："知"与"能"。"知能"即"知行"。

人受天地之中以生，凡属有心，自然皆具知、能二事。孟子曰："人之所不学而能者，其良能也；所不虑而知者，其良知也。"其言知、能，实本孔子《易传》。在《易传》谓之"易简"，在孟子谓之"良"。就其理之本然则谓之"良"，就其理气合一则谓之"易简"。故孟子之言是直指，而孔子之言是全提。何谓全提？即体用、本末、隐显、内外，举一全该，圆满周徧，更无渗漏是也。盖单提直指，不由思、学，虑即是思。不善会者，便成执性废修[1]。全提云者，乃明性修不二，全性起修，全修在性[2]，方是易简之教。"性修不二"是佛氏言，以其与"理气合一"之旨可以相发，故引之。性以理言，修以气言。知本乎性，能主乎修。性唯是理，修即行事，故"知行合一"即"性修不二"，亦即"理事双融"，亦即"全理是气，全气是理"也。《易·系辞传》曰："乾知大始，本来自具，故曰大始。坤作成物。成办万事，故曰成物。乾以易知，坤以简能。易则易知，简则易从。易知则有亲，易从则有功。有亲则可久，有功则可大。可久，则贤人之德；可大，则贤人之业。"此言"易知"，即"仁远乎哉？我欲仁，斯仁至矣"之意；"易从"，即是"先立乎其大者，而其小者不能夺也"之意。"云从龙，风从虎，圣人作而万物睹。""从"之为言，气从乎理也。佛氏谓之随顺法性。横渠《正蒙》云："德胜其气，则性命于德；德不胜其气，则性命于气。"横渠所谓"命于德"即是理为主，"命于气"即是气为主。气从乎理，即"性命于德"矣。横渠此处用"性"字，系兼气质言之。又禅师家

《泰和宜山会语》《复性书院讲录》注

有"物从心为正，心逐物为邪"二语，亦甚的当，与横渠之言相似。知，是本于理性所现起之观照，自觉自证境界，亦名为"见地"；能，是随其才质发见于事为之著者，属行履边事，亦名为"行"。故"知能"即是"知行"之异名。行，是就其施于事者而言；能，是据其根于才质而言。"易知则有亲"者，此"知"若是从闻见得来，总不亲切，不亲切，便不是真知；是自己证悟[3]的，方是亲切，方是真知。"易从则有功"者，此"能"若是矫揉造作、随人模仿的，无功用可言；必是自己卓然有立，与理相应，不随人转，方有功用。"有亲则可久"者，唯见得亲切，不复走作，不是日月一至，故可久。"有功则可大"者，动必与理相应，其益无方，自然扩充得去，不限一隅一曲，故可大。理得于心而不失，谓之"德"；发于事为而有成，谓之"业"。知至是德，成能是业也。天地设位，圣人成能，能之诣极，即功用之至神矣。言"贤人"者，明是因地。"从性起修"，举理成事；"全修是性"，即事是理。故曰"易简而天下之理得矣"。"夫乾，确然示人易矣。确然，是言其健。夫坤，隤然示人简矣。隤然，是言其顺。"[4]"天下之动，贞夫一者也。"全理即气，全气即理，斯"贞夫一"矣，乃所以为简易也，故曰"孔子之言是全提"也。"知至至之，可与几也"，致知而有亲也；"知终终之，可与存义也"，力行而有功也。"始条理者，智之事"，明伦察物，尽知也；"终条理者，圣之事"，践形尽性，尽能也。圣人之学，亦尽其知能而已矣。

[1] 执性废修：佛教术语，意思是执着众生本具佛性、万德具足的法理而废弃修行的落实功夫。　　[2] 性修不二、全性起修、全修在性：均为佛教用语。马一浮先生《复性书院学规》中说："学者当知有性德，有修德。性德虽是本具，不因修证则不能显。故因修显性，即是笃行为进德之要。全性起修，即本体即功夫；全修在性，即功夫即本体。修此本体之功夫，证此功夫之本体，乃是笃行进德也。"　　[3] 证悟：（佛学术语）以正智于真理证知悟解也。　　[4] 据段玉裁《说文解字注》"隺"字条所引《周易·系辞传》语"确然"为"隺（hè）然"（义为"高至"），与"隤（tuí）然"（义为"下队"）正好相反。

说"知"莫大于《易传》。"仰以观于天文，俯以察于地理，是故知幽明之故。原始反终，故知死生之说。精气为物，游魂为变，是故知鬼神之情状。""通乎昼夜之道而知。""知变化之道者，其知神之所为乎？""穷神知化，德之盛也。""知几其神乎？""君子知微知彰，知柔知刚，万夫之望。"由此可见，圣人所知是何等事。

说"能"莫大乎《中庸》。"唯天下至诚，为能尽其性。能尽其性，则能尽人之性。能尽人之性，则能尽物之性。能尽物之性，则可以赞天地之化育。""唯天下志诚为能化。""唯天下至诚，为能经纶天下之大经，立天下之大本，知天地之化育，夫焉有所倚。"由此可见，圣人所能是何等事。

学者当思：圣人所知如此其至，今我何为不知？必如圣人之知，而后可谓尽其知。圣人所能如此其大，今我何为不能？必如圣人之能，而后可谓尽其能。"思知人，不可以不知天"，"道不远人，人之为道而远人，不可以为道"，"为仁由己，而由人乎哉"，言其亲也。"自诚明，谓之性"，"易则易知"也。"其次致曲，曲能有诚，诚则形，形则著，著则明，明则动，动则变，变则化"，言其功也。"自明诚，谓之教"，"简则易从"也。"有是气必有是理，有是理必有是气"，"万物皆备于我矣，反身而诚，乐莫大焉"，易简之至也。

学问之道，亦尽其知能而已矣。博学，审问，慎思，明辨，笃行，弗能弗措，弗知弗措，弗明弗措，弗笃弗措；"人一能之，己百之；人十能之，己千之"，尽知尽能之术也。尽其知能，可期于盛德大业矣。盛德大业至矣哉！"日新之谓盛德"，"富有之谓大业"。"学有缉熙于光明"，斯"日新"矣。"六通四辟，小大精粗，其用无乎不备"[1]，斯"富有"矣。世有诋心性为空谈，视义理为无用，守闻见之知，得少为足，而沾沾自喜者，不足以进于知也。其或小有器能，便以功业自居，动色相矜，如此者，不足以进于能也。庄子曰："由天地之道，观惠施之能，其犹一蚊一虻之劳者也。"禅师家有德山曰："穷诸玄辩，若一毫置于太虚；竭世枢机，犹一滴投于巨海。"[2]有志于进德修业者，观乎此亦可以知所向矣。

[1] 此句变自《庄子·天下》。其原文为"六通四辟，小大精粗，其运无乎不在"。六通四辟，指上下四方和春夏秋冬四时。　　[2] 德山：即唐代鼎州德山宣鉴禅师（782—865）。《五灯会元》（上）"巨海"作"巨壑"，盖著者记忆有误。

告子言"生之谓性"，佛氏言"作用是性"，皆只在气上说。孟子指出四端，乃是即理之气，所以为易简。今人亦言"直觉"，若有近于"良知"；言"本能"，若有近于"良能"。然直觉是盲目的，唯动于气；良知则自然有分别。本能乃是气之粗者，如饮食男女之类，亦唯是属气；良能则有理行乎其间，如"未有学养子而后嫁"[1]、"徐行后长"[2]之类，乃是即气之理。此须料简。若但以知觉运动言知能，其间未有理在，则失之远矣。

[1] 语出《大学》："《康诰》曰：'如保赤子。'心诚求之，虽不中，不远矣。未有学养子而后嫁者也。"这句话的字面意思是，没有一个姑娘是先学会养育孩子之后再出嫁的。言外之意是，因为做母亲的出于天然的爱子之至诚，即便她不懂怎么养育孩子，到时候也会自然而然学会的，即使养育的技能差一点，也差不到哪里去。　　[2]《孟子·告子下》："徐行后长者谓之弟，疾行先长者谓之不弟。"意为慢慢地跟在年长者后面走，叫作"悌"；快步抢在年长者前面走，叫作"不悌"。弟，同"悌"，指对兄长要敬重、顺从。

◎ 研读

"知"与"能"的关系，即是"知"与"行"的关系。与阳明心学强调"知行合一"不同，著者强调了知、行的不同与知先行后。理学家辨析名理的长处在此，然不可执着，否则执着成滞，大碍知行合一。篇末小字补注对告子与孟子言"性""直觉"与"良知"，

"本能"与"良能"的辨析都很有必要。读者不妨与梁漱溟先生《东西文化及其哲学》中"此敏锐的直觉即孔子所谓仁"和"一任直觉"等章节比较,相得益彰之真趣自出。至于说佛氏言"作用是性"只在气上说,则不免将佛家"方便为究竟"的了义误解为不了义。

论老子流失

◎ 解题

《论老子流失》是论述六艺之道到老子这里所出现的失误。"流"相对于"源"而言。马一浮认为，老子的源头是《易经》，易道本来广大悉备，但流至老子，因其才性与理解有偏而出现失误。在马一浮看来，周秦诸子中，老子对于六艺之道是"得多失多"。

周秦诸子以道家为最高，道家之中又以老子为最高，而其流失亦以老子为最大。吾谓老子出于《易》，何以言之？因为"《易》以道阴阳"，故长于变。"爱恶相攻而吉凶生，远近相取而悔吝生，情伪相感而利害生。"这个道理，老子观之最熟，故常欲以静制动，以弱胜强。其言曰："重为轻根，静为躁君。""反者道之动，弱者道之用。"此其宗旨，在退处无为，自立于无过之地，以徐待物之自变，绝不肯伤锋犯手，真是全身远害第一法门。任何运动，他决不参加；然汝任何伎俩，他无不明白。禅师家有一则机语。问："二龙争珠，谁是得者？"答曰："老僧只管看。"老子态度便是如此。故曰："微妙玄通，深不可识。"他看世间一切有为，只是妄作，自取其咎，浅陋可笑，故曰："不知常，妄作凶。"他只燕处超然，看汝颠扑，安然不动，令汝捉不到他的败阙，不奈他何。以佛语判之，便是有智而无悲，儒者便谓之不仁。他说："失道而后德，失德而后仁，失仁而后义。"把仁义看得甚低。"天法道，道法自然。"道是自然之徒，天是道之徒，把自然推得极高，天犹是他第三代末孙子。然他欲极端收敛，自处卑下，故曰："上善若水。水善利万物而不争，处众人之所恶。""吾有三宝：曰慈，曰俭，曰不敢为天下先。慈故能勇，俭故能广，不敢为天下先故能成器长。"老子所谓慈，与仁慈之慈不同，他是取其不怒之意。故又曰："善为士者不武，善战者不怒。"所谓俭，与"治人事天莫若啬"之"啬"意同，是收敛藏密之意，亦不是言俭约也。"不敢为天下先"，即是"欲上民，必以言下之；欲先民，必以身后之"之意。"后其身而身先，外其身而身存。"他只是一味下人，而人莫能上之；只一味后人，而人莫能先之。言"器长"者，为器之长，必非是器。"朴散则为器"，"朴虽小，天下莫能臣"也，故谓之长。"天下神器，不可为也。为者败之，执者失之。"唯其下物，乃可长物。老子所言"朴"者，绝于形名，其义深密。故又谓"侯王若能守之，万物将自宾"。"朴"字最难下脚注。王辅嗣以"无心无名"释之，愚谓不若以佛氏"实相无相"之义当之为差近。惟无相，故不测。一切法无相，即是诸法实相。佛言"一切法"，犹老子所谓"器"；言"实相"，犹老子所谓"朴"。"为者败之，执者失之"，犹"生心取相"也。相即无相，故曰"神器"。诸法实相，故名"朴"也。此皆言"弱者道之用"也。又曰："曲则全，枉则直，洼[1]则盈，敝则新"，"明道若昧，进道若退，夷道若纇[2]"，此皆言"反者道之动"也。此其于《易》象"消息盈虚""无平不陂，无往不复"之理所得甚深，然亦为一切权谋术数[3]之所从出。故曰："古之善为道者，非以明民，将以愚之。""取天下常以无事，及其有事，不足以取天下。""将欲翕之，必固张之；将欲取之，必固与之。"但较后世权谋家为深远者，一则以任术用智自喜，所以浅薄；老子则深知智数之卑，然其所持之术，不期而与之近。彼固曰"以智治国，国之贼。不以智治国，国之福"，"知此两者亦稽式。（王辅嗣训"稽"为"同"，犹今言"公式"。盖谓已往之迹皆如此也。）常知稽式，是谓玄德。玄德深矣远矣，与物反矣，然后乃至大顺"。惟其与物反，所以大顺，亦是一眼觑定"反者道之动"。"君向潇湘我向秦"，你要向东他便西。"俗人昭昭，我独昏昏。""俗人察察，我独闷闷。""众人皆有以，而我独顽似鄙。"他总与你反一调，到临了，你总得走上他的路。因为你若认定一条路走，他便知你决定走不通，故他取的路与你自别。他亦不作主张，只因你要东，他便西，及至你要西时，他又东了。他总比你高一着，你不能出他掌心。其为术之巧妙如此。然他之高处，惟其不用术，不任智，所以能如此。世间好弄智数、用权谋者，往往失败。你不及他深远，若要学他，决定上当。他看众人太低了，故不甚爱惜。"天地不仁，以万物为刍狗；圣人不仁，以百姓为刍狗。"刍狗者，缚刍为狗，不是真狗，极言其无知而可贱也。"知我者希，则我者贵。"他虽常下人，常后人，而实自贵而贱人，但人不觉耳。法家如商鞅、韩非、李斯之流，窃取其意，抬出一个法来压倒群众，想用法来树立一个至高无上的权威，使人人皆入他彀中[4]，尽法不管无民。其实他所谓法，明明是他私意撰造出来的，不同儒家之天秩天讨[5]，而彼自托于道，亦以众人太愚而可欺了，故至惨刻寡恩，丝毫没有恻隐。苏子瞻说："其父报仇，其子杀人行劫。"[6]法家之不仁，不能不说老子有以启之。合阴谋家与法家之弊观之，不是"其失也贼"么？

[1] 濋：古同"洼"。《说文》："濋，清水也。一曰窊也。" [2] 纇（lèi）：丝上的疙瘩；瑕疵，毛病，缺点；乖戾，反常。 [3] 权谋术数：多变、深沉的谋略、计谋。 [4] 彀中（gòu zhōng）：弓箭射程所及的范围，比喻牢笼、圈套。 [5] 天秩：指上天规定的品秩等级，谓礼法制度。天讨：指上天的惩治。后以王师征伐为"天讨"，意谓禀承天意而讨伐。[6] 苏轼《荀卿论》原文是："其父杀人报仇，其子必且行劫。"

看来老子病根所在，只是外物。他真是个纯客观、大客观的哲学，自己常立在万物之表。若孔子之道则不然，物我一体，乃是将万物摄归到自己性分内，成物即是成己。故某常说："圣人之道，己外无物，其视万物犹自身也。"肇法师云："圣人无己，靡所不己。"[1]此言深为得之。老子则言，圣人"无私，故能成其私"。明明说"成其私"，是己与物终成对待，此其所以失之也。再举一例，更易明暸。如老子之言曰："万物并作，吾以观其复。夫物芸芸，各复归其根。"孔子则曰："圣人感人心而天下和平。观其所感，而天地万物之情可见矣。"[2]"圣人久于其道而天下化成。观其所恒，而天地万物之情可见矣。"[3]"作""复"是以物言，"恒""感"，是以心言。老子连下两"其"字，是在物一边看；孔子亦连下两"其"字，是在自己身上看。其言"天地万物之情可见"，是即在自己"恒""感"之理上见的，不是离了自心"恒""感"之外别有一个天地万物。老子说吾以观其作、复，是万物"作""复"之外，别有一个能观之我。这不是明明不同么？

今讲老子流失，是要学者知道，心术发源处合下便当有择。若趋外物一边，直饶汝聪明睿智到老子地位，其流弊不可胜言。何况如今代唯物史观一流之理论，其浅薄处去老子简直不能以霄壤为喻，而持彼论者往往自矜，以为天下莫能过，岂不哀哉！

[1] 这句话是石头希迁禅师（700—790）所说，非肇法师（384—414）所说，马一浮记忆有误。事见《五灯会元·卷五》。 [2] 语出《周易》第三十一卦（咸卦）象传。 [3] 语出《周易》第三十二卦（恒卦）象传。

◎ 研读

本篇论老子之流失，可谓火眼金睛。一句"以佛语判之，便是有智而无悲，儒者便谓之不仁"，鞭辟入里，直指老子用心之偏失；一句"看来老子病根所在，只是外物"，切中肯綮，诊断老子哲学之病根；一句"法家之不仁，不能不说老子有以启之"，洞察流变，揭示老子与阴谋家、法家的思想史渊源关系。值得读者细心体会。

《泰和宜山会语》《复性书院讲录》注

赠浙江大学毕业诸生序

◎ **解题**

"序"是古代送别赠言的文字。这篇《赠浙江大学毕业诸生序》是1938年6月马一浮在江西泰和县上田村萧氏宗祠举行的浙江大学毕业典礼上,应校长竺可桢的邀请,给九十多个毕业生的送别赠言。

  中华民国二十七年六月,浙江大学三院诸生毕业者九十余人。先是,大学因避暴日之乱,辗转徙江西之泰和,在颠沛流离中未尝一日辍学。及是,乃举行毕业式于上田村萧氏宗祠,横舍[1]所假地也。校长竺君属[2]以一言为诸生勖,既固辞不获,因以来宾亦有致词之例,仆虽于学校为客[3],重校长之諈诿[4]而言之,亦庶其可。念诸生于肄业[5]时,其熟闻校长暨各院院长、各系教授、诸先生之训迪[6]详矣,仆之言又岂能有所增益?无已,则请诵古训以献。

  [1] 横舍:学舍。横,通"黉(hóng)"。 [2] 属(zhǔ):同"嘱",托付。 [3] 马一浮虽接受浙江大学的聘请,但为了捍卫自己的人身和言论自由,避免国民政府的干预,一开始就谈好只是在浙大的体制之外,开设国学讲座。既是体制之外,自然不算浙大的正式编制,故此处自称为"客",以示与"主"有别。 [4] 諈诿(zhuì wěi):嘱托。 [5] 肄(yì)业:修习学业。通常指没有毕业或尚未毕业。 [6] 训迪:教诲,开导。

  夫今之所谓知识分子,古之所谓士也。今大学毕业,人目之为知识分子,论其资,可服务于社会矣。事其事之谓服务。"士者,事也"[1],即能为社会服务之称。然则诸生既卒所业,可以当古之士矣。经籍中凡言士行者不可胜举,其最约而要者,莫如《大戴礼·哀公问五义篇》。哀公问曰:"何如斯可谓士矣?"孔子对曰:"所谓士者，虽不能尽道术[2]，必有所由焉；虽不能尽善尽美，必有所处焉。是故知不务多而务审其所知，行不务多而务审其所由，言不务多而务审其所谓。知既知之，行既由之，言既顺之，若性命肌肤之不可易[3]也。富贵不足以益，贫贱不足以损，若此则可谓士矣。"

[1]《说文》曰："数始于一，终于十。"孔子曰："推一合十为士。"《毛诗传》曰："士者事也。"《白虎通》曰："士者事也，任事之称也。" [2] 道术：出自《庄子·天下》："道术将为天下裂。"这里指以求道为目的各种学术。 [3] 易：在这里是"交换""改变"的意思。

夫道术甚广，学问之事无穷。诸生今日之所知，勿谓其已尽也。今所见为美善者，稍进焉，则知其尤有至者，勿遽谓止于此也。虽然，诸生学业之所就，是其所知也，其将求自效而见诸用也。将言之必可行焉，行之必可言焉。"不务多而务审"，则其知也察，其为言行必也必谨而有度。择之精而守之笃，乃有以自足乎己而弗迁，故曰"若性命肌肤之不可易也"。如是则富贵、贫贱不足以挠其志，推而至于夷狄、患难，皆有以自处而不失其所守，由是而进于道术，以益臻乎美善之域不难矣。所贵乎士者，不惟用而后见其所学，虽曰弗用，其学之足以自立者弗可夺也。故曰："不患无位，患所以立，不患人之不己知，求为可知也。"[1]

[1] 语出《论语·里仁篇》，文字略有出入，盖作者凭记忆而然。原文是："不患无位，患所以立；不患莫己知，求为可知也。"朱熹《集注》："所以立，谓所以立乎其位者。可知，谓可以见知之实。程子曰：'君子求其在己者而已矣。'"

今毕业于国之大学者众矣，国家方当危难之时，其需材也亦亟矣，诸生思求服务之志亦勤矣。诸生但求无负其所学而不期于必用，斯在己者重而在人者轻，无失志之患而有进德之益，在艰苦蹇难[1]之中养成刚大弘毅之质，其必有济矣。此今日凡为士者所当勉也。

《泰和宜山会语》《复性书院讲录》注

[1] 蹇难（jiǎn nán）：困苦艰难。

幸与诸生有一日之雅，甚愧无以益之，举斯言以为赠，言虽约，其爱诸生之心则无已也。

◎ 研读

这篇《赠浙江大学毕业诸生序》最值得注意的是追溯"知识分子"的中国古义，而且是征圣宗经的古义，与19世纪以来知识分子的自我定义颇不相同。文中"但求无负其所学而不期于必用"云云，更是发时贤之所忽视。儒家首先是安心立命之学，齐家、治国、平天下只是此学的升级和应用。如果知识分子急于应用而不能从容培养其弘毅之心性，则其用也难免浅近和狭小，值得我们深刻体会。

对毕业诸生演词

◎ 解题

这是马一浮对浙江大学毕业生所作的演讲词。

诸君学业终了,便是事业开始,将来行其所学,对于国家社会能尽其在己之责任,这是学校全体师友所期望的。某以校长之属使[1],向诸君贡献一言以相勉励,写得一篇小文奉赠,不用赘言。如诸君不以老生常谈为厌,其间所引《大戴礼》孔子之言"知不务多而务审其所知,行不务多而务审其所由,言不务多而务审其所谓"这三句话的意义,今略为申说,或者于诸君不是无益的。

[1] 属:同"嘱",托付。使:差使,指派。属使,是一个合成词,意思是指派。底本拆为两句,不妥。今径改。

国家生命所系,实系于文化,而文化根本则在思想。从闻见得来的是知识,由自己体究,能将各种知识融会贯通,成立一个体系,名为思想。孔子所谓知,即是指此思想体系而言。人生的内部是思想,其发现于外的便是言行。故孔子先说知,后说言行。知是体,言行是用也。依今时语,便云思想、行为、言论。思想之涵养愈深厚、愈充实,斯其表现出来的行为、言论愈光大,不是空虚贫乏。今时国人皆感觉物质之贫乏而思求进,至于思想之贫乏须求其充实,似乎尚少注意。关于此点,今略为分疏。

孔子说"不务多而务审"者,"多"是指杂乱而无统系,"审"则辨别分明之称。"所知"是思想主要点,"所由"是行为所从出的动机,"所谓"是言论之意义。此本通三世说,今为易于明了,故不妨以三世分说之。吾人对于过去事实,贵在记忆判断,是纯属于知;对于现在不仅判断,却要据自己判断去实行,故属于行的多;对于未来所负责任较重,乃是本于自己所知所行,以为后来作先导,是属于言的较多。故学者须具有三种力量。

一、认识过去

历史之演变,只是心理之表现。因为万事皆根于心,其动机往往始于一二人,其后遂成为风俗。换言之,即成为社会一般意识。故一人之谬误,可以造成举世之谬误;反之,一人思想正确,亦可影响到群众思想,使皆归于正确。吾人观察过去之事实,显然是如此。所以要"审其所知",就是思想要正确,不可陷于谬误。

二、判别现在

勿重视现实。近来有一种流行语,名为"现实主义",其实即是乡原[1]之典型。乡原之人生哲学曰:"生斯世也,为斯世也,善斯可矣。"[2]他只是人云亦云,于现在事实盲目的予以承认,更不加以辨别。此种人是无思想的。其唯一心理,就是崇拜势力。势力高于一切,遂使正义公理无复存在。于是,言正义公理者便成为"理想主义"。若人类良知未泯,正义公理终不可亡。不为何等势力所屈服,则必自不承认现实主义而努力于理想主义始。因现实主义即是势力主义,而理想主义乃理性主义也。所以要"审其所由",就是行为要从理性出发,判断是非不稍假借,不依违两可[3],方有刚明气分,不堕柔暗。宁可被人目为理想主义,不可一味承认现实,为势力所屈。尤其是在现时,吾国家民族方在被侵略中,彼侵略国者正是一种现实势力。须知,势力是一时的、有尽的,正义公理是永久的,是必申的。吾人在此时,尤须具此坚强之信念,以为行为之标准,这是"审其所由"。

[1] 乡原(xiāng yuàn):即"乡愿"。指乡里中言行不一、伪善欺世的人。引申为见识浅陋、胆小无能之人,今多作"伪君子"之代称。"原"(愿),

谨慎，善良。《论语·阳货》："乡原，德之贼也。" [2]语出《孟子集注·尽心章句下》。 [3]依违两可：既不赞成，也不反对。指对事情的态度不明确，模棱两可。

三、创造未来

凡自然界、人事界一切现象，皆不能外于因果律，决无无因而至之事。现在事实是果，其所以致此者必有由来，非一朝一夕之故，这便是因。因有远有近，近因在十年、二十年前，远因或在一二百年以上。由于过去之因，所以成现在之果；现在为因，未来亦必有果。吾人于现实社会如已认为满意，则无复可言，如或感觉其尚有不善或不美，必须发愿创造一较善、较美之未来社会。这不是空想，是实理。未来之果如何，即系于现在吾人所造之因如何，因果是决不相违的。此种思想表现出来的就是言论，所以要"审其所谓"。《易传》曰："辞也者，各指其所之。"就是"审其所谓"之意，"所之"即是所向往的。吾人今日言论皆可影响未来，故必须选择精当，不可轻易出之，因其对于未来所负之责是最重的，这是"审其所谓"。

诸君明此三义，便知认识过去，要"审其所知"；判别现在，要"审其所由"；创造未来，要"审其所谓"。具此三种能力，方可负起复兴民族之责任。《易》曰"唯深也，故能通天下之志"，是"审其所知"之至也；"唯几也，故能成天下之务"，是审其行之至也。诸生勉之。如此，不独为一国之善士，可以为领导民众之君子矣。

◎研读

这篇《对毕业诸生演词》紧扣《大戴礼记》中孔子说"士"义的三句话展开，逻辑缜密，条理清晰，把我们对于过去、现在、未来在知识、行动、言论三个方面的应有之义剖析得淋漓尽致。其中，对当时流行的所谓"现实主义"的批判可谓入木三分。指出所谓

《泰和宜山会语》《复性书院讲录》注

"现实主义即是势力主义","其实即是乡原之典型","其唯一心理就是崇拜势力",都是一针见血的洞见。而且,在大倡"言论自由"的时代,他自觉地将因果律引入人们平时不大注意的言论中,说理平实却发人深省。全文不过一千六百字,却含大义、深情于短文之中,是一篇值得反复阅读的毕业演说词。

宜山会语

说忠信笃敬

◎ **解题**

《说忠信笃敬》是马一浮在浙江大学迁徙到广西宜山后所做的第一场国学讲座。"忠信笃敬"出自《论语》"子张问行"章：子曰："言忠信，行笃敬，虽蛮貊之邦，行矣。言不忠信，行不笃敬，虽州里，行乎哉？"马一浮希望通过讲授此章，为浙大师生指示一个治学的"最切近之例"，只有六个字："言忠信，行笃敬"。

前在泰和得与诸君共讲论者数月，不谓流离转徙，今日尚得到此边地重复相聚，心里觉得是悲喜交集。所悲者，吾国家民族被夷狄侵凌到此地步，吾侪身受苦痛，心怵[1]危亡，当思匹夫有责，将何以振此垂绝之绪，成此恢复之业，拯此不拔之苦，今实未能焉，能不悲？所喜者，虽同在颠沛之中，尚复有此缘会，从容讲论，得与诸君互相切磋，不可谓非幸。诸君感想谅[2]亦同之。校长暨教授诸先生不以某为迂阔，仍于学校科目之外，约某继续自由讲论。此虽有似教外别传[3]，却是诸法实相[4]，圣贤血脉，人心根本。诸君勿仅目为古代传统思想，嫌其不合时代潮流。先须祛此成见，方有讨论处。

《泰和宜山会语》《复性书院讲录》注

[1] 怵（chù）：恐惧，害怕。 [2] 谅：推想、料想之意。 [3] 教外别传：即指传佛心印的禅宗。教外：指三乘教法之外。别传：即另外的特别传授。典出《大梵天王问佛决疑经》。马一浮此处用"教外别传"，比拟自己在浙大的国学讲座，属于学校体制之外，不与当时教育思想同科。 [4] 诸法实相：佛教术语，指各种物质和精神现象的本体。本体清净，实是无相。马一浮此处借用"诸法实相"，表示自己所讲内容是谛实真理。

某向来所讲，谓一切学术皆统于六艺。六艺之本，即是吾人自心所具之义理。义理虽为人心所同具，不致思则不能得，故曰"学原于思"。要引入思维，先须辨析名相。故先述六艺大旨，其后略说义理名相，欲指出一条路径，以为诸君致思穷理之助。但因时间有限，所讲至为简略，不能详尽。若能切己体究，或不无可以助发之处。否则只当一场话说，实无所益也。

大凡学术有个根原，得其根原才可以得其条理，得其条理才可以得其统类。然后原始要终[1]，举本该末，以一御万，观其会通，明其宗极，昭然不惑，秩然不乱，六通四辟，小大精粗，其运无乎不备。孔子曰："吾道一以贯之。"《大学》所谓"知本""知至"，便是这个道理。知本，是知其所从出；知至，是知其所终极。华严家所谓"无不从此法界流，无不还归此法界"，与此同旨。所以说天下万事万物，不能外于六艺；六艺之道，不能外于自心。黄梨洲有一句话说得最好，曰："盈天地间皆心也。"由吾之说，亦可曰："盈天地间皆六艺也。"今日学子只知求知，以物为外，其结果为徇物忘己。圣贤之学乃以求道，会物归己，其结果为成己成物。一则向外驰求，往而不反；一则归其有极，言不离宗。此实天地悬隔。学者要养成判断力，非从根原上入手不可。初机于此理凑泊不上，只为平日未尝治经。其有知治经者，又只为客观的考据之学，方法错误，不知反求自心之义理，终无入头处。吾今所言虽简，却是自己体验出来，决不相诳。望诸君着实体究，必有省发之时。"一念回机，便同本得"，方知此是诚谛之言，方不辜负自己，不辜负先圣，此是夷狄所不能侵，患难所不能入的。天地一日不毁，此心一日不亡，六艺之道亦一日不绝。人类如欲拔出黑暗而趋光明之途，舍此无由也。

[1] 原始要终：推究事物发展的始末经过。语出《周易·系辞下》。

某尝谓读书而不穷理，只是增长习气；察识而不涵养，只是用智自私。凡人心攀缘驰逐，意念纷飞，必至昏昧。以昏昧之心应事接物，动成差忒。守一曲之知，逞人我之见，其见于行事者，只是从习气私欲出来。若心能入理，便有主宰。义理为主，此心常存，无有放失，气即安定，安定则清明。涵养于未发以前，察识于事为之际。涵养愈深醇，则察识愈精密。见得道理明明白白，胸中更无余疑，一切计较利害之私自然消失，逢缘遇境，随处皆能自主，皆有受用。然后方可以济艰危，处患难，当大任，应大变，方可名为能立。能立才能行。学不至于能立，不足以为学。《学记》曰：古之学者，"九年知类通达，强立而不反，谓之大成"，"然后足以化民易俗"，故曰"己欲立而立人，己欲达而达人"。"立"以体言，"达"以用言。体立而后用有以行，未有不能立而能行者。己立己达是立身行己，立人达人是化民成俗。先体而后用，故先立而后达。浅言之，"立"只是见得义理端的，站得住，把得定，不倾侧，不放倒，不为习俗所动，不为境界所移。自己无有真实见地，只是随人起倒，一昧徇人，名为流俗。不能自拔于流俗者，不足与立。境界不出顺逆二种，如富贵、贫贱、夷狄、患难、毁誉、得失、忧喜、苦乐，皆能移人。以仕宦夺志，以饥渴害志者，不足与立。程子曰："教学者如扶醉人，扶得东来西又倒。"此言最善形容不能立之病。到此田地，方可以言致用。"举而措之天下之民，谓之事业"，不是知识技能边事可以当得的。如今一般为学方法，只知向外求事物上之知识，不知向内求自心之义理。不能明体，焉能达用？侈谈立国而罔顾立身，不知天下国家之本在身，身尚不能立，安能立国？今谓欲言立国，先须立身；欲言致用，先须明体。体者何？自心本具之义理是也。义理何由明？求之六艺乃可以明。六艺之道不是空言，须求实践。实践如何做起？要学者知道自己求端致力之方，只能将圣人吃紧为人处尽力拈提出来，使合下便可用力。

今举《论语》"子张问行"一章，示一最切近之例。

子张问行，子曰："言忠信，行笃敬，虽蛮貊之邦，行矣。言不忠信，行不笃敬，虽州里，行乎哉？立则见其参于前也，在舆则见其倚于衡也，夫然后行。"子张书诸绅。

子张问行与问达一般，是无往不宜之意，犹今言适应环境也。蛮貊，是异俗，无礼义，难与为缘，而默化足以消其犷戾[1]。州里，是近习，情本易合，而失道亦足以致其乖离。故中孚则"信及豚鱼"[2]，豚鱼比蛮貊犹远。不仁则道不行于妻子。妻子比州里犹近。"行有不得，反求诸己"，乃为君子之道。学者当知子张问的是"行"，而孔子告之以"立"。换言之，即是子张问的是用处施设，孔子答以体上功夫。子张病在务外为人，孔子教他向里求己。有人问程子"如何是所过者化？"程子曰："汝且理会所存者神。"此与孔子答子张问同旨。

[1] 犷戾（guǎng lì）：凶暴而乖张。　[2] 中孚（zhōng fú）：是《周易》六十四卦中的第六十一卦。其《象传》中有"豚鱼吉，信及豚鱼也"句。王弼注："鱼者，虫之隐微者也，豚者，兽之微贱者也。争竞之道不兴，中信之德淳著，则虽隐微之物，信皆及之。"大意是，诚实的品德是如此的淳厚显著，以至于豚和鱼这样的低等动物都很信赖。

如今欲问如何立国致用，则告之曰：汝且立身行己。立身行己之道，即从"言忠信，行笃敬"做起。言行是日用不离的，忠信笃敬是功夫，亦即是本体。忠，是恳切深挚；信，是真实不欺；笃，是厚重不轻忽；敬，是收敛不放肆。《易》象曰："风自火出，家人[1]，君子以言有物而行有恒。"火炽则风生。"风自火出"，自内而外之象。"言出乎身，加乎民；行发乎迩，及乎远"，自内而外也。有物，谓充实不虚；有恒，谓法则有常。义理是心之存主处，言行是用之发动处，亦自内而外也。所存者是忠信，发出来为忠信之言；所存者是笃敬，发出来为笃敬之行。诚中形外，体用不违。圣人之言该本末，尽内外，彻上彻下只是一贯。世亦有矫饰其言行、貌为忠信笃敬者，只是无物无恒，可以欺众人，不可以欺君子。此诚伪之辨。言不忠信，便是无物；行不笃敬，便是无恒。圣人以天下为一家，中国为一人，《家人》之象也。始于立国，终于化成天下，须从一身之言行做起。这便是立身行己最切要的功夫，人人合下可以用力。从自己心体上将义理显发出来，除去病痛，才可以为立身之根本；知道立身，才可以为立国之根本。一切学术以此为基，六艺之道即从此入。

[1] 家人：是《周易》六十四卦中的第三十七卦。

◎ 研读

《说忠信笃敬》一篇，是马一浮指导浙大师生如何进德修业的最切近的功夫入门方法。子张问的这个"行"，类似于今天所说的"适应环境"，就是"行得通""吃得开"的意思。子张关心的是治学的效果，而孔子回答他的却是修己的功夫，而且功夫还特别简单易行，就"言忠信，行笃敬"六个字而已。马一浮在宜山之所以首讲就讲《论语》这一章，正是针对当时整个学术界治学的普遍问题。

《泰和宜山会语》《复性书院讲录》注

释学问　先释学问之义　后明问答之旨

◎ **解题**

"学问"包含"学"和"问"两面。这篇《释学问》先阐释了"学问"的本质"乃所以尽知尽能之事，而非多知多能之谓"。强调的是"学问"的动词意味，与寻常理解的作为知识和才能的名词意味大不相同。最后他讲了答问的要求：即对八种提问不予回答。

人人皆习言学问，却少有于此二字之义加以明晰之解说者。如见人读书多、见闻广，或有才辩、能文辞，便谓之有学问。古人所谓学问，似乎不是如此。此可说是有知识，有才能，若言学问，却别有事在。知识是从闻见得来的，不能无所遗；才能是从气质生就的，不能无所偏。今所谓专家属前一类，所谓天才属后一类。学问却要自心体验而后得，不专恃闻见；要变化气质而后成，不偏重才能。知识、才能是学问之资藉，不即是学问之成就。唯尽知可至于盛德，乃是得之于己；尽能可以为大业，亦必有赖于修。如此，故学问之事起焉。是知学问乃所以尽知尽能之事，而非多知多能之谓也。

"学问"二字，今浑言不别，实际上学是学，问是问，虽一理而有二事。浅言之，学是自学，问是问人。自学是要自己证悟，如饮食之于饥饱，衣服之于寒暖，全凭自觉，他人替代不得。《学记》曰："虽有嘉肴，弗食，不知其旨也。虽有至道，弗学，不知其美也。"佛氏亦有"说食不饱，数宝不富"之喻。最善。问人即是就人抉择，如迷者问路，病者求医，须是遇善知识，不然亦有差了路头，误服毒药之害。古语曰："一盲引众盲，相牵入火坑。"又曰："一句合头语，万劫系驴橛。"[1]皆指师家不明之误，所谓自救不了，为人即祸生也。禅师家接人每以言句勘辨，故有宾主料简。不惟师择弟子，弟子亦要择师。若学者不具参方眼[2]，师家不辨来机，互相钝置[3]，名为一群瞎汉相趁[4]。儒家问答、接人手眼实与禅师家不别，会者自知，但先儒不显说耳。故必先学而后问。善问者必善学，善学者必善问。师资道合[5]，乃可相得益彰。孔子自居好学[6]，又独称颜回为好学[7]。"舜好问而好察迩言"，所以为"大智"[8]。由此言之，好学好问皆为圣贤之事，未可轻易许人。圣贤是果位人，犹示居学地，示有下问，"有若无，实若虚"，何况学者在因地，若得少为足，便不肯用力；今人于记诵考据之学非不用力，但义理则非所尚，此其蔽也。安其所习，而耻于问人。今人于政治问题、社会问题未尝不研究，未尝不问人，但于自己心性则置而不谈，未尝致问。此由耽于习而忽于性，故以为不足问也。何由得有成就？今日学者为学方法，可以为专家，不可以成通儒。此所言成就，乃欲个个使成圣贤。古人论学主通，今人论学贵别。若问：学是学个甚么？答曰：伊川尝试《颜子所好何学论》，便是解答此问题。须知古无科学、哲学之称，亦无经学、史学之目，近世以汉、宋分途，朱、陆异撰，用朝代、姓氏为别，皆一孔之见。濂、洛、关、闽只是地名，考据、词章同为工具。八儒三墨各自名家，入室操戈互相胜绌，此庄生所谓"道术将为天下裂"也。学只是学，无假头上安头，必不得已，强名"义理之学"，如今立科、哲，各从所好，权示区分，犹胜以时代、地域为号。《论语》四科有"文学"，《宋史》列传出"道学"，文则六艺之遗，道为义理所寄，实即"学文""学道"之倒言耳。孔子问礼于老聃，问乐于苌弘，"入太庙，每事问"，"夫子焉不学？而亦何常师之有"，"三人行，必有我师焉。择其善者而从之，其不善者而改之"。此其所学所问，亦不可加以名目，故谓"大哉孔子，博学而无所成名"。知此则知今之所谓专家者，得之于别而不免失之于通，殆未足以尽学问之能事。虽然，分河饮水，不无封执之私；互入交参，乃见道体之妙。既知统类，则不害差分，致曲通方[9]，各就其列，随顺世间，语言亦复何碍？故百家众说，不妨各有科题，但当观其会通，不可是丹非素[10]，执此议彼。苟能舍短取长，何莫非道？万派朝宗，同归海若[11]；容光必照[12]，所以贞明。小智自私，乃存畛域，自智者观之，等同一味，岂有以异乎哉？

[1] "一句合头语，万劫系驴橛"是禅宗公案中的常用语。"合头语"，指正确地说破禅宗玄理的语言。"系驴橛"，是拴系驴子的木桩。这句话的意思是，一句很合理的话，如果被人执着拘泥，常常会桎梏人的心智。　　[2] 参

《泰和宜山会语》《复性书院讲录》注

方眼：佛教禅宗用语，是"参方须具眼"的略称，意思是参访方家所必须具备的对人、对法的辨识能力。　[3] 钝置：意思是折磨、折腾。亦作"钝致"。　[4] 相趋：跟随，相伴。　[5] 师：指师父，资：指弟子。师父善教，弟子善学，彼此契合，称为"师资道合"。　[6] 典出《论语》。子曰："十室之邑，必有忠信如丘者焉，不如丘之好学也。"　[7] 典出《论语》。季康子问："弟子孰为好学？"孔子对曰："有颜回者好学，不幸短命死矣，今也则亡。"　[8] 典出《中庸》。子曰："舜其大知也与？舜好问而好察迩言。"　[9] 致曲：致力于某一方面。通方：通晓道术。致曲通方：意思是有专攻而不拘泥。　[10] 是丹非素：喜爱红色，讨厌白色。比喻有所偏爱，抱门户之见。　[11] 海若：传说中的海神。即《庄子·秋水》中的"北海若"。　[12] 容光必照：意思是只要有容纳得了光的缝隙，日月就一定会照进去。《孟子·尽心上》："日月有明，容光必照焉。"

今略说因地学问之道。《易·文言》曰："君子学以聚之，问以辨之，宽以居之，仁以行之。"学要进德修业，积累而成，故曰"聚"；问则解蔽去惑，言下洞然，故曰"辨"。"宽以居之"，谓体无不备；"仁以行之"，谓用无不周。《中庸》曰："博学之，审问之，慎思之，明辨之，笃行之。"上四明体，属知；下一达用，属行。知行合一，体用不离，与《易·文言》同旨。释氏以闻、思、修为三学，亦同《中庸》。闻该学、问，思约思、辨，修即笃行也。思、辨即学、问之事。学而不思则无得，问而不辨则不明，故学问必要思辨。知是知此，行是行此，即此体，即此用。故《论语》只以思、学并言，佛氏开为三，闻、思、修。《中庸》开为五。学、问、思、辨、行。约而言之，则但曰学。言有广略，事惟一贯。子夏曰："博学而笃志，切问而近思，仁在其中矣。"博学而不笃志，犹之未学。切问而不近思，犹之未问。学欲其博，是要规模阔大，非谓泛滥驳杂也。问欲其切，是要体会亲切，非谓腾口说、骋机锋[1]也。志欲笃，笃谓安止而不迁。思欲近，近谓不远而可复。优柔餍饫[2]，若江海之浸，膏泽之润，学之力也。涣然冰释，怡然理顺，问之效也。故学必资于问，不学则不能问。《学记》曰："幼者听而弗问，学不躐等[3]也。"非不许问，谓不可躐等而问也。又曰："力不能，问，然后告之。告之而不知，虽舍之可也。"此谓不思之过。孔子曰："不愤不启，不悱不发。"朱注："愤者，心求通而未得之意。悱者，口欲言而未能之貌。""举一隅不以三隅反，则不复也。"愤、悱是能思，举一反三是善悟。不能如是，圣人之所不教。上根如颜子，闻一知十。其次如子夏，告往知来；子贡闻一知二。樊迟、司马牛最下，闻而不喻。如樊迟问仁、问智，不达。再告以举直错枉，犹不达，乃退而问子夏。司马牛问仁、问君子，皆以为未足。此皆在"不复"之列。

[1] 机锋：佛教禅宗用语。指问答迅捷锐利、不落迹象、含意深刻的语句。 [2] 优柔餍饫：优柔：不慌不忙地。餍（yàn）：吃饱后满足的样子。饫（yù）：饱食。比喻从容舒缓地体味其含义，并从中得到满足。 [3] 躐（liè）等：越级，不循原有秩序。

《论语》多记孔门问答之词，实为后世语录之祖。孟子曰："君子之所以教者五：有如时雨化之者，有成德者，有达材者，有答问者，有私淑艾[1]者。"除第五类外，前三亦假问答。但孟子之意似以答问为接下机，其实问虽有高下，答则因才而施，其道是一。《学记》曰："善问者如攻坚木，先其易者，后其节目，及其久也，相说以解。不善问者反此。善待问者如撞钟，叩之以小者则小鸣，叩之以大者则大鸣，待其从容，然后尽其声。不善答问者反此。"此是问答之轨范。

[1] 私淑艾（yì）：意思是没能亲受先生耳提面命的教诲，却能私下通过阅读先生的著述而取先生之善以自治其身。

学以穷理，问以决疑。问前须学，问后要思。故学问之道以致思为最要，思则得之，不思则不得也。学者观于此，亦可以明问答之旨矣。吕与叔曰："古者宪老而不乞言，仪刑其德，无所事于问也。其次则有问有答，然犹'不愤不启，不悱不发'。又其次则有讲有听，讲者不待问也，听者不致问也，如此则师虽勤而道益轻，学者之功益不进。又其次则有讲而未必听。至于有讲而未必听，则无讲可矣。"今于讲论之外，开此问答一门，乃欲曲顺来机，加以接引，观其资质所近，察其习气所偏，视其志趣所向，就其解会所及，纳约自牖[1]，启其本心之明，应病与药，救其歧路之失。随感而应，其用无方，祭海先河，庶几知本。至于发问，当有范围，虽无倦于相酬，亦致诫于陵节[2]。诸生平日所治科目，各有本师，无劳诹及[3]。但关于身心义理，欲知求端致力之方，或已知用力而未得其要者，不惜详为之说。诸所不答，条列如下：

[1] 纳约自牖：语出《周易》坎卦六四。"纳"（亦写作"内"）为接纳；约：为俭约。牖：窗口。意思是从窗口接纳献祭的祭品。六四爻虽处险中，但能顺从九五之尊，故礼至简而情笃实。　[2] 陵节：意思是违犯礼制规定的节度。　[3] 诹（zōu）：商量、咨询。

一、问单辞碎义无关宏恉者，不答。

一、问僻书杂学无益身心者，不答。

一、问时政得失，不答。

一、问时人臧否，不答。

一、辞气不逊，不答。

一、越次而问，不答。

一、数数更端[1]，不答。

一、退而不思再问，不答。

[1] 数数更端：意思是屡屡变换话题。

◎ 研读

　　这篇《释学问》,在上一篇批评"如今一般为学方法"的基础上,进一步指出今人对于"学问"的错误观念:"如见人读书多、见闻广,或有才辩、能文辞,便谓之有学问。"在马一浮看来,"好学好问皆为圣贤之事,未可轻易许人",古人所说的"学问"却不是这样的。《释学问》将知识、才能与学问区别开来,发古人之未发,颇能引人深思。末尾条列八问不答,颇存问答礼义,对今之师生问答不无规范意义。

颜子所好何学论释义

◎解题

《颜子所好何学论》是北宋大儒程颐十八岁时参加考试的答题论文。马一浮对这篇论文推崇备至，所以在宜山讲学的第三讲就以"《颜子所好何学论》释义"为题讲解了这篇论文。

文在《伊川文集》卷四"杂著门"。《伊洛渊源录》卷四《伊川先生年谱》云"皇佑二年，（先生）年十八，上书阙下[1]"，"不报。闲游太学。时海陵胡翼之[2]先生方主教导，尝以'颜子所好何学论'试诸生。得先生文，大惊异之，即延见，处以学职。"《文集》题下注则云："始冠，游太学。"据《年谱》叙此事在上书不报后，似即是皇佑二年事，先生年十八时所作也。《二程文集》及《伊洛渊源录》并朱子所编。

[1] 阙下：宫阙之下，借指帝王所居的宫廷或京城。　　[2] 胡翼之：即胡瑗（993—1059），字翼之，泰州如皋县宁海乡胡家庄人，北宋学者，理学先驱，思想家和教育家。《舆地纪胜》记载："宁海城在海陵县东南一百里，周三里，即故宁海县城。"故马一浮称胡瑗为"海陵胡翼之"。因胡瑗世居陕西路安定堡，世称"安定先生"。

按《周子通书》云："伊尹、颜渊，大贤也。伊尹耻其君不为尧、舜，一夫不得其所，'若挞于市'。颜渊'不迁怒，不贰过'，'三月不违仁'。志伊尹之所志，学颜子之所学，过则圣，及则贤。"胡安定之命题，虽本《论语》，疑《通书》"学颜子之所学"一语已为当时士人所习闻，故特拈此语发问，以觇[1]学者之见地。

[1] 觇（chān）：偷偷地察看。

伊川此文大科分三：一、标宗趣。示学以至圣人之道。二、显正学。明学圣之功。三、简俗见。辨俗学之失。

初、标宗趣 圣人之学为宗 可学而至是趣。

圣人之门，其徒三千，独称颜子为好学。出题。夫《诗》《书》六艺，三千子非不习而通也，然则颜子所独好者何学也？第一设问。学以至圣人之道也。置答，揭明宗趣。圣人可学而至欤？第二设问。曰：然。置答，示决定可学。

二、显正学

学之道如何？将显正学，故再设问。曰：以下置答，先原人。天地储精，得五行之秀者为人。《礼运》曰：人者，"五行之秀气，天地之心也。"《太极图说》曰："无极之真，二五之精，妙合而凝。"《易》曰："精气为物。"精谓气之凝聚也。气有偏全、通塞、昏明、清浊之异，人、物皆禀是气以为形质而后有生。朱子曰："气以成形而理亦寓焉。"《正蒙》曰："气聚则生，气散则死。知死而不亡者，可与言性矣。"此推原人生之由来。上句该万物言，下句言于中人为最胜也。以下先举性德。其本也，真而静。其未发也，五性具焉，曰仁、义、礼、智、信。本谓心之本体，即理也。无妄曰真，本寂曰静。《乐记》曰："人生而静，天之性也。"一理浑然，常恒不变，其体本寂，故曰"真而静"。未发谓"冲漠无朕"，五性即性中所具之五德。德相有五，实唯一性，人人同具，无有增减。以下简情失。形既生矣，外物触其形而动于中矣。其中动而七情出焉，曰喜怒哀惧爱恶欲。情既炽而益荡，其性凿矣。形谓耳、目、口、体，气聚所生。佛氏谓之五根：眼、耳、鼻、舌、身。外物谓五尘外境：色、声、香、味、触。根、境本不相到，识动于中，斯谓意根，妄生取著，遂有法尘，起一切分别。于是六识炽然，流荡不守，违其真静之本体，遂障性具之德相，而性凿矣。凿，犹言戕贼也。此段文与《乐记》《太极图说》相应，但广略不同，比类可知。《乐记》曰："感于物而动，性之欲也。物至知至，而后好恶形焉。好恶无节于内，知诱于外，不能反躬，天理灭矣。"《太极图说》曰："形既生矣，神发知矣。五性感动而善恶分，万事出矣。"儒家谓情，佛氏谓识，在《乐记》曰"欲"曰"知"，《太极图说》只言"知"。此"知"谓徇物之知，故曰"诱于外"。意存有取，故名为"欲"。广则有七，约惟好恶，得正则善，失正

《泰和宜山会语》《复性书院讲录》注

则恶，故周子分善恶言之。以情识之动不即是恶，唯炽而流荡无节乃成为恶。理本无灭，隐，故有似于灭也。性不可凿，背，故比之于凿也。孟子曰："所恶于智者，为其凿也。"物之凿者，形必变异，失其本然之相，故谓之凿。以上分释"性""情"。向下乃以觉、愚二门明其得失。初、明觉。**是故觉者约其情使合于中，正其心，养其性，故曰性其情**。觉，是本心之明发现处，《起信论》谓之始觉。约，犹收也，犹收放心之收。中者，无过、不及之名。约之使反，不任一往徇外，则喜怒哀乐之发不至流荡。念念相应，名之为合。正，谓无所偏倚。养，谓常存护念。心统性情，约其情，则心一于理，故正。物从心为正，心逐物为邪。换言之，即心不为物役而理为主也。心正则气顺，故性得其养。曰"性其情"者，情皆顺性，则摄用归体，全体起用，全情是性，全气是理矣。二、简愚。**愚者则不知制之，纵其情而至于邪僻，梏其性而亡之，故曰情其性**。愚者，不觉也，迷惑之称。不知制约而纵放其情，一向驰逐，所谓从欲也。《书》曰："从欲惟危。"佛氏谓之"随顺无明"。心既逐物，贪著寻求，必陷邪僻。性失其养，几于梏亡[1]，如人身被桎梏[2]，不能运动，便同死人。性不可亡，今言"亡"者，谓其等于亡也。曰"情其性"者，性既随情，则全真起妄，举体成迷，唯是以气用事，而天理有所不行矣。既知觉、愚二门分别，方知学之所以为学当为何事。故以下正名学之道。**凡学之道，正其心，养其性而已**。此是举因。**中正而诚，则圣矣**。此是明果。中、正义见前。诚则法法全真，圣谓事事无碍。此"自诚明"之事。**君子之学，必先明诸心，知所养**，一作"往"。**然后力行以求至，所谓"自明而诚"也**。此"自明诚"之事。"明诸心"即觉也。"养"作"往"，义长。"知所往"是始觉，"力行以求至"，至即本觉，始、本不二，则诚矣。**故学必尽其心。尽其心则知其性，知其性，反而诚之，圣人也。故《洪范》曰："思曰睿，睿作圣。"**孟子曰："尽其心者，知其性也。知性则知天矣。"又曰："万物皆备于我矣。反身而诚，乐莫大焉。"程子之言本此。此明学原于思，尽心则致思也。心之官主思。"思曰睿"，思通玄微谓之睿，知性即睿。"睿作圣"，知天即圣。引《洪范》以证明尽心为作圣之功。反者，回机就己之称。"一日克己复礼，天下归仁"，"为仁由己，而由人乎哉"，皆指令反求诸己。颜子"既竭吾才"，即尽心致思之谓也。诚者，实理也。天地之所以不息，万物之所以生成，皆此实理之流行也。全此实理则为圣人，昧

110

此实理则为凡民。故《通书》曰："诚者，圣人之本。"又曰："圣，诚而已矣。"诚者，天道。思诚者，人道。此段正明圣学宗要，以下明诚之之道。**诚之之道，在乎信道笃**。信道笃则行之果，行之果则守之固。仁义忠信不离乎心，"造次必于是，颠沛必于是"，出处语默必于是。久而弗失，则居之安，动容周旋中礼，而邪僻之心无自生矣。此理实有诸己，诚之也。今语谓之充实人生，亦近是。其事有信、行、守三种次第。见得端的[3]则信笃，信笃则决定不疑，迁善改过，如恐不及，斯行之未有不果也。笃是知之真切，果是行之勇决，知行合一，日用之间践履益密，斯持守之固确乎不移矣。"仁义忠信不离乎心"，实有诸己也。造次、颠沛、出处、语默必于是，不为外境所夺也。此诚之之功夫也。"久而弗失"以下，诚之之效验也。以上大段文字显圣学宗要在于思诚，向下乃举颜子所学以证之。

[1] 梏（gù）亡：谓因受束缚而致丧失。《孟子·告子上》："则其旦昼之所为，有梏亡之矣。"孙奭疏："梏，手械也。利欲之制善，使不得为，犹梏之制手也。" [2] 桎梏（zhì gù）：脚镣和手铐，为古代的刑具。在足曰桎，在手曰梏，主要用来拘系犯人。 [3] 端的（duān dì）：果真，确实，果然；究竟；底细，缘由，详情。

故颜子所事，则曰"非礼勿视，非礼勿听，非礼勿言，非礼勿动"。此引颜子所学以为举证也。四勿是《论语》"颜子问仁"章语。学者当知，孔子答以"克己复礼为仁"，颜子便直下不疑。请问其目，再答以四勿，他便道"回虽不敏，请事斯语矣"。此乃直下承当，全身担荷，看似平淡无奇，实则成就不是小小。此见颜子之学即是以此为事。这里却要分疏得清楚，方有领会处。第一、须知"仁"是甚么。仁是德之总相，全体是性，不尽心者不能知性，即不能识仁。颜子已是识得仁了，然后问之。第二、须知"己"是甚么。己是形气之私，即谓"意根"，亦名"我见"。此见不除，人我间隔，暌而不通，一念不觉，便堕不仁。第三、须知"礼"是甚么。礼者，理也，乃仁中之有分理者。玉工治玉，必依其理；君子为仁，必顺其礼。因有分理，故有节文。分理具内，节文形外。己私掩之，则理隐而不现，一旦廓落，此理自显，明之为"复"。"克己"之"己"是指私己，"由己"之"己"是言本具，文同而义别也。颜子问的是仁，孔子答以复礼。因为仁体浑然，难以显说，故举出其中所具自然之法则言之，是之谓礼。

《泰和宜山会语》《复性书院讲录》注

此礼既复,当体即仁,乃是以礼显仁也,非谓笾豆[1]之事,器数之末也。颜子言下洞然,故直问其目,乃在视听言动不离当处,无假他求,何等简易直截!《论语》中许多问答,无过此章,真乃传心法要。第四、须知视听言动是甚么。视听言动皆气也,四者一于礼,则全气是理,更无差忒。一有非礼,则全真起妄,便是不仁。人于日用之间须臾不离者,只此四事。为仁依仁,全系于此。违仁害仁,亦出于此。转愚为觉,背觉成迷,只此一关,别无他事。争奈不肯体会,一任奔驰,舍近求远,迷已逐物,庄子所谓"弱丧亡归"[2],佛氏喻为"背父逃逝"[3]。试观颜子之所事为何,亦可以知反矣。急须着眼,不得放过。以下更引孔子称道颜子之言以为举证。**仲尼称之曰:"得一善,则拳拳服膺而弗失之矣。"** 前谓行之果,此谓守之固。善既性德之美称,亦即仁体之殊号,在人在己一也。"乐取于人以为善","人之彦圣,其心好之"。得于人者,人有善言善行,不啻若自己出,拳拳弗失,斯能有之于己。一端之善,犹不可遗,乃所谓善学矣。**又曰:"不迁怒,不二过。""有不善未尝不知,知之未尝复行也。"** 上二句"哀公问弟子孰为好学"本章文,下二句《易·系辞传》说《复》卦初九爻义引颜子为证之文。人情易发而难制者是怒,举怒以该七情也。《易·损》卦大象曰:"君子以惩忿窒欲。"上言"约其情",《损》之道也。好恶、爱憎,流荡所极,则为忿、欲,忿则斗争,欲斯夺取,害仁悖理,皆由此生。然惩忿犹难于窒欲,故圣贤之学先在制怒。圣贤非是无怒,怒当于理,发而中节,其怒也在物不在己,如明镜照物,妍媸[4]在彼,故能不迁。明道先生《答张横渠书》云:"圣人之喜,以物之当喜。圣人之怒,以物之当怒。是圣人之喜怒,不系于心而系于物也。"故圣人喜怒是情之正,常人喜怒是情之私。《易·益》卦大象曰:"君子以见善则迁,有过则改。"上言"合于中,正其心",《益》之道也。引《系辞》申明"不二过"之旨,须着眼在"知"字。《系辞》曰:"知几其神乎?""几者,动之微、吉之先见者也。""君子知微知彰,知柔知刚,万夫之望。"又曰:"颜氏之子,其殆庶几乎!有不善未尝不知,知之未尝复行也。《易》曰:'不远复,无祗悔,元吉。'"常人有过不能改者,只缘不知。不知者,不知善也。不知善,故不知不善。知善即知性也。"性其情"是善,"情其性"是不善。乐徇理,安处善,率性之谓也。率性无有不善,惟随情乃有所不善。所谓"过"者,情之过也。情若无过,即是"合于中",情亦无有不善矣。故孟子曰:"乃若其情,则可以为善矣,乃所谓善也。"颜子唯于此知之切,故能"不二过"。程子曰:"颜子地位岂有不善?所谓不善，只是微有差失，才有差失，便知之，才知之，便更不萌作。""微有差失"者，即所谓"几者，动之微也"。功夫到此，直是细密，故曰"其殆庶几乎"两句即是《损》《益》二卦义。故曰："《损》，德之修也。《益》，德之裕也。"颜子学圣之功，本领在此。以下结。**此其好之笃，学之之道也**。结前文，可知学之之道，即诚之之道也。二程学于周茂叔，每教寻孔、颜乐处，所乐何事。孔子自称"乐以忘忧"，称颜子"不改其乐"。"所乐何事"与"所好何学"语脉正同。最好引而不发，教学者致思。今已被伊川注破，不免彻底掀翻，更加狼藉一上[5]。好是好乐，好乐即乐也。《乐记》曰："乐者，乐也。君子乐得其道，小人乐得其欲。以道制欲则乐而不乱，以欲忘道则惑而不乐。是故君子反情以和其志，广乐以成其教。"学者试以伊川此文与《乐记》相对勘，便知"好"字不是虚言，实有着落。向下乃辨圣、贤不同处。**视听言动皆礼矣，所异于圣人者，盖圣人则不思而得，不勉而中，从容中道，颜子则必思而后得，必勉而后中。故曰：颜子之与圣人相去一息**。此谓圣人不假思勉，而颜子则犹须思勉，然其得中一也。一息，犹云一间。息是气息，以时间言；间是间隙，以空间言。谓颜子与圣人只争这一些子耳。《系辞传》曰："《易》无思也，无为也。天下何思何虑？天下同归而殊途，一致而百虑。天下何思何虑？"伊川尝问谢上蔡："近日见得道理如何？"对曰："天下何思何虑？"伊川曰："不道贤道得不是，只是发得太早。"故无思无为是果位上事，好学致思是因地上事。颜子虽位齐等觉[6]，已与圣邻，犹须思勉。未到颜子地位，不致思，岂能得；不力行，岂能有中。思属知，勉属行，不思则不勉，知行是一事。知是知其所当行，行是行其所已知，故思先于勉。及其得理而无失，中于理而无过，乃充实矣。此段牒[7]前"思曰睿"，向下牒前"诚之"。孟子曰："充实而有光辉之谓大，大而化之之谓圣，圣而不可知之谓神。"**颜子之德，可谓"充实而有光辉"矣，所未至者，守之也，非化之也。以其好学之心，假之以年，则不日而化矣。故仲尼曰："不幸短命死矣。"盖伤其不得至于圣人也**。此明颜子学已臻极，但未至于化耳。孟子曰："有诸己之谓信，充实之谓美，充实而有光辉之谓大，大而化之之谓圣。"信、美、大皆"诚之"之效也。"和顺积中而英华发外，美在其中而畅于四支"，其德业已至盛大矣。所差者，未能泯然无迹耳，化则泯然无迹矣。横渠曰："大可为也，化不可为也。在熟之而已矣。'耳顺''从心'，乃臻化境。"大，已是学之极诣，不可复加，过此以往，熟而能化，则圣矣。以下别释化境。**所谓化之者，入于神而自然，"不思而得，不勉而中"之谓也。孔子曰"七十而从心所欲，不逾矩"是也。**显正学文竟。

[1] 笾（biān）豆：古代祭祀燕享时，用来盛枣栗之类的竹器和盛菹醢之类的高脚木器。　[2] 弱丧亡归：谓少而失其故居，忘了怎么回家。[3] 背父逃逝：语出《妙法莲华经·信解品第四》。背：是违逆的意思。[4] 妍媸（yán chī）：美好与丑恶。　[5] 狼藉一上：语出《山铎真在禅师语录》。狼藉：形容凌乱不堪。一上：一场，一番，一层，一重。　[6] 等觉：大乘阶位五十二位中第五十一位之菩萨曰等觉。是菩萨之极位也。即满足三祇百劫之修行，别教之菩萨断十一品之无明，圆教之菩萨，断四十一品之无明，将得妙觉之佛果，其智慧功德，等似妙觉，故谓之"等觉"。　[7] 牒（dié）：本义是用来书写的小而薄的竹简或木片，也指官方文书或证件。这里作动词用，有证明之意。

三、简俗见

或曰：圣人，生而知之者也；今谓可学而至，其有稽乎？ 设问，疑其无征。**曰：然。孟子曰："尧、舜，性之也；汤、武，反之也。"性之者，生而知之者也。反之者，学而知之者也。** 置答，引孟子之言以证成前义。**又曰：孔子则生而知也，孟子则学而知也。** 再答，以足成前证。实则生知之圣亦假于学，无顿非渐，无渐非顿。生知是顿，学知是渐。生知而学，于顿示渐；学知至圣，即渐成顿。及其知之，顿、渐一也。以下正简俗见之失。先简见失。**后人不达，以谓圣本生知，** 再简学失。**非学可至，而为学之道遂失。不求诸己而求诸外，以博闻强记、巧文丽辞为工，荣华其言，鲜有至于道者。** "不求诸己而求诸外"，是不思也。"荣华其言"，谓其无实，是不诚也。**则今之学，与颜子所好异矣。** 结前，可知全文已竟。

学者解此文已，应有感发。特提出数事，请大众着眼。

一、当念伊川年未二十已明圣学如此。今我何以不及？

一、当念学之正、俗，自伊川言之，分明不同如此。今我所学应属何等？

一、当念颜子用力处，具如显正学中"颜子所事"一段文中。今我所事为何？能与颜子有一事相似否？

一、当念性德人所同具，情失人所难免。今我自己检讨，为觉乎？为愚乎？如不肯自安于不觉，则当依此用力。

一、当念视听言动实乃人人日用不离的，为仁之目原来在此，但未能"克己复礼"，便是未有欛柄[1]，可知吃紧处乃在"克己"。今欲克己，从何做起？

一、当念此文所说道理，我今一一信得及否？如信得及，当下便能依而行之否？总之，信得及者，自己当知道用力，不烦一一更举。傥若信不及，万事冰消，禅师家有言："老僧今日失利。"[2]

[1] 欛柄（bà bǐng）：即把柄，器物的把手，比喻可以操控某物的下手处。　[2] "老僧今日失利"为禅宗常用语。失利：意思是战败、打败仗。

◎ 研读

本篇是著者对北宋程颐十八岁时所作《颜子所好何学论》一文的注释和讲解，也是对前篇《释学问》的进一步落实。周敦颐（1017—1073）《通书》云："伊尹、颜渊，大贤也。伊尹耻其君不为尧舜，一夫不得其所，'若挞于市'。颜渊'不迁怒，不贰过'，'三月不违仁'。志伊尹之所志，学颜子之所学，过则圣，及则贤。"马一浮多次用"志伊尹之所志，学颜子之所学"这两句来勉励学子。伊尹是儒家入世担当的典范，颜回是儒家克己复礼的典范。周敦颐的这两句实际上囊括了儒家的"内圣外王"两个方面：以"内圣"成己，以"外王"成物。程颐在《颜子所好何学论》中开篇就说："圣人之门，其徒三千，独称颜子为好学。夫《诗》《书》六艺，三千子非不习而通也，然则颜子所独好者何学也？学以至圣人之道也。圣人可学而至欤？曰：然。"后面的全部论述都是紧紧围绕这两个设问而展开，密切联系实际，有立有破，情理交融，对人启发甚深。对于程颐年纪轻轻就能写出这样传颂千年的文章，马一浮赞佩不已。本篇对"正学"与"俗学"的辨析可谓泾渭分明。篇末提请听众深切反省的八个问题，个个振聋发聩。

《泰和宜山会语》《复性书院讲录》注

说视听言动　续义理名相一

◎ **解题**

　　这是马一浮在江西泰和所讲"理气""知能"两组范畴之后，在广西宜山接续讲的第一组理学范畴，故曰"续义理名相一"。《论语》中，颜回问仁，孔子回答他："克己复礼为仁。"颜回当下就心领神会，进一步请问如何具体落实，孔子回答他："非礼勿视，非礼勿听，非礼勿言，非礼勿动。"并认为除此四事外，再无其他事。

　　前举颜子问仁，孔子告以"克己复礼为仁"，及请问其目，便告以非礼勿视、听、言、动，别无余事。可见视听言动皆礼，即是仁，不须更觅一个仁。因为仁是性德之全，礼即其中之分理。此理行乎气中，无乎不在，人秉是气而能视听言动，亦即秉是理以为视听言动之则。循此理即是仁，违此理即是不仁。《诗》曰："天生烝民，有物有则，民之秉彝，好是懿德。"礼也者，理也，则也。所以有此礼者，仁也。具此德者，性也。性德之所寓者，气也，即此视听言动四者是也。穷理即是尽性之事，尽性即是践形之事。孟子曰："形色，天性也。唯圣人而后可以践形。"何谓形色？气之凝成者为形，其变现为色。此犹佛氏所谓"法相"也。根、身、器、界是形，生、灭、成、坏诸相是色。佛氏以质碍为色，乃当此所谓形。此言"色"者，乃当彼所谓"相"，非"色心二法"之"色"。又此言"形"亦当彼所谓"法"，广为事物之总名，约则一身之形体。又"形"犹今言"实质"，"色"犹今言"现象"。何谓天性？就其普遍言之曰天，就其恒常言之曰性。又不假人为曰天，本来自具曰性，即《诗》所谓"秉彝"也。践，朱子曰如"践言""践约"之"践"；俗言步步踏着之意。心外无法，故言"形色天性"；会相归性，故言"践形"。换言之，即是于气中见得理，于

116

变易中见得不易，于现象中见得本体。步步踏着这个道理而无失，谓之践。何以不曰"践性"而曰"践形"？全体起用，摄用归体，在体上只能说"尽"，在用上始能说"践"。惟尽其理而无亏，始能全其用而无歉也。视听言动，气也，形色也，用之发也。礼者，理也，天性也，体之充也。发用而不当则为非礼，违性亏体而其用不全；发用而当则为礼，顺性合体而其用始备。故谓视听言动皆礼，为践形之事也。以理率气，则此四者皆天理之流行，莫非仁也；徇物忘理，则此四者皆私欲之冲动，而为不仁矣。

《洪范》五事曰视、听、言、貌、思，今言视、听、言、动而不及"思"，何也？心之官主思，四事皆统于一心，故思贯四事。知其礼与非礼，孰为之乎？思也。故略思而言四事，思在其中矣。或言动，或言行，或言貌，何也？发于心则谓之动，形于事则谓之行，见于威仪四体则谓之貌。行、动浑言不别，析言则别。群经多言、行对举，"言行"即"言动"也，在《易》亦谓之"云为"。"貌"则以行动之现于外者言之，故举貌可以该行动，行动必有貌也。犹今言"态度"。"君子有九思：视思明，听思聪，色思温，貌思恭，言思忠，事思敬，疑思问，忿思难，见得思义。"此亦因地之事，从四事开而为九，于貌之中又析为色。此谓颜色，与"形色"之"色"不同。彼是广义，此是狭义。朱子曰："色，见于面者。貌，举身而言。"魏晋间人每称人终身不见有喜愠之色，此可谓"色思温"矣。疑、忿发于心之微，"见得"关于事之著，此并属行动。故言"四事"亦可以摄"九思"。曾子之告孟敬子曰："君子所贵乎道三：动容貌，斯远暴慢矣；暴，粗厉也。慢，放肆也。《朱子语类》曰："如狠戾固是暴，稍不温恭亦是暴。倨肆[1]固是慢，稍或怠缓[2]亦是慢。"正颜色，斯近信矣；信者，实也。此言持养久熟，表里如一而非色庄也。色庄者，色取仁而行违。《朱子语类》，问："'正'是着力之辞否？"曰："亦着力不得，若不到近实处，正其颜色，只是作伪而已。"出辞气，斯远鄙倍矣。"鄙是浅陋，倍是背理。曾子一生所学本领在此，亦可与四事互勘。盖辞气属言，容貌、颜色亦摄视听行动，暴慢、鄙倍即是非礼，信即是礼也。七十子[3]中惟颜、曾独得其传。学者观于此，可知圣贤之道，其事甚近也。

[1] 倨肆（jù sì）：傲慢放肆。　　[2] 怠缓：松懈，松弛。　　[3] 孔子弟子身通六艺者七十二人，举成数来说，称为"七十子"。

群经中赞圣人之德者多言"聪明"。如《易》曰："古之聪明睿知，神武而不杀者夫。"《书》曰："明四目，达四聪。""亶[1]聪明作元后[2]。"《中庸》曰："聪明睿智，足以有临也。"盖聪明是耳目之大用，睿智是心之大用，此犹佛氏之言四智矣。转八识成大圆镜智，转七识成平等性智，转六识成妙观察智，转五识成成所作智。其言智者，即性也；其言识者，即情也。故谓"转识成智"即是"性其情"，亦即是"克己复礼"也。聪明属成所作智，睿智可摄余三。孔子见温伯雪子而不言，曰："若夫人者，目击而道存矣。"《庄子·田子方篇》又自称"六十而耳顺"。《中庸》曰："'鸢飞戾天，鱼跃于渊'，言其上下察也。"程子谓此是子思吃紧为人处。活泼泼地于此会得，方可于费中见隐[3]。此理昭著，更无壅隔[4]，乃可谓视极其明，听极其聪，而视听之理得矣。

[1] 亶（dǎn）：实在，诚然，信然。　　[2] 元后：指帝王。　　[3] 语出《中庸》："君子之道费而隐"。朱熹注："费，用之广也，隐，体之微也。"意思是君子之道，功用广大而性体隐微。　　[4] 壅（yōng）隔：堵塞，阻隔。

群经中表圣人之业者，多举言行。如："言而民莫不信，行而民莫不悦。""言出乎身，加乎民；行发乎迩，及乎远。""言行，君子之所以动天地也。""行而世为天下法，言而世为天下则。"此言行之至也。又圣人语默一致，动静一如，"尸居而龙见，渊默而雷声"[1]，不言而信，无为而成，故有不言之教，无为之化。虽终日言，未尝言，故"言满天下无口过"。虽酬酢万变而"行其所无事"，故"行满天下无怨恶",无言而无弗言也,无为而无弗为也。此见德化之盛,妙应之神,有非言思拟议所能及者矣。孔子尝谓:"予欲无言。""天何言哉?四时行,百物生。"又曰:"无为而治者其舜也与?恭己正南面[2]而已矣。"故言极无言,行极无为,而后言行之理无弗得也。

　　[1] 语出《庄子·在宥》:"故君子苟能无解其五藏,无擢其聪明,尸居而龙见,渊默而雷声。"《南华真经口义》:"尸居者,其居如尸然,即《曲礼》所谓'坐如尸'也。龙,文采也,尸居无为而威仪可则,自然有文,故曰'尸居而龙见'。渊,深也,静也;默,不言也;雷声,感动人也。虽不言而德动人也。禅家所谓'是虽不言,其声如雷'也。故曰'渊默而雷声'。"　　[2] 恭己:自己恭恭敬敬,正心诚意。正南面:端端正正地坐在朝廷上。南面:坐北朝南是尊位,君位,南面为王。

　　学者当知人与物接,皆由视听。见色闻声,有外境现,心能揽境,境不自生。色尽声消,而见闻之理自在。常人只是逐色寻声,将谓为物,而不知离此见闻,物于何在?此见闻者,从何而来?不见不闻之时,复是何物?当名何等?须知有不见之见、不闻之闻,声色乃是无常,而见闻则非断灭。此是何理?人心本寂而常照,照用之发乃有变化云为,形起名兴,随感斯应,故曰:"言行者,君子之枢机。""虚而不穷,动而愈出"[1],运之者谁邪?或默或语,或出或处,法本从缘,莫非道也。故佛种寄之尘劳[2],基命始于宥密[3],有为为应迹之谈,忘言乃得意之契,不言不动时正好领取。一言以为智,一言以为不智,吉凶悔吝生乎动,吉一而已[4],可不慎哉!古人喻如暗中书字,文彩已彰[5],飞鸟凌空,踪影不逝。此虽玄言而是实理,好学深思必能自得。

　　[1] 语出《道德经》第五章:"天地之间,其犹橐籥乎?虚而不屈,动而愈出。"王弼注:"橐籥之中空洞,无情无为,故虚而不得穷屈,动而不可竭尽也。"　　[2] 典出《维摩诘经》:"尘劳之俦为如来种。"尘比喻浮动、污染;

劳，是劳碌；侪，是伴侣、同类；种，即种子。整句话的意思是："尘劳喻烦恼，即吾侪凡夫是。虽是凡夫，但佛性与佛无异。正因佛性，故名如来种。假以修治之功，依佛教诲，也可成佛故。"　　[3] 语出《诗经·周颂·昊天有成命》："成王不敢康，夙夜基命宥密。"夙夜：日夜，朝夕。基：谋划。命：政令。宥（yòu）密：宽仁宁静。　　[4] "吉凶悔吝生乎动"，语出《周易·系辞下》："吉凶悔吝，生乎动者。"唐·孔颖达疏："动则有吉凶悔吝，所以悔吝生在乎所动之中也。""吉一而已"，意思是，在"吉凶悔吝"四者中，"吉"只占四分之一。言外之意，凶、悔、吝多，而吉少，所以要特别谨慎。　　[5] 典出《指月录》所引赵州禅师语："如人暗中书字，字虽不成，文彩已彰。"

　　由此观之，圣人所以成就德业，学者所以尽其知能，皆不离此视、听、言、动四事。奈"百姓日用而不知"，遂使性具之德隐而不见。孟子曰："行矣而不著，习矣而不察，终身由之而不知其道者，众也。"思之。

◎ 研读

　　人生的全部行事，"视""听""言""动"四字囊括殆尽，本篇将其中的圣凡差别辨析昭著，极高明而道中庸，义理高深而行事平实，非常耐人寻味。

居敬与知言　续义理名相二

◎ **解题**

这是马一浮在广西宜山所讲的第二组理学范畴，是继"视听言动"四事之后，进一步将其简化为"言行"二事。"居敬"，出自《论语·雍也》中仲弓之言："居敬而行简，以临其民，不亦可乎？""知言"，出自《孟子·公孙丑》中孟子之言："我知言，我善养吾浩然之气。"

《曲礼》曰："毋不敬，俨若思，安定辞，安民哉。"[1]先儒尝谓："礼仪三百，威仪三千，一言以蔽之，曰毋不敬。"礼以敬为本。《说文》"忠""敬"互训，故曰："忠信之人，可以学礼。"无时不敬，则无往而非礼。忠信存乎中，其见于容貌者必庄肃，其见于言语者必安定，如是乃可以莅众而立事，故曰"安民哉"。仲弓问仁，子曰："出门如见大宾，使民如承大祭。"或问程子曰："未出门、未使民时如何？"程子曰："此'俨若思'时也。"仲弓宽弘简重，盖得力于居敬之功甚深，故曰："雍也，可使南面。"如子桑伯子便失之于简。仲弓之言曰："居敬而行简，以临其民，不亦可乎？居简而行简，无乃大简乎？"汉初除秦苛法，文帝好黄老之术，即似子伯桑子，不久而宣帝复任刑名[2]。魏晋玄言家或任诞[3]去礼，或清谈废务，即是"居简行简"之失。此事且置。学者当知"毋不敬"为万事根本。《虞书》赞尧之德曰："钦明文思安安。"钦即敬也，钦而后能明，明谓无礼不照。"文思"即是文理密察，谓事无不辨。舜之"察于人伦，明于庶物"，约言之，即"文思"，亦曰"浚哲文明"[4]。"文明"二字始此。此言"文"者，即谓伦物也。"钦明"是照体,"文思"是妙用,体用备矣。"安安",是"行其所无事"之貌。理事双融,从容中道,自然虚融恬静,触处无碍,此圣人果德之相也。若在因地,即"毋不敬"三语所摄。故敬则自然虚静,故能思。深思者,其容寂,故曰"俨若思"也。敬则自然和乐,故能安。气定者,其辞缓,故曰"安定辞"也。以佛氏之理言之:在果地,谓之三轮清净;在因地,谓之三业清静。三者何?身、口、意也。儒者双提言行,即该三业。政者,正也。未有己不正而能正人者。如欲安人,先须修己,故曰"为政以德"即是"修己以敬"也。富哉言乎!未有三业不修而能安人者也。《系辞传》曰:"君子安其身而后动,易其心而后语,定其交而后求。君子修此三者,故全也。危以动,则民不与也。惧以语,则民不应也。无交而求,则民不与也。莫之与,则伤之者至矣。《易》曰:'莫益之,或击之,立心勿恒,凶。'"《益》上九爻辞。王辅嗣注云:"虚己存诚,则众之所不迕。躁以有求,则物之所不欲也。"故兼明三业,则以敬为主;并举言行,则以言为先。《乾·文言》曰:"君子进德修业。忠信,所以进德也;修辞立其诚,所以居业也。"《韩诗外传》曰:"忠易为礼,诚易为辞。"曰忠曰敬,曰诚曰信,一也。在心为德,出口曰言,不可伪为,不容矫饰。孔子曰:"君子名之必可言也,言之必可行也。君子于其言,无所苟而已矣。"名必有实,无其实而名之则妄也。妄言苟言,是谓不忠不信,是谓无物,是谓非礼。"言语之美,穆穆皇皇。"穆穆,敬也。皇皇,大也。无妄之谓敬,充实之谓大,斯为有德之言。若巧辞便说[5],虚诞浮夸,则其中之所存者可知也。故敬肆之辨,亦即是小大之辨。鹦鹉能言,不离飞鸟。猩猩能言,不离走兽。彼亦言也,效人之言而无其实,不由中出而务以悦人,何以异是?《论语》末章曰:"不知礼,无以立也;不知言,无以知人也。"故知礼而后能知言,己立而后能知人。程子曰:"涵养须用敬,进学则在致知。"又曰:"未有致知而不在敬者。"知言知人,致知之事也。今曰"未有知言而不在敬"者，孟子曰："我知言，我善养吾浩然之气。"孟子所谓养气，乃是居敬之极功。谢上蔡曰："浩然之气须于心得其正时识取。"又曰："浩然是无亏欠时。"此语体认得最真。故曰："其为气也，配义与道；无是，馁也。""行有不慊于心，则馁矣。"馁则气歉而小。言为心声，气之发也。"志至焉，气次焉"，故言必与气相应，气必与心相应。不得于言，勿求于心，不可。心体无亏失，斯其言无亏失；言语之病，即心志之病也。敬贯动静、该万事，何独于言？明之以存养之功，其浅深、疏密、得失、有无发于言语者，尤为近而易验、显而易知也。

[1] 俨（yǎn）：恭敬，庄重。 [2] 刑名：战国时的法家学派之一。主张循名责实，慎赏明罚。 [3] 任诞：放任，不受约束。 [4]《尚书·舜典》赞美舜曰："浚哲文明，温恭允塞。"孔颖达疏曰："经纬天地曰文，照临四方曰明。《诗》云'温温恭人'，言其色温而貌恭也。舜既有深远之智，又有文明温恭之德，信能允实上下也。" [5] 巧辞便说：即"便辞巧说"，指牵强附会、巧为立说。

《论语》中举言语之病为圣人所恶者有四种：一曰巧。如"巧言令色，鲜矣仁"；朱子曰"言致饰于外，务以悦人，则人欲肆而本心之德亡矣"；《诗》曰"巧言如簧，颜之厚矣"是也。二曰佞。如言佞者"御人以口给，屡憎于人"，"焉用佞"，"是故恶夫佞者"，"远佞人"是也。三曰喭。喭，粗鄙也。如曰"由也喭"，又曰"野哉，由也"。《书·无逸》曰"相小人，厥父母勤劳稼穑，厥子乃不知稼穑之艰难，乃逸乃谚，既诞，否则侮厥父母，曰'昔之人无闻之'"，此是周公戒成王之言。盖谚斯诞，诞斯侮，侮父母、侮圣人之言一也。四曰讦。如曰"恶讦以为直者"，"好直不好学，其蔽也绞"，"直而无体则绞"是也。绞，急切也。讦，谓攻发人之阴私。《朱子语类》曰："绞如绳两头绞得紧，都不宽舒。"《易·系辞》曰："将叛者，其辞惭；中心疑者，其辞枝。吉人之辞寡，躁人之辞多。诬善之人，其辞游；失其守者，其辞屈。"此中除吉人一类，其余皆为心术之病。

孟子约心言之病为四，尤简而能该。如曰："诐辞知其所蔽，淫辞知其所陷，邪辞知其所离，遁辞知其所穷。诐谓偏诐，淫谓放荡，邪谓邪僻，遁谓逃避。蔽谓障隔，陷谓沈溺，离谓离畔，穷谓困屈。生于其心，害于其政，发于其政，害于其事。圣人复起，必从吾言矣。"其言之决定如此。程子曰："心通乎道，然后能辨是非。如持权衡以较轻重，孟子所谓知言是也。"诐、淫、邪、遁为言病，蔽、陷、离、穷为心病。朱子曰："人之有言，皆本于心。"其心明乎正理而无蔽，然后其言平正通达而无病。苟为不然，则必有是四者之病矣。即其言之病，而知其心之失，又知其害于政事之决然而不可易者如此。非心通于道而无疑于天下之理，其孰能之？

《大戴礼·曾子立事篇》曰："目者，心之符也；今本作'浮'。据《韩诗外传》引作'符'，是。言者，行之指也，作于中则播于外也。故曰：以其见者占其隐者。""听其言也，可以知其所好矣。观说之流，可以知其所术也。"流，犹言类别。术，心术也。又《曾子疾病篇》曰："言不远身，言之主也；行不远身，行之本也。言有主，行有本，谓之有闻矣。"主、本者何也？一于敬而已矣。程子曰："敬是体信达顺[1]之道，聪明睿智皆由是出。"朱子曰："人之所以不聪不明，只缘身心惰慢[2]，气便昏塞了。敬则虚静，自然通达。"又曰："此心才不专静，则奸声佞辞杂进而不察，何以为聪？乱色谀容交蔽而莫辨，何以为明？心既无主，则应世接物之间，何以思虑而得其理？……所以此心常要肃然虚明，然后物不能蔽。"故谓"知言""知人"皆"聪明睿智"之效，而不敬则不能得也。敬之该贯四事，于此可见。学者能于《曲礼》四句切己体会，则于"当名辨物，正言断辞"[3]之道亦思过半矣。过此以往，所以为"聪明睿智""体信达顺"之功亦必在于是也。

［1］ 体信达顺：《朱子语类》："信，只是实理；顺，只是和气。'体信'是致中底意思，'达顺'是致和底意思。" ［2］ 惰慢：懒惰懈怠。 ［3］ 语出《周易·系辞下》。《周易注》："开释爻卦，使各当其名也。理类辨明，故曰'断辞'也。"

◎ 研读

礼主行，以敬为本，而人常放肆违礼；言曰从，常不副实，故知言不易。何谓知言？孟子曰："诐辞知其所蔽，淫辞知其所陷，邪辞知其所离，遁辞知其所穷。"世人常以放肆为自由，常被言语所欺骗。马一浮这一讲看似述古，实则针砭时弊，针对性极强。

涵养致知与止观 续义理名相三

◎ 解题

这一讲继续讲儒家的义理范畴。"涵养"与"致知"是一对,"止"与"观"是另一对。前一对是宋明理学术语,后一对则是佛教天台宗术语。马一浮将两者合讲,是有意会通儒佛。

大凡立教,皆是不得已之事。人人自性本来具足,但为习气缠缚,遂至汨没,不得透露。所以从上圣贤,只是教人识取自性,从习气中解放出来。习气廓落[1],自性元无欠少,除得一分习气,便得一分自性。上根之人,一闻千悟,拨着便转,触着便行,直下承当,何等骏快[2],岂待多言?但上根难遇,中根最多,故孔子曰:"中人以上,可以语上也;中人以下,不可以语上也。"佛氏亦有三乘顿渐[3],教启多门,令其得入,皆是曲为今时广垂方便,所谓"为慈悲之故,有入草之谈"[4]也。先儒以"乾"为圣人之学,"坤"为贤人之学,即表顿渐、权实[5]。以佛法准之,于《易·乾》表真如门,《坤》表生灭门[6]。所言"学"者,即生灭门中之觉义也。《起信论》"一心二门"与横渠"心统性情"之说相似。《通书》曰:"诚无为,几善恶。"诚即真如,几即生灭。善恶者,即觉与不觉二相也。儒者示教之言亦有顿渐,如《通书》曰:"学圣人有要乎?曰:有,一而已。一者何?无欲也。无欲则静虚动直,静虚则明,动直则公。明通公溥,庶矣乎。"此顿教之旨也。伊川曰:"涵养须用敬,进学则在致知。"又曰:"未有致知而不在敬者。"此渐教之旨也。又如明道《答横渠书》曰:"所谓定者,动亦定,静亦定,无将迎,无内外。"此顿教之旨也。横渠则曰:"言有教,动有法,昼有为,宵有得,息有养，瞬有存。"此渐教之旨也。濂溪、明道天资高，其言皆为接上根，若中根便凑泊不上。伊川、横渠功夫密，其言普被群机，上根亦莫能外，中根可跂而及。故朱子晚年每举伊川"涵养须用敬，进学则在致知"二语以教学者。黄勉斋作《朱子行状》，约朱子一生之学为三言，曰："居敬以立其体，穷理以致其知，反躬以践其实。"而敬也者，所以成始而成终也。程、朱自己得力在此，其教人用力亦在此。今日学子若自甘暴弃，拨无圣贤，则亦已矣。如其犹知有自性，犹知有圣贤为己之学，则亟须用力体究，下得一分功夫，自有一份效验。孔子曰："谁能出不由户，何莫由斯道也。"禅师家有赵州谂尝告学者曰："汝若能真知用力，三年五载不间断而犹不悟者，割取老僧头去。"看他古人以此为一大事，念兹在兹，不肯放舍，所以能有成就。今人全不以此为事，并心外营，如游骑无归，自家一个身心尚奈何不下，如何能了得天下事？平常日用都从习气私欲中出发，互相熏染，辗转增上，计执益深，卒难自拔，不待夷狄侵陵而吾圣智之法已荡然无存矣。故在外之夷狄当攘，尽人皆知；而吾自心之夷狄不攘，终无以为安身立命之地。何谓自心之夷狄？凡习气之足为心害者皆是也。何以胜之？曰：敬而已矣。"未有致知而不在敬者"，惟从涵养得来，则知为心得，为正知。庄子所谓"以恬养知"亦是。否则只是寻声逐响，徇物之知，或反为心害，此知乃是习气也。

　　[1] 廓落：空阔寂静的样子。　　[2] 骏快：犹奔放。　　[3] 三乘、顿渐：如来一代教法，对不同的根器施以不同的教化。乘，本义指舟车等交通工具，用来比喻度众生从烦恼此岸到解脱彼岸的教法。分为大、中、小三乘。大乘为菩萨乘，中乘为缘觉乘，小乘为声闻乘。所谓"顿渐"，是顿悟和渐教的并称。　　[4] 顿教是让众生顿悟成佛的教法，渐教是随顺众生根机循序渐进的教法。语出《云门禅师语录》卷中："古来老宿皆为慈悲之故，有落草之谈。"入草：即"落草"，旧指逃入山林做强盗，有纡尊降贵之意。"入草之谈"的意思是，说了许多曲折啰嗦、自降身价的话。　　[5] 权实：适于一时机宜之法名为权，究竟不变之法名为实。　　[6] 《大乘起信论》说明众生心时，

分为"心真如门"与"心生灭门"。心真如门,为众生心本体方面的说明;心生灭门,为众生心现象方面的说明。

《坤》六二:"直方大,不习,无不利。"象曰:"六二之动,直以方也。"文言曰:"直其正也,方其义也。君子敬以直内,义以方外,敬义立而德不孤。'直方大,不习,无不利',则不疑其所行也。"主敬集义,涵养致知,直内方外,亦如车两轮,如鸟两翼,用则有二,体唯是一。"敬义立而德不孤"者,言其相随而至,互为因藉,决无只翼单轮各自为用者。故谓伊川此言略如天台所立止观法门,主敬是止,致知是观。彼之止观双运,即是定慧兼修,非止不能得定,非观不能发慧。然观必先止,慧必由定,亦如此言涵养始能致知,直内乃可方外,言虽先后,道则俱行。虽彼法所明事相与儒者不同,而其切夫途辙理无有二。比而论之,实有可以互相助发之处,故今略言之。

梵语"奢摩他",此翻云"止",即"定"之异名,寂静义也。心不妄缘,安住净觉,不取诸相,便能内发轻安,一切义理于中显现,如镜中相,影像历然,镜体不动,此名定相。梵语"三摩钵提",亦云"三摩地",此翻"等持"。又名"毗婆舍那",此翻"正见",即"观"义也。观以照了为义,双离昏掉[1]曰"等",专注不散曰"持"。能观之智性清净,故所观之境悉皆谛实,决定不疑,名之曰"慧",亦名"正见"。梵语"禅那",此翻"静虑"。静即是止,虑即是观。即虑而静,故非散动;即静而虑,故非无记[2]。是为止观双运、定慧平等之相,亦名为舍。涅槃三相,曰定、慧、舍。梵语为"优毕叉",绝待双融,故名舍矣。

[1] 昏掉:佛教术语,昏沉和掉举的略称。掉举,即令心高举,不得安静之烦恼也。 [2] 无记:《俱舍论》二曰:"无记者,不可记为善不善性,故名无记。有说,不能记异熟果,故名无记。"

右约大乘诸经论通说三种观门，明止观所从出。天台智者大师依《法华》《般若》诸经，大乘《中观》等论，所立别有三止、三观之目。三止者，一、体真止，谓了妄即真故。二、方便随缘止，谓历诸缘境，安心不动故。三、离二边分别止。谓生死、涅槃、有无之相等无有异故。三观者，一、空观，谓观一切法毕竟空寂故。二、假观，谓诸法虽空而不碍幻有，权假施设，一切具足故。三、中观，谓双非双即，圆融绝待故。具此三观，当明三谛。三谛者，一、真谛，二、俗谛，三、中道第一义谛是也。真谛泯绝无寄，俗谛万法历然，第一义谛真俗双融，于法自在，方为究竟。彼教经论浩博，今不具举，特欲借彼明此。约而言之，即此亦可窥其大略矣。

学者当知，人心之病，莫甚于昏散。《易》所谓"憧憧往来，朋从尔思"，起灭不停。若非乱想，即堕无记，《楞严》所谓"聚缘内摇，趣外奔逸，昏扰扰相，以为心性"者是也。散心观理，其理不明，如水混浊，如镜蒙垢，影像不现。故智照之体，必于定心中求之。先儒尝谓"敬是常惺惺法"，今谓敬是常寂寂法，惟其常寂，所以常惺。寂故不散，惺故不昏，常体清明，义理昭著，然后天下之至赜者始可得而理也，天下之至动者始可得而正也。无无止之观，无无定之慧，若其有之，必非正观，必为狂慧。故曰："未有致知而不在敬者。"敬实双该止、观二法，由此可知。盖心体本寂而常照，以动乱故昧；惟敬则动乱止息，而复其本然之明。敬只是于一切时都摄六根[1]住于正念，绝诸驰求劳虑。唯缘义理，即为正念。"敬以直内"，言无诸委曲相也。常人以拘迫矜持为敬，其可久邪？又玄奘译《百法明门论》，分心所有法为五位，第二"别境"五法：一、欲，二、胜解，三、念，四、三么地，五、慧。三、四是敬摄，二、五是知摄。"别境"者，言历别缘境而生，对"遍行"说也[2]。所缘之境有四，谓所乐境，决定境，曾习境，所观境。彼文云："欲者，于所乐境，希望为性，勤依为业。"此即儒家所谓志也。"胜解者，于决定境，印持为性，不可引转为业。"谓于所证理境，审决印持，不为异缘之所引转。若犹豫境，胜解全无。"念者，于曾习境，令心明记不忘为性，定依为业。""三么地者，此云等持，于所观境，令心专注不散为性，智依为业。""慧者，于所观境，拣择为性，断疑为业。"念及三么地，敬也。胜解与慧，知也。学者观于此，则于"未有致知而不在敬"之义，亦可以无疑矣。

[1] 都摄六根：《楞严经》开示往生净土要诀，以"都摄六根，净念相继"八字为主要条件。冯达庵《佛教真面目》云："'都摄六根'者：不与六尘勾结，内守根性，从此发明八识净相也；此净相即建立净土之基础。"

[2] 遍行：佛教唯识学"遍行心所"有五种（作意、触、受、想、思），为八识所起之必备条件。冯达庵《八识规矩颂释》云："不论何时何地何识何性（善恶等），必起现行，谓之'遍行'。"

◎ 研读

本篇援引佛教唯识宗和天台宗名相来疏解儒家"涵养"与"致知"，自成一家言，不无互发之助。但是，如果对佛教唯识宗和天台宗没有深透的学养，很难判断其功过是非，很容易似是而非、徒增缴绕。与其这样儒佛会通，不如一门深入，老老实实去做"居敬致知"或"止观"的实修功夫。

说止　续义理名相四

◎解题

本篇应该是马一浮在讲完上一篇后意犹未尽，就自己特别有感触的"止"这一范畴做进一步的阐释。

程子尝谓看《华严经》不如看一《艮》卦，此语大好参究。夫观象玩辞，学《易》之道，何独取于《艮》？又何以比之于《华严》？学者须是看过《华严》了，却再来看《艮》卦，便知程子此语落处。此须自悟，不务速说。《华严》则且置，《艮》卦作么生看？今不妨葛藤一上。

雪峰禅师[1]有三句，曰：函盖乾坤句，截断众流句，随波逐浪句。朱子亦尝用之，如曰：佛家有此三句，圣人言语亦然。如《繫辞》"以言乎远则不御，以言乎迩则静而正"，此"函盖乾坤句"也；"《井》以辨义"，"《巽》以行权"，只是随道理说将去，此"随波逐浪句"也；"《复》其见天地之心"，"神也者，妙万物而为言"，此"截断众流"句也。《语类》七十六（邢㬎录）。看《华严》不如看一《艮》卦，此亦是"截断众流句"。如今葛藤不已，却只是"随波逐浪句"。然临济[2]尝云："一句中须具三玄，一玄中须具三要。有权有实，有照有用。"此非作意安排，一句中自具三句。故慈明[3]曰："一句分宾主，照用一时行。"善会者自能得之。今不是说禅，却是借他禅语来显义，欲使学者举一反三，容易明白耳。

[1] 雪峰禅师：即唐代高僧义存禅师（822—908），福建省泉州人，俗姓曾。十二岁出家，十七岁受具，传承德山禅法。经过"三到投子，九至洞山"的苦修以后，结庵于福州象骨山，地名雪峰，声誉广传。　[2] 临济：即唐代高僧义玄（？—867），中国禅宗临济宗创始人。俗姓邢，曹州南华（今山东

省菏泽市东明县）人。　　[3] 慈明：即楚圆慈明（986—1039），宋代禅师。全州清湘人，俗姓李。法嗣五十人中，以黄龙慧南、杨岐方会最为著名，各创一派。

　　《易·艮》卦辞曰："艮其背，不获其身；行其庭，不见其人。无咎。"彖曰："艮，止也。时止则止，时行则行，动静不失其时，其道光明。艮其止，止其所也。上下敌应，不相与也。是以不获其身，行其庭，不见其人，无咎也。"象曰："兼山，艮。君子以思不出其位。"☶《艮》之卦象，一阳居二阴之上。阳动而进，至于上则止。阴者，静也。上止下静，故为艮。伊川《易传》曰："人之所以不能安其止者，动于欲也。欲牵于前而求其止，不可得也。故艮之道，当'艮其背'。所见者在前，而背乃背之，是所不见也。止于所不见，则无欲以乱其心，而止乃安。'不获其身'，不见其身也，谓忘我也。无我则止矣，不能无我，无可止之道。'行其庭，不见其人'，庭除[1]之间，至近也。在背，则虽至近，不见，谓不交于物也。外物不接，内欲不萌，如是而止，乃得止之道，于止为无咎也。"又《遗书》曰："'不获其身'，无我也。'不见其人'，无人也。"程子之言如此。在佛氏谓之无我相、无人相。言不见者，非不见也，谓不见有我相、人相也。如是而见，则名正见，亦谓之"无相三昧"[2]。今谓止者有二义：一是寂灭义，二是不迁义。前义是就息妄说，后义是就显真说。盖妄心不息，则真心不显，息妄显真，非有二事，所谓"闲邪则诚自存"。但欲诠义，亦可说为二。

　　[1] 庭除：庭前阶下，庭院。　　[2] 无相三昧：冯达庵《禅宗六祖大鉴禅师传》："外对万法，能离于相，得清净体，是谓'无相'。"得此正定，是谓"无相三昧"。

　　何谓寂灭义？佛氏云："诸行无常，是生灭法。生灭灭已，寂灭为乐。"常人闻寂灭则相顾而骇，不知所言止者，就妄心止息义边说，名为灭，非断灭[1]之谓也。《圆觉》云："幻灭灭故，非幻不灭。譬如磨镜，垢尽明现。"《楞严》喻"如翳人见空中华，翳病若除，华于空灭。""生死涅槃，皆即狂劳，颠倒华相。""根结若除，尘相自灭。诸妄销亡，不真何待？"百丈海[2]曰："但了诸法不自生，皆从自己一念颠倒，取相而有。知心与境不相到，当处解脱，一一诸法，当处寂灭。"儒者所谓"人欲净尽，天理流行"，即"生灭灭已，寂灭为乐"也。"上下敌应不相与"，即明"根境不相到"[3]之义。艮者，所以成终而成始也。不觉以止而终，觉以止而始。狂心顿歇，歇即菩提。断尽无明，方成觉道。此与"一日克己复礼，天下归仁"并无二致。所谓"不用求真，唯须息妄"，妄息为灭，息妄名真，故谓止是寂灭义也。

[1] 断灭：即断灭论，又名"断见"，主张众生在死后生命即完全断灭，归于空无。 [2] 百丈海：即百丈怀海禅师（约720—814），是中国禅宗史上的重要人物，唐代禅宗高僧。本姓王，俗名木尊，福建长乐人，是洪州宗风开创者马祖道一大师的法嗣，禅宗丛林清规之制定者。因其后半生常住于洪州百丈山（江西奉新），故世称"百丈禅师"。 [3] "根境不相到"是佛学用语。根，指眼、耳、鼻、舌、身、意六根；境，指色、声、香、味、触、法六境。根境不相到，意思是根与境之间没有直接的相互联系，即感官并没有感知到其所对应的外界事物。

何谓不迁义？妄心念念，生灭相续，故名迁流。真心体寂，故名常住。所谓不住名客，住名主人。以其常在，故不迁矣。象曰："时止则止，时行则行，动静不失其时，其道光明。"此谓一切时不迁也。"艮其止，止其所也。上下敌应，不相与也。"此谓一切处不迁也。"世为迁流，界为方位"，如实而谈，则念劫圆融，虚空消陨，无有延促[1]，无有去来，此为止之了义[2]。《法华》云："是法住法位，世间相常住。"《放光般若》云："法无去来，无动转者"，依世间解说，有三世十方。若自心"流注想断，无边处空，觉所显发，动静二相，了然不生"，则三世十方一齐坐断。《起信论》云"一念相应，觉心初起，心无初相，以远离微细念故，得见心性，心即常住，名究竟觉"是也。又云："智净相者，如大海水，因风波动，而水非动性，若风止息，动相则灭，湿性不坏故。众生自性清净心，因无明风动，而心非动性，若无明灭，相续则灭，智性不坏故。"前是就"觉体离念"[3]说，此是就"本觉随染"[4]说。以此显止，乃为究竟无余。故《学记》曰"大时不齐"，言无分限也；老子曰"大方无隅"，言无边际也。"时止则止，时行则行，动静不失其时"，所谓"动亦定，静亦定"，更无动静二相也。"其道光明"，所谓"净极光通达，寂照含虚空"，唯妙觉明，更无明暗二相也。庄子云"泰宇定而天光发"，亦与此同旨。"止其所者"，不离当处而周遍十方，所谓"不疾而速，不行而至"，更无去来二相也。以一相无相，故显示常住真心，故说止是不迁义也。

[1] 延促：意思是（时间）长短。 [2] 了义：佛教用语，意思是真实之义，最圆满的义谛。相对"不了义"而言。 [3] 《六祖坛经》："自性建立万法是功，心体离念是德。" [4] 本觉随染：佛学术语，本觉二相之一。《大乘起信论》立"随染""性净"二义以明本觉之相：随染本觉，乃依妄染之污秽，显示本觉之体相；性净本觉，本觉之真如，远离一切染法，具足一切性德，体相二大为内熏之因，用大为外缘之资，称为性净本觉。

复次，僧灿《信心铭》曰："止动归止，止更弥动，唯滞两边，宁知一种。"学者当知：止者，必离二边分别，即无去来动静二相。如是则不迁之旨明矣。若不知即动是静，而舍动以求静，则其所谓止者亦动也。悟即动而静，则知动静之时者，其动亦止也。故肇公[1]云："旋岚偃岳而常静，江河竞注而不流，野马飘鼓而不动，日月历天而不周。"故谓"谈真有不迁之称，顺俗有流动之说"[2]。"谈真则逆俗，顺俗则违真，违真故迷性而莫返，逆俗故言淡而无味"也。"梵志出家，白首而归，邻人见之曰：'昔人尚存乎？'梵志曰：'吾犹昔人，非昔人也。'"[3]大鉴[4]在南海法性寺，暮夜风扬刹幡，闻二僧对论，一曰"幡动"，一曰"风动"，大鉴曰："可容俗流辄预高论否？直以风幡非动，动自心耳。"于此荐得[5]，亦可无疑于斯言。肇公又曰："人之所谓动者，以昔物不至今，故曰动而非静；我之所谓静者，亦以昔物不至今，故曰静而非动。动而非静，以其不来；静而非动，以其不去。然则所造未尝异，所见未尝同。逆之所谓塞，顺之所谓通。苟得其道，复何滞哉？人情之惑也久矣。既知往物不来，而谓今物而可往。往物既不来，今物何所往？何则？求向物于向，于向未尝无；责向物于今，于今未尝有。于今未尝有，以明物不来；于向未尝无，故知物不去。覆而求今，今亦不往，是谓昔物自在昔，不从今以至昔；今物自在今，不从昔以至今。""既曰古今，而欲迁之者，何也？""今若至古，古应有今；古若至今，今应有古。今而无古，以知不来；古而无今，以知不去。""事各性住于一世，有何物而可去来？"[6]不迁之致，义极于此。是谓"动静不失其时"，是谓"止其所"。故曰："智者观其象辞，则思过半矣。"《艮》卦只恁么[7]看，一部《周易》亦只恁么看。

[1]肇公：即僧肇（384—414），中国东晋僧人。俗姓张，为鸠摩罗什弟子，被罗什誉为"中华解空第一人"。著有《肇论》等。　[2]语出《肇论》。原文为："故谈真有不迁之称，导俗有流动之说。"　[3]语出《肇论》。　[4]大鉴：即禅宗六祖惠能大师（638—713）。　[5]荐得：意思是心领神会。　[6]以上所引诸语均出自《肇论》，文字略有出入。　[7]恁(nèn)么：这么、如此。

◎ 研读

本篇继续援引佛学名相，进一步阐述儒家"止"的深意。深则深矣，惜乎其下手功夫不够浅近平妥。莲池大师《竹窗随笔》："宋儒有言：'读一部《华严经》，不如看一《艮卦》。'此说，高明者自知其谬,庸劣者遂信不疑。开邪见门,塞圆乘路,言不可不慎也。假令说'读一部《易经》,不如看一《艮卦》',然且不可,况佛法耶!况佛法之《华严》耶!《华严》具无量门,诸大乘经,犹是《华严》无量门中之一门耳。《华严》,天王也;诸大乘经,侯封也;诸小乘经,侯封之附庸也。余可知矣!"这自是佛家看法,但就儒家而言,本篇所论还是有很多值得玩味处。

去矜（上） 续义理名相五

◎ 解题

"矜"是自尊、自大、自夸的意思。"去矜"就是去除自尊、自大、自夸。典故出自《上蔡语录》。

《上蔡语录》云："谢子与伊川别一年，往见之，伊川曰：'相别又一年，做得甚功夫？'谢曰：'也只是去个矜字。'曰：'何故？'曰：'子细检点得来，病痛尽在这里，若按伏得这个罪过，方有向进处。'伊川点头，因语在座同志者曰：'此人为学，切问近思者也。'胡文定公问：'矜'字罪过何故恁地大？谢曰：'今人做事，只管要夸耀别人耳目，浑不关自家受用[1]事。如有底人食前方丈，便向人前吃；只蔬食菜羹，却去房里吃。为甚恁地？'"上蔡此言最为亲切。今略引群经，明矜之过失及去矜之道如下。

［1］受用：身心上的实际感受与益处。

《论语》：颜渊、季路侍。子曰："盍各言尔志？"颜渊曰："愿无伐善，无施劳。"朱注曰："善，谓有能。劳，谓有功。施，亦张大之意。"[1]《虞书》舜命禹曰："汝惟不矜，天下莫与汝争能。汝惟不伐，天下莫与汝争功。"《易·繫辞》"'劳谦，君子有终，吉。'《谦》卦九三爻辞。"子曰：'劳而不伐，有功而不德，厚之至也。语以其功下人者也。'"老子曰："自见者不明，自是者不彰，自伐者无功，自矜者不长。"

［1］《论语集注》原文是："善，谓有能。施，亦张大之意。劳，谓有功。"

以上皆"矜""伐"并举。曰善曰能，是居之在己为"矜"；曰劳曰功，是加之于人为"伐"。浑言则"矜""伐"不别，皆因有我相、人相而妄起"功""能"诸相，只是一个胜心。胜心即是私吝心，佛氏谓之"萨迦耶见"[1]，我执、法执之所依也。然《论语》有"君子矜而不争"及"古之矜也廉"，朱子注："庄以持己曰矜。"又，"矜，谓持守过严；廉，谓棱角峭厉。"[2]此"矜"字不是恶德，但虽有持守，乃作意出之，不免崖岸自高[3]，亦是一种病痛。今所谓"矜"不是此类，是专指矜伐之"矜"，此则纯是恶德，故去之务尽也。

[1] 萨迦耶见：佛法所破斥的一种妄见，认为在五蕴和合的假象中，内含着一恒常不变的生命主体。　[2]《论语集注》原文是："矜者，持守太严；廉，谓棱角陗厉。"　[3] 崖岸自高：比喻兀傲孤高，不知谦卑。

人何故有矜？今更以佛氏显说之。此在根本烦恼中，是痴、慢二法所摄[1]。《百法》[2]云："无明者，无明即痴。于诸理事，迷暗为性，能障无痴，一切杂染，所依为业。慢者，恃己于他，高举为性，能障不慢，生苦为业。"谓有慢者，于诸有德，心不谦下，能生诸苦。在随烦恼中，具有覆、诳、谄、憍、害、嫉、无惭、无愧八法，亦是贪嗔二分所[3]摄。《百法》云："覆者，于自作罪，恐失利誉，隐藏为性，能障不覆，悔恼为业。诳者，为获利誉，矫现有德，诡诈为性，能障不诳，邪命为业。谄者，为罔他故，矫设异仪，谄曲为性，能障不谄，教诲为业。谓谄曲者为欲取悦人，矫辞巧说，不信师友正言也。"能障"，通"不谄"及"教诲"为言。憍者，于自盛事，深生染著，醉傲为性，能障不憍，染依为业。害者，于诸有情，心无悲愍，损恼为性，能障不害，逼恼为业。嫉者，殉自名利，不耐他荣，妒忌为性，能障不疾，忧慼[4]为业。按此即忮心。忮者必求，求而不得则慼。鄙夫之患得患失，小人之长戚戚是也。无惭者，不顾自法，轻拒贤善为性，能障于惭，生长恶行为业。无愧者，不顾世间，崇重暴恶为性，能障于愧，生长恶行为业。"按：惭是自惭，愧是愧人，故以自法、世间分说。佛书中言"世间"，有时其意义颇近于今时所言"社会"。善法中翻此二法，则为惭、愧，崇重贤善、轻拒暴恶为性，对治无惭、无愧，止息恶行为业。"轻"者，对"重"而言，鄙贱之意也。儒者谓"小人不耻不仁，不畏不义"[5]，即无惭无愧；"耻不仁者，其为仁矣"[6]，即具足惭、愧二法也。盖心存矜伐者，务以胜人，不见己恶，其流必至于此。上蔡所谓"按伏得这个罪过，方有向进处"，学者须是先识得矜之过患，然后方知克治除遣之法。如何除遣？先遣我、人相，次遣功、能相。

[1] 这句话的意思是儒家所谓"矜"由佛教六种根本烦恼中的"痴"和"慢"两种统摄。佛教唯识宗把全部烦恼分为根本烦恼（六种）、大随烦恼（八种）、中随烦恼（两种）和小随烦恼（十种）。其中，六种根本烦恼分别是：贪（染著诸有及有具），嗔（憎恚诸苦及苦具），痴（迷暗诸事理），慢（恃己所长，对他高举），疑（对于事理，起犹豫心），见（于诸谛理，颠倒推度）。 [2]《百法》：即《大乘百法明门论》，天亲菩萨造，唐三藏法师玄奘译。 [3] 这句话的意思是，覆（隐藏己过，不愿坦白）、诳（诈称有德，冀获利誉）、谄（曲意迎他，不顾卑污）、憍（恃己顺境，态度骄傲）、害（心失慈愍，滥损有情）、嫉（见他顺境，己心不甘）、无惭（失净趋染，拒他规谏）、无愧（起暴恶行，不顾名誉）这八种"随烦恼"，也是由贪和嗔这两种根本烦恼所统摄。二分：疑为"二法"之音近而误。 [4] 慽（qī）：古同"戚"。 [5] 语出《周易·系辞下》。 [6]《论语·里仁》原文是："好仁者，无以尚之；恶不仁者，其为仁矣，不使不仁者加乎其身。""恶"，著者误记作"耻"。

云何先遣我、人相？儒者只言己私，不加分析，不如佛氏加以推勘，易于明了。凡计人我者，不出五蕴。蕴以积聚、盖覆为义。五蕴者，色、受、想、行、识是也。何谓色蕴？质碍为色。谓四大及五根、五尘。四大者，地、水、火、风，谓坚相、湿相、暖相、动相。眼耳诸根，色声诸境，和合积聚，总名为色。按，安慧《五蕴论》尚有无表色，亦色蕴摄，今略。何谓受蕴？领纳名受。谓领纳前境而有三受：

苦受、乐受、不苦不乐受。总名受蕴。何谓想蕴？想即取相。谓意识缘诸尘而生取著，总名为想。何谓行蕴？行即迁流、造作之义。谓除受、想诸余心法，心所行处，总名行蕴。此分遍行、别境二种。遍行者，三性、八识、九地，一切时俱能遍故。别境者，于差别境历别缘境而生起故。此有善不善等。何谓识蕴？了别名识。谓于所缘诸境能了别故，又能执持含藏诸种令相续故，有情[1]执为自内我故，总名识蕴。《圆觉》所谓"妄认四大为自身相，六尘缘影为自心相"是也。计有我者，不出四见。一即蕴，二离蕴。计即蕴者，为即色是我邪？为即受、想、行、识是我邪？若俱是者，我应有五。计离蕴者，若离于蕴，我不可得。又计色大我小，我在色中；我大色小，色在我中。受、想、行、识，亦复如是。此二见者，辗转虚妄，反复推勘，我实不可得。我相如是，人相亦然。因我故有"我所"[2]，我既不可得，云何立我所？如是我、人二相俱遣，则矜无所施矣。

[1] 有情：亦名"众生"。众生有趋乐避苦之情感执着，故名"有情"。　[2] 我所：佛教术语，谓与"我"相对之外物。

◎ 研读

本篇继续援引佛教唯识学名相，解释儒家"去矜"功夫及其义理。主要是通过参究"我相"之虚妄不实，以揭示执着自我、骄傲自大的愚痴可耻。

去矜（下）　续义理名相六

云何遣"功""能"相？以儒家之义言之，天地虽并育不害，不居生物之功；圣人虽保民无疆，不矜畜众之德。故曰："天何言哉？四时行，百物生，天何言哉？""巍巍乎，舜禹之有天下而不与也。"颜子"有若无，实若虚"，"以能问于不能，以多问于寡"。孔子曰："吾少也贱，故多能鄙事。君子多乎哉？不多也。""吾有知乎哉？无知也。有鄙夫问于我，空空如也。我叩其两端而竭焉。""所求乎子以事父，未能也；所求乎弟以事兄，未能也；所求乎朋友先施之，未能也。""若圣与仁，则吾岂敢？抑为之不厌，诲人不倦，则可谓云尔已矣。""文王视民如伤，望道而未之见。""周公思兼三王"，思而不得，"坐以待旦"。汤曰："朕躬有罪，无以万方；万方有罪，罪在朕躬。"武王曰："百姓有过，在予一人。"此皆圣贤用心行事之实相，决非故为抝谦[1]。其自视欿然[2]，觉得实有许多不尽分处，岂有纤毫"功""能"之相？是则不待遣也。如梁惠王开口便曰："寡人之于国也，尽心焉耳矣。"人之度量相越[3]，岂不远哉！程子曰："尧、舜事业如一点浮云过太虚。"朱子说："典礼犹云常事。尧、舜揖让，汤、武征诛，只如家常茶饭。"此真得圣人用心，只是行其所当然而已。"'于戏前王不忘'，君子贤其贤而亲其亲，小人乐其乐而利其利"，此谓前王实能亲亲尊贤，与民以乐利，所以既没世而人思慕其功德有如是也。故功德皆从后人称道之辞，岂有以功德自居自赞之理？惟秦始皇既并六国，巡行所至，乃专以刻石颂德为事，群臣诵功，动称"皇帝休烈"[4]，自以功过五帝，地广三王，极矜伐之能事。自秦以后，有国家者，其形于诏令文字或群下奉进之文，往往愈无道愈夸耀。不待"观其礼而知其政，闻其乐而知其德"，夷考[5]其言，诚伪自不可掩也。此其失何在？由于骄吝之私，见小识卑，彼实以功德为出于己也。程子谓"才有一毫私吝心，便与天地不相似"，非此类之人所能梦见也。末学肤受[6]，亟于求人知，好为大言以自表见，居之不疑，此病最是不可救药。若以佛说推勘[7]，当知"功""能"之相实不可得，庶几废然[8]知返。为对治此类病，故略明"缘起性空"，使知非己所得而有，亦是一期药病之言耳。

[1] 扮（huī）谦：谓施行谦德，泛指谦逊。　[2] 欿（kǎn）然：不自满的样子。　[3] 相越：犹"相去""相距"。　[4] 休烈：美好盛大的事业。　[5] 夷考：考察。　[6] 末学肤受：做学问不求根本，浅尝即止，仅得皮毛。　[7] 推勘：推究勘问。　[8] 废然：沮丧失望的样子。

何谓"缘起性空"？欲明此义，须究大乘般若、方等[1]诸经论，至约亦须明三论，《十二门论》《中论》《百论》。今只能略举其一端。《肇论》云："一切诸法，缘会而生。缘会而生，则未生无有，缘离则灭。如其真有，有则无灭。以此而推，故知今虽现有，有而性常自空。"此谓诸法"从缘故不有，缘起故不无"也。《十二门论》云："众缘所生法，即是无自性，若无自性者，云何有是法？"释云："众缘所生法有二种：一者内，二者外。众缘亦有二种：一者内，二者外。"言内者，乃破小乘十二因缘[2]，今略之。又所言法者，该[3]有为无为。今专明有为。外因缘者，如泥团、转绳、陶师等和合，故有瓶生；缕綖[4]、机杼、织师等和合，故有氎[5]生；治地、筑基、梁椽、泥草、人功等和合，故有舍生；酪器、钻摇、人功等和合，故有酥生；种子、地、水、火、风、虚空、时节、人功等和合，故有芽生。当知外缘等法皆如是从众缘生。从众缘生故，即是无自性。《涅槃》云："譬如青黄合成绿色，当知是二，本无绿性，若本有者，何须合成。"若自性无，他性亦无，自他亦无，何以故？因他性故无自性。谓自性若有，则不因他。若谓以他性故有者，则牛以马性有，马以牛性有，梨以柰[6]性有，柰以梨性有，余皆应尔，而实不然。若谓不以他性故有，但因他故有者，是亦不然，何以故？若以蒲故有席者，则蒲、席一体，不名为他。若谓蒲于席为他者，不得言以蒲故有席。又蒲亦无自性，何以故？蒲亦从众缘出，故无自性。不得言以蒲性故有席。是故席不应以蒲为体。余瓶、酥等外因缘法，皆亦如是不可得。

[1] 大乘般若经：泛指阐明般若思想的经典，包括《大般若经》《放光般若经》《道行般若经》《大明度经》《金刚般若波罗蜜经》《般若波罗蜜多心经》等。般若（bō rě）：佛教用语，指证悟空性、即相而离相的智慧。方等：佛教术语，意思是方正平等，谓所说之理方正而平等，为一切大乘经教的通名。 [2] 十二因缘：佛教用语，是缘觉乘的基本理论。十二缘起之间的关系像环链相扣。老死和一切苦缘于生；生缘于有；有缘于取；取缘于爱；爱缘于受；受缘于触；触缘于六处；六处缘于名色；名色缘于识；识缘于行；行缘于无明。后者决定前者的存在，因此去除无明就没有行，没有行就没有识的投胎，以至生和老死的一切烦恼也灭除。 [3] 该：在这里是包含、包括的意思。 [4] 綖(xiàn)：古同"线"。 [5] 氎(dié)：细毛布，细棉布。 [6] 柰(nài)：苹果的一种，通称"柰子"，亦称"花红""沙果"。

学者当知所言"功""能"者，亦是因缘所生法。云何得成？若谓"能"是能成之缘，"功"是所成之法，而此"能"者即众缘也。是则"功"无自性，缘所成故；"能"亦无自性，体即缘故。此缘不从自生，为不孤起故；亦不从他生，缘不定二故；亦非自他共生，诸缘各住自位故。展转推勘，皆不可得。能成既无，所成何有？是故"功""能"及"我"皆空。又此言"功""能"属有为法。今立量云：一切有为法，皆无自性，宗。以从缘生故，因。喻如瓶等。喻。又：一切有为法定空，宗。以无自性故，因。喻如不以蒲性故有席。喻。是故"功""能"虽似幻有，当体本空也。

学者观此，如犹未喻，今更引老子之言明之。老子曰："三十辐共一毂[1]，当其无，有车之用。埏埴[2]以为器，当其无，有器之用。凿户牖以为室，当其无，有室之用。故有之以为利，无之以为用。"此章旧师所释皆不得其旨。若以"缘起性空"之义释之，则迎刃而解矣。盖老子所谓"有"者，即指缘生；所谓"无"者，即谓性空也。某旧曾注《老子》，今附录此章义如下：

［1］辐（fú）：车轮中连接车毂和轮圈的直木。毂（gǔ）：车轮中心，有洞可以插轴的部分。　［2］埏埴（shān zhí）：和泥制作陶器。

此显缘生之法，咸无自性，故幻用得成也。车之用，载重行远是也；器之用，受物可持是也；室之用，居处宴息是也。方其辐毂已具，埏埴已成，户牖已施，但有车、器、室之相而已，其用固未形也。及其用之，则随人而无定，故当其有此三法也，非三用也。当其有此三用也，非三法之能有也。辐毂非即是车，车不离辐毂，车与辐毂各不相知，而车之用出焉。为出于车邪？车无自体，辐毂等所成故。为出于辐毂邪？辐毂非全车，离车则辐毂无所施故。是故舍辐毂则车丧，舍车则辐毂亦丧。求辐毂与车，则似有矣；求车之用，则无得矣。唯器与室亦然。埏埴而为方圆大小众形，则有器生，而器之用不存也；凿户牖而见明暗通塞诸相，则有室生，而室之用不存也。六事和合，三法幻起，三用虽炽然现前，而三法当体空寂。利者，言乎用之未发也。譬如刀刃之銛［1］，但可名"利"，以之割物，乃得名"用"。刀不自割，故但有其利；人能使之，乃转"利"成"用"。用不属刀，亦不属人，不离刀、人，刀、人亦不相知，反复求之，皆不可得。故利则不无，用则不有。以缘生故有，有即幻有，非是定常；以无性故空，空乃本无，非是灭取也。

［1］銛（xiān）：锋利、锐利。

又《庄子·知北游篇》："舜问乎丞曰：'道可得而有乎？'曰：'汝身非汝有也，汝何得有夫道？'舜曰：'吾身非吾有也，孰有之哉？'曰：'是天地之委[1]形也。生非汝有，是天地之委和也。性命非汝有，是天地之委顺也。孙子非汝有，是天地之委蜕也。故行不知所往，处不知所持，食不知所味，天地之强阳气也，又胡可得而有邪？'"郭注："强阳，犹运动耳。"按，《列子·天瑞篇》亦有此文，疑其袭取《庄子》。庄子谓"强阳气"即气之动，气动即缘生也。自道家、儒家言之，皆谓气聚则生，气散则死。自佛氏言之，则曰缘会则生，缘离即灭。会得此语，则证二空："身非汝有"是人空，"不得有夫道"是法空[2]。在儒家谓之尽己。私人我，诸法不成；安立，然后法身真我始显，自性功德始彰。故曰："至人无己，神人无功，圣人无名。"无己之己无所不己，是为法身，即性也；无功之功任运繁兴，是为般若，即道也；无名之名应物而形，是为解脱，即教也。[3]是故"与天地合其德，与日月合其明，与四时合其序"，而后知暖暖姝姝[4]自以为足者，未始有物也。一蚊一虻之劳，其于天地亦细矣，尘垢秕糠，未足为喻，奚足以自多乎？如是则"人""我""功""能"之相遣尽无余，何处更著一"矜"字？

[1] 委：任，派，把事交给人办。　[2] 我空、法空：都是佛教用语，合称"二空"。在身心中没有真实不变的实体，是"我空"。所有存在现象，都是条件的结合，没有真实不变的实体，是"法空"。　[3]《中庸》云："天命之谓性，率性之谓道，修道之谓教。"　[4] 暖暖姝姝（shū）：柔弱顺从的样子。

在《易》象："山下有风，蛊[1]。君子以振民育德。"挠万物者，莫疾乎风。山本静止，遇风则群物动乱，故成蛊坏之象。既坏而治之，止其动乱，则为有事。故曰："蛊者，事也。"民者难静而易动，当蛊之时，治蛊之道在于"振民育德"，育德则止矣。《系辞》曰："功业见乎变。"物坏是变，治其坏亦是变。人唯为习气所坏，故须学；天下唯无道，故须易[2]：此皆不得已之事。乱既不生，何须定乱？如人无病，何须服药？"上工治未病"，"君子防未然"。《学记》曰："禁于未发之谓豫。"《大畜》"童牛之牿"，"豶豕之牙"[3]，皆是遏人欲于将萌，消祸乱于不觉，无迹可寻，无功可着，民莫能名，无德而称，斯所以为至德。知此，则去矜之谈实为剩语矣。

[1] 蛊（gǔ）：《周易》卦名，六十四卦之第十八卦。巽（☴）下艮（☶）上，巽象风，艮象山，故曰"山下有风"。 [2] 易：在这里是变易、改变的意思。 [3] 大畜（xù）：《周易》六十四卦之第二十六卦。"童牛之牿"：是大畜卦六四爻辞，意思是"给牛犊戴上笼口"，戴侗《六书故》："告，笼牛口，勿使犯稼是也。"童牛，尚未长角的小牛。牿（gù）：旧时多解作绑在童牛角上防其触人的横木。既然尚未长角，如何角上绑横木？（参见李守力《周易诠释》）。"豶豕之牙"：是大畜卦六五爻辞，意思是被割掉睾丸的公猪的牙齿（虽刚利却不再伤人伤物）。豶（fén）：是被割掉睾丸的公猪。

◎ 研读

本篇继续援引佛教"缘起性空"理论来阐述儒家"去矜"功夫及其义理，并以老庄之说证成之，义理精深，读者须平心静气仔细参究，方能有所领略，否则草草读过，难免云里雾里不知所云。

附录

浙大校歌

◎ 解题

　　1938年11月19日，在广西宜山，浙江大学校长竺可桢主持校务会议，决定以"求是"为浙江大学校训，并请马一浮创作校歌歌词。作为现代中国屈指可数的大诗人，马一浮创作的这首歌词，不仅生动地体现了"求是"的精神，而且体现了伟大的文化自信。后浙江大学请著名作曲家、当时的国立中央音乐学院教授应尚能谱曲，并经校务会议通过，正式将其定为校歌。

　　大不自多，海纳江河。[1]
　　惟学无际，际于天地。
　　形上谓道兮，形下谓器。
　　礼主别异兮，乐主和同。
　　知其不二兮，尔听斯聪。

　　国有成均，在浙之滨。[2]
　　昔言求是，实启尔求真。[3]
　　习坎示教，始见经纶。[4]
　　无曰已是，无曰遂真。
　　靡革匪因，靡故匪新。[5]
　　何以新之？开物前民。[6]
　　嗟尔髦士，尚其有闻。[7]

《泰和宜山会语》《复性书院讲录》注

念哉典学，思睿观通。[8]

有文有质，有农有工。

兼总条贯，知至知终。[9]

成章乃达，若金之在镕。[10]

尚亨于野，无吝于宗。[11]

树我邦国，天下来同。

[1] 典出《庄子·秋水》。黄河河伯见到百川灌河，水势浩大，于是欣然自喜，后来见到北海之浩瀚无边，方知自己渺小。北海海神若对河伯说："天下之水，莫大于海，万川归之……而吾未尝以此自多者，自以比形于天地而受气于阴阳，吾在于天地之间，犹小石小木之在大山也。方存乎见少，又奚以自多？""多"是赞美、夸耀的意思。　　[2] 典出《周礼·春官·大司乐》："大司乐掌成均之法，以治建国之学政，而合国之子弟焉。"成均：古之大学，泛称官设的最高学府。浙：浙水，即浙江，亦名"之江"。　　[3] 昔言求是：浙江大学前身为清光绪二十三年（1897年）杭州知府林启利用普慈寺创办的求是书院。"求是"出自《汉书·河间献王传》："修学好古，实事求是。"唐·颜师古注："务得事实，每求真是也。"　　[4] 典出《周易》坎卦《象传》："《象》曰：水洊至，习坎；君子以常德行习教事。"意思是，水流连绵不断，这是习坎的象，君子由此领悟：要按照恒常的道德行事，要不断地学习进步。经纶：本义是整理过的丝缕，比喻筹划治理国家大事，此处借指抱负与才干。　　[5] 靡：没有。革：改变。匪：同"非"。因：因袭，继承。故，老的，旧的，原来的。新：更新。整句的意思是，没有一种变革不兼含继承，没有一种故事不蕴含创新。　　[6] 典出《周易·系辞上》："夫《易》，开物成务，冒天下之道，如斯而已者也。""是以明于天之道，而察於民之故，是兴神物以前民用。"开物：研究事物，揭示规律。前民：做大众的先导、榜样。[7] 典出《诗·小雅·甫田》："烝我髦士。"髦：俊。尚：表示劝勉的语气词。有闻：明白其中道理。　　[8] 典出《书·兑命下》："念终始典于学，厥德修罔觉。"《尚书·洪范》："思曰睿，睿作圣。"《周易·系辞》："观其会通，而行其典礼。"典：常，恒久不断。思：思考，思维。睿：深明，通达。观：观察，审察。观通：审视事物的各种变化。　　[9] 典出《周易·乾·文言》："知至至之，可与言几也；知终终之，可与存义也。"至：知识的由来与发展。终：知识的运用和实践。兼总：指各种知识兼容并蓄，全面掌握。条贯：指有

148

条理、有系统。　　［10］典出《孟子·尽心上》："君子之志于道也，不成章，不达。"又，《说文》曰："章，乐竟为一章。"章，引申为达到一定阶段、一定水平。《说文》："镕，冶器法也。"董仲舒《贤良策》："上之化下，下之从上，犹金之在镕，惟冶者所为。"　　［11］典出《周易·同人》卦辞："同人于野，亨"，"同人于宗，吝"。孔颖达疏："野，是广远之处，借其野名，喻其广远。"言和同于人，必须宽广，无所不同，用心无私，乃得亨通。无吝于宗：意思是不要固守自己所知的一宗一派之说。宗：宗族、宗派。

案今国立大学，比于古之辟雍[1]。古者飨射[2]之礼于辟雍行之，因有燕乐[3]歌辞。燕飨之礼，所以仁宾客也。故歌《鹿鸣》以相宴乐[4]，歌《四牡》《皇皇者华》[5]以相劳苦，厚之至也。食三老五更[6]于太学，必先释奠[7]于先师，今皆无之。学校歌诗，唯用于开学毕业，或因特故开会时，其义不同于古。所用歌辞，乃当述立教之意，师弟子相勖勉诰诫之言，义与箴诗为近。辞不厌朴，但取雅正，寓"教思无穷"之旨，庶几歌者听者咸可感发兴起，方不失乐教之义。《学记》曰："大学始教，皮弁祭菜，示敬道也。宵雅肄三[8]，官其始也。"此见古者礼乐之教，浃于人心，然后政成民和，国家以安。明堂为政之所从出，辟雍为教之所由兴，其形于燕飨歌辞者，笃厚深至如此，犹可见政教相通之义，此治化之本也。《论语》曰："诵诗三百，授之以政不达，虽多，亦奚以为？"今作乐安歌，宜知此意。

　　［1］辟雍（pì yōng）：亦作"辟廱"。辟：通"璧"，本为西周天子所设大学。　　［2］飨射（xiǎng shè）：古代宴饮宾客并举行射箭之礼。　　［3］燕乐（yuè）：古代指宫廷宴会时所用的音乐，也作"宴乐"。　　［4］宴乐（lè）：安乐；饮宴欢乐。《鹿鸣》：指《诗经·小雅·鹿鸣》。　　［5］《四牡》《皇皇者华》，都是《诗经·小雅》的篇名。　　［6］相传古代统治者设"三老五更"，以尊养老人。《礼记·文王世子》："遂设三老五更，群老之席位焉。"《乐记》："食三老五更于大学。"所谓"三老"是古代掌教化的乡官。"五更"，也是古代乡官名，用以安置年老致仕的官员。　　［7］释奠：古代在学校设置酒食以奠祭先圣先师的一种典礼。　　［8］《礼记·学记》："《宵雅》肄三，

《泰和宜山会语》《复性书院讲录》注

官其始也。"郑玄注:"'宵'之言'小'也;肆,习也。习《小雅》之三,谓《鹿鸣》《四牡》《皇皇者华》也。"

今所拟首章,明教化之本。体用一原,显微无间,道器兼该,礼乐并得。以救时人歧而二之之失。言约义丰,移风易俗之枢机,实系于此。

次章,出本校缘起。以求是书院为前身,闻已取"求是"二字为校训。今人人皆知科学所以求真理,其实先儒所谓"事物当然之则",即是真理。事物是现象,真理即本体。理散在万事万物,无乎不寓。所谓"是"者,是指"分殊";所谓"真"者,即"理一"[1]也。凡物有个是当处,乃是天地自然之序。物物皆是当,交相为用,不相陵夺[2],即是天地自然之和。是当,犹今俗言停停当当,亦云正当。序是礼之本,和是乐之本,此真理也。六经无"真"字,老庄之书始有之。《易》多言"贞"。贞者,正也。以事言,则谓之正义;以理言,则谓之真理。或曰诚,或曰无妄,皆"真"义也。"是"字从"正",亦贞义也。以西洋哲学真、善、美三义言之,礼是善,乐是美,兼善与美,斯真矣。《易》曰:"天下之动,贞夫一者也。"《华严》谓之"一真法界",与《易》同旨。故谓"求是"乃为"求真"之启示,当于理之谓"是",理即是真,无别有真。《易》曰:"水洊[3]至,习坎,君子以常德行,习教事。"义谓水之洊至,自涓流而汇为江海,顺其就下之性而无骤也。君子观于此象,而习行教化之事,必其德行恒常,然后人从之。本校由求是蜕化而来,今方渐具规模,初见经纶之始,期其展也大成,如水之洊至,故用"习坎"之义。取义于水,亦以其在浙也。"无曰"四句,是诫勉之词。明义理无穷,不可自足,勿矜创获,勿忘古训,乃可日新。"开物成务","前民利用",皆先圣之遗言,今日之当务。"前民"之"前",即"领导"之意。傅说之告高宗曰:"学于古训乃有获。"今日学子,尊今而蔑古,蔽于革而不知因,此其失也。温故知新可以为师,教者所以长善而救其失。此章之言,丁宁谆至[4],所望于浙大者深矣。

[1]"理一分殊"是中国宋明理学里讲"一理"与"万事万物"关系的重要命题。其源于唐代华严宗和禅宗，所谓理一分殊，就是说天地间只有一理，而这个理又能在万事万物之中以不同的形态得以体现。　[2]陵夺：侵凌劫夺。　[3]洊（jiàn）：古同"荐"，再，屡次。　[4]丁宁：叮咛，反复地嘱咐。谆至：诲人不倦的样子。

末章之意，与首章相应。首言体之大，末言用之弘。"念终始典于学"，是《说命》文。典者，常也。"久于其道而天下化成"，乃终始典学之效。成山假就于始篑，修途托至于初步，要终者必反始，始终如一也。"思曰睿，睿作圣"，是《洪范》文。"观其会通，以行其典礼"，是《易·系辞》文。"知至至之，可与几也；知终终之，可与存义也"，《易·乾·文言》文。知至即始条理事，知终即终条理事。"同人于野，亨"，《易·同人》卦辞。"同人于宗，吝"，《同人》六二爻辞。野者，旷远之地，惟廓然大公，斯放之皆准而无睽异之情，故亨。宗者，族党之称，谓私系不忘，则畛域自封，终陷褊狭之过，故吝。学术之有门户，政事之有党争，国际之有侵伐，爱恶相攻，喜怒为用，皆是"同人于宗"，致吝之道。学也者，所以通天下之志，故教学之道，须令心量广大，绝诸偏曲之见，将来造就人才，见诸事业，气象必迥乎不同，方可致亨。又今学校方在播迁[1]之中，远离乡土，亦有"同人于野"之象。大学既为国立，应无地方限制。若谓必当在浙，亦是"同人于宗"，吝道也。然此之寓意甚小，无关宏恉。他日平定后还浙，长用此歌，于义无失。

[1]播迁：到处迁移，奔波不定。

又抗战乃一时事变，恢复为理所固然。学校不摄兵戎，乐章当垂久远。时人或以勾践沼吴[1]为美谈，形之歌咏，以寓复兴之志，亦是引喻失义[2]。若淮夷率服，在泮献功[3]，自系当来之事，故抗战情绪不宜屡入[4]歌辞。文章自有体制，但求是当，无取随人。歌辞中用语多出于经，初学不曾读经者，或不知来历，即不明其意义。又谱入曲调，所安声律亦须与词中意旨相应，故欲制谱之师，于此歌辞深具了解，方可期于尽善。因不避迂妄[5]，略为注释，如其未当，以竢[6]知者。

[1] 沼吴：犹言灭吴。沼：名词作使动词，使吴为沼，即让吴国沦为沼地。　[2] 引喻失义：援引例证而有所不当；两物不相似而误以为相似。[3] 淮夷：周代淮水南北近海的夷人。率服：指相率而服从，亦指顺服。泮：即泮宫，是西周诸侯所设大学。献功：献上功绩，报功。《诗·鲁颂·泮水》："既作泮宫，淮夷攸服。""不告于讻，在泮献功。"　[4] 羼（chàn）入：搀入。[5] 迂妄：迂腐，荒诞。　[6] 竢（sì）："俟"的异体字，意思是等待。

◎ 研读

本篇是著者应竺可桢校长的请求为浙江大学所写的校歌歌词，以及著者对歌词的注释。歌词古朴雅正，义理正大光明；注释深入浅出，感人至深。歌词虽创作于抗日战争时期的流亡途中，但通篇不见仇恨与硝烟，有的是仁者无敌、礼乐化民的胸怀与"树我邦国，天下来同"的自信。

《复性书院讲录》注

复性书院是抗日战争时期国民政府部分官员和社会贤达为保存民族文化而延聘马一浮先生开办的一所传统书院。马一浮以"主讲"名义（相当于书院院长）总摄复性书院院事，"监院"负责具体事务。书院内部设办事、讲习、编纂三处，设主讲、讲友、都讲。被聘为讲座的有赵熙、谢无量、叶左文、梁漱溟、张真如、黄离明等，住院的讲座有熊十力。讲友有贺昌群、沈敬仲，通信讲友有龙松生，都讲有乌以风、张立民、刘公纯、王星贤等。1939年，书院创建于四川乐山乌尤寺，从1939年9月15日开始讲学，到1941年5月25日停止讲学，前后共一年零八个月。在此之后，复性书院并没有关闭，而是转为以刻书为主，马一浮先生希望以此保存一点文化血脉。1946年5月，马一浮离开居住了六年多的乌尤山，回到杭州，复性书院也一并迁至杭州。1948年秋，由于国民政府经济崩溃，复性书院也正式宣告关闭，此时离书院的筹建，正好十年。复性书院最特别的不是其讲学内容和所刻书目，而是其办学理念：一是捍卫民间自由讲学性质，不接受政府拨款及管制，要求政府以宾礼待之；二是仿照佛教丛林制度，以求道为职志，不管学生生计出路；三是独立于现行教育体制之外，"书院所讲求者在经术义理"，以儒家六艺之教为主。

　　复性书院的这些特别之处集中体现在这部《复性书院讲录》中。《讲录》共六卷，其中第一卷主要讲书院学规、读书法和通治群经必读诸书举要，第二卷总体论述儒家群经大义，第三卷至第六卷分别阐述《孝经》大义、诗教大义、礼教大义、书教大义和易教大义。"儒家六经"中只有《春秋》大义没有单独讲述，但在第二卷的《论语大义》中却分上、中、下三节系统地讲述了《春秋》大义。对于今天的读者而言，阅读《复性书院讲录》能帮助我们以较短的时间投入对中国学术的精神、志趣和体系获得提纲挈领的了解、正本清源的认识，建立学术自信。从中，我们还可以欣赏到"千年国粹，一代儒宗"的学问之美，直接感受其"说理无一处无来历"和经典烂熟于心、文笔出神入化的大师风范。

复性书院讲录第一卷

复性书院开讲日示诸生

◎ **解题**

这是著者1939年9月15日在复性书院开讲当天的演讲词。

天下之道，常变而已矣。唯知常而后能应变，语变乃所以显常。《易·恒》之《象》曰："雷风，恒；君子以立不易方。"夫雷风动荡是变也，"立不易方"是恒也。事殊曰变，理一曰常。处变之时，不失其常道，斯乃酬酢[1]万变而无为，动静以时而常定。故曰："吉凶之道，贞胜者也。""观其所恒，而天地万物之情可见矣。"今中国遭夷狄侵陵，事之至变也；力战不屈，理之至常也。当此蹇难之时，而有书院之设置，非今学制所摄，此亦是变。书院所讲求者在经术义理，此乃是常。书院经始，资用未充，斋舍不具，仅乃假屋[2]山寺，并释奠之礼[3]而亦阙之，远不逮昔时书院之规模，此亦处变之道则然。然自创议筹备诸公及来院相助诸友，其用心皆以扶持正学为重；来学之士，亦多有曾任教职，历事多师，不以自画[4]而远来相就，其志可嘉，果能知所用力，亦当不后于古人，此又书院之常道也。

《泰和宜山会语》《复性书院讲录》注

[1] 酬酢（chóu zuò）：宾主互相敬酒，泛指交际应酬。酬：向客人敬酒。酢：向主人敬酒。 [2] 假屋：借屋。 [3] 释奠之礼：释奠礼，原为古代学校的祭祀典礼，属于"三礼"中的"君师"之礼。周礼有释奠、释菜和释币等名目。释奠是孔庙祭礼中规格最高的一种。 [4] 自画：自己画个框框限制自己。语出《论语·雍也第六》，冉求曰："非不说子之道，力不足也。"子曰："力不足者，中道而废。今女画。"

　　时人或以书院在今日为不亟之务，视为无足重轻；或又责望备至，病其规制不广。前者可置不论，后者亦未察事情。盖力愿之在己者是常，事物之从缘者是变。常者，本也；变者，迹也。举本则范围天地而不过，未足以自多也；语迹则行乎患难而无辞，亦未足以自沮也。凡我书院同人，固不宜妄自菲薄，卒安于隘陋；亦不可汰然[1]自许，有近于奢夸。如是则大行不加[2]，厄穷不闵[3]，持常以遇变，不累于物而有以自全其道矣。至于师资之间，所望熏习以渐，相喻益切，斯相得益彰。不务速化而期以久成，不矜多闻而必求深造。唯日孜孜，如恐弗及。因时而惕，虽危无咎。如是则气质之偏未有不能化，学问之道未有不能成者。

[1] 汰然：骄矜貌。 [2] 语出《孟子·尽心上》："君子所性，虽大行，不加焉。"意思是君子的言行完全由本性发出，即使是伟大的行动，也不添加什么。 [3] 厄穷不闵：穷途末路也不忧愁烦闷。"闵"：通"悯"，哀伤、烦闷。语出《孟子·公孙丑》卷三："（柳下惠）遗佚而不怨，厄穷而不悯。"

　　盖人之习惑[1]是其变，而德性是其常也。观变而不知常，则以己徇物，往而不反，不能宰物而化于物，非人之恒性也。若夫因物者，不外物而物自宾；体物者，不遗物而物自成。知物各有则，而好恶无作[2]焉，则物我无间。物之变虽无穷，而吾心之感恒一，故曰"天下之动贞夫一者"，言其常也。老氏亦曰："不知常，妄作凶。"故天下之志有未通者，是吾之知有未致也；天下之理有未得者，是吾之性有未尽也。"睽而知其类，异而知其通"，"易简而天下之理得"，夫岂远乎哉！穷理尽性，明伦察物，是人人分上所有事。不患不能御变，患不能知常；不患不能及物，患不能尽己。毋守闻见之知，得少为足；毋执一隅之说，以蔽为通。讳言病而拒药者，将不可医；不自反而责人者，必至丧己。骛广者易荒，近名者亡实。扬己矜众，并心役物，此皆今日学者通病，其害于心术者甚大。诸生虽才质志趣并有可观，其或狃于旧习而不自知，有一于此，必决而去之，然后于经术义理之学方能有入。

[1] 习惑：指习染与迷惑。惑：在这里是指思想见解方面的糊涂、迷惑。 [2] 好恶无作：不是不起好恶的意思，而是顺天理良知而好恶，不起私意偏好偏恶。语出《尚书》："无有作好，遵王之道，无有作恶，遵王之路。""作"有"做作""刻意"等意思。明儒薛侃曰："作是作意为之，非廓然顺应者也。无作无偏，是无意、必、将、迎之私，用、舍、举、措自得其宜，此其性情用功，岂人不能也？不为耳。后世将王道比作天上事看，讲来做去，务求高出，反致著善著法与此相背，如何做得三代时事？"

语有之："为山假就于始篑，修途托至于初步。"儒者先务立志，释氏亦言发心，此须抉择是当，不容一毫间杂。圣狂由此分途，惑智莫能并立。随时变易以从道，斯知变矣；夭寿不贰以俟命[1]，斯知常矣。君子小人之归，吉凶悔吝之渐，系乎当人一念之辨而已。敬则不失，诚则无间。性具之德，人人所同，虽圣人不能取而与之。学而至于圣人，方为尽己之性。此乃常道，初无奇特。须知自私用智，实违性德之常；精义入神，始明本分之事。书院师友所讲习者，莫要于此。今当开讲之初，特举是以为说。当知此理平实，勿谓幽玄；此语切近，勿谓辽阔。《说命》曰："敬逊务时敏，厥修乃来。"[2] 程子曰："'敬'之一字，聪明睿知皆由此出。""君子进德修业，欲及时也。"[3] 诸生远来不易，当念所为何事。敬之哉！毋怠毋忽。若于此能循而行之，庶几可与共学，可与适道[4]矣。

中华民国二十八年九月　马浮

[1] 无论寿命长短，都一律按天理良心生活，等待天命的安排。典故出自《孟子》"夭寿不贰，修身以俟之，所以立命也"。　[2] 著者所引与今《尚书》原文略有出入。"敬"是认认真真活在当下的意思。《尚书·说命下》："惟学逊志，务时敏，厥修乃来。"蔡沈《集传》："逊，谦抑也。务，专力也。时敏者，无时而不敏也。逊其志，如有所不能；敏于学，如有所不及；虚以受人，勤以励己，则其所修，如泉始达，源源乎其来矣！"　[3] 意思为君子之所以要进德修业，就是为了能与时俱进。语出《周易·乾卦·文言》。[4] 典出《论语·子罕》。子曰："可与共学，未可与适道；可与适道，未可与立；可与立，未可与权。"意思是，可以一起学习的人，未必都能求道；能够求道的人，未必都能够坚定不移；能够坚定不移的人，未必能够随机应变。

◎ 研读

本篇围绕"常""变"二字展开，阐明常与变的辩证关系，启发学生守常应变，通过经术义理的学习进德修业，随时变易以从道。

复性书院学规

◎解题

这一篇是著者阐述复性书院学规的文字。主要阐明了为什么要立学规，所立学规的内容是什么，复性书院学规与古今其他学规的异同点及其意义何在。其中融入了著者大半生从学和古今中外教育的经验教训，非常值得我们今天办大学、建书院者参考。

在昔书院，俱有学规，所以示学者立心之本，用力之要。言下便可持循，终身以为轨范。非如法令科条之为用，止于制裁而已。乃所以弼成其德，使迁善改过而不自知。乐循而安处，非特免于形著之过，将令身心调熟，性德自昭，更无走作。《书》曰："念兹在兹，允出兹在兹。"[1]朱子《白鹿洞学规》，刘忠介《证人社约》[2]，由此其选也。与今时学校之有校训实不同科。彼则树立鹄的，驱使力赴；此乃因其本具，导以共由也。又今日所谓养成学风，亦非无验。然其原于一二人之好乐，相习而成，有分河饮水之嫌，无共贯同条[3]之契。此则"合志同方，营道同术"[4]，皆本分之事，无门户之私也。昔贤谓："从胡安定门下来者，皆醇厚和易。从陆子静门下来者，皆卓然有以自立。"此亦可以观矣。"孔子家儿不知怒，曾子家儿不知骂。"[5]颜子如和风庆云，孟子如泰山乔岳。圣贤气象，出于自然，在其所养之纯，非可以矫为也。夫"率性之谓道"，闻道者必其能知性者也；"修道之谓教"，善教者必其能由道者也。顺其气质以为性，非此所谓"率性"也；增其习染以为学，非此所谓"修道"也。气质之偏，物欲之蔽，皆非其性然也，杂于气，染于习，而后有也。必待事为之制，曲为之防，则亦不胜其扞格[6]。童牛之牿，豨豕之牙[7]，则恶无自而生矣。禁于未发以前则易，遏于将萌之际则难。学问之道无他，在变化气质，去其习染而已矣。长善而救其失，易[8]恶而至其中。失与恶，皆其所自为也；善与中，皆其所自有也。诸生若于此信不及，则不必来院受学，疑则一任别参，两月以后，自请退席可也。书院照章考察，验其言行。若立志不坚、习气难拔者，随时遣归，决不稍存姑息，转以爱人者误人。慎之戒之，毋贻后悔。盖不能长善，即是长恶。无论如何多闻多见，只是恶知恶觉。纤芥不除，终无入德之分也。

[1] 语出《尚书·虞书·大禹谟》，著者引用时有所省略。原文是，禹曰："念兹在兹，释兹在兹，名言兹在兹，允出兹在兹，惟帝念功。""兹"即"此"，指上文所说的"德"。"在"是存问、照察的意思，"释"是舍下、废置的意思。这段话是大禹婉辞帝尧让自己接班而推荐皋陶时说的，意思是，皋陶一心一意都在道德上，想念的是道德，思考的是道德，说的是道德，行的是道德，恳请帝尧还是多考虑考虑皋陶。　　[2] 刘忠介：即明儒刘宗周（1578—1645）。浙江山阴（今属绍兴）人，因讲学于当地的蕺山，又称"蕺山先生"。其学宗王阳明，黄宗羲、陈确、张履祥、陈洪绶、祁彪佳等著名学者与气节之士均出其门下，其学世称"蕺山学派"。杭州沦陷，他绝食二十三天后去世。门人私谥"正义"，清时追谥"忠介"。其生前曾筑蕺山证人书院，讲学其中。《证人社约》，即蕺山证人书院的规约。　　[3] 共贯同条：意思是串在同一钱串上，长在同一枝条上。比喻脉络连贯，事理相通。　　[4] 语出《礼记·儒行第四十一》："儒有合志同方，营道同术。"孔颖达疏："'合志同方'者，方，犹法也。言儒者与交友合齐志意，而同于法则也。'营道同术'者，谓经营道艺，同齐于术。同术则同方也，但'合志同方'，据所怀志意也；'营道同术'，据所习道艺也。"　　[5] 语出汉·刘向《说苑·杂言》："凡善之生也，皆学之所由。一室之中，必有主道焉，父母之谓也。故君正则百姓治，父母正则子孙孝慈。是以孔子家儿不知骂，曾子家儿不知怒；所以然者，生而善教也。"　　[6] 扞格（hàn gé）：互相抵触。　　[7] 豨豕之牙：释见《泰和宜山会语·去矜（下）》。　　[8] 易：改变。

今立学规，义取简要，言则丁宁，求其易喻，事非得已。盖遮止恶德，不如开以善道。譬诸治病于已锢，不如摄养于平时，使过患不生，无所用药。象山有言："某无他长，只能识病。"夫因病与药，所以贵医。若乃妄予毒药，益增其病，何以医为？病已不幸，而医复误之，过在医；人若不知择医而妄服药，过在病人。至于有病而不自知其为病，屏[1]医恶药，斥识病者为妄，则其可哀也弥甚。人形体有病，则知求医，唯恐其不愈，不可一日安也；心志有病，则昧而不觉，且执以为安，唯恐其或祛，此其为颠倒之见甚明。孟子曰："指不若人，则知恶之。心不若人，则不知恶。"岂不信然哉。

[1] 屏（bǐng）：除去，排除。

诸生须知，循守学规，如航海之有罗盘针，使知有定向而弗致于迷方；如防毒之有血清注射，使抵御病菌而弗致于传染。此实切己之事，不可视为具文。孔子曰："谁能出不由户？何莫由斯道也？"舍正路而不由，乃趋于旁蹊曲径，错用心力，唐费[1]光阴。此扬子云所谓："航断港绝潢，以求至于海，不可得也。"

[1] 唐费：犹空费、白费。唐：空，徒然。"功不唐捐"即"功夫不白费"之意。

今为诸生指一正路，可以终身由之而不改，必适于道。只有四端：一曰主敬，二曰穷理，三曰博文，四曰笃行。主敬为涵养之要，穷理为致知之要，博文为立事之要，笃行为进德之要。四者，内外交彻，体用全该，优入圣途，必从此始。今分言之如下。

一曰主敬为涵养之要者：孟子曰："苟得其养，无物不长。苟失其养，无物不消。"凡物不得涵濡润泽，则不能生长，如草木无雨露，则渐就枯槁。此是养其生机，故曰涵养也。涵，有含容深广之意，喻如修鳞[1]之游巨泽，活鱣[2]自如。否则，如尺鲋[3]之困泥沙，动转皆碍。又有虚明照澈之意，如镜涵万象，月印千江。如谓"黄叔度如汪汪千顷之陂，澄之不清，挠之不浊"[4]，即含容深广之意。朱子"天光云影"一诗[5]，即虚明照澈之意。人心虚明不昧之本体，元是如此。只为气禀所拘，故不免褊小，而失其广大之量。为物欲所蔽，故不免昏暗，而失其觉照之用。气夺其志，则理有时而不行矣。然此是客气，如人受外感，非其本然。治病者先祛外感客邪，乃可培养元气。先以收摄，继以充养，则其冲和广沛之象，可徐复也。

[1] 修鳞：指蛇，也指大鱼。 [2] 活鱍（bō）：即活鱍鱍，生动自然而不呆板。 [3] 鲋（fù）：小鱼。《说文解字注》："鲋，鲋鱼也。鲋，见《易》《礼》。郑注《易》曰：'鲋鱼微小。'虞翻曰：'鲋，小鲜也。'王逸注《大招》及《广雅》皆云。" [4] 语出《世说新语·德行》。黄权度：即黄宪（109—156），字叔度，号征君。东汉著名贤士，汝南慎阳人。世贫贱，父为牛医，而宪以学行见重于时。郭林宗（郭泰）到了汝南，拜访袁奉高（袁阆），车不停驶，马不驻足，就告辞了；到黄叔度（黄宪）那里，却住了整整两天。有人问他原委，林宗曰："叔度汪汪如万顷之陂（bēi），澄之不清，扰之不浊，其器深广，难测量也。"明代刘宗周《人谱类记》所引郭氏言则"陂"作"波"，"扰"作"淆"。未知孰是。 [5] 朱熹《观书有感》："半亩方塘一鉴开，天光云影共徘徊。问渠那得清如许？为有源头活水来。"

孟子曰："持其志，毋暴其气。""志者，气之帅也。""志至焉，气次焉。"[1]心之所之谓之志。帅即主宰之义。志足以帅气，则气顺于理，而是气固天理之流行也。何以持志？主敬而已矣。伊川曰："涵养须用敬"，即持志之谓也。以率气言，谓之主敬；以不迁言，谓之居敬；以守之有恒言，谓之持敬。心主于义理而不走作，气自收敛。精神摄聚，则照用自出，自然宽舒流畅，绝非拘迫之意。故曰："主一无适之谓敬。"[2]此言其功夫也。敬则自然虚静，敬则自然和乐，此言其效验也。敬是常惺惺法，此言其力用也。《尚书》叙尧德，首言"钦明"；傅说告高宗，先陈"逊志"。盖散乱心中，决无智照。无智照，故人我炽然。发为骄慢，流为放逸。一切恶德，皆从此生。

[1] 语出《孟子·公孙丑》："夫志，气之帅也；气，体之充也。夫志至焉，气次焉。故曰：持其志，无暴其气。"次：旅行所居止之处所，这里作动词用，有安营扎寨的意思。　　[2] 宋·陈淳《北溪字义》卷上"敬"字条："程子谓'主一之谓敬，无适之谓一'，文公合而言之，曰'主一无适之谓敬'，尤分晓。……人心妙不可测，出入无时，莫知其乡。敬所以主宰统摄。若无个敬，便都不见了。惟敬，便存在这里。所谓敬者无他，只是此心常存在这里，不走作，不散慢，常恁地惺惺，便是敬。'主一'者，只是心主这个事，更不别把个事来参插。若做一件事，又插第二件事，又参第三件事，便不是主一，便是不敬。……'无适'者，心常在这里，不走东，不走西，不之南，不之北。"

敬之反，为肆，为怠，为慢。怠与慢，皆肆也。武王之铭曰："敬胜怠者吉，怠胜敬者灭。"《孝经》曰："敬亲者，无敢慢于人。"故圣狂之分，在敬与肆之一念而已。"主忠信"，即是主敬。《说文》"忠""敬"互训。信者，真实无妄之谓。此以立心而言。"居处恭，执事敬，与人忠。"程子曰："此是彻上彻下语。圣人元无二语。"此该行事而言，心外无事也。"礼仪三百，威仪三千，一言以蔽之曰：毋不敬。"礼以敬为本，人有礼则安，无礼则危，故武王曰："怠胜敬者灭也。忠易为礼，诚易为辞。"语在《韩诗外传》。忠即敬也，诚即信也。"敬以直内，义以方外。敬义立而德不孤。"未有敬而不能为义者，即未有忠信而不能为礼者，内外一也。一有不敬，则日用之间动静云为皆妄也。居处不恭，执事不敬，与人不忠，则本心汩没，万事堕坏，安在其能致思穷理邪？故敬以摄心，则收敛内向，而攀缘驰骛之患可渐祛矣。敬以摄身，则百体从命，而威仪动作之度可无失矣。敬，则此心常存，义理昭著；不敬，则此心放失，私欲萌生。敬，则气之昏者可明，浊者可清。气既清明，义理自显，自心能为主宰。不敬，则昏浊之气辗转增上，通体染污，蔽于习俗，流于非僻而不自知，终为小人之归而已矣。"外貌斯须不庄不敬，则慢易之心入之。心中斯须不和不乐，则鄙诈之心入之。"未有箕踞[1]而心不慢者。视听言动，一有非礼，即是不仁。可不念哉！

[1] 箕(jī)踞：两脚张开，两膝微曲地坐着，形状像箕。这是一种轻慢、傲视对方的姿态。

今时学者通病，唯务向外求知，以多闻多见为事，以记览博杂相高，以驰骋辩说为能，以批评攻难自贵，而不肯阙疑阙殆[1]。此皆胜心私见，欲以矜名哗众[2]，而不知其徇物忘己，堕于肆慢，戕贼自心。故其闻见之知愈多者，其发为肆慢亦愈甚，往而不返，不可救药。苟挟是心以至，而欲其可与入理，可与立事，可与亲师取友、进德修业，此必不可得之数也。今于诸生初来之日，特为抉示时人病根所在，务望各人自己勘验，猛力省察，无使疮痏在身，留为过患。须知："敬"之一字，实为入德之门。此是圣贤血脉所系，人人自己本具。德性之知，元无欠少，不可囿于闻见之知遂以为足，而置德性之知任其隐覆，却成自己辜负自己也。圣人动容周旋，莫不中礼[3]，酬酢万变，而实无为，皆居敬之功也；常人"憧憧往来，朋从尔思"[4]，起灭不停，妄想为病，皆不敬之过也。程子有破屋御寇之喻，略谓："前后左右，驱去还来，只缘空虚，作不得主。中有主，则外患自不能入。"此喻最切。主者何？敬也。故唯敬可以胜私，唯敬可以息妄。私欲尽，则天理纯全。妄心息，则真心显现。"尊德性而道问学"[5]，必先以涵养为始基。及其成德，亦只是一敬，别无他道。故曰："敬也者，所以成始而成终也。"

[1] 阙疑阙殆：不言行鲁莽。典出《论语·为政》，子曰："多闻阙疑，慎言其余，则寡尤。多见阙殆，慎行其余，则寡悔。言寡尤，行寡悔，禄在其中矣。"　[2] 矜名：夸耀自己的名声。哗众：用浮夸的言行使众人兴奋激动。　[3] 典出《孟子·尽心下》："动容周旋中礼者，盛德之至也。"　[4] 语出《周易》咸卦的爻辞："九四，贞吉，悔亡。憧憧往来，朋从尔思。"

大意是，思前想后、心神不定。　　[5] 语出《礼记·中庸》："君子尊德性而道问学。"意思是，君子尊崇天性和道德，却取道于问人和学习。宋代理学家、心学家据此提出了各自不同的治学与教学路线。朱熹注《中庸》说："尊德性，所以存心而极乎道体之大也。道问学，所以致知而尽乎道体之细也。"认为"尊德性"是"存心养性"，"道问学"是"格物穷理"，教人应从"道问学"入手，上达"尊德性"，强调"下学"功夫。陆九渊认为教人应以"尊德性"为先，所谓"先立乎其大"，然后读书穷理。王阳明则认为，"道问学即所以尊德性也"，"如今讲习讨论，下许多功夫，无非只是存此心，不失其德性而已"。强调两者之统一。

二曰穷理为致知之要者：先须楷定何谓理，何谓知。"穷理尽性以至于命"，《易·系辞传》文也；"致知在格物"，《大学》文也。向来先儒说《大学》格物，各明一义，异执纷然。大略不出两派：一宗朱子，一宗阳明。朱子释"格物"为穷至事物之理，"致知"为推极吾心之知。知者，知此理也。知具于心，则理不在心外明矣，并非打成两橛。不善会者，往往以理为外。阳明释"知善知恶是良知，为善去恶是格物"，不善会者，亦遂以物为外。且如阳明言，则《大学》当言"格物在致知"，不当言"致知在格物"矣。今明心外无物，事外无理，即物而穷其理者，即此自心之物而穷其本具之理也。此理周遍充塞，无乎不在，不可执有内外。学者须知，儒家所言事物，犹释氏言万法，非如今人所言物质之物。若执唯物之见，则人心亦是块然一物质耳。何从得有许多知识？阳明致良知之说，固是直指，然《大学》须还他《大学》。教有顿渐，《大学》说先后次第，明是渐教。《中庸》显天人一理，君子笃恭而天下平，中和即位育，方是顿教。儒者不言顿渐，然实有是理。阳明是就自家得力处说，朱子即还他《大学》元来文义，论功夫造诣是同，论诠释经旨却是朱子较密[1]。

　　[1] 实则朱子解释"格物致知"并非《大学》原意。"格"字本义是"木长貌"，在《大学》中作动词，意思是顺着事物的客观条理去观察和了解。"物"，即物、知、意、心、身、家、国、天下这八物合成的一大物。"致"是

《泰和宜山会语》《复性书院讲录》注

获得。"知"是知识,但不是今天的自然科学和社会科学意义上的知识,而是关于八物八事(格—致—诚—正—修—齐—治—平)的"本末先后"知识,从而懂得"修身为本"的道理。懂得了"自天子以至于庶人壹是皆以修身为本"的道理,就是《大学》所说的"此谓知本,此谓知之至也",这才是《大学》"格物致知"的本旨。阳明是脱离文本另说一套,固然不合《大学》原意;朱子"即凡天下之物"云云则说得过于宽泛,亦未识得本旨。参见梁漱溟先生的《礼记大学篇伍严两家解说》一书及《试论晦庵朱子在儒学中的贡献及其理论思维的疏失》一文。

  上来约简旧说,是要学者先明穷理致知为何事,非于先儒妄生异同,心存取舍,亦非欲为调停之说也。此意既明,学者须知格物即是穷理,异名同实。今言"穷理为致知之要"者,亦即是"致知在格物"也。何以不言"格物"而言"穷理"?只为从来学者都被一个"物"字所碍,错认物为外,因而再误,复认理为外。今明心外无物,事外无理,事虽万殊,不离一心。佛氏亦言,当知法界性,一切唯心造。心生法生,心灭法灭。万行不离一心,一心不违万行。所言法者,即事物异名。一心贯万事,即一心具众理。即事即理,即理即心。心外无理,亦即心外无事。理事双融,一心所摄,然后知散之则为万殊,约之唯是一理。

  所言"穷"者,究极之谓。究极此理,周匝圆满,更无欠阙,更无渗漏,不滞一偏一曲,如是方名穷理。"致"者,竭尽之称。如"事父母能竭其力,事君能致其身",《孝经》言"养则致其欢,丧则致其哀"之"致"。知,是知此理唯是自觉自证境界,拈似人不得,如人饮水,冷暖自知。一切名言诠表,只是勉强描摹一个体段,到得此理显现之时,始名为"知"。一现一切现,鸢飞鱼跃,上下与天地同流,左右逢源,触处无碍,所谓头头是道,法法全彰,如是方名"致知",所谓"知之至"也。清凉观答唐顺宗心要云:"语证则不可示人,说理则非证不了。"证者,方是真知。证后所说之理,方是实理,不然只是揣量卜度,妄生分别,如盲人摸象,各说一端,似则似，是则不是。在佛氏，谓之情识思量境界，谓之遍计执，全体是妄。在儒家，谓之私智穿凿，谓之不诚。故穷理功夫入手处，只能依他古来已证之人所说，一一反之自心，仔细体究，随事察识，不等闲放过。如人学射，久久方中。到得一旦豁然贯通，表里洞然，不留余惑，所谓直到不疑之地，方可名为"致知"也。《大学》只此一关，最为难透。到得"知至"以后，意诚、心正、身修，乃是发悟以后保任长养之事，譬如顺水行船，便易为力[1]。故象山曰："向上事益简易不费力。但穷理功夫直是费力，不是吃紧用力一番，不能致知。"朱子所谓："唯于理有未穷，故其知有不尽。"此系诚言，不容妄生疑虑。

[1] 这一段解释"致知"实已偏离《大学》原意。《大学》"致知"只是知个"修身为本"。"致知"的"致"只是"获得"的意思，不是著者所说的"竭尽之称"。"知之至也"的"至"也只是"到达"的意思，不是"极致"的意思。马一浮学宗朱子，未察朱子之疏失。

孟子曰："尽其心者，知其性也。知性则知天矣。"朱子《集注》曰："心者，人之神明，所以具众理而应万事者也。"性则心之所具之理，而天又理之所从以出者也。人有是心，莫非全体，然不穷理，则有所蔽，而无以尽乎此心之量。故能极其心之全体而无不尽者，必能穷夫理而无不知者也。既知其理，则其所从出亦不外是矣。以《大学》之序言之，"知性"则"物格"之谓，"尽心"则"知至"之谓也[1]。《易·系辞》："穷理尽性以至于命。"穷理，即当孟子所谓"知性"；尽性，即当孟子所谓"尽心"；至命，即当孟子所谓"知天"。天也，命也，心也，性也，皆一理也。就其普遍言之，谓之天；就其禀赋言之，谓之命；就其体用之全言之，谓之心；就其纯乎理者言之，谓之性；就其自然而有分理言之，谓之理；就其发用言之，谓之事；就其变化流行言之，谓之物。故格物即是穷理，穷理即是知性，知性即是尽心，尽心即是致知，知天即是至命。程子曰："理穷则性尽，性尽则至命。"不是穷理了再去尽性，尽性了再至于命。只是一事，非有三也。《大学》说"致知在格物"，不是说欲致其知者先格其物。故今明"穷理为致知之要"者，须知合下用力。理穷得一分，即知致得一分，在佛氏谓之分证[2]，到得知至，即满证也。

[1]《大学》"格物致知"只是"诚意"功夫的理论准备阶段，马一浮此处不免说得太高。如果"格物致知"就已经"尽心""知性"了，还要"诚意""正心"功夫作甚？ [2] 分证：菩萨初地以上少分断惑证理也。

《中庸》曰："唯天下至诚，为能尽其性。能尽其性，则能尽人之性；能尽人之性，则能尽物之性；能尽物之性，则可以赞天地之化育；可以赞天地之化育，则可以与天地参矣。"朱子《章句》曰："尽其性者，德无不实，故无人欲之私，而天命之在我者，察之由之，巨细精粗，无毫发之不尽也。人物之性，亦我之性，但以所赋形气不同而有异耳。能尽之者，谓知之无不明而处之无不当也。"此是一尽一切尽，其间更无先后。肇公曰："会天地万物为自己者，其唯圣人乎？""圣人无己，靡所不己。"是故成己即所以成物，成物乃所以成己。"成己，仁也；成物，智也。性之德也，合外内之道也。"此是一成一切成，其间更无分别。"己欲立而立人，己欲达而达人。能近取譬，可谓仁之方。"良以物我无间，人己是同，于中不得安立人见我见。契此理者，是谓正理，是谓正知。反是，则非正理，为不正知。此是知之根本。曾子闻一贯之旨，直下承当。及门人问，只道个："夫子之道，忠恕而已矣。"尽己之谓忠，推己之谓恕，此事学者合下可以用力。"己所不欲，勿施于人"，推己之事也。"行有不得，反求诸己"，尽己之事也。此亦是澈上澈下语。到得一理浑然，泛应曲当，亦只是个忠恕，别无他道。学者须于此信得亲切，行得真实，方可以言穷理，方可以言致知。

更须知，理是同具之理，无可独得；知是本分之知，不假他求。故象山曰："宇宙内事，即吾性分内事。吾性分内事，即宇宙内事。"此亦"知至"之言。今时学者，每以某种事物为研究之对象，好言"解决问题""探求真理"，未尝不用思力，然不知为性分内事，是以宇宙人生为外也。自其研究之对象言之，则己亦外也。彼此相消，无主可得，而每矜为创获，岂非虚妄之中更增虚妄？以是为穷理，只是增长习气；以是为致知，只是用智自私。非此所谓穷理致知也。

至穷理之方，自是要用思惟。"思曰睿，睿作圣"。程子曰："学原于思，不思则罔。"若一向读书，只匆匆涉猎，泛泛寻求，便谓文义已了，能事已毕，终其身，昏而无得也。欲入思惟，切忌自谓已了。若轻言易了，决定不思，是闭门而求入也。读书既须简择，字字要反之身心。当思圣贤经籍所言，即是吾心本具之理。今吾心现在，何以不能相应？苟一念相应时复是如何？平常动静云为之际吾心置在何处？如此方有体认之意。当思圣贤经籍所言，皆事物当然之则。今事物当前，何以应之未得其当？苟处得是当时复是如何？平常应事接物之时吾心如何照管？如此方有察识之意。无事时体认自心是否在腔子里，有事时察识自心是否在事上。如此方是思，方能穷理。思如浚井，必当及泉，亦如抽丝，须端绪不紊。然后引而申之，触类而长之，曲畅旁通，豁然可待。体认亲切时，如观掌纹，如识痛痒。察识精到处，如权衡在手，铢两无差，明镜当台，毫发不爽。如此方有"知至"之分。此在散乱心中必不可得，故必先之以主敬涵养，而后乃可以与于此也。

三曰博文为立事之要者：须先知不是指文辞为文，亦不限以典籍为文。凡天地间一切事相，皆文也。从一身推之家国天下，皆事也。道外无事，亦即道外无文。《论语》朱注曰："道之显者，谓之文。"今补之曰："文之施于用者，谓之事。"博者，通而不执之谓。立者，确乎不拔之称。易言之[1]，亦可谓通经为致用之要也。

《泰和宜山会语》《复性书院讲录》注

[1] 易言之：换句话说。

世间有一等质美而未学之人，遇事尽能处置，然不能一一皆当于理，处甲事则得，处乙事又失之。此谓不能立事。其故由于不学，即未尝博文也。虽或偶中，而幽冥莫知其原，未尝穷理也。恒言斥人"不学无术"，本《霍光传》中语。不学，言未尝读书。无术，即是没办法。可见遇事要有办法，必须读书穷理始得。《中庸》曰："文理密察，足以有别也。"文理，亦可析言之。在心则为理，见于事则为文。事有当然之则，谓之理。行此当然之则，谓之文。已明心外无事，离体无用，更须因事显理，摄用归体，故继穷理致知而言博文立事也。穷理主于思之意多，博文主于学之意多。《论语》曰："学而不思则罔，思而不学则殆。"盖不求诸心则昏而无得，不习其事则危而不安。此见思学并进，亦如车两轮，如鸟两翼，致力不同而为用则一。无思而非学，亦无学而非思也。

"不学操缦，不能安弦。不学博依，不能安诗。"[1] 操缦、博依，博文也；安弦、安诗，立事也。"不学《诗》，无以言；不学《礼》，无以立。"《诗》《礼》，文也；言、立，事也。六艺之文即冒天下之道[2]，实则天下之事莫非六艺之文。明乎六艺之文者，斯可以应天下之事矣。此义云何？"《诗》以道志"而主言。在心为志，发言为诗。凡以达哀乐之感，类万物之情，而出以至诚恻怛，不为肤泛伪饰之辞，皆《诗》之事也。"《书》以道事"：事之大者，经纶一国之政，推之天下，凡施于有政，本诸身，加诸庶民者，皆《书》之事也。"《礼》以道行"：凡人伦日用之间，履之不失其序、不违其节者，皆《礼》之事也。"《乐》以道和"：凡声音相感，心志相通，足以尽欢忻鼓舞之用，而不流于过者，皆《乐》之事也。"《易》以道阴阳"：凡万象森罗，观其消息盈虚、变化流行之迹，皆《易》之事也。"《春秋》以道名分"：凡人群之伦纪，大经大法至于一名一器，皆有分际，无相陵越，无相紊乱，各就其列，各严其序，各止其所，各得其正，皆《春秋》之事也。其事即其文也，其文即其道也。学者能于此而有会焉，则知六艺之道，何物而可遗，何事而不摄乎！故凡言"文"者，不独前言往行布在方策有文史可稽者为是，须知一身之动作威仪、行业力用，莫非文也。孔子称尧"焕乎其有文章"，乃指尧之功业。子贡称"夫子之文章可得而闻"，乃指孔子之言行。天下万事万物之粲然[3]并陈者，莫非文也。凡言"事"者，非一材一艺、一偏一曲之谓，自入孝出弟，爱众亲仁，立身行己，遇人接物，至于齐家治国平天下，开物成务，体国经野，大之礼乐刑政之本，小之名物度数之微，凡所以为因革损益、裁成辅相之道者，莫非事也。《学记》曰："九年知类通达，强立而不反。"[4]夫知类通达，乃可谓博文矣；强立而不反，乃可与立事矣。在《易》则曰："圣人有以观其会通而行其典礼。"夫观其会通，是博文也；行其典礼，是立事也。《朱子语类》："会通，谓物之节角交加处。"盖谓如人身之有关节，为筋脉活动之枢纽。又喻如水之众流汇合而为江河，虽千支万派，俱入于海，此所谓会通也。足以尽天下之事相而无所执碍者，乃可语于博矣。足以得举措之宜而不疑其所行者，乃可语于立矣。若乃事至而不免于惑，物来而莫之能应，是乃不可与立事，亦不足以语于博文也。今举《诗》教，以明一例。如曰："诵诗三百，授之以政，不达；使于四方，不能专对；虽多，亦奚以为？""小子何莫学夫《诗》？诗可以兴、观、群、怨。迩之事父，远之事君。""人而不为《周南》《召南》，其犹正墙面而立也欤？"今学诗者，能详其名物训诂矣，又进而能言其义矣，而不达于政，不能事父事君，其为面墙也如故，谓之未尝学《诗》可也。他经亦准此可知。故言博文者，决不是徒夸记览，徒骋辞说，以炫其多闻而不切于事，遂可以当之；必其闳通淹贯[5]，畜[6]德多而谨于察物者也。言立事者，不是智效一官，行效一能，不该[7]不遍，守其一曲，遂足以当之；必其可以大受当于物而卓然

《泰和宜山会语》《复性书院讲录》注

不惑者也。

　　[1] 语出《礼记·学记》。缦（màn）：琴弦。操缦：操弄弦属。安弦：学好弹奏弦乐器。博依：广泛打比喻，指比兴手法。　　[2] 语出《周易·系辞上》："夫易开物成务，冒天下之道，如斯而已者也。""冒"是覆盖的意思。清·陈梦雷《周易浅述》："开物，谓人所未知者开发之。成务，谓人所欲为者，成全之。冒天下之道，谓卦爻既设而天下之道皆包括其中也。"　　[3] 粲然：形容鲜明、清楚。　　[4] 知类：知事义之比也。强立：临事不惑也。不反：不违失师道也。　　[5] 阃通：犹豁达。淹贯：博通、深通。　　[6] 畜：养育。　　[7] 《康熙字典》引《广韵》："该，备也，咸也，兼也，皆也。"

　　复次当知，《易》言"观乎天文，以察时变；观乎人文，以化成天下""观天之文与地之宜"，非如今言天文学或人文地理之类。天文即谓天道，人文即谓人道。阴阳消长，四时错行，天文也。彝伦之序，贤愚之等，人文也。《系辞传》曰："道有变动，故曰爻。爻有等，故曰物[1]。物相杂，故曰文。文不当，故吉凶生焉。""六爻之动，三极之道也。""兼三才而两之，故六。"阴阳、刚柔、仁义之相，皆两也。"等"犹言"类"也。阴阳、刚柔各从其类，谓之"物"。物相杂而成文，谓之"文"。物犹事也。事之相错而著见者，咸谓之"文"。故一物不能成文，成文者必两。凡物之对待而出者为文。对待之物，交参互入，错综变化，至赜至动，皆文也。唯圣人有以见其至赜而不可恶，至动而不可乱，故"拟诸形容，象其物宜，是故谓之象。""观其会通以行其典礼，〔系辞焉以断其吉凶，〕是故谓之爻。"学者知此，则知所谓"文"为事相之总名，可以无疑也。文以变动而有，事以变动而生，故曰"功业见乎变"[2]。功业者，事也。"举而措之天下之民，谓之事业。"此乃从体起用，亦谓之"全体作用""行其所无事"[3]，而非有计功谋利之心焉，斯立事之要也。故天地虽万物并育，不居生物之功；圣人虽保民无疆，不矜畜众之德。博文，如物之生长，必积渐以至于广大；立事，如物之成实，必贞固而后有成。今人欲立事而不务博文，是犹不耕而望获也；徒事博文而不务穷理，是犹卤莽而耕之，灭裂而耘之也。欲责之以立事，安可得哉？

[1] 来知德《易经来注图解》卷十四："等者，刚柔大小远近贵贱之类也。物者，阳物阴物也。爻不可以言物，有等则谓之物矣。" [2] 语出《周易·系辞下》。来知德认为功业表现在能否通变以谋利。 [3] "全体作用"：宇宙间任何作用都是宇宙全体的作用。"行其所无事"：心无执着，廓然大公，物来顺应，虽然整天做事，却像没有做事一样轻松自如。

复次当知，博文属知，立事属能。《中庸》曰："匹夫匹妇之愚，可以与知与能，及其至也，圣人有所不知不能焉。"学者切忌自谓已知已能，如此则是自画而不可以进于博，不可以与于立矣。试观圣人之气象为如何。达巷党人曰："大哉孔子！博学而无所成名。"子闻之曰："吾何执？执御乎，执射乎？"太宰问于子贡曰："夫子圣者欤？何其多能也？"子闻之曰："吾少也贱，故多能鄙事。君子多乎哉？不多也。"又曰："君子之道四，某未能一焉。"又曰："吾有知乎哉？无知也。有鄙夫问于我，空空如也。我叩其两端而竭焉。"夫圣人知周万物而道济天下，然其自以为无知无能如此，非故为谦辞也，其心实如是也。"鄙夫"云者，执其一端之见而汰然以自多者也。圣鄙之分，由此可见。老子曰："其出弥远，其知弥少。"释氏亦曰："若作圣解，即是凡情。"必其自视欿然，然后虚而能受。此所以必先之以穷理致知，而后乃可语于博文立事也。

四曰笃行为进德之要者："德行"为内外之名，在心为德，践之于身为行。德是其所存，行是其所发。自其得于理者言之，则谓之德；自其见于事者言之，则谓之行，非有二也。充实而有恒之谓笃，日新而不已之谓进。知止而后能笃，不为物迁，斯可以载物。行健而后能进，自强不息，乃所以法天。无有欠阙，无有间断，乃可言笃。无有限量，无有穷尽，所以言进。行之积也愈厚，则德之进也愈弘。故《大畜》曰："刚健笃实辉光，日新其德。"《商颂》曰："汤降不迟，圣敬日跻。"[1]言其进也。《乾·文言》："君子以成德为行，日可见之行也。"故行之未成，即德之未裕。《系辞》曰："默而成之，不言而信，存乎德行。"此所以言笃行为进德之要也。

[1] 这两句的大意是，汤王的诞生适逢其时，他的圣明庄敬一天天提升。

言行同为中之所发，故曰："言出乎身，加乎民；行发乎迩，及乎远。言行，君子之枢机。枢机之发，荣辱之主也。言行，君子之所以动天地也，可不慎乎？"此以言行并举。今何以单言行？《论语》曰："有德者必有言，有言者不必有德。""昔吾于人也，听其言而信其行。今吾于人也，听其言而观其行。""论笃是与，君子者乎？色庄者乎？"[1]"君子不以言举人，不以人废言。"此明言行有不相应者，不可不察也。《曲礼》曰："鹦鹉能言，不离飞鸟。猩猩能言，不离走兽。""君子耻其言而过其行。""视其所以，观其所由，察其所安，人焉廋哉！"[2]人之色取仁而行违者尽多，依似之言，可以乱德，学者当知以此自观自儆。"言顾行，行顾言。""庸德之行，庸言之谨，有所不足不敢不勉，有余不敢尽。"方可语于笃行也。此是言行分说。然当知，合说则言亦行之所摄。《洪范》五事，《论语》九思、四勿、三贵，并属于行。广说无尽，今只略说五事，曰貌、言、视、听、思。曰恭，曰从，曰明，曰聪，曰睿，即行之笃也；"恭作肃，从作乂，明作哲，聪作谋，睿作圣"，即德之进也。九思、四勿、三贵，皆笃行之事。曰仁，曰礼，曰信，皆德也。德之相广说亦无尽。仁者，德之总相也。开而为二，曰仁智、仁义；开而为三，曰智、仁、勇；开而为四，曰仁、义、礼、智；开而为五，则益之以信；开而为六，曰智、仁、圣、义、中、和。如是广说，可名万德，皆统于仁。

[1] 语出《论语·先进第十一》。"论笃是与"的意思是，说得头头是道就

是对的吗？"与"通"欤"，疑问词。　　[2] 语出《论语·为政第二》。廋(sōu)：隐藏。意思是，要观察他为什么做，再观察他如何做，再观察他在什么地方安心。如此这般观察，那人还有什么可以藏匿的呢？

学者当知，有性德，有修德。性德虽是本具，不因修证，则不能显。故因修显性，即是笃行为进德之要。全性起修，即本体即功夫；全修在性，即功夫即本体。修此本体之功夫，证此功夫之本体，乃是笃行进德也。孔子曰："德之不修，学之不讲……是吾忧也。"讲，本训肄，即指时习，并非讲说之谓。即今讲说，亦是时习之事，亦即笃行之事，亦即修德之事，即是因修显性也。前言学问之道在变化气质，须知变化气质即是修。汉儒每言才性，即指气质。魏钟会作《四本论》，论才性异同。其文已佚，当是论气质不同之书，或近于刘劭之《人物志》。其目为才者，指气质之善而言。气质之不善者，固当变化；即其善者，只名为才，亦须变化，乃可为德。此即是修德。如《虞书·皋陶谟》行有九德："宽而栗，柔而立，愿而恭，乱而敬，扰而毅，直而温，简而廉，刚而塞，强而义。"宽、柔是才，须"宽而栗，柔而立"，始名为德。此非变化，不能成就。其下准此可知。《周书·洪范》："乂用三德：一曰正直，二曰刚克，三曰柔克。平康，正直；强弗友，刚克；燮友，柔克。沈潜，刚克；高明，柔克。"此皆明气质必假[1]变化。《通书》"刚柔善恶"一章所谓"使人自易其恶，自至其中"[2]，亦是此旨。刘劭《人物志·九征》篇，虽名家[3]言，亦有可取。大致以偏至为才，兼才为德，全德为圣。故曰："九征皆至，则纯粹之德也。九征有违，则偏杂之才也。九征者，谓九质之征，谓精、神、筋、骨、气、色、仪、容、言也。文繁不具引。三度不同，其德异称。故偏至之才，以才自名；兼才之人，以德为目；兼德之人，更为美号。〔是故〕兼德而至，谓之中庸。中庸者，圣人之目也。具体而微，谓之德行。德行者，大雅之称也。一至，谓之偏才。偏才，小雅之质也。一征，谓之依似。依似，乱德之类也。一至一违，谓之间杂。间杂，无恒之人也。无恒、依似，皆风人末流。末流之质，不可胜论。"名家之言，乃以品核人流[4]，未必尽为知德。然其所谓"三度"[5]，则有当也。知此，可明修德须学。由偏至而进于兼，由兼德而进于全，非进德之谓乎？

[1] 假：凭借。　[2] 语出周敦颐《通书·师第七》。意思是，让人自己改变自己的恶，自己由过或不及而趋于中道。　[3] 名家：先秦时期诸子百家之一，中国严谨逻辑思想的开创者，代表人物有邓析、公孙龙、宋钘、尹文、惠施等人。其与墨家、数术家等并列为先秦诸子百家中专门研究自然科学的学派。　[4] 品核：评论，品评。人流：人物流别，如一流、二流、三流之类。　[5] 三度：即"偏至之材，以材自名；兼材之人，以德为目；兼德之人，更为美号"。原文各处皆作"材"，著者引用时都改作"才"。

然又须明性修不二。不是性德之外，别有修德。修德须进，性德亦有进。性德本无亏欠，何以须进？当知天地之道，只是至诚无息。不息，即进也。与天地合其德，只是贵其不已。所谓"不息则久，久则征，征则悠远，悠远则博厚，博厚则高明。博厚配地，高明配天，悠久无疆"。此进德之极致也。行之不笃，即是不诚。不诚则无物。一有欠阙，一有间断，便是不笃。行行欠阙，即德有欠阙。行有间断，即德有间断。故虽曰性德无亏，亦须笃行到极至处始能体取，所以言笃行为进德之要也。易言之，即是践形所以尽性。进德即尽性之事，践形即笃行之事。孟子曰："形色，天性也。唯圣人而后可以践形。"气之凝成者为形，形之变动者为色。此与佛氏言"色法"不同。参看《宜山会语》五《说视听言动》。天性，即行乎气中之理也。如视听言动，皆有其理，视极其明，听极其聪，言极其从，貌极其恭，始为尽视听言动之理，始为得耳目口体之用。是谓尽性，是谓践形。朱子曰："众人有是形而不能尽其理，故无以践其形。唯圣人有是形而又能尽其理，然后可以践其形而无歉也。"故知视有不明，听有不聪，则是未能践其形，即未能尽其性。视听言动皆行也。四者一于礼，则是仁是德也。人生所日用不离，最切近而最易体认者，孰有过于四事者乎？所以应万事而根于心之所发者，舍此岂别有乎？故颜渊问仁，孔子告以"克己复礼为仁"。颜子直下承当，便请问其目，只此视听言动四事。知此便知笃行之道，合下当从非礼勿视听言动入手。才有非礼，即是不仁。到得四事全是礼，则全体是仁。是故言笃行为进德之要，此理决定无可疑也。

复次当知，《中庸》曰"温故而知新"，博文之事也；"敦厚以崇礼"，笃行之事也。此所以继博文而言笃行也。《乾·文言》曰"知至至之，可与言几也"，主敬涵养、穷理致知、博文立事当之；"知终终之，可与存义也"，则笃行进德当之。又此门总摄前三，如主敬须实是主敬，穷理须实是穷理，博文须实是博文，此便是笃行，一有不实，只是空言。涵养得力，致知无尽，应事不惑，便是进德。若只言而不行，安能有得？行而不力，安望有进？故言虽分三，事唯是一。总此四门，约为一行。《论语》曰："博学于文，约之以礼，亦可以弗畔矣。"夫文以知言，礼以行言，博、约亦是同时，文、礼非有二致。故孟子曰："博学而详说之，将以反说约也。"前三是博，此门是约。又中二为博，初、终均约。总该万行，不离一心。即知即行，全理是事。即博即约，全事是理。始终本末，一以贯之。即下学即上达。"子以四教：文、行、忠、信"。文即六艺之文，行即六艺之事，忠、信则六艺之本。今此四门，亦略同四教。全体起用，全用归体，此乃圣学之宗要，自性之法门。语语从体验得来，从胸襟流出，一字不敢轻下。要识圣贤血脉，舍此别无他道。于此不能有会，决定非器，难与入德。若只作一种知解、一种言说领取，而不肯笃行，则是辜负自己，辜负先圣。曾子曰："尊其所闻，则高明矣。行其所知，则光大矣。"闻是闻道，知是知德。道为万行，德是一心。今有言说显示，但名为"闻"；诸生体之在己，乃可名"知"。勤而行之，斯可与适道；得之于心，斯可与入德。如此，则日进于高明光大之域，必可期也。"为仁由己，而由人乎哉？"勉之！勉之！

◎ 研读

复性书院学规，与今人所理解的"学规就是学校的规章制度"很不相同。现在的学规，近似于"法令科条"，主要是用来防范和惩处违规言行的，而《复性书院学规》却是为了指示"学者立心之本，用力之要"。一共四条，言简意赅，统摄为人为学的方方面面。这样的学规，"言下便可持循"，不会让人百思不得其解；"终身以为轨范"，不是只在书院期间才有效。其目的是帮助师生成就道德，使他们"迁善改过而不自知"。所以，不可理解为冷冰冰的规章制度。

读书法

◎解题

这篇《读书法》，不可先入为主地理解为寻常的读书方法。其最显著的特色，是别开生面地对"书"和"读书"做了理学的阐释。与其称之为"读书法"，不如称之为"读书哲学"。

前讲学规，乃示学者求端致力之方。趣向既定，可议读书。如人行远，必假舟车，舟车之行，须由轨道，待人驾驶。驾驶之人，既须识途，亦要娴熟，不致迷路，不致颠覆，方可到达。故读书之法，须有训练，存乎其人。书虽多，若不善读，徒耗日力[1]，不得要领，陵杂[2]无序，不能入理，有何裨益？所以《学记》曰"记问之学，不足以为人师"也。古人以牛驾车，有人设问，曰："车如不行，打车即是？打牛即是？"此以车喻身，以牛喻心。车不自行，曳之者牛；肢体连用，主之者心。故欲读书，必须调心，心气安定，自易领会。若以散心读书，博而寡要，劳而少功，必不能入。以定心读书，事半功倍。随事察识，语语销归自性，然后读得一书自有一书之用，不是泛泛读过。须知读书即是穷理博文之一事，然必资于主敬，必赖于笃行。不然，则只是自欺欺人而已。

[1] 日力："日"指时间，"力"指精力。　[2] 陵杂：凌乱芜杂。

《易·系辞》曰："上古结绳[1]而治，后世圣人易之以书契[2]，百官以治，万民以察，盖取诸《夬》[3]。"夬者，决也。决是分别是非之意，犹今言判断。决去其非，亦名为决。此"书"名所由始。契乃刻木为之，书则箸[4]于竹帛。故《说文》曰："書，箸也。从聿，〔者声〕。""〔聿〕所以書。""者",是别白之词,声亦兼意[5]。孔颖达《尚书正义》曰:"道本冲寂,非有名言,既形以道生,物由名举,圣贤阐教,事显于言,言惬群心,书而示法,因号曰书。"名言皆诠表[6]之辞,犹筌蹄[7]为渔猎之具。书是能诠,理即所诠。《系辞》曰:"书不尽言,言不尽意。"故读书在于得意,得意乃可忘言。意者,即所诠之理也。读书而不穷理,譬犹买椟还珠,守此筌蹄,不得鱼兔,安有用处?禅家斥为"念言语汉",俚语谓之"读死书"。贤首曰:"微言滞于心首,转为缘虑之场;实际居于目前,翻成名相之境。"[8]此言读书而不穷理之过。记得许多名相,执得少分知解,便傲然自足,顿生狂见,自己无一毫受用,只是增长习气。《圆觉经》云:"无令求悟,唯益多闻,增长我见。"此是不治之证[9]。故读书之法,第一要"虚心涵泳,切己体察",切不可以成见读书,妄下雌黄[10],轻言取舍,如时人所言批评态度。南齐王僧虔《诫子书》曰:"往年有意于史",后"复徙业就玄","犹未近仿佛。曼倩有云:'谈何容易。'见诸玄,志为之逸,肠为之抽。专一书,转(通)〔诵〕数十家注,自少至老,手不释卷,尚未敢轻言。汝开《老子》卷头五尺许,未知辅嗣何所道,平叔何所说,马、郑何所异,《指》《例》[11]何所明,而便盛(挥)〔于〕麈尾[12],自呼谈士,此最险事","就如张衡思侔造化,郭象言类悬河,不自劳苦,何由至此?汝曾未窥其题目,未辨其指归;六十四卦,未知何名;《庄子》众篇,何者内外;八袠[13]所载,凡有几家;四本之称[14],以何为长。而终日欺人,人亦不受汝欺也。"据此文,可知当时玄言之盛,亦如今人之谈哲学、新学。后生承虚接响[15],腾其口说,骛名无实,其末流之弊有如是者。僧虔见处,犹滞知解,且彼自为玄家,无关儒行。然其言则深为警策,切中时人病痛,故引之以明"知之为知之,不知为不知,是知也"之旨。慎勿以成见读书,轻言批评,此最为穷理之碍,切须诫绝也。

[1] 结绳：在文字产生以前古人用绳子结扣来记事，相传大事打大结，小事打小结。　　[2] 书契：指文字。　　[3] 夬（guài）：《周易》六十四卦之第四十三卦。　　[4] 箸（zhù）：这里同"著"，意思是撰写，写作。[5] 这段引用《说文》的话，杂引了"书""聿""者"三个字条，且有漏字。《马一浮集》和《马一浮全集》均未加细考，故句读和标点多处错误，以致读者不知所云，今据《说文》予以补正。　　[6] 诠表：解释和表达。　　[7] 典出《庄子·外物》："荃者所以在鱼，得鱼而忘荃；蹄者所以在兔，得兔而忘蹄。"荃：一本作"筌"，捕鱼竹器。蹄：捕兔网。后以"筌蹄"比喻达到目的的手段或工具。《马一浮全集》"蹄"字误作"号"字，今从《马一浮集》订正。　　[8] 贤首：唐代名僧法藏（643—712）。俗姓康，字贤首，华严宗的创立者，通称贤首大师。引文出自其《华严经义海百门》。"转"字原文作"恒"字。这两句话的大概意思是，圣人含蓄而精微的言辞，滞留在后世学者心中，却成了他们攀援思虑的场所，实际情况和真理就在眼前，他们却视而不见，听而不闻，只会攀援空洞的名词概念。　　[9] 证：同"症"，病症、症候。如"三焦辨证""血分证"。　　[10] 雌黄：本是矿物名，成分是三硫化二砷，橙黄色，半透明，可用来制颜料。古人用黄纸写字常用雌黄涂抹错误处再改写，其作用相当于今天的修正液，因此称乱改文字、乱发议论为"妄下雌黄"，称不顾事实、随口乱说为"信口雌黄"。　　[11] 《指》《例》：是王弼所著《老子指略》和《周易略例》两篇。《马一浮集》和《马一浮全集》误作一本书。今订正。　　[12] 麈（zhǔ）尾：古人闲谈时执以驱虫、掸尘的一种工具。相传麈迁徙时，以前麈之尾为方向标志，故称"麈尾"，或称"拂尘"。古人清谈时必执麈尾，相沿成习，其被视为名流雅器，不谈时，也时常握在手上。　　[13] 袠（zhì）：同"帙"。本指书、画的封套，用布帛制成。又作量词，用于装套的线装书。　　[14] 四本：一般指"四本论"，是魏晋之际玄学清谈的一个重要的话题，讨论"才"和"性"相离还是相合的问题，分为四个方面：才性同，才性异，才性合，才性离。　　[15] 承虚接响：意思是传承的都是虚假不实的东西。

　　今以书为一切文籍记载之总名，其实古之名书，皆以载道。《左氏传》曰："楚左史倚相[1]能读《三坟》《五典》《八索》《九丘》。"读书之名始此。《尚书序》曰："伏羲、神农、黄帝之书，谓之《三坟》，言大道也；少昊、颛顼、高辛、唐、虞之书，谓之《五典》，

181

言常道也；至于夏、商、〔周〕之书，虽设教不伦，雅诰奥义，其归一揆。是故历代宝之，以为大训。八卦之说，谓之《八索》，〔求其义也。〕九州之志，谓之《九丘》。丘，聚也，言九州所有，土地所生，风气所宜，皆聚此书也。"此见上古有书，其来已远。《书序》复云："孔子生于周末，覩史籍之烦文，惧览者之不一，遂乃定《礼》《乐》，明旧章，删《诗》为三百篇，约史记而修《春秋》，赞《易》道以黜《八索》，述《职方》以除《九丘》。疑当时《八索》者类阴阳方伎之书，故孔子作《十翼》，以赞《易》道之大，而《八索》遂黜。《职方》，孔颖达以为即指《周礼》。疑上古亦有方志，或不免猥杂，故除之。讨论坟典，断自唐、虞以下，讫于周。芟夷烦乱，翦截浮辞，举其宏纲，撮其机要，足以垂世立教。""所以恢弘至道，示人主以轨范也。"此义实通群经言之，不独《尚书》也。《尚书》独专"书"名者，谓其为帝王遗书，所谓"文武之道，布在方策"者是也。"文王既没，文不在兹乎？"文所以显道，事之见于书者，皆文也。故六艺之文，同谓之书；以常道言，则谓之经；以立教言，则谓之艺；以显道言，则谓之文；以竹帛言，则谓之书。《论语》记"子所雅言，《诗》《书》、执礼"，"子不语怪、力、乱、神"，此可对勘。世间传闻古事多属怪、力、乱、神，如《楚辞·天问》之类。《山海经》疑即《九丘》之遗。如《竹书纪年》《汲冢周书》《穆天子传》等，固魏、晋间人伪书。然六国时人最好伪撰古事，先秦旧籍多有之。故司马迁谓"诸家言黄帝，其言不雅驯，荐绅[2]先生难言之"。可知孔子删《书》，所以断自唐虞者，一切怪、力、乱、神之事，悉从刊落。郑康成《书论》引《尚书纬》云："孔子求书，得黄帝玄孙帝魁之书，迄于秦穆公，凡三千二百四十篇，断远取近，定可以为世法者百二十篇。今伏生所传今文才二十九篇，益以古文，并计五十八篇。"《古文尚书》虽有依托，并非全伪。据此可见，孔子删后之《书》，决无不可信者。群经以此类推，为其以义理为主也。故曰："述而不作，信而好古，窃比于我老彭。""我非生而知之者，好古，敏以求之者也。"此是孔子之读书法。今人动言创作，动言疑古，岂其圣于孔子乎？不信六经，更信何书？不信孔子，更信何人？"夏礼，吾能言之，杞不足征也。殷礼，吾能言之，宋不足征也。文献不足故也。足，则吾能征之矣。""吾犹及史之阙文也。今（无）〔亡〕矣夫！"此是考据谨严态度。今人治考古学者，往往依据新出土之古物，如殷墟甲骨、汉简之类，矜为创获，以推论古制。单文孤证，岂谓足征？即令有当，何堪自诩？此又一蔽也。"孔子读《易》，韦编三绝，漆书三灭，铁挝三折"[3]，其精勤专久如此。今人读书，不及终篇，便生厌倦，辄易他书，未曾玩味，便言已瞭，乃至文义未通即事著述，抄撮勦袭[4]，自矜博闻，缪种流传[5]，每况愈下。孔子曰："盖有不知而作之者，我无是也。"此不独浅陋之甚，亦为妄诞之尤，其害于心术者甚大。今日学子，所最宜深诫者也。

[1] 左史倚相：倚氏的始祖，熟谙楚国历史，精通楚国《训典》，常以往事劝谏楚君，使之不忘先王之业。楚灵王及楚平王期间，颇受楚国君臣尊敬。楚人遇有疑难常向其请教，誉之为"良史""贤者""楚国之宝"。　[2] 荐绅：古代高级官吏的装束，也指有官职或做过官的人。荐通"缙"。　[3] 语出王士禛《池北偶谈》所引《论语谶》："孔子读《易》，韦编三绝，铁挝三折，漆书三灭。"大意是说，孔子读《易经》，编竹简的绳索断过三次，搔头用的铁簪子折过三次，用油漆书写的文字湮灭过三次。铁挝（zhuā）：即"铁擿（zhì）"，搔头用的铁簪子。　[4] 抄撮（cuò）：比喻非常微细，引申为抄录、摘要。抄：古代重量单位，约为升的千分之一。撮：抄的十分之一。勦（chāo）袭：抄录他人的创作、构想以为己有。　[5] 缪种流传：把荒谬错误的东西流传下去。

《易》曰："天在山中，大畜。君子以多识前言往行，以畜其德。"伊川曰："天为至大，而在山之中，所畜至大之象。""人之蕴蓄，由学而大，而多闻前古圣贤之言与行，考迹以观其用，察言以求其心，识而得之，以畜成其德，乃大畜之义。"此学之所以贵读书也。"登东山而小鲁，登泰山而小天下"，乃知贵近者必遗远也。河伯见海若而自失，乃知执多者由见少也[1]。读书非徒博文，又以蓄德，然后能尽其大。盖前言往行，古人心德之著见者也。畜之于己，则自心之德与之相应，所以言"富有之谓大业，日新之谓盛德"。业者，即言行之发也。君子言而世为天下法，行而世为天下则[2]，故乱德之言，非礼之行，必无取焉。书者何？前言往行之记录是也。今语所谓全部人生，总为言行而已矣。书为大共名，六艺为大别名。古者左史记言，右史记事，言为《尚书》，事为《春秋》，初无经史之分也。尝以六艺统摄九家，总摄四部，闻者颇以为异。《泰和会语·楷定国学名义》其实理是如此，并非勉强安排。庄子所谓"道术之裂为方术，各得一察焉以自好"。《汉志》以九家之言皆"六艺之支与流裔"[3]，亦世所熟闻也。流略[4]之说，犹寻其源；四部之分，遂丰其蔀[5]。今言专门[6]，则封域愈狭，执其一支，以议其全体，有见于别而无见于通，以是为博，其实则陋。故曰"井蛙不可以语于海，拘于墟也；夏虫不可以语于冰，笃于时也；曲士不可以语于道，束于教也"[7]。守目录、校雠[8]之学而以通博自炫者，不可以语于蓄德也。清儒自乾嘉以后，小学[9]一变而为校勘[10]，单辞碎义，犹比窥观[11]。至目录一变而为版本[12]，则唯考论椠刻[13]之久近，行款之异同，纸墨之优劣，岂徒玩物丧志，直类骨董市谈[14]。此又旧习之弊，违于读书之道者也。

[1] 典出《庄子·秋水第十七》。　[2] 变自《礼记·中庸》："是故君子动而世为天下道，行而世为天下法，言而世为天下则。"　[3]《汉书·艺文志》："诸子十家，其可观者九家而已……今异家者各推所长，穷知究虑，以明其指，虽有蔽短，合其要归，亦六经之支与流裔。"马一浮"六艺统摄中土一切学术"的思想本于此。　[4] 流略：九流、七略之书，泛指前代书籍。其中，刘向叙"九流"，刘歆撰《七略》。"九流"在《汉书·艺文志》分别指：道家、儒家、阴阳家、法家、农家、名家、墨家、纵横家、杂家。《七略》是西汉刘歆撰写的中国第一部官修目录和第一部目录学著作，"七略"分为辑略、六艺略、诸子略、诗赋略、兵书略、术数略、方技略。　[5] 四部：即四部分类法，古代图书分类法之一，分经、史、子、集四类，基本上囊括了中国古

代的所有书籍。"四部"的名称和顺序是在《隋书·经籍志》中最后确定下来的。丰其蔀：意思是处丰收之时却因为执着而格局太小。语出《周易》丰卦爻辞："六二，丰其蔀，日中见斗。"　　[6] 专门：指某一门学问，相当于当今大学的科系，如北京大学当时的哲学门、文学门之类。　　[7] 语出《庄子·秋水第十七》。　　[8] 校雠（chóu）：亦作"校勘"。一人独校为"校"，二人对校为"雠"。谓考订书籍，纠正讹误。校雠形成理论，作为一项独立的学问，始于西汉。　　[9] 小学：这里指研究文字字形、字义及字音的学问，包括文字学、声韵学及训诂学等。　　[10] 校勘：亦作"校雠"。搜集某书的不同版本，并综合有关资料，互相比较、核对，别其同异，定其正误。　　[11] 窥观：语出《周易》观卦六二爻辞和象传："六二：窥观，利女贞。"《象》曰："窥观女贞，亦可丑也。"古代女子深居闺中，对外界有好奇心时，只能从门缝里窥看。爻辞论，女人从门缝里窥看说明她在遵循妇道，《象传》则说，这样看不免失之偏颇，是令人羞愧的。爻辞和《象传》，一褒一贬，马一浮这里取的是贬义。　　[12] 目录：这里指目录学，是研究目录工作形成和发展的一般规律即研究书目情报运动规律的科学。版本，这里指版本学，是研究同一本书的不同版本的学术活动和成果，版本学的主要研究对象是版本的差异、特点及其产生的原因，鉴别版本的真伪及优劣等。　　[13] 椠（qiàn）刻：泛指犹刊刻。椠：古代以木削成用作书写的版片。　　[14] 骨董：亦作"古董"。指古代遗留的器物，也指琐碎的事物。市谈：市场上谈价。

以上略明读书所以穷理，亦所以蓄德，料简世俗读书不得其道之弊，大概不出此数端。然则读书之道，毕竟如何始得？约而言之，亦有四门：一曰通而不局，二曰精而不杂，三曰密而不烦，四曰专而不固。局与杂为相违之失，烦与固为相似之失。执一而废他者，局也；多歧而无统者，杂也；语小而近琐者，烦也；滞迹而遗本者，固也。通，则曲畅旁通而无门户之见；精，则幽微洞彻而无肤廓[1]之言；密，则条理谨严而无疏略之病；专，则宗趣明确而无泛滥之失。不局不杂，知类也；不烦不固，知要也。类者，辨其流别，博之事也；要者，综其指归，约之事也。读书之道尽于此矣。

[1] 肤廓：文辞肤浅空泛而不切实际。

《学记》曰:"一年视离经辨志。"郑注:"离经,断句绝也。辨志,谓别其心意所趣向。"是离经为章句之学,以了解文义,为初学入门之事。继以辨志,即严义利之辨,正其趋向,否则何贵于读书也?下文云:"三年视敬业乐群,五年视博习亲师,七年视论学取友,谓之小成;九年知类通达,强立而不反,谓之大成。"敬业、博习、论学,皆读书渐进功夫;乐群、亲师、取友,则义理日益明,心量日益大,如是积累,犹只谓小成。至于"知类通达",则"知至"之目;"强立而不反",郑注云:"强立,临事不惑也。不反,不违失师道。"犹《论语》言"弗畔"。则学成之效。是以深造自得,然后谓之大成。故学必有资于读书,而但言读书,实未足以为学。今人读书,但欲了解文义,便谓能事已毕,是只做得"离经"一事耳,而况文义有未能尽瞭者乎!

《汉书·艺文志》曰:"古之学者耕且养,三年而通一艺,存其大体,玩经文而已,是故用日少而畜德多,三十而五经立也。后世经传既已乖离,博学者又不思多闻阙疑[1]之义,而务碎义逃难,便辞巧说,破坏形体;说五字之文,至于二三万言。后进弥以驰逐,故幼童而守一艺,白首而后能言;安其所习,毁所不见,终以自蔽。此学者之大患也。"此见西汉治经,成为博士之业,末流之弊,已是如此,异乎《学记》之言矣。此正《学记》所谓"呻其佔毕,多其讯"[2]者,乃适为教之所由废也。汉初说《诗》者,或能为《雅》而不能为《颂》,其后专主一经,守其师说,各自名家。如《易》有施、孟、梁丘;《书》有欧阳、夏侯;《诗》有齐、鲁、韩。人持一义,各不相通。武帝末,壁中古文已出,而未得立于学官;至平帝时,始立《毛诗》《逸礼》《古文尚书》《左氏春秋》。刘歆《让太常博士书》,极论诸儒博士不肯置对[3],专己守残,"挟恐见破之私意,而亡从善服义之公心","雷同相从,随声是非"。此今古文门户相争[4]之由来也,此"局"过之一例也。及东汉末,郑君承贾、马之后[5]，遍注群经，始今古文并用，庶几能通者，而或讥其坏乱家法。迄于清之季世，今文学复兴，而治古文学者亦并立不相下，各守封疆，仍失之"局"。而其为说之支离破碎，视说"曰若稽古"三万言者犹有过之，则又失之"烦"。汉、宋之争，亦复类此。为汉学者，诋宋儒为空疏；为宋学者，亦鄙汉儒为锢蔽。此皆门户之见，与经术无关。知以义理为主，则知分今古汉宋为陋矣。然微言绝而大义乖，儒分为八，墨分为三，邹、鲁之间，訚訚如也[6]，自古已然。荀子非十二子[7]，其态度远不如庄子。《天下篇》言"古之道术有在于是者，某某闻其风而说之"，故道术裂为方术，斯有异家之称。刘向叙九流，言九家者皆"六艺之支与流裔"，礼失而求诸野，彼异家者，犹愈于野已[8]。此最为持平之论。其实末流之争，皆与其所从出者了无干涉。推之儒佛之争、佛老之争，儒者排二氏为异端；佛氏亦判儒家为人天乘，老庄为自然外道。老佛互诋，则如顾欢《夷夏论》、甄鸾《笑道论》[9]之类。乃至佛氏亦有大小乘异执，宗、教分途；道家亦有南北异派，其实与佛、老子之道皆无涉也。儒家既分汉、宋，又分朱、陆，至于近时，则又成东方文化与西方文化之争、玄学与科学之争、唯心与唯物之争，万派千差，莫可究诘，皆"局而不通"之过也。大抵此病最大，其下三失随之而生。既见为多歧，必失之杂；言为多端，必失之烦；意主攻难，必失之固。欲除其病本，唯在于通。知抑扬只系临时，对治不妨互许。扫荡则当下廓然，建立则异同宛尔。门庭虽别，一性无差。不一不异，所以名如；有疏有亲，在其自得。一坏一切坏，一成一切成，但绝胜心，别无至道。庄子所谓"恢（诡）〔恑〕（谲）〔憰〕怪，道通为一"[10]，荀卿所谓"奇物变怪，仓卒起一方，举统类以应之，若辨黑白"[11]，禅家所谓"若有一法出过涅槃，我亦说为如梦如幻"。《中庸》之言最为简要，曰"不诚无物"；孟子之言最为直截，曰"万物皆备于我矣"；《系辞》之言最为透彻，曰"天下同归而殊途，

《泰和宜山会语》《复性书院讲录》注

一致而百虑。天下何思何虑！"盖大量者用之即同，小机者执之即异。总从一性起用，机见差别，因有多途。若能举体全该，用处自无差忒，读书至此，庶可"大而化之"矣。

　　[1] 语出《论语·为政》："多闻阙疑，慎言其余，则寡尤。"　　[2] 语出《礼记·学记》。呻：诵读。佔：同"笘"，音 shān，古代儿童习字用的竹片。毕：竹简。佔毕：课本。多其讯：老是提问，《公羊传·僖公十年·君尝讯臣矣》注："上问下曰讯。"　　[3] 置对：指对问与答辩。　　[4] 汉代人用隶书书写的书籍称为"今文"（即当代的、当时的文字），汉以前用籀书写或小篆写下来并流传到汉代的则称为"古文"。两派学者之间存在旷日持久的争论。　　[5] 郑君：指郑玄（127—200），字康成，今山东省高密市人，东汉末年儒家学者、经学大师。贾：指贾逵（30—101），东汉经学家、天文学家。字景伯，扶风平陵（今陕西咸阳西北）人。马：指马融（79—166），字季长，扶风郡茂陵县（今陕西兴平东北）人，东汉时期著名经学家。"贾马许郑"即指汉朝的四位经学大师贾逵、马融、许慎、郑玄。　　[6] 《康熙字典》"龂(yín)"字条："《说文》：'齿本也。'又龂龂，辩争貌。《史记·鲁世家》，孔子曰：'甚矣，鲁道之衰也。洙泗之间，龂龂如也。'"　　[7] 非十二子：《荀子》篇名。其中对先秦各学派代表人物它嚣、魏牟、陈仲、史䲡、墨翟、宋钘、慎到、田骈、惠施、邓析、子思、孟轲等十二人作了批判，而推崇仲尼（孔子）、子弓（或曰孔子学生）的学说。　　[8] 《前汉书》卷三十六引刘歆的话说："夫礼失求之于野，古文不犹愈于野乎？"颜师古曰："愈，胜也。"　　[9] 顾欢（420—483），字景怡，一字符平，吴郡盐官（今浙江海盐县）人。南朝齐大臣，著名上清派道士。他的《夷夏论》以儒家的华夷之辨为出发点，尊崇道教，排抑佛教，借儒家"夷夏之防"的民族观反对佛教在中国传播。甄鸾（535—566），字叔遵，无极（今河北省无极县）人，北周数学家，官司隶校尉、汉中太守。信佛教，擅长于精算、制天和历法。他写有《笑道论》，嘲笑道教各个方面的缺陷和不足。　　[10] 恢恑憰怪（huī guǐ jué guài）：意思是离奇怪异。出自《庄子·齐物论》。　　[11] 此句马一浮大概是凭记忆写出，与《荀子》原文有较大出入。《荀子·儒效篇》第八："苟仁义之类也，虽在鸟兽之中，若别白黑；倚物怪变，所未尝闻也，所未尝见也，卒然起一方，则举统类而应之，无所儗（作）；张法而度之，则晻然若合符节：是大儒者也。"

学者观于此，则知天下之书不可胜读，真是若涉大海，茫无津涯。庄子曰："吾生也有涯，而知也无涯。以有涯随无涯，殆已。"然弗患其无涯也，知类，斯可矣。盖知类则通，通则无碍也。何言乎知类也？语曰：群言淆乱，折衷于圣人，摄之以六艺，而其得失可知也。《汉志》叙九家，各有其长，亦各有其短。《经解》明六艺流失，曰愚，曰诬，曰烦，曰奢，亦曰《礼》失则离，《乐》失则流。曰贼，曰乱；《论语》"六言""六蔽"，曰愚，曰荡，曰贼，曰绞，曰乱，曰狂。孟子知言，显言之过为诐、淫、邪、遁，知其在心者为蔽、陷、离、穷。皆各从其类也。荀子曰："墨子蔽于用而不知文，宋子蔽于欲而不知得，慎子蔽于法而不知贤，申子蔽于势而不知知，惠子蔽于辞而不知实，庄子蔽于天而不知人。故由用谓之，道尽利矣；由欲谓之，道尽嗛[1]矣；由法谓之，道尽数矣；由势谓之，道尽便矣；由辞言之，道尽论矣；由天谓之，道尽因矣。由数具者，皆道之一隅也。夫道者，体常而尽变，一隅不足以举之。"荀子此语，亦判得最好。蔽于一隅，即局也。是知古人读书先须简过，知其所从出，而后能知其所流极，抉择无差，始为具眼。凡名言施设，各有分齐。"衡诚悬，则不可欺以轻重；绳墨诚陈，则不可欺以曲直；规矩诚设，则不可欺以方圆。"[2]以六艺统之，则知其有当于理者，皆六艺之一支也；其有乖违析乱者，执其一隅而失之者也。祛其所执而任其所长，固皆道之用也。《诗》之失何以愚？《书》之失何以诬？《礼》之失何以离？《乐》之失何以流？《易》之失何以贼？《春秋》之失何以乱？失在于不学，又学之不以其道也。故判教之宏，莫如《经解》，得失并举，人法双彰。乃知异见纷纭，只是暂时歧路，封执若泯，则一性齐平，寥廓通途，谁为碍塞？所以囊括群言，指归自性，此之谓知类。

[1] 嗛（qiè）：满足，快意。　　[2] 语出《礼记·经解》："礼之于正国也，犹衡之于轻重也，绳墨之于曲直也，规矩之于方圜也。故衡诚县，不可欺

《泰和宜山会语》《复性书院讲录》注

以轻重;绳墨诚陈,不可欺以曲直;规矩诚设,不可欺以方圜;君子审礼,不可诬以奸诈。"

何言乎知要也?《洪范》曰:"会其有极,归其有极。"老子曰:"言有宗,事有君。"荀卿曰:"圣人言虽万变,其统类一也。"王辅嗣曰:"物无妄然,必由其理,统之有宗,会之有元,故繁而不乱,众而不惑。……自统而寻之,物虽众则可以执一御也;由本以观之,义虽博则知可以一名举也。故处璇玑[1]以观大运,则天地之动未足怪也;据会要[2]以观方来,则六合辐凑未足多也。"此知要之说也。《诗谱序》[3]曰:"举一纲而万目张,解一卷而众篇明。"康成可谓善读书者也。试举例以明之,如曰:"《诗》以道志,《书》以道事,《礼》以道行,《乐》以道和,《易》以道阴阳,《春秋》以道名分",六艺之总要也。"思无邪",《诗》之要也;"毋不敬",《礼》之要也。"告诸往而知来者",读《诗》之要也;"言忠信,行笃敬",学《礼》之要也。"惧以终始,其要无咎",学《易》之要也。"君君、臣臣、父父、子子",《春秋》之要也。"礼,与其奢也,宁俭;丧,与其易也,宁戚",此亦《礼》之要也。"报本反始",郊社之要也。"慎终追远",丧祭之要也。"尊尊亲亲",丧服之要也。"谨始",冠昏[4]之要也。"尊贤养老",燕飨之要也。"礼主别异,乐主和同;序为礼,和为乐;礼主减,乐主盈;礼乐只在进反之间",此总言礼乐之要也。"好贤如《缁衣》,恶恶如《巷伯》"[5],"将顺其美,匡救其恶"[6],此亦《诗》之要也。"《天保》以上治内,《采薇》以下治外"[7],"《小雅》尽废,则四夷交侵,中国微矣"[8],《诗》通于政之要也。"婚姻之礼废则淫僻之罪多;乡饮酒之礼废则争斗之狱繁;丧祭之礼废则倍死忘生者众;聘觐之礼废则倍畔侵陵之败起"[9],"明乎郊社之礼,禘尝之义,治(天下)〔其国〕如示诸掌",议礼之要也。"逝者如斯夫","四时行,百物生",读《易》

190

观象之要也。"清斯濯缨，浊斯濯足"，"未之思也，何远之有"，读《诗》耳顺之要也。"智者观其《彖辞》，则思过半矣"，亦学《易》之要也。"杂物撰德，辨是与非，非其中爻不备"[10]，则六位之要也。六十四卦之《大象》[11]，用《易》之要也。"齐一变至于鲁，鲁一变至于道"，《春秋》三世之要也。"其或继周者，虽百世可知也"。《尧曰》一篇，皆《书》之要也。《乡党》一篇，皆《礼》之要也。孟子尤长于《诗》《书》，观孟子之道"性善"，言"王政"，则知《诗》《书》之要也。《论语》，群经之管钥[12]，观于夫子之雅言，则知六艺之要也。他如子夏《诗序》、郑氏《诗谱序》、王辅嗣《易略例》、伊川《易传序》、胡文定《春秋传序》、蔡九峰《书集传序》，皆能举其大，则又一经之要也。如是推之，不可殚述[13]。验之于人伦日用之间，察之于动静云为之际，而后知心性之本、义理之宗实为读群书之要。欲以辨章学术[14]，究极天人[15]，尽此一生，俟诸百世[16]，舍此无他道也。此之谓知要。

[1] 璇玑（xuán jī）：古时一种天文仪器，浑天仪。　[2] 会要：纲领、纲要。　[3] 《诗谱序》：东汉郑玄所作。郑玄，字康成。　[4] 冠昏：指冠礼和婚礼。昏同"婚"。　[5] 《礼记·缁衣第三十三》记孔子之言曰："好贤如《缁衣》，恶恶如《巷伯》，则爵不渎而民作愿，刑不试而民咸服。"《缁衣》：《诗经·郑风》篇名，缁衣是朝服，旧说这是一首赞美郑武公的诗。郑武公仕周，忠于职守，郑国人都很希望他留任，他的朝服破旧了，就为他缝制新的。所以说是一首"好贤"的诗。《巷伯》：《诗经·小雅》篇名。巷伯是宫廷里的小官。这是寺人孟子因被谗受害而作以泄愤的怨诗，意思是说要把那些奸佞之人，投给豺狼虎豹及诸方恶鬼吃掉，所以说是"恶恶"的诗。　[6] 语出《孝经·事君章》："君子之事上也，进思尽忠，退思补过，将顺其美，匡救其恶，故上下能相亲也。"注："将，行也。君有美善，则顺而行之。匡，正也。救，止也。君有过恶，则正而止之。下以忠事上，上以义接下。君臣同德，故能相亲。"　[7] 语出《毛诗·小雅·鱼丽序》："《鱼丽》，美万物盛多，能备礼也。文武以《天保》以上治内，《采薇》以下治外，始于忧勤，终于逸乐，故美万物盛多，可以告于神明矣。"郑玄曰："内，谓诸夏也。外，谓夷狄也。"《天保》：《诗经·小雅》的一篇，是一首臣下向君主祝福的诗歌。

《泰和宜山会语》《复性书院讲录》注

诗歌表达了作为宣王的抚养人、老师及臣子的召伯虎在宣王登基之初对新王的热情鼓励及殷切期望。《采薇》：亦为《诗经·小雅》的一篇，是一首戍卒返乡诗，唱出从军将士的艰辛生活和思归的情怀。　[8] 语出《毛诗·小雅·六月序》："《小雅》尽废，则四夷交侵，中国微矣！"　[9] 语出《礼记·经解》："故昏姻之礼废，则夫妇之道苦，而淫辟之罪多；乡饮酒之礼废，则长幼之序失，而争斗之狱繁矣；丧祭之礼废，则臣子之恩薄，而倍死忘生者众矣；聘觐之礼废，则君臣之位失，诸侯之行恶，而倍畔侵陵之败起矣。"与著者所引出入较大。淫，即"淫"。倍畔，即背叛。　[10] 语出《周易·系辞下传》。杂物：即刚柔物象错杂。撰德：指撰述阴阳德性。辩通"辨"，别也。《校勘记》："闽、监、毛本'辩'作'辨'。"中爻：即六画卦中第二爻和第五爻。　[11] 《大象》：指每卦的象辞，与每爻的象辞称为《小象》相对。　[12] 管钥（yuè）：亦作"筦籥"，本义是锁匙，比喻事物的重要部分。　[13] 殚（dān）述：详尽叙述。多用于否定。　[14] 辨章：亦作"辨彰""平章"，意思是使昭然显明。　[15] 究极天人：意思是探究穷极天人之际的玄奥幽深条理。　[16] 典出《中庸》："百世以俟圣人而不惑。"意思是，实证了真理，即使等到百世以后圣人出来也不会说我错。

《孔子闲居》曰："天有四时，春秋冬夏，风雨霜露，无非教也；地载神气，神气风霆，风霆流形，庶物露生，无非教也。"观象，观变，观物，观生，观心，皆读书也。六合之内，便是一部大书。孟子曰："观于海者难为水，游于圣人之门者难为言。"[1]夫义理无穷，岂言语所能尽？今举读书法，乃是称性而谈，不与世俗同科，欲令合下识得一个规模，办取[2]一副头脑，方免泛滥无归。信得及时，正好用力，一旦打开自己宝藏，运出自己家珍，方知其道不可胜用也。

[1] 语出《孟子·尽心上》。意思是，与见过大海的人谈论水是很难为情的，与在圣人门下游学过的人谈论学问也是很难为情的。　[2] "办取"，底本作"辦取"，繁体字，疑为"辨取"之形近而误。"辨取"是古籍中常用词语，意思是辨别正邪而后取用。

◎ 研读

　　这是著者继《复性书院学规》之后所讲重要内容。正如著者文末所说，这篇读书法"乃是称性而谈，不与世俗同科"。其中不仅追本溯源揭示了书的起源，而且从根本上指出"读书所以穷理，亦所以蓄德，料简世俗读书不得其道之弊"，在总结前人读书经验教训的基础上明确提出了他的"读书之道"："一曰通而不局，二曰精而不杂，三曰密而不烦，四曰专而不固。"最后将读书上升到"道"的高度进行观照，认为"观象，观变，观物，观生，观心，皆读书也。六合之内，便是一部大书。"总之，这是一篇关于读书的博大精深之论，值得我们反复玩味，认真思考。

《泰和宜山会语》《复性书院讲录》注

通治群经必读诸书举要

◎ 解题

　　顾名思义，这是著者为复性书院诸生开列的通治各类经典的必读书目。"举要"二字，意味着下面开列的这些还只是其中比较重要的一小部分，不难想见著者读书之浩瀚。

四书类

《大学》《中庸》章句

《论语》《孟子》集注

《中庸辑略》

《论孟精义》

《四书或问》

《朱子语类》四书门

《四书纂疏》

《礼记注疏》《大学》《中庸》篇

《论语》何晏集解、皇侃义疏、邢昺疏

《孟子》赵岐注

右四书类

　　六艺皆孔氏之遗书，七十子后学所传。欲明其微言大义，当先求之《论语》，以其皆孔门问答之词也。据《论语》以说六艺，庶几能得其旨。孟子、荀卿皆身通六艺，然荀卿蔽于修而不知性。唯《孟子》道性善，言王政，为足以继《论语》。先儒取戴记《大学》《中庸》二篇以益之，谓之四书，万世不可易矣。朱注字字称量而出[1]，深得圣人之用心。故谓治群经必先求之四书，治四书必先求之朱注。然不校[2]之《集解》《义疏》[3]，不知其择义之精也。不考诸《精义》《或问》[4]，不知其析理之微也。学者宜于此详玩而深体之，乃有以立其本矣。

[1] 称量而出：用秤、斗仔细测定后才拿出来，比喻说话、写文章经过斟酌，恰如其分。称量：用秤称，用斗量。　[2] 校（jiào）：比较，查对，订正。　[3] 《集解》《义疏》：指在朱熹之前三国时人何晏等所撰《论语集解》和南朝时人皇侃（488—545）所撰《论语义疏》。　[4] 《精义》《或问》：指朱熹所编《论孟精义》《四书或问》。

《孝经》类

《孝经注疏》

《孝经章句》

《孝经集传》

右《孝经》类

自魏文侯已为《孝经传》，汉于《孝经》立博士。匡衡上成帝疏云："《论语》《孝经》，圣人言行之要，宜究其意。"然汉师如长孙、江翁、后苍、翼奉诸家，书皆不传。今古文文字多寡，章句亦异，是以朱子疑之。玄宗注[1]依文解义而已。吴草庐[2]合今古文刊定，为之章句，义校[3]长，然合二本为一，非古也。唯黄石斋[4]作《集传》，取二《戴记》以发挥义趣，立五微义、十二显义之说，为能得其旨。今独取三家[5]，以黄氏为主。

[1] 玄宗注：指唐玄宗李隆基（685—762）所作的《孝经》注，本类开列的《孝经注疏》中的注即唐玄宗所作。　[2] 吴草庐：即吴澄（1249—1333），字幼清，晚字伯清，抚州崇仁凤岗咸口（今属江西省乐安县鳌溪镇咸口村）人。元代杰出的理学家、经学家、教育家，学者称其为"草庐先生"。本类开列的《孝经章句》即是吴草庐所撰。　[3] 校（jiào）：比较。　[4] 黄石斋：即黄道周（1585—1646），字幼玄，号石斋，世人尊称"石斋先生"，福建漳州府漳浦县（今福建省东山县铜陵镇）人，明末学者、书画家、文学家。本类开列的《孝经集传》即是黄石斋所作。　[5] 三家：这里指唐玄宗注、宋

代邢昺疏的《孝经注疏》、吴草庐的《孝经章句》、黄石斋的《孝经集传》。

《诗》类

《诗经注疏》

《韩诗外传》

《三家诗拾遗》

《诗本义》

《吕氏家塾读诗记》

《诗集传》《诗序辨》

《诗缉》

《诗毛氏传疏》

《诗经传说汇纂》

《毛诗古音考》

《诗本音》

右《诗》类

孟子、荀卿皆善说《诗》。孟子谓"以意逆志,斯为得之"[1],荀卿言"《诗》无达诂"[2]。世传子夏《诗传》乃出后人依托,然《诗序》非子夏不能作也。观《论》《孟》及二《戴记》诸篇引《诗》,可悟孔门说《诗》之法。《韩诗外传》[3]颇得其意。三家义已阙遗,今独宗毛[4]。郑《笺》[5]训诂,亦间与毛异。《小序》或言出于卫宏,虽不尽可据,然其精者,弗能易也。欧阳永叔[6]作《诗本义》,始攻毛、郑。朱子《集传》不信《小序》,亦稍有抑扬之过,然其言义理,固有非毛、郑所及者。吕伯恭[7]《家塾读诗记》,最便初学。严氏《诗缉》[8],宗《毛传》,用《小序》,而长于义理,可法也。陈氏奂《传疏》训诂校优。清敕编《诗经传说汇纂》,采摭亦颇不苟。顾氏《诗本音》[9]后出,比陈氏《古音考》[10]为长。初学先读此数书,亦可以稍窥其涯略[11]矣。

[1] 语出《孟子·万章上》。"意"是说诗者之意,"志"是作诗者之志,"逆"是迎接的意思。"以意逆志,斯为得之",意思是,说诗者用自己的心意去迎接诗人的情志,这样读诗才对。　[2] 诗无达诂:意思是对于《诗经》没有确定无疑而为天下共同认可的解释。语出董仲舒《春秋繁露·精华》:"所闻《诗》无达诂,《易》无达占,《春秋》无达辞。从变从义,而一以奉天。"未闻《荀子》有此语,不知马一浮依据什么说是"荀卿言"。　[3] 《韩诗外传》:是西汉韩婴所作的一部传记。该书由三百六十条轶事、道德箴言、伦理规范以及生活忠告等杂编而成,基本上每条都用一句《诗经》引文作结,以支持其观点,但它既不是对《诗经》的注释,也不是对《诗经》的阐发。　[4] 三家:指传《诗经》的三家,即齐人辕固传《齐诗》,鲁人申培公传《鲁诗》,燕人韩婴传《韩诗》。三家《诗》同属今文学派,毛诗属于古文学派。毛:指毛亨、毛苌叔侄。宗毛:宗奉《毛诗》。　[5] 郑《笺》:《诗笺》是东汉郑玄为《毛诗》作的笺注。　[6] 欧阳永叔:即欧阳修(1007—1072),字永叔,号醉翁,晚号六一居士。出生于绵州(今四川省绵阳市),籍贯江西庐陵(今江西省吉安市永丰县)。北宋政治家、文学家。　[7] 吕祖谦(1137—1181),字伯恭,婺州(今浙江省金华市)人,人称"小东莱先生"。南宋理学家、文学家,开"浙东学派"之先声。　[8] 《诗缉》三十六卷,南宋严粲(生卒年不明)所撰。　[9] 《诗本音》十卷,顾炎武(1613—1682)撰。　[10] 《毛诗古音考》四卷,陈第撰。陈第(1541—1617),字季立,号一斋,晚号温麻山农,别署"五岳游人",连江(今福建连江)人。中国明代音韵学家、著名藏书家。　[11] 涯略:概要、要义。

《书》类

《尚书大传》(郑注)

《尚书注疏》

《尚书集传》

《东莱书说》

《尚书集传纂疏》

《书经传说汇纂》

《尚书古文疏证》

《古文尚书冤词》

《禹贡锥指》

《洪范明义》

右书类

孟子曰:"尽信《书》,则不如无《书》。吾于《武成》,取二三策而已矣。""以至仁伐至不仁,何其血之流杵也?"孟子尤长于《诗》《书》,而其言若此,可见《书》之可信者当准之以义理,不关考证也。孟子此言,远在伏生以前,何有今古文之别?古文实有不可信者。如"火炎昆冈,玉石俱焚",此的是[1]魏晋以后语,比"血流漂杵"为甚,不必定归狱于梅赜[2]也。自王柏作《书疑》《诗疑》[3],始启疑经之渐。至清儒,考订益精,于是伪孔之书,几全废矣。今取《尚书大传》为首,以其为伏生[4]之遗也。《孔传》[5]不尽依托,佚文赖之以存,但准之义理,可以无诤。《蔡传》[6]自不可易。《东莱书说》亦长于义理。阎氏《疏证》[7],毛氏《冤词》[8],在学者自审之,知有此一段未了公案而已。《禹贡》《洪范》最为难治,聊举二家[9],以示一例。

[1] 的是:的的确确是。 [2] 梅赜(zé):字仲真,东晋汝南(今湖北武昌)人,曾任豫章内史。献《古文尚书》及《尚书孔氏传》,立于官学。但被宋以来的考据家指为伪书。 [3] 王柏(1197—1274):字会之,婺州金华人。 [4] 伏生:名胜,字子贱,享年一百岁。济南(今山东滨州市邹平市韩店镇苏家村)人,曾为秦博士。秦时焚书,于壁中藏《尚书》,汉初仅存二十九篇,以教齐鲁之间。文帝时求能治《尚书》者,以年九十余老不能行,乃使晁错往受之。今文《尚书》学者,皆出其门。 [5] 《孔传》:亦称《尚书孔氏传》,即《孔安国尚书传》,共十三卷。旧题西汉孔安国(前156—前74)撰,经后人考证,实系魏晋时人伪造。东晋时,豫章内史梅赜奏献朝廷,立于学官。南朝齐姚方兴又献《舜典》孔传一篇,另加经文二十八字。唐孔颖达奉诏撰《尚书正义》,以伪孔传为宗。南宋朱熹、明梅鷟(zhuó)等提出怀疑,清阎若璩、惠栋相继辨证,终定为伪书。 [6] 《蔡传》:即《书集传》,又名《书经集传》《书经集注》《书蔡传》,是著名南宋学者蔡沉(1167—1230)受朱熹委托所作的《尚书》学著作,继承了朱熹不拘泥纠缠于细枝末节而以发明大义为主的思路,代表了宋代尚书学研究的最高学术成就。 [7] 《尚书古

文疏证》八卷，清初阎若璩编撰，确证东晋梅赜所献《古文尚书》为伪。阎若璩（1636—1704），字百诗，号潜丘，山西太原人，侨居江苏淮安府山阳县。　[8]《古文尚书冤词》八卷，清毛奇龄（1623—1716）撰。《古文尚书》至阎若璩作《尚书古文疏证》，列举诸多论据而证其伪，自此，《古文尚书》之伪遂成定论。毛氏则认为阎氏之说不足信，又作此书以驳之，认为梅氏所献者，乃《孔安国尚书传》，非《古文尚书》，《古文尚书》本传习世间，只是贾逵、马融诸儒未能得见，而《孔安国尚书传》虽伪，但《古文尚书》乃真。　[9]二家：指《洪范明义》的作者明人黄道周和《禹贡锥指》作者清人胡渭。胡渭（1633—1714），清代经学家、地理学家。

三 《礼》类

《仪礼注疏》

《周礼注疏》

《礼记注疏》

张尔岐《仪礼句读》

胡培翚《仪礼正义》

孙诒让《周礼正义》

《礼记集说》（陈澔）

《礼记集说》（卫湜）

《大戴礼》（庐辨注　孔广森补注）

《大戴礼解诂》（王聘珍）

《礼记章句》（任启运）

《仪礼经传通解》

《礼书纲目》（江永）

《礼经通论》（邵懿辰）

《通典》议礼诸文

右三《礼》类

三《礼》[1]同遵《郑注》，宜先读《礼记正义》[2]。《周礼》《仪礼》，则孙、胡二家[3]疏义为详。《礼记集说》，则陈书精约，卫书

《泰和宜山会语》《复性书院讲录》注

详博[4]，俱宜尽心。张蒿庵、任钧台之书[5]，亦便初学。江慎修《礼书纲目》继《仪礼经传通解》[6]而作，最有体要。礼以义起，必先求之二戴[7]。丧祭之礼尤为重要而难明。《丧服传》最精，宜出于子夏[8]。二戴诸篇，皆七十子后学所传，非汉之博士所能附益也。《通典》[9]多录议礼诸文，亦见汉以后礼说未为衰熄。清儒多勤于名物而疏于义，约取[10]而已。

[1] 三《礼》：指《周礼》《仪礼》《礼记》。昔人谓《周礼》《仪礼》系周公所作，《礼记》则是汉代戴德、戴圣叔侄所删记。　[2]《礼记正义》：儒家十三经之一。汉代郑玄作注，唐代孔颖达为之正义，是今人阅读研究《礼记》的重要版本。　[3] 孙、胡二家：分别指孙诒让（1848—1908）所著《周礼正义》和胡培翚（1782—1849）积四十余年心力而成的《仪礼正义》四十卷。　[4] 陈书：指陈澔（1260—1341）的《礼记集说》。卫书：指卫湜的《礼记集说》。　[5] 张蒿庵：即张尔岐（1612—1678），字稷若，号蒿庵，山东济阳人，明清之际著名经学家。晚年精研"三礼"，造诣尤深，纂成《仪礼郑注句读》一书。顾炎武在谈师论道时曾说："独精'三礼'，卓然经师，吾不如张稷若。"任钧台：即任启运（1670—1744），字翼圣，江苏宜兴人，世称钧台先生。著有《礼记章句》十卷。　[6] 江慎修：即江永（1681—1762），字慎修，又字慎斋，徽州府婺源县（今江西省婺源县江湾镇）人。清代著名的经学家、语言学家、数学家、天文学家，徽派学术的开创者。博通古今，尤长于考据之学，深究"三礼"，所著有《周礼疑义举要》《礼书纲目》《律吕阐微》等，均为阐释经学之作。《仪礼经传通解》三十七卷，南宋朱熹撰。　[7] 二戴：汉戴德（人称"大戴"）、戴圣（人称"小戴"）叔侄。戴德著有《大戴礼记》。戴圣，字次君，西汉官员、学者、礼学家、汉代今文经学的开创者，后世称其为"小戴"。著作有《礼记》，即《小戴礼记》。　[8] 子夏：即卜商（前507—前400），姬姓，卜氏，名商，字子夏，南阳温邑（今河南温县黄庄镇卜杨门村）人。春秋末期思想家、教育家，"孔门十哲"之一。孔子去世后，前往魏国西河郡教学育人，收李悝、吴起为弟子，被魏文侯尊为师傅。　[9]《通典》："十通"之一，中国历史上第一部体例完备的政书，专叙历代典章制度的沿革变迁，为唐代政治家、史学家杜佑所撰。全书共两百卷，内分食货、选举、职官、礼、乐、兵、刑法、州郡、边防九门，子目一千五百余条，约一百九十万字。《通典》记录了上起黄虞时代、下迄唐玄宗

天宝末年典章制度之沿革，其中于唐代叙述尤详。唐德宗贞元十七年（801）编成，北宋时就有刊本，以后元明清各代有多种刻本流传，其中以清朝乾隆武英殿刻"九通本"最为流行。　[10] 约取：取其要领。

乐类

《古乐经传》（李光地 即释《周礼·大司乐》文）

《乐书》（明·郑世子）

《律吕精义》（清敕编）

《律吕新论》（江永）

《声律通考》（陈澧）

右《乐》类

《乐记》一篇，明乐之义。《乐经》本无其书，后儒以《周礼·大司乐》一篇当之。证以《论语》"子自卫反鲁，而后乐正，《雅》《颂》各得其所"及"子语鲁太师乐"一章，当是正其律吕[1]，亦如今乐之有谱。然"在齐闻《韶》"[2]，亦以乐之谱在陈氏也[3]。汉后多杂用四夷之乐，唐人尤好胡乐[4]，乐乱久矣。周王朴[5]、宋司马光、范镇[6]皆尝定乐律，朱子门下唯蔡元定[7]可与言此。明郑世子《乐书》，亦以己意更定律位[8]，此非习其器不能知也。聊举数家，以见一班[9]。

[1] 律吕：古时用来校正乐音的器具。以十二个竹管制成，依管的长短来确定音阶。从低音管算起，成奇数的六管称"律"，包括黄钟、太簇、姑洗、蕤宾、夷则、无射；成偶数的六管称"吕"，包括大吕、夹钟、中吕、林钟、南吕、应钟。后遂以"律吕"为音律的统称。　[2] 《论语·述而第七》："子在齐闻《韶》，三月不知肉味。曰：'不图为乐之至于斯也。'"《韶》是我国上古时期最著名的宫廷舞乐之一。相传《韶》乐最初是由帝喾时期的咸黑创制的，虞舜时期又进行了修改和完善，成为宫廷舞乐。它与黄帝时期的《云门》《大卷》、唐尧时期的《大咸》、夏禹时期的《大夏》、商汤时期的《大濩》并称为"六代之乐"（《周礼·大司乐》郑注）。《韶》乐主要内容是歌颂上古帝王让位于贤（尧禅让于舜，舜禅让于禹）的盛德，所以孔子说《韶》乐"尽

美矣，又尽善矣"（《论语·八佾》）。　[3] 孔子在齐国闻《韶》乐时，逃到齐国的陈国陈氏已经在齐国官至上大夫，《韶》的乐谱在陈氏手里不是不可能。陈国的陈完逃到齐国是在公元前672年，至四世孙陈无宇（陈桓子）已官为"上大夫"，陈氏家族迅速壮大。景公封陈无宇食邑于田，自此陈氏遂改姓田氏。　[4] 胡乐：古代称西北方及北方民族和西域各地的音乐为"胡乐"。　[5] 周王朴：指后周名臣王朴（906—959），字文伯，东平（今山东省东平县）人。著有《大周钦天历》《律准》等。　[6]《宋史·范镇传》："范镇字景仁，成都华阳人。举进士，吏部奏名第一……镇平生与司马光相得甚欢，议论如出一口，且约：生则互为传，死则作铭。"　[7] 蔡元定（1135—1198）：字季通，学者称"西山先生"，建宁府建阳县（今属福建）人。南宋著名理学家、律吕学家、堪舆学家，朱熹理学的主要创建者之一，被誉为"朱门领袖""闽学干城"。著有《律吕新书》等。　[8] "明郑世子《乐书》"当指朱载堉的《乐律全书》。朱载堉（1536—1611），字伯勤，号句曲山人、九峰山人，青年时自号"狂生""山阳酒狂仙客"，河南省怀庆府河内县（今河南省沁阳市）人，明代著名的律学家、历学家、音乐家，有"律圣"之称。1539年明世宗朱厚熜赐他"载堉"之名，1546年1月22日册封他"郑世子"。　[9] 班：通"斑"。

《易》类

《周易注疏》

《易略例》

《伊川易传》

朱子《易本义》

《易学启蒙》

《苏氏易传》

《慈湖易传》

《汉上易传》（朱震）

《易汉学》（惠栋）

《易学滥觞》（黄泽）

《观物篇解》（祝泌）

《皇极经世索隐》（张行成） 附《易学辨惑》（邵伯温。此非说《易》之书，以其可考见邵学授受源流，故附于此）

《周易函书》（胡煦）

《周易集解》（李鼎祚）

《周易述》（惠栋）

《易图明辨》（胡渭）

《周易折中》

《易音》

右《易》类

《易》为六艺之原，其为书广大悉备，得其一义并足名家，故说《易》之书校群经为最多。汉儒自京、孟以逮虞、荀[1]，皆主象数[2]。魏王辅嗣始主义理[3]，一扫支离破碎之习。而或讥其以老氏说《易》，不知老氏固《易》之支流也。魏晋以后，南北分途。北学宗郑，南学宗王[4]。及唐初，敕编《正义》[5]，乃定用辅嗣，《系辞》用韩康伯[6]，亦多存玄言。六朝[7]每以《易》《老》并称，凡善言名理，未有不通《易》《老》者，《易》几为道家所独擅矣。伊川作《易传》，重在玩辞[8]，切近人事，而后"本隐之显"[9]之旨明，深得孔子赞《易》之志，故读《易》当主伊川。朱子则重在玩占[10]，故作《启蒙》[11]以摄象数。邵氏先天之说，九图之传[12]，虽或云出于陈抟[13]，其理自不可易。清儒张皇汉学[14]，务相攻难，于是象数又分汉宋两派，亦徒见其隘而已。今谓治《易》当以义理为主。至汉宋象数，亦不可不知。实则求之《启蒙》，约而已足，无取穿凿附益，流为术数方伎，而使《易》道反小。诸家说《易》不可殚举，观于上列诸书，亦可以略知其流，至宗归义理，必以伊川为法也。

[1] 京、孟、虞、荀：分别指京房（前77—前37年）、孟喜（约前90—前40）、虞翻（164—233）和荀爽（128—190）。　[2] 象数：易学术语，是

《泰和宜山会语》《复性书院讲录》注

《易》的组成要素。在《易经》中,"象"指卦象、爻象,即卦爻所象之事物及其时位关系;"数"指阴阳数、爻数,是占筮求卦的基础。"象数"一词最早见于《左传·僖公十五年》:"龟,象也;筮,数也。物生而后有象,象而后有滋,滋而后有数。"《注》:"言龟以象示,筮以数告,象数相因而生,然后有占,占所以知吉凶。"象和数是《易经》的基础,所有变化皆由此出。后发展为象数之学。汉代孟喜、京房、郑玄等人以象数解《易》,创立卦气、纳甲、爻辰、互体等学说,"象数学"由此产生。 [3] 王辅嗣:即王弼(226—249),字辅嗣,山阳高平(今山东省微山县)人。中国古代经学家、哲学家,魏晋玄学的代表人物及创始人之一。其作品主要包括解读《老子》的《老子注》《老子指略》及解读《周易》的《周易注》《周易略例》共四部。 [4] 郑:指东汉郑玄(127—200),主以象数解《易》。王:指魏晋王弼(226—249),主以义理解《易》。 [5] 《正义》:指《周易正义》,又名《周易注疏》,共计十三卷(宋版)。魏王弼晋韩康伯注,唐孔颖达正义。 [6] 韩康伯(332—380),东晋玄学家、易学家。名伯,字康伯,以字行,颍川长社(今河南省长葛市东)人。精研《周易》。魏尚书郎王弼注《周易》时只注了《易经》和《易传》中的《文言》《彖辞》《象辞》,其余的《系辞》《说卦》《序卦》《杂卦》等部分则由韩康伯作注,韩注与王注并传于世。其易学受王朗、王肃父子之易注和王弼之易注影响最大。其发展了王弼易学,进一步排斥汉易中的象数之学,将《周易》的体例抽象化,追求象数背后的东西,以无形之理为《周易》的根本,认为易的理不仅是形而上的,而且是超经验的。从义理的角度说明《周易》的原理,进而将易理玄学化,使《周易》成为"三玄"(《周易》《老子》《庄子》合称)之一。 [7] 六朝(222—589),一般是指中国历史上三国至隋朝的南方的六个朝代,即孙吴(或称东吴、三国吴)、东晋、南朝宋(或称刘宋)、南朝齐(或称萧齐)、南朝梁(或称萧梁)、南朝陈这六个朝代。六朝京师均是南京。六朝承汉启唐,创造了极其辉煌灿烂的"六朝文明",在科技、文学、艺术等方面均达到了空前的繁荣,中国南方得到巨大发展,开创了中华文明新的历史纪元。 [8] 伊川:即程颐(1033—1107),字正叔,世称伊川先生。北宋理学家、教育家。所撰《易传》被称为《伊川易传》或《程氏易传》,主以义理解《周易》。玩辞,玩味《周易》的卦爻象象之辞。语出《易·系辞上》:"是故君子居则观其象而玩其辞,动则观其变而玩其占。" [9] 本隐之显:依据隐微的天道来显明人间事理。语出《史记·司马相如列传》:"《春秋》推见至隐,《易》本隐以之显。" [10] 玩占:玩味《易经》卜辞以推知未来吉凶。 [11] 《启蒙》:即《易学启蒙》,南宋朱熹、蔡元定合撰，由蔡氏起稿。《易学启蒙》，为书凡四篇：《本图书第一》，引孔安国、刘歆、关朗等说，证十为《河图》、九为《洛书》；《原卦画第二》，通论伏羲四图及文王二图，综述先天之学与后天之学；《明蓍筮第三》，研究古筮法；《考变占第四》，拟定七条占筮体例，解说卦变图，明一卦可变六十四卦之理。　　[12] 邵氏先天之说：指邵雍传承的先天图及其象数之学。九图之传：指《周易本义》卷首所载九图，包括：《河图》、《洛书》、伏羲八卦次序图、伏羲八卦方位图、伏羲六十四卦次序图、伏羲六十四卦方位图、文王八卦次序图、文王八卦方位图、卦变图。　　[13] 陈抟（871—989）：字图南，号扶摇子，亳州真源人，号"白云先生""希夷先生"。北宋著名的道家学者、养生家，尊奉黄老之学。拜麻衣道者为师，从事《易》学研究，著有《麻衣道者正易心法注》《易龙图序》《太极阴阳说》《太极图》和《先天方圆图》等，现流传的著作托名者居多。　　[14] 张皇：意思是夸大、显耀。汉学：汉代学者研究经书，注重考据，故后世称朴学、考据之学、训诂之学为"汉学"，与宋代义理之学"宋学"相对称。

《春秋》类

《春秋公羊传注疏》

《春秋谷梁传注疏》

《春秋左氏传注疏》

《春秋繁露义证》（苏舆）

《公羊何氏释例》（刘逢禄）

《谷梁补注》（钟文烝）

《春秋左氏释例》（杜预）

《春秋集传纂例》（陆淳）

《春秋集传辨疑》（陆淳）

《春秋微旨》（陆淳）

《春秋尊王发微》（孙复）

《春秋传》（刘敞）

《春秋权衡》（刘敞）

《春秋胡氏传》（胡安国）

《春秋集传》（赵汸）

《春秋属辞》（赵汸）

《春秋师说》（赵汸）

《春秋左传补注》（赵汸）

附：

《资治通鉴》

《唐鉴》

《续通鉴》

《明通鉴》

《通鉴纲目》

右《春秋》类

董生曰："不明乎《易》，不能明《春秋》。"以《春秋》推见至隐[1]，以人事反之天道[2]，是故因行事加王心[3]。王心者何？即道心也，天理也。"志在《春秋》"[4]，此志即王心也。故庄子谓"《春秋》经世先王之志"[5]（"志"不可作"志乘"之"志"解[6]）。孟子引孔子之言曰："其事则齐桓晋文，其文则史，其义则某窃取之矣。"义，即圣人之志也，即王心也。先儒说《春秋》，最难治三传。《公》《谷》述义，《左氏》述事。自杜氏独行，而何、范之书隐[7]。至唐有啖、赵之学[8]。宋初，孙明复、刘原父[9]始稍出新解。胡文定《传》[10]，义理最精。至元，而有东山赵氏之学[11]，并不尽依三传。晚清，今文学复兴，于是公羊何氏学盛行。黠者至傅会改制，以言新法，是以私智说经，去圣人之志益远矣。今谓《公羊》遗义，当求之《繁露》[12]。弃周之文，反殷之质[13]，准以《论语》"吾从先进"、十世损益[14]，四代礼乐义[15]可推知。至"黜周王鲁"[16]、"为汉制作"[17]，则博士之陋言也。胡文定后，唯东山赵氏为不苟。伊川欲作传而未成。朱子一生遍治群经，独于《春秋》不敢轻说一字。学者且宜熟玩《公》《谷》《胡传》，须使义精仁熟，乃有以得圣人之用心。慎勿以智过游夏[18]自许，当以朱子为法，庶其可也。

[1] 推见至隐：由人所共见的事实推阐至其隐微的源头，即起心动念处的天理之得失。　　[2] 以人事反之天道：由人事而返回到其背后的真理。反通"返"。　　[3] 因行事加王心：通过对春秋人物行事的叙述来体现拨乱反正的王者之心。《春秋繁露·俞序第十七》："孔子曰：'吾因其行事而加乎王心焉，以为见之空言不如行事博深切明。'"　　[4]《孝经·序》引孔子之言曰："吾志在《春秋》，行在《孝经》。"　　[5]《春秋》经世先王之志：意思是《春秋》作为一部经营世间的经典，体现的是先王的志向。语出《庄子·齐物论》："《春秋》经世先王之志，圣人议而不辩。"　　[6] 志乘：指史书。相当于"方志"之"志"。　　[7] 杜氏：指杜预。杜预（222—285），字符凯，京兆郡杜陵县（今陕西省西安市）人，魏晋时期军事家、经学家、律学家。著有《春秋左氏传集解》及《春秋释例》等，是明朝之前唯一一个同时进入文庙和武庙之人。何：指何休。何休（129—182），字邵公，任城樊（今山东省济宁市兖州区西南）人。中国东汉时期今文经学家，儒学大师，著有《春秋公羊传解诂》十二卷，又注《孝经》《论语》等。另作《春秋汉议》十三卷，以春秋大义，驳正汉朝政事六百多条，"妙得公羊本意"。范：指范宁。范宁（约339—约401），字武子，南阳顺阳（今河南省淅川县李官桥镇）人。东晋大儒、经学家。范宁推崇儒学，反对魏晋玄学。所撰《春秋谷梁传集解》，是今存最早的《谷梁传》注解，阮元收入《十三经注疏》，是保留汉魏以来《春秋谷梁传》之学的重要作品。　　[8] 啖：指啖助。赵：指啖助弟子赵匡。啖助（724—770），字叔佐，唐赵州（州治在今河北赵县）人，后迁居关中。唐代儒家学者，经学家。啖助博通经学，长于《春秋》学，好标新立异，所论多异于先儒。赵匡，唐经学家，字伯循，河东（郡治今山西永济蒲州镇）人。赵匡师从啖助，对乃师以十年工夫撰成的《春秋集传》和《春秋统例》二书予以补充完善，并自撰《春秋阐微纂类义疏》，认为《春秋》文字隐晦，不易明了，于是举例阐释，发挥"微言"。此外，他又怀疑《春秋》经文有缺误，开宋代学者怀疑经传的风气。啖、赵的遗说保存在陆淳所撰《春秋集传纂例》中。　　[9] 孙明复：即孙复（992—1057），字明复，号富春，晋州平阳（今山西省临汾市）人，北宋理学家、教育家。孙武第四十九代孙。人称"泰山先生"，又与胡瑗、石介，被称为"宋初三先生"。刘原父：即刘敞（1019—1068），北宋学者、史学家、经学家、散文家。字原父，一作原甫，临江新喻荻斜（今属

《泰和宜山会语》《复性书院讲录》注

江西省樟树市）人。刘敞在经学方面的主要成就表现在其对《春秋》的研究上。他的《春秋学》研究自出新意解经，颇多自得之处。著有《春秋权衡》《春秋传》《七经小传》《春秋传说例》《春秋意林》等。　[10] 胡文定《传》：指胡安国所撰《春秋胡氏传》。胡安国（1074—1138），又名胡迪，字康侯，号青山，谥号文定，学者称武夷先生，后世称胡文定公，建宁崇安（今福建省武夷山市）人，北宋学者。胡安国一生以圣人为目标，主要从事学术研究，潜心研究《春秋》，所著《春秋传》成为后世科举士人必读的教科书。　[11] 赵汸（1319—1369），字子常，休宁（今安徽省黄山市休宁县）人。师事黄泽，受《易》象、《春秋》之学。隐居著述，作东山精舍以奉母，学者称"东山先生"。著有《东山存稿》七卷，《周易文诠》四卷（均见《四库总目》），与《师说》《春秋左传补注》《春秋集传》《春秋属辞》并传于世。　[12]《繁露》：指西汉董仲舒所撰《春秋繁露》。董仲舒（前179—前104），广川（今河北省景县西南部）人，西汉哲学家，儒学大家。汉景帝时任博士，讲授《公羊春秋》。　[13] 此句从《春秋公羊传注疏》变来。郑玄注原文是"《春秋》变周之文，从殷之质"。著者"反殷之质"的"反"，通"返"。　[14] "先进"，典出《论语·先进篇》：子曰："先进于礼乐，野人也。后进于礼乐，君子也。如用之，则吾从先进。""十世损益"，典出《论语·为政篇》：子曰："殷因于夏礼，所损益，可知也；周因于殷礼，所损益，可知也。其或继周者，虽百世，可知也。"　[15] 四代礼乐义：王者礼乐兼取四代义。四代：指虞、夏、殷、周四代。典出《论语·卫灵公》篇："颜渊问为邦。子曰：'行夏之时，乘殷之辂（lù），服周之冕，乐则《韶》舞。放郑声，远佞人。郑声淫，佞人殆。'"　[16] 黜周王鲁：汉代《公羊》学家因《春秋》用鲁记年，认为这是贬降周而以鲁为王。语出杜预《序》："所书之王，即平王也；所用之历，即周正也；所称之公，即鲁隐也；安在其黜周而王鲁乎？"孔颖达疏："若黜周王鲁，则鲁宜称王，周宜称公。此言周王而鲁公，知非黜周而王鲁也。"　[17] 为汉制作：意思是，孔子作《春秋》是为日后的汉朝制作王者之礼法。　[18] 游夏：即孔子弟子子游、子夏。两人在孔门都以文学著称。著者这里"慎勿以智过游夏自许"，盖取司马迁之意。《昭明文选》卷四十二引司马迁之言曰："孔子文辞有可与共者，至于《春秋》，子游、子夏之徒不能赞一辞。过此而言不病者，吾未之见也。"

小学类

《尔雅义疏》（郝懿行）

《广雅疏证》（王念孙）

《说文解字注》（段玉裁）

《说文通训定声》（朱骏声）

《释名》

《玉篇》

《广韵》

《古籀拾遗》（孙诒让）

《文始》（章炳麟）

《经典释文》

《经传释词》（王引之）

右小学类

清儒最长于小学，此数家在所必读，其余可缓。

群经总义类

《白虎通议疏证》（陈立）

《五经异义》

《驳五经异义疏证》（陈寿祺）

附：《汉儒通义》（陈澧）

右群经总义类

汉博士之说，求之《白虎通议》[1]，可见其略。许、郑[2]驳难，并杂用今古义，虽非完书，亦见当时辩论之概。陈兰浦纂《汉儒通义》[3]，尽采汉儒义理之言，乃欲以抗《近思录》[4]，此亦学者所当知也。

[1] 《白虎通议》：又称《白虎通》，是汉代讲论五经同异，统一今文经义的一部重要著作。班固等人根据汉章帝建初四年（79）经学辩论的结果撰集

而成。因辩论地点在白虎观而得名。　　[2] 许：指许慎（58—147）。郑：指郑玄（127—200）。　　[3] 陈兰浦：即陈澧（1810—1882），广州府番禺县人，清代著名学者。字兰甫、兰浦，号东塾，广东世称东塾先生。对天文、地理、乐律、算术、古文、骈文、填词、书法，无不研习，著述达一百二十余种，著有《东塾读书记》《汉儒通义》《声律通考》等。　　[4]《近思录》：朱熹和吕祖谦为初学者把握"北宋四子"的思想理论而编辑的理学基础读本。"北宋四子"为周敦颐、程颢、程颐、张载。

子部儒家类

《家语》

《孔丛子》

《荀子集解》（王先谦）

《新书》

《新序》

《说苑》

《法言》

《中说》

《太极图说》（朱子注，曹述解）

《通书》（朱子注，曹端注）

《二程遗书》

《二程外书》

《二程文集》

《程氏经说》

《正蒙》（王夫之注，李光地注）

《西铭》《东铭》

《经学理窟》

《龟山语录》

《上蔡语录》

《延平答问》

《朱子大全集》

《朱子语类》

《象山集》

《慈湖遗书》

《白沙语录》

《传习录》

《阳明文集》

《近思录》

《伊洛渊源录》

《考亭渊源录》

《授经图》

《儒林宗派》

《宋元学案》

《明儒学案》

《清儒学案小识》

《困学纪闻》

《日知录》

右子部儒家类

《书院简章·通治门》以《论语》《孝经》为一类；孟、荀、董、郑、周、二程、张、朱、陆、王十一子附之。若不读群经，亦不能通《论语》《孝经》也。不读十一子之书，亦不能通群经大义也。除《孟子》列在四书，董书在《春秋》，郑书之要者在三《礼》，今仍依四部目略举儒家诸子必当先读者如上。此群经之津逮[1]，义理之总龟[2]也。《家语》《孔丛》[3]虽不免依托，纯驳互见。荀卿虽未知性，终不失为大儒。贾生、刘向[4]并宗荀子。子云、仲淹[5]文过其质。至于周、程[6]，始为直接孔、孟。程门以龟山、上蔡[7]为巨子。龟山重涵养，上蔡重察识[8]。龟山再传为延平[9]，上蔡再传为五峰[10]。朱子亲受业于延平，及见南轩而尽闻湖南之学[11]，晚乃继述伊川，实兼绍杨、谢二脉[12]，故极其醇密[13]。象山独称伯子[14]，其专重察识，实近上蔡。白沙"静中养出端倪"[15]，亦龟山之别派，下启甘泉[16]，至阳明[17]而益大，复与上蔡、象山相接，弥近直指矣。深宁[18]，朱子之后学也，入理则疏，而涉学至博，下开亭林[19]，遂为有清一代考据之祖。故以二家附之。此其源流之大概也。自余非要者，不须汲汲[20]。

[1] 津逮（jīn dǎi）：由津渡而到达。比喻通过一定的途径而达到或得到，也比喻引导（后学）。　[2] 总龟：古代对知识渊博者之誉称，也用以称内容博大的典籍。　[3]《家语》：即《孔子家语》的简称，又名《孔氏家语》，是一部记录孔子及孔门弟子思想言行的著作。原书二十七卷，今本为十卷，共四十四篇，魏王肃注，书后附有王肃《序》和《后序》。《孔丛》：即《孔丛子》，三卷，二十一篇，旧题孔鲋撰。　[4] 贾生：即贾谊（前200—前168），洛阳人，西汉初年著名政论家、文学家，世称"贾生"。刘向（前77—前6），原名刘苏，字子政，沛郡丰邑（今属江苏徐州市）人。汉朝宗室大臣、文学家，楚元王刘交玄孙，阳城侯刘德之子，经学家刘歆之父，官至中垒校尉，世称刘中垒。中国目录学鼻祖。　[5] 子云、仲淹：分别指扬雄和范仲淹。扬雄（前53—18），字子云，蜀郡郫县（今四川省成都市）人。汉朝时期辞赋家、思想家。著有《法言》《太玄》等，将源于老子之道的"玄"作为最高范畴，是汉朝道家思想的继承和发展者。范仲淹（989—1052），字希文。祖籍邠州，后移居苏州吴县。北宋改革家、政治家、军事家、教育家、文学家、思想家。　[6] 周、程：分别指周敦颐和程颢、程颐兄弟。周敦颐（1017—1073），又名周元皓，原名周敦实，字茂叔，谥号元公，道州营道楼田保（今湖南省道县）人，世称"濂溪先生"，是"北宋五子"之一，宋朝儒家理学思想的开山鼻祖，文学家、哲学家。程颢（1032—1085），字伯淳，号明道，世称"明道先生"。河南府洛阳（今河南洛阳）人。北宋理学家、教育家，理学的奠基者，"洛学"代表人物。程颐（1033—1107），为程颢之胞弟，字正叔，世居中山，后徙为河南府洛阳（今河南洛阳）人，世称伊川先生。北宋理学家、教育家。　[7] 龟山：指杨时（1053—1135），字中立，号龟山，学者称龟山先生。南剑西镛州龙池团（今福建省三明市将乐县）人，北宋哲学

家、文学家、官吏。杨时先后学于程颢、程颐，同游酢、吕大临、谢良佐并称"程门四大弟子"。又与罗从彦、李侗并称为"南剑三先生"，被后世尊为"闽学鼻祖"。他将"二程"洛学传播至东南等广大地区，在"二程"和朱熹之间起到了承前启后的作用，为闽学及其思想体系的形成打下了坚实基础，为理学南传及中华文化的传播做出了重要贡献。上蔡：指谢良佐（1050—1103），字显道，蔡州上蔡（今河南省）人，人称"上蔡先生"或"谢上蔡"，北宋官员、学者。　[8] 意为程颐的功夫论包涵修养和察识两方面的内容，主张涵养本心与察识物理两种功夫同时用力，即所谓"涵养须用敬，进学则在致知"（《河南程氏遗书》卷十八）。前者属于"为道"，后者是属于"为学"。涵养的目的在于去除"私欲"，为学的目标则在于增益知识。　[9] 延平：指李侗（1093—1163），南宋学者，字愿中，学者称"延平先生"，南剑州剑浦（属今福建省南平市）人。李侗为程颐的二传弟子，年轻时拜杨时、罗从彦为师，得授《春秋》《中庸》《论语》《孟子》。　[10] 五峰：即胡宏（1102—1161），字仁仲，号五峰，人称"五峰先生"，崇安（今福建崇安）人。胡安国之子，湖湘学派创立者。幼事杨时、侯仲良，主要著作有《知言》《皇王大纪》和《易外传》等。　[11] 南轩：指张栻（1133—1180），字敬夫，后避讳改字钦夫，又字乐斋，号南轩，学者称南轩先生，谥曰宣，后世又称张宣公。南宋汉州绵竹（今四川省绵竹市）人，右相张浚之子。南宋初期学者、教育家。与朱熹、吕祖谦齐名，时称"东南三贤"。南宋孝宗乾道元年（1165），张栻主管岳麓书院教事，从学者达数千人，初步奠定了湖湘学派规模，故著者谓之"湖南之学"。　[12] 杨、谢：指杨时和谢良佐。　[13] 醇密：醇厚而缜密。　[14] 象山：指陆九渊（1139—1193），字子静，抚州金溪（今江西省金溪县）人。南宋哲学家、官员，陆王心学的代表人物。因讲学于象山书院，被称为"象山先生"，学者常称其为"陆象山"。"伯子"是陆九渊对程颢的尊称。程颢，字伯淳。　[15] 白沙：即陈献章（1428—1500），字公甫，别号石斋，广东广州府新会县白沙里人（今属广东省江门市蓬江区白沙街道），故又称"白沙先生"，世称"陈白沙"。明代著名的思想家、哲学家、教育家、书法家、诗人、古琴家。是岭南地区唯一一位从祀孔庙的大儒，也是明朝从祀孔庙的四人之一，明代心学的奠基者，被后世称为"圣代真儒""圣道南宗""岭南一人"。《明史·列传》："献章之学，以静为主。其教学者，但令端坐澄心，于静中养出端倪。"端倪：指推测事物的头绪、迹象。　[16] 甘泉：指湛若水（1466—1560），字符明，号甘泉，广东广州府增城县甘泉都（今广州市增城区新塘）人，明代著名的思想家、哲学家、政治家、教育家、书法家、大儒，白沙学说的衣钵传人。　　[17] 阳明：即王守仁（1472—1529），幼名云，字伯安，别号"阳明"，浙江余姚人。明代思想家、哲学家、文学家兼军事家、教育家，明代心学的集大成者。　　[18] 深宁：即王应麟（1223—1296），字伯厚，号"深宁居士"，又号厚斋，庆元府鄞县（今浙江省宁波市鄞州区）人。南宋著名学者、教育家、政治家。学宗朱熹，涉猎经史百家、天文地理，熟悉掌故制度，长于考证。南宋灭亡以后，他隐居乡里，闭门谢客，著书立说，著有《三字经》《困学纪闻》《小学绀珠》《玉海》《通鉴答问》《深宁集》《诗地理考》等。　　[19] 亭林：即顾炎武（1613—1682），南直隶昆山（今江苏昆山）人，因为仰慕文天祥学生王炎午的为人，而改名炎武，又因故居旁有亭林湖，学者尊为"亭林先生"。明末清初杰出的思想家、经学家、史地学家和音韵学家，与黄宗羲、王夫之并称为明末清初"三大儒"。《日知录》是他的名著。　　[20] 汲汲（jí jí）：形容急切的样子，急于得到。

诸子类

《老子》（王弼注）

《庄子》（郭象注）

《列子》（张湛注）

《墨子》（孙氏《间诂》）

《公孙龙子》（谢希深注）

《人物志》（刘昞注）

《管子》（房玄龄注）

《晏子春秋》

《尸子》

《慎子》佚文

《韩非子》

《商君书》

《吕氏春秋》

《淮南子》

《抱朴子外篇》

右诸子类

九家以儒为高。余可观者四家，道、墨、名、法，皆出于六艺而得失有多少，语在《泰和会语·六艺统诸子篇》。然皆道术之流变也。杂家[1]多取而寡得。道家至《淮南》《抱朴》[2]，益华而少实矣。此六艺之失[3]，学者所当知也。

[1] 杂家：中国战国末至汉初的哲学学派。以博采各家之说见长。《汉书·艺文志》将其列为"九流"之一。杂家著作以战国《尸子》、秦代《吕氏春秋》、西汉《淮南子》为代表，分别为战国时期商鞅门客尸佼、秦相吕不韦和汉淮南王刘安招集门客所集，对诸子百家兼收并蓄，但略显庞杂。 [2]《淮南》即《淮南子》，《抱朴》即《抱朴子》。《淮南子》，又名《淮南鸿烈》《刘安子》，是西汉皇族淮南王刘安及其门客收集史料集体编写而成的一部杂家著作。原书中有内篇二十一卷，中篇八卷，外篇三十三卷，至今存世的只有内篇。该书在继承先秦道家思想的基础上，综合了诸子百家学说中的精华部分，对后世研究秦汉时期文化起到了不可替代的作用。《汉书·艺文志》将其归入"纵横家"，《四库全书总目》归入"杂家"，属于子部。《抱朴子》是晋代葛洪编著的一部道教典籍。《抱朴子》内外篇共有八卷，内篇二十论述神仙吐纳符箓克治之术，外篇五十篇论述时政得失，人事臧否，词旨辨博，饶有名理。 [3]《礼记·经解》："《诗》之失，愚；《书》之失，诬；《乐》之失，奢；《易》之失，贼；《礼》之失，烦；《春秋》之失，乱。"著者所谓"六艺之失"指此。

史部

《史记》

《汉书》

《后汉书》

《三国志》

《晋书》

《宋书》

《南齐书》

《新唐书》

《泰和宜山会语》《复性书院讲录》注

《五代史》

右史部诸史选读

史家以迁、固为不祧之宗[1]。史公自附于《春秋》，纪传独绝[2]。班书特长典制[3]；陈、范[4]虽文美，弗能及矣。《晋书》虽成于唐，其所因藉者胜[5]。沈约[6]、萧子显，一文一玄。《新唐》《五代》[7]简而有法，余则近薉[8]矣。《隋书·经籍志》《魏书·释老志》并于学术有关。先尽诸史，再议其后者可也。

[1] 迁固：是司马迁和班固的合称。不祧之宗：不迁入祧庙的祖先，比喻创立某种事业而受到尊崇的人。祧（tiāo）：把隔了几代的祖宗的神主迁入远祖的庙。司马迁，字子长，西汉史学家、散文家。司马谈之子，任太史令，因替李陵败降之事辩解而受宫刑，后任中书令。其发奋继续完成所著史籍，被后世尊称为史迁、太史公、历史之父。他以其"究天人之际，通古今之变，成一家之言"的史识创作了中国第一部纪传体通史《史记》（原名《太史公书》），该书被公认为是中国史书的典范，记载了从上古传说中的黄帝时期到汉武帝元狩元年，长达三千多年的历史，是"二十四史"之首，被鲁迅誉为"史家之绝唱，无韵之离骚"。班固（32—92），字孟坚，扶风安陵（今陕西咸阳东北）人，东汉著名史学家、文学家、儒学大家。在班彪《史记后传》的基础上，与其弟班超一同撰写《汉书》。后班超投笔从戎，班固继续撰写，前后历时二十余年。　[2] 司马迁自觉继承孔子作《春秋》的传统而撰写《史记》。《史记》全书包括十二本纪（记历代帝王政绩）、三十世家（记诸侯国和汉代诸侯、勋贵兴亡）、七十列传（记重要人物的言行事迹，主要叙人臣，其中最后一篇为自序）、十表（大事年表）、八书（记各种典章制度，记礼、乐、音律、历法、天文、封禅、水利、财用）。其首创的纪传体编史方法为后来历代正史所传承。　[3] 班书：班固的《汉书》。典制：典礼、法制。　[4] 陈、范：分别指陈寿和范晔。陈寿（233—297），字承祚，巴西郡安汉县（今四川省南充市）人，三国蜀汉及西晋著名史学家。太康元年（280），晋灭吴结束分裂局面后，陈寿历经十年艰辛，完成了纪传体史学巨著《三国志》。此书完整地记叙了自汉末至晋初近百年间中国由分裂走向统一的历史全貌，与《史记》《汉书》《后汉书》并称"前四史"。范晔（398—445），字蔚宗，顺阳郡顺阳县（今河南省淅川县）人。南朝宋官员、史学家、文学家。著有《后汉书》。　[5] 《晋书》：是唐朝时期编写的，晚于南北朝时期的《南齐书》《宋书》等，

但唐朝之前已经存在几部不同版本的晋书了。《晋书》作者共二十一人。包括监修三人：房玄龄、褚遂良、许敬宗；天文、律历、五行等三志的作者李淳风。另外，唐太宗李世民也在宣帝（司马懿）、武帝（司马炎）二纪及陆机、王羲之两传写了四篇史论，所以有题"御撰"。"其所因藉者胜"云云，盖指此。　　[6] 沈约（441—513），字休文，吴兴郡武康县（今浙江省德清县）人，南朝梁开国功臣，政治家、文学家、史学家。所著《宋书》入"二十四史"。萧子显（487—537），字景阳，东海郡兰陵县（今山东省临沂市）人，南朝梁史学家，编修《南齐书》六十卷、《鸿序赋》一百卷、《普通北伐记》五卷。著者所谓"一文一玄"，大概指沈约的《宋书》偏重于文学，萧子显的《南齐书》偏重于玄学。　　[7]《新唐》，即《新唐书》。《五代》，即《五代史》。《新唐书》是北宋时期宋祁、欧阳修、范镇、吕夏卿等合撰的一部记载唐朝历史的纪传体史书，属"二十四史"之一。《新唐书》在体例上第一次写出了《兵志》《选举志》，系统论述唐代府兵等军事制度和科举制度。这是我国正史体裁史书的一大开创，为以后《宋史》等所沿袭。《五代史》，又称《旧五代史》，"二十四史"之一。成书于北宋，也称《梁唐晋汉周书》，是由宋太祖诏令编纂的官修史书。薛居正监修，卢多逊、扈蒙、张澹、刘兼、李穆、李九龄等同修。书中可参考的史料相当齐备，五代各朝均有实录。从公元907年朱温代唐称帝到公元960年北宋王朝建立，中原地区相继出现后梁、后唐、后晋、后汉、后周等五代王朝，中原以外存在过吴、南唐、吴越、楚、闽、南汉、前蜀、后蜀、南平、北汉等十个小国，周边地区还有契丹、吐蕃、渤海、党项、南诏、于阗、东丹等少数民族建立的政权，习惯上称之为"五代十国"。《旧五代史》记载的就是这段历史。　　[8] 薉（huì）：古同"秽"，意思是肮脏、杂乱。

诗文类

《楚辞》

《文选》

《古文苑》

《唐文粹》

《宋文鉴》

《文章正宗》

《两汉诏令》

《古诗源》

《渔洋古诗选》

《唐诗别裁》

《唐贤三昧集》

《乐府诗集》

《骈体文钞》

《古文辞类纂》

《续古文辞类纂》

姚椿《国朝文录》

附：

《艺苑卮言》

《诗薮》

《诗人玉屑》

《瀛奎律髓》

右诗文类

但举总集之要者。集部之书，汗牛充栋，终身读之不能尽。大抵唐以前别集无多，俱宜读。唐宋则择读大家，宜知流别，宜辨体制，宜多读诗文评。文章不关经术[1]者，不必深留意也。小学不精则遣词不能安，经术不深则说理不能当。桐城派[2]古文家乃谓文章最忌说理，真䇷言[3]也。扬子云曰："读赋千篇，自然能赋。"尔雅[4]深厚，非可袭取。涉览既博，蕴蓄既多，取精用弘[5]，自能知其利病，下笔方可免于鄙倍[6]矣。

[1]经术：以经书为主要研究对象的学术。　[2]桐城派：亦称"桐城古文派"，世通称"桐城派"，是我国清代文坛上最大的散文流派。桐城派以地域而命名，主要因为其早期重要作家都是江南安庆府桐城人。桐城派以其文统的源远流长、文论的博大精深、著述的丰厚清正而闻名，在中国古代文学史上占有显赫地位。戴名世、方苞、刘大櫆、姚鼐被尊为桐城派"四祖"，师事、

私淑或膺服他们的作家，遍及全国十九个省（市）计一千二百一十一人，传世作品两千余种，主盟清代文坛两百余年，其影响延及近代。　[3] 謷（wèi）言：糊涂之言。　[4] 尔雅：文雅正直。　[5] 取精用弘：也作"取精用宏"。《左传·昭公七年》："其用物也弘矣，其取精也多矣。"原指享用的东西多而精，后多指从所占有的大量的材料里提取精华。　[6] 鄙倍：浅陋背理。"倍"同"背"。

上来所举，约之又约。此在通方之士，或将病其陋略，然初机必不可缺之书，亦不外此。姚姬传[1]以义理、考据、辞章，并列为三，实不知类。词章岂得倍于义理？义理又岂能不用考据？朱子每教人先看注疏，岂是束书不观？明道斥上蔡[2]玩物丧志，及其读史，却甚子细。象山每诫学者曰："诸公莫谓某不读书，某尝中夜而起，自检经籍，恐有遗忘。"故谓"未审皋、夔、稷、契更读何书"[3]者，乃一时抑扬之语耳。俗人或诋义理为空疏，乃真坐[4]不读书。若不充实，义理何由得明？徒炫多闻，不求蓄德，是真空疏也。推而上之，胡安定分经义、治事，亦是打成两橛。安有离经义之治事？亦无不谙治事之经义。若其有之，二俱不是。再推而上之，则如宋明帝[5]之分玄、儒、文、史四学。夫玄、儒异撰，犹或可言；文、史分途，斯为已陋。儒不解玄，在儒则小。文即史之所由成，离文言史，未知其史当为何等？此亦蔽也。王介甫[6]自矜新说，罢黜诸家，久乃自悔曰："本欲变学究为秀才，何期变秀才为学究？"[7]书院意在养成通儒，并非造成学究。时人名学，动言专门，欲骛该通[8]，又成陵杂[9]。此皆不知类之过。今略示"通治门"必读诸书，以为嚆矢[10]，非谓遂止于此也。勿惮其难，勿病其寡，随分量力，"日知其所无，月无忘其所能"[11]，优而柔之，餍而饫之[12]，涣然怡然之效可期矣。"别治门"当稍求广博。今且先毕此书，然后乃议其他耳。

　[1] 姚姬传：即姚鼐（nài）（1732—1815）。字姬传，一字梦谷，室名

"惜抱轩"（在今桐城中学内），世称"惜抱先生"，安庆府桐城（今安徽桐城市）人。　[2] 明道：即程颢。上蔡：即程颢弟子谢良佐。　[3] 这话的意思是说，尧舜时的皋、夔、稷、契四位大贤都无书可读，同样能成为杰出人物。　[4] 坐：因为，由于。　[5] 宋明帝：指刘彧（439—472），字休炳，徐州彭城郡彭城县（今江苏徐州铜山区）人。南北朝时期宋朝第七位皇帝（466—472在位），谥号明帝。　[6] 王介甫：即王安石（1021—1086），字介甫，号半山。抚州临川人。北宋著名思想家、政治家、文学家、改革家。[7] 学究：本为唐宋时考试的科目之一。后用以泛称读书人，亦讽刺迂腐浅陋的读书人。秀才：科举时代科目之称，始于汉，后避光武讳改称"茂才"，明清专称入县学的生员。　[8] 该通：广博通达。　[9] 陵杂：凌乱芜杂。[10] 嚆矢（hāo shǐ）：响箭，有声的箭在发射时，先闻其声，后见箭至。比喻事物的开始。　[11] 出自《论语·子张》。子夏曰："日知其所亡，月无忘其所能，可谓好学也已矣。"意思是，每天都有新知，每月都能复习。　[12] 语出杜预《〈春秋左传集解〉序》："优而柔之，使自求之；餍而饫之，使自趋之。"优而柔之：不慌不忙。餍：吃饱后满足的样子。饫：饱食，比喻从容舒缓地体味其含义，并从中得到满足。

◎ 研读

　　这是著者为复性书院诸生开列的儒家经典必读书目。以儒家的十三经为主，群经总义类、子部儒家类、诸子类、史部、诗文类也有开列。这只是著者所读过的书目中极少的一部分，但对于今人而言已是洋洋大观了，不要说普通读者，就是所谓文史哲类的专家学者真正通读过这些书籍的恐怕也是凤毛麟角。由此我们不难想见当年复性书院的要求之高。相比之下，我们今天的大学文科教育从本科到硕博士的培养，尽管所选课程百余门，所读书目能这样成体系的少之又少。阅读斯篇，能不见贤思齐乎？

复性书院讲录第二卷

题　识

◎ **解题**

这篇题识相当于著者的一份声明，声明自己在复性书院所讲一如《泰和宜山会语》，只是"讲说"，而不是严谨的著述，本无意于公开发行，只是随顺书院诸友的劝说才刊印流通。

尝谓讲说与著述殊科：著述行文贵谨严缜密，芟落繁芜，自成体要，斯可行远垂后；讲语则用以启发未悟，变动无方，有时引申触类，或嫌词费，有时意存警策，语似离筌[1]，称肬[2]而谈，不为典要，但期词达理举，无意于文。善会者能得其旨，斯舍之矣，故不可以著述绳之。书院甫立，特引初机，不能无所提示。皆临时施设，未及精思，率尔操觚[3]，岂免疏舛[4]，良不欲流布，取憎于人。而院中诸友咸谓容接[5]既患不广，又复深秘其言，途人之议，将谓我何？不如呈示诸方，一任弹责，是亦过而存之不隐[6]之义也。今自简其过，奚止一端？判教之言，实同义学[7]，不明统类，则疑于专己[8]，一也。摄事归心，务存要约，无取依文，迥殊前轨，二也。玄义[9]流失，直指[10]斯兴，禅病既除，儒宗乃显，原流未晰，将以杂糅见诃，三也。世方盛谈哲学，务求创造，先儒雅言，弃同土梗[11]，食芹虽美[12]，按剑方瞋[13]，四也。胸襟流出，不资獭祭[14]，针石[15]直下，不避瞑眩[16]，旧师恶其家法[17]荡然，异论诋为闭门自大，五也。举斯五过，触牾[18]已多。虽不惜于横身[19]，实有惭于玄默[20]。幸全岩穴之好[21]，无废刍荛[22]之言。其或斥以不类，固当拱手谢之，无劳置辩。渊明自比醉人，子云甘心覆瓿[23]，庸何伤乎？不复追改，因题短语于简端。后有续刊，亦同斯例。中华民国二十九年二月马浮识。

　　[1] 筌（quán）：捕鱼的竹器。得鱼忘筌，喻功成而忘其凭借。　　[2] 肊："臆"的异体字。《说文解字·肉部》："肊，匈骨也。"　　[3] 率尔操觚（gū）：语出晋·陆机《文赋》："或操觚以率尔，或含毫而邈然。"本谓文思敏捷，成文迅速。后称草率成文为"率尔操觚。"觚：方木，古人用它来书写。率尔：不加思索。操觚：指作文。　　[4] 疏舛（chuǎn）：亦作"疎舛"，意思是粗略紊乱，疏漏错乱。　　[5] 容接：优容接待，结交。　　[6] 语出东方朔《神异经》："流传既久，固不妨过而存之，以广异闻。"　　[7] 判教：在佛教中根据义理的浅深、说时的先后等方面，将后世所传的佛教各部分加以剖析类别，以明经旨之所在的叫作"判教"。义学：指佛教教义的学说，如般若学、法相学等。范文澜、蔡美彪等《中国通史》第三编第七章："佛教在南朝重义学（讲义理），在北朝重禅学（坐禅）。"　　[8] 专己：固执己见，独断专行。　　[9] 玄义：玄妙精深的义理。佛教天台宗解释诸经，先于卷首论此经要旨，题为玄义，相当于现代著作的绪论。如《法华经玄义》《金光明经玄义》等。　　[10] 直指：这里指禅宗不立文字、直指人心、见性成佛之旨。
[11] 土梗：泥塑偶像，比喻轻贱无用；土壤和木梗，比喻粗劣卑贱。
[12] 食芹：表示自己位卑识浅，虽效忠君上，但贡献微薄，不足当意。
[13] 按剑方瞋：以手抚剑，正在发怒。　　[14] 獭祭（tǎ jì）：又叫作"獭祭鱼"，最早出现于《礼记·月令》："东风解冻，蛰虫始振，鱼上冰，獭祭鱼。"獭是一种哺乳动物，喜欢吃鱼，经常将所捕到的鱼排列在岸上，从古代中国人的眼里，这情形很像是陈列祭祀的供品，所以就称之为"獭祭鱼"或"獭祭"。獭摆放鱼的现象，含有堆砌的意思。所以后来就有人用"獭祭鱼"来形容文学上喜欢多用典故的现象。　　[15] 针石：用金属做的针和石头做的针刺入一定的穴位治病，即针灸。　　[16] 瞑眩：指用药后而产生的头晕目眩的强烈反应。　　[17] 家法：在这里是指旧时师徒传授自成一派的学风和

规矩。　　[18] 触牾：触犯和抵牾。　　[19] 横身：挺身，置身。　　[20] 玄默：谓沉静不语，或谓清静无为。　　[21] 岩穴：山岩的窟穴，比喻隐居而不做官。"全岩穴之好"，意思是成全我的隐居之喜好。　　[22] 刍荛（chú ráo）：割草打柴，也指割草打柴的人。谦称自己是草野鄙陋的人。　　[23] 覆瓿（fù bù）：覆，是覆盖；瓿，是古代的一种小瓮，青铜或陶制，用以盛酒或水。典出《汉书·扬雄传（下）》。扬雄以为经莫大于《易》，故作《太玄》，欲求文章成名于后世。刘歆观之，告诉扬雄，天下学者尚不能通晓《易经》，又如何能了解《太玄》，恐怕后人要拿来盖酱缸。后比喻论著不受人重视。

《泰和宜山会语》《复性书院讲录》注

群经大义统说

◎ 解题

本篇对诗、书、礼、乐、易、春秋六经的大义做了一个高屋建瓴的总说,统摄《复性书院讲录》第二至第六卷的全部内容。主要是对"判教"与"分科"、"玄言"与"实理"进行辨析。

判教与分科之别

孟子曰:"始条理者,智之事也;终条理者,圣之事也。"朱子谓:"智是知得彻,圣是行得彻。知以理言,行以事言。理事不二,知行合一,圣智同符,始终一贯,在得其条理而已。"荀子曰:"圣人言虽千举万变,其统类一也。"统是总相,类是别相。总不离别,别不离总,举总以该别,由别以见总,知总别之不异者,乃可与言条理矣。内外本末,小大精粗,统之有宗,会之有元;备而不遗,通而不昧,交参互入,并摄兼收,错列则行布分明,汇合则圆融无碍,此条理之事也。事犹言相。若乃得其一支而遗其全体,守其一曲而昧乎大方,血脉不通,触途成滞;畛域[1]自限,封执[2]随生;相绌相距[3],不该不遍[4];是丹而非素[5],专己而斥人;"安其所习,毁所不见"[6],是犹井蛙不知有海,夏虫不知有冰[7]。游骑忘归,散钱无串。百工居肆,不可以为君师;匹夫搏斗,不可以成军旅。蹄涔之水[8],非众流之所归。一尺之棰,析千岁而不尽[9]。修罗之钻藕孔[10],鼱鼠之食牛角[11],宁得谓之尽条理乎?由前之说,则判教是已;由后之说,则分科是已。

[1] 畛域(zhěn yù):界限,范围。　[2] 封执:原指执持事物的界

域，后引申为固执、执着。　　[3] 相绌（chù）相距：互相贬低、互相排斥。绌，通"拙"。　　[4] 不该不遍：不完备，不周遍。　　[5] 是丹而非素：字面意思是肯定红色，反对白色，比喻对事物有偏见。　　[6] 语出《汉书·艺文志》。大意是说，人往往安于自己所习惯、所熟悉的事物，对从没见过，或未能直接、间接经历过的事物，则常常予以否认。　　[7] 典出《庄子·秋水》："北海若曰：'井蛙不可以语于海者，拘于虚也；夏虫不可以语于冰者，笃于时也；曲士不可以语于道者，束于教也。'"　　[8] 语本《淮南子·泛论训》："夫牛蹄之涔，不能生鳣鲔（zhān wěi）。"高诱注："涔，雨水也，满牛蹄迹中，言其小也。"后以"蹄涔"指容量、体积等微小。　　[9] 典出《庄子·天下》："一尺之棰，日取其半，万世不竭。"意思是一尺长的棍棒，每日截取它的一半，永远截不完。形象地说明了事物具有无限可分性。　　[10] 典出佛教"修罗隐藕丝孔"故事。《佛学大词典》："阿修罗王与帝释战斗，大败而走，欲遁无所，以神通力潜身，入于藕丝之孔。"　　[11] "鼷鼠食牛"为成语，比喻暗中害人。《春秋·成公七年》："正月，鼷鼠食郊牛角；改卜牛，又食其角。"《汉书·五行志》："谓成公怠慢昏乱，其时季氏三家始专政，鲁国将从此衰，上天悯周公之德，惜其将有败亡之祸，故于郊祀见警。鼠为小虫，鼷鼠犹小；牛为大畜，祭天之尊物；角为兵战之象，在上，为兵威之象，小鼠食至尊之角，象季氏等诸侯之臣，盗窃之悲，将把持国政以伤君之威仪而有害于周公之礼。再卜牛而又食，是天再为警兆。其后鲁君臣皆为晋楚等国所拘。至襄公时，天下大夫皆夺君之政。后昭公为三家逐，死于外。定公无道，十五年正月，鼠又食郊牛，牛死，五月，定公死。哀公元年正月又食，此天数见败亡之兆，欲其逐奸邪而用贤圣，鲁君终不悟。卒有亡国之事。"

已知条理为圣智之事，非偏曲之业，于何证之？求之六艺而已。六艺之道，条理粲然。圣人之知行在是，天下之事理尽是。万物之聚散，一心之体用，悉具于是。吾人欲究事物当然之极则[1]，尽自心义理之大全，舍是末由也。圣人用是以为教，吾人依是以为学。教者教此，学者学此。外乎此者，教之所由废，学之所由失也。今言判教者，就此条理之粲然者而思绎[2]之，综会之，其统类自见，非有假于安排造作，实为吾心自然之分理，万物同具之根源。特藉言语诠表，抉而出之，显而示之而已耳，岂有他哉！

[1]极则：犹言最高准则。　　[2]思绎：思索寻求。

　　古人言语必有根据。故《曲礼》曰"言必则古昔，称先王"；《虞书》曰"无稽[1]之言勿听，弗询之谋勿庸"；孔子"祖述尧舜，宪章文武"，"述而不作，信而好古"；《礼记·曾子问》数称"吾闻诸老聃"，示不敢专之于己也。其在释氏，结集诸经，必曰"如是我闻"[2]；论主造论，开篇必有"归敬颂"[3]，亦犹行古之道也。今欲判教，必当有据。或曰：天台据《法华》判四教[4]，慈恩依《深密》《楞伽》判三时教[5]，贤首本《华严》判五教[6]，然则判教之名，实始于佛氏之义学，儒家亦有之乎？答曰：实有之，且先于义学矣，后儒习而不察耳。

　　[1]无稽：无从查考，没有根据。　　[2]冯达庵《心经广义·开经》云："如是我闻者，结集经藏之人自述当时亲从佛处得闻如是法音也。"并自注云："《大智度论》引《涅槃经》后分云，长老阿泥卢豆劝阿难问佛云：'佛般涅槃后，一切经初，作何等语？'佛言：应作'如是我闻，一时'。此乃三世佛经通例，示与外道经书异相也。"　　[3]此为印度论师造论的传统，每部论之前皆冠以"归敬颂"。因为论主造论是传承并阐释佛陀的教法，故首先对佛陀及与本论相关的祖师大德表示皈敬。　　[4]佛教天台宗的智𫖮大师判分释迦牟尼佛一代教法为藏、通、别、圆四教。　　[5]由玄奘（602—664）及其弟子窥基（632—682）创立的慈恩宗，又称"法相宗"或"唯识宗"。玄奘依据《解深密经》判分释迦牟尼佛一代教法为三时说教：初四谛教，次空教，最后非空非有之中道教。　　[6]贤首：唐代高僧法藏（643—712），俗姓康，字贤首，被誉为"贤首大师"。贤首大师判分释迦牟尼佛一代教法为小、始、终、顿、圆五教：谓《阿含》为小教，《般若》为始教，《楞伽》为终教，《华严》为顿教与圆教。

　　今先出所据。《论语》："子所雅言，《诗》、《书》、执礼"[1]；"兴于《诗》，立于礼，成于乐"；如曰"可与言《诗》"，"卒以学《易》"，"不学《诗》，无以言"，"不学《礼》，无以立"，"《诗》

可以兴""观""群""怨""事父""事君"[2]。《孟子》引孔子言"知我罪我，其唯《春秋》"[3]，"其义则吾窃取"[4]。此见于《论》《孟》者，即判教之旨也。《王制》："乐正崇四术，立四教，顺先王《诗》《书》《礼》《乐》以造士。春秋教以《礼》《乐》，冬夏交以《诗》《书》。"此四教之目也。《孔子世家》叙孔子删《诗》《书》，定《礼》《乐》，晚而赞《易》，修《春秋》，及门之徒三千，身通六艺者七十有二人。此明孔子之门益四教而为六艺。又《太史公自序》曰："儒者以六艺为法，六艺经传以千万数。"是六艺之目也。亦曰六经，亦曰六学，亦曰六籍。赵岐《孟子序》曰："孟子通五经，尤长于《诗》《书》。"此五经之目也。皆判教也。至庄、荀之书，并陈六艺。荀子《劝学篇》曰："《书》者，政事之纪也；《诗》者，中声之所止也；《礼》者，法之大分、类之纲纪也。"又曰："《礼》之敬文也，《乐》之中和也，《诗》《书》之博也，《春秋》之微也，在天地之间者毕矣。"《儒效篇》曰："圣人者，道之管也。杨倞注：'管，枢要也。'天下之道管是，百王之道一是。""《诗》言是其志也，《书》言是其事也，《礼》言是其行也，《乐》言是其和也，《春秋》言是其微也。""天下之道毕是矣。乡是者臧，倍是者亡[5]。乡是而不臧，倍是而不亡，未尝有也。"《庄子·天下篇》曰："《诗》以道志，《书》以道事，《礼》以道行，《乐》以道和，《易》以道阴阳，《春秋》以道名分。其数散于天下而设于中国者，百家之学，时或称而道之。"庄生之言与荀卿相同，言百家道之，则知治六艺者，不独儒家为然。其曰"判天地之美，析万物之理，察古人之全"，下"判"字尤为分晓。《礼记·经解》引孔子曰："入其国，其教可知也。其为人也，温柔敦厚，《诗》教也；疏通知远，《书》教也；广博易良，《乐》教也；絜静精微，《易》教也；恭俭庄敬，《礼》教也；属辞比事，《春秋》教也。故《诗》之失，愚；《书》之失，诬；《乐》之失，奢；《易》之失，贼；《礼》之失，烦；《春秋》之失，乱。其为人也,温柔敦厚而不愚,则深于《诗》者也;疏通知远而不诬,则深于《书》者也;广博易良而不奢,则深于《乐》者也;絜静精微而不贼,则深于《易》者也;恭俭庄敬而不烦,则深于《礼》者也;属辞比事而不乱,则深于《春秋》者也。"此段文人法双彰[6],得失并举,显然是判教的实证据。《繁露·玉杯篇》云:"《诗》《书》序其志,《礼》《乐》纯其美,《易》《春秋》明其知,六学皆大而各有所长。《诗》道志,故长于质;《礼》制节,故长于文;《乐》咏德,故长于风;《书》著功,故长于事;《易》本天地,故长于数;《春秋》正是非,故长于治人。"《史记·太史公自序》:"余闻之董生曰:《易》著天地阴阳、四时五行,故长于变;《礼》纲纪人伦,故长于行;《书》纪先王之事,故长于政;《诗》纪山川溪谷、禽兽草木、牝牡雌雄,故长于风;《乐》乐所以立,故长于和;《春秋》辨是非,故长于治人。是故《礼》以节人,《乐》以发和,《书》以道事,《诗》以达意,《易》以道化,《春秋》以道义。"《汉书·艺文志》曰:"六艺之文:《乐》以和神,仁之表也;《诗》以正言,义之用也;《礼》以明体,〔明者著见,〕故无训〔也〕;《书》以广听,知之术也;《春秋》以断事,信之符也。五者,盖五常之道,相须而备,而《易》为之原[7]。"《法言》云:"说天者莫辨乎《易》,说事者莫辨乎《书》,说体者莫辨乎《礼》,说志者莫辨乎《诗》,说理者莫辨乎《春秋》。"[8]是皆据六艺以判教,其余不可殚举。要以《经解》为最精,庄、荀为最约。《汉志》叙九家,以为皆六艺之支与流裔,故推之一切学术,途虑虽有万殊,归致原无二理。举一全该,万物悉备,得者得此,失者失此:语在《泰和会语》论六艺诸篇及学规"博文"条。得之则智、仁、圣、义、中、和[9],失之则愚、诬、奢、烦、贼、乱。六艺之教,通天地、亘古今而莫能外也;六艺之人,无圣凡、无贤否而莫能出也。散为万事,合为一理,此判教之大略也。彼为义学者之判教,有小有大,有偏有圆,有权有实[10];六艺之教则绝于偏小，唯是圆大，无假权乘[11]，唯一实理，通、别、始、终，等无有二，但有得失，而无差分。此又儒者教相之殊胜，非义学所能及者矣。

[1] 语出《论语·述而》。对这一句话的理解古来分歧较大，主要集中在对"雅言"上。一派以孔安国为代表，认为"雅言"的意思是"正言"，即官方语言，相当于今天的普通话，与"方言"相对。就是说，孔子平时也说鲁国方言，但涉及《诗经》《尚书》和执礼时就会讲正言。另一派以朱熹为代表，认为"雅言"的意思是常讲常说。朱注："雅，常也。执，守也。诗以理情性，书以道政事，礼以谨节文，皆切于日用之实，故常言之。"朱子的意思是，《诗经》是用来调理情性的，《尚书》是用来指导政治的，礼是用来指导待人接物的礼仪分寸的，所以孔子常挂在嘴边、经常谈到，而性与天道则不怎么讲。　　[2] 典出《论语·阳货》："《诗》可以兴，可以观，可以群，可以怨；迩之事父，远之事君。"孔子的意思是说，《诗经》，可以用来抒发情志、观察社会、教化群众，还可以表达怨怼。从近处说，可用来侍奉父母；从远处说，可用来侍奉领导。　　[3] 典出《孟子·滕文公下》："《春秋》，天子之事也。是故孔子曰：'知我者，其惟《春秋》乎？罪我者，其惟《春秋》乎？'"　　[4] 典出《孟子·离娄下》："王者之迹熄而《诗》亡，《诗》亡然后《春秋》作。晋之《乘》，楚之《梼杌》，鲁之《春秋》，一也。其事则齐桓、晋文，其文则史。孔子曰：'其义则丘窃取之矣。'""窃"在这里是谦虚之词，意思是，至于《春秋》所涉及的人和事背后的义理，则是我孔丘根据自己的理解来判定的。　　[5] 乡、倍：同"人心向背"的"向""背"。　　[6] 人法双彰：佛教用语。比如《佛说四十二章经》，佛，是人；"四十二章经"，是法。著者这里指《经解篇》这段话也是从人和法两个方面来阐述的。"其为人也"云云，彰显的是人；"《诗》教也"云云，彰显的是法。　　[7] 原：是"源"的本字。　　[8] "辨"：本义是判别，这里是辨别分明的意思。　　[9] 《周礼·大司徒》"以乡三物教万民而宾兴之。一曰六德：知、仁、圣、义、忠、和。"著者依据《礼记》等经典，以六经配六德：《乐》以配圣，《诗》以配仁，《礼》以配义，《书》以配智，《易》配中，《春秋》配和。　　[10] "权实"是佛教术语。如来以权智初开三乘之教为权教，后示一乘之理为实教。就四教而判之，则藏、通、别之三教为权教，圆教之一为实教。若就华严之五教而判之，则顿教以下皆权教。权教，是根据受教者的接受能力而权宜施教的方便教化；实教，是如来径直讲述真谛实理。　　[11] 无假权乘：不用假借权教的辅助。权乘：即是权教。乘：车乘，

《泰和宜山会语》《复性书院讲录》注

为比喻法。

分科之说，何自而起？起于误解《论语》"从我在陈"一章[1]。记者举此十人有德行、言语、政事、文学诸目，特就诸子才质所长言之，非谓孔门设此四科也。十子者，皆身通六艺，并为大儒，岂于六艺之外别有四科？盖约人则品覈[2]殊称，约教则宗归[3]无异。德行、文学，乃总相之名；言语、政事，特[4]别相之目。总为六艺，别则《诗》《书》，岂谓各不相通而独名一事哉！故有判教而无分科。若其有之，则成偏小，非六艺之道也。庄子以"道术之裂为方术"，"天下多得一察焉以自好"，"各为其所欲〔焉〕以自为方"，谓之"不该不遍""往而不返""不见天地之纯、古人之大体"。此正显分科之失也。《学记》曰："大德不官，大道不器，大信不约，大时不齐。察于此四者，可以有志于（本）〔学〕矣。"分科者，一器一官之事，故为局；判教则知本之事，故为通。如今人言科学自哲学分离而独立，比哲学于祧庙[5]之主，此谓有类而无统。中土之学不如是，以统类是一也。如释氏讥教相不明者为侊侗真如、颟顸佛性[6]。儒者之学不如是，以始终条理也。今将为诸生明六艺之教，必先了然于此而后可以无惑。故既于《通治群经必读诸书举要》每门之下，各缀数言，聊示途辙，复为申说判教与分科之义趣不同如此。

[1]《论语·先进》：子曰："从我于陈、蔡者，皆不及门也。德行：颜渊、闵子骞、冉伯牛、仲弓。言语：宰我、子贡。政事：冉有、季路。文学：子游、子夏。"著者认为后世孔门以德行、言语、政事、文学四科教人是对本章的误解。　[2] 品覈（hé）：意思是评论、品评。　[3] 宗归：意思是宗尚和归依。　[4] 特：只是。　[5] 祧（tiāo）庙：即远祖庙。　[6] 侊侗（lǒng tǒng）：未成器，浑然无分别。《指月录·临安府径山宗杲大慧·普觉禅师酬答法要》："要识法么？真如佛性菩提涅槃是。要识病么？妄想颠倒贪嗔邪见是。虽然如是，离妄想颠倒，无真如佛性；离贪嗔邪见，无菩提涅槃。且

道：分即是？不分即是？若分，存一去一，其病转深；若不分，正是颟顸佛性，儱侗真如。毕竟怎么生说个除病不除法底道理？"颟顸（mān hān）：糊涂而马虎。

玄言与实理之别

古人垂语，皆本其所自得。见得端的[1]，行得纯熟，自然从胸襟中流出，不假安排，以其皆实理也。《乾·文言》曰："修辞立其诚，所以居业也。"诚者，真实无妄之理。业即是行。居者，止其所而不迁之谓。言君子修治其言辞，与实理相应。此理确立，然后日用之间不更走作也。修者，治也。言有条理，名之为修，非雕绘藻饰之谓。无条理则乱，亦曰莠言，言其乱如莠草，此为条理之反也。如理而说，如量而说，云兴瓶泻[2]不为多，片语只字而不为少，乃至默然不说，其声如雷。庄子曰："君子尸居而龙见，渊默而雷声。"到此田地，有言亦可，无言亦可。古德云："但患自心不作佛，不愁佛不会说法。"此即《论语》所谓"有德者必有言也"。德者，即是得于心之实理，所谓诚也。"三灾弥纶而行业湛然"[3]，可谓能居业矣。"素患难，行乎患难"，即在患难中行；"素夷狄，行乎夷狄"，即在夷狄中行。夷狄、患难不能碍之，则何忧乎夷狄，何惧乎患难？理在则非外物所能夺也。故言行业者，不独指事为之显著者而言，凡心所行处，皆行业也。人之举心动念，即已为行。《系辞》每以德、业对举，业即是行，此亦显微无间[4]。故佛氏斥人每曰："汝是何心行！"人若不得此实理，则其所行无论隐显，皆无是处，便是"不诚无物"[5]。诚立，则所言者莫非实理。既言与理应，斯为诚谛之言，言之必可行也。行与理应，斯为笃实之行。《礼运》曰"体信达顺"，在《易》曰"履信思顺"，言有不诚则不信矣，行有不实则不顺矣。故"修辞立诚"即"体信"也，"居业"即"达顺"也。上言"忠信所以进德"，此忠信之德即是实理。"言忠信"是"立诚"，"行

《泰和宜山会语》《复性书院讲录》注

笃敬"是"居业","君子于其言,无所苟而已矣"。不诚即妄,不与此实理相应皆妄也;少分相应而有违失,犹未离乎妄也。言下可以持循,便是"居业"。故学者当知修辞之要贵在立诚,而亦即是笃行之事,进德即在其中。言行相应,德业不二,始终只是此个实理。故见其礼而知其政,闻其乐而知其德,直是无处可以盖藏,丝毫不容差忒[6],岂可以伪为哉!后世修饰其文辞而务以悦人者,岂能当得此事?

[1] 端的(duān dì):确确实实,明明白白。 [2] 云兴瓶泻:本来是形容雨大得像从瓶子里往外倾泻一样,后用以形容言语丰沛。 [3] 语出《肇论·物不迁论第一》。三灾:有小三灾与大三灾之说,据《法苑珠林》卷一所载。简言之,"小三灾"指饥馑灾、疾疫灾、刀兵灾。"大三灾"指火灾、水灾、风灾。 [4] 显微无间:说事相即是理体之显现,二者一二而二而一,没有间隔。显:指事相。微:指理体。 [5] 语出《中庸》第二十四章:"诚者,物之终始。不诚无物。" [6] 差忒(chā tè):差错,误差。

若"有言者未必有德"[1],祇是其言亦有中理处,娓娓可听,足以移人,及细察之,则醇疵互见[2],精粗杂陈,于此实理,未尝有得,而验之行事,了不相干,言则甚美而行实反之,此为依似乱德[3]之言。其有陈义,亦似微妙,务为高远,令人无可持循,务资谈说,以长傲遂非[4],自谓智过于人,此种言说,亦可名为玄言之失。盖真正玄言,亦是应理,但或举本而遗末,舍近而求远,非不绰见大体,而不能切近人事,至其末流,则失之弥远。此学者所不可不知也。老、庄为玄言之祖,今试取《老子》与《论语》,《庄子》与《孟子》比而观之,则可知矣。如:"道可道,非常道;名可名,非常名。"此玄言之最精者,初机闻之,有何饶益?说有说无,令学者全无入路。《论语》开篇便曰:"学而时习之,不亦说乎?"合下便可用力。《庄子》内篇七篇诚汪洋自恣[5]矣,以视《孟子》七篇为何如?《孟子》开篇便严义利之辨,其直指人心处,可令人当下悟入。读《庄子》虽觉其文之美,可好说理为无端厓[6],令人流荡失据。此玄言与实理之别也。以佛氏之言判之,则知老庄为破相教,孔孟为显性教[7]。一于破相,则性亦相也;一于显性,则相亦性也。故老子曰"失道而后德,失德而后仁,失仁而后义","天下皆知美之为美,斯恶矣","六亲不和有孝慈,国家昏乱有忠臣",一切破斥无余。庄子曰:"是亦彼也,我亦为彼所彼。彼亦是也。彼亦自以为是。彼亦一是非,此亦一是非。此亦自是而非彼,彼亦自是而非此。果且有彼是乎哉?果且无彼是乎哉?是亦一无穷,非亦一无穷也。"此皆令人无可据依。试观孔孟之言,有似于此者乎?横渠曰:"大易不言有无,言有无者,诸子之陋耳。"故在佛氏则必悟一真法界[8],而后知空宗[9]之为权说;在儒者则必至"至诚无息"[10],而后知文章不离性道。子贡于此犹隔一尘[11]。纵使多闻能如子贡,犹在言语边取。今之料简[12],欲使学者知据六艺判教乃是实理,不是玄言,务在直下明宗[13],不致承言失旨[14]耳。

[1] 语出《论语·宪问篇》。子曰:"有德者必有言,有言者不必有德。"《马一浮集》和《马一浮全集》皆因失考而句读和标点有误。今予以订正。 [2] 醇疵(cī)互见:醇美与疵病、正确与错误互相映现。 [3] 依似乱德:乡愿之类,看上去像德行,实则坏乱德行。刘劭《人物志·九征》:"一征,谓之依似,依似乱德之类也。" [4] 语出张载《正蒙·乾称》:"长傲且遂非,不知孰甚焉。"长傲:滋长傲气。遂非:成就非理言行。 [5] 语出郭象《庄子注》:"德之所以流荡,矜名故也。《史记》曰:'庄子,其言汪洋自恣以适己。'" [6] 无端厓:意思是说话没边际。"端厓"亦作"端涯"。典出《庄子·内篇》:"以谬悠之说,荒唐之言,无端崖之辞,时恣纵而不傥,不奇见之也。" [7] 破相教、显性教:均是佛学术语,为华严宗圭峰法师所立。圭峰判全部佛教为五教:人天教、小乘教、大乘法相教、大乘破相教、一乘显性教。破相:破除对法相的执着。显性:直接显示法性本体。 [8] 一真法界:佛学术语,华严宗所用极理之称。《三藏法数》曰:"无二曰一,不妄曰真,交彻融摄,故曰法界。即是诸佛平等法身,从本以来,不生不灭,非空非有,离名离相,无内无外,惟一真实,不可思议,是名'一真法界'。" [9] 空宗:佛学术语,以空理为旨的宗派。 [10] 至诚无息:语出《中

庸》，意思是至诚之心是没有停息的，无时无地不存在。　[11] 犹隔一尘：语出佛教《圆觉经》。这里指子贡尚未契合"文章不离性道"之旨。《论语·公冶长》："子贡曰：'夫子之文章，可得而闻也；夫子之言性与天道，不可得而闻也。'"　[12] 料简：意思是清理检查，清点察看。　[13] 直下明宗：直接于当下明悟宗旨。　[14] 承言失旨：承继言语而失掉宗旨。

◎ 研读

本篇通过对"判教"与"分科"、"玄言"与"实理"的辨析，阐明圣人之教有判教而无分科，是实理而非玄言，告诫学者透过六经之言，契会圣人宗旨。这是在学习群经之前必须弄清楚的，否则很难不"承言失旨"。

论语大义

◎解题

著者认为六经大义散见于《论语》，归总在《孝经》。本篇是著者用六经大义阐述《论语》的重要著述。

诗　教

《汉书·艺文志序》曰："仲尼没而微言绝，七十子[1]丧而大义乖。"此本通六艺而言，后儒乃专意属之《春秋》，非也。微言者，微隐之言，亦云深密，学者闻之，未能尽喻，故谓微隐。其实圣人之言，岂分微显？契理为微，契机为显，无显非微，亦无微非显。故曰："知微之显，可与入德。"[2]且言即是显，何以名微？但就学者未喻边说，故曰微言耳。大义者，圆融周遍之义，对小为言。圣人之言，亦无有大小，但贤者识其大者，不贤者识其小者。此亦就机边说，机有小大，故其所得之义有小大。七十子并是大机，故其所传为大义；后学见小，故大义乖失也。今欲通治群经，须先明"微言大义"。求之《论语》，若不能得旨，并是微言；得其旨者，知为大义。一时并得，则虽谓仲尼未没，七十子未丧可也，岂非庆快之事耶？

[1] 七十子：指孔门七十二贤。"七十"是举其成数。　[2] 语出《中庸》。意思是，知道任何隐微的心念都会演变成显著的表现，这样的人才可以进入德性之门。

今当略举《论语》大义，无往而非六艺之要。若夫举一反三，是在善学。如闻《诗》而知《礼》，闻《礼》而知《乐》，是谓告往知来[1]，闻一知二[2]。若颜渊闻一知十，即是合下明得一贯之旨，此真圆顿上机。"舜何人也？予何人也？有为者亦若是。"[3]切望猛著精采[4]，勿自安于下机也。

[1] 语出《论语·学而》。子曰："赐也，始可与言《诗》已矣。告诸往而知来者。"意思是，告诉他过往的道理，他就能知道未来的道理。 [2] 语出《论语·公冶长》：子贡曰："赐也何敢望回？回也闻一以知十，赐也闻一以知二。" [3] 这是《孟子·滕文公上》所引颜渊之言。 [4] 精采：这里指的是精神、神采。

《论语》有三大问目：一问仁，一问政，一问孝。凡答问仁者，皆《诗》教义也；答问政者，皆《书》教义也；答问孝者，皆《礼》《乐》义也。故曰："子所雅言，《诗》、《书》、执礼，皆雅言也。""兴于《诗》，立于礼，成与乐。"言"执礼"不及乐者，礼主于行，重在执守，行而乐之即乐，以礼统乐也。言兴《诗》不及《书》者，"《书》以道事"，即指政事，《诗》通于政，以《诗》统《书》也。《易》为礼乐之原，言礼乐，则《易》在其中，故曰"明则有礼乐，幽则有鬼神也"。《春秋》为《诗》《书》之用，言《诗》《书》，则《春秋》在其中，故曰"《诗》亡然后《春秋》作"也。"《春秋》以道名分"，名阳而分阴，若言属辞比事，则辞阳而事阴，故名分亦阴阳也。不易是常，变易是变，《易》长于变，以变显常，不知常者，其失则贼。《春秋》拨乱反正，乱者是变，正者是常，正名定分是常，乱名改作是变，不知正者，其失则乱。《乐》为阳，《礼》为阴，《诗》为阳，《书》为阴。《乐》以配圣，《诗》以配仁，《礼》以配义，《书》以配智。故《乡饮酒义》曰："天子之立：左圣；乡仁；右义，俏智。"《戴记》作"俏藏"，"知以藏往"，故以"藏"为"智"也。"东方者春，春天为言蠢也。产万物者，圣也。南方者夏，夏之为言假也。假训大。养之长之假之，仁也。西方者秋，秋之为言揫[1]也。

《戴记》作"愁",通假字,正当作"揫"。揫之以时察,守义者也。北方者冬,冬之为言终也。终者,藏也。"《戴记》作"中",以音近而误,字当作"终"。故四教配四德,四德配四方,四方配四时,莫非《易》也,莫非《春秋》也。以六德言之即为六艺,《易》配中,《春秋》配和,四德皆统于中和,故四教亦统于《易》《春秋》。《易》以天道下济人事,《春秋》以人事反之天道,天人一也。道外无事,事外无道,一贯之旨也。又四时为天道,四方为地道,四德为人道,人生于天地之中,法天相地[2],兼天地之道者也。故曰:"大人者,与天地合其德,与日月合其明,与四时合其序,与鬼神合其吉凶。""天大地大人亦大。"此之谓大义也。程子曰:"才有一毫私吝心,便与天地不相似。"又曰:"小人只不合[自己]小了。"私吝即小,无私吝元来是大。又《乡饮酒义》曰:"天地严凝之气,始于西南而盛于西北,此天地之尊严气也,此天地之义气也;天地温厚之气,始于东北而盛于东南,此天地之盛德气也,此天地之仁气也。"此以卦位言之,即配四隅,卦左阳而右阴[3]也。故曰:"易有太极,是生两仪,两仪生四象,四象生八卦,八卦定吉凶。"曰极者,至极之名。曰仪、曰象、曰卦者,皆表显之相。其实皆此性德之流行,一理之著见而已。明乎此,则知六艺不是圣人安排出来,得之则为六德,失之则为六失。愚、诬、烦、奢、贼、乱。所谓"七十子丧而大义乖"者,即是于此义乖违,辗转陷于偏小而失之弥远也。以上先显大义,次当别释问目。

[1] 揫(jiū):聚集。　[2] 法天相地:意思是取法于天,取相于地。　[3] 先天八卦的卦序(见下图)为:乾一,兑二,离三,震四,巽五,坎六,艮七,坤八。爻位是从下往上数的,最底下为第一个爻位。第一个爻位,从左到右边,四阳四阴,左阳右阴;第二个爻位,从左到右边,二阳二阴,左阳右阴;第三个爻位,从左到右边,一阳一阴,左阳右阴。故曰"左阳右阴"。

《泰和宜山会语》《复性书院讲录》注

卦	乾	兑	离	震	巽	坎	艮	坤
卦序	一	二	三	四	五	六	七	八
符号	☰	☱	☲	☳	☴	☵	☶	☷

仁是心之全德，易言之，亦曰德之总相。即此实理之显现于发动处者。此理若隐，便同于木石。如人患痿痹[1]，医家谓之不仁，人至不识痛痒，毫无感觉，直如死人。故圣人始教，以《诗》为先。《诗》以感为体，令人感发兴起，必假言说，故一切言语之足以感人者皆诗也。此心之所以能感者便是仁，故《诗》教主仁。说者、闻者同时俱感于此，便可验仁。佛氏曰："此方真教体，清净在音闻，欲取三摩提，要以闻中入。"此亦《诗》教义也。如佛氏说《华严》，声闻在座，如聋如哑，五百退席，此便是无感觉，便可谓之不仁。人心若无私系，直是活鱍鱍地，拨着便转，触着便行，所谓"感而遂通"，才闻彼，即晓此，何等俊快，此便是兴。若一有私系，便如隔十重障，听人言语，木木然不能晓了，只是心地昧略，决不会兴起，虽圣人亦无如之何。须是如迷忽觉，如梦忽醒，如仆者之起，如病者之苏，方是兴也。兴便有仁的意思，是天理发动处，其机不容已。《诗》教从此流出，即仁心从此显现。"志于学"，"志于道"，志于仁，一也。仁是性德，道是行仁，学是知仁。仁是尽性，道是率性，学是知性。学者第一事便要识仁，故孔门问"仁"者最多。孔子一一随机而答，咸具四种悉檀，此是《诗》教妙义。四悉檀者，出天台教义，悉言遍，檀言施。华、梵兼学也。一世界悉檀，"世界"为隔别分限之义，人之根器各有所限，随宜分别，次第为说，名世界悉檀。二为人悉檀，即谓因材施教，专为此一类机说，令其得入，名为人悉檀。三对治悉檀，谓应病与药，对治其人病痛而说。四第一义悉檀，即称理而说也。如樊迟问仁，子曰"爱人"；问知，子曰"知人"：世界悉檀也。答子贡曰"己欲立而立人，己欲达而达人，能近取譬，可谓仁之方也已"，为人悉檀。答司

238

马牛曰"仁者，其言也讱"，答樊迟曰"仁者先难而后获"，对治悉檀也。答颜渊曰"一日克己复礼，天下归仁焉"，第一义悉檀也。其实前三不离后一，圣人元无二语，彻上彻下，彻始彻终，只是一贯，皆是第一义也。颜渊直下承当，便请问其目，孔子拈出"视听言动"一于礼，说仁之亲切，无过于此。颜渊一力担荷，此是孔门问仁第一等公案，于此透脱，斯可以尽性矣。仲弓问仁，孔子告以"敬恕"。仲弓亦一力担荷，此皆是兴之榜样。不如此，不足以为兴也。又如曾子闻"一贯"之言，直应曰"唯"，及门人问，则告之曰："夫子之道，忠恕而已矣。"此是自解作活计，如此方是"兴于《诗》"，以其感而遂通，全不滞在言语边，而真能得其旨也。子曰："苟志于仁矣，无恶也。"又曰："唯仁者能好人，能恶人。""吾未见好仁者、恶不仁者。好仁者，无以尚之；恶不仁者，其为仁矣，不使不仁者加诸其身。"自非见得端的，好恶安能如是之切！此皆《诗》教之义也。又问仁而告以"复礼"，告以"敬恕"，告以"能近取譬"，此并是《诗》教。"仁远乎哉？我欲仁，斯仁至矣。"引《诗》曰："岂不尔思，室是远而。"为之说曰："未之思也，夫何远之有？"[2]"绵蛮黄鸟，止于丘隅。"为之说曰："于止，知其所止，可以人而不如鸟乎？"[3]孺子之歌："沧浪之水清兮，可以濯我缨；沧浪之水浊兮，可以濯我足。"子闻之曰："小子识之，清斯濯缨，浊斯濯足矣。"[4]诗人感物起兴，言在此而意在彼，故贵乎神解，其味无穷。圣人说《诗》皆是引申触类，活鱍鱍地。其言之感人深者，固莫非《诗》也。"天地感而万物化生"，仁之功也；"圣人感人心而天下和平"[5]，《诗》之效也。程子曰："鸡雏可以观仁。"满腔都是生意，满腔都是恻隐，斯可与识仁，可与言《诗》矣。凡《论语》问仁处，当做如此会。以上说"问仁"为《诗》教义竟。

[1] 痿痹（wěi bì）：指肢体不能动或丧失感觉。 [2] 《论语·子罕》："唐棣之华，偏其反而。岂不尔思，室是远而。子曰：未之思也，夫何远

之有？"　　[3] 语出《礼记·大学篇》。　　[4] 语出《孟子·离娄章句上》。　　[5] 引语见《周易·咸卦》象传。

书　教

何言乎问政者皆《书》教义也？《书》以道政事，尧、舜、禹、汤、文、武、周公所以治天下之道在是焉。孔子"祖述尧舜，宪章文武"[1]，梦见周公[2]，告颜渊以四代礼乐[3]，答子张以殷周损益"百世可知"[4]，皆明从本垂迹、由迹显本之大端。政是其迹，心是其本，二帝三王，应迹不同，其心是一。故孟子曰："以不忍人之心，行不忍人之政。""行一不义，杀一不辜，而得天下，〔皆〕不为也。是则同。"此本迹之说也。蔡九峰《书传序》曰："精一执中，尧、舜、禹相授之心法也。建中（立）〔建〕极，〔商〕汤、〔周〕武相传之心法也。曰德曰仁，曰敬曰诚，言虽殊而理则一，无非所以明此心之妙也。〔至于〕言天，则严其心之所自出；言民，则谨其心之所由施。礼乐教化，心之发也；典章文物，心之著也；家齐国治而天下平，心之推也。心之德其盛矣乎！二帝三王，存此心者也；夏桀、商受，亡此心者也；太甲、成王，困而存此心者也。存则治，亡则乱，治乱之分，顾其心之存不存如何耳！后世〔人主〕有志于二帝三王之治（者），不可不求其道；有志于二帝三王之道（者），不可不求其心。"自来说《尚书》大义，未有精于此者。今观《论语》记孔子论政之言，以德为主，则于本迹之说可以无疑也。尧、舜、禹、汤、文、武、周公、孔子之心，一也。有以得其用心，则施于有政，迹虽不同，不害其本一也。后世言政事者，每规规[5]于制度文为之末，舍本而言迹，非孔子《书》教之旨矣。

[1] 语出《礼记·中庸》第三十章："仲尼祖述尧舜，宪章文武，上律天时，下袭水土。"　　[2] 典出《论语·述而》。子曰："甚矣吾衰也！久矣吾不复梦见周公！"　　[3] 典出《论语·卫灵公》："颜渊问为邦。子曰：'行夏

之时，乘殷之辂，服周之冕，乐则《韶》《舞》。放郑声，远佞人。郑声淫，佞人殆。'"　　[4] 典出《论语·为政》。子张问："十世可知也？"子曰："殷因于夏礼，所损益，可知也；周因于殷礼，所损益，可知也。其或继周者，虽百世可知也。"　　[5] 规规：识见浅短拘泥的样子。

《论语》"为政以德"一章，是《书》教要义。德是政之本，政是德之迹。"大哉，尧之为君！惟天为大，惟尧则之。"[1] "无为而治，其舜也欤？"[2] 此皆略迹而言本。《中庸》曰："君子不赏而民劝，不怒而民威于鈇钺[3]。《诗》曰：'不显惟德，百辟其刑之。'〔是故〕君子笃恭而天下平。《诗》曰：'予怀明德，不大声以色。'子曰：'声色之于以化民，末也。'"此为政以德之极致也。"道之以政，齐之以刑，民免而无耻；道之以德，齐之以礼，有耻且格。"数语将一切政治得失判尽。朱子注："政者，为治之具。刑者，辅治之法。德、礼则所以出治之本，而德又礼之本也。"数语亦判得分明。《尚书》多叹德之辞，如："钦明文思安安，允恭克让"[4]，"浚哲文明，温恭允塞"[5]，"克明峻德"[6]，"玄德升闻"[7]，"惇德允元"[8]，如此之类，不可胜举。南宫适问禹、稷躬稼而有天下，子曰："尚德哉若人！"以是推之，《书》教之旨，以德为本，明矣。而孔子之论政皆原本于德，何莫非《书》教之义乎？

　　[1] 语出《孟子·滕文公上》："孔子曰：'大哉尧之为君！惟天为大，惟尧则之。荡荡乎民无能名焉！'"　　[2] 语出《论语·卫灵公》：孔子曰："无为而治者，其舜也与？夫何为哉？恭己正南面而已矣。"　　[3] 鈇钺（fū yuè）：斫刀和大斧，为腰斩、砍头的刑具。泛指刑戮。　　[4] 语出《尚书·虞书·尧典》。钦：恭谨严肃。明：智慧明通。安安：身心安和。允：诚实。恭：恭谨。克：能够。让：让贤。　　[5] 语出《尚书·舜典》。《孔疏》："经纬天地曰文"，"照临四方曰明"。浚：深邃。哲：智慧。温：温和。允：诚信。塞：笃实。　　[6]《礼记·大学》："《帝典》曰：'克明峻德。'"郑玄注："峻，大也。"《尚书·尧典》作"克明俊德"。　　[7] 语出《尚书·舜典》。玄德：深邃而不为人知的品德。升闻：被上帝所知晓。　　[8] 语出《尚书·

《泰和宜山会语》《复性书院讲录》注

舜典》。蔡沈《书经集传》："言当厚有德，信仁人。"惇（dūn）：敦厚。元：仁德。

今举例以明之。如哀公问："何为则民服？"子曰："举直错诸枉，则民服；举枉错诸直，则民不服。"季康子问："使民敬忠以劝，如之何？"子曰："临之以庄，则敬；孝慈，则忠；举善而教不能，则劝。"张钦夫曰："此皆就我所当为者言之。然能如是，则其应有不期然而然者。"哀公、季康子皆怀责效于民之心，而孔子告之皆修之在己之事。故曰："苟正其身矣，于从政乎何有？不能正其身，如正人何？"季康子问政，子曰："政者，正也。子帅以正，孰敢不正？"季康子患盗，问于孔子，子曰："苟子之不欲，虽赏之不窃。"季康子问政于孔子曰："如杀无道，以就有道，何如？"子曰："子为政，焉用杀？子欲善而民善矣。君子之德风，小人之德草。草上之风必偃。"《尧曰》一篇，约尧、舜、禹、汤、武之言，皆修德责己之事，与此同旨。如汤之言曰："朕躬有罪，无以万方；万方有罪，罪在朕躬。"武王之言曰："虽有周亲，不如仁人。百姓有过，在予一人。"二帝三王之用心如此。鲁之君臣虽卑陋不足以及此，孔子之告之，皆就其用心处直下针锤，可使一变至道[1]，故曰《书》教之旨也。

[1] 语出《论语·雍也》。子曰："齐一变，至于鲁；鲁一变，至于道。"朱熹《集注》说："齐俗急功近利，喜夸诈，乃霸政之余习；鲁则重礼教，崇信义，犹有先王之遗风焉。"

论政亦具四悉檀。如曰："既庶矣，富之；既富矣，教之。""足食足兵，民信之矣。""谨权量，审法度，修废官。""兴灭国，继绝世，举逸民。""所重：民、食、丧、祭。""不患寡而患不均，不患贫而患不安。均无贫，和无寡，安无倾。"世界悉檀也。答叶公问政

242

曰:"近者悦,远者来。"答子夏为莒父宰问政曰:"无欲速,无见小利。"答仲弓为季氏宰问政曰:"先有司,赦小过,举贤才。"为人悉檀也。答哀公、季康子诸问及定公问一言"兴邦""丧邦",答齐景公问政曰:"君君、臣臣、父父、子子。"对治悉檀也。答子张问政曰:"居之无倦,行之以忠。"答子路问政曰:"先之劳之。"请教,曰:"无倦。"答子贡问"必不得已而去"曰:"去兵""去食","自古皆有死,民无信不立。"答子路问君子曰:"修己以敬。"皆第一义悉檀也。"〔恭则不侮,〕宽则得众,信则民任焉,敏则有功,(公则说)〔惠则足以使人〕。"答子张问从政以"尊五美,屏四恶",其言尤为该备。世界悉檀也。《中庸》"哀公问政"一章,其要义曰:"为政在人,取人以身,修身以道,修道以仁。"第一义悉檀也。二《戴记》中七十子后学之徒记孔子论政之言,不可殚举,以《论语》准之,莫非《书》教义。又一一悉檀,皆归第一义悉檀,学者当知。

"帝""王"皆表德之称。《说文》:"帝,谛也。《春秋元命包》《运斗枢》皆有此文。王天下之号。""谛,审也。"《诗》毛传曰:"审谛如帝。""审谛"是义理昭著之意,犹言"克明峻德"。谓此一理显现,谛实不虚,名之曰"帝"。"王者,往也。天下所归往也。"《春秋繁露》曰:"古之造文者,三画而连其中谓之'王'。三者,天、地、人也。而参通之者,王也。"[1]许书引孔子曰:"一贯三为王。"言其与天地合德,人所归往,故谓之王。《易乾凿度》曰:"易有君人之号五:帝者,天称〔也〕;王者,美(称)〔行也〕;天子者,爵号〔也〕;大君者,与上行异;大人者,圣明德备也。变文以著名,题德以别操。"郑注云:"虽有隐显,应迹不同,其致一也。"此明五号元无胜劣,只是变文,迹有隐显,本惟是一。又德隐而文显,显是有为,隐是无为。明道曰:"自私则不能以有为为应迹[2],用智则不能以明觉为自然。"故帝王以应迹而殊称,圣德则明觉之自证。庄子言"内圣外王"者,亦本迹[3]之义也。《孔子闲居》子夏问曰:

243

《泰和宜山会语》《复性书院讲录》注

"三王之德,参于天地。敢问如何斯可谓参天地矣?"孔子曰:"天无私覆,地无私载,日月无私照。奉斯三者,以劳天下,此之谓三无私。"无私而后能应迹。所谓"廓然而大公,物来而顺应","天叙有典,敕我五典五惇哉!天秩有礼,自我五礼有庸哉!""天命有德,五服五章哉!天讨有罪,五刑五用哉!"此皆物各付物,不杂一毫私智于其间。体信达顺之道,亦即自然之明觉也。明乎此,则知从本垂迹,由迹显本,为《书》教之大义,可以无疑也。今人每以"帝"、"王"为封建时代之名号,不知其本义也。中土三代封建,以亲亲尊贤为义,与欧洲封建制绝不同。柳子厚作《封建论》,全以私意窥测圣人,已近于今之言社会学,正是失之诬也。如今人所指斥之帝国主义,乃是霸者以下之事,以霸者犹不利人之土地也。今以侵略兼并,号为"帝国",是夷狄之道。"皇帝"一名,已被秦始皇用坏,今言帝国,尤天壤悬殊。然古义须还他古义,不得乱以今名致疑,学者当知。

[1] 此乃许慎《说文解字》所引《春秋繁露》文,与《春秋繁露》原文略有出入。 [2] 应迹:佛教术语,谓应化垂迹。即佛菩萨应众生之机缘而自其本体示现种种身以济度众生。 [3] 本迹:为"本门"与"迹门"的并称,又云"本地垂迹",略云"本迹"。"本"谓久成之本地,"迹"谓近成之垂迹,即指实体与影现。本门,谓如来于久远往昔即已成道(久远实成之本佛),以显示佛陀之本地、根源、本体说,故谓实体;迹门,指新近示现之佛陀,以显示本佛为教化众生,而自本地应化垂迹之说,故谓应迹、影现。

又复当知:《书》教之旨,即是"立于礼"。孔子曰:"道之以德,齐之以礼。"凡一切政典,皆礼之所摄。《易·系辞》曰:"观其会通,以行其典礼。"典礼即是常事。二帝之书名为"典"者,明其为常事也。圣人之用心,只是行其当然之则,尽其本分之事而已。惟恐其有未当理者,惟恐其有不尽分者,绝无一毫居德求功之意,然后功德乃可成就。君如尧、舜,臣如禹、稷、契、皋陶、伯益,方做到能尽其分,岂有加哉!观其"严恭寅畏"[1]"都俞吁咈"[2]丁宁诰诫之辞,兢兢业业,岂有一毫矜伐于其间?此最学者所当深味。

伊尹之告太甲，傅说之告高宗，周公之告成王，其言又为如何？《礼运》曰：禹、汤、文、武、成王、周公，"此六君子者，未有不谨于礼者也。"学至圣人，也只是个"谨于礼"，才有不谨，即便放倒，如何能立？故曰立身，曰立事，曰立政，皆谓确乎不拔，不为外物之所摇动，必有刚大之气，乃可语于"立"。子有"未见刚者"之叹[3]。如曾子在孔门，可谓刚者，观其言可见，而曾子最谨于礼。仲弓宽弘简重，亦近于礼者，许其"可使南面"[4]。学者渐濡[5]于《书》教之久，必能有见于此，而后知"立于礼"之言与《书》教相通也。

[1] 语出《尚书·无逸》。蔡沈《集传》："寅则钦肃，畏则戒惧。"
[2] 都俞吁咈（xū fú）：典出《尚书·尧典》。"帝曰：'吁！咈哉！'"又《尚书·益稷》："禹曰：'都，帝，慎乃在位。'帝曰：'俞！'"本是表示尧、舜、禹等讨论政事时发言的语气词，后用以赞美君臣论政问答的融洽雍睦。
[3] 典出《论语·公冶长篇》。子曰："吾未见刚者。"　[4] 出自《论语·雍也》，子曰："雍也，可使南面。"　[5] 渐濡：浸染，熏染。

应迹之说，学者一时未喻，可求之《孟子》。如曰："禹、稷、颜子易地则皆然。""地"即谓"迹"也。大行不加，穷居不损[1]，其本不异也。舜饭糗茹草，若将终身，自耕稼陶渔，以至为帝，若固有之[2]，可谓能行其典礼矣。孔子无可无不可，布衣穷居，虽不得位，而尧、舜、禹、汤、文、武之道在是焉。故程子曰："尧舜事业如一点浮云过太虚。"学者必由迹以观本，而不徒滞其迹以求之，乃可以得圣人之用心，然后于"应迹不同，其致一也"之旨无惑也。如是乃可与言《书》，可与论政矣。以上说问政为《书》教义竟。

[1] 典出《孟子·尽心上》："君子所性，虽大行不加焉，虽穷居不损焉，分定故也。"　[2] 语出《孟子·尽心上》，孟子曰："舜之饭糗茹草也，若将终身焉；及其为天子也，被袗衣，鼓琴，二女果，若固有之。"

礼乐教上

何言乎答问孝皆礼乐义也？礼者，天地之序。乐者，天地之和。《易·序卦》曰："有夫妇然后有父子，有父子然后有君臣，有君臣然后有上下，有上下然后礼义有所错[1]。"此自然之序也。《虞书》舜命契曰："百姓不亲，五品[2]不逊，汝作司徒，敬敷五教[3]在宽。"五教之目，皆因其秉彝之所固有而导之，使亲睦逊顺，天性呈露，不能自已，则是和之至也。故曰："人人亲其亲，长其长，而天下平。"《礼运》曰："圣人以天下为一家，以中国为一人。""父慈，子孝，兄良，弟弟，夫义，妇听，长惠，幼顺，君仁，臣忠，十者谓之人义；讲信修睦，谓之人利；争夺相杀，谓之人患。"[4]十义者亦因五教之目而广之。所谓人利、人患者，亦即亲与不亲、逊与不逊之别耳。礼乐之义，孰有大于此者乎？而行之必自孝弟始，故《孝经》一篇，实六艺之总归，所以谓之"至德要道，以顺天下"[5]也。"爱亲者，无敢恶于人；敬亲者，无敢慢于人。爱敬尽于事亲，而德教加于百姓，刑[6]于四海。"举是心以推之而已。有子曰："君子务本，本立则道生。孝弟也者，其为仁之本欤？"孟子曰："仁之实，事亲是也；义之实，从兄是也；知之实，知斯二者弗去是也；礼之实，节文斯二者是也；乐之实，乐斯二者，乐则生矣，生则恶可已也。"有子、孟子之言，皆至精本实，皆直指本心之体。一切大用，皆从此流出，故曰生。但有子单约行仁言，孟子则兼举四德而终之以乐，其义尤为该备。伊川作《明道行状》云："知尽性至命必本于孝弟，穷神知化由通于礼乐。"此以孝弟与礼乐合言，性命与神化并举。行孝弟，则礼乐由此生，性命由此至，神化由此出；离孝弟，则礼乐无所施，性命无所丽，神化无所行。故知孝弟则通礼乐矣，尽孝弟则尽性命矣，尽性命则穷神化矣。离此而言礼乐，则礼乐为作伪也；离此而言性命，则性命为虚诞也；离此而言神化，则神化为幻妄也。故曰本曰实，皆克指此心发用之所由来，舍此则何由以见之邪？故知性命不离当处，即在伦常日用中现前一念。孝弟之心，实万化之根原，至道之极归。故曰："孝弟之至，通于神明，光于四海，无所不通。"[7]自来料简儒家与二氏之异者，精确无过于此语，学者当知。今引伊川原文，略为附释如下：

[1] 错：同"措"，打磨、措置、施设。 [2] 五品：指五常，指旧时的五种伦常道德，即仁、义、礼、智、信。 [3] 五教：指五种伦理道德之教育，即父义、母慈、兄友、弟恭、子孝。 [4] 本段所引还是《礼记·礼运》文。 [5] 语出《孝经·开宗明义》。唐玄宗注："孝者，德之至，道之要也。"邢昺疏："言先代圣帝明王皆行至美之德，要约之道，以顺天下人心而教化之。" [6] 刑：通"型"，表率。 [7] 语出《孝经·感应章第十六》。

伊川作《明道行状》，叙明道为学，自十五六时，闻周茂叔[1]论道，遂慨然有求道之志。"未知其要，泛滥诸家，出入释、老者几十年，返求诸六经而后得之。明于（人伦）〔庶物〕，察于（庶物）〔人伦〕，知尽性至命必本于孝弟，穷神知化由通于礼乐。辨异端似是之非，开百代未明之惑。秦汉而下，未有臻斯理也。"初言"未知其要"，继言"返求而得"。"知尽性至命"二句，明此乃真为道要。前所求而未知者，未知此理也。后之返求而得者，实知此理，实臻此理而已。以下料简异学之过。"自谓〔之〕穷神知化而不足以开物成务，言为无不周遍，实则外于伦理"，亦即与此二句相违，义至明显。学者切当于此着眼，自己体究。与此理相应即是，与此理相违即不是。言"尽性至命"者，就天所赋而言则谓之命，就人所受而言则谓之性，其实皆一理也。物与无妄谓之赋，各一其性谓之受。万物一太极，一切即一也。物物一太极，一即一切也。《大戴礼·本命篇》"分于道谓之命，形于一谓之性"，犹以气言，不及伊川"天赋""人受"纯以理言。此理人所同具，初无欠缺。"尽"是尽此理而不遗，"至"是至此理而不过。"尽"以周帀无余为义，"至"以密合无间为义。孟子曰："人之所不虑而知者，其良知也；所不学而能者，其良能也；孩提之童，莫不知爱其亲也；及其长也，莫不知敬其兄也。"[2] 天地万物本是一体，即本此一理，本此一性，本此一命。不知性者，迷己为物，循物丧己，执有物与己为对，于是有取之心生而以物为外，以其有外，则物我间隔，不能相通，遂成睽乖之象，此《睽》之所以继《家人》[3]也。唯赤子之心，其爱敬发于天然，视其父母兄弟犹一体，无有能所之分、施报之责，此其情为未睽。以父母之性为性，以父母之命为命，而己无与焉，此谓全身奉父，无一毫私吝于其间，序之至，和之至也。人能保是心，极于《孝经》之"五教"，是之谓"致良知"。"尽性至命"之道在是矣。乐自顺此生，礼自体此作。妙用无方之谓神，流行合同之谓化。穷者，究极之称。知者，实证之量。通则交参互入，彻始彻终，无往而非礼乐，即无往而非神化矣。"不言而信"，"不动而敬，无为而成"，"不疾而速"，"立之斯立，道之斯行，绥之斯来，动之斯和"，此皆极言礼乐自然之效，神化之至也。故曰："尧舜之道，孝弟而已矣"；"夫子之道，忠恕而已矣"。圣人"所过者化，所存者神"，岂有他哉！充扩得去时，天地变化草木蕃；充扩不去时，天地闭，贤人隐。"人而不仁，如礼何？人而不仁，如乐何？""亲亲而仁民，仁民而爱物。"言举是心加诸彼而已矣。忠恕即礼乐之质也，礼乐即孝弟之施也，神化即性命之符也。《孝经》曰："教民亲爱，莫善于孝；教民礼顺，莫善于弟；移风易俗，莫善于乐；安上治民，莫善于礼。礼者，敬而已矣。故敬其父则子悦，敬其兄则弟悦，敬其君则臣悦，敬一人而千万人悦。所敬者寡而所乐者众，此之谓要道也。""教以孝，所以敬天下之为人父者；教以弟，所以敬天下之为人兄者也；教以臣，所以敬天下之为人君者也。《诗》云：'岂弟[4]君子，民之父母。'非至德，孰能顺民如此其大者乎？"此皆以孝弟与礼乐合言，明其为至德要道。虽单提一"敬"字，然言"悦"、言"顺"及引《诗》言"岂弟"，皆乐义也。故言孝弟则礼乐在其中矣，言礼而乐在其中矣。《大学》曰："君子不出家而成教于国。孝者，所以事君也；弟者，所以事长也；慈者，所以使众也。""一家仁，一国兴仁；一家让，一国兴让；一人贪戾，一国作乱。""其为父子兄弟足法，而后民法之。""上老老而民兴孝，上长长而民兴弟，上恤孤而民不倍，是以君子有絜矩之道[5]也。"所谓"治国在齐其家"，"平天下在治其国"，皆以孝、弟、慈为本。其言兴仁、兴让、兴孝、兴弟、不倍者，以其自然之效言之，亦乐义也。学者知此，则于伊川以孝弟与礼乐合言之旨可以无碍，而于《论语》问孝之为礼乐义可以思过半矣。

[1] 周茂叔：即周敦颐。　[2] 著者所引孟子语，盖凭记忆，与原文个别字句略有出入，然于义理无妨。　[3] 《睽》《家人》：分别是《周易》六十四卦中的第三十八卦和第三十七卦。　[4] 岂弟（kǎi tì）：和乐平易。[5] 絜矩（xié jǔ）：絜，度量。矩，矩形。度量矩形一边的长度就能推知对边的长度。君子审己度人，以同理心替人设想，使人我之间各得其宜。

礼乐教中

以四悉檀配之。答孟懿子曰："无违。"世界悉檀也。答孟武伯曰："父母唯其疾之忧。"为人悉檀也。答子游曰："不敬何以别乎？"答子夏曰："色难。"对治悉檀也。答或问禘之说曰："知其说者之于天下也，其如示诸斯乎？"指其掌。第一义悉檀。又一一悉檀皆归第一义，推之可知。"生，事之以礼；死，葬之以礼，祭之以礼。"特拈出一"礼"，养生送死之义尽矣。君子跬步不敢忘亲，谨于礼之至也。"一朝之忿，忘其身以及其亲"，为父母忧之大者。《中庸》曰："无忧者，其唯文王乎？以王季为父，以武王为子，父作之，子述之。"无忧之至，即乐之至也。能养而不能敬，则礼阙矣。《祭义》

曰："孝子之有深爱者，必有和气；有和气者，必有愉色；有愉色者，必有婉容。"不知"色难"[1]，则乐阙矣。曾子曰："大孝尊亲，其次弗辱，其下能养。"公明仪问于曾子曰："夫子可以为孝乎？"曾子曰："君子之所谓孝者，先意承志，谕父母于道。参直养者也，安能为孝乎？"[2]"身也者，父母之遗体也。行父母之遗体，敢不敬乎？居处不庄，非孝也；事君不忠，非孝也；莅官不敬，非孝也；朋友不信，非孝也；战阵无勇，非孝也。五者不遂，裁及于亲，敢不敬乎？"夫五者不遂皆疾也。"裁及于亲"，为亲忧也。又曰："（烹）〔亨〕熟膻芗[3]。尝而荐之，非孝也，养也。君子之所谓孝也者，国人称愿（然）〔焉〕曰：幸哉！有子如此。所谓孝也已。（众）〔民〕之本教曰孝，其行曰养。养可能也，敬为难；敬可能也，安为难；安可能也，卒为难。父母既没，慎行其身，不遗父母恶名，可谓能终矣。仁者仁此者也，礼者（履）〔体〕此者也，义者宜此者也，信者信此者也，强者强此者也。强即是勇。乐自顺此生，刑自反此作。"又曰："夫孝，置之而塞乎天地，溥之而横乎四海，施诸后世而无朝夕，推而放诸东海而准，推而放诸西海而准，推而放诸南海而准，推而放诸北海而准。《诗》云'自西自东，自南自北，无思不服'，此之谓也。"又曰："小孝用力，中孝用劳，大孝不匮。思慈爱忘劳，可谓用力矣；尊仁安义，可谓用劳矣；博施备物，可谓不匮矣。"[4]

[1] 色难：意思是要做到对父母始终和颜悦色很难。出自《论语·为政》。 [2] 语出《礼记·祭义》。先意承志：意思是指孝子不等父母开口就能顺父母的心意去做。谕父母于道：意思是让父母明白道理。参：是曾子自称其名。 [3] 膻芗（shān xiāng）：指烧煮牛羊肉的气味，亦泛指牛羊肉。 [4]《礼记注疏》："'思慈爱忘劳，可谓用力矣'者：以庶人思父母慈爱，忘躬耕之劳，可谓用力矣。'尊仁安义，可谓用劳矣'者：诸侯、卿、大夫、士尊重于仁，安行于义，心无劳倦，是可谓用劳矣。'博施备物，可谓不匮矣'者：匮，乏也，广博于施，则德教加于百姓，刑于四海是也。备物，谓四海之内，各以其职来助祭，如此即是大孝不匮也。"

曾子亲传《孝经》，今二《戴记》凡言丧祭义者，多出曾子，无异为《孝经》作传。观其推言礼乐之大而严孝养之别，出于孔子答问孝之旨可知也。但孔子之言约，曾子之言广耳。子曰："父在，观其志；父没，观其行。三年无改于父之道，可谓孝矣。"此与《中庸》"武王、周公其达孝矣乎？夫孝者，善继人之志，善述人之事者也"同旨。曾子曰："慎终追远，民德归厚矣。"礼莫重于丧祭，丧礼是慎终，祭礼是追远，故"丧祭之礼废"则"倍死忘生者众"，"明乎郊社之礼，禘尝之义，治国其如示诸掌乎"，皆善继善述之推也。《郊特牲》曰："万物本乎天，人本乎祖。"社者，祭地而主阴气。郊者，大报天而主日。地载万物，天垂象，取财于地，取法于天，是以尊天而亲地也。社所以报本返始也，"郊之祭也，大报本反始也"。《祭统》曰："祭有四时：春祭曰礿，夏祭曰禘，秋祭曰尝，冬祭曰烝。礿、禘，阳义也。尝、烝，阴义也。禘者，阳之盛也。尝者，阴之盛也。""古者于禘也，发爵赐服，顺阳义也；于尝也，出田邑，发秋政，顺阴义也。""故曰：禘尝之义大矣，治国之本也。"荀子曰："礼有三本：天地者，生之本也；先祖者，类之本也；君师者，治之本也。无天地，恶生？无先祖，恶出？无君师，恶治？三者偏亡焉，无安人。故礼上事天，下事地，尊先祖而隆君师，是礼之三本也。"《孝经》曰："昔者明王事父孝，故事天明；事母孝，故事地察；长幼顺，故上下治。天地明察，神明彰矣。"神明彰，犹言神化著明也。《哀公问》引孔子曰："古之为政，爱人为大。不能爱人，不能有其身；不能有其身，不能安土；不能安土，不能乐天；不能乐天，不能成其身。"公曰："敢问何谓成身？"孔子对曰："不过乎物。"公曰："敢问君子何贵乎天道也？"孔子对曰："贵其不已，如日月东西相从而不已也，是天道也；不闭其久，是天道也；无为而物成，是天道也；已成而明，是天道也。""仁人不过乎物，孝子不过乎物，是故仁人之事亲也如事天，事天如事亲。是故孝子成身。"《孝经》曰："父母生之，续莫大焉；君亲临之，厚莫重焉。"

综上来诸义观之，则知所谓"无改"，所谓"善继""善述"，所谓"报本""追远"，所谓"事天""事亲"，所谓"爱人""成身"，所谓"续莫大焉""厚莫重焉"者，皆一理也。今略释《哀公问》"爱人""成身"义，余可准知。

夫言"不能有其身"，是无身也。"爱人为大"者，无私之谓大，私则小矣。对天言则谓之仁人，对亲言则谓之孝子。爱人者，本爱亲之心以推之，故"不独亲其亲，不独子其子"，"老者安之，朋友信之，少者怀之"，使天下无一物不得其所，然后乃尽此心之量，是以天地万物为一身也。"不过乎物"者，如理如量之谓，犹言不遗也。《易·大传》曰："曲成万物而不遗。"身外无物，成物之事即成身之事。"成"之为言，"全"也。"父母全而生之，子全而归之"，无一毫亏欠，斯谓之全。物亦身也，物有亏欠，则身有亏欠。若以物为外，则外其身。遗身而恶物与徇物而丧己者，其病是同。以其所谓身者私己也，私其身者，亦以物为可私，于是人与我睽，身与物睽。执有身见，有物见，有人见，有我见，则天地万物皆外矣。孝子之身则父母之身也，仁人之身则天地之身也。乐正子春曰："吾闻诸曾子，曾子闻诸夫子曰：'不亏其体，不辱其身，可谓全矣。'"此成身之义，即继述之义，即报本之义，亦即相续之义、不已之义也。横渠《西铭》实宗《孝经》而作，即以事天事亲为一义，故曰："天地之塞吾其体，天地之帅吾其性"，"存吾顺事，没吾宁也"，斯可谓成身矣。"乾称父，坤称母"，斯能达孝矣。"民吾同胞，物吾与也"，斯能达弟矣。《祭义》曰："先王之所以治天下者五：贵有德，贵贵，贵老，敬长，慈幼。此五者，先王之所以定天下也。贵有德，〔何为也？〕为其近于道也；贵贵，为其近于君也；贵老，为其近于亲也；敬长，为其近于兄也；慈幼，为其近于子也。"五者皆即孝弟之心以推之。又曰："虞、夏、殷、周，天下之盛王也。未有遗年者。""七十杖于朝，君问则席；八十不俟朝，君问则就之，而弟达乎朝廷矣。"[1]"见老者则车徒辟，斑白者不以其任行乎道路[2]，而弟达乎道路矣。居乡以齿，而老穷不遗，强不犯弱，众不暴寡，而弟达乎州巷矣。""五十不为甸徒，颁禽隆诸长者，而弟达乎蒐狩[3]矣。军旅什伍，同爵则尚齿，而弟达乎军旅矣。"是故礼乐之兴，皆孝弟之达也；继天立极，为事亲之终也；尽性至命，即孝子之成身也；穷神知化，即天道之不已也。礼乐之义孰大于是？

[1]《礼记注疏》卷四十八："'七十杖于朝，君问则席'者：以其尚齿，故七十者许之据杖于朝，若君有问则布席令坐也。'八十不俟朝，君问则就之'者：年已八十不但杖于朝而已，见君揖则退，不待朝事毕也。若君有事问之，则就其室。是逊弟敬老之道通达于朝廷矣。" [2]《礼记注疏》卷四十八："'车徒辟'，乘车步行皆辟老人也。'斑白者'，髪杂色也。'任'，所担持也。'不以任'，少者代之。" [3]《礼记注疏》卷四十八："四井为邑，四邑为丘，四丘为甸。甸：六十四井也，以为军田出役之法。五十始衰，不从力役之事也。'颁'之言，分也。'隆'犹'多'也。及田者分禽多其老者，谓竭作未五十者。春猎为蒐（sōu），冬猎为狩。"

礼乐教下

子夏问："何如斯可谓民之父母？"孔子答以"必达于礼乐之原"。孝弟者，即礼乐之原也。《礼运》曰："夫礼，必本于天，殽于地，列于鬼神，达于丧、祭、射、乡、冠、昏、朝、聘。乡，今本作"御"，误。据《仲尼燕居》"射乡之礼，所以仁乡党也"，正当作"乡"。邵懿辰《礼经通论》谓以形近而误，良是。故圣人以礼示之，（故）天下国家可得而正也。"[1]《仲尼燕居》曰："郊社之义，所以仁鬼神也；尝禘之礼，所以仁昭穆也；馈奠之礼，所以仁死丧也；射乡之礼，所以仁乡党也；食飨之礼，所以仁宾客也。"[2]皆本此一念以推之。以天地万物为一体，即是合天地万物为一身也。《仪礼·丧服传》是子夏所作，其义至精，即明一体之义。尊尊亲亲，有从服，有报服[3]，故曰："父子一体也，夫妻一体也，昆弟一体也。"与尊者一体则为之从，如为世父、叔父期。旁尊则为之报。如为昆弟之子期。父至尊也，父为长子亦三年。"正体于上，又乃为所传重也"，谓为先祖之继体也。"为人后者"，为其所后三年。"受重者必以尊服服之。""大宗者，尊之统也。""尊祖故敬宗，敬宗者，尊祖之义也。""禽兽知有母而不知父，野人曰父母何算焉，都邑之士则知尊祢[4]矣，大夫及学士则知尊祖矣。诸侯及其太祖，天子及其始祖之所自出。"此以庙制言之，天子七庙，诸侯五庙，大夫三庙，适士二庙，中下士一庙。故曰："尊者尊统上，卑者尊统下。""上""下"犹"远""近"也。德厚者，其文缛，所推者远也。由报本反始推之，极于天地；由仁民爱物推之，极于禽兽草木：使各得其理，各遂其生。故伐一木、杀一兽，不以其时，非孝也。斧斤以时入山林，网罟以时入川泽。仁政之行，必推致其极，然后可以充此心之量，尽礼乐之用也。

[1] 语出《礼记正义·礼运第九》。《疏》曰：云"夫礼必本于天"，言圣人制礼，必则于天。礼从天出，故云"必本于天"。非但本于天，又"殽于地"。殽，效也，言圣人制礼，又效于地，天远故言本，地近故言效。"列于鬼神"，言圣人制礼，布列效法于鬼神，谓法于鬼神以制礼。圣人既法天地鬼神以制礼，本谓制礼以教民，故祀天禋地，享宗庙，祭山川，一则报其礼之所来之功，二则教民报上之义。"达于丧、祭、射、御、冠、昏、朝、聘"者，民既知严上之义，晓达丧礼，丧有君亲，知严上则哀其君亲，是晓达丧礼也。祭，是享祀君亲，既知严上则达于祭也。射、御，是防御供御尊者，人知严上，则达于射御。（按："御"，当从马一浮先生说，改为"乡"。）冠，有著代之义；昏，有代亲之感。人知严上，则达冠昏矣。朝，是君之敬上；聘，是臣之事君。民知严上则达于朝聘，在下既晓于此八者之礼，无教不从。"故圣人以礼示之，（故）天下国家可得而正也"者。天下，谓天子。国，谓诸侯。家，谓卿大夫。下既从教，不复为邪，故得而正也。　　[2] 语出《礼记正义·仲尼燕居第二十八》："郊社之义，所以仁鬼神也"者，仁，谓仁恩，相存念也。郊社之祭，所以存念鬼神也。"馈奠之礼，所以仁死丧也"者，谓人之初死，

254

设此馈食之奠，所以存念死丧。此以上皆是存留死事之善者，善事既全，则恶事除去也。"射乡之礼，所以仁乡党也"，射，谓乡射；乡，谓乡饮酒也。礼：乡党中有乡射，有乡饮酒者，存乡党故也。然射在乡上者，欲明乡射与乡饮酒别也。此"仁乡党"及下"仁宾客"皆是存生之善者也。《注》"郊有后稷，社有句龙"。正义曰：《注》称此者，解经"郊社仁鬼神"之义。鬼神，谓人之鬼神，故以后稷、句龙言之。此鬼神与昭穆死丧相类，故知非阴阳七八九六之鬼神也。　　[3]《礼记正义·丧服小记第十五》："亲亲，谓父母也；尊尊，谓祖及曾祖、高祖也。""从服""报服"，是古人按照亲疏等差而服丧的礼制。[4] 祢：先父的祠庙。《公羊传·隐公元年》。何休《解诂》："生称父，死称考，入庙称祢。"

"宰我问三年之丧期已久矣"一章，是圣人吃紧为人处，即丧礼之要义也。"于汝安乎？"先令反求诸心。"汝安，则为之。"绝之严、责之深矣。及宰我出，子曰："予之不仁也！子生三年，然后免于父母之怀。夫三年之丧，天下之通丧也，予也有三年之爱于其父母乎？"故非孝者无亲，为短丧之说者皆不仁之甚，圣人之所绝也。《礼记·三年问》一篇，即明此章之义。故曰："三年之丧，人（类）〔道〕之至文者也"，"是百王之所同，古今之所壹也，未有知其所由来者也。"此见文野之分于此判之。言"未有知其所由来者"，谓其由来已久也。滕文公为世子，其父定公薨，使其傅然友问于孟子而行三年之丧。其时滕之群臣皆不欲，曰："吾宗国鲁先君莫之行，吾先君亦莫之行也。"当孟子之时，诸侯已不能行三年丧，故孟子引曾子之言，而谓"诸侯之礼，吾未之学；虽然，吾尝闻之：三年之丧，齐疏之服，飦粥之食，自天子达于庶人，三代共之"[1]。据《尧典》曰："二十有八载，（放勋）〔帝〕乃徂落，百姓如丧考妣。三年，四海遏密八音。"是唐、虞已然。《孟子》复有"尧、舜、禹崩，三年之丧毕"之文，是必《书》说之佚者。可证唐、虞之时，臣民之为君丧亦三年，犹父母也。朱子曰："'丧礼''经界'两章，见孟子之学，识其大者。是以虽当礼法废坏之后，〔制度节文不可复考，〕

255

而能因略以致详，推旧而为新，不屑屑于既往之迹，而能合乎先王之意，可谓命世亚圣之才矣。"今人与言井田之制，或犹以为古代经济制度在所当知；与言丧服，则罕有知其为礼之大本者，读《论》《孟》可以思其故矣。

　　[1] 语出《孟子集注·滕文公章句上》。朱注："三年之丧者，子生三年，然后免于父母之怀。故父母之丧，必以三年也。齐（zī）：衣下缝也。不缉曰斩衰，缉之曰齐衰。疏：粗也，粗布也。飦（zhān）：糜也，丧礼规定三日始食粥；既葬，乃疏食。"

　　《三年问》曰："凡生天地之间〔者〕，有血气之属，必有知；有知之属，莫不知爱其类。今是大鸟兽，〔则〕失丧其群匹，越月踰时焉，则必反巡，过其故乡，翔回焉，鸣号焉，蹢躅焉，踟蹰焉，然后乃能去之。小者至于燕雀，犹有啁噍之顷焉，然后乃能去之。故有血气之属者，莫知于人；故人于其亲也，至死不穷。将由夫患邪淫之人欤？则彼朝死而夕忘之，然而从之，则是曾鸟兽之不若也。夫焉能相与群居而不乱乎？将由夫修饰之君子欤？则三年之丧，二十五月而毕，若驷之过隙，然而遂之，则是无穷也。故先王〔焉，〕为之立中制节，〔壹〕使足以成文理，则释之矣。"[1] 故三年之丧，称情而立文。"三年以为隆，缌小功以为杀，期九月以为间"[2]，"人之所以群居和壹之理尽矣"，"人道之至文者也"。在《易·涣》之象曰："风行水上，涣。先王以享于帝，立庙。"夫人心不和壹则离散，所以系人心、合离散之道莫大于宗庙祭祀，故丧祭之礼重焉。《檀弓》曰："太公封于营丘，比及五世，皆反葬于（其国）〔周〕。君子曰：'乐，乐其所自生；礼，不忘其本。'古之人有言曰：'狐死正丘首。'[3] 仁也。"《曲礼》曰："国君去其国，止之曰：'奈何去社稷？'大夫，曰：'奈何去宗庙也？'士，曰：'奈何去坟墓也？'"今责人以爱国而轻去其礼，爱国之心何自而生乎？《礼运》曰："礼之于人也，犹酒之有蘖[4]也，君子以厚，小人以薄。""唯圣人知礼之

256

不可以已也，故坏国、丧家、亡人，必先去其礼。"《经解》曰："以旧坊为无所用而坏之者，必有水败；以旧礼为无所用而去之者，必有乱患。"《乐记》曰："土敝则草木不长，水烦则鱼鳖不大，气衰则生物不遂，世乱则礼慝而乐淫。"故厚于礼则治，薄于礼则乱，孝弟薄而丧祭之理废，则倍死忘生者众。教民不倍，则必自重丧祭始矣。

[1] 语出《礼记正义·三年问第三十八》。踟蹰（zhí zhú）：徘徊不前的样子。踟蹰（chí chú）：徘徊，心中犹疑，要走不走的样子。啁噍（zhōu jiào）：象声词，鸟虫鸣声。　[2] 出自《礼记正义·三年问第三十八》："'故三年以为隆'者，谓恩爱隆重。'缌小功以为杀'者，谓情理杀薄。'期九月以为间'者，是隆杀之间也。"缌（sī）：制作丧服的细麻布。隆杀（lóng shài）：指尊卑、厚薄、高下。　[3] 狐死正首丘：古代传说，狐狸如果死在外面，一定把头朝着它的洞穴。比喻不忘本或怀念故乡，也比喻对故国、故乡的思念。　[4] 蘖（niè）：酿酒的曲。

《檀弓》引孔子曰："之死而致死之，不仁而不可为也。之死而致生之，不知而不可为也。"[1]子游曰："人死，斯恶之矣。无能焉，斯倍之矣。是故制绞衾，设蒌翣，为使人勿恶也。始死，脯醢之奠；将行，遣而行之；既葬而食之，未有见其飨之者也。自上世以来，未之有舍也。为使人勿倍也。"[2]是故"事死者如事生，事亡者如事存"，"祭如在，祭神如神在"，"洋洋乎如在其上，如在其左右"。"散斋七日，致斋三日"[3]，乃见其所为。斋者，僾乎如有见，忾乎如有闻[4]，精诚之至而后可以交于神明。曰："庶或飨之，庶或飨之，孝子之志也。"谢上蔡曰："祖考的精神即是自家的精神。是故孝弟之至，通于神明，光被四表，格于上下，皆此精神为之。"故凡有血气，莫不尊亲，此神化自然之效也。

[1]《礼记正义》卷八：之，往也。死之、生之，谓无知与有知也。为，犹行也。知，音智。这段话的意思是，用器物送葬，认定死者是无知的，这是不仁爱的，所以不可行；认定死者还有觉知，这是不明智的，所以也不可行。　[2] 出自《礼记正义·檀弓下第四》。绞衾（jiǎo qīn）：入敛时裹束尸

体的束带和衾被。蒌翣（lóu shà）：古代棺饰，或为覆于棺上的彩帛，或为绘于外板的彩饰。脯醢（fǔ hǎi）：干肉和肉酱，为佐酒的菜肴。　　[3] 散斋：七日不近妃妾、不举乐、不吊丧的斋戒。致斋三日：其二日于太极殿，一日于行宫。　　[4] 僾（ài）：依稀，仿佛。忾（xì）：叹息。

　　复次当知《论语》中凡言"不争"者，皆《礼》教义；凡言"无怨"者，皆《乐》教义。《诗》曰："神罔时怨，神罔时恫。"《孝经》曰"行满天下无怨恶"，孝子之格也；"礼让为国"，"在丑不争"，弟之达也。故曰："求仁而得仁，又何怨"，"不念旧恶，怨是用希"，"在邦无怨，在家无怨"，"不怨天，不尤人"，皆本于孝也。"揖让而升，下而饮，其争也君子"，"绥之斯来，动之斯和"[1]，"于乡党恂恂如也，似不能言者"[2]，皆本于弟也。《乐记》曰："乐至则无怨，礼至则不争……暴民不作，诸侯宾服，兵革不试，五刑不用，百姓无患，天子不怒，如此则乐达矣。合父子之亲，明长幼之序，以敬四海之内，〔天子〕如此，则礼行矣。"又曰："万物之理，各以类相动也。是故君子反情以和其志，比类以成其行。奸声乱色，不留聪明；淫乐慝礼，不接心术；'放郑声，远佞人'，即是义。惰慢邪僻之气，不设于身体：使耳目鼻口心知百体皆由顺正，以行其义。""耳目聪明，血气和平，移风易俗，天下皆宁。故曰：乐者，乐也。君子乐得其道，小人乐得其欲。以道制欲则乐而不乱，以欲忘道则惑而不乐。是故君子反情以和其志，广乐以成其教。乐行而民乡方[3]，可以观德矣。""是故情深而文明，气盛而化神，和顺积中而英华发外"，夫是之谓"成于乐"也。《论语》凡言"礼乐"义者，不可殚举，今特拈孝弟为仁之本，略明丧祭之要。学者能引而申之，触类而长之，庶可达乎礼乐之原，而尽性至命、穷神知化在其中矣。

　　[1] 语出《论语·子张》。绥（suí）：安抚。　　[2] 语出《论语·乡党》。恂恂（xún）：恭顺貌。如：相当于"然"。　　[3] 语出《礼记·乐记》。

谓归向仁义之道。乡，通"向"。郑玄注："方，犹道也。"

易教上

上来据《论语》略说《诗》《书》《礼》《乐》义，今当略说《易》义。夫义理无穷，非言说可尽，贵在自得自证。圣人垂教，亦是将此个有言底显那无言底，故曰："不愤不启，不悱不发。举一隅不以三隅反，则不复也。"为实施权，开权显实，一切名言施设皆权也。六艺只是人人自性本具之实理，今为显示此实理，故权示言说。学者须是合下持循，方可悟入。知此实理不待他求，不为诸魔外道所惑，不被一切违顺境界所转，方能有之于己。否则拈一放一，只成另一种知解，依旧"业识茫茫，无本可据"[1]。

[1] 语出《五灯会元》卷第二十。意思是，众生在善业恶业之中打滚，一世又一世，在生死苦海中，来来去去，进进出出，不知生从何处来，死往何处去，不知归宿在何处，也不知道本来面目是什么，终极目标在哪里。此即所谓"醉生梦死"。

须知此理不是知解边事，说得便休，纵有解会，不实在用力，只是自瞒。子曰："（苟）〔有〕能一日用其力于仁矣乎？吾未见力不足者。盖有之矣，我未之见也。"前说学是知仁，道是行仁；学是知性；道是率性。真能用力，始名为学，不然只是好而不学，便成六言六蔽[1]，况若存若亡[2]，尚未足以言好者也。《论语》言"学诗""学礼"，才举一"学"字，便见功夫实有用力处，不指占毕、诵数、记问、训解而言。能言能立，便见学之效验。如言"时习"是功夫，悦怿便是效验。"学"字下得甚重，其间大有事在，急须着眼，不可泛泛寻求，忽忽涉猎，以当平生；亦不可以强探力索、妄生穿凿为能事。

《泰和宜山会语》《复性书院讲录》注

[1] 典出《论语·阳货篇》。子曰："由也！女闻六言六蔽矣乎？"对曰："未也。""居，吾语女。好仁不好学，其蔽也愚；好知不好学，其蔽也荡；好信不好学，其蔽也贼；好直不好学，其蔽也绞；好勇不好学，其蔽也乱；好刚不好学，其蔽也狂。" [2] 典出《道德经》："上士闻道，勤而行之；中士闻道，若存若亡；下士闻道，大笑之。"

学须是学圣人。今欲说《易》，先举一例，乃是绝好榜样。子曰："加我数年，卒以学《易》，可以无大过矣。"又曰："朝闻道，夕死可矣。"上句是指功夫，下句是指效验。此是何等语！《史记·孔子世家》称孔子晚而好《易》，读《易》韦编三绝。据《孔子世家》，孔子以定公十四年去鲁，是时孔子五十六岁，至哀公十一年自卫反鲁，年将七十矣。删《诗》《书》，定《礼》《乐》，赞《易》修《春秋》，皆在是时。哀公十六年，孔子卒，年七十三。是时孔子年将七十，犹有"可无大过"之言。此是何等气象！"五十而知天命，六十而耳顺，七十而从心所欲，不逾矩。"此必是七十以后之言。可知"无大过"与"不逾矩"，是同是别？正好会取。"朝闻""夕死"，虽不知何时所言，然语脉却与此章一例，亦非早年之说可知也。圣人到七十之年，尚自居学地，其言如此，学者其可轻言已学已闻邪？

《十翼》是孔子所作，欲知学《易》之道，当求之《十翼》。《系辞传》曰："君子所居而安者，《易》之序也；所乐而玩者，爻之辞也。是故君子居则观其象而玩其辞，动则观其变而玩其占[1]。"此示学《易》之道也。又曰："《易》之为书也不可远，为道也屡迁，变动不居，周流六虚，上下无常，刚柔相易，不可为典要，唯变所适。其出入以度外内，使知惧，又明于忧患与故。无有师保，如临父母。初率其辞而揆其方，既有典常。苟非其人，道不虚行。"[2]又曰："《易》之兴也，其当殷之末世、周之盛德邪？当文王与纣之事邪？是故其辞危。危者使平，易者使倾[3]。其道甚大，百物不废。惧以终始，其要无咎。此之谓《易》之道也。"明此两节，乃知学

《易》用力处何在，与《论语》"可无大过"之言相应，亦犹禅家所谓"识法者惧"[4]也。

[1]《说文》："占，视兆问也。"《说文解字注》引《周礼》"占人"注曰："占蓍龟之卦兆吉凶。" [2] 语出《周易·系辞下》。师保：古代负责教习贵族子弟的师长。这里是指应用《易》理者，虽无"师保"教习，却如面临父母亲诲，始终戒惕行事，不犯过咎。率：遵从，服从。揆：度量，考察。方：种类。典常：常道，常法，常规。 [3] 语出《易经·系辞》。危：感到危险。易：觉得容易。大意是，能够认识到危险而保持警惕的人，反而会平安无事；认为事情简单而失去戒心的人，反而容易摔倒。 [4] 语出宋·释正觉《颂古二十一首》。意思是，懂得佛法的人因为懂得因果报应之理，所以戒慎恐惧，不敢乱来。

"吉凶者，失得之象也；悔吝者，忧虞之象也。""八卦以象告，爻彖以情言，刚柔杂居而吉凶可见矣。""吉凶以情迁"，即所谓"屡迁"也。"刚柔相推而生变化"，即所谓"变动不居，周流六虚，上下无常，刚柔相易"也。"唯变所适"[1]，故不容不惧。"吉凶者，贞胜者也"；"知进退存亡而不失其正者，其唯圣人乎"，贞胜也。"变动以利言"，利贞也。利贞者，性其情也。"元亨"是性德，"利贞"是修德。"无过"者，利贞也。"从心所欲不逾矩"者，元亨也。故濂溪曰："元亨，诚之通；利贞，诚之复。"程子每曰："'象也者，象此者也；爻也者，效此者也。'此是何谓？此以教人致思。""法象莫大乎天地，变通莫大乎四时"，皆明圣人修德之事，故"与天地合其德，与四时合其序"。岂曰心外有法，如今人所名为宇宙论者，以天地万物为外邪？

[1] 唯变所适：只有随机应变才能适应各种不同环境。

何以举"朝闻夕死"一章为《易》义？以欲明死生之故，必当求之于《易》。凡民皆以死生为一大事而不暇致思。求生而恶死，生

261

不能全其理，死亦近于桎梏而非正命，此谓虚生浪死[1]；唯闻道者则生顺而没宁，乃是死生之正。孟子所谓"尽其道而死者，正命也"。《易》"穷理尽性以至于命"，乃此所谓"道"也。闻，非口耳之事，乃是冥符默证，澈法源底，圆悟真常，在佛氏谓之"了生脱死"[2]。"朝""夕"，极言其时之近。闻道之人，胸中更无馀疑，性体毫无亏欠，则死生一也，岂复尚留遗憾？故谓"生死如门开相似"，若有一毫微细所知愚未断者，终无自由分。"朝闻"之事岂易言哉？《系辞》传曰："原始反终，故知死生之说。精气为物，游魂为变，是故知鬼神之情状。"又曰："通乎昼夜之道而知。"于此荐得，庶几可语于"朝闻"矣。佛氏言"分段生死"[3]，只是"精气为物"；言"轮回"[4]，只是"游魂为变"；言"变易生死"[5]，虽较细微，犹在生死边，未至涅槃[6]。须知"夕可"直是涅槃。见不生灭，见无生死，而后于生死乃能忍可[7]。所言"可"者，犹佛氏言"无生法忍"[8]也。《楞伽》云："一切法不生，我说刹那义，当生则有灭，不为愚者说。"言"朝夕"者，犹"刹那义"也。

[1] 桎梏而非正命：意思是被拘押驱逼而死，而不是顺遂天命自然而死。虚生浪死：意思是活得不明不白，死得没有价值。出自《旧唐书·越王贞传》："不可虚生浪死，取笑于后代。" [2] 了生脱死：指佛门修行所达到的不生不灭、无生无死的境界。 [3] 分段生死：指凡夫所受的生死。又称"分段死""有为生死"。 [4] 轮回：又称流转、轮转、生死轮回，意思是众生生死死，在死亡后，神识又因为业力而重新投胎成为六道众生中的另一众生，像车轮一样转动不停，循环不已。印度教、佛教、婆罗门教都认为一切有生命的东西，如不寻求"解脱"，就永远在"六道"（天、人、阿修罗、畜生、饿鬼、地狱）中生死相续，无有止息地循环。 [5] 变易生死：又作"无为生死""不思议变易生死"，是二种生死之一，与"分段生死"相对。大意是指阿罗汉、辟支佛及大力之菩萨，以无漏的"有分别业"为因，以"无明住地"为缘，所招感三界外之殊胜细妙的果报身。此一果报之身，系由无漏之悲愿力改转原先的分段生死之粗身，而变为细妙无有色形、寿命等定限之身，故称"变易身"。 [6] 涅槃：佛教用语，又译为"般涅槃""波利昵缚男""泥洹""涅槃那"大致指无为、自在、不生不灭等。 [7] 忍可：忍耐、接受的意

思。　[8]《大般若经》卷四四九云："如是不退转菩萨摩诃萨，以自相空，观一切法，已入菩萨正性离生，乃至不见少法可得。不可得故，无所造作。无所造作故，毕竟不生。毕竟不生故，名无生法忍。由得如是无生法忍故，名不退转菩萨摩诃萨。"

　　死生之义，佛说为详。然彼土之言虽多，亦无所增，此土之言虽简，亦无所欠。此在学者善会。先儒不好举佛说，亦无过也。庄子亦深明死生之故，如言"适来夫子时也，适去夫子顺也。安时而处顺，哀乐不能入也"。此亦似顺受其正，但其言外天下而后能外物，外物而后能外生，以死生为外，则不是。又托为仲尼之言曰："哀莫大于心死，而人死亦次之。""吾一受其成形，而不化以待尽，效物而动，日夜无隙，而不知其所终。""知命不能规乎其前，丘以是日徂。吾终身与汝交一臂而失之，可不哀欤？"此言变化不可执而留。若哀死者，则此亦可哀也。今人未尝以此为哀，奚独哀死邪？彼言"人死"，乃"分段生死"；言"心死"，则指"变易生死"；独于刹那不生灭之义，似尚隔一尘耳。学者须念"朝闻夕死"之说，圣人言之特重。此实《易》教之大义也。

易教下

　　《肇论》云："道远乎哉？触事而真；圣远乎哉？体之即神。"肇公直是深于《易》者。《易》道至近而人以为远。言《易》者往往舍近求诸远，遂以为神秘，以为幽玄，泥于象数，拘于占筮，终身不得其旨，而不知日用之间无往而非《易》也。《十翼》文，较然[1]明白，学者不悟，妄生穿凿，圣人亦无如之何。明明说"圣人以此洗心，退藏于密"[2]，明明说"圣人以此斋戒，以神明其德"[3]，明明说"因贰以济民行，以明失得之报"[4]，明明说"和顺于道德而理于义，穷理尽性以至于命"[5]，学者只是求之于外，如何得相应去？凡《大象》及《系辞》中所用"以"字，皆须着眼，不可放过。此即示人学《易》之道也。圣人教人，皆是觌面[6]提持，当体指示，绝无盖覆。故曰："二三子以我为隐乎？吾无隐乎耳。吾无行而不与二三子者，是（吾）〔丘〕也。"[7] 会得此章，便见圣人日用处全体是《易》，《易》道亦至显而非隐也。道无隐显，因人心之有显隐而为显隐。故曰："盲者不见，非日月咎。"《系辞》每以"《易》之为书"与"《易》之道"并举，"书"指言教所诠之实理，"道"即是指此实理之发用处而言。譬如以指标月，须是因指见月，不可执指忘月、以指为月。"爻象动乎内，吉凶见乎外，功业见乎变，圣人之情见乎辞。"学者因辞而有以得圣人之情，然后知爻象、吉凶、功业皆实有着落，乃于三易之义[8]昭然可以无疑矣。

[1] 较然：明显，显著。　[2] 语出《周易·系辞上》。韩康伯注："洗心：洗濯万物之心。退藏于密：言其道深微，万物日用而不能知其原，故曰'退藏于密'，犹藏诸用也。"　[3] 语出《周易·系辞上》。韩康伯注："洗心曰齐，防患曰戒。"　[4] 语出《周易·系辞下》。韩康伯注："贰则失得也。因失得以通济民行，故明失得之报也。'失得之报'者，得其会则吉，乖其理则凶。"　[5] 语出《周易·说卦传》。朱熹《周易本义》："和顺，从容无所乖逆，统言之也。理，谓随事得其条理，析言之也。穷天下之理，尽人物之性，而合于天道，此圣人作《易》之极功也。"　[6] 觌（dí）面：见面；当面。　[7] 语出《论语·述而》。孔子的意思是说："学生们，你们以为我对你们有什么隐瞒吗？我丝毫没有隐瞒。我没有什么事不是和你们一起干的。我孔丘就是这样的人。"　[8] 三易之义：即易道同时兼含变易、简易、不易三种义理。

今举"子在川上"章略显此理。此即于迁流中见不迁，于变易中见不易也。"逝者如斯夫"是法喻并举[1]。"逝"言一切法不住也，"斯"指川流相。一切有为诸法，生灭行相，逝而无住，故非常；大化无为，流而不息，不舍昼夜，故非断。法尔双离断常，乃显真常不易之实理。"断常二见"之常，是刻定死常，与"真常"之常不同。

妄计诸有不坏灭，是死常；法尔如然，无有生灭，乃是真常。此须料简。朱子曰："〔天地之化，往者过，来者续，无一息之停，乃〕道体之本然〔也〕，〔然〕其可指而易见者，莫如川流。故于此发以示人，欲学者时时省察而无毫发之间断也。"程子曰："天运而不已，日往则月来，寒往则暑来，水流而不息，物生而不穷，皆与道为体，运乎昼夜，未尝已也。是以君子法之，自强不息。及其至也，纯亦不已。"此乃显示真常也。《朱子语录》略谓：道无形体，非指四者为道体，但因此可见道之体耳。道无声无臭，寻那无声无臭处，如何见得？因此方见那无声无臭底，所以说与道为体。这"体"字却粗。如邵子曰："心者，性之郭郭[2]；性者，道之形体。"此类名言，皆不可泥。又谓："自汉以来，儒者皆不识此义。"某谓禅师家却识得此义，如赵州云："汝等诸人被十二时使，老僧使得十二时。"赵州不必定读《论语》，却深得"川上"之旨。亦如肇公不必定读《易》，其作《物不迁论》却深得变易即不易之旨。"参活句，莫参死句"，乃可与言学《易》也。

[1] 法喻并举：由佛学名词"法喻立题"而来，意思是实际要表达的思想与比喻同时并举。如《金刚般若波罗蜜多经》，"般若波罗蜜多"是法，"金刚"是喻。 [2] 郛（fú）郭：外城。

《乾凿度》[1]云："易者，其德也；变易者，其气也；不易者，其位也。""位"字若改作"理"字，其义尤显。自佛氏言之，则曰：变易者，其相也；不易者，其性也。故《易》教实摄佛氏圆顿教义。三易之义，亦即体、相、用三大：不易是体大，变易是相大，简易是用大也。《中庸》正义引贺玚云："性之与情，犹水之与波。静时是水，动则是波；静时是性，动则是情。"《楞伽》[2]云："诸识有二种生住灭，谓流注及相。诸识有三种相，谓转相、业相、真相。转相、业相可灭，真相不灭。偈云：譬如巨海浪，斯由猛风起。洪波鼓冥壑，无有断绝时。藏识海常住，境界风所动。种种诸识浪，腾跃而转生。"《起信论》宗《楞伽》而作，有两段文与贺玚语绝相似。

一"显智净相"文云:"如大海水因风波动,水相风相不相舍离,而水非动性,若风止灭,动相则灭,湿性不坏故。如是众生自性清净,心因无明风动,心与无明俱无形相,不相舍离,而心非动性,若无明灭,相续则灭,智性不坏故。"一"答二种生灭征诘灭义"文曰:"所言灭者,唯心相灭,非心体灭。如风依水而有动相,若水灭者则风相断绝,无所依止。以水不灭,风相相续,唯风灭故,动相随灭,非是水灭。无明亦尔,依心体而动,若心体灭则众生断绝,无所依止,以体不灭,心得相续,唯痴灭故,心相随灭,非心智灭。"学者当知,佛氏所言"生灭"即"变易"义;言"不生不灭"者,即"不易"义;若"不变随缘,随缘不变",即"简易"义也。"川上"一语,可抵大乘经论数部。圣人言语简妙亲切如此,善悟者言下便荐[3],岂在多邪?

[1]《乾凿度》:指《周易乾凿度》,是中国西汉末纬书《易纬》中的一篇。《乾凿度》融道家、大易、数术于一体,是纬书中保存完好、哲学思想较为丰富的作品。"乾凿度"有开辟通向天上道路的意思。 [2] 楞伽:师子国(即锡兰岛)的一座山名。锡兰为古名,即今之斯里兰卡,其中"兰卡"即为"楞伽"之今译。佛尝在此说大乘经,名《楞伽经》。 [3]《说文解字注》:"凡注家云'荐,进也'者,皆'荐'之假借字。荐者,藉也,故引伸之义为进也,陈也。"

再举"予欲无言"一章,以显性体本寂而神用不穷、离于言说。会者当下即是,不会者只在言语边取。如子贡曰:"子如不言,则小子何述焉?"孔子不惜眉毛[1],即就现前与之点破,可惜子贡无后语,故谓"夫子之言性与天道,不可得而闻"。不知"四时行""百物生"即此全是天道,岂别有一个性与天道?又岂假言说方显邪?"天地之道,贞观者也;日月之道,贞明者也;天下之动,贞夫一者也。夫乾确然,示人易矣;夫坤隤然,示人简矣。"明明示人简易,不待言说,而人自不荐,圣人亦末如之何。故曰:"书不尽言,言不尽意。""圣人之意，其不可见乎？""神而明之，存乎其人；默而成之，不言有信，存乎德行。"以《系辞传》与"无言"章对勘，而后圣人之意可知也。知《易》是最后之教，此章亦是圣人最后之言。如佛说我四十九年不曾说一字而涅槃[2]，扶律谈常[3]，实为末后之教。故《涅槃》之"常、乐、我、净"四德，亦如《乾》之"元、亨、利、贞"也。此非言说所及，必须自悟。今略举此数章以为说者，欲使学者知圣人吃紧为人处，方识得学《易》当如何用力。决非如昔之象数论、今之宇宙论所可几耳。有人问圆悟克勤[4]如何是诸佛出生处，答曰："薰风自南来，殿阁生微凉。"大慧杲[5]即于此句下得悟。此却深得"四时行，百物生"之旨。今学者如问《易》道如何体会？有一语奉答，曰："吾尝于此切思之。"

[1] 不惜眉毛：在禅门中，通常不惜掉眉毛，而苦口婆心劝导，即俯就下等根机而为说法。　[2]《五灯会元》卷一："世尊临入涅槃，文殊大士请佛再转法轮。世尊咄曰：'文殊！吾四十九年住世，未曾说一字，汝请吾再转法轮，是吾曾转法轮邪？'"　[3] 扶律谈常：又作"扶律说常"，是天台宗解说《涅槃经》的用语。佛陀愍念末代钝根之机，易起断灭之见，毁破戒法，亡失教乘，谓如来为无常，复诵读外典，如是则戒、乘并无，而沦丧法身常住之慧命；佛陀乃于《涅槃经》中宣说戒律，扶助戒门。又谈佛性常住之理，扶助乘门（教乘），故称"扶律谈常"。　[4] 圆悟克勤（1063—1135），宋代高僧。俗姓骆，字无著。法名克勤。崇宁县（今成都市郫县）人。先后弘法于四川、湖北等地，晚年住持成都昭觉寺。声名卓著，皇帝多次召其问法，并赐紫衣和"佛果禅师"之号，后又赐号"圆悟"，谥号"真觉禅师"。　[5] 大慧杲：即大慧宗杲（1089—1163），俗姓奚，宣州（今属安徽省）宁国人。宋代临济宗杨岐派高僧，字昙晦，号妙喜，又号云门。

春秋教上

已据《论语》略明《易》义，今当略明《春秋》义。董生云：不明乎《易》，不能明《春秋》。《易》本隐以之显，《春秋》推见至

《泰和宜山会语》《复性书院讲录》注

隐;《易》以天道下济人事,《春秋》以人事反之天道[1]。实则隐显不二,天人一理。故《易》与《春秋》者,圣人之全体大用也。用处难知,只为体上不了,故非义精仁熟,不容轻说《春秋》。若以私意窥测圣人,决无是处,贤如游、夏,犹莫能赞一辞[2],故先儒说经,于《春秋》特为矜慎[3]。

[1]《史记·司马相如列传》:"太史公曰:'《春秋》推见至隐,《易》本隐以之显。'"虞喜《志林》曰:"《春秋》以人事通天道,是推见以至隐也。《易》以天道接人事,是本隐以之显也。" [2]《史记·孔子世家》:"至于为《春秋》,笔则笔,削则削,子夏之徒不能赞一辞。" [3] 矜慎:谨严慎重。

今谓《春秋》大义当求之《论语》。《论语》无一章显说《春秋》,而圣人作《春秋》之旨全在其中。至显说者莫如孟子,孟子之后则董生[1]、司马迁能言其大。三《传》自以《公羊》为主,《谷梁》次之,《左氏》述事,同于《国语》[2]而已。自杜预独尊《左氏》,而《春秋》之义益晦。至啖、赵始非杜氏,兼用三《传》,得伊川、胡文定而后复明。此其源流,当俟别讲。

[1] 董生:指西汉董仲舒(前179—前104)。 [2]《国语》:相传是春秋时期左丘明所撰的我国第一部国别体史书。宋代以来,包括康有为在内的多位学者怀疑《国语》为西汉刘歆的伪作。该著作记录范围为上起周穆王十二年(公元前964)西征犬戎,下至智伯被灭(前453)。《国语》中包括各国贵族间朝聘、宴飨、讽谏、辩说、应对之辞以及部分历史事件与传说。

今先引《孟子》"公都子问好辩"章。孟子言:"天下之生久矣,一治一乱。"从禹抑洪水,周公兼夷狄,驱猛兽,说到孔子作《春秋》,以《春秋》为天子之事;又从"人之所以异于禽兽者几希,庶民去之,君子存之",因言舜"明于庶物,察于人伦",历叙禹、汤、文、武、周公之德,说到《诗》亡而后《春秋》作。所谓"其义则丘窃取之"者，意以孔子作《春秋》乃所以继诸圣，《春秋》之义，即诸圣之道也。其言之郑重分明如此，非孟子孰能及之？《公羊》《繁露》虽有精到处，未有闳深博大如此者也。学者须先明孟子之言，然后可以求《春秋》之义，于《论语》、于《易》皆可触类而引申之。孟子引孔子曰："道二，仁与不仁而已矣。"仁是君子之道，不仁是小人之道。凡圣之辨，义利之辨，夷夏之辨，治乱之辨，王霸之辨，人禽之辨，皆于是乎分途。此即《易》之所谓吉凶得失也。《系辞传》曰："阳一君而二民，君子之道也；阴二君而一民，小人之道也。《易》曰：'憧憧往来，朋从尔思。'"此义甚明。盖阳卦多阴，一阳为主而众阴从之，此"一君二民"之象，在人则为率性。横渠谓之"性命于德"，释氏谓之"随顺法性"，则众生五阴转为法性五阴。阴卦多阳，一阴为主而众阳从之，此"二君一民"之象，在人则为顺习。横渠谓之"性命于气"，释氏谓之"随顺习气"，法身流转五道，名为众生。阳卦奇，性唯一理也；阴卦耦，习有多般也。《春秋》天子之事，即圣人之事。拨乱反正，用夏变夷，皆用是道而已。上无天子，下无方伯，四夷交侵，灾害并至，此危亡之道也。《公羊》家谓"《春秋》借事明义"，此语得之，犹释氏所谓"托事表法"也。董生谓之"因行事加王心"。王心者，即义也，理也。邪说暴行，弑父弑君，此何事邪？孔子无位而托二百四十年南面之权，一以义理裁之而已。二百四十年如此，二千四百年亦如此。子张问"十世可知"，孔子答以"虽百世可知"。用《春秋》之义则治，不用《春秋》之义则乱。《遯》之象曰："君子以远小人，不恶而严。"此《春秋》所以作也。学者知此，则知凡言君子小人、义利、王霸、夷夏、人禽、圣凡、迷悟之辨者，莫非《易》与《春秋》之旨也。但圣人用处难知。《系辞传》曰："显诸仁，藏诸用，鼓万物而不与圣人同忧。"知此则知圣人虽忧天下之深，而其大用繁兴，不动声色，因物付物，从不伤锋犯手，而其化至神。"非天下之至精，其孰能与于此？""知我者其惟《春秋》乎？罪我者其惟《春秋》乎？"此与"学《易》无大过"之言[1]正好合看。后儒说《春秋》义者，往往于圣人用处未能窥见。甚矣，知圣之难也。

[1] 典出《论语·述而》："子曰：加我数年，五十以学《易》，可以无大过矣。"

董生曰："《春秋》之道，奉天而法古。虽有巧手，弗修规矩，不能正方圆；虽有察耳，不吹六律，不能定五音；虽有智心，不览先王，不能平天下。先王之遗道，亦天下之规矩六律已。故圣人法天，贤者法圣，此其大数也。大数，犹今言公例。得大数而治，失大数而乱，此治乱之分也。"又曰："《春秋》之于世事也，善复古，讥易常。新王必改制者，非改其道，非变其理也，徙居处，更称号，改正朔，易服色而已。若夫大纲、人伦、道理、政治、教化、习俗、文义尽如故，亦何改哉？故王者有改制之名，无易道之实。"此董生言改制之义也，与子张问"十世"义同。殷因于夏，周因于殷，此其不可得与民变革者也，不易之道也。"损益可知"，即董生所谓"改制"，此其可与民变革者也，随时变易之道也。《革》之象曰："君子以治历明时。""天地革而四时成。汤、武革命，顺乎天而应乎人。革之时，大矣哉！"故曰："大亨以正，革而当，其悔乃亡。"[1]《春秋》错举四时以为名[2]，书日月时皆有义，以事系之，而当与不当可知也。"王者（之）〔以〕制，一商一夏，一质一文。〔商〕质者主天，〔夏〕文者主地，《春秋》〔者〕主人。"语在《繁露·三代改制质文篇》。又《说苑·修文篇》云："商者，常也；常者，质也；质主天。夏者，大也；大者，文也；文主地。"与此相应。康成释《周易》名曰："周，遍也。"由是言之，夏、殷、周乃所以表文、质、兼之义，亦即天、地、人三统也。《春秋》新王[3]，为人统，兼天与地，兼质与文，若是则从周为人统也。文质之说，实本《论语》[4]；法天象地，则本《周易》。此义甚深，善思可见。于此会得，乃可以言因革、损益，乃可以言改制、革命也。

[1]"故曰"前后两段均引自《周易·革·彖》。　[2] 错举：交错列举。意思是说，不是春夏秋冬依次取名，而是错开来取了一个"春"字、一个"秋"字以为名。　[3]《春秋》新王：这是公羊家的一个重要观点。鲁隐公元年，何休《文谥例》云："三科九旨者，新周，故宋，以《春秋》当新王。"　[4]《论语·雍也》："子曰：'质胜文则野，文胜质则史。文质彬彬，然后君子。'"

《太史公自序》曰："余闻之董生曰：'周道衰废，孔子为鲁司寇，诸侯害之，大夫壅之。孔子知言之不用，道之不行也，是非二百四十二年之中，以为天下仪表，贬天子，退诸侯，讨大夫，以达王事而已矣。'子曰：'我欲载之空言，不如见之行事之深切著明也。'夫《春秋》，上明三王之道，下辨人事之纪，别嫌疑，明是非，定犹豫，善善恶恶，贤贤贱不肖，存亡国，继绝世，补敝起废，王道之大者也。""拨乱世反之正，莫近于《春秋》。""《春秋》之中弑君三十六，亡国五十二，诸侯奔走不得保其社稷者不可胜数。察其所以，皆失其本已。故《易》曰：'失之毫厘，差以千里。'故曰：'臣弑君，子弑父，非一朝一夕之故也，其渐久矣。'故有国者不可以不知《春秋》，前有谗而弗见，后有贼而不知。为人臣者不可以不知《春秋》，守经事而不知其宜，遭变事而不知其权。为人君父而不通于《春秋》之义者，必蒙首恶之名。为人臣子而不通于《春秋》之义者，必陷篡弑之诛。""夫不通礼义之旨，至于君不君，臣不臣，父不父，子不子。""此四行者，天下之大过也。""故《春秋》者，礼义之大宗也。夫礼禁未然之前，法施已然之后。法之所为用者易见，而礼之所为禁者难知。"此一段文极有精采，说得切当，非后世博士经生之所能及也。试究其义之所从出，莫不从《易》与《论语》得来。今不具引《论语》以证之，寻绎可见。

伊川《春秋传序》曰：夫子"作《春秋》，为百王不易之大

《泰和宜山会语》《复性书院讲录》注

法。……斯道也,惟颜子尝闻之。'行夏之时,乘殷之辂,服周之冕,乐则韶舞',此其准的[1]也。后世以史视《春秋》,谓褒善贬恶而已,至于经世之大法,则不知也。《春秋》大义〔数十。其义虽大,〕炳如日星,乃易见也。唯其微辞隐义、时措(咸)〔从〕宜者为难知也。或抑或纵,或予或夺,或进或退,或微或显,而得乎义理之安,文质之中,宽猛之宜,是非之公,乃制事之权衡[2],揆道之模范[3]也。"程子此言,三《传》所不能到,惜其书未成。再传而有胡文定之学,虽不尽出于伊川,然其大旨固伊川有以启之。其《序》曰:《春秋》者,"史外传心之要典也"[4],"仲尼天理之所在",故"以天自处";"苟得其所同然",则"《春秋》之权度在我"[5],此庶几能见圣人之大用者。学者观于此,而后知三科九旨之说[6],犹为经生之见矣。

[1] 准的(zhǔn dì):"准"是水平仪,"的"是箭靶,引申为标准。 [2] 权衡:称量物体轻重的器具。权:称锤。衡:称杆。 [3] 模范:指制造器物的模型、模子。《论衡校释》卷第三引玄应《众经音义》曰:"以土曰型,以金曰镕,以木曰模,以竹曰笵。一物材别也。" [4] 胡安国《春秋传序》第一句话就是:"古者,列国各有史官,掌记时事。《春秋》,鲁史尔,仲尼就加笔削,乃史外传心之要典也。" [5] 所引诸语句皆出自胡安国《春秋传序》,因皆断章而取,故标点符号亦作相应处理。 [6] 汉代《公羊》学家谓《春秋》书法有"三科九旨",即于三段中寓九种旨意,有何休、宋衷二说。《公羊传·隐公元年》,唐徐彦疏:"问曰:'《春秋说》云:《春秋》设三科九旨,其义如何?'答曰:'何氏(何休)之意以为三科九旨,正是一物。若揔言之,谓之三科,科者,段也;若析而言之,谓之九旨,旨者,意也,言三个科段之内,有此九种之意。故何氏作《文谥例》云:三科九旨者,新周,故宋,以《春秋》当新王,此一科三旨也。又云:所见异辞,所闻异辞,所传闻异辞,二科六旨也。又内其国而外诸夏,内诸夏而外夷狄,是三科九旨也。'问曰:'案宋氏(宋衷)之注《春秋说》,三科者:一曰张三世,二曰存三统,三曰异外内,是三科也;九旨者,一曰时,二曰月,三曰日,四曰王,五曰天王,六曰天子,七曰讥,八曰贬,九曰绝。'"按:三世,指夏、殷、周。"三统"指夏为人统、殷为地统、周为天统;时、日、月,指记述的详略。王、天

272

王、天子，指称谓的远近亲疏。讥、贬、绝，指写法的轻重。

春秋教中

《孟子》引孔子之言曰："其事则齐桓、晋文，其文则史，其义则丘窃取之矣。"太史公曰："《春秋》文成数万，其旨数千。"《春秋》经文只万六千余字。此其所谓"义""旨"者，非如后世"凡例"[1]之说，亦非谓笔削之外别有口授。以《春秋》之书虽作于晚年，而其义则孔子平日所言者皆是也，故董生谓"《春秋》无达例"。《繁露》今存者几于无一篇不引《论语》。但圣人精义入神之用，学者未到此田地，故难知耳。何邵公《公羊解诂序》乃谓"其中多非常异义可怪之论"，实未足以知圣也。胡文定曰："《春秋》公好恶则发乎《诗》之情，酌古今则贯乎《书》之事，兴常典则体乎《礼》之经，本忠恕则导乎《乐》之和，著权制则尽乎《易》之变。百王之法度，万世之准绳，皆在此书。故五经之有《春秋》，犹法律之有断例[2]也。"此言深为得之。所以言学《春秋》为穷理之要，不但不明《易》不能明《春秋》，不明《诗》《书》《礼》《乐》，又焉能明《春秋》？得其旨者，知《春秋》即《易》也，亦即《诗》《书》《礼》《乐》也。如不学法律，焉能断案？故《易》与《春秋》并为圣人末后之教，然其义旨即可于《论语》见之，引伸触类，不可胜穷。今特举一端，以助寻绎而已。

[1] 凡例：指体制、章法或内容大要。　　[2] 断例：断案的准则；某种决定适用的范围。

约而言之，《春秋》之大用在于夷夏、进退、文质、损益、刑德、贵贱、经权、予夺，而其要则正名而已。"必也正名"一语[1]，实《春秋》之要义。"君君，臣臣，父父，子子"，即庄生所谓"道名分"也。《经解》曰："属辞比事，《春秋》教也"；"《春秋》之失，乱"；"其为人也"，"属辞比事而不乱，则深于《春秋》者也。"董生曰："《春秋》慎辞，谨于名伦等物者也。"孟子曰："舜（察于人伦）明于庶物，〔察于人伦〕。"是知深察名号为"名伦"，因事立义为"等物"，"名伦"即"属辞"，"等物"即"比事"也。名伦等物，得其理则治，失其理则乱。故曰"《春秋》长于治人"，"《春秋》之失，乱"，"拨乱世反之正，莫近于《春秋》"也。人事浃，王道备，在得正而已矣。《易》曰："知进退存亡而不失其正者，其唯圣人乎。"心正则天地万物莫不各得其正。伦物者，此心之伦物也。世愈乱而《春秋》之文愈治[2]者，托变易之事，显不易之理而成简易之用也。事则据乱而文致太平，非谓定、哀之世为太平也。"张三世"，"存三统"，皆西汉经师之说，须善看，不可泥。

　　[1]《论语·子路》："子路曰：'卫君待子而为政，子将奚先？'子曰：'必也正名乎！'"意思是必须按照正统伦理观念和礼仪关系来端正纲纪名分。　　[2]"文愈治"与前面的"世愈乱"相对，指《春秋》的行文愈是写乱世反而愈严谨而顺条理。

　　"名伦等物"为"正名"之事。"正名"也者，正其心也，心正则致太平矣。是义于"五始"见之：五始者，"元年"一，"春"二，"王"三，"正月"四，"公即位"五也。今略引董生与胡文定之说以明之。董生曰："谓一元者，大始也。《春秋》变'一'谓之'元'，'元'犹'原'也，其义以随天地终始也。故元者为万物之本，而人之元在焉。安在乎？乃在乎天地之前。天地之元奚为？于此恶[1]施于人？继天地之所为而终之也。"又曰："《春秋》何贵乎元（而言之）？元者，始也，言本正也。道，王道也。王者，人之始也。"按人元之说，乃自董生发之。《易》曰："大哉乾元，万物资始，乃统天。""至哉坤元，万物资生，乃顺承天。"又曰："乾知大始，坤作成物。"大始即根本智，成物即后得智[2]。"先天而天弗违，后天而奉天时。"此董生所本，故又有奉天法古之义。郑康成说《尚书》"稽古"为"同天"，此实古义。《乾凿度》云："帝者，天称〔也〕。王者，美（称）〔行也〕。"须知：帝者，谛也；天，即理也。"大人者，与天地合其德"，故曰"同天"。"考诸三王而不缪"为"法古"，"建诸天地而不悖"为"奉天"，其义一也。又曰："《春秋》之道，以元之深，正天之端；以天之端，正王之政；以王之政，正诸侯之即位；以诸侯之即位，正竟内之治。五者俱正而化大行。"《繁露·玉英篇》。又《对策》曰："谓一为元者，视大始而欲正本也。《春秋》深探其本，〔而反〕自贵者始。胡文定《传》变"深探其本"为"深明其用"，其义一也。故为人君者，正心以正朝廷，正朝廷以正百官，正百官以正万民，正万民以正四方，四方正，远近莫不一于正。"此言亦本《孟子》。胡文定曰："元即仁也。仁，人心也。"此释董生人元之义，亦本于《易》《孟子》。五始之义大矣哉！

[1] 恶（wū）：疑问词，相当于现代汉语的"如何""怎么"。　　[2] 根本智、后得智：都是佛学唯识家所用之名相。"根本智"又作"根本无分别智""无分别智""正体无分别智""正体智"，乃直证二空所显真如之理，断惑障之智，亦即照了无差别之智。"后得智"又称"后得差别智"，乃转有为之事境，了知依他起性之如幻，而不生我法之迷惑，亦即照了差别之智。

《春秋》始元终麟[1]，犹《易》之首《乾》《坤》而终《既》《未》也。《论语》曰："凤鸟不至，河不出图，吾已矣夫！"然则西狩获麟而有道穷之叹，殆不虚也。此亦因事显义。王道备则鸟兽亦归其仁，人事乖则麟凤徒见其异，与瑞应之说无关。程子谓"麟不至，《春秋》亦须作"，是矣。《未济》之象曰："君子以慎辨物居方。"《杂卦》以《夬》终，曰："夬，决也，刚决柔也。君子道长，小人道忧也。"此皆可见圣人述作之旨。《论语》以"君子"始，以"君子"终[2]，记者亦深知此义。《序卦》曰："物不可（以终）穷〔也〕，故受之以《未济》终焉。""方以类聚，物以群分，吉凶生矣"，故曰"君子以慎辨物居方"，亦犹《春秋》之"名伦等物"也。

未济者，无尽之称。佛氏言"众生无尽，佛法无尽"；自儒者言之，则小人之道无尽，君子之道亦无尽也。故《杂卦》变其义，终《夬》。以刚决柔，以君子决去小人，即是以仁决去不仁，"拨乱世反之正也"。曰"《易》之为书也不可远，其为道也屡迁"，曰"拨乱反正，莫近于《春秋》"，学者可以知所择矣。辨物居方，名伦等物，属辞比事，皆择于斯二者而已。今谓"终麟"者，盖言非特人有仁与不仁而已，禽兽亦有之。麟，兽之仁者。春秋之世，仁人不得位，仁兽之至不以时，而仁之道不可绝也。"天下有道，丘不与易。""吾非斯人之徒与而谁与？""易"之云者，易其不仁以至于仁而已。故始元者，仁之施于人也；终麟者，仁之被于物也。"仁远乎哉？我欲仁，斯仁至矣"，言近也。"斯民也，三代之所以直道而行也"，"人之生也，直；罔之生也，幸而免"，皆《春秋》之义也。直，正也。直道是仁，罔道即不仁。罔，无也，犹言虚妄也。《春秋》之所以讥、贬、绝者，皆罔之生也。今人好言人生哲学，先须学《春秋》辨直罔始得。《易》曰："正大，而天地之情可见矣。"《春秋》之所大者，大一统，大居正，于《论语》叹尧之德见之，故曰："大哉！尧之为君也。唯天为大，唯尧则之。"此亦"稽古同天""奉天法古"之义。

[1] 始元终麟：意思是孔子作《春秋》开头一个字为"元"，结尾一个字为"麟"。开篇为："元年春，王正月"，而尾章则记载鲁哀公"十有四年春，西狩获麟"。孔子以"西狩获麟"绝笔，并为此落泪，叹道："吾道穷矣。"不久孔子去世。　　[2]《论语》第一章最后一句为"人不知而不愠，不亦君子乎"，最后一章第一句是"不知命，无以为君子也"，所以说"《论语》以'君子'始，以'君子'终"。

今略明夷夏、进退义。《论语》曰："夷狄之有君，不如诸夏之无。"此在正名，大义有二科：一正夷夏之名，一正君之名。《春秋》不予夷狄为礼，是以无礼为夷狄也。"《春秋》尊礼而重信，信重于地，礼尊于身。"《繁露·楚庄王篇》。故晋伐鲜虞则狄之，《昭·十二年》。

恶其伐同姓也。郑伐许则狄之,《成·三年》。恶其伐丧叛盟也。《成·二年》,卫侯邀率郑师侵之,郑与诸侯盟于蜀,以盟而归诸侯,于是伐许。伐丧无义,叛盟无信,无义无信,是夷狄也。邲之战,不与晋而与楚子为礼。《宣·十二年》。《繁露》曰:"晋变而为夷狄,楚变而为君子,故移其辞以从其事。"《竹林篇》。伯莒之战,《定·四年》。《公羊》曰:"吴何以称子?夷狄也,而忧中国。"善其救蔡。及"吴入楚,〔吴〕何以不称子?反夷狄也"。其反夷狄,谓君舍于君室,大夫舍于大夫室,妻楚王之母,恶其无义。其进退之速如此。且楚为文王师鬻熊之后[1],吴为仲雍之后[2],固神明之胄也,何以夷之?此见诸夏与夷狄之辨,以有礼义与无礼义为断,而非以种族国土为别,明矣。《公羊》立七等进退之义,准此可知。七等进退者,州不若国,国不若氏,氏不若人,人不若名,名不若字,字不若子。"君者,不失其群者也。"《繁露·灭国篇》。又《荀子·王制篇》:"君者,善群也。"《白虎通》:"君,群也,群下之所归心也。"孟子曰:"得乎丘民而为天子。"《尔雅》曰:"林、烝、天、帝、皇、王、后、辟,君也。""林""烝"皆众义;"皇""王"皆大义;"天"是至上义,至遍义;"帝"是审谛义;"后"是继述义;"辟"是执法义:总此诸义,故知"君"为德称。故夷狄之君,《春秋》所不君也。《繁露·王道篇》曰:"五帝三王之治天下,不敢有君民之心。"言敬畏也。定公问一言"兴邦""丧邦",孔子对曰:"'为君难,为臣不易。'不几乎一言而兴邦乎?""'予无乐乎为君,唯其言而莫予违也。'不几乎一言而丧邦乎?"此亦《春秋》义也。董生曰:"弑君三十六,亡国五十二,细恶不绝之所致也。"鲁隐公不书"即位",乃以见其让;桓公书"即位",乃以著其恶。故《春秋》之辞难知也。失位则弗君,失国则弗君。如卫侯朔入于卫,《庄·六年》。卫侯郑自楚复归于卫,《僖·二十八年》。归邾娄子益于邾娄,《哀·八年》。虽反国复位而犹书名,示不君也。"晋文公谲而不正",为其"再致天子"言之也[3]。《僖·二十八年》。"齐桓公正而不谲",为召陵之会言之,喜其服楚也[4]。《僖·四年》。有实与而文不与者,有诛意不诛辞者。防其渐,故诛意;录其功,故不诛辞:"予之为伯"也[5]。"实与而文不与"者,不与其专封讨,其存邢、卫,可与也。董生曰:"善无细而不举,恶无细而不去。"除天下之所以致患,是以天下为忧也。辞有五等:曰正辞,曰婉辞,曰温辞,曰微辞,曰诡辞。诡辞,谓设喻之辞。从变从义而一以奉天,故言"君子居之,何陋之有"[6],是夷夏可齐也。"觚不觚,觚哉!觚哉!"[7]不敢斥言不君也。此其所谓诡辞乎?察此二科[8],则于圣人进退予夺[9]之权,亦可喻其少分矣。

  [1] 鬻熊(yù xióng):芈姓,名熊,又称鬻熊子、鬻子,祝融火正陆终的后裔,楚国的先祖,楚国开国君主熊绎之曾祖父。大约生活于公元前11世纪。商朝末年,鬻熊投奔周文王,并成为周文王的火师(祭祀时持火之人)。《史记》记载:"鬻熊子事文王",意为"鬻熊如同儿子般侍奉文王",可见楚国始祖鬻熊对周文王的恭敬。周成王时,成王感念鬻熊的功劳,封鬻熊的曾孙熊绎为子爵,楚始建国。鬻熊是具有八百年历史的楚国的创始人,杰出的巫师和政治家。其留有《鬻子》一书传世,起子书之始。 [2] 仲雍:又称虞仲、吴仲、孰哉,本系姬姓,是黄帝的二十五世孙,陕西岐山周族首领古公亶父的第二子。仲雍和其兄太伯为让父王实现灭商的愿望,让国南奔,落脚于无锡、常熟一带,建立勾吴王国。 [3] 《论语·宪问》:"子曰:'晋文公谲而不正,齐桓公正而不谲。'"谲:欺诈,玩弄手段。僖公二十八年,"天王狩于河阳",《公羊传》:"狩不书,此何以书?不与再致天子也。"《春秋繁露》卷四:"晋文再致天子,讳'致'言'狩'。" [4] 僖公四年(前656)春天,齐桓公在打败蔡国之后,又联合诸侯国军队大举进犯楚国。在大兵压境的情况下,楚成王先派使者到齐军中质问齐桓公为何要侵犯楚国,随后又派屈完到齐军中进行交涉,双方先后展开了两次针锋相对的外交斗争,最终在召陵达成妥协,订立盟约。史称"召陵之会"或"召陵之盟"。召(shào)陵:楚国地名,在今河南省偃城东。 [5] 《春秋繁露·王道》:"桓公救中国,攘夷狄,卒服楚,至为王者事;晋文再致天子,皆止不诛,善其牧诸侯,奉献天子而服周室,《春秋》予之为伯,诛意不诛辞之谓也。"予之为伯,即称之为霸。 [6] 语出《论语·子罕》:子欲居九夷,或曰:"陋,如之何?"子曰:"君子居之,何陋之有?" [7] 语出《论语·雍也》:"子曰:'觚不觚,觚

哉？觚哉？'"何晏《集解》："以喻为政不得其道，则不成。"朱熹《集注》："觚，棱也；或曰酒器，或曰木简，皆器之有棱者也。不觚者，盖当时失其制而不为棱也。觚哉？觚哉？言不得为觚也。"觚：古代盛酒的器具，上圆下方，有棱，容量约有二升，后来觚被改变了（上下都圆了），所以孔子认为觚不像觚了。这句话直白译过来就是："觚都不像是觚了，还能叫觚吗？还能叫觚吗？" ［8］此二科：一正夷夏之名，一正君之名。 ［9］进退予夺：本意是提拔和降级、赐予和剥夺，这里也可以简单地理解为褒贬。

春秋教下

次略明文质、损益义。此义在《论语》甚显，而后儒说《春秋》者多为曲说。如言质家亲亲，故兄终弟及；文家尊尊，故立子以长[1]；"殷爵三等，周爵五等"[2]之类。以此区分文质，实不成义理。《中庸》哀公问政，子曰："仁者，人也，亲亲为大。义者，宜也，尊贤为大。亲亲之杀[3]，尊贤之等，礼所生也。"岂有亲亲而不尊尊，尊尊而不亲亲之理？孟子曰："天与贤则与贤，天与子则与子。"此与文质无关。春秋之世，诸侯篡弑相仍，其当立与不当立，亦视其人之贤否耳。如隐公不当立，而《春秋》予之；桓公当立，而《春秋》恶之[4]。是故立弟立子之说非经义也。质家据天法三光，文家据地法五行，此亦曲说。三五之制，亦随其宜耳。若以春秋爵三等为改制，三光五行亦可得而改乎？颜渊问为邦，告以四代礼乐，可见文质并用之旨。《说苑》谓"三王术如循环"：夏尚忠，其失野，救野莫如敬；殷尚敬，其失鬼，救鬼莫如文；周尚文，其失薄，救薄莫如忠[5]。《白虎通》谓"阳道极则阴道受，阴道极则阳道受"，明二阴二阳不能相继，此乃有近于今世唯物史观所推历史演变阶段，其误由于不识"文质并用"之旨而来。棘子成曰："君子质而已矣，何以文为？"子贡非之曰："文犹质也，质犹文也。虎豹之鞟犹犬羊之鞟。"子曰："质胜文则野，文胜质则史。文质彬彬，然后君子。"此可证也。"周监于二代，郁郁乎文哉！吾从周。"复曰："先进于礼乐，野人也；后进于礼乐，君子也。如用之，则吾从先进。"从周则疑于弃质，从先进又疑于弃文。程子曰："先进于礼乐，文质得宜，今反谓之质朴；后进于礼乐，文过其质，今反谓之彬彬。盖周末文胜，时人之言如此。"朱子谓"圣人既述时人之言，又自言其意，欲损过以就中"，义最确。

[1] 质家：指在文质之间崇尚质实的人士或学派。《公羊传·隐公元年》："立适以长不以贤，立子以贵不以长。"何休注："嫡子有孙而死，质家亲亲先立弟，文家尊尊先立孙。" [2] 语出《白虎通德论》之《爵》："爵有五等，以法五行也；或三等者，法三光也。或法三光，或法五行何？质家据天，故法三光；文家者据地，故法五行。《含文嘉》曰：'殷爵三等，周爵五等，各有宜也。'《王制》曰：'王者之制禄爵凡五等。'谓公、侯、伯、子、男，此周制也。……殷爵三等，谓公、侯、伯也。" [3] 杀（shài）：等差。[4] 《春秋》起于鲁隐公元年（前722）。鲁隐公，名息姑，鲁国第十四代国君，在位十一年。"隐"是谥号。鲁隐公是鲁惠公与继室声子所生。成年后，父亲惠公为其娶于宋。然宋女至鲁后，父亲惠公见宋女美丽，于是自纳之，宋女是为仲子。不久仲子为惠公生下公子允，就是后来的鲁桓公。息和允二人的母亲都是陪嫁的"媵"，允的母亲仲子是右媵，地位仅次于嫡夫人，所以仲子地位比声子高贵。子以母贵，允虽然年幼然而地位尊贵，息虽然年长然而地位卑贱。但由于地位相似，所以息和允这种尊卑关系是隐秘的，鲁国人并不知晓。到惠公死时，息因年长而贤能，鲁国大夫们都举荐他，并要立他为国君。因为允当时太幼小，在这种情况下息如果推辞，那么就不知道允将来是否一定能被立为国君；如果允被立为国君，息又担心大夫们不能很好地辅佐年幼的国君，所以息只好代替允上台执政，息是为了立允才做国君的，后来却为桓公所弑。 [5] "夏尚忠"这段文字实出自西汉扬雄的《法言》，《白虎通义》亦有这段文字。只是三处"尚"字在《法言》和《白虎通义》中为"人之王教以"五字，其余则一字不差。刘向《说苑》虽已表达此意，文字却与这段引文出入太大。

圣人损益之宜，亦是难见。如曰："麻冕，礼也；今也纯，俭；吾从众。拜下，礼也；今拜乎上，泰也；虽违众，吾从下。"从俭是质，从下是文。以此求之，略可知也。《春秋》之所讥绝，大者如鲁

280

之郊禘，吴楚之僭王，《哀·四年》："晋人执戎曼子赤归于楚。"《公羊传》曰："辟伯晋而京师楚也。"《十三年》："公会晋侯及吴子于黄池。"《传》曰：吴称"子"，"主会也"；先言晋侯，"不与夷狄之主中国也"。何注云："不书诸侯，微辞，恶诸侯君事夷狄。"诸侯背叛，大夫专命，不可殚举。晋文召王，讳之曰"天王狩于河阳"；惠庙舞八佾，讳之曰"初献六羽"。皆由拜上之渐以启之也。"三家者以《雍》彻"，"季氏旅于泰山"，《论语》皆致恶绝之辞，非《春秋》之旨乎？"人而不仁，如礼何？人而不仁，如乐何？"亦为三家之僭言之也。记者次此章在"八佾舞于庭""三家者以《雍》彻"之后，"林放问礼之本""季氏旅于泰山"之前，可知。林放问礼之本，子曰："礼，与其奢也，宁俭；丧，与其易也，宁戚。"按《春秋》"作南门"，《僖·二十年》。"刻桷丹楹"，《庄·二十二年》《二十四年》。作雉门及两观，《定·二年》。筑三台，《庄·三十一年》。新延厩，《庄·二十九年》。皆讥，为其骄溢不恤下，恶奢也。讥文公丧取，按经文距僖公薨已逾四十一月，何以谓之"丧取"？以纳币之月在丧分。董生曰："《春秋》之论事莫重于志，三年之丧毕，犹宜未平于心。今全无悼远之志，是《春秋》之所甚疾也。"恶其不戚也。是知答林放之问，亦《春秋》之旨也。俭与戚是质，奢与易是文，此损文以就质，犹弃麻冕而用纯也。拜下近文，拜上近质。恶其泰而渐至于僭也，则又损质以就文。于此可见损益之微旨。

董生曰："礼之所重者在其志，志敬而节具，则君子予之知礼；志和而音雅，则君子予之知乐；志哀而居约，则君子予之知丧。志为质，物为文，文著于质，"著"读入声，言质者文之所附。质文两备，然后其礼成。文质偏行，不得有我尔之名。言其失均。不能具备而偏行之，宁有质而无文，虽弗（能）予〔能〕礼，尚少善之，'介葛卢来'[1]是也。《僖·二十九年》春，来，未见公。冬，又来。《公羊》何注云："不能升降揖让。""进称名者，(夷狄)能慕中国，〔朝贤君，〕明当扶勉以礼义。"有文无质，非直不予，乃少恶之，谓'州公寔来'是也。桓五年冬，州公如曹。六年春，书寔来。《公羊传》曰："谓州公也。〔曷为〕谓之寔来？慢之也。曷为慢之？化我也。"何注："行过无礼谓之化。齐人语。谓诸侯相过至境〔假途，入都〕必朝"，"今州公过鲁〔都〕而不朝〔鲁〕，是慢〔我也〕〔之〕。"疏云："如僖九年九月戊辰，诸侯盟于葵丘。《传》云：'桓之盟不日，此何以日？危之。何危尔？''桓公振而矜之，叛者九国。''矜之者何？言莫若我也。'"然则《春秋》之为道也，先质而后文，右志而左物。故曰："'礼云礼云，玉帛云乎哉？'推而前之，亦宜曰：'朝云朝云，辞令云乎哉？''乐云乐云，钟鼓云乎哉？'引而后之，亦宜曰：'丧云丧云，衣服云乎哉？'"董生此言最得其旨。《乐记》曰："穷本知变，乐之情也；著诚去伪，礼之经也。"《春秋》，礼义之大宗，故今谓文质，乃是并用而非递嬗[2]。学者以是推之，于圣人损益之道，亦可略窥其微意矣。文质之义，求之于《易》，尤不可胜举。如言"致饰而后亨则尽"，"尊酒簋贰（可）用（享）〔缶〕"，"东邻杀牛，不如西邻之禴祭"，皆反质之义也。"大人虎变，其文炳也；君子豹变，其文蔚也"，"鸿渐于逵，其羽可用为仪"，贵文之义也。变通趋时，其取义无定，所谓"裁成天地之道，辅相天地之宜"，皆损益之大用，广说难尽。又如后世玄言家或至任诞去礼，质胜则野也；义学家每务知解辩说，文胜则史也。二氏之流失如此，亦以老子之恶文太甚，佛氏之言义过奢有以致之。今人行好脱略[3]，言好攻难[4]，学不逮古人而病则过之，学《礼》与《春秋》是其药也。

　　[1]《春秋·僖二十九年》："介葛卢来朝。"《注》："介，东夷国。葛卢，名。"　[2] 递嬗（dì shàn）：依次更替，交替转换。　[3] 脱略：放任，不拘束；轻慢，不以为意。　[4] 攻难（gōng nàn）：质疑诘难，攻击责难。

　　次略明刑德、贵贱义。"阳为德，阴为刑"，《大戴礼》引孔子言。董生《对策》本此。略曰："刑主杀而德主生。阳常居大夏，而以生育长养为事；阴常居大冬，而积于空虚不用之处：以此见天之任德不任刑。刑之不可任以成世，犹阴之不可任以成岁也。为政而任刑，谓之逆天，非王道也。"亦见《繁露·阳尊阴卑篇》。此其义出于"为政以德"及"道之以政"二章。《论语》申此义者，随处可见。

如曰："善人为邦百年，亦可以胜残去杀矣。"对季康子曰："子为政，焉用杀？"宰我对哀公问社："周人以栗，曰'使民战栗'。"孔子恶之。盖圣人行王政必极于刑措不用[1]，因恶刑而亦欲去兵。卫灵公问陈，对曰："军旅之事，未之学也。"答子贡明言"去兵"[2]。因恶刑，亦欲去狱讼。《大学》引孔子曰："听讼，吾犹人也，必也使无讼乎！"春秋始作丘甲，《成·元年》。甲，铠也。谓使丘民作铠。作三军，《襄·十一年》[3]。始用田赋，《哀·十二年》[4]。皆讥。恶攻战，因恶盟而善平。其书战伐甚谨："觕者曰侵，精者曰伐，战不言伐，围不言战，入不言围，灭不言入。书其重者。""伐者为客，见伐者为主。"此犹今日国际战争，以先开衅者负其责任。"虽数百起，必一二书，伤其害所重也。"《论语》："天下有道，礼乐征伐自天子出；天下无道，礼乐征伐自诸侯出。自诸侯出，〔盖〕十世希不失矣；自大夫出，五世希不失矣；陪臣执国命，三世希不失矣。"此实《春秋》之所以作也。孟子曰："春秋无义战。彼善于此，则有之。"《繁露·竹林篇》曰："春秋之法，凶年不修旧，新延厩。意在无苦民尔。苦民尚恶之，况伤民乎？伤民尚痛之，况杀民乎？""《春秋》之所恶者，不任德而任力。""难者曰：《春秋》之书战伐，有恶去声。有善，恶诈击而善偏战，《僖·元年》冬，公子友帅师败莒师于犁，获莒挐。《公羊传》曰："大季子之获也。季子治内难以正，御外难以正。其御外难以正奈何？庆父弒闵公，走莒。莒人逐之，闻庆父抗辀经死汶水上，因求赂于鲁曰：'吾已得子之贼矣。'鲁人不与，于是兴师伐鲁，季子待之以偏战。"何注："善季子忿不加暴，得君子之道。"偏战者，犹今言应战，非好与人为敌也，人以兵加之而后战耳。诈战则是背盟而伐人。耻伐丧而荣复雠，《庄·四年》，纪侯大去其国。《传》："何为不言齐灭之？为襄公讳也。《春秋》为贤者讳，何贤乎襄公？复雠也。"奈何以春秋为无义战而尽恶之？曰：春秋之于偏战也，善其偏不善其战，犹其于诸夏也。引之鲁则谓之外，引之夷狄则谓之内，比之诈战则谓之义，比之不战则谓之不义。故盟不如不盟，然而有所谓善盟；战不如不战，然而有所谓善战。不义之中有义，义之中有不义，辞不能及，皆在于指。非精心达思者，孰能知之？"按董生此言推阐无义战之旨最精。孟子曰："王者之师有征而无战。"汤"东面而征，西夷怨；南面而征，北狄怨"。征者，正也，以义正之。战则为敌对之辞。《公羊传》曰"王者无敌"，故言征不言战也。礼乐是德，征伐是刑。礼乐之失而为僭差[5]，征伐之失而为攻战。《春秋》为是而作，故孟子曰："五伯〔者〕，三王之罪人也。"董生曰："《春秋》之辞有贱者，有贱乎贱者。《哀·四年》，盗杀蔡侯申。《公羊传》曰：'弑君贱者穷诸人，此其称盗何？贱乎贱者也。'[6]夫有贱乎贱者，则亦有贵乎贵者矣。"言有尤贱、尤贵者，如盗贱于人，仁贵于让。推"任德不任刑"之旨，而后圣人之所贵贱可知也。此义广说难尽，今略举一端而已。

　　[1] 刑措不用：意思是刑法放置起来而不用，形容政治清平。　[2] 事见《论语·颜渊》："子贡问政，子曰：'足食，足兵，民信之矣。'子贡曰：'必不得已而去，于斯三者何先？'曰：'去兵。'"　[3] 襄公十一年，"春王正月，作三军。"《公羊传》："三军者何？三卿也。作三军，何以书？讥。何讥尔？古者上卿、下卿，上士、下士。"　[4] 哀公十二年，"春，用田赋。"《公羊传》："何以书？讥。何讥尔？讥始用田赋也。"　[5] 僭差（jiàn chà）：僭越失度，差错、差失。　[6] 语出《春秋公羊传·哀公四年》："弑君贱者穷诸人，此其称'盗'以'弑'何？贱乎贱者也。贱乎贱者孰谓？谓罪人也。"彼注云："罪人者，未加刑也。蔡侯近罪人，卒逢其祸，故以为人君深戒。不言'其君'者，方当刑放之，与刑人义同。'然则'盗杀蔡侯申'，不言'其君'，今此士杀大夫，降之言盗，亦不言'其大夫'，与实盗同。故云'降从盗'，故与盗同文也。"

　　次略明经权、予夺义。此义亦当求之《论语》。子曰："可与立，未可与权。"[1]谓虞仲、夷逸"废中权"[2]，谓管仲"岂若匹夫匹妇之为谅"，是言"权"也。"志士仁人，（有杀身以成仁，）无求生以害仁，〔有杀身以成仁〕"，"自古皆有死，民无信不立"，是言"经"也。"微管仲，吾其披发左衽矣"，以功则予之。"管仲之器小哉"，"管氏而知礼，孰不知礼"，以礼则夺之。《春秋》之予夺，以此推之可知也。董生曰："《春秋》有经礼，有变礼。明乎经变之事，然后知轻重之分，可与适权矣。"《繁露·玉英篇》。经礼，礼也；变礼，亦礼也。是知达于礼者，乃可与适权。其有达于常而不达于变，达于变而不达于常者，必于礼有未达也。淳于髡以援嫂溺比援天下，自以为达权。孟子曰："天下溺，援之以道，子欲手援天下乎？"言不可以枉道以为权也。孔子谓颜子曰："用之则行，舍之则藏，唯我与尔有是夫！"是以"可与权"许之。孟子所谓"禹、稷、颜子、曾子、子思，易地则皆然"是也。子莫执中无权，贤于杨、墨，孟子恶其害道同于执一[3]；恶乡原，为其阉然媚于世[4]，自以为知权，则曰："君子反经而已矣。"反，言复也。《公羊》家说"反经为权"。或释为"反背"之"反"，非。是知不达于变，其失为子莫；不达于常，其流为乡原，故君子恶之，恶乡原甚于恶杨、墨。是即《春秋》之所恶也。

[1] 语出《论语·子罕》："子曰：'可与共学，未可与适道；可与适道，未可与立；可与立，未可与权。'""权"的本义是称锤，称锤会根据所称重物的轻重而在秤杆上滑动，比喻根据事物的实际情况而灵活变通。"权"与"经"相对。"经"是恒久之道，"权"是应变之策，以原则维护根本、指引方向，用应变照顾当下、解决问题。　[2] 事见《论语·微子》："谓虞仲、夷逸，隐居放言，身中清，废中权。""废中权"的意思是，遭世乱，自废弃以免患，合于权宜之道。中（zhòng）：合乎。　[3] 语出《孟子·尽心上》："杨子取为我，拔一毛而利天下，不为也。墨子兼爱，摩顶放踵利天下，为之。子莫执中。执中为近之。执中无权，犹执一也。所恶执一者，为其贼道也，举一而废百也。""子莫"是人名，事迹无考。　[4] 语出《孟子·尽心》。《论语·阳货》："乡原，德之贼也。"孟子批评乡原"阉然媚于世"，说"非之无举也，刺之无刺也；同乎流俗，合乎污世；居之似忠信，行之似廉洁；众皆悦之，自以为是，而不可与入尧舜之道。"

其予者奈何？曰：一于礼，一于仁而已矣。礼重于身者，经也；如予宋伯姬[1]。仁贵于让者，权也。如予司马子反[2]。贤祭仲而恶逢丑

285

父，其枉正以存君同也，而荣辱不同理，故予夺异[3]。中权之难如是，非精义入神不足以知之。《桓·十一年》，宋人执郑祭仲。《公羊传》曰："祭仲者何？郑相也。何以不名？贤也。何贤乎祭仲？以为知权也。""庄公死，已葬。祭仲往省于留，途出于宋。宋人执之，谓之曰：'为我出忽而立突。'祭仲不从其言，则君必死，国必亡；从其言，则君可以生易死，国可以存易亡。少辽缓之，则突可故出，而忽可故反，是不可得则病，然后有郑国。古人有权者，祭仲之权是也。权者何？〔权者，〕反于经然后有善者也。权之所设，舍死亡无所设。行权有道，自贬损以行权，不害人以行权。杀人以自生，亡人以自存，君子不为也。"《成·二年》，齐侯使国佐如师。《公羊传》曰："佚获也。其佚获奈何？师环齐侯，晋郤克投戟逡巡再拜，稽首马前。逢丑父者，顷公之车右也，面目衣服与顷公相似，代顷公当左，使顷公取饮。顷公操饮而至，曰：'革取清者。'顷公用是佚而不反。逢丑父曰：'吾赖社稷之神灵，吾君已免矣。'郤克曰：'欺三军者，其法奈何？'曰：'法斮[4]。'于是斮逢丑父。"董生曰："丑父之所为难于祭仲，祭仲见贤而丑父见非，何也？祭仲措其君于人所甚贵以生之，丑父措其君于人所甚贱以生之。前枉而后义者，谓之中权，虽不能成，《春秋》善之，鲁隐公、郑祭仲是也；前正而后有枉者，谓之邪道，虽能成之，《春秋》不爱，齐顷公、逢丑父是也。夫冒大辱以生，贤者不为也，而众人疑焉。《春秋》以人之不知义而疑也，故示之以义曰：'国灭，君死之，正也。'正也者，正于天之为人性命也。按此与孟子"尽其道而死者，正命也"同。天之为人性命，使行仁义而羞可耻，非若鸟兽然，苟为生、苟为利而已。是故《春秋》推天施而顺人理，以至尊为不可以加于至辱大羞，故获者绝之；以至辱为亦不可加于至尊大位，故失位弗君也。况其溷然方获而虏邪？其于义也，非君定矣，若非君，则丑父何权矣。故欺三军，为大罪于晋；其免顷公，为辱宗庙于齐。是以虽难而《春秋》弗爱，是以丑父欺而不中权，忠而不中义。"谓陷其君于不义。董生之论甚精，故引之以助思绎。

[1] 宋伯姬：春秋时代鲁国王族女性，姬姓，名不详，鲁成公之妹、宋

共公（宋恭公）之夫人。《左传》："襄公三十年（前543）五月甲午，宋灾。伯姬卒。取卒之日，加之灾上者，见以灾卒也。其见以灾卒奈何？伯姬之舍失火，左右曰：'夫人少辟火乎？'伯姬曰：'妇人之义，傅母不在，宵不下堂。'左右又曰：'夫人少辟火乎？'伯姬曰：'妇人之义，保母不在，宵不下堂。'遂逮乎火而死。妇人以贞为行者也，伯姬之妇道尽矣。详其事，贤伯姬也。"　[2]《春秋公羊传·宣公十五年》："夏五月，宋人及楚人平。外平不书。此何以书？大其平乎己也。何大其平乎己？庄王围宋，军有七日之粮尔，尽此不胜，将去而归尔。于是使司马子反乘堙而窥宋城，宋华元亦乘堙而出见之。司马子反曰：'子之国何如？'华元曰：'惫矣。'曰：'何如？'曰：'易子而食之，析骸而炊之。'司马子反曰：'嘻！甚矣惫！虽然，吾闻之也，围者柑马而秣之，使肥者应客，是何子之情也。'华元曰：'吾闻之，君子见人之厄则矜之，小人见人之厄则幸之。吾见子之君子也，是以告情于子也。'司马子反曰：'诺，勉之矣！吾军亦有七日之粮尔，尽此不胜，将去而归尔。'揖而去之，反于庄王。庄王曰：'何如？'司马子反曰：'惫矣！'曰：'何如？'曰：'易子而食之，析骸而炊之。'庄王曰：'嘻！甚矣惫！虽然，吾今取此然后归尔。'司马子反曰：'不可。臣已告之矣，军有七日之粮尔。'庄王怒曰：'吾使子往视之，子曷为告之？'司马子反曰：'以区区之宋，犹有不欺人之臣，可以楚而无乎？是以告之也。'庄王曰：'诺。舍而止。虽然，吾犹取此然后归尔。'司马子反曰：'然则君请处于此，臣请归尔。'庄王曰：'子去我而归，吾孰与处于此？吾亦从子而归尔。'引师而去之。故君子大其平乎己也。"　[3] 祭仲（？—前682），春秋时期郑国大夫。逢丑父（亦曰逢丑父），春秋时期齐国大夫。二人事迹，见文中著者小字注。　[4] 斲（zhuó）：古同"斫"，斩杀。

程子曰："何物为权？义也。古今多错用'权'字，才说权，便堕变诈或权术，不知权只是经所不及者，权量轻重使之合义，才合义，便是经也。"程子此言尤约而尽。胡文定曰："变而不失其正之谓权，常而不过于中之谓正。"义亦精审。学者当知经权不二，然后可以明《春秋》予夺之旨。所以决嫌疑，明是非，非精于礼者未易窥其微意也。《论语》曰："君子〔之于天下也，〕无适也，无莫也。义之与比。"此经权之本也。"吾无间然"，予之至也；"斗筲之人何足算哉"，恶之至也。由此以推之，亦可以略知其辨矣。

上来依《论语》略说《春秋》义，虽仅举四门，以一反三，可至无尽。董生曰："《春秋》之为学，遵往而明来者也。其辞体天之微，故难知也。弗能察，寂若无；能察之，无物不在是。故为《春秋》者，得一端而多连之，见一空而博贯之，则天下尽矣。""以鲁人之若是也，亦知他国之皆若是也；以他国之皆若是，亦知天下之皆若是也：此之谓连而贯之。故天下虽大，古今虽久，以是定矣。""自内出者，无匹不行；自外至者，无主不止：言感应也。"匹者何？贰也。"慎辨物居方"，"吉凶存亡"，皆其自致也。主者何？一也，一谓正也。一于礼，一于义，一正一切正，故曰："正一而万物备也。"亦董生语。又复当知：文不能离质，权不能离经，此谓"非匹不行"；用之通变者，应理而得其中，从体起用，谓之"自内出"；夷必变于夏，刑必终于德，此谓"非主不止"；用之差忒者，虽动而贞夫一，会相归性，谓之"自外至"。"一致而百虑"，"非匹不行"也；"殊途而同归"，"非主不止"也。又法从缘起为"出"，一入一切也；法界一性为"至"，一切入一也。此义当求之《华严》[1]，而实具于《论语》。《春秋》仁以爱人，义以正己[2]；详己而略人，大其国以容天下[3]，在辨始察微而已。

[1]《华严》：即《大方广佛华严经》。"一入一切""一切入一"是《华严经》偈颂语。《大方广佛华严经·华藏世界品第五》："十方所有广大刹，悉来入此世界种，虽见十方普入中，而实无来无所入。以一刹种入一切，一切入一亦无余，体相如本无差别，无等无量悉周遍。" [2] 参见《春秋繁露·仁义法》："是故春秋，为仁义法：仁在爱人，不在爱我；义在正我，不在正人。" [3] 语出《春秋繁露·俞序》："《春秋》详己而略人，因其国而容天下。"意思是，《春秋》记载鲁国自己的事比较详细，记载他国的事相对简略，容天下之理于一国之事中。

◎研读

在统说群经大义之后，著者又以《论语》为统说之例，本篇展示了"六经大义散在《论语》"的概貌。本实理以说大义，六经与《论语》交参互入。既高屋建瓴，提纲挈领，又仁熟义精，引人入胜。这是以短小篇幅呈现六经大义的精彩之论，值得深入仔细玩味。

复性书院讲录第三卷

孝经大义

◎ **解题**

著者认为，六经大义，散在《论语》，总在《孝经》。自汉以来，《孝经》常与《论语》并称，先儒虽有疏释，但对于《孝经》的根本大义，仍有引而未发、郁而未宣的地方，所以著者继讲述《论语》大义之后，又讲述此经，作为向上提持世道人心的关键，使学者知道六艺之教约归于行，行即从孝行起。这样才能避免一味追逐知识的流荡无归。读者仔细阅读著者篇首所为《序说》，不难知本卷之宗旨及其现实针对性。

序　说

今人治社会学者，动言家族起源，由于掠夺；中土圣贤所名道德，悉为封建时代之思想；经籍所载，特古代之一种伦理说，可供研究历史文化之材料而已，是无足异也。以六艺之道判之，"疏通知远"本为《书》教之事，"《书》之失诬"[1]。今之为此言者，亦有近于《书》教，特据蛮俗以推之上世，以为历史过程不越此例，其意亦欲"疏通知远"，而不知其失之诬也。目中土圣贤经籍为传统思想，斥之无余；而于异国殊俗影响之谈，则奉为宝训，信之唯恐不及，非惑欤？夫诬经籍、诬圣人、诬史实，犹曰闻见之蔽为之，至于诬其己之本心而果于自弃，则诚可哀之大者。曷为而至于是？知有人欲而不知有天性也。夫㹠食死母，昫而弃走，庄生之寓言[2]；寄物瓶中，出则离去，孔融之冤谳[3]。文举[4]孝友，安得有是言？是曹操令路粹[5]枉奏，坐以不道耳。苟以私欲为万事根本，则国家民族之爱，人类同情之心，又何自而生乎？

[1] 语出《礼记·经解》。意思是，《书》教的失误在于诬罔不实。 [2] 典出《庄子·内篇·德充符》。仲尼曰："丘也尝使于楚矣，适见㹠子食于其死母者，少焉昫若，皆弃之而走。"㹠（tún）：《广韵》本作"豚"，豕子也，或作"犉"，即小猪。昫（shùn）：受惊的样子。 [3] 参见《全后汉文》卷九十四。路粹枉状奏孔融，谓孔融"与白衣祢衡跌荡放言，云：'父之于子，当有何亲？论其本意，实为情欲发耳。子之于母，亦复奚为？譬如寄物瓶中，出则离矣'"。谳（yàn）：审判定罪。 [4] 文举：即孔融（153—208），字文举。鲁国（今山东曲阜）人，为孔子的二十世孙。东汉末年文学家，"建安七子"之一。 [5] 路粹（？—214），字文蔚，陈留郡临漳县（今河南省临漳县）人。东汉末年大臣，参与构陷少府孔融。

《孝经》始揭父子天性，在《诗》曰"秉彝"，在《书》曰"降衷"，在《易》曰"各正性命"，在《中庸》曰"天命之谓性"。《孟子》曰："尽其心者，知其性也。知〔其〕性，则知天矣。"此而不知，故于率性之道，修道之教，皆莫知其原，遂以万事万物尽为爱恶攻取之现象，而昧其当然之则，一切知解但依私欲、习气，展转增上，溺于虚妄穿凿，蕴之为邪见，发之为暴行，私其身以私天下，于是人生悉成过患矣。夫以身为可私，是自诬也；私天下，是诬民也。安于自诬者，必敢于诬民，是灭天理而穷人欲也。率天下以穷人欲，于是人之生也，乃"儳焉不可终日"[1]矣。如或患之，盍亦反其本邪！曷为反其本？由六艺之道，明乎自性而已矣。曷由而明之？求之《孝经》斯可明矣。

[1] 儳（chàn）：苟且，不严肃。

性外无道，事外无理。六艺之道，即吾人自性本具之理，亦即伦常日用所当行之事也。亘古亘今，尽未来际，尽虚空界，无须臾而可离，无一事而不遍者也。由是性之发用而后有文化，故曰"观乎人文以化成天下"。其用之有差忒者，由于体之不明，故为文之不当也。《易》曰："物相杂，故曰文。文不当，故吉凶生焉。"除习气，尽私欲，斯无不明，无不当矣。吾人性德本自具足，本无纤毫过患，唯在当人自肯体认。与其广陈名相，不若直抉根原，故博说则有六艺，约说则有《孝经》。

《孝经》之义终于立身，立身之旨在于继善成性[1]。圣人以天地万物为一身。明身无可外，则无老氏之失；明身非是幻，则无佛氏之失；明身不可私，则一切俗学外道皆不可得而滥也。六艺皆以明性道，陈德行，而《孝经》实为之总会。德性是内证，属知；非闻见之知。行道是践履，属行。知为行之质，行是知之验。德性至博，而行之则至约。当其行时，全知是行，亦无行相可得。《孟子》曰："由仁义行，非行仁义。"是无行仁义之相也。故可以行摄知，以道摄德，以约摄博。如耳目口体并是心摄，视听言貌并是思摄，制度文为并是礼摄，家国天下并是身摄。明此，则知《诗》《书》之用，《礼》《乐》之原，《易》《春秋》之旨，并为《孝经》所摄，义无可疑。故曰："孝，德之本也。"举本而言，则摄一切德。"人之行，莫大于孝"，则摄一切行；"教之所由生"，则摄一切教；"其教不肃而成，其政不严而治"，则摄一切政；政亦教之所摄。五等之孝[2]，无患不及，则摄一切人；"通于神明，光于四海，无所不通"，则摄一切处。大哉！《孝经》之义，三代之英，大道之行，六艺之宗，无有过于此者。故曰："圣人之德，又何以加于孝乎？"自汉以来，皆与《论语》并称，先儒虽有疏释，其于根本大义，似犹有引而未发、郁而未宣者。故今继《论语》之后，略说此经，以为向上提持之要，使学者知六艺之教约归于行，而后于时人诬罔[3]之说可昭然无惑也。

中华民国二十九年三月　马浮

[1] 继善成性：变自《易·系辞上》："一阴一阳之谓道，继之者善也，成之者性也。"这句话的意思是，一阴一阳称之为道，人能继承此道便是善，但最终能完成此道则靠的是本性。　[2] 五等之孝：即天子、诸侯、卿大夫、士和庶人五个等级的孝。　[3] 诬罔：欺骗，诬陷毁谤。

略辨今古文疑义

《孝经》之文甚约而义至大。一言而可该性德之全者曰仁，一言而可该行仁之道者曰孝。故有子曰："君子务本，本立而道生。孝弟也者，其为仁之本欤！"孟子曰："尧舜之道，孝弟而已矣。"举本该末，摄用归体，于《孝经》见之。《孝经钩命决》[1]引孔子曰："吾志在《春秋》，行在《孝经》"。明一切行皆从孝起，大用无尽，会其宗趣，皆摄归于孝也。《尚书》叙尧德首"亲九族"，舜"克谐以孝"。《诗》教之旨在"事父事君"。《易》显天地人之道，有父子然后有君臣上下，礼义有所错[2]。《春秋》经世大法在诛乱臣贼子。至礼乐之实，孟子之言最为直抉根源[3]，本此以求礼意，无不贯洽[4]。故郑氏以《孝经》为六艺总会之说，实为得之。

[1]《孝经钩命决》，汉无名氏撰，一作《孝经纬钩命诀》。钩，同勾；决，通"诀"。谶纬类典籍。汉代《孝经纬》二种之一，宋均注。唐宋以来，散佚甚多。该书旨在说明天人相通，"孝心感天地"，孝道无所不包，同时言及礼乐、刑政、皇帝王霸之道。关于书名之义，清赵在翰《七纬·孝经纬叙目》云："天命流行，孝正情性，钩孝援度，用孝格命。"谓"孝通天地，以立性情，钩稽天命，以崇人伦，撮其微旨，故以决名"。　[2] 错：《说文解字注·金部》："错，或借为措字。措者，置也。"　[3] 孟子此言，盖指《离娄章句上》如下一段。孟子曰："仁之实，事亲是也；义之实，从兄是也。智

《泰和宜山会语》《复性书院讲录》注

之实，知斯二者弗去是也；礼之实，节文斯二者是也；乐之实，乐斯二者。" [4] 贯洽：周到，融会贯通，遍满充塞。

《六艺论》云："孔子以六艺题目不同，指意殊别，恐道离散，后世莫知根原，故作《孝经》以总会之。"《孝经》疏引。邢疏[1]引皇侃、刘炫说，并以为孔子自撰。《孝经钩命决》亦有"《春秋》属商，《孝经》属参"之言[2]，明《孝经》与《春秋》同作，或在《春秋》后。《白虎通议》曰："已作《春秋》，复作《孝经》何？欲专制正于《孝经》也。"《三国志·蜀·秦宓传》："孔子发愤作《春秋》，大乎居正；复制《孝经》，广陈德行。"此皆以《孝经》与《春秋》并称。《汉志》但云"孔子为曾子陈孝道"，不云孔子作。今按古人言语质朴，谓之制作者，不必定出自撰，当为七十子之徒所记述。如《礼记》所录诸篇，"仲尼燕居，子张、子贡、言游侍。纵言至于礼，子曰：'居，汝三人者，吾语汝礼'"，"孔子闲居，子夏侍。子夏曰：'敢问《诗》云"岂弟君子，民之父母"，何如斯可谓民之父母矣？'"《孝经》开篇起例全同，自为记述之体无疑。朱子以为曾子门人所记，是也。先儒谓孔子制作者，此犹佛经皆由结集而同为佛说，经首六种成就[3]，亦略同于此。有问主者，如《孔子闲居》之例是也；亦有不问自说者，如《孝经》及《仲尼燕居》之例是也。以其义特尊，故题以经名而别行，不与七十子后学记述他篇并。

[1] 邢疏：指邢昺为李隆基注的《孝经》所做的疏解。邢昺（bǐng）（932—1010），字叔明，曹州济阴郡（今山东省曹县北）人，北宋学者、教育家。邢昺擢九经及第，历任国子博士、国子祭酒、礼部尚书等。所撰《论语注疏》，讨论心性命理，为后来理学家所采纳。代表作《论语注疏》（何晏注）、《尔雅注疏》（郭璞注）和《孝经注疏》（李隆基注），均收入《十三经注疏》。　[2] 语出《孝经注疏·目录》。属：古同"嘱"，相当于"嘱咐""托付"。商：指子夏。参：指曾参。　[3] 经首六种成就：又作"六事成就"

"六种成就"。谓佛经开头之通序"如是我闻，一时佛在"等语有六种成就。一为"如是"，称"信成就"，即指阿难之信。佛法大海唯信能入，信受如是之法是佛所说而不疑，故称"信成就"。二为"我闻"，称"闻成就"，即阿难自闻。阿难亲闻佛之说法，故称"闻成就"。三为"一时"，称"时成就"，即指说法之时间。法王启运嘉会之时，众生有缘而能感者，佛即现身垂应，感应道交，不失其时，故称"时成就"。四为"佛"，称"主成就"，即指说法之主。佛系世间与出世间说法化导之主，故称"主成就"，五为"在"某处，称"处成就"，即指说法处。佛于天上、人间、摩揭提国、舍卫国等处说法，故称"处成就"，六为与众若干人具，称"众成就"，即指闻法之众。菩萨、二乘、天、人等诸大众云集听法，故称"众成就"。以上六缘具足而教法兴，故称之为"六种成就"。

《春秋繁露·五行对篇》河间献王问董君："《孝经》曰'夫孝，天之经，地之义'，何谓也？"董君以天道生长成养及地道承天对之。《汉志》曰："举大者言，故曰《孝经》。"《玉海》引郑注序[1]云："《孝经》者，三才之经纬，五行之纲纪。孝为百行之首，经者不易之称。"此释经题义最谛，当亦经名所自始也。魏文侯已为《孝经传》。据蔡邕《明堂论》引："《易传·太初篇》曰'天子旦入东学，昼（如）〔入〕南学，暮入西学。太学在中央，天子之所自学也。'《大戴礼记·保傅篇》[2]曰'帝入东学，尚亲而贵仁；入西学，尚贤而贵德；入南学，尚齿而贵信；入北学，尚贵而尊爵；入太学，承师而问道。'与《易传》同。魏文侯《孝经传》曰：'太学者，中学明堂之位也。'"是魏文侯《传》是时其书尚存。《史记·魏世家》："文侯受子夏经艺。"是其为《孝经传》亦闻之子夏可知。又田子方答子击之言曰："诸侯而骄〔人〕则失其国，大夫而骄〔人〕则失其家。"亦《孝经》"在上不骄"之义，与孟子言"天子不仁，不保四海；诸侯不仁，不保社稷；卿大夫不仁，不保宗庙"语意同。《吕氏春秋》亦引《孝经》。见《先识览·察微六》。是《孝经》之传，在先秦已显。自两汉诸师，皆以《孝经》与《论语》并重。匡衡上成帝疏谓"《论语》《孝经》，圣人言行之要"，此以言为《论语》，行为《孝经》。光武中兴，爱好经术，期门[3]羽林之士，皆令通《孝经章句》。《后汉书·儒林传序》。是分章亦从汉已然。

《泰和宜山会语》《复性书院讲录》注

然经文有今古文之别，古文孔安国注，今文郑氏注，先儒并皆致疑。《汉志》言长孙氏、江翁、后苍、翼奉、张禹"各自名家，经文（并）〔皆〕同，唯孔氏壁中古文为异。'父母生之，续莫大焉'，'故亲生之膝下'，诸家说不安处，古文字读皆异"。明诸家所传，皆为今文。《隋志》云：今文"河间人颜芝所藏，汉初，芝子贞出之，凡十八章，而古文与《尚书》同出，大较相似，而长孙有《闺门》一章，又衍出三章，合为二十二章，孔安国为之传。至刘向典校经籍，以颜氏比古文，除其繁惑，定著为十八章。按司马贞驳刘知几说与此同。郑众、马融并为之注，是谓今文，为刘向校定本。又云有郑氏注，或云出郑玄，与玄所注余书不同，故疑之。梁代安国本与郑氏并立学官，安国本亡于梁乱，陈及周、齐唯传郑氏。至隋，秘书监王劭访得孔传，送河间刘炫。炫因序其得丧，为述义，传于人间，后遂着令与郑氏并立。儒者諠諠[4]，皆云炫自作，非孔旧本"。是《隋志》于孔、郑两注皆疑之，然于经之今文本则不疑。此《孝经》今古文不同之源流也。

[1] 郑注序：指郑玄所作《孝经注》自序。 [2] 底本原为《礼记·保傅篇》，应为《大戴礼记·保傅篇》。《礼记》四十九篇中并无《保傅篇》。今据《大戴礼记》改正。 [3] 期门：官名。汉武帝时置，掌执兵扈从护卫。武帝喜微行，多与西北六郡良家子能骑射者期约在殿门会合，故称。 [4] 諠諠（xuān）：形容声音大而混杂。

《汉书》颜师古注引桓谭《新论》云："古《孝经》千八百七十二字，今异者四百余字。"许冲上《说文表》言其父慎[1]学《孝经》古文孔氏说。桓谭所见，许慎所学，或是真古文孔传，若刘炫所传，明是依托。今鲍廷博刊本乃得之日本，恐亦非刘炫之旧矣。至郑注，今唯见《群书治要》中及诸家所引佚文，实有精语。如《经典释文》所引"至德者，孝弟也；要道者，礼乐也"，似非可以伪托者。宋均《孝经纬》注及《唐会要》并引《六艺论》有"玄又为之注"语，不

296

得以不见于《郑志》及《目录》而疑之。刘知几设十二验以疑郑。后儒因疑注而并及于经。今谓注可疑而经不可疑，古文可疑而今文不可疑，孔注可疑而郑注不可疑也。

[1] 慎：指许慎（58—147），字叔重，汝南召陵（今河南省漯河市召陵区人），东汉时期著名的经学家、文字学家。许慎历三十年编撰世界上第一部字典《说文解字》，规范了汉字的形、音、义。学术界称许慎为"许君"，称《说文解字》为"许书"，称其学为"许学"。许慎对汉语文字学做出了杰出贡献，被尊称为"字圣"。

自汉迄唐，疏解多佚。玄宗注序云：旧解踳驳[1]，殆且百家。寻《隋志》所录，王肃、韦昭、荀勖、梁武帝、萧子显、皇侃、贺玚之伦，今并不传。而梁武《义疏》十八卷，文独广，其书当视玄宗注为胜。玄宗注本诏元行冲[2]为之疏，今亦不传。或为邢昺疏所本，未可知也。疑郑而信孔者，陆澄、刘知几；疑孔而信郑者，王俭、司马贞。自玄宗注独行，二家并废。及司马温公、范祖禹为《指解》，复用古文。朱子《刊误》、吴草庐《定本》，并改经文。世传三本《孝经》，并未可遵用。今谓宜依今文十八章之旧，不必纷纷为之说。

[1] 踳（chuǎn）驳：杂乱不一致。"踳"同"舛"。　　[2] 元行冲：即元澹（653—729），字行冲，河南人。擅长训诂学。

至《朱子语类》疑"严父配天"义，以为如此须是武王、周公方能尽孝，常人都无分，又谓其中有《左传》中言语，疑出后人缀缉[1]，是亦疑有过当。如言"爱敬尽于事亲，而德教加于百姓，刑于四海"，宜属之天子；"爱亲者无敢恶于人，敬亲者无敢慢于人"，则常人皆有分也。配天固武王、周公而后可，严父则亦常人所事也。如言"（大孝不匮）中孝用劳，小孝用力，〔大孝不匮〕"，"大孝尊亲，其次（不）〔弗〕辱，其下能养"，"大"之云者，充类至义之辞。孝以严父为大，严父又以配天为大。如此言之，何害于义理乎？朱子一生理会文义最子细，此谓"恐启人僭乱之心"者，特谨严之过，亦不足为朱子病。至经籍中言语相类而互见者，往往有之。《孝经》之传，宜在左氏之前。"天经地义"之说，不必定为子产语。见《昭·二十五年》，赵简子问礼于子太叔，子太叔曰"（吾）〔吉也〕闻之先大夫子产曰"云云。如《论语》"克己复礼"，左氏以为古志之言。又"出门如宾，承事如祭"在左氏为臼季语，亦与"出门如见大宾，使民如承大祭"相类。"生，事之以礼；死，葬之以礼，祭之以礼"，在《论语》为孔子答樊迟语，在《孟子》则引作曾子之言。此类不可胜举。亦不可以子产说礼之详，遂疑《孝经》论孝之略。义既各有攸当，知其文非相袭明矣。

[1] 参见《朱子语类》卷第八十二《孝经》。原文："如下面说'孝莫大于严父，严父莫大于配天'，则岂不害理！倘如此，则须是如武王、周公方能尽孝道，寻常人都无分尽孝道也。岂不启人僭乱之心！其中煞有《左传》及《国语》中言语。"

《语类》又云："《孝经》只是前面一段是当时曾子闻于孔子者，按朱子所定经文，至今文《庶人章》为止，删去引《诗》。此云"前面一段"，即指此。后面皆是后人缀缉而成。"是前面一段朱子固未尝疑之。《刊误》分为经、传，以此当经，疑传而不疑经。但不知何以用古文本，或因温公《指（要）〔解〕》本方行于时而然。又《语类》曰："《礼记》煞有好处，可附于《孝经》。"《刊误》后序曰："欲掇取他书之言可发此经之旨者，别为外传。"及黄石斋撰《集传》，尽采二《戴记》诸篇其义与《孝经》相发者，分系各章之下，谓之大传；自下已意，谓之小传。实朱子之志也。其为《孝经辨义》曰："《孝经》有五大义，本性立教，因心为治，令人知非孝无教，非性无道，为圣贤学问根本，一也。约教于礼，约礼于敬，敬以致中，孝以导和，为帝王致治渊源，二也。则天因地，常以地道自处，履顺行让，使天下销其戾心，觉五刑五兵无得力处，为古今治乱渊源，三也。反文尚质，以夏、商之道救周，四也。辟杨诛墨，使佛、老之道不得乱常，五也。"此语推阐至精，前三义尤能见其大。辟杨、墨虽孟子事，佛、老之弊，更在其后，然《孝经》之义明，则杨、墨之道熄，谓为遏之亦宜。其后为《孝经大传序》所举五微义，与此微有不同，但言有广略，义无差别。又曰："臣观《仪礼》、二《戴记》皆为《孝经》疏义，盖当时师、偃、商、参之徒，习观夫子之行事，诵其遗言、尊闻、行知，萃为礼论，而其至要所在，备于《孝经》。"盖"语孝必本敬，本敬则礼从此起，非必《礼（论）〔记〕》初为《孝经》之传也"。学者读石斋《集传》，求之所引二《戴记》之文，思绎其义，自能信其详洽。自来说《孝经》，未有过于黄氏者也。向举《论语》问孝诸章，但约礼乐义说。今本康成《孝经》为六艺总会之旨，略为引申抉发。庶知"体信达顺""尽性至命"之道，近在日用之间，人人有分。其为先儒所已详者，今在所略。以此经文字，先儒每有致疑，故先为辨析如此，学者当知。

附语

许冲《表》言：古文是昭帝时鲁国三老所献，与《汉志》《书序》谓同出壁中者异。

阮福《孝经义疏》定郑注为出于康成孙小同[1]，不可从。《困学纪闻》已有此说。

[1] 小同：即郑小同（194—258以后），字子真，北海国高密人，三国魏时期人物。是著名学者郑玄的孙子。郑玄因自己生于丁卯岁，而此孙生于丁卯日，因此为其取名为"小同"。

陆澄[1]疑郑，谓观其用辞不与所注他书相类，陆德明[2]亦言与注五经不同，皆不知所指。王伯厚[3]云："康成有六天之说，而《孝经》注云'上帝，天之别名'，故谓不与他注相类。"严可均[4]辑郑本《后序》，举

《泰和宜山会语》《复性书院讲录》注

法服章数与《礼记》《周礼》注不同，疑为前后之异，四代互有增损。此实无关宏指。孟子告曹交[5]："子服尧之服，诵尧之言"，"服桀之服，诵桀之言"，亦以"服"与"言"对举[6]，岂教曹交服十二章[7]天子之服邪？故说经不可泥，如此类是也。

　　[1] 陆澄（425—494），字彦渊，吴郡吴县（今江苏省苏州市）人。　　[2] 陆德明（约550—630），名元朗，字德明，苏州吴县（今江苏省苏州市）人。唐朝大儒、经学家，训诂学家，"秦王府十八学士"之一。勤奋好学，受业于周弘正，善言玄理。隋炀帝嗣位，授秘书学士、国子助教。大唐建立后，成为秦王（李世民）文学馆学士、太子中允，教授中山王李承乾，候补太常博士。　　[3] 王伯厚：即王应麟。　　[4] 严可均（1762—1843），字景文，号铁桥，浙江乌程（今浙江省湖州市吴兴区）人。清代文献学家、藏书家。　　[5] 曹交，战国时期人，曹君之弟（或说曹亡以国为氏）。[6]《孟子·告子章句下》载孟子答曹交问的原话是："子服尧之服，诵尧之言，行尧之行，是尧而已矣；子服桀之服，诵桀之言，行桀之行，是桀而已矣。"　　[7] 十二章：古代天子之服绘绣的十二种图像。衣绘日、月、星辰、山、龙、华虫称"上六章"；裳绣宗彝、藻、火、粉米、黼、黻，称"下六章"。

　　元行冲有《序》一篇，见黎庶昌[1]刻《古逸丛书》唐卷子本《孝经》中。

　　[1] 黎庶昌（1837—1898），字莼斋，自署"黔男子"，贵州省遵义县东乡禹门人。黎恺第四子。晚清时外交家和散文家。

　　玄宗注序云："韦昭、王肃，先儒之领袖；虞翻、刘劭，抑又次焉。刘炫明安国之本，陆澄讥康成之注，在理或当，何必求人。今故特举六家之异同，会五经之旨趣。"是玄宗并采六家注也。《困学纪闻》云："考《经典序录》有孔、郑、王、刘、韦五家，而无虞翻。"按《隋志》亦无虞翻。

　　又如《乐记》"天尊地卑，君臣定矣；卑高以陈，贵贱位矣；动静有常，小大殊矣；方以类聚，物以群分，则性命不同矣；在天成象，在地成形，如此，则礼者天地之别也"一段文字，前半全同《系辞》，但改"《乾》《坤》"为"君臣"，改"刚柔"为"大小"，改"吉凶"为"性命不同",去"变化见矣"一句,而以当"礼者,天地之别",于义理亦不失。下节"地气上齐,天气下降,阴阳相摩,天地相盪,鼓之如雷霆,奋之以风雨,动之以四时,暖之以日月,而百化兴焉。如此,则乐者天地之和也"一段,亦全用《系辞》。彼以说《易》,此以说《礼》《乐》,义固相通,《易》为《礼》《乐》之原也。《乐记》出公孙尼子,明在《系辞》后,是袭用《系辞》无疑,而不以为嫌。又论声与政通一段,亦出《诗·大序》。疑《乐记》之言,或公孙尼子闻之子夏,子夏闻之孔子也。

十二著义[1]为郊、庙、明堂、释奠、齿胄[2]、养老、耕藉[3]、冠、昏、朝聘、丧祭、乡饮酒。

[1] 黄道周《孝经集传·自序》中立《孝经》"五微义"和"十二著义"。　[2] 齿胄（chǐ zhòu）：指太子入学与公卿之子依年龄为序。　[3] 耕藉（gēng jiè）：亦作"耕籍"或"耕耤"。古时每年春耕前,天子、诸侯举行仪式,亲耕藉田,种植供祭祀用的谷物,以示劝农。历代皆有此制,称为"耕藉礼"或"籍田礼"。

释至德要道

六经所示,皆修德之门,学道之事。修德者先务知德,而后能成德；学道者先务明道,而后能行道。圣贤立身垂教,总为此事,此犹佛氏所谓"大事因缘"[1]也。"道""德"并为玄名[2],学者先须明其义相[3],验之身心,实在践履,方可入德,方可闻道。是故应知六艺之旨约在《孝经》,圣人何以特标"至德要道"之目。今当先为分疏,不避词费,使人易瞭。《乾·文言》曰："君子以成德为行,日可见之行也。"又《系辞》曰："仁者见之谓之仁,智者见之谓之智,百姓日用而不知,故君子之道鲜矣。"孔子复曰;"中庸之为德也,其至矣乎,民鲜久矣。"孟子曰："行之而不著,习矣而不察,终身由之而不知其道者,众也。"此并谓知德者鲜[4],道之所以不行也。其实在心为德,行之为道,内外一也。德是自性所具之实理,道即人伦日用所当行。德是人人本有之良知,道即人人共由之大路，人自不知不行耳。知德即是知性，由道即是率性，成德即是成性，行道即是由仁为仁。德即是性，故曰性德，亦曰德性。即性之德，是依主释；即德是性，是持业释[5]。道即是性，故曰性道，亦曰天性，亦曰天道，亦曰天命。"德""行"对文，则德主内而行主外。"道""德"对文，则德为隐而道为显。"性""道"对文，则性为体而道为用。性外无理，道外无事。离性而言理，则理为幻妄；离事而求道，则道为虚无。故六艺之教，总为德教；六艺之道，总为性道。《孝经》则约此性德之发现而充周者举示于人，使其体认亲切，当下可以用力，践形尽性[6]之道即在于是。故知六艺之要归，即自心之大用，不离当处，人人可证，人人能行。证之于心为德，行出来便是道，天下自然化之则谓之教。经云："君子之教以孝也，非家至而日见之也。"明其非言教。此是圣人显示性德，普摄群机，故说《孝经》以为总持，犹佛氏之有陀罗尼门[7]。故先标"至德要道"，复曰德教，曰天性，曰人之行。明所因者本以德摄行，以行显性，以性摄道，并是审谛决定之言。凡性德所含，圣教所敷，无不苞举而尽摄之，故曰道之根原、六艺之总会也。

　　[1] 大事因缘：谓佛陀出现于世间之唯一目的，就是令众生开、示、悟、入佛之知见。而佛陀先前所说的声闻、缘觉、菩萨三乘教法都只是为这一大事因缘做铺垫做准备的。　　[2] 玄名：指抽象名词。　　[3] 义相：解释义理的名相。　　[4] 知德者鲜：意思是知道道德的人很少。　　[5] "依主释"和"持业释"是佛教"六种释"（亦称"六离合释"）中的两种。本文后《附语》中对"六离合释"及"依主释"和"持业释"有比较详细的解释，可参考。　　[6] "践形尽性"可以用梁漱溟先生的一段深入浅出的话来解释。他说："《孟子》上所说：'形色天性也，唯圣人为能践形。'所谓'形色'就是我们人所长的这个样子——耳、目、口、鼻、四肢等。这是照浅近处说。往深言之：所谓'形色'，他含着无穷的意义，不能够再高明、不能够再伟大的那个道理、那个可能，都在这里头；只有圣人才能够达到，才能够实践，发挥天所给他的可能性！如果说人生就在生存，单是满足欲望，则未免同于禽兽。要知道人的意义是在创造；这个创造，是创造什么？不是作一篇好的文章，或者

有一点科学发明就算了事，要紧的创造是开发他本身上的那个可能性，把本身上的可能性能够圆满的发挥尽致就对啦！人生应当是这个样子。"　[7] 陀罗尼门：即佛教的密宗法门。陀罗尼，是梵语音译，意思是"总持"，能持能遮。既能持各种善法，又能遮除各种恶法。即于一法之中，持一切法；于一文之中，持一切文；于一义之中，持一切义；由此总持无量佛法而不散失。

何云至要？至者，究极之称。要者，简约之谓。向上更无可说，名曰至。推之不可胜用，名曰要。"肫肫其仁，渊渊其渊，浩浩其天"，所谓"至德"也。"大乐必易，大礼必简"，所谓"要道"也。《中庸》曰："大哉圣人之道，洋洋乎发育万物，峻极于天。""故曰：苟不至德，至道不凝焉。"此明道之至者，其德必至。《易·系辞》曰："易简之善配至德。"此明德之至者，其道必要。故"道""德"兼举，"至""要"互成。但"德"以含摄言，"道"以著见言，"至"以究竟无余言，"要"以一多相即言。德是相大[1]，深广无尽，故曰"至"；道是用大[2]，圆融无碍，故曰"要"。此是叹德，亦即明宗，"至""要"是赞，"道""德"是宗。若依义学定标宗趣，则德本为宗，教生为趣；行孝为宗，立身为趣；又可德教为宗，顺天下为趣。先言"顺"而后言"治"者，顺是举本，治是垂迹；顺言性德之符，治言力用之验；顺是不言之化，治是无功之功。故曰："其教不肃而成，其政不严而治。"成其德教而行其政令，则知所言政者，亦是教摄，岂离道德而别有政教哉？此其所以为至要之义也。泰伯"三以天下让，民无得而称"，是谓至德。舜"恭己正南面"，"无为而治"，是谓要道。"为政以德"，"修己以敬"，"居敬行简"，皆要义也。老氏清虚，亦能识要，但谓"失道而后德"，与圣言迥殊，未为知德。法家自托于道而务为烦苛，失道愈远，不唯不知德，亦不知要也。附简于此，学者当知。

[1][2]　"相大""用大"是借用佛教的体、相、用三大为说。冯达庵居士在其《心经广义·释题》中说："原始佛教，唯有小乘。其后大乘渐兴，至马鸣菩萨而确立宗旨，大要分真如为体、相、用三大。嗣此复分三期：初期大乘教——注重体大。以龙树菩萨《中观论》为主。志在破小乘法执，未便广谈

《泰和宜山会语》《复性书院讲录》注

法相，是名空宗。承其系统者，提婆菩萨也。中期大乘教——注重相大。以弥勒菩萨《瑜伽师地论》为主。志在破权小空执，极力阐扬法相，是名相宗。承其系统者，无著菩萨也。晚期大乘教——注重用大。以龙猛菩萨（即龙树）《发菩提心论》为主。志在救显教迂缓，最尚三密加持，是名密宗。承其系统者，龙智菩萨也。"

《周礼·师氏》："以三德教国子：一曰至德，以为道本；二曰敏德，以为行本；三曰孝德，以知逆恶。三行：一曰孝行，以亲父母；二曰友行，以尊贤良；三曰顺行，以事师长。"郑注曰："至德，中和之德，覆焘持载含容者也。""敏德，仁义，顺时者也。""孝德，尊祖爱亲，守其所以生者也。""孝在三德之下，三行之上。德有广于孝，而行莫尊焉。"贾公彦《疏》[1]以"至德"、"敏德"为"五帝以上所行，直明在心为德而已，不见其行"也，"孝德"为"三王以下所行，德行兼见之"。此与《孝经》义不同。郑注亦不及注《孝经》"至德，孝弟""要道，礼乐"二语之精。贾《疏》引《老子》"上德不德"，"下德不失德"，用河上公[2]说，以"上德"为上古无名号之君，"下德"为号谥之君，意以"至德"当老子所谓"上德"，"孝德"当老子所谓"下德"，于义尤乖。《老子》明云"失道而后德"，则其所谓上德，亦下于道一等。此与孔子言道德各不相谋，一为玄言，一为实理，不可比而同之。贾《疏》迷缪，亦须料简。至郑注言"德有广于孝而行莫尊焉"，此以德、行对言。《孝经》以德摄行，故言"人之行莫大于孝"，而又言"圣人之德，无以加于孝"。是孝行即是孝德，孝德即是至德，明矣。《周礼》师氏之教，是行布门[3]，故德、行分说为三；《孝经》，圣人最后之言，是圆融门[4]，故约归一德。教有顿渐，说有先后，不可执碍。勿以郑氏注"至德"与《周礼》注不同而疑之，亦勿因《周礼》有三德之目，而疑《孝经》"至德"之教也。儒者说经，往往不及义学家之精密，以其于教相或欠分明。如郑氏《六艺论》《孝经序》则俨然其判教规模[5]。故谓儒者治经，亦须兼明义学，较易通悟也。

　　[1] 贾公彦：生卒不详，唐州永年（今河北邯郸市永年区）人。唐朝儒家学者、经学家。官至太常博士，撰有《周礼义疏》五十卷。贾公彦精通《三礼》，《周礼义疏》即是由其负责编撰。他选用郑玄注本十二卷，汇综诸家经说，扩大为《义疏》五十卷，体例上仿照《五经正义》。　　[2] 河上公：是历史上真正的隐士，其为老子作注的《河上公章句》成书最早、流传最广、影响最大，但是其姓名生地无人能知。《神仙传》载："河上公者，莫知其姓名也"。　　[3][4] 行布门、圆融门：佛教术语。菩萨之阶位，初后相即，谓之圆融；初后次第，谓之行布。《华严经》所说，有此二意，是华严宗之所判。自第二会《名号品》至第六会《小相光明品》之二十八品，说信、住、行、向、地及佛果之次第差别，为行布门。如他言初发心时便成正觉者，则属于圆融门。　　[5] 判教：佛教术语。判，是判别条列之意；教，是释迦牟尼佛所说经教。判教，就是依据一定的见地或理念将释迦牟尼佛一生所说经教排列组织成为一大体系。如天台宗之"五时八教"，华严宗之"五教"都是判教。大乘诸宗，各有教相之判释。规模：在这里相当于格局、制度。

　　"道""德"义相，在经籍中诠表之辞最多，义各有当，不可执此议彼。如虚灵不昧谓之明德，微妙幽深谓之玄德，最胜无上谓之峻德，持载含弘谓之厚德，《虞书》"惇德允元"，"惇"亦"厚"也。法尔如然谓之天德；坦易正直谓之直道，人所共由谓之达道，圆满周遍谓之大道，常恒不变谓之常道，通贯三才谓之王道。如是广说，不可尽举，皆是显此一心所含胜妙德相，神用无方。而《孝经》"至德要道"一言，实可该摄诸名。学者须知自性本来广大精微如此，圣人之言显示要约又如此，其可甘于自弃而不求入德、不求闻道乎？

　　复次当知，道有君子小人、仁与不仁之别，而德亦有凶有吉。君子之道是仁，小人之道是不仁。仁者物我无间，故通；不仁者私吝蔽塞，故睽。通则吉，睽则凶。吉凶者，失得之谓。得其理为德，失其理则为不德，为失德，为凶德。今言"至德要道"，则唯通而不睽，唯得而无失也。故曰："孝弟之至，通于神明，光于四海，无所不通。"即此现前一念爱敬不敢恶慢之心，全体是仁。事亲之道，即事君之道，即事天之道，即治人之道，即立身之道，亦即天地日月四时鬼神之道。唯其无所不通，故曰"要道"；纯然天理，故曰"至德"。一有失之，便成睽隔，天地万物皆漠然与己不相关涉，更无感通，而但有尤怨，此则不仁之至，私吝为之也。有生之伦，谁无父母，孩提之童无不知爱其亲者，未知私其身也。至于以身为可私，则遗其亲，怼其亲，倍死忘生[1]者有之。然当其"疾痛惨怛，未有不呼父母"[2]者，则本心之不亡，虽睽而终通也。圣人语孝之始，谓此身"受之父母，不敢毁伤"，则身非汝有，不可得而私也。"立身行道，扬名于后世，以显父母"，则道与名亦不可得而私也。不敢以父母之身行殆，不敢贻父母以恶名，以此身即父母之身，亦即天地之身也。如此，则私吝之心无自而起，而不仁之端绝矣。指出一念爱敬之心，即此便是性德发露处，莫知所由，然若人当下体取，便如垂死之人复活，此心即是天地生物之心。本此以推之，礼乐神化皆从此出。人到无一毫恶慢之心[3]时，满腔都是恻隐，都是和乐，都无偏倚，都无滞碍，乃知天地本来自位，万物本来自育，此是何等气象！才有一毫恶慢心起，便如险阻当前，触处皆碍，计较横生，矛戟森然，天地变色。此时性德全被障覆，其心更无一息平易之时，灾害祸乱并由此起矣。此在当人于其起念时，反观自心作何景象，必能自悟。所以"圣人因严以教敬，因亲以教爱"，名为德教者，即此"爱亲者不敢恶于人，敬亲者不敢慢于人"二语已足。此所以为"至德要道"根本之教也。

[1] 倍死忘生：意思是活着被遗忘，死了遭背弃。倍：即"背"，意思是背叛、背弃。 [2] 语出司马迁《史记·屈原列传》："疾痛惨怛，未尝不呼父母也。"惨怛（dá）：悲痛，忧伤。 [3] 恶慢之心：恶，是厌恶；慢，是傲慢，与上文"爱敬之心"相对。皆由《孝经》"爱亲者不敢恶于人，敬亲者不敢慢于人"而来。

附语

先有以得圣人之用心，庶可期于知德；见圣人之行事，庶可期于明道。若用心行事一一与圣人相应，始为成德，始能行道。否则天地悬隔，无有入处。

又《中庸》以"明""行"对言。"道之不明"，"知者过之，愚者不及也"；"道之不行"，"贤者过之，不肖者不及也"。"贤""智"分属"知""行"，可见知德为智，行仁为贤，犹《华严》以文殊表智，文殊师利，译言妙德。普贤表行也。贤智愚不肖，即圣凡迷悟二机，君子小人二道。佛有四圣六凡，儒家只明二道，但简贤智之过，实无异为二氏预记[1]。释氏"弹偏斥小，叹大褒圆"[2]，知以大拣小，以圆拣偏，未知圆大之中亦有过者，此孔子所以叹《中庸》之德也。高者流于空虚，卑者堕于功利，一过一不及，摄尽未来。今时只有不及，未有过者，故须提持向上。先儒简贤智之过意思多，今乃简愚不肖之不及意思多。

[1] 二氏：指佛教和道教。预记：意思是提前记别。《马一浮集》和《马一浮全集》此处断句和标点为"但简贤智之过实无异。为二氏预记，"盖未解其义而断句错误。今订正之。　　[2] "偏"指的是小乘证阿罗汉果者，他们证真谛理，但只偏于真谛的空，不能认识假以及中道，所以称为偏真涅槃。同时赞叹大乘佛法，褒奖"圆"教的究竟真理，也就是赞叹大乘自利利他精神。

"六离合释"是义学家释经常用之名词。一名之中有能有所[1]，亦是一种析义之方法，使人易喻，如说字义之有六书[2]也。"依主"者，谓所依为主，如言"眼识"，眼是所依，识是能依，如臣依主，是眼之识，故名"依主"。持业，谓任持业用，如言"藏识"，识是本体，藏是业用，体持业用，藏即是识，故名藏识。三、曰"有财释"，从他得名。四、"相违释"，如言眼耳，体性各别。五、"带数释"，即举法数，如"五蕴"等。六、"邻近释"，如"念"与"慧"，慧是拣择照了，念是明记不忘。例如："四念处"本是观慧，而云"念"者，以其邻于念也。此犹六书之有转注、假借也。唯"有财"之名太俚，不可用。中土玄名类此者亦少，唯官名有之，如山虞、泽虞、林衡、川衡之属。

《泰和宜山会语》《复性书院讲录》注

[1] 能所：是佛教术语。二法对待之时，自动之法，谓为"能"，不动之法，谓为"所"。近似于西方哲学所谓"主体"和"对象"。　[2] 六书：首见于《周礼》，清代以后一般指象形、指事、会意、形声、转注、假借。汉代学者把汉字的构成和使用方式归纳成六种类型，总称"六书"。

"相违"，如言阴阳、刚柔，虽是一理，在析义时分言其体相，则成相违。

"带数"，如两仪、四象、八卦、五行等，庄子所谓"明乎本数，系乎末度"。说理多用"带数释"。

"邻近释"，如"信近于义""恭近于礼"之类，举"敬"则该"礼"，举"和"则该"乐"也。

"肫肫其仁，渊渊其渊，浩浩其天"三句，可配佛氏三德[1]三心[2]。

[1] 三德：佛教名数。指《涅槃经》所说大涅槃所具之三德为：一、法身德，为佛之本体，以常住不灭之法性为身者；二、般若德，般若译曰智慧，法相如实觉了者；三、解脱德，远离一切之系缚，而得大自在者。诸佛自利利他之三德为：一、智德，破一切之无知而具无上菩提者；二、断德，断一切之烦恼而具无上涅槃者。此二者属于自利。三、恩德，具大悲而救济一切众生者，是利他之德也。　[2] 三心：佛教名数。《观无量寿经》所说"三心"为："一者至诚心，二者深心，三者回向发愿心。具三心者，必生彼国。"《宗镜录》所说"三心"为：一、根本心，第八阿赖耶识之心王，含藏一切善恶之种子，生染净之诸法者；二、依本心，依第七末那识根本识为一切染法之本者；三、起事心，执着眼等之六识外境，起种种之业者。

语之所尚曰宗，宗之所归曰趣。

天台家释经立五重玄义：一释名，二辨体，三明宗，四论用，五判教相。华严家用十门释经，谓之"悬谈"：一教起因缘，二藏教所摄，三义理分齐，四教所被机，五教体浅深，六宗趣通局，七部类品会，八传译感通，九总释经题，十别解文义。其方法又较天台为密。儒者说经尚未及此。意当来或可略师其意，不必尽用其法。如此说经，条理易得，岂时人所言"科学整理"所能梦见？

圆成而无亏欠是"至"，才有一毫亏欠即非"至"；顺应而无作意是

"要",才有一毫安排即非"要"。"德"是自觉自证,不求人知;"道"是乐循安处,无入而不自得。正谊明道是要,谋利计功则烦[1]。无所为而为,顺其当然之则,名为"无为"。有所为而为者,必堕安排计较,违道而非要矣。

[1] 董仲舒曰:"夫仁人者,正其谊不谋其利,明其道不计其功。"

庄子言"在宥天下,不闻治天下"。"在宥"者,谓任其自在,即因任自然之意,与"顺天下""所因者本"[1]义旨全别。此言"因""顺",乃顺其性德,因其本善。老、庄只是因任其习,不使增上,听其自变,故其视民物甚卑外而贱之,便流于不仁。

[1]《孝经·开宗明义章》:"先王有至德要道,以顺天下,民用和睦,上下无怨。"《孝经·圣治章》:"圣人之教,不肃而成,其政不严而治,其所因者本也。"

老子曰:"孔德之容,惟道是从。道之为物,惟恍惟惚。"王辅嗣注:"孔,空也。惟以空为德,然后乃能动作从道。恍惚,无形不系之叹。"此玄言之"道""德",与孔子绝不同。道先而德后之意尤显。寻五千文中无一"性"字,但云"有物混成,先天地生。寂兮寥兮,独立不改。周行而不殆,可以为天地母。吾不知其名,强字之曰'道'"。此言与"率性之谓道"迥殊。

《中庸》:"唯天下至诚,为能经纶天下之大经,立天下之大本,知天地之化育。"郑注[1]以"至诚"即指孔子,"大经"谓六艺而指《春秋》也,"大本"即《孝经》。今说《中庸》,自以朱子《章句》为精,不必尽依郑注。然郑氏以"至诚"即指孔子,于义亦允。圣人与道为一。《通书》曰:圣人者,"诚而已矣"。此见至诚即是至圣。《中庸》以颜渊表仁,以舜表智,以子路表勇,谓以孔子表至诚何不可邪?以"大经"当六艺,以"大本"当《孝经》,郑义实是如此。此尤近于义学之判教也。

[1] 郑注:指东汉郑玄所作注解。

圣人智周万物而自以为无知，所以为"至德"；道济天下而自以为无能，所以为"要道"。私智不可以为德，小慧不可以为道。私智、小慧与孟子言"德慧""术智"殆体相反。术即道也，由德而生，故曰"德慧"，与道相应，故曰"术智"。必须绝去私小，方有德慧，方名道德。无私方是德，能大方是道。私者必小，小者必私，犹骄者必吝，吝者必骄。私是我执，吝是法执。故人自恃多知，自谓见解胜人者，必是私智，私智悖德，永与正智相反；自恃多术，自谓才能过人者，必是小慧，小慧违道，决与大道相反。此亦君子、小人所由分途也。

颜子"无伐善"，是以知言，近德；"无施劳"，是以行言，近道。"有若无，实若虚"，"以能问于不能，以多问于寡"，皆是绝去私吝始能有此气象。故颜子亚圣，可谓大德有道矣。此皆无敢恶慢之一念所充也。学者直下亟须自己勘验，只此便是用力处。

"汝身非汝有"，"是天地之委形也。生非汝有，是天地之委和也；性命非汝有，是天地之委顺也；孙子非汝有，是天地之委蜕也"，"汝何得有夫道"，此是庄、列寓言，设为舜与丞问答之语。此语亦是直下教人剿绝私己，然终有"外其身"之意[1]在，所以与儒家不同。若言"天子有善，让德于天；诸侯有善，归诸天子；卿大夫有善，荐于诸侯；士、庶人有善，本诸父母"，此则全身奉父而己无与焉，与庄、列之"外其身"者有别。

［1］外其身：这里指阴谋之术。典出老子《道德经》"外其身而身存"句。

"不敢毁伤"，"爱亲者不敢恶于人，敬亲者不敢慢于人"，"非先王之法服不敢服，非先王之法言不敢道，非先王之德行不敢行"，"不敢遗小国之臣"，"不敢侮于鳏寡"，"不敢失于臣妾"。《困学纪闻》[1]云："《孝经》言'不敢毁伤'至'不敢失于臣妾'，言'不敢'者九。《管子》亦曰'行于不敢而立于不能'，《诗》于文王、仲山甫皆曰'小心翼翼'。"又《曾子》十篇[2]凡言"不敢"者十有八，如"一举足不敢忘父母，一出言不敢忘父母"，"不敢肆行，不敢自专"之类。此可见圣贤用心。

［1］《困学纪闻》：宋代王应麟所撰。　［2］《大戴礼记》第四十九篇到五十八篇，题目皆冠以"曾子"，后世称为"曾子十篇"。

释五孝

已知六艺总为德教，而《孝经》为之本，故说"至德要道"是明宗。次说五孝是辨用。先儒释此，特详于礼制，其义犹有隐而未发者。世俗每以《孝经》为顺俗之谈，不知为显性之教，如"显亲扬名""长守富贵""保其禄位"诸语，错会其义，则醍醐变成毒药。今欲简滥，先须消文[1]。

［1］"简滥"和"消文"，都是佛教义学讲论所用术语。简滥：拣择正义于混滥之中。消文：了解字面意义。

言天子、诸侯、卿大夫、士、庶人者，特寄之五位，以示分殊。通言孝者，以明理一，故结言"自天子至于庶人，孝无终始，而患不及者，未之有也"。此明五者应迹不同，其本是一。"终始"承上"事亲""立身"而言。"而患不及者，未之有也"者，言未有不能事亲、不能立身者也。须知五孝皆统于爱敬，即四位皆通于天子。位有尊卑而孝无加损，但谓忠顺未著则不可以为士，言行未醇则不可以为卿大夫，富贵而骄则不可以为诸侯，爱敬未至则不可以为天子。天子庶人之分虽殊，而爱敬之心则无间。社稷宗庙，犹之髪肤。地利天时，同为所受。"保""守"即"不敢毁伤"之推，"临深""履薄""匪懈""无怿"即"立身行道"之实。骄溢乃由恶慢所生，忠顺资于爱敬而出。在庶人为"谨身节用"，在诸侯则为"制节谨度"。至"非法不言，非道不行"，岂独责之卿大夫，亦通于上下也。在天子则"加于百姓"，在诸侯则"和其民人"，在卿大夫、士则"守其宗庙""祭祀"，在庶人则尽其力养，一也。各止其所当止，各为其所能为，"刑于四海"不为大，力田服穑不为小，同为尽分而已。虽天子何以加于庶人，庶人亦无慕于天子。"立身"者立此，"行道"者行此，岂别有哉！"君子去仁，恶乎成名？"成名即成德也。"为法于天下，可传于后世"，谓之"扬名"；"使其亲为君子"，谓之"显亲"。世俗卑陋，乃以持禄固位为"保""守"，以轩冕[1]炫耀[2]为"显""扬"，以苟得幸进[3]为富贵。是乃患得患失，鄙夫之事，亏体辱亲，不孝之大者。是恶知爱敬为何心，立身为何事？其可以是诬圣经邪？

[1] 轩冕：古代卿大夫的车服。古制大夫以上的官员才可以乘轩服冕，后借指官位爵禄或显贵的人。　[2] 炫耀：亦作"炫曜"。　[3] 幸进：侥幸进升官位。

古之爵人者，皆以德为差[1]。故爵名者，皆名其人之德也。《仪礼·士冠礼》："以官爵人，德之杀[2]也。"《虞书》禹曰："知人则哲，能官人。"皋陶曰："都，亦行有九德。"亦言其人有德。"日宣三德，夙夜浚明有家。日严祗敬六德，亮采有邦。翕受敷施，九德咸事，俊乂在官。"此言具三德为大夫，具六德为诸侯，具九德乃为天子也。今人不知此义，妄以经籍中所举爵名谓为封建时代统治阶级之泛称，如后世之上尊号[3]，是为目论[4]。今据《孝经》叙五孝，略显其义，明爵名皆为德名，以祛俗惑。《白虎通》曰："天子者，爵称也。爵所以称天子者何？王者，父天母地，为天之子也。经曰：'明王事父孝，故事天明；事母孝，故事地察。''天地明察，神明彰矣。'《（孝经）援神契》曰：'天覆地载，谓之天子。'……《（洪范）〔尚书〕》曰：'天子作民父母，以为天下王。'……《王制》〔曰〕：'王者之制爵禄凡五等。'谓公、侯、伯、子、男，此（据）周制〔也〕。所以名之为公侯者何？公者，通也，公正无私之意〔也〕；侯者，候也，候逆顺也……伯者，白也；子者，孳也，孳孳无已也；男者，任也。《礼》疏引《春秋元命苞》曰："伯之言白，明白于德。子者，孳恩宣德。男者，任功立业。"差次功德。按本经郑注云"德不倍者，不异其爵。功不倍者，不异其土"。即"差次功德"之义。殷爵三等，谓公、侯、伯也。……公、卿、大夫何谓也？内爵称也。(内爵称)〔曰〕公卿大夫何？爵者，尽也，各量其职尽其才也。'公'之为言，公正无私也。'卿'之为言，章也，章善明理也。'大夫'之为言，大扶，(扶)进人者也。传曰：'进贤达能谓之卿大夫。'士者，事也，任事之称也。传曰：'通古今，辨然否，谓之士。'……庶人称'匹夫'，言其无德及远。皇侃《论语》疏："匹夫匹妇谓庶人也。""[5]此皆前汉师说也，其为德称甚明。又按《王制》：司徒"命乡乡大夫。论秀士，升之司徒，曰选士。司徒论选士之秀者而升之学，曰俊士。升于司徒者不征于乡，升于学者不征于司徒，曰造士"。"大乐正论造士之秀者以告于王，而升诸司马，曰进士。司马辨论官材，论进士之贤者以告于王而定其论。论定，然后官之；任官，然后爵之；位定，然后禄之。"此《王制》选士之法，凡经四论，然后得用，其难进如此。论者，郑注云，谓考其"德行道艺"也。此其裁量品核，亦与东汉好人伦月旦[6]者殊科。自论德之义失而躁竞之途开，"士"之名遂滥而忘其所以为士矣。此亦今日为士者所当知也。

[1] 差：这里是"差等"的意思。　[2] 杀(shài)：这里是等级差别的意思。　[3] 上尊号：古代嘉礼之礼仪。公卿大臣尊崇帝后或先王所加的称号。敬加尊号时举行的礼仪，称"上尊号"。　[4] 目论：谓像眼睛一样只见毫毛不见睫毛之论。不自见其过失，无自知之明，比喻肤浅狭隘的见解。　[5] 从"《白虎通》曰"至此，皆抄自《白虎通义》卷一《爵》。《马一浮集》和《马一浮全集》皆未核对原文，所以句逗及标点符号多误。今一并订正。　[6] 月旦：即"月旦评"。东汉末年由汝南郡人许劭兄弟主持对当代人物或诗文字画等品评、褒贬的一项活动，常在每月初一举行，故称"月旦评"或者"月旦品"。

孟子曰："有天爵者，有人爵者。仁义忠信，乐善不倦，此天爵也。公卿大夫，此人爵也。"以佛义通之，人爵是俗谛，天爵是真谛。俗谛者，彰一性缘起之事。真谛者，显一性本实之理。孟子又曰："人之所贵者，非良贵也。""良贵"即指天爵。《中庸》引孔子曰："舜其大孝也与？德为圣人，尊为天子，富有四海之内，宗庙飨之，子孙保之。故大德必得其位，必得其禄，必得其名，必得其寿。"此亦通真俗二谛言。"德为圣人"是真谛，"尊为天子"以下四句是俗谛。"故大德必得其位"四句，以俗谛言则相违，如周公、孔子同为圣人，一穷一达，皆未尝有天下。以真谛言，则"与天地参"[1]谓之"位"，不必天子、诸侯也；"衣养万物"[2]谓之"禄"，不必邦畿千里也；"所性分定"[3]谓之"名"，不必令闻广誉也；"泽流后世"[4]谓之"寿"，不必百年不死也：是则一切圣人皆同。故知爵名皆为德名，则真俗双融矣。

[1] 语出《中庸》："唯天下至诚，为能尽其性。能尽其性，则能尽人之性；能尽人之性，则能尽物之性；能尽物之性，则可以赞天地之化育；可以赞天地之化育，则可以与天地参矣。"意为可以与天地并列为三。　[2] 语出《道德经》第三十四章："万物恃之以生而不辞，功成而不有。衣养万物而不为主。"　[3] 语出《孟子·尽心下》："君子所性，虽大行不加焉，虽穷居不损焉，分定故也。"分定：本分所定，命定。　[4] 语出《史记·滑稽列传》："故西门豹为邺令，名闻天下，泽流后世。"

《易乾凿度》云："《易》有君人五号：帝者，天称；王者，美行；天子者，爵号；大君者，与上行异[1]；大人者，圣明德备也。"今按《孝经》于五孝之外，明教孝之人，亦有五号：曰先王，曰明王，曰圣人，曰君子，曰孝子。先王、明王唯限于天子，君子通前四位，孝子则该五位。圣人为先王、明王之异称，俗谛则称王，真谛唯称人，圣德是同也。《哀公问》："仁人不过乎物，孝子不过乎物。是故仁人之事亲也如事天，事天如事亲。是故孝子成身。"此以仁人、孝子同称。"子"者对"亲"而言，"人"者对"天"而言，仁、孝一也。"君子"为成德之名，

"孝子"即成身之号。经籍中往往以"君子"简异[2]"众庶",如孟子言"庶民去之,君子存之",《乐记》言"知音而不知乐者,众庶是也,唯君子为能知乐"。《孝经》特录庶人,明贵贱,是俗谛。因心之孝,虽庶人亦得与[3],则一性齐平,乃是真谛,亦见教义之大也。

[1] 著者在其《泰和宜山会语》中曾自注:"与上,言民与之,欲使为于大君也。" [2] 简异:这里是区别开来的意思。 [3] 与:这里是肯定、表扬的意思。

又五孝之义,当假佛氏"依正二报"释之。佛氏以众生随其染净业报所感,而受此五阴[1]之身,名为"正报"。此身所居世界国土,净秽苦乐不同,亦随业转,名为"依报"。依正不二,即身土不二,此义谛实。以儒家言之,即谓"祸福无不自己求之者"。人之智愚贤否,正报也;国之废兴存亡,依报也。郑氏《诗谱序》[2]叙周自后稷[3]播种百谷,烝民乃粒。其后公刘[4]"世修其业,以明民共财"[5]。"至于太王、王季克堪顾天,文、武之德光熙前绪,以集大命于厥身,遂为天下父母,使民有政有居。其时风有《周南》《召南》,雅有《鹿鸣》《文王》之属"。及成王、周公致太平而颂声兴,由此风、雅而来,故孔子录之,"谓之《诗》之正经"。后王稍更陵迟,懿王夷身失礼,邶不尊贤[6],"自是而下,厉也,幽也,政教尤衰,周室大坏。《十月之交》《民劳》《板》《荡》勃尔俱作",纪纲绝矣。"故录懿王、夷王时诗,讫于陈灵公,谓之变风、变雅。以为勤民恤功,昭事上帝,则受颂声,弘福如彼;若违而弗用,则被劫杀,大祸如此。吉凶之所由,忧娱之萌渐,昭昭在斯,足作后王之鉴。"此以《诗》之正、变,显依、正之胜劣,其义甚明,但未立依、正之名耳。今按,《孝经》叙五孝,自天子至于庶人,以德为差,是犹正报,显行位之别也。天子曰"百姓""四海",诸侯曰

"社稷""民人",卿大夫曰"宗庙",士曰"祭祀",庶人则但曰"养",是犹依报,论国土之广狭也。戒以保守弗失,明依、正随转,犹影之与形,响之与声也。董生曰:"春秋之世,弑君三十六,亡国五十二,诸侯奔走不得保其社稷者不可胜纪。推其所由,皆失其本矣。"孟子曰:"天下之本在国,国之本在家,家之本在身。"《大学》曰:"自天子以至于庶人,壹是皆以修身为本。其本乱而末治者,否矣。其所厚者薄而其所薄者厚,未之有也。"天下国家皆是依报,身是正报。克实言之,则身亦是依报,心乃是正报。故本之中又有本焉。心为身之本,德为心之本,孝又为德之本,故曰"自天子至于庶人,孝无终始,而患不及者,未之有也"。此而患其不及,则依正俄空,身心俱灭,是谓断见,是谓不仁,是谓暴弃,更无可说。

　　[1] 五阴:又译作"五蕴",指色、受、想、行、识五蕴和合之身。"阴"有"荫覆"与"阴积"两种含义。　　[2] 东汉郑玄作《诗谱序》,《诗谱序》是郑玄诗学的纲领性文章。　　[3] 后稷:姬姓,名弃,其母有邰氏女,曰姜嫄,生于邰国(今陕西省武功县一带),被尊为稷王(也作稷神)、农神、耕神、谷神。童时,好种树、麻、菽。成人后,有相地之宜,善种谷物,教民耕种与稼穑之术。尧舜时,为司农之神。他第一个建立粮食储备库和畎亩法,放粮救饥,赐百姓种子,被认为是禹最倚重的三公之一。　　[4] 公刘(生卒年不详),姬姓,名刘,"公"为尊称。姬刘在泾河中游的岐原谷(今陕西省长武县)一带创建了部落国家,是古代周部落的杰出首领,一说姬刘即为姬姓刘氏祖先。　　[5] 明民共财:《祭法》云:"黄帝正名百物,以明民共财。"明民:谓使衣服有章。共财:谓使之同有财用。公刘在豳教民,使上下有章,财用不乏,故引黄帝之事以言之。　　[6]《诗谱序》疏:"《齐世家》云:'当夷王之时,哀公母弟山杀胡公而自立。'言夷王之时,山杀胡公,则胡公之立在夷王前矣。受谮亨(烹)人,是衰暗之主。夷王上有孝王,《书传》不言孝王有大罪恶。《周本纪》云:'懿王立,王室遂衰,诗人作刺。'是周衰自懿王始,明懿王受谮矣。《本纪》言诗人作刺,得不以懿王之时《鸡鸣》之诗作乎?是以知亨(烹)之者懿王也。《卫世家》云:'贞伯卒,子顷侯立。顷侯厚赂周夷王,夷王命为卫侯。'是卫顷公当夷王时。《郊特牲》云:'觐礼,天子不下堂而见诸侯。'下堂而见诸侯,天子之失礼也。由夷王以下,是夷王身失礼也。

《柏舟》言'仁而不遇'，是邺不尊贤也。"

孟子以《春秋》为天子之事，须知《孝经》亦是天子之事。既知天子为德称，则知圣人不必得位，亦可成教于天下，为法于后世，此所谓素王也。作《春秋》以诛乱臣贼子，制《孝经》以进仁人孝子，而后天下之为父子者定。"孝乎唯孝，友于兄弟，〔施于有政〕，是亦为政，奚其为为政？""正家而天下定"，"人人亲其亲，长其长，而天下平"，"致中和而天地位，万物育"，此皆实义，非是权说。佛者言世界是诸佛愿力所持，以儒者言之，则是圣人德教所持。《中庸》极言圣神功化之极，"凡有血气〔者〕，莫不尊亲"，亦即《孝经》"通于神明，光于四海"之义。物之所以不可以终睽，不可以终否者，为其有性存也。乱世之民物，即治世之民物，但一睽一通，一逆一顺为不同耳。德教行则性德显，而民物与之俱转，各得其序，各极其和。德教不行则德性隐，而民物皆不得其所，灾害祸乱由此起矣。故《孝经》以天子之孝摄性德之全。天子之孝即圣人之德也，是人心之所同然，人性之所本具。因业有退转，则天子夷于庶人；德有积累，则庶人可进于天子。以《孝经》为圆教，唯通而无睽，唯顺而无逆，故无退转义，是以经曰无患不及[1]也。

[1] 无患不及：意思是不用担忧还有孝道覆盖不到的人。典出《孝经·庶人章》："故自天子至于庶人，孝无终始，而患不及者，未之有也。"

附语

五孝虽一理，然就人位言，亦有次第，非贵贱之等也。论德有粗妙远近，各如其分。盖心术是微，言行是著，忠顺能推，谨身唯约，位愈进者，其行相愈细。故庶人不责其能推，士不求其兼备，唯卿大夫绳其言行独详，然尚就著见者言之。诸侯但举不骄，天子唯明爱敬，则纯以心术隐微处直抉其原，更不及于言行也。

老子曰"善行无辙迹，善言无瑕谪"，是玄言；"无口过"、"无怨恶"，是实理。

《大戴礼·曾子（立事）〔疾病〕》："言不远身，言之主也；行不远身，行之本也。言有主，行有本，可谓有闻矣。"又《曾子大孝》：吾闻诸夫子，"断一木，杀一兽，不以其时，非孝也。"黄氏曰："不毁伤其身，以不毁伤万物，不毁伤天下。"《虞书》曰："畴若予上下草木（禽）〔鸟〕兽。"《商书》曰："暨鸟兽鱼鳖咸若。"能尽物之性也。

敬信为忠，从令非忠。和理为顺，阿谀非顺。

《集传》引修政之记曰：帝舜曰："吾尽吾敬以事吾上，故见为忠焉。吾尽吾敬以接吾敌，故见为信焉。吾尽吾敬以使天下，故见为爱焉。是以见爱亲于天下之民，而见贵信于天下之君。故吾取之以敬也，吾得之以敬也。"

富者，具足义。贵者，尊胜义。《易》曰："崇高莫大乎富贵。"亦以真谛言。

《哀公问》："子曰：君子者，人之成名也。百姓归之名，谓之君子之子，是使其亲为君子也，是为成其亲之名也已。"黄氏曰："幽、厉之于文、武，是伤其亲者也。"

五等之称，亦略如佛氏之五位[1]：士当"资粮位"（"三贤"），卿大夫当"加行"（"四加行"）、"见道"（一名"通达"，十地初心当之）二位，诸侯当"修习位"（第二至十地），天子即"究竟位"也。庶人可当"十信"。

[1] 五位：指大乘五位，又作"唯识五位""唯识修道五位"。唯识宗将大乘菩萨之阶位分为五等：一为资粮位，二为加行位，三为通达位，四为修习位，五为究竟位。

荀子谓"始于为士，终于为圣人"。《大戴礼·哀公问五义》立庸人、士、君子、贤人、圣人五号，可见士为德称，庸人即当庶人。

孟子曰："广土众民，君子欲之，所乐不存焉；中天下而立，定四海之民，君子乐之，所性不存焉。君子所性，虽大行不加焉，〔虽〕穷居不损焉，分定故也。""性""分"二字，即出于《孟子》。"所欲""所乐"是俗谛，"所性"是真谛。"欲为君尽君道，欲为臣尽臣道。"[1]君臣是名，尽道是分。"为人父止于慈，为人子止于孝。"[2]父子是名，孝慈是性也。

318

[1] 语出《孟子·离娄章句下》：孟子曰："规矩，方员之至也；圣人，人伦之至也。欲为君尽君道，欲为臣尽臣道，二者皆法尧舜而已矣。" [2] 语出《礼记·大学篇》。

黄石斋谓"《孝经》之义不为庶人而发"，此义未允。

"身""土"二字，亦出《哀公问》。子曰："古之为政，爱人为大。不能爱人，不能有其身；不能有其身，不能安土；不能安土，不能乐天；不能乐天，不能成其身。"是以人为身，以土为身，以天为身也。

《哀公问》：子曰："君子无不敬也，敬身为大。身也者，亲之枝也，敢不敬（乎）〔与〕？不能敬〔其〕身，是伤其亲；伤其亲，是伤其本；伤其本，枝从而亡。""君子言不过辞，动不过则，百姓不命而敬恭。如是，则能敬其身；能敬其身，则能成其亲矣。"黄氏《集传》曰："百姓之于君子，亦犹肤髮也。君子以天下为身体，百姓为髮肤。怨恶生于下，则毁伤著于上。和睦无怨，则百体用康。"此说甚精。黄氏曰："毁伤者，暴弃之谓也。"

何故说依、正二报？以时人倒见，以为人生一切，都被环境所使，换言之，即是为物所使。是正报随依报转，自己全无主宰分，即无自由分，真乃迷头认影[1]。彼不知环境是自己造成，即佛说一切国土唯依心现也。若能转物，即同如来，不为物转，斯能转物。其实，物不能自转，转物者心，所谓"一切唯心造"，不可说一切唯物造也。知自己是正报，环境是依报，始有转物分，换言之，始可改造环境，始有自主分也。明依、正不二之旨，乃悟所依之土同于影响，土即身之一部分，物即心之一部分也，不可认奴作郎[2]。然依报胜劣，又须明别业、共业所感不同，百千微尘世界差别无边，即是众生心行差别无边所现。今人只知有物而不知有心，不知心外无物，所以成为颠倒。因欲显示正理救此失故，所以须说依、正二报。

[1] 迷头认影：形容非常糊涂。出自《大佛顶如来密因修证了义诸菩萨万行首楞严经》："如演若多，迷头认影。" [2] 认奴作郎：谓颠三倒四，糊里糊涂。出自《景德传灯录·良价禅师》："城中不颠倒，因什么认奴作郎？"

319

爱敬之发为孝弟，其实则为仁义，推之为忠恕，文之为礼乐。举体用而合言之，则为中和，为信顺，为诚明；就德相而分言之，则温恭逊让，易直慈良，巽顺和睦。一切美德，广说无尽，皆孝弟之推也。故曰"孝为德本"。反之，则为恶慢，为骄吝，为贪戾，为忿争，为暴乱，贼仁害义，非礼无乐。一切恶德，广说亦无尽，皆恶慢之施也。本立则枝从而发，本失则枝从而亡。一是顺性，一是逆性，顺则通，逆则瞆，通则治，瞆则乱。不知德教之本而言治天下者，无有是处，以其与理不相应也。

释三才

前谓《孝经》以德摄行，以行显性，以性摄教。五孝是述其行相，以辨其力用。次说三才，复摄用归体，明天、地、人总为一体。与五孝相望，则前是于理一中见分殊，此是于分殊中见理一。故以曾子叹"大"之辞，蹑前起后。孔子正说天经、地义、民行，其体是一。故"则天""因地""以顺天下"，顺人之性，即顺天地之性也。唯其同乎大顺，故"其教不肃而成，其政不严而治"，犹天地之自然成化也。下复申言教之所以"化民"，实由民之自化。横渠所谓"诚于此，动于彼"，"不诚，未有能动者也"[1]，此皆摄用归体之旨。体必具用，故以德摄行；用能显体，故以行显性；全体作用，故以性摄教。知此，则知六经所明事相总为显示性德，而《孝经》特出孝为德本，申言民行即是天经地义，更不别有。"化民"五句[2]，约教而言，明其用至神，不离当体。教人反求自性，无不具足，无假他求，其义至显也。

[1] "不诚，未有能动者也"，出自《孟子·离娄章句上》："至诚而不动者，未之有也；不诚，未有能动者也。"非横渠之言。《马一浮集》与《马一浮全集》标点皆误，今据《孟子》原文订正。　[2] 五句：指《孝经·三才章》中如下五句："先王见教之可以化民也，是故先之以博爱，而民莫遗其亲；陈之以德义，而民兴行；先之以敬让，而民不争；导之以礼乐，而民和睦；示

之以好恶，而民知禁。"

《说文》曰："天大地大人亦大，故'天'之字从'一''大'。"《论语》曰："唯天为大，唯尧则之。"《易》称大人"与天地合其德"《乾凿度》曰："大人者，圣明德备也。"《中庸》曰："唯天下至诚，为能尽其性；能尽其性，则能尽人之性；能尽人之性，则能尽物之性；能尽物之性，则可以赞天地之化育；可以赞天地之化育，则可以与天地参矣。"此皆极言天人一性，故同其大。《系辞》曰："《易》之为书，广大悉备。有天道焉，有人道焉，有地道焉。兼三才而两之，故六。六者非他（也），三才之道也。"凡言天道、人道，皆当用依主、持业二释[1]。即天之道，天即是道也。老子言："域中有四大，而王居一焉"，"道大，天大，地大，王亦大。""人法地，地法天，天法道，道法自然。"此与《易》言天道义异。以其道别为一位，不可以依主、持业二释通之。此《老》《易》不同处。在《孝经》则曰："天之经，地之义，民之行，天地之经而民是则之。"是明人道即兼天地之道，离天地无别有人，离人道亦无别有个天地之道，虽三而一，即一而三，此其所以为大也。

[1] "依主、持业二释"，参看前面"释至德要道"节注释及著者附语。

何以言经、义、行？此当以"三易"之义通之。经，言乎其不易也；《哀公问》：子曰：所贵乎天道者，"贵其不已也"。《中庸》引《诗》曰："'唯天之命，于穆不已'，盖曰天之所以为天也；'于乎不显，文王之德之纯'，盖曰文王之所以为文也，纯亦不已。"故"至诚无息"，"不舍昼夜"，皆显常恒不变之德，是不易也。义，言乎其变易也；地道承天而时行，无成而代有终，损下益上，损上益下，衰多益寡，变盈流谦，随时变易以从道，谓之时义。此示缘起无碍之相，是变易义。行，言乎其简易也。"易则易知，简则易从。易知则有亲，易从则有功。"孝弟因心爱敬自发，仁义之实，礼乐之文，皆从此流出，不假安排，是为至简至易。孝是发乎人心之不能自已者，只此便是天道之不息，故曰"天之经也"。忠可移于君，顺可移于长，治可移于官，只此便是地道之承天，故曰"地之义也"。以此顺天下，推而放诸四海而皆准，无所不通，只此便是人道之法天地者，故曰："民之行也。"《易》曰："知崇礼卑，崇效天，卑法地。"知以德言，礼以行言；知是天道，礼是地道。合内外之道，和天地之道，是为人道。又天道健，地道顺，人受天地之中以生，合健顺以为五常之德，所以"显道神德行"者[1]莫著于孝。故以体言，则曰"德之本"；以用言，则曰"人之行也"。经曰"父子之道天性也"，下一"性"字，明天道之为不易也。"君臣之义也"，下一"义"字，明地道之有变易也。知父子之道即君臣之义，知天性即为人道，明人道之为简易也。又知人道即天地之道，亦简易也。"高明配天"，故曰"则天之明"，不易义也；"博厚配地"，故曰"因地之利"，变易义也；"其教不肃而成，其政不严而治"，简易义也。以佛义通之，天经是体大，地义是相大，民行是用大。"孝为德本"是法性，故谓天经；"教所由生"是缘起，故谓地义；"终于立身"是具足法、智二身，故谓民行。行所证，故举因以该果也。又民行是能证，天经、地义即是所证。三才合言，总为一法界性也。若配四法界，则行是事法界，经是理法界，义是理事无碍法界，合而言之，则是事事无碍法界也。《华严》以法界缘起不思议为宗，《孝经》以至德要道顺天下为宗。今说三才，亦即三大，亦即三德、三身[2]，总显法界缘起，顺天下以为教，亦是不思议境。非特《华严》可以准《易》，《孝经》亦准《华严》。此非执语言、泥文字者所能瞭，心通于道者自能得之。今释三才，略发其义，犹是解会边事[3]耳。

[1] "显道神德行"的意思是，显示道的深妙、德的通达。此句《马一浮集》与《马一浮全集》断句及标点皆误，盖不知"显道神德行"出自《周易·系辞传》："显道神德行，是故可与酬酢，可与佑神矣。"今据以订正。
[2] 三才：《周易》称天、地、人为三才。三大：即体、相、用三大。三德：出《华严经疏》。一为恩德。谓如来乘大愿力，救护众生，犹如赤子，是为恩

德。二为断德。断德亦名"解脱德",谓如来断除一切烦恼惑业,净尽无余,是为断德。三为智德。智即智慧,谓如来以平等智慧,照了一切诸法,圆融无碍,是为智德。三身:佛学术语,又作"三身佛""三佛身""三佛"。身即聚集之义,聚集诸法而成身,故理法之聚集称为"法身",智法之聚集称为"报身",功德法之聚集称为"应身"。　[3] 解会边事:属于理解一边的事,与证悟一边的事相对。

西汉诸师《孝经》佚说可考见者,莫如董生,其余则在《孝经纬》。今《繁露·五行对》一篇说天经地义特详。《白虎通》释"五行"亦引《孝经》以为说,与董生义同。今节引之。河间献王问温城董君曰:"《孝经》曰:'夫孝,天之经,地之义',何谓也?"对曰:"天有五行,木火土金水是也。木生火,火生土,土生金,金生水。水为冬,金为秋,土为季夏,火为夏,木为春。春主生,夏主长,季夏主养,秋主收,冬主藏。藏,冬之所成也。是故父之所生,其子长之;父之所长,其子养之;父之所养,其子成之。诸父所为,其子皆奉承而续行之……乃天之道也。……此谓'孝者,天之经也'。""地出云为雨,起气为风。风雨者,地之所为。地不敢有其功名,〔必上之于天命〕,若从天气者,故曰天风天雨也,莫曰地风地雨也。勤劳在地,名一归于天","故下事上如地事天也"。"土者,火之子,五行莫贵于土。土于四时无所命者,不与火分功名。……忠臣之义,孝子之行,取之土。……其义不可以加矣。……此谓'孝者,地之义也'"。此自汉师质朴之说。按,《礼记·中庸》郑氏注引《孝经》说曰:"性者,生之质。""木神则仁,金神则义,火神则礼,水神则信,土神则知。"《王制》疏引此为《孝经钩命决》文,"神"皆作"性",唯"水性则智,土性者信"与郑注异,疑《中庸》注讹也。《礼运》曰:"人者,五行之秀气,天地之心也。"《太极图说》曰:"阳变阴合,而生水火木金土。五气顺布,四时行焉,五行之生也,各一其性。"此皆以人之气即天地之气,理之行乎气中者,即人之所以为性。《礼运》说最精约，濂溪说又较密耳。以五行之生成为父子之道，法喻难齐，不可执碍，然天地生物同为气化，此儒家原人之说，实无可疑。庄子亦曰："天地者，万物之父母也。"董生又曰"天地者，先祖之所自出"，"天亦人之曾祖父也"。《朱子语类》，问："生第一个人时如何？"曰："以气化二五之精[1]，合而成形。释家谓之化生。"《语类》卷一包扬录。其实化生本出《易·系辞》，佛氏说劫初人皆化生，与儒家亦同。自近世欧洲人生物进化之说行，人乃自侪于禽兽，认猿猴为初祖。征服自然之说行，乃夷天地为物质，同生命于机械。于是闻天人性道、阴阳五行之名几于掩耳，是谓"日用不知""数典忘祖"，盍亦反其本矣。

[1]《性命要旨·补遗篇》："周子云：'无极之真，二五之精，妙合而凝。'何谓二五？二者，六二，居内卦中，女阴也；五者，九五，居外卦中，男阳也。内外男女，阴阳和合，化为真一之阳。"底本断句和标点有误，今一一订正。

《易》言三才，又言三极。才者，物之初生也；极者，物之终际也。是谓"原始反终，故知死生之说"。又"极"言其体之寂，"才"言其用之神，三才之道，总为太极，故《洪范》曰"会其有极，归其有极"也。在佛氏则谓之"一真法界"，以名言不同，遂生异义，善思可得。郑氏《驳五经异义》[1]曰："凡言天者，本己情所求言之。"朱子谓儒家本天，释氏本心。本天者，谓理之所从出也；本心者，谓法之所由生也。知天为一真法界，则何异之有？如老氏尊道而卑天，庄生贵天而贱人，亦皆"本己情所求言之"，是则有偏真之失。《淮南》曰："所谓天者，纯粹朴素，质直皓白，未始有与杂糅者也。所谓人者，偶差智故，曲巧伪诈，所以俯仰于世人而与俗交者也。"此以天人分途，不独真俗异撰，以言天理人欲则可，以言天道人道则违。佛氏所谓人天，犹不得比二乘，凡圣迢然，其义迥别。故谈义当观其会通，明其分齐，若执滞名言，将失之弥远。今于说三才略开其绪，亦学者所当知也。

[1]《五经异义》由许慎撰，而后郑玄又著《驳五经异义》，后世学者将两书合二为一，非为别本单行。隋、唐史志皆载此书，自宋以降，不见著录，盖此时已散佚。至清辑佚学大兴，这本书才得以还原概貌。

《礼运》曰："夫体必本于太一，分而为天地，转而为阴阳，变而为四时，列而为鬼神。"《繁露》曰："天地之气，合而为一，分为阴阳，判为四时，列为五行。"《说文》曰："唯初太始，道立于一，造分天地，化成万物。"此并是明理一分殊。太一即太极也。《易》曰："《易》有太极，是生两仪，两仪生四象，四象生八卦。"不是天地之上复有一太一，不是两仪之上复有一太极。濂溪曰："五行一阴阳也，阴阳一太极也。"此为摄用归体。程子曰："人即天，天即人。"言"天人合"者，犹剩一"合"字，方为究竟了义[1]。是义唯佛氏言"一真法界"分齐[2]相当。自佛氏言之，总该万有，即是一心；自儒者言之，通贯三才，唯是一性。彼言"法界"有二义：一是"分"义，一一差别有分齐故，即"分殊"也；一是"性"义，无尽事法同一性故，即"理一"也。于一理中见分殊，于分殊中见理一，则是"一即一切，一切即一"，"如性融通，重重无尽"。全事即理，全人即天，斯德教之极则也。

[1] 了义：乃直接显了法义。与"不了义"合称"二义"。凡直接、完全显了述尽佛法道理之教，称为"了义教"，如诸大乘经说生死、涅槃无异者。宣说此道理之经典，即称"了义经"，为佛所说。而若顺应众生理解之程度，不直接显了法义，而渐次以方便教相引导，则称"不了义教"，如诸经宣说厌背生死、欣乐涅槃者。"了义教"与"不了义教"，合称"二了"。 [2] 分齐：指限界、差别；又指有所差别之内容、范围、程度；或指具有程度差别之阶位、身份等。为佛教论著之常用语汇。

《孔子闲居》曰："天有四时，春秋冬夏，风雨霜露，无非教也。地载神气，神气风霆，风霆流形，庶物露生，无非教也。"圣人之教，即是天地之教，故曰"其教不肃而成，其政不严而治"。于此会得，乃知尽性至命[1]，唯在于当人过化存神[2]，无心于宰物，然后于三才之道，可以直下无疑矣。

[1] 尽性至命：典出《易经·说卦》"穷理尽性，以至于命"。大意是：穷究万物的条理，完满实现人的本性，以达到天人合一的生命境界。 [2] 过化存神：意思是君子所到之处，人民都不知不觉被其感化，君子内心所持的力量不可思议。典出《孟子·尽心上》："夫君子所过者化，所存者神，上下与天地同流。"

附语

后魏苏绰[1]奏曰："夫化者，贵能扇之以淳风，浸之以太和，被之以道德，示之以朴素，使百姓亹亹[2]日迁于善，邪伪之心、嗜欲之性潜以消化，而不（自）知其所以然。此之谓'化'也。然后教之以孝弟，使民慈爱；教之以（逊）〔仁〕顺，使民和睦；教之以礼义，使民敬让。慈爱则不遗其亲，和睦则无怨于人，敬让则不竞于物。三者既备，则王道成矣。此之谓'教'也。先王所以移风易俗，还淳反素，垂拱而治天下以致太平者，莫不由此。此之谓'要道'也。"说"教"、"化"字说得煞透。但"教化"是一事，不可分说。如"先之以博爱"，"陈之以德义"，"先之以敬让"，"导之以礼乐"，"示之以好恶"，即所以为教也，"非家至而日见之也"，"（不）〔莫〕遗其亲"及"兴行""不争""和睦""知禁"，即民之自化也。此谓"诚于此，动于彼"。此即感应，感而应之谓"化"。有感斯有应，未有无感之应也。感应有冥显四句，谓显感显应，显感冥应，冥感显应，冥感冥应，亦所当知。知此，乃可以言教化。

[1] 苏绰（498—546）：字令绰，京兆郡武功县（今陕西省武功县）人。南北朝时期西魏名臣，深得西魏权臣宇文泰信任。 [2] 亹亹（wěi）：勤勉不倦貌。

《繁露·王道通三篇》："古之造文者，三画而连其中谓之王。三画者，天地〔与〕人也。而连其中者，通其道也。取天地与人之中以为贯而参通之，非王者其孰能当是。"《说文》作"而参通之者王也"，引孔子曰："一贯三为王。"《繁露》又曰："天常以爱利为意，以长养为事，春秋冬夏皆其用也。王者〔亦〕常以爱利天下为意，以安乐一世为事，好恶喜怒〔皆其〕〔而备〕用也。〔然而主〕（喜怒）好恶〔喜怒〕，（犹四时）〔乃天之春夏秋冬也，其居〕暖清寒暑〔而以变化〕成（岁）功〔也〕。天出此（四）〔物〕者，时则岁美，不时则岁恶；人主出此四者，义则世治，不义则世乱。是故治世与美岁同数，乱世与恶岁同数，以此见人理之副天道也。"喜当春，怒当秋，乐当夏，哀当冬。春气爱，秋气严，夏气乐，冬气哀。乐气以养生，哀气以丧终，天之志也。暖所以爱而生之，清所以严而成之，温所以乐而养之，寒所以哀而藏之。故春生，夏养，秋收，冬藏。生溉其乐以养，死溉其哀以藏，溉犹涵濡也，或释为既尽也，犹云致。为人子者之道也。故四时之行，父子之道也；天地之志，君臣之义也；阴阳之理，圣人之法也。是故先爱而后严，乐生而哀终，天之常也。而人资诸天，人主与天共持变化之势，物莫不应天化，此谓"父子君臣之道即天地之道"也。

　　《洪范》以视、听、言、貌、思配雨、旸、寒、燠、风。《齐诗》翼奉[1]说："诗之为学，情性而已。五性不相害，六情更兴废。观性以历，观情以律。""北方之情好"，"东方之情怒"，"南方之情恶"，"西方之情喜"，"上方之情乐"，"下方之情哀"。此说性情成相反之义。东方性仁而情怒，南方性礼而情恶，下方性信而情哀，西方性义而情喜，北方性智而情好，上方性恶而情乐[2]，故须反情以合性也。历主日本天，律主风本地。此以性情配天地历律，其义极精。

[1] 翼奉：西汉经学家。字少君，东海下邳（今睢宁西北）人。颛学不仕，好律历阴阳之占。治齐《诗》，与萧望之、匡衡同师后苍。　　[2] 萧吉《五行大义》引翼奉之言曰："东方性仁情怒，怒行阴贼主之；南方性礼情恶，恶行廉贞主之；下方性信情哀，哀行公正主之；西方性义情喜，喜行宽大主之；北方性智情好，好行贪狼主之；上方性恶情乐，乐行奸邪主之。"

　　董生又曰："天道施，地道化，人道义。天气上，地气下，人气在其间。莫精于气，莫富于地，莫神于天。天地之精所以生物者，莫贵于人。物疢疾莫能为仁义，唯人独能为仁义；物疢疾莫能偶天地，唯人独能偶天地。人有三百六十节，偶天之数也；形体骨肉，偶地之厚也；上有耳目聪明，日月之象也；体有空窍理脉，川谷之象也；心有哀乐喜怒，神气之类也。内有五脏，副五行也；外有四肢，副四时也；乍视乍瞑，副昼夜也；乍哀乍乐，副阴阳也；心有计虑，副度数也；行有伦理，副天地也。此皆人肖天地而生，故人道必应天地之道也。"

说三身，则为法、报、化，亦即三大也。说二身，则为法、智，智即智报。法是体，智是用。法即天经，智即地义也。

佛氏所谓"法"，当儒家所谓"道"，"法界"犹言"道体"耳。自佛氏言，世出世间总谓之"法"。自儒者言，尽天地间莫非是"道"。

"一真"，即绝待之名，在儒者即言至诚至善。

《楞严》，富楼罗问："清净本然，云何忽生山河大地？"因说三种相续：一世界，二众生，三业果。总由"妄为明觉，〔觉非所明，〕因明立所。所既妄立，〔生汝妄能，〕无同异中，炽然成异。……〔如是扰乱相待生劳，〕劳久发尘，〔自相浑浊。〕〔由是引起尘劳烦恼，〕起为世界，静成虚空。……觉明空昧，相待成摇，（先）〔故〕有风轮执持世界。〔因空生摇，〕坚明立碍，〔彼金宝者，明觉立坚，〕（次）〔故〕有金轮保持国土。〔坚觉宝成，摇明风出。〕风金相摩，故有火〔光为变化性。宝明生润〕，火光上蒸，故有水轮含十方界。火腾水降，〔交发立坚。〕湿为巨海，干为洲潬[1]。……水势劣火，结为高山，是故山石击则成焰，融则成水。土势劣水，抽为草木，是故林薮遇烧成土，因绞成水。〔交妄发生，递相为种。〕以是因缘，世界相续。"[2] 此言世界安立生起次第，亦略如《易》象先有雷风，后有水火，后有山泽。但彼言妄明生所，则世界为幻；此言一气成化，则万物全真。此为儒佛不同处，《正蒙》辟此最力，学者当知。

[1] 潬（tān）：古同"滩"，水中沙堆。　[2] 此段引文，底本多所遗漏，文义难明。今据《楞严经》原文逐一补正。

《庄子·天运》："白䴇之相视，眸子不运而风化。虫雄鸣于上风，雌应于下风而风化。类自为雌雄，故风化。"此言风化即气化也，风即是气。《内经》言："人生于气交之中。"《庄子·至乐篇》又言："万物皆出于机，皆入于机。""机"言气之动也。郭注："言一气而万形，有变化而无死生。"

《庄子·秋水》，河伯问海若曰："何谓天？何谓人？"海若曰："牛马四足，是谓天。络马首，穿牛鼻，是谓人。故曰：无以人灭天，无以故灭命。"庄子用"故"字，其义犹今人言"习惯"。《达生篇》，孔子问吕梁丈人曰："请问蹈水有道乎？"曰："亡，吾无道，吾始乎故，长乎性，成乎命。"孔子曰："何谓也？"曰："吾生于陵，而安于陵故也。长于水，而安于水性也。不知吾所以然而然，命也。"《淮南》说与庄子意同。

释明堂

说经须明前后文义生起次第。已知通贯三才是摄用归体，即总显体大；以下《孝治章》又摄前五孝，显此即体之用大；《圣治章》复摄三才，显此即体之相大。《三才章》为总说，此二章为别说，前后相望，文义可知。而《圣治章》特出配天飨帝义，说大有三重，极于配天，是说相即以显体也。《孝治章》言明王之治，以得万国百姓之欢心为能事，其先王先君不敢失于一人，乃全其孝，极言顺天下之效。《圣治章》复言"圣人之德无以加于孝"，申明至德之本。以曾子问征起孔子正答，文有四句：一、"天地之性人为贵"。此摄三才，言天地之性于人之性见之，故贵也。二、"人之行莫大于孝"。仍摄前民行，以行显性也。三、"孝莫大于严父"。此明孝之行相以严父为大，严父即谓尊亲。"大孝尊亲，其次不辱"，故曰"严父为大"。"严"即"祭则致其严"之义，谓"事死如事生，事亡如事存"，生事曰敬，死事曰严。"严""敬"浑言不别，析言则别。故曰："居则致其敬"，"祭则致其严"。以下文举周公言飨祀，故知是析言尊亲之义也。又严者，敬之至；亲者，爱之至。下文曰："以养父母曰严。"因严以教敬，因亲以教爱，则是以爱敬之至言。"严""敬"不别，非专指尊亲。若彼朝死而夕忘之，则为不孝之大者。教民不倍，必自丧祭之礼始，故"严父为大"也。四、"严父莫大于配天"。是又尊亲之大者。"配天"之义，《中庸》详之："唯天下至圣"，"见而民莫不敬，言而民莫不信，行而民莫不悦。是以声名洋溢乎中国，施及蛮貊，舟车所至，人力所通，天之所覆，地之所载，日月所照，霜露所队：凡有血气〔者〕，莫不尊亲，故曰配天"。是以圣人之德无以加于孝，唯其己之德足以配天，故为尊亲之至。归德于亲，亦即归德于天，特于飨祀表之而已。尧之"稽古同天"即配天也[1]。今曰"周公其人"，"周公郊祀后稷以配天，宗祀文王于明堂以配上帝。是以四海之内，各以其职来助祭"。特举一圣以该诸圣。又周公德为圣人而位不为天子，《礼记·明堂位》疑汉人所作，不可依据。见配天不必定为天子之事。后稷、文王皆有圣德，亦未为天子也。"唯孝子为能飨亲"，"唯圣人为能飨帝"，言"苟非其人，道不虚行"[2]。若履天子之位而无圣人之德，亦何配天之与有[3]？此义明，则三代以后之帝王虽亦追王其先世，修郊祀之礼，皆不得滥言配天矣。此《圣治章》所以特标"圣人之德"而曰"周公其人"，言之特为郑重，学者所当着眼也。

[1]《三国志·魏书·三少帝纪》引郑玄曰："稽古同天，言尧同于天也。" [2] 语出《周易·系辞下》。吴澄《易纂言》卷八："苟，犹若也；其人，谓圣人。《易》之道虽如此，若非作《易》之圣人示其道以教人，则《易》之道不能无人而自行也，盖言《易》道之行于世者，皆圣人之功。" [3]《孔子集语》卷十二中，孔子曰："《诗》云：'皇皇上帝，其命不忒。天之与人，必报有德。'祸亦如之。"

旧训"天者，颠也"，"帝者，谛也"[1]。"至高无上曰天"[2]，审谛如实曰帝，皆表理之名。圣人与道为一，即与天同德，故曰"配天"。天、人对言，故曰"配"耳。实则一性无际曰天，法尔纯真曰帝，性外无天，人外无帝。本来具足，是曰天成；一念无为，斯名帝出：皆性德之异称耳。与物为体，故体物不遗；其德至神，故无往不在。"天地之塞吾其体"，何莫非天地也？"天地之帅吾其性"[3]，何莫非帝也？或言"法界"，或言"道体"，皆"天""帝"义也。曷为以"郊祀""宗祀"言之？明堂者，所以合敬同爱，成变化而行鬼神，礼乐政教皆从此出。孔子曰："明乎郊社之义，禘尝之礼，治（天下）〔国〕其如示诸掌乎？"郊社禘尝[4]，并摄于明堂，凡朝觐、耕藉[5]、养老[6]、齿胄[7]、飨射[8]、入学、释奠[9]、授时[10]、布政[11]，皆于是行之，故明堂为大教之宫。自五帝至于三王[12]，其法大备。德教之行，咸在明堂，故曰"相大"也。已明配天飨帝之义，当知明堂之制，故须略释。

[1] "天""帝"两训皆出自许慎《说文》。　　[2]《华严原人论合解》："先儒解云：'命犹令也。'彼宗但以清气上升至高无上曰天。"　　[3] 张载《西铭》："故天地之塞，吾其体；天地之帅，吾其性。民，吾同胞；物，吾与也。"　　[4] 郊社：《辞源》："祭天地，周代冬至祭天称'郊'，夏至祭地称'社'。"禘尝：禘礼与尝礼的并称。周礼：夏祭曰禘，秋祭曰尝。古代常用"郊社禘尝"指天子诸侯岁时祭祖的大典。　　[5] 耕藉：亦作"耕籍""耕耤"。古时每年春耕前，天子、诸侯举行仪式，亲耕藉田，种植供祭祀用的谷物，以示劝农。历代皆有此制，称为"耕藉礼"或"籍田礼"。　　[6] 养老：一种古代的礼制。择取年老而贤能的人，按时供给酒食，并加以礼敬。《礼记·王制》："凡养老，有虞氏以燕礼，夏后氏以飨礼，殷人以食礼，周人修而兼用之。"　　[7] 齿胄（zhòu）：指太子入学与公卿之子依年龄为序。[8] 飨射（xiǎng shè）：古礼。宴饮宾客并举行射箭之礼。　　[9] 释奠：古代在学校设置酒食以奠祭先圣先师的一种典礼。　　[10] 授时：敬记天时以授人，使不失农时。犹如后世的颁行历书。语本《尚书·尧典》："历象日月星辰，敬授人时。"　　[11] 布政：颁布政策法令。　　[12] 五帝：指黄帝、颛顼、帝喾、唐尧、虞舜。三王：指夏禹、商汤、周武王。

《大戴礼·盛德篇》曰："明堂，天法也。礼度，德法也。""天道不顺，生于明堂不饰，故有天灾则饰明堂。"天法谓天道也，德法谓人道也。故又曰："所以御民之嗜欲好恶，以慎天法，以成德法也。""能得德法者为有德，能行德法者为有行，能理德法者为有能，能成德法者为有功。"《虞书》曰："天工人其代之"，"天叙有典"，"天秩有礼"，"天命有德"，"天讨有罪"，"天聪明自我民聪明，天明威自我民明威"。此显天法即寓于德法，人道不离于天道，明堂之所由立也。明堂是圣人根本大法，即德教之根本大义，一切礼制，无不统摄于此。先儒说明堂者，多详于制度而略于义，广说难尽，举此可以识其要矣。

群经所见，凡言太庙、明堂、辟雍、太学，实合为一事。诸儒为之说者，得失互见，或主合，或主分，不出两派。今唯举二家可该其余，以蔡邕[1]为得之，袁准[2]为失之。蔡邕《明堂月令论》略云："明堂者，天子太庙，所以宗祀其祖，以配上帝者也。夏后氏曰世室，殷人曰重屋，周人曰明堂。东曰青阳，南曰明堂，西曰总章，北曰玄堂，中央曰太室。《易》曰：'离〔也者〕，明也，南方之卦也。圣人南面而听天下，乡明而治。'〔人君之位莫正于此焉，〕故虽有五名而主以明堂（也）。其正中皆曰太庙，谨承天顺时之令，月令。昭令德宗（祀）〔庙〕之礼，配天。明前功百辟之劳，配食。起（尊）〔养〕老敬长之义，养老。显教幼诲穉之学，齿胄。朝诸侯，朝觐。选造士于其中，太学、辟雍。以明制度。生者乘其能而至，尊师选贤。死者论其功而祭。大烝祀功臣、贤者及瞽宗之祭。故为大教之宫，《祭义》曰：'祀乎明堂，所以教诸侯之孝也。食三老五更于太学，所以教诸侯之弟也。祀先贤于西学，所以教诸侯之德也。耕藉，所以教诸侯之养也。朝觐，所以教诸侯之臣也。五者天下之大教也。'而四学具焉，东西南北四学。官司备焉。《明堂位》曰："有虞官五十，夏后氏官百，殷二百，周三百。"譬如北辰居其所而众星拱之，万象翼之，政教之所由生，变化之所由来，明一统也。故言明堂事之大、义之深也。取其宗祀之〔清〕貌，即曰清庙；取正室之貌，则曰太庙；取其尊崇，则曰太室；取其向明，则曰明堂；取其四门之学，则曰太学；取其四面周水圜如璧，则曰辟雍。异名而同事，其实一也。""《礼记·保傅篇》〔曰〕：'帝入东学,尚亲而贵仁;入西学,尚贤而贵德;入南学,尚齿而贵(位)〔信〕;入北学,尚贵而尊爵;入太学,承师而问道。'""魏文侯《孝经传》曰:'太学者,中学明堂之位也。'《礼记》古大明堂之礼曰:〔日出居东门,〕膳夫于是相礼;日中出南(闱)〔门〕,见九侯,反问于相;日侧出西闱,视五国之事;日入出北闱,视帝节兽。《尔雅》曰:'宫中之门谓之闱。'王居明堂之礼,〔又别阴阳门,〕东南称门,西北称闱,故《周官》有门闱之学:师氏教以三德,守王门;保氏教以六艺,守王闱。"以上申言四学。"《文王世子篇》曰:'凡大合乐则遂养老。天子至(则)〔乃〕命有司行事,兴秩节,祭先圣先师焉。始之养也,适东序,释奠于先老,遂设三老五更之位。'言教学始〔之〕于养老,由东方岁始也。又:'春夏学干戈,秋冬学羽籥,皆习于东序。''凡祭与养老、乞言[3]、合语[4]之礼,皆小乐正诏之于东序。'又曰:'大司成[5]论说在东序。'然则诏学皆在东序。东序,东之堂也,学者聚焉,故称〔诏〕太学。'仲夏之月,令祀百辟卿士之有德于民者。'《礼记·太学》志曰:'礼,士大夫学于圣人、善人,祭于明堂,无其位者祭于太学。'""太学,明堂之东序也,皆在明堂辟雍之内。"以上言养老、祀先贤。"《王制》曰:天子'出征执有罪,反,释奠于学,以讯馘[6]告'《乐记》曰:'武王伐殷,荐俘馘于京太室。'《诗·鲁颂》云:'矫矫虎臣,在泮献馘。'京,镐京也。太室,辟雍之中明堂太室(也),与诸侯泮宫俱献馘焉,即《王制》所谓'以讯馘告'者也。以上言献俘。按,《王制》言天子出征,"受命于祖,受成于学",示不敢专也。《礼记》曰:'祀乎明堂,所以教诸侯之孝也。'《孝经》曰:'孝弟之至,通于神明,光于四海。'《诗》云:'自西自东,自南自北,无思不服。'言行孝者则曰明堂,行弟者则曰太学,故《孝经》合以为一义,而称镐京之诗以明之。凡此皆明堂、太室、辟雍、太学事通文合之义也。"中郎此文所引多存佚礼,明堂事相略备,而谓"行孝则曰明堂,行弟则曰太学"二

333

《泰和宜山会语》《复性书院讲录》注

语尤精，后儒未有能及之者也。

　　[1] 蔡邕（133—192）：字伯喈。陈留郡圉县（今河南省尉氏县）人。东汉时期名臣，文学家、书法家，世称"蔡中郎"。　[2] 袁准：字孝尼，陈郡扶乐人。魏国郎中令袁涣第四子，仕魏未详。入晋拜给事中。　[3] 乞言：古代帝王及其嫡长子养一些德高望重的老人以便向他们求教，叫"乞言"。　[4] 合语：指合于君臣父子长幼之道的言辞。《礼记·文王世子》孔颖达疏："合语者，谓合会义理而语说也。"　[5] 大司成：官名，教导"世子"（贵族子弟）之官。江永说："大乐正、小乐正所教者仪文器数，别设大司成一官专讲说义理。"　[6] 馘（guó）：古代战争中割取敌人的左耳以计数献功。

　　至袁准《正论》则曰："明堂、宗庙、太学，礼之大物也。事义不同，各有所为。"大意以祀天不与人鬼同宫，众学不与宗庙共处，其结论曰："明堂者，大朝诸侯、讲礼之处。宗庙，享鬼神、岁觐[1]之宫。辟雍，大射、养孤之处。大学，众学之居。灵台，望气之观。清庙，训俭之室。各有所为，非一处也。"清儒惠栋驳之曰："明堂、太庙、清庙本一物。太庙之中有太室，宗祀之所。朝诸侯则于明堂。灵台在其上，太学在其东，辟雍在四门之外。宗祀、朝觐、飨射、视学、造士、养老、恤孤，皆统于明堂之法，故汉儒谓之一物。如袁氏之说，则圣王之政漫无统纪，非三代之法也。"其余所引礼制皆疏，惠氏遂条驳之，今不具引。文在惠氏撰《明堂大道录》。

　　[1] 岁觐（jìn）：谓岁时朝觐。

　　明堂制度之数，《周礼·考工记》《逸周书》《大戴礼·盛德篇》《孝经援神契》《白虎通》皆有之，详略互异，以《大戴礼》及蔡邕《明堂论》为详。《大戴礼·盛德篇》[1]言明堂"凡九室，一室而有四户八牖"，故为"三十六户，七十二牖。以茅盖屋，上圜下方"。其"外〔水〕名曰辟雍"以下[2]，与蔡氏论文同。据蔡氏《明堂论》，"堂方百四十四尺，（象）《坤》之策〔也〕。屋圜，屋径二百一十六尺，（象）《乾》之策〔也〕。太庙明堂方三十六丈，通天屋径九丈，阴阳九六之变也。圜盖方载，六九之道也。八闼[3]以象八卦，九室以象九州，十二宫以应十二辰，三十六户七十二牖，以四户八牖乘九室之数也。（门）〔户〕皆外设而不闭，示天下不藏也。通天屋高八十一尺，黄钟九九之实也。二十八柱列于四方，〔亦〕七宿之象也。堂高三丈，以应三统。四向五色者，象其行。外广二十四丈，应一岁二十四气。四周以水，象四海。"故曰"王者之大礼也"。此特明法数，不可泥。

[1]《大戴礼·盛德篇》盖著者失考所致，据下文所引内容，应为《大戴礼·明堂篇》。《毛诗正义》卷十六即已误作"盛德篇"。 [2] "外水"的"水"字《马一浮集》和《马一浮全集》均无，因而断句和标点符号均误。今据《大戴礼·明堂篇》原文增补"水"字并订正标点符号。 [3] 闼(tà)：门，小门。

又六天[1]之说，实为以一气统五行之义。五方天帝表五行，昊天表一气。青帝灵威仰，赤帝赤熛怒，黄帝含枢纽，白帝白招拒，黑帝汁光纪，北辰耀魄宝，其名皆出于纬书。《月令》曰：春帝太皞，其神勾芒；夏帝炎帝，其神祝融；中央黄帝，其神后土；秋帝少皞，其神蓐收；冬帝颛顼，其神玄冥。此皆不可以名相为碍，当求其义。《礼记·郊特牲》正义曰："据其在上之体谓之天，天为体称；因其生育之功谓之帝，帝为德称。"其义亦是。《月令》有帝复有神者，"帝"言其德，"神"言其用也。《虞书》"禋于六宗"，亦谓天地四时，据《尚书大传》说。言六府三事，远在《洪范》五行之前。《周礼》以天地四时名官：此皆配天之别义，亦明堂之遗法也。

[1] 六天：指五方天帝（东方青帝、南方赤帝、西方白帝、北方黑帝、中央黄帝）加上方昊天。

《泰和宜山会语》《复性书院讲录》注

　　学者既知明堂为圣人之根本大法，德教之根本大义，其事相之闳大如此，然后于配天之说可以无疑矣。凡今人所名为伦理、教育、政治、经济、法律以至军事，在古制皆摄在明堂之中。一有违失，则倍于礼度而为不顺。天法不应德法，即不可以为孝，不可以配天。故谓《圣治》一章，是显即体之相大也。

附语

　　"不敢遗小国之臣"，"不敢侮于鳏寡"，"不敢失于臣妾"，即《广要道章》"敬一人而千万人悦，所敬者寡而悦者众"之义。是一多相即也。

　　《易》曰："雷出地奋，豫。先王以作乐〔崇德〕，殷荐之上帝，以配祖考"，即谓以祖考配之。

　　《国语》："先王之制：邦内甸服，邦外侯服，侯卫宾服，蛮夷要服，戎翟荒服。甸服者祭，侯服者祀，〔宾服者享，〕要服者贡，荒服者王。""是以四海之内，各以其职来助祭。""助"字今本脱，当据《礼器》正义补。

　　郑注："越裳重译来贡[1]，是得万国之欢心。"

　　[1] 越裳：亦作"越常""越尝"，古南海国名。《后汉书·南蛮传》："交趾之南，有越裳国。周公居摄六年，制礼作乐，天下和平，越裳以《三象》重译而献白雉。"《三象》，乐曲名。重译：辗转翻译。

　　《明堂位》，据《隋书·经籍志》，马融"传小戴之学，融又足《月令》一篇、《明堂位》一篇"，是或出于马融。后儒亦有疑为刘歆所撰者，因其中有"周公践天子位"一语可疑。

　　《肇论》云："道远乎哉？触事而真；圣远乎哉？体之即神。"陶诗："天岂去此哉，任真无所先。"皆可谓善言天者，即知天也。

　　程子曰："《诗》《书》中凡有个主宰底意思，皆言'帝'；有一个包涵遍覆底意思，则言'天'；有一个公共无私底意思，则言'王'。上下千百岁中若合符契。"

又云："尝喻以心知天，犹居京师往长安。但知出西门便可到长安，此犹是言作两处。若要诚实，只在京师便是到长安，更不可别求长安。禅家每云"含元殿裏说长安"。只心便是天，尽之便知性，知性便知天。当处认取，更不可外求。"又云："死生存亡，皆知所从来，胸中莹然无疑，止此理耳。孔子言'未知生，焉知死'，盖略言之。死之事即生是也，更无别理。"

又云："'上天之载，无声无臭，仪刑文王，万邦作孚'，上天又无声臭之可闻，只有文王便万邦取信也。'维天之命，于穆不已'，盖天之所以为天也。'于乎不显，文王之德之纯'，盖言文王之所以为文也。文王之德，直是同天。'昊天曰明，及尔出王。昊天曰旦，及尔游衍'，只为常是这个道理。亦须待心熟，便自然别。"

又云："凡物参和交感则生，不和分散则死。凡有气莫非天，凡有形莫非地。"又云："有形总是气，无形总是道。"按：言"天"，有时以气言，如形气相望是；有时纯以理言，则以气即形，故以有形无形相望说。又云："郊祀配天，宗庙配上帝，天与上帝一也。在郊言天，以其冬至生物之始，故祭于圜丘而配以祖，陶匏稿鞂[1]，扫地而祭。宗祀言上帝，以季秋成物之时，故祭于明堂而配以父，其礼必以宗庙之礼享之。此义甚彰灼，但《孝经》之文有可疑处。周公祭祀，当推成王为主人，则当推武王以配上帝，不当言文王配，若文王配，则周公自当祭祀矣。周公必不如此。"按：程子说似未深考，以为周公制礼作乐，当在相成王时。然《中庸》言达孝，以武王、周公并称，则武王时已行之，此礼当为周公所制，故《孝经》以属之周公耳。时祭有祧，大祭当不祧文王也。又按：刘元承录一节与此不同，似较可信。问："'严父配天'，何以称'周公其人'而不称武王？"曰："大抵周家制作皆周公为之，故言礼者，必归之周公。"

[1] 鞂：古同"秸"。

《乐记》曰："未卜禘，不视学。"《王制》曰："天子出征，受命于祖，受成于学。"《礼运》曰："宗祝在庙，太室。三公在朝，明堂。三老在学。太学。"《诗》:"邕邕在宫,肃肃在庙。"郑笺云:"群臣助文王养老则尚和,主祭于庙则尚敬。"凡经传言宗庙、朝廷,皆相次而及,统于明堂。犹今总言政府,别有各部耳。

孟子曰:"明堂者,王者之堂也。"《御览》引《黄图》曰:"明堂者,明天道之堂也。"

《虞书》:"乃命羲和,钦若昊天,历象日月星辰,敬授民时。"《孟子》:"周公思兼三王,以施四事。"《尚书大传》:"四事者,谓施于春秋冬夏。帝王之政,必与天道相应,故有明堂月令。如孟春之令曰:毋变天之道,毋绝地之理,毋乱人之纪。"盖谓施之不时,则三事俱失,灾害并至也。贾逵、马融并以《月令》为周公所作。

《曲礼》有"天子之六府,曰司土、司木、司水、司草、司器、司货,典司六职",又有六工,"曰土工、金工、石工、木工、兽工、草工。典制六材"。与《尚书》言六府别。郑注以为皆殷制。《大戴礼·盛德篇》:"古之御政以治天下者,冢宰之官以成道,司徒之官以成德,宗伯之官以成仁,司马之官以成圣,司寇之官以成义,司空之官以成礼。"此《周官》大义也。此见政为教摄,以今语释之,则政治即是道德,道德外无别有所谓政治。

原 刑

上来所举显示自性体用之大,极于配天。向下经文九章,俱是广明行相。若约义说,并属礼乐教,收在《论语大义》说礼乐教中,已略举其要,今不具释。就中有简异一义,却须抉示。异者何谓?与本经宗趣违异,故须简也。因性是孝,违性是不孝,是谓乖宗。顺天下为治,逆之则乱,是谓异趣。先简不孝,后简乱。在经文曰:"事亲者居上不骄,为下不乱,在丑不争[1]。居上而骄则亡,为下而乱则刑,在丑而争则兵。三者不除,虽日用三牲[2]之养,犹为不孝也。"此是第一重,简不孝之相为骄、乱、争,即恶、慢之施而爱、敬之反也。"五刑之属三千，罪莫大于不孝。要君者无上，非圣人者无法，非孝者无亲，此大乱之道也。"此是第二重，简恶、慢之害极于三无，变行大为罪大，目为大乱之道。约前章危亡兵刑之交患而言之，是毁伤之甚者，盖反德斯有刑，反治则为乱也。第一重是简宗异。违德教，违天性，则为不孝也。第二重是简趣异。违孝治，违于顺天下之道，则为大乱之道也。前后相望，文义了然可知。

[1]《孝经注疏》："丑，众也。争，竞也。"　[2] 邢昺疏："三牲，牛、羊、豕也。"

《易·系辞》曰："危者，安其位者也。亡者，保其存者也。乱者，有其治者也。是故君子安而不忘危，存而不忘亡，治而不忘乱，是以身安而国家可保也。"《诸侯章》曰："在上不骄，高而不危；制节谨度，满而不溢。"故知骄者即是危亡之道。《书》曰："予临兆民，凛乎若朽索之驭六马。为人上者，奈何不敬？"骄即不敬也，乱即不序，争即不和，孝弟失而礼乐废，是以兵刑随之，祸至于亡。不言危而言亡者，甚之也。此三者并为凶德，易地皆然，亦犹忠顺之可移也。要君者，挟众怙势以觊权位，故无上。非圣者，无知妄作，私智自用，恶其害己而侮圣人之言，故无法。非孝者，徇欲忘生，"侮厥父母曰'昔之人无闻知'"[1]，故无亲。三者亦互相因藉，有一于此，则乱成矣。自来天下之乱，未有不因是三恶而生者，并为不孝之罪。曰"罪莫大"，曰"大乱之道"，大之者，甚之也。文义既明，约此二重，举因该果，应以刑德相望为说，故当原刑[2]。何以独言刑？须知教以成治，由德而生；刑以止乱，亦由乱起。治乱之本，刑德之用，由于性德违顺之异而已。刑是政摄，兵亦刑摄，政乃教摄，教为性摄。知此四摄，则知刑亦是教，对德为言，相反而相成也。《虞书》帝命皋陶："汝作士，明于五刑，以弼五教，期于予治，刑期于无刑。"《易·蒙》之初曰："发蒙，利用刑人。"《象》曰:"'利用刑人',以正法也。"[3]明刑以弼教,义在发蒙。昧于性德,不受教化,然后有刑。言"正法"者,正其德法也。"期于无刑",则复归于德,故刑亦教也。原刑之所生,由于悖德。"天讨有罪",咸其自取,非人所加。圣人因物付物,无所措心,故谓"龚行天罚"[4]。然则德者自得,刑实自刑也。孝治之效,"民用和睦,上下无怨"。"礼乐明备",则兵刑无所用之,故"除戎器以戒不虞"[5],"画衣裳而民不犯"[6],是谓"期于无刑"。"期"之云者,明非可绝,但任德而不任刑耳。"蛮夷猾夏,寇贼奸宄"[7],然后乃任兵刑。圣人犹曰"礼乐不兴则刑罚不中",所以明罚勅法,亦是齐之以礼。"先之以敬让而民不争","示之以好恶而民知禁",斯所谓"绝利一源"[8]者也。是知兵刑之作,由于礼乐不兴;礼乐不兴,由于德教不修;德教不修,由于孝弟不达;孝弟不达,由于性德不明。以此四重推求,取舍可定。此《孝经》所以为"至德要道",根本之教也。

[1] 语出《尚书·周书·无逸》:"厥父母勤劳稼穑,厥子乃不知稼穑之艰难,乃逸乃谚。既诞,否则侮厥父母曰:'昔之人无闻知。'" [2] 原刑:就是研究刑罚的起源及其原理。原:动词,推究的意思。刑:刑罚。 [3] 《周易·蒙卦》之初爻:"发蒙,利用刑人。"《象》曰:"'利用刑人',以正法也。"马一浮引用《周易·蒙卦》初六爻象来说《尚书》"五刑以弼五教"义,实则误解了《周易·蒙卦》初六爻象本义。伍庸伯说:"后世以依律判人死刑,名为'正法',本于此。其实错解了文义。这里说的话,恰与《大学》'正是四国,其为父子兄弟足法,而后民法之也'有同样意义。'刑',型也,即'刑于寡妻'之'刑'。程子以为刑罚者,误。'说',悦也,即'不亦说乎'之'说'。这是说,启发愚蒙,利用典型人物,就心悦诚服;桎梏以往,就糟糕了。" [4] 龚行天罚:奉天命而讨罚。语出《尚书·甘誓》:"予惟恭行天之罚。"《说文解字注》"龚"字条:"《尚书》《甘誓》《牧誓》'龚行天之罚',谓奉行也。汉魏晋唐引此无不作'龚',与'供给'义相近。卫、包作'恭',非也。" [5] 典出《周易·萃卦》:"象曰:泽上于地,萃;君子以除戎器,戒不虞。"沼泽在大地之上,这就是萃卦。君子由此领悟,要修治兵器,警戒意外状况。除,在这里是修治的意思。 [6] 语出《春秋繁露·王

道》。　[7] 语出《尚书·舜典》。"帝曰：'皋陶，蛮夷猾夏，寇贼奸宄，汝作士。'"蛮夷猾夏：指少数民族侵扰中原。奸宄（guǐ）：作奸犯科的坏人。由内而起叫奸，由外而起叫宄。"宄"同"轨"。形容杀人放火，作奸犯科的坏人和坏事。　[8] 语出《阴符经》："瞽者善听，聋者善视。绝利一源，用师十倍。"绝，是断绝的意思。利，是利益的意思。"绝利一源，用师十倍"的意思是说，如果斩断其他利益的来源，只留一个利益的来源，军队的战斗力就会提高十倍。

《大戴礼·曾子大孝篇》曰："民之本教曰孝"，"仁者，仁此者也。义者，宜此者也。忠者，中此者也。信者，信此者也。礼者，体此者也。行者，行此者也。强者，强此者也。乐自顺此生，刑自反此作"。此以七德并摄于孝，而七事宗归于乐。孝是其本，乐是其效。反此则有刑生，明刑亦乐之反也。孟子言"乐之实"亦在最后，与曾子意同。故知反德为刑，刑起即乐废矣。《乐记》曰："乐者，乐也。君子乐得其道，小人乐得其欲。以道制欲，则乐而不乱；以欲忘道，则惑而不乐。""惑而不乐"者，谓之天刑，谓之自刑。庄子曰："兵莫憯[1]于志，而镆铘为下。"亦此意也。《盛德篇》曰："刑罚之所从生有源，不务塞其源，而务刑杀之，是为民设陷以贼之也。刑之源，生于嗜欲好恶不节。故明堂者，天法也；礼度，德法也，所以御民之嗜欲好恶以慎天法，以成德法也。刑法者，所以威不行德法者也。"此以"刑法"与"德法"对举，嗜欲好恶有节，则为德法；嗜欲好恶不节，斯有刑法。所以使不节者复归于节，是刑法之用，亦以成德法也。应知群经所示刑德相望，有互存互夺二门。互夺者，以德夺刑，则化行刑措，唯德无刑，夺刑俱尽；以刑夺德，则刑起乐亡，由于不德，亦夺德无余。互存者，则刑以辅教，摄刑归德，因德制刑，施刑为德，是以刑德得并存也。以是二义求之，则于群经说刑德互异处，悉可圆融无碍。然《孝经》之旨，准此以谈，在明宗中，是唯德无刑；在简异中，则是施刑为德。亦是二门并用也。

[1] 憯（cǎn）：锋利。

石斋黄氏曰："《孝经》者，其为辟兵而作乎？辟兵与刑，孝治乃成。兵刑之生，皆始于争。为孝以教仁，为弟以教让，何争之有？故曰：'尧、舜率天下以仁而民从之，桀、纣率天下以暴而民从之。其所令反其所好，而民不从。''所藏乎身不恕，而能喻诸人者，未之有也。'《（鲁）〔周〕颂》曰：'敬之敬之，天维显思。命不易哉，无曰高高在上。陟降厥士，日监在兹。'《泰誓》曰：'予克受，非予武，惟朕文考无罪。受克予，非朕文考有罪，惟予小子无良。'甚矣，圣人之危也，其孝愈大，则其敬也愈至矣。"此为居上而骄者言之。又曰："兵用而后法，法用而后刑，兵刑杂用，而道德乃衰矣。圣人之禁也，曰'示之以好恶'。'示之以好恶'则犹未有禁也，刑而后禁之。《周礼》，司徒以六行教民，司寇以五刑匡其不率。于是有不孝之刑，不友之刑，不睦姻、不任恤之刑，此六者非刑之所能禁也。刑之所能禁者，寇贼奸宄耳，然其习为寇贼奸宄者，刑亦不能禁也。必以之禁六行，则是束民性而法之也。束民性而法之，不有阳窃，必有阴败。阳窃阴败，以名实言之。行可饰，德不可伪也。故束之于法，虽免而无耻，道之以德则格矣。由是尧、舜之礼乐与名法争骛矣。然且夫子犹言刑法，何也？人情易偷，偷而去节，则以礼为戎首，故礼刑相维，以刑教礼。夫子之时，墨氏未著，而子桑、原壤之徒，皆临丧不哀，未有非之者。夫子逆知后世之治礼乐，必入于墨氏以憯[1]乱天下，刑衰礼息，爱敬不生，而'非圣''无亲'者始得肆志于天下，故特著而豫防之。"此为任法去礼者言之。按黄氏之言，亦是先用互夺门，后用互存门。然独排墨氏而不及老，实则道、墨、名、法四家之失，并由不知德教之本，有夺无存，以私智为可以易天下。准以圣人之言，则其偏小自见，亦无待于辞阙[2]也。

[1] 爚（yuè）：火光。　[2] 闢（pì）：同"辟"，驳斥、摒除。

董生说《春秋》义、《孝经》义，皆以阴阳为说，亦用二门。如曰："天数右阳而不右阴，务德而不务刑。刑之不可任以成世，犹阴之不可任以成岁也。为政而任刑谓之逆天，非王道也。"此是互夺门。又曰："阳为德，阴为刑。反德而顺于德，亦权之类也。……是故天以阴为权，以阳为经，阳出而南，阴出而北，经用于盛，权用于末。以此见天之显经隐权，前德而后刑也。"此是互存门。举此一例，其余可推。《汉书·刑法志》曰："不仁爱则不能群，不能群则不胜物，不胜物则养不足。群而不足，争心将作，上圣卓然先行敬让博爱之德者，众心说而从之。从之成群，是为君矣；归而往之，是为王矣。《洪范》曰：'天子作民父母，为天下王。'""明仁爱德让，王道之本也。爱待敬而不败，德须威而久立，故制礼以崇敬，作刑以明威也。圣人既躬明恝[1]之性，必通天地之心，制礼作乐，立法设刑，动缘民情而则天象地。故曰，先王立礼，'则天之明，因地之性'也。刑罚威狱，以类天之震曜杀戮也；温慈惠和，以效天之生殖长育也。"此亦是互存门。然班固虽长于典制，其推刑法之原，未能如《大戴礼》之得其要也。《左传》，子产相郑而铸刑书，晋叔向非之曰："昔者先王议事，不为刑辟。……夏有乱政而作禹刑，商有乱政而作汤刑，周有乱政而作九刑。三辟[2]之兴，皆叔世[3]也。今吾子相郑国，制参辟，铸刑书，将以靖民，不亦难乎！"此用互夺门也。《荀子·宥坐篇》："孔子为鲁司寇，有父子讼者，孔子拘之，三月不别。谓不判其罪。其父请止，孔子舍之。季孙闻之，不说，曰：'是老也欺予，语予曰：为国家必以孝。今杀一人以戮不孝，又舍之。'冉子以告。孔子慨然叹曰：'呜呼！上失之，下杀之，其可乎？不教其民而听其狱，杀不辜也。〔三军大败，不可斩也；狱犴不治，不可刑也。〕罪不在民〔故也〕。嫚令谨诛，贼也。〔今〕生也有时，敛也无时，敛谓赋敛。〔暴也。〕不教而责成功，虐也。已此三者，然后刑可即也。《书》曰：'义刑义杀，勿庸以即，予维曰未有顺事。'《书·康诰》周公命康叔之辞。言惟刑之恤，勿任喜怒，虽协于义，犹曰未有使人顺守之道，当自责其教不至。言先教也。'故先王既陈之以道，上先服之。服，行也。谓先自行之。若不可，尚贤以綦之。若不可，废不能以单之。杨倞曰："綦，极也。谓优宠。单，尽也，谓黜削，或为'殚'。"按《家语》"綦之"作"劝之"，"单"作"殚"。綦三年而百姓从矣。邪民不从，然后俟之以刑，则民知罪矣。"此先德后刑，存夺互用，乃圣人之言，《孝经》之旨也。

[1] 悊 (zhé)：古同"哲"。　　[2] 三辟：谓夏、商、周三代之刑法。　　[3] 叔世：犹末世，指衰乱的时代。

学者当知《孝经》之义广说难尽，今唯略说，已知六艺为博，《孝经》为约。亦当略判教相，举要而言。至德，《诗》《乐》之实也；要道，《书》《礼》之实也；三才，《大易》之旨也；五孝，《春秋》之义也。言"其教不肃而成"，是《诗》《乐》之会也；始于《诗》而终于《乐》。言"其政不严而治"，是《书》《礼》之会也；《礼》为体而《书》为用。又政教皆《礼》之施也；"不肃而成，不严而治"，则《乐》之效也。《乐》主德而《礼》主行，《易》显性而《春秋》显道。父子天性，准乎《易》也；君臣之义，准乎《春秋》也。明堂四学，则乐正四教[1]所由制也；配天飨帝，则圣人盛德之极致也。言德，则是《易》之尽性也；言刑，则是《春秋》之正名也。由是推之，交参互入，重重无尽。须知六艺皆为德教所作，而《孝经》实为之本；六艺皆为显性之书，而《孝经》特明其要。故曰一言而可以该性德之全者，曰"仁"；一言而可以该行仁之道者，曰"孝"。此所以为六艺之根本，亦为六艺之总会也。

[1] 乐正四教：指诗、书、礼、乐四教。《礼记·王制》："乐正崇四术，

立四教，顺先王诗、书、礼、乐以造士。"

附语

成即全也，无一毫欠缺，乃全顺天下，即"成身"义。本经言"终于立身"，《哀公问》言"成身"，一也。圣人之孝，以天地万物为一身，故成物即是成己，配天亦即是成身。天下有一物不得其所者，犹疾痛之在吾身也，天下至于乱亡，非毁伤之甚乎？

安危、存亡、治乱，俱在心术上判。今人只知在物质上判，所安者或是危道，求存者或反以致亡，求治者或反以致乱，不知其本也。

身是正报，国家是依报。

今人每以富强为治，不知富强只是富强，不可以名"治"，治须是德教。如秦人只名富强，不可名治，虽并六国，不旋踵而亡。今西洋之为国者，富强则有之，然皆危亡之道，僛焉不可终日[1]，亦不可名"治"。

[1] 典出《礼记·表记》："君子不以一日使其躬僛焉如不终日。"郑玄注："僛焉，可轻贱貌。"《说文解字》："僛，互不齐也。"《六书故》引《表记》此文说："谓苟且不整肃。"如不终日，孔颖达疏："如小人不能竟一日也，言不得长久也。若小人恒为无礼，使其身可轻贱，死期促近，不能终竟一日也。"

《汉书·刑法志》引孔子曰："如有王者，必世而后仁。善人为邦百年，亦可以胜残去杀。""言圣王承衰拨乱而起，被民以德教，变而化之，必世然后仁道成焉。至于善人，不入于室，然犹百年胜残去杀矣。此为国者之程序也。""古人有言：'满堂饮酒，一人向隅而悲泣，则一堂皆为之不乐。'王者之于天下，譬犹一堂之上也，故一人不得其平，为之凄怆于心。今郡国被刑而死者，岁以万数，天下狱二千余所"，"此和气所以未洽者也"。

《乐记》曰："人生而静，天之性也。感于物而动，性之欲也。物至知知，而后好恶形焉。好恶无节于内，知诱于外，不能反躬，天理灭矣。夫物之感人无穷，而人之好恶无节，则是物至而人化物也。人化物也者，灭天理而穷人欲者也。于是有悖逆诈伪之心，有淫佚作乱之事，是故强者胁弱，众者暴寡，知者诈愚，勇者苦怯，疾病不养，老幼孤独不得其所，此大乱之道也。"此一段文可为"刑罚之原"的实[1]注脚。

[1] 的实（dí shí）：确实、真实。

凡不能化物，即为物化。德法者，所以成化物之事也；刑法者，所以戒物化之人也。尧、舜之世，比屋可封，化物也；桀、纣之世，比屋可诛[1]，物化也。

[1] 典出陆贾《新语·无为》："尧舜之民，可比屋而封；桀纣之民，可比屋而诛者，教化使然也。"比屋：一屋挨一屋，家家。封：封赏。诛：责罚。每家都有可受封爵的德行，形容教化成就巨大；家家都可责罚，形容世风日下，恶人众多。

《乐记》引孔子曰"安上治民，莫善于礼"，"移风易俗，莫善于乐"，即《孝经·广要道章》文。又曰："礼节民心，乐和民声，政以行之，刑以防之，礼乐刑政四达而不悖，则王道备矣。"详《乐记》。四者并称，此礼乐为主而刑政辅之。《论语》则以德礼与政刑相对，以明本末之用殊。朱子曰："政者，为治之具。刑者，辅治之法。德礼则所以出治之本，而德又礼之本也。"

《汉书·刑法志》引孔子曰："古之知法者能省刑，本也；今之知法者不失有罪，末矣。"[1]又曰："今之听狱者，求所以杀之；古之听狱者，求所以生之。"此即孟子所谓"以生道杀民""以佚道使民"也。今之言政刑者反是。生道、佚道即是德，杀民、使民以是，即是因德制刑、施刑为德也。

[1] 杜佑《通典·刑法典·第一百六十六》也引用了孔子这句话，并注解："省，谓减除之。绝于未然，故曰本也。不失有罪，事止听讼，所以为末。"

今人目道德为社会习惯上共同遵守之信条，是即石斋所谓"束民性而法之也"[1]。是其所谓"道德"者，亦是法之一种。换言之，乃是有刑而无德也。其根本错误，由于不知道德是出于性而刑政亦出于道。中国先秦法家亦言"道"，彼其"道"之观念与儒者全不同。出于道家因任自然，虽亦是私智，尚较今日法家高出一等。

[1] 黄道周（号"石斋"）《孝经集传·五刑章》："必以之（指墨、劓、剕、宫、大辟五刑）禁六行（指不孝、友、睦、姻、任、恤），则是束民性而法之也。束民性而法之，不有阳窃，必有阴败，繇是则尧舜之礼乐与名法争鹜矣。"

朱子说："二氏只是一个不耐烦底人。他事事想逃避，此便是自私。"清谈末流，任诞废务，却是如此。若大乘一类机，发大心负荷众生，却骂他自私不得。

《汉书·礼乐志》："文帝时，贾谊以为'汉承秦之败俗，废礼义，捐廉耻，其甚者杀父兄，盗者取庙器，而大臣特以簿书不报期会为故，至于风俗流溢，恬（不为怪）〔而不怪，以为是适然耳。〕夫移风易俗，使天下回心而向道，类非俗吏之所能为也。（中略）宜定制度，兴礼乐。'乃草具其仪，〔天子说焉。〕而〔大臣〕绛、灌之属[1]害之。"至武帝时，"董仲舒对策言：'王者欲有所为，宜求其端于天。（中略）天（道）〔之〕任德不任刑，（中略）〔刑罚不可任以治世，〕犹阴之不可任以成岁。今废先王之德教，独用执法之吏治民，（难以成治）〔而欲德化被四海，故难成也〕。（中略）时武帝方（锐志武功，征讨四夷）〔征讨四夷，锐志武功〕，不暇留意礼文之事"。宣帝时，谏大夫王吉"上疏云：今公卿'务在簿书断狱听讼而已，非太平之基也。俗吏所以牧民者，非有礼义科指〔可世世通行者也〕，以意穿凿，各取一切。盖谓苟适一时。是以诈伪萌生，刑罚无极，质朴日消，恩爱寖薄。愿与大臣延儒生，述旧礼。'上不纳〔其言〕"。成帝时，刘向复言："礼以养人为本，今日不能具礼，而刑罚之过，则谓救时。至于礼乐，则曰不敢，是敢于杀人不敢于养人也。教化重，刑法轻，今舍所重而急所轻，非所以致太平也。承衰周、暴秦余敝，民渐渍恶俗，贪饕险诐，不闲义理，不示以大化，终以不改。""成帝以向言下公卿议，会向〔病〕卒。"[2]结语曰："大汉继周，久旷大仪，未有立礼成乐，此贾谊、仲舒、王吉、刘向之徒所为发愤而增叹也。"观西汉诸儒每致恨于秦俗。秦，戎翟之国，任法致富强，遂并六国，绝似今日资本主义之务侵略。其政体亦近于今之所谓极权国家。秦虽亡而汉承其弊，民俗衰薄，历二百余年不改。至光武始重儒术，稍稍变革。东汉气节，实比西汉为盛。此其消息何也？举此一例，百世可知。

[1] 颜师古注："旧说以为'绛'谓绛侯周勃也，'灌'谓灌婴也。而《楚汉春秋》高祖之臣别有'绛灌'，疑昧之文，不可明也。此既言大臣，则当谓周勃、灌婴也。" [2] 以上引文，与《汉书·礼乐志》原文出入较大，盖著者抄录时仅取其大意而然。文中修补处及"（中略）"皆本书注者所为。

◎研读

孔子"志在《春秋》，行在《孝经》"。著者继讲述《论语》大义之后，又继述此经，使学者知道六艺之教约归于行，这样才能不被时人抄袭西方以人欲为标准的诬罔之说所迷惑。

复性书院讲录第四卷

诗教绪论

◎ **解题**

《复性书院讲录》第四卷，由《诗教绪论》和《礼教绪论》两篇构成。其中《诗教绪论》是著者继《论语大义》《孝经大义》之后，第三篇"大义"之作。虽名之曰"绪论"，实则"大义"之制也。

序　说

在《论语》《孝经大义》中已略为举示六艺体要，学者依此途径求之于圣贤言语，理会得一分，即自心义理显现得一分。此不是训诂考据边事，亦不是于先儒旧说之外用私意窥测，务求新义，以资谈助。切不可守此知解，便谓已足。须知此是穷理之事，亦即践形尽性[1]之事。依此致思，即要依此力行，方有入处。前谓"'志于学''志于道''志于仁'一也。学是知仁，道是行仁。"今治六艺之学为求仁也。欲为仁，须从行孝起；欲识仁，须从学《诗》入。故今继《孝经》后略明《诗》教。题曰"绪论"者，所以别于常途之题"通论""概论"。根据群经，出其端绪，寄之言说，使可引申触类，举一反三，言之不能尽也。又，绪者，余也，先儒之所引而未发者，今乃拾其余绪，推而衍之，以为学者致思之助云尔。

[1] 践形尽性：参见第三卷《孝经大义·释至德要道》注释。

六艺之教，莫先于《诗》。于此感发兴起，乃可识仁，故曰"兴于诗"，又曰"诗可以兴"。"诗者，志之所之也。在心为志，发言为诗。"故一切言教皆摄于《诗》。"苟志于仁，无恶也"，心之所之莫不仁，则其形于言者亦莫不仁。故曰"不学《诗》，无以言"也。仁者，心之全德。人心须是无一毫私系时，斯能感而遂通，无不得其正。即此便是天理之发现流行，无乎不在，全体是仁。若一有私系，则所感者狭而失其正，触处滞碍，与天地万物皆成暌隔而流为不仁矣。故曰："正得失，动天地，感鬼神，莫近于《诗》。"程子曰："圣人感天下之心如寒暑雨旸无不通、无不应者，贞而已矣。贞者，虚中无我之谓也。""用其私心以感物，则思之所及者有能感而动，所不及者不能感也。""既主于一隅一事，岂能廓然无所不通乎？"《易·咸》卦九四传。"天地感而万物化生，圣人感人心而天下和平，观其所感而天地万物之情可见矣。"于此会得，乃可以言《诗》教。

向来说《诗》多宗毛、郑。朱子不信《小序》[1]，后儒亦疑其未安。清人纂辑三家《诗》佚义特详。《汉书·儒林传》曰："言《诗》，于鲁则申培公[2]，于齐则辕固生[3]，燕则韩太傅[4]。"《史记·儒林传》同。是为三家《诗》之祖。据陆玑《毛诗草木疏》引三国吴人徐整云："子夏传曾申，申传魏人李克，克传鲁人孟仲子，孟仲子传根牟子，根牟子传赵人荀卿，荀卿传鲁国毛亨。"是荀卿为子夏五传，大毛公为六传，浮丘伯亦为六传，申公受《诗》浮丘伯为七传，小毛公亦为七传，俱出子夏、荀卿，是《毛诗》与《鲁诗》同源也。辕固生不详所出，然与浮丘伯俱为齐人，疑亦出浮丘伯也。韩婴虽别出，然《汉书·儒林传》称："婴推诗人之意，而作内、外传数万言，其语颇与齐鲁间殊，然归一也。"今《内传》久佚，《外传》引荀卿说《诗》者四十余条，是韩婴之学亦出于荀卿。《困学纪闻》亦言"申、毛之学皆出荀卿，《韩诗外传》多述荀书"。故知《毛诗》与三家异同俱是后起。近人皮锡瑞谓"《诗》说愈古者愈可信"，其言近是。然综观末流之失，皆有类于孟子所讥高叟之固[5]也。岂若直求之《论》《孟》及《戴记》诸篇，七十子后学所称引，不愈古邪？今按，孔门说《诗》贵告往知来，孟子亦言"以意逆志，是为得之"，其则不远。至标举胜义，《大序》尽之；论事考迹，无过《诗谱序》[6]。后有述者，莫能外矣。子夏传《诗》、传《礼》、传《易》。又纬书引孔子言以《春秋》属商[7]。魏文侯就而问乐，咨以国政。故六艺之文，其传授较然特详者宜莫如子夏，而《孔子闲居》一篇尤《诗》之大义所在。明乎礼乐之原，则通于《礼》《乐》；叙三王之德，则通于《书》；言"天有四时""地载神气""莫非教也"，则通于《易》《春秋》。举一《诗》而六艺全摄，故谓欲明《诗》教之旨，当求之是篇。今为略释于后。

[1]《小序》：指《毛诗》中冠于各篇之首解释主题的简短序言。《毛诗》有大序、小序，合称《毛诗序》。　[2] 申培公：姓申名培，亦称申公，"公"是尊称。西汉时鲁人。西汉初期儒家学者，经学家，西汉今文《诗》学中"鲁诗学"的开创者。　[3] 辕固生：又名辕固，西汉齐郡西安县（今淄博市桓台县）人，早年是清河王刘乘的太傅，景帝时为《诗经》博士。辕固生是西汉《诗经》学中"齐诗学"之开创者。　[4] 韩太傅：即韩婴，西汉燕（今属河北省）人。文帝时为博士，景帝时至常山王刘舜太傅。武帝时，与董仲舒辩论，不为所屈。治《诗》兼治《易》，西汉"韩诗学"的创始人。　[5] 高叟之固：原是孟子批评高子的话，后泛指人治学观点机械片面。典出《孟子·告子下》："公孙丑问曰：'高子曰：《小弁》，小人之诗也。'孟子曰：'何以言之？'曰：'怨。'曰：'固哉，高叟之为诗也！'"固：固执，机械。高叟：是孟子对高子的尊称，其名不详。为：研究。诗：指《诗经》。　[6]《诗谱序》：东汉郑玄所撰。　[7] 商：即孔子弟子子夏（前507—前400）。

孔子闲居释义

将释此文，约义分四科。

一、总显君德。起"孔子曰"，讫"此之谓民之父母也"。

二、别示德相。分二：一、五至；二、三无。起"子夏曰"，讫"无服之丧也"。

三、明德用。五起。起"子夏曰"，讫"施于孙子"。

四、叹德化。分二：一、约三无私，叹德本；二、答参天地，叹功化。起"子夏曰三王之德"，讫"大王之德也"。

前序后结可知。

一、总显君德

孔子闲居，子夏侍。子夏曰："敢问《诗》云'岂弟君子，民之父母'，何如斯可谓'民之父母'矣？"序起问。

孔子曰："夫民之父母乎，必达于礼乐之原，以致五至而行三无，以横于天下，四方有败，必先知之，此之谓民之父母矣。"

此为总显君德。《诗·大雅·泂酌》篇文，《小序》谓"召康公戒成王"之辞[1]，子夏何以独举此为问？观《论语》"礼后"之对[2]及答樊迟"不仁者远"之言[3]，知子夏善悟，最能领会圣人言下深旨，如此诗文义岂待更问？所以发斯问者，乃欲深探王政之本，虽已有见处，犹欲夫子广陈德相，推究其极，以资深证，故假"民之父母"以发问。孔子知其机胜[4]，故以了义告之。此真内圣外王之学也。观孔门问答，当思七十子之徒所学为何事。如子夏者，虽未及颜、曾位邻于圣，而其学则足以知圣，亦可以为王者师矣。兹篇广陈圣德而纳之于《诗》，方见《诗》教之大，非子夏殆未足以语此。篇终记："子夏蹶然[5]而起，负墙而立曰：'弟子敢不承乎？'"须是如此方足以传《诗》。知此，则知西汉以来博士经生之说未能承当得此事。今欲学《诗》，以知圣为要。观子夏亲受于孔子之言而能知所兴起，斯可以直接子夏，可与言《诗》矣。

[1] 召康公：姬姓，名奭，与周武王、周公旦同辈。姬奭辅佐周武王灭商后，受封于蓟（今北京市），建立臣属西周的诸侯国燕国（北燕）。但他派长子姬克管理燕国，自己仍留在镐京（今陕西省西安市）任职，辅佐朝廷。因采邑于召（今陕西省岐山西南），故称召公或召伯、召公奭。周武王死后，其子周成王继位，姬奭担任太保。姬奭执政政通人和，贵族和平民都各得其所，因此深受爱戴。周成王死后，姬奭辅佐周康王，开创"四十年刑措不用"的"成康之治"，为周朝打下延续八百多年的坚实基础。 [2] "礼后"之对：典出《论语·八佾》。子夏问曰："'巧笑倩兮，美目盼兮，素以为绚兮。'何谓也？"子曰："绘事后素。"曰："礼后乎？"子曰："起予者商也。始可与言《诗》已矣！" [3] "不仁者远"出自《论语·颜渊》：樊迟退，见子夏，曰："乡也，吾见于夫子而问知，子曰：'举直错诸枉，能使枉者直。'何谓也？"子夏曰："富哉言乎！舜有天下，选于众，举皋陶，不仁者远矣。汤有天下，选于众，举伊尹，不仁者远矣。" [4] 机胜：根机优胜。 [5] 蹶（jué）然：急起、惊起的样子。

群经皆称"君子"，而以《诗》与《易》为最多。本为题德之目，时亦被之在位。以其具有君德，故称"君子"。《学记》曰："师也者，所以学为君也。""三王四代唯其师"[1]，言为君之道，皆务自学充之。天生烝民，立之君，作之师，故曰："君师者，治之本。"古者政教一理，君师一道，未有能为君而不能为师者也。《易·乾·文言》君子与大人、圣人并称，于初唯言龙德，于二则曰君德，于五则变言天德，其实一也。二非君位而言君德，五为君位而言天德，明有君德不必定居君位，而九五君位乃位乎天德也。失德则失位。至"乾元用九"，乃言"天德不可为首"。"舜、禹之有天下而不与"[2]，以之。今言"岂弟君子"唯是君德，"民之父母"则为君位。《洪范》曰"天子作民父母，以为天下王"，此明是表位；而孔子答言"必达于礼乐之原，以致五至而行三无"，则唯称其德。至下子夏别起"参于天地"之问，乃正言"三王之德"，仍是略位而言德，然则圣人之意可知也，故科题曰"总显

353

《泰和宜山会语》《复性书院讲录》注

君德"。

　　[1]《学记》原文："君子知至学之难易而知其美恶,然后能博喻;能博喻然后能为师,能为师然后能为长,能为长然后能为君。故师也者,所以学为君也,是故择师不可不慎也。"《记》曰："三王四代唯其师。其此之谓乎!"指夏、殷、周,四代,则加虞舜。意思是,三王、四代虽然都是圣人,却无不择师为慎,所以说"唯其师"。　　[2] 舜、禹虽然拥有天下却不据天下为己有。语见《论语·泰伯》。

　　德相之目,下文详之,然亦须先标总相。总相者何?仁是也。"岂弟",本训乐易,此以仁者气象言之。有乐易之气象者,知其具仁之德也。《易·乾·文言》曰："君子体仁足以长人,嘉会足以合礼,利物足以和义,贞固足以干事。君子行此四德者,故曰'乾:元亨利贞'。"知仁包四德,即知《诗》统四教。《大学》曰："为人君止于仁。"《系辞》曰："圣人之大宝曰位。何以守位?曰仁。"孟子曰："天子不仁,不保四海。"仁者心无私系,以百姓心为心:天下之饥溺,己之饥溺也;生民之疾苦,己之疾苦也,故曰:"四方有败,必先知之。"郑注:"败"为"祸灾"。犹雨旸寒暑之感于肌肤也。"以不忍人之心行不忍人之政","如保赤子",唯恐伤之,则灾害祸乱何自而作乎?知几其神[1],通微曰睿。绝纤芥之恶于未兆,消潜隐之患于无形。既曰"先知",则不待其著见矣。如物坏而始饰之,水至而始埋之,不唯后时为不智,亦由无感而不仁也。故下文曰"《诗》之所至,无不至焉"者,即仁之所感无不通也。又"礼乐之原"即仁也。"人而不仁,如礼何?人而不仁,如乐何?""穷神知化,由通于礼乐",亦即"尽性至命,必本于孝悌"[2]也。先王之所以同民心而出治道者,在慎其所感而已。"知礼乐之情者能作,识礼乐之文者能述。"[3] 言"达乎礼乐之原"者,谓合敬同爱,如天之无不覆帱,如地之无不持载者也。此君德之仁,即《诗》教之体也。颜渊"天下归仁",故告以四代礼乐[4];仲弓"居敬行简",故许以

"可使南面"[5]：皆具君子之德者也。君子之德者，君德也；君德者，仁也。"君子去仁，恶乎成名？"故可谓"民之父母"者，亦仁而已矣。以上总显君德竟。

[1]《周易·系辞下》："子曰：'知几其神乎！'"意思是，知晓事物的先机是多么神妙啊！ [2]《近思录·圣贤》第十四卷："知尽性至命，必本于孝悌；穷神知化，由通于礼乐。" [3] 语出《礼记·乐记》。[4] "天下归仁"语出《论语·颜渊》：颜渊问仁。子曰："克己复礼为仁。一日克己复礼，天下归仁焉。为仁由己，而由人乎哉？""告以四代礼乐"。事见《论语·卫灵公》：颜渊问为邦，子曰："行夏之时，乘殷之辂，服周之冕，乐则《韶》《舞》。" [5]《论语·雍也》：仲弓问子桑伯子，子曰："可也，简。"仲弓曰："居敬而行简，以临其民，不亦可乎？居简而行简，无乃大简乎？"子曰："雍之言然。"子曰："雍也，可使南面。"

附语

《记》曰："见其礼而知其政，闻其乐而知其德。"是以《诗》《书》《礼》《乐》参互言之。政即《书》之实也，德即《诗》之实也。《诗》《乐》必与《书》《礼》通，故曰："诵《诗》三百，授之以政，不达"，"虽多，亦奚以为？"《大序》曰："治世之音安以乐，其政和；乱世之音怨以怒，其政乖；亡国之音哀以思，其民困。"《乐记》引此文同，而结之曰："声音之道与政通矣。"《左传·襄二十九年》"吴季札来聘，请观于周乐"一段文字，是说《诗》之最古者，是乃"闻其乐而知其德"也。如歌《二南》，曰"美哉，始基之矣"，"勤而不怨矣"；歌《邶》《庸》《卫》曰："美哉渊乎！忧而不困者也。吾闻卫康叔、武公之德如是，其《卫风》乎？"他如知郑之先亡、齐之必大；歌《大雅》则叹"文王之德盛"，歌《小雅》则叹"周德之衰"，歌《颂》则以为"盛德之所同"，皆论德以辨其《诗》也。

赵邠卿《孟子题辞》谓孟子通五经，尤长于《诗》《书》。今观孟子说王政最透彻。

《汉书·贾谊传》：谊年十八，以能诵《诗》《书》属文称于郡中。河

《泰和宜山会语》《复性书院讲录》注

南守吴公召置门下。文帝闻吴公治平为天下第一,故与李斯同邑而尝学事焉,征以为廷尉。乃荐谊为博士。刘向称贾谊言三代与秦治乱之意,其论甚美,通达国体,虽古之伊、管未能远过也。《河间献王传》:王被服儒术,造次必于儒者。武帝时,"对三雍宫[1]及诏策所问三十余事。其对推道术而言,得事之中,文约旨明"。王薨,中尉常丽以闻,曰:"王身端行治,温仁恭俭,笃敬爱下,明知深察,惠于鳏寡。"此亦称其达于政也。

[1] 三雍宫:应劭曰:"辟雍、明堂、灵台也。雍,和也,言天地君臣人民皆和也。"

《汉书·儒林传》:武帝迎申公,问治乱之事,对曰:"为治〔者〕不在多言,顾力行何如耳。"其言朴直如此。辕固生在景帝时,与黄生辨汤武受命云:"夫桀、纣荒乱,天下之心皆归汤、武,汤、武因天下之心而诛桀、纣,桀、纣之民弗为使而归汤、武,汤、武不得已而立,非受命而何?"其义亦甚正大。窦太后好老子书,召问固。固曰:"此家人言耳。"可知申公、辕固生皆通达治体。韩婴并通《易》。燕赵间好《诗》,故其《易》微。尝与董仲舒论于上前,其人精悍,处事分明,仲舒不能难。今观《外传》之言,多达于政事。此见先汉诸儒说《诗》,不与经生博士相类。据其言以观之,知其达于政,乃真得《诗》教之旨也。

《汉书》称河间献王好书,得书多,与汉朝等。淮南王安亦好书,所招致多浮辩。献王其学举六艺,造次必于儒者。立《毛氏诗》《左氏春秋》博士。《说苑》载其言曰:"尧存心于天下,加志于穷民,痛(百)〔万〕姓之罹罪,忧众生之不遂也。有一民饥,则曰:'此我饥之也。'有一人寒,则曰:'此我寒之也。'一民有罪,则曰:'是我陷之也。'仁昭而义立,德博而化广。故不赏而民劝,不罚而民治,先恕而后教,是尧道也。"又曰:"禹称民无食,则我不能使也;功成而不利于人,则我不能劝也。故疏河以导之,凿江通于九派,酾[1]五湖而定东海,民亦劳矣,然而不怨苦者,利归于民也。"又曰:"汤称学圣王之道,譬如日焉;静居独思,譬如火焉。夫舍学圣王之道,若舍日之光。独思若火之明也,可以见小,未可用大。知唯学问可以广明德慧也。"献王所称,当是《诗》《书》

佚说。

[1] 酾(shī)：疏导，分流。

禅师家斥情识知解为"鬼家活计"、"日下孤灯"。《庄子》谓："日月出矣，而爝火不息。"佛书谓："佛放光，则诸天光如聚墨。"孟子谓："日月有明，容光必照。"此与汤"火"、"日"之喻并是比兴之旨。性德如日，私智如火，性德显则私智自灭。学者当善会。

二、别示德相　复分二：初、五至。二、三无。今初。

子夏曰："民之父母，既得而闻之矣。敢问何谓五至？"牒前起问，下示答。

子曰："志之所之，诗亦至焉；诗之所至，礼亦至焉；礼之所至，乐亦至焉；乐之所至，哀亦至焉。哀乐相生。是故正明目而视之，不可得而见也；倾耳而听之，不可得而闻也。志气塞乎天地。此之谓五至。"

答文分五：先出"五至"之目，互相因藉；次"哀乐相生"句，别释所以；三"是故"下显微妙；四"志气"句，显周遍；五结成。

心之专直为志，言之精纯为诗，行之节为礼，德之和为乐。和顺积中，发为岂弟，动为恻怛。智大者悲深，愈岂弟则愈恻怛。就其岂弟名乐，就其恻怛名哀。"至"有三义：一、来义，《说文》："至，鸟飞从高下至地也。""不上去而至下，来也。"二、达义，三、极义。湛寂之中，自然而感，如火始然，如泉涌出，莫之能御，此"来"义也。禅家谓静三昧中瞥起一念[1]，即"来"义。此念法尔清净，名之为觉，有照有用。迷之则为无明，因无明起念，谓之不觉。此即儒者所言道心、人心也。"如来者，无所从来，亦无所去"[2]，正显道心。以此言志，志即仁也，犹彼言"心即佛"。如水浸润，竟体皆濡，如光照耀，幽暗毕烛，更无不到处，此"达"义也。如登山到最高顶，如涉水彻最深底，过此更无去处，此"极"义也。孟子曰"夫志者，气之帅也"，"志至焉，气次焉"。横渠曰："德胜其气，则性命于德；德不胜气，性命于气。命于气者，其气驳；命于德者，其气醇。不胜其气只是志不立，志立则气从。"[3] 在横渠谓之"胜其气"，实则是气志如一，斯谓之德。故此篇屡言气志，皆以形此德也。孟子亦言"其为气也，至大至刚，以直养而无害，则塞于天地之间"，与此篇相应。气摄于志，言摄于诗。"知言"者，诗之事也；"养气"者，志之事也。《坤·文言》曰："君子黄中通理，正位居体，美在其中而畅于四支，发于事业，美之至也。"黄为中央之色，故以黄表中。此亦言志气合一。孟子言"君子所性，仁义礼智根于心，其生色也，睟然见于面，盎于背，施于四体，四体不言而喻"，斯之谓"至"也。《易·系辞》曰："唯深也，故能通天下之志；唯几也，故能成天下之务；唯神也，故不疾而速，不行而至。"深是志至诗至，几是礼至乐至，神则乐至哀至。诚于此、动于彼之谓通，举因该果之谓成，无声无臭之谓速。通即是至，成亦是至，"不疾而速，不行而至"，则是理无不通，诚无不格，"范围天地之化而不过，曲成万物而不遗"，心体无亏欠时，万德具足。三世古今，不离当念；十方国土，不隔毫端。故神用无方，寂而常感。如是言"至"，义乃无遗。当知体用全该，内外交彻，志气合一，乃是其验。无远非近，无微非显，乃为"至"也。此之德相，前后相望，示有诸名，总显一心之妙，约之则为礼乐之原，散之则为六艺之用。当以内圣外王合释，二者互为其根。前"至"为圣，后"至"为王。如志至即内圣，诗至即外王。诗至即内圣，礼至即外王；礼至即内圣，乐至即外王；乐至即内圣，哀至即外王。此以礼乐并摄于诗，则诗是内圣，礼乐是外王。又，"原"即是体，为圣；"达"即是用，为王。更以六艺分释，则《诗》是内圣，《书》是外王；《乐》是内圣，《礼》是外王；《易》是内圣，《春秋》是外王。《诗》既摄《书》，《礼》亦摄《乐》。合《礼》与《乐》是《易》，合《诗》与《书》是《春秋》。又《春秋》为礼义大宗，《春秋》即《礼》也；《诗》以"动天地，感鬼神"，《诗》即《易》也。交相融摄，不离一心，塞于天地，亘乎古今。易言之，则《诗》之所至，《书》亦至焉；《书》之所至，《礼》亦至焉；《礼》之所至，《乐》亦至焉；《乐》之所至，《易》亦至焉；《易》之所至，《春秋》亦至焉；五至之相，亦即六艺之所由兴起也。五至始于志，故六艺莫先于《诗》。言《礼》《乐》而不及《书》者，明原以知委，举本以该迹。言《诗》而《书》在其中，言《礼》《乐》而《易》与《春秋》在其中也。"哀乐相生"者，屈伸变化之相也；"志气塞乎天地"者，充周溥博之相也。就其真实无妄则谓之体，就其神应无方则谓之用。体无乎不在，则用无乎不周。全其体则谓之圣，尽其用则谓之王；摄于志而主乎仁则谓之诗，被于物而措诸万事则谓之六艺。致者，推致其极之谓。"穷理尽性以至于命"，斯能"致五至"矣。"礼乐之原"即性命也。推此性命之德，致乎其极，即五至也，亦即六艺之道也。圣是体大，王是用大，五至是相大，故下文子夏特出叹大之言也。圣人尽力道出，要人直下承当，当体辨认，唯在密证，不在言诠。色取声求，如何可得？若执滞名言，拘牵度数，转求转远。故明示此为闻见之所不及，以深绝其外驰，复申言"志气塞乎天地"以克指其在迹，此真言教之极则也。子夏于此发明心要，故可以传《诗》。不遇上机，卒难悟入。切望学者善会，勿以依文解义为遂足以得其旨也。以上释"五至"。次释"三无"，有二番问答。

[1]《五灯会元卷一·释迦牟尼之二》："世尊因普眼菩萨欲见普贤，不可得见。乃至三度入定，遍观三千大千世界，觅普贤不可得见，而来白佛。佛曰：'汝但于静三昧中起一念，便见普贤。'普眼于是才起一念，便见普贤，向空中乘六牙白象。"　[2]《金刚经》云："如来者，无所从来，亦无所去，故名如来。"　[3] 横渠原文与著者所引略有出入，盖著者凭记忆所致，然丝毫不影响原文义理，且表述更加流畅。《马一浮集》据原文而复原句序，删添文字，但保留删改痕迹；《马一浮全集》则直接引用原文而未保留删改痕迹，则已非著者原稿之旧。今恢复著者原稿之旧，而于《马一浮集》《马一浮全集》所作改动均不取。

《泰和宜山会语》《复性书院讲录》注

子夏曰："五至既得而闻之矣，敢问何谓三无？"初问牒前起，后答示三无。

孔子曰："无声之乐，无体之礼，无服之丧，此之谓三无。"文二：先出"三无"之目，次结。下引《诗》以证成。

"敢问何诗近之？"孔子曰："'夙夜基命宥密'，无声之乐也；'威仪逮逮，不可选也'，无体之礼也；'凡民有丧，匍匐救之'，无服之丧也。"次问三无之义于《诗》何征，答引《诗》分证其义。

上文"五至"言"致"，"三无"言"行"，致唯证量，行则有境，境智不二[1]也。"行"主心行而言，非指事相之著，"境"非缘物而起，故名为"无"。犹佛氏所谓"无缘大慈，同体大悲"也。五至极于哀至，哀至则起三无。"无"非虚无，乃是实相。寂而常感，故谓之"至"；感而常寂，故谓之"无"。乐之声律，礼之度数，丧服之隆杀[2]，并缘境有与此相望，有粗妙之别。将欲显示其义，有非言语所能及者，故问"何诗近之"。举《诗》以为答者，亦以形容其德之深广耳。"夙夜"言其无间也。"宥"训"深闳"。"密"言"静谧"。"基命"云者，"维天之命，于穆不已"，基于宥密，乃以合天。"维德之基"，"坤厚载物"，犹言承天也。"逮逮"，郑云"安和貌"。"选"，犹算也。"威仪三千"，摄于四事，视、听、言、动。"从容中道"，其数难量，温厉恭安，亦无定相，故曰"不可选也"。视民如伤，与民同患，常善救人，故无弃人。颠连之痛，侔于切肤；恻怆之怀，被于行路：故形之以"匍匐"也。钟鼓以为乐，升降以为礼，衰绖[3]以为服者，礼乐之文也；"三无"者，礼乐之情也。蓝田吕氏曰："'无声之乐'是和之至，'无体之礼'是敬之至，'无服之丧'是哀之至。三者行之在心，外无形状。然则谓之'无'者，亦谓不可得而见闻也。"此皆直探心术之微，以示德相之大，故言"以横于天下"。若专以形名器数说礼乐者，则事相有所限，未足以尽此心之量也。学者诚欲达于礼乐之原，必先"致五至"，而后能"行三无"，乃可以言体仁，乃可由《诗》以通六艺。须知"体仁"

亦有三义，体之于仁，以仁为体，全体是仁，如是三种次第。其初体之于仁，是求仁知仁之事也；以仁为体，则动必依仁、由仁而不违仁者也；全体是仁，乃是安仁，方为究竟。"致五至"者，智之事也；"行三无"者，圣之事也。"道远乎哉，触事而真；圣远乎哉，体之即神。""内圣外王"之学，"穷神知化"之功，咸在于是。所言"兴于诗"者，至此方是真实究竟了义也。下言"五起"，即"兴"之事。须知曰"致"曰"行"，其间大有事在，亟须着眼领取，否则只是空言，仍与自己身心了无干涉也。思之。别示德相竟。

[1]《佛学大词典》：做出认识、评价的主观智能（智）与当做认识、评价对象而予客观观察的世界（境）为一体不二之意。十界互具、一念三千的境与智能，表面上虽为二者（境智而二），但当究尽万法之体的智能显现时，则为境智不二。佛是主体的智能，与客体的境为不二。　[2] 隆杀：犹尊卑、厚薄、高下。　[3] 衰绖（cuī dié）：丧服。古人丧服胸前当心处缀有长六寸、广四寸的麻布，名衰，因名此衣为衰；围在头上的散麻绳为首绖，缠在腰间的为腰绖。衰、绖是丧服的主要部分。

附语

管子曰："止怒莫如诗。"此语甚好。

《素问》言"思胜怒"，此言"思"即谓志也。《诗》教温柔敦厚，故可以消忿懥暴戾之气。

杂而妄非志，喭[1]而野非诗。无节者不能以义制事，好恶恒偏而不得其正；不和者不能以仁存心，忧乐常过而不得其平。

[1] 喭（yàn）：《论语》："由也喭。"《朱注》："喭，粗俗也。"

《仲尼燕居》曰："礼也者，理也；乐也者，节也。君子无理不动，无节不作。不能诗，于礼缪；不能乐，于礼素；薄于德，于礼虚。"又曰："达于礼而不达于乐，谓之素；达于乐而不达于礼，谓之偏。"

此心常存，体自湛寂。湛寂之相，乃其本然，唯寂始感。常人习静以求寂者，非真寂也。永嘉谓之"无记寂寂非"[1]。

《泰和宜山会语》《复性书院讲录》注

[1] 意为禅是静中有觉、觉中有静的，无觉知的寂静并不是禅。语出《永嘉禅宗集》："惺惺寂寂是，无记寂寂非；寂寂惺惺是，乱想惺惺非。""无记"与"惺惺"相对，意为昏昧。

感者即常惺惺也。"感而遂通天下之故"，其感自发，故强名曰"来"，不待物来而始感也。

"无所从来，亦无所去"，即显常住之义。

《涅槃》有三兽渡河喻：兔浮水面，马才没身，象直到底[1]。谓彻法源底，犹俗言步步踏着也。此明水无深浅而足有长短，譬法无高下，但智有明昧耳。

[1]《涅槃经》二十三曰："譬如有河，第一香象不能得底，则名为大。声闻、缘觉至十住菩萨不见佛性，名为涅槃，非大涅槃。若能了了见于佛性，则得名为大涅槃也。是大涅槃唯象王能尽其底。大象王者，谓诸佛也。"同经二十七曰："二乘之人虽观因缘，犹不得名为佛性。（中略）又未能渡十二因缘河犹如兔马。何以故？不见佛性故。"《优婆塞戒经·三种菩提品》："善男子，如恒河水，三兽俱渡，兔、马、香象。兔不至底，浮水而过；马或至底，或不至底；象则尽底。恒河水者，即是十二因缘河也。声闻渡时，犹如彼兔；缘觉渡时，犹如彼马；如来渡时，犹如香象，是故如来得名为佛。声闻、缘觉虽断烦恼，不断习气。如来能拔一切烦恼习气根原，故名为佛。"

洞山禅往往说"高高山顶立，深深海底行"，乃明般若、沤和[1]之无二，别是一义。

[1] 沤和：佛学术语，又作"沤和俱舍罗"或"伛和拘舍罗"。译曰"方便胜智""善巧方便"或"方便善巧"。

志不立只是无主，立则有主也。

驳是昏浊，醇是清明。

气志如一者，书家有笔到意到之说，可举以为喻。

以志帅气，即以德摄行；全气是理，即全行是德，更无有二。

《坤》六五："黄裳，元吉。"象曰："文在中也。"黄，中色。裳，下服。"文在中也"是志正，裳服于外是气从；"黄中通理"是志至，"正位君体"是气顺也。

根心是志,睟面、盎背是气。志至则气至,诗至则礼乐皆至。

佛氏言学普贤行者不动步而到。投子问赵州:"大死底人复活时如何?"曰:"不许夜行,投明须到。"[1]皆此义也。

[1] "投子问赵州"应该是"赵州问投子",盖著者记忆有误。《五灯会元》卷五:"一日赵州和尚至桐城县,师(投子大同禅师)亦出山,途中相遇,乃逆而问曰:'莫是投子山主么?'师曰:'茶盐钱布施我。'州先归庵中坐。师后携一瓶油归。州曰:'久向投子,及乎到来,只见个卖油翁。'师曰:'汝只识卖油翁,且不识投子。'州曰:'如何是投子?'师提起油瓶曰:'油!油!'州问:'大死底人,却活时如何?'师曰:'不许夜行,投明须到。'州曰:'我早侯白,伊更侯黑。'""我早侯白,伊更侯黑"是一句闽谚。意思是:"我原来是想去赚他的,想不到结果却被他赚了。"侯白、侯黑是秦观《二侯说》里虚构的两个人名。

《洪范》"皇极"曰:"无偏无陂,遵王之义;无有作好,遵王之道;无有作恶,遵王之路。无偏无党,王道荡荡;无党无偏,王道便便;无反无侧,王道正直。"此极言外王与内圣相应。所谓"会其有极,归其有极",极即圣德之极至也。

《诗》:"周道如砥,其直如矢。君子所履,小人所视。"此以道路为喻,周道即王道也。

"夙夜基命宥密",见《周颂·昊天有成命》。《小序》:"郊祀天地也。""《昊天有成命》,二后受之,成王不敢康,夙夜基命宥密。"乃颂成王之德之诗。"威仪逮逮,不可选也",见《邶风·柏舟》。《小序》:"仁而不遇也。卫顷公之时,仁人不遇,小人在侧。""凡民有丧,匍匐救之",见《邶风·谷风》。《小序》:"刺夫妇失道也。"乃弃妇之词。《柏舟》诗上文:"我心匪石,不可转也;我心匪席,不可卷也。"下章云:"忧心悄悄,愠于群小。覯闵既多,受侮不少。"《谷风》首章云:"习习谷风,以阴以雨。黾勉同心,不宜有怒。"次章云:"谁谓荼苦,其甘如荠。宴尔新昏,如兄如弟。"明为弃妇词,此见引诗不必用本义。朱子《集传》云:"棣棣,富而闲习之貌。选,简择也。"《谷风》本章云:"就其深矣,方之舟之;就其浅矣,泳之游之,何有何无,黾勉求之;凡民有丧,匍匐救之。"本为

363

怨词，此乃断章取义。

蓝田吕氏谓："'无声之乐'是和之至，'无体之礼'是敬之至，'无服之丧'是哀之至。"实则"三无"俱是和之至。

"他人有心，予忖度之"，是"体之于仁"意；"民之秉彝，好是懿德"，是"以仁为体"意；"不识不知，顺帝之则"，"昊天曰明，及尔出王。昊天曰旦，及尔游衍"，乃是"全体是仁"。

智是知得彻，圣是行得彻。圣与王相对，则王主行；智与圣相对，则圣主行。穷神是智，知化是圣。神主一心，化妙万物。

朱子曰："周之初兴时，'周原朊朊，堇荼如饴'[1]《大雅·绵》。苦的物也甜。及其衰也，'牂羊坟首，三星在（留）〔罶〕'[2]。人可以食，鲜可以饱'《小雅·苕之华》，直恁地萧索。"

[1] 周：地名，在岐山之南。原：宽广平坦的土地。朊朊（wǔ wǔ）：肥美的样子。堇：多年生草本植物。荼：一种苦菜。饴：糖浆。 [2] 牂（zāng）羊：母羊。坟首：头大。三星：泛指星光。罶（liǔ）：捕鱼的竹器。底本误作"留"，今据《诗经·小雅·苕之华》原文订正。这两句诗的意思是：母羊因饥饿而瘦得只剩下大脑袋，鱼篓中没有鱼，只有水映着星光。

三、明德用　文有二重问答

子夏曰："言则大矣，美矣，盛矣！言尽于此而已矣乎？"

初问叹前起后。叹辞有三："大"叹其周遍也，"美"叹其微妙也，"盛"叹其富有也。叹义有二，一隐一显：显者叹能诠之圣言，隐者叹所诠之德相。言既无尽，德亦无尽，故特申未尽之疑以起圣人无尽之教也。

孔子曰："何为其然也？君子之服也，犹有五起焉。"

初答明前言乃示其德相之胜，犹未显其力用之神。今就三无心行内蕴，则有五起大用外发，故当次说五起，以显其用也。"服"犹"用"也，"起"即"兴"也。自心起用，其验昭然，德被于人，亦令兴起有此五种次第也。

子夏曰："何如？"

再问其目。

孔子曰："无声之乐，气志不违；无体之礼，威仪迟迟；无服之丧，内恕孔悲。无声之乐，气志既得；无体之礼，威仪翼翼；无服之丧，施及四国。无声之乐，气志既从；无体之礼，上下和同；无服之丧，以畜万邦。无声之乐，日闻四方；无体之礼，日就月将；无服之丧，纯德孔明。无声之乐，气志既起；无体之礼，施及四海；无服之丧，施于孙子。"

申答五起之目。文有五重，皆就三无之验为说，前后相望，展转增胜。明气志合一，则发于威仪动作者无不中礼，其及于民物者无不尽道也。三无之中，以无声之乐为本。有无声之乐，然后有无体之礼、无服之丧。亦犹五至中以志为本，必先志至，而后诗至，礼乐皆至也。今言其验，亦从微以至著，由近以及远，从勉以至安。始于"克己复礼"之功，终于"天下归仁"之效。"起"之为言从体起用也。本体既显，则大用繁兴，真照无边，应缘不碍。比之橐籥[1]，虚而不屈，动而愈出；亦如月影，遍印千江。佛氏谓之"法身无相，应感即形；般若无知，对缘而照"。在《诗》则谓"如月之恒，如日之升，如南山之寿，不骞不崩"。在《易》则谓"天地解而雷雨作，雷雨作而百谷草木皆甲坼"，"云从龙，风从虎，圣人作而万物睹"。以此言"起"，方足以见其用之大。今就因地言，故有五重渐次也。庆源辅氏曰："'气志不违'，则'持其志，无暴其气'矣；'气志既得'，则'志帅气，而气充乎体'矣；'气志既从'，则'养而无害'；'日闻四方'，则'塞乎天地之间'矣；'气志既起'，则'配义与道'，合乎冲漠之气象矣。'威仪迟迟'，则闲习而不迫也；'威仪翼翼'，则敏给而不惰也；'上下和同'，则效乃见于外；'日就月将'，则理益进于中；'施及四海'，则四达而不悖矣。'内恕孔悲'，则恻隐之生于心也；'施及四国'，则仁心之达于外也；'以畜万邦'，则达于外者益广而有以成物矣；'纯德孔明'，则存于内者益大而充实光辉矣；'施于孙子'，则纯亦不已，万古一息而不可以限量言矣。历是五起，方知咏歌，其诗虽可以识三无之体，然服而行之，则其次第兴起有此五者，乃可以尽其用也。"学者须知：威仪者，气志之应也；悲恕者，气志之施也。动于四体者无不从，斯达于天下者无不顺，凡所以加民及远者皆气志之为也。不可以色庄[2]为威仪，不可以煦煦孑孑[3]为悲恕。志不专直则伪也，气不刚大则馁也。私则气小，妄则志邪，不胜其私妄则气与志违。气志不一，而欲证本体之纯全，发自心之大用，必不可得也。故已明性德之相，更知力用之所由生在于气志合一，则于持志养气之道亦可以思过半矣。历五起而后极乎兴，此《诗》教之实义也。以上明德用竟。

[1] 橐籥（tuó yuè）：古代冶炼时用来鼓风吹火的装置。现在称为风箱。[2] 色庄：面色庄重而严肃。《论语·先进》："论笃是与，君子者乎？色庄者乎？" [3] 煦煦孑孑（xù xù jié jié）：谓小仁小义。语本韩愈《原道》："煦煦为仁，孑孑为义。"

广三无

三无之义，不独《诗》教重之，征之群经，所示事义相应者不可胜举。今举其近而易知者，如："三月不违仁"，"不改其乐"，无声之乐也；"出门如见大宾，使民如承大祭"，无体之礼也；"颜渊死，子哭之恸"，无服之丧也。"发愤忘食，乐以忘忧，不知老之将至"，无声之乐也；"乡党，恂恂如也"，"燕居，申申、夭夭如也"，无体之礼也；"见齐衰者"，"虽少，必作；过之，必趋"，无服之丧也。"耳顺""从心"，无声之乐也；"望之俨然，即之也温，听其言也厉"，无体之礼也；脱骖于"旧馆人之丧"，"遇于一哀而出涕"，无服之丧也。"默而成之，不言而信"，无声之乐也；"周旋中规，折旋中矩"，"声为律，身为度"，无体之礼也；"邻有丧，舂不相；里有殡，不巷歌"，乃至"敝帷不弃，为埋马也；敝盖不弃，为埋狗也"[1]，亦无服之丧也。古有处灾变之礼，如老子言"战胜以丧礼处之"。《曲礼》："士去国，逾竟，为坛位，向国而哭，素衣、素裳、素冠，彻缘，鞮屦，素簚，乘髦马，不蚤鬋"[2]，"岁凶，年谷不登，君膳不祭肺，马不食谷，驰道不除，祭事不悬，大夫不食粱，士饮酒不乐"[3]，此亦无服之丧也。学者以是推之，当知圣贤日用之间无往而非"三无"。其所存者纯是至诚恻怛，其感于物也莫非天理之流行。故曰："无终食之间违仁，造次必于是，颠沛必于是。"人心无私欲障蔽时，心体炯然，此理自然显现。如是方为识仁，乃《诗》教之所从出也。

[1]《礼记·檀弓下》："仲尼之畜狗死，使子贡埋之，曰：'吾闻之也，敝帷不弃，为埋马也；敝盖不弃，为埋狗也。'"　　[2] 鞮屦（dī jù）：用皮革制成的鞋子。簚（mì）：古代车前横木上的覆盖物。髦（máo）马：鬃毛不加修剪的马；足四节都长毛的马。鬋（jiǎn）：（妇女的）鬓发；剪断。古通"剪"。　　[3] 郑玄注："礼食杀牲则祭先，有虞氏以首，夏后氏以心，殷人以肝，周人以肺。不祭肺，则不杀也。"祭事不悬：祭祀时不奏乐。

辨气志

孟子尤长于《诗》《书》，故其发明心要，语最亲切，令人易于省发。深于《诗》者方见孟子之言《诗》教之言也。"公孙丑问不动心"一章，其辨气志实与此篇之旨相发。如曰："志，气之帅也；气，体之充也。"此即横渠所谓"天地之塞吾其体，天地之帅吾其性"。"志至焉，气次焉"，"持其志，无暴其气"，此言内外交养，不可偏废。志正而气自完，气完而志益正，乃无一息之不存也。公孙丑不喻，乃告之曰："志壹则动气，气壹则动志。今夫蹶者趋者，是气也，而反动其心。"此所以言威仪定命[1]。礼也者，"〔固人之〕肌肤之会、筋骸之束也"[2]。庄子言"奔车之（下）〔上〕无仲尼，覆舟之下无伯夷"[3]，此亦"蹶者趋者"之类也。如人平时安然无事尚能宁静，及遇仓卒急剧之际则皇然无所主，即气动其志也。动亦定，静亦定，然后气从，斯能夷险如一，其志不复能夺矣。气之充沛者，虽其本然，亦须养而无失，故孟子曰："我善养吾浩然之气。"此其体段本为难言，及为公孙丑尽力道出，则曰："其为气也，至大至刚，以直养而无害，则塞于天地之间。"朱子曰："至大初无限量，至刚不可曲挠，盖天地之正气而人得以生者，其体段本如是。惟其自反而缩，则得其所养而又无所作为以害之，则其本体不亏而充塞无间矣。"程子曰："天人一也，更（无）〔不〕分别，浩然之气乃吾气也。养而无害，则塞乎天地，一为私意所蔽，则欿然而馁，（知）〔却〕其小也。"学者合程、朱之言观之可矣，但须着眼"直"字。又曰："其为气也。配义与道；无是，馁也。"此即明气志合一之义。朱子言："人能养成此气，则其气合乎道义而为之助，使其行之勇决，无所疑惮。若无此气，则其一时所为虽未必不出于道义，然其体有所不充，则不免于疑惧，而不足以有为矣。"故又曰："是集义所生〔者〕，非义袭而取之也。行有不慊于心，则馁矣。"朱子曰："言其养之之始，乃由事皆合义，自反常直，是以无所愧怍，而此气自然发生于中，非由只行一事偶合于义，便可掩袭于外而得之。""所行一有不合于义，而自反不直，则不足于心而其体有所不充矣。"此其义已甚明，故具引之，不必更为之说。但学者当知：此志未至，则心不专直，其气自小而馁，不能与天地之气合，即不能"与天地合其德"。言气志合一者，乃谓此专直之心既全是天理，则吾身之气即浩然之气。全气是理，全人即天，故曰合一也。"五至"[4]始言"志至"，是专以体言；"五起"合言"气志"，是兼以用言。体用一原，显微无间。气志合一，即天人不二也。颜渊问仁，既曰"克己复礼"矣，何以又请问其目？须知"四勿"[5]者，亦即气志合一之旨也。

[1] 威仪定命：意思是威仪能决定一个人的命运。《左传·成公十二年》："是以有动作、礼义、威仪之则以定命也。能者养以之福，不能者败以取祸。"《马一浮集》和《马一浮全集》此处断句皆误。　[2]《礼记·礼运》："礼义也者，人之大端也，所以讲信修睦而固人之肌肤之会、筋骸之束也。"《马

一浮集》和《马一浮全集》此处断句及标点符号皆错。今据《左传》和《礼记》订正。　[3]《韩非子·安危》云："奔车之上无仲尼，覆舟之下无伯夷。"大意是，疾驰的车上，连孔子也不能保持平衡；船翻了的时候，连伯夷也保持不了清高。著者谓"庄子言"，盖记忆有误。且"奔车之上"误记成"奔车之下"。　[4] 五至：《马一浮集》和《马一浮全集》均作"五志"，当是音近而误。今据上下文义改。　[5] 四勿：即"四毋"。《论语·子罕》："子绝四：毋意，毋必，毋固，毋我。"意思是，孔子平日绝无四种心：一无主观臆测心，二无绝对肯定心，三无固执心，四无自我心。

又学者须知"志"与"意"之别。朱子曰："志者，心之所之，是一直去底。意是那谋为营度往来底。"所以横渠云："志公而意私。"又曰："志是公然主张要做底事，意是私地潜行间发处。"《语类》卷五。沈僴、黄升卿录。今人往往误以作意为立志，此实天壤悬隔。志立则不可以夺，意则游移不定，此亦公私小大之辨，切须自己勘验。

孟子曰："待文王而后兴者，凡民也。若夫豪杰之士，虽无文王犹兴。"孟子教人，处处使人感动奋发，此即《诗》教也。朱子言："降衷秉彝，人所同具，唯上智之资无物欲之蔽，为能无待于教而自然感发以有为。"今说"五起"，"起"即兴起之义。如闻《诗》教而不能兴起者，只是蔽于私欲而志不立。愿学者深观孟子之言，其必能知所当务矣。

附语

郑注"不违"，谓"民不违君之气志"。按，《缁衣》引子曰："民以君为心，君以民为体。心庄则体舒，心肃则容敬。心好之，身必安之；君好之，民必欲之。心以体全，亦以体伤；君以民存，亦以民亡。"此以心、体喻君、民。体是四体。其实君、民即志、气也。"君以民存，亦以民亡"，犹曰"志一则动气，气一则动志"也。下引《诗》云："昔吾有先正，其言明且清，国家以宁，都邑以成，庶民以生。谁能秉国成，不自为正，卒

《泰和宜山会语》《复性书院讲录》注

劳百姓。"今《小雅·节南山》只"谁秉国成"三句，无"能"字。而无上五句，盖佚之。庄子言"民犹水也，水能载舟，亦能覆舟"[1]，亦是以水喻气。

[1] 此言乃苏轼所说，非庄子所说。盖著者记忆有误。

《小雅·天保》第六章："如月之恒，如日之升，如南山之寿，不骞不崩；如松柏之茂，无不尔或承。"《小序》言："君能下下以成其政，臣能归美以报其上。"故《诗》皆称其君多福禄之辞。故曰"《天保》以上治内，《采薇》以下治外"，《天保》废则福禄缺矣。凡《诗》言福禄，犹《易》言富贵，皆主自他受用而言。

佛氏言，如人从地而倒，亦从地而起，起倒在人，即指志也。

中土神仙家之术只了得气边事，全不知持志。彼能治一身之气矣，然终是私小，不能与浩然之气为一。在彼亦自公然说是盗天地之气，盗得此气，私之于己，岂能与天地合德也？故只较常人为胜，能把持此气。常人则是被他牵引，全不能自作主张，故气常昏扰，致令其心散乱。其有欲把持者，害必至横决，如火药遇激荡则成炸，炸后则其气亦消失无余矣。

人形体之气有盛衰，而其配义与道者一完则不复缺，如佛氏谓如矿销金，不重为矿。

朱子曰：知言者尽心知性，于凡天下之言，无不有以究极其理而识其是非得失之所以然也。气即体之充者，本自浩然，失养故馁。惟孟子为能善养之，以复其初也。盖惟知言则有以明夫道义，而于天下之事无所疑；养气则有以配夫道义，而于天下之事无所惧。此其所以当大任而不动心也。

气之为病，不出盈歉二端：盈则骄，歉则吝。二者亦互为因藉，盈则有歉，骄则必吝也。如人小有才，则谓人莫己若，务求胜人，鲜有不躁妄者。躁妄之极，则变为消沮。今人谓之颓放，古人则谓之惰慢之气。惰慢亦相因也。其欲矫为不惰慢者，又成暴戾，以多欲为刚，以阉然媚于世为和。此皆不可救药之病。只是志不立，又欲袭取道义，道义云何任汝袭

370

取？此所谓蒸沙不能成饭也。

《大学》"小人闲居为不善"一章，形容自欺之心态甚详。此佛氏所谓偷心也。直即近诚，欺则是偷。"则何益矣"，甚言其不可匿也。凡人往往装点门面，自掩其短，不肯自承阙失，此最不可救药，是终身安于自欺也。

佛氏亦言"直心是道场"，"十方如来，同一道故，出离生死，皆以直心。心言直故，如是乃至终始地位，中间永无诸委曲相"[1]。

[1] 《马一浮集》和《马一浮全集》此段断句及标点符号多误，今据《楞严经》原文订正。

四、叹德化　文有二重问答，初答叹德本，再答示化理。

子夏曰："三王之德参于天地，敢问何如斯可谓参于天地矣？"

前问"民之父母"是举因，今问"参于天地"是叹果。已明德相之大，极于三无；德用之大，极于五起：具此德者，三王其人也。君子是因地之目，三王则是果地之号。约因以该果，当推其功化之极，故别起"参于天地"之问也。不言功而言化者，功犹指其业用之著，化则唯称感应之神，所谓不言之教、无功之功，更无粗迹可寻，泯然无相，斯之谓化。欲形此化，唯"参于天地"一言乃可以尽之。此语虽不见于《诗》而实有其义，当是彼时赞叹三王德化恒用之言，故子夏复举以为问也。

孔子曰："奉三无私以劳天下。"

初答揭三无私以明德化之本。奉者，持行不失之谓。劳者，尽力无余之称。无私者，浑然与物同体，"无有作好"，"无有作恶"，不遗一物，不滞一物者也。《说文》："自营为私，背私为公。"朱子曰："才有一毫图便安处便是私。"其实才有一毫取著，才有一毫执吝，皆是私也。此以无私显仁，仁者无私，有私便堕不仁。所谓参天地者，别无他道，天地亦只是个无私而已。"天地无心而成化，圣人有心而无为。"[1] 无为者，无所为而为，非不为也。为之而无私，斯曰无为也。仁之为德，持之在己曰奉，被于物则曰劳。《易·井》之象曰："君子以劳民劝相。"《论语》：子路问政，子曰："先之劳之。"又曰："爱之能勿劳乎？"孟子引尧之言曰："劳之来之，匡之翼之。"[2] 庄子引墨者之言曰："禹，大圣也，而形劳天下也如此。"皆善明"劳"义者。子夏所问是果，孔子所答乃是果中之因。明德化之成，非可坐致，为其秉此无私之心以勤劳天下，乃获致之，此是其本也。

[1] 语出程颐《程氏经说》卷一。　[2] 原文是"劳之来之，匡之直之，辅之翼之"，著者记忆有误。

子夏曰："敢问何谓三无私？"

再问其目，此下答示化理。文分六：一、正答三无私。二、引《诗》证成，别叹汤德。三、别显无言之教，复分二：一明天地无私，二明圣人无私。四、引《诗》证成，别叹文、武之德。五、总叹三代之德。六、别叹太王之德。

孔子曰："天无私覆，地无私载，日月无私照。奉斯三者以劳天下，此之谓三无私。"

正答三无私，以天地日月为喻，总示无私之相。如夏屋之庇[1]人，艅艎[2]之任重，镫[3]炬之烛幽，纵极其至，皆有所限，此常人之心智也。唯天则无所不覆，地则无所不载，日月则无所不照，圣人之心智也。此私与无私之辨。其力用之小大悬殊，譬喻所不能及，故圣人分上事，非至己私纤毫俱尽，决不能梦见。圣人特就现前最易知者举以示人，人之用心有能函盖一切、负荷一切、鉴照一切而绝去偏倚、无所执碍者，庶有少分相应矣。以下引《诗》证成。

[1] 庇（bì）：古通"庇"，遮蔽，掩护。　[2] 艅艎（yú huáng）：吴王大舰名，后泛指大船、大型战舰。　[3] 镫（dēng）：古代照明的器具，也作"灯"。

"其在《诗》曰：'帝命不违，至于汤齐。汤降不迟，圣敬日跻。昭假迟迟，上帝是（祇）〔祗〕。帝命式于九围。'是汤之德也。"

《诗·商颂·长发》之三章。未称禹者，夏诗已佚，无可征引。《诗谱序》曰有夏"篇章泯弃，靡有孑遗"，亦犹"夏礼"，"杞不足征也"。此别叹汤德。郑注云"是汤奉天无私之德"，是也。《诗》义当依朱子《集传》，谓："商之先祖，既有明德，天命未尝去之，以至于汤。汤之生也，应期而降，适当其时，其圣敬又日跻升，以至昭假[1]于天，久而不息，惟上帝是敬。故帝命之，使为法于九州也。"凡《诗》《书》之言"帝""天"，皆表性德。此《诗》所言"天命""帝命"，非谓如人谆谆命之，乃谓其理应尔。"圣敬"者，恭默之存。"昭假"者，自然之验。"式于九围"者，勤民之功。汤德如是，为无私也。

[1] 昭假：向神祷告，昭示其诚敬之心以达于神。一说"招请"。

"天有四时，春秋冬夏，风雨霜露，无非教也。地载神气，神气风霆，风霆流形，庶物露生，无非教也。"

此别显无言之教，正明天地之无私。王者奉承此德，同于天地，乃臻化理。自其生成长养言之，则谓之化；自其法象则效[1]言之，则谓之教。既秉无私之德，则其喜怒哀乐变化云为，亦犹"风雨霜露"之施也；其视听言貌出处语默，亦犹"神气风霆"之动也。《易·系》曰"精气为物"，此言"地载神气"者何？就其凝成不杂言，则谓之精；就其流行不测言，则谓之神。《说卦传》曰："神也者，妙万物而为言者也。动万物者，莫疾乎雷；挠万物者，莫疾乎风；燥万物者，莫熯[2]乎火；说[3]万物者，莫说乎泽；润万物者，莫润乎水；终万物、始万物者，莫盛乎艮。故水火相逮，雷风不相悖，山泽通气，然后能变化，既成万物也。"二气摩荡，先有雷风，继有水火，继有山泽，故曰："风霆流形，庶物露生"也。一故神，二故化[4]，"知变化之道者，其知神之所为乎？"穷神知化，德之盛也。人心至神，万化之所从出也。"与天地合其德"，斯不言而自化，无为而自成，非义精仁熟不足以语于此。学者默而识之，久久当有实悟，今不须多为之说也。

[1] 法象：动宾词组，意思是取法于天象。则效：也是动宾词组，取法于效果。 [2] 熯（hàn）：干燥，热。 [3] 说（yuè）：同"悦"。 [4] 盖本《张载集·正蒙·参两篇》"一故神""两故化"而来。《参两篇》说："一太极两仪而象之，性也；一物两体，气也。一故神，两在故不测。两故化，推行于一。"

"清明在躬，气志如神。嗜欲将至，有开必先。天降时雨，山川出云。"

此更明圣人之无私，所以与天地参也。清者不杂，以气言；明者不昧，以理言。气志既一，则不杂不昧，"所存者神，所过者化"[1]，故曰"如神"。如者，不异之谓也。圣人所同于人者形体，所异于人者神明。常人气杂而志昧，圣人则气清而志明，故一瞬而一通。通则神，瞬则碍。神者周圆而无滞，碍者蔽塞而无感也。言"嗜欲将至，有开必先"者，嗜欲者，气之动也，犹言几也，不定是恶。开亦动也。观于未发，止于未萌，善必先知之，不善必先知之，在"冲漠无朕"之时，见机用无穷之妙，不由施设，不假安排，遇物逢缘，自然而应，乃所谓神矣。"天降时雨，山川出云"者，喻其泽物之功，如翁勃乍兴，雾霈斯集，所谓"云行雨施，天下平也"。其要只在"清明在躬，气志如神"二语。此三无、五起果上之德相，唯证能知，学者识之。

[1] 语出《荀子·尧问篇》："所存者神，所过者化，观其善行，孔子弗过。"《孟子·尽心章句上》："夫君子所过者化，所存者神，上下与天地同流。"两处句序相反。

"其在《诗》曰：'嵩高维岳，峻极于天。维岳降神，生甫及申。惟申及甫，为周之翰。四国于蕃，四方于宣。'此文、武之德也。"

此引《诗》证成"气志如神"则大用繁兴之义，别叹文、武无私之德。"维岳降神"，犹"山川出云"也。虎啸而风生，龙兴而云起，物理感应，自然之符，故圣主必得贤臣，犹大山必生良木，主德昭明，则众才自附也。《诗·大雅·崧高》之首章。末章明言"吉甫作诵……以赠申伯"，[1]本宣王时诗，而引以叹文、武之德。此见圣人引《诗》，贵取其义足以相发，而其事乃在所略。郑氏谓"取类以明之"是也。朱子以申伯之先为"唐虞四岳，总领方岳诸侯，而奉岳〔神〕之祭，能修其职"，"故此诗推本申伯之所以生，以为岳（之）降神〔而〕为之〔也〕"。"言岳山高大而降其神灵，和气以生甫侯、申伯，实能为周之桢干屏蔽，而宣其德泽于天下也。"若谓文、武之佐，当称太公、周公，何取于宣王时之申、甫？以此知引此诗者，唯取感应之义耳。不然则"思皇多士，生此王国"，"济济多士，文王以宁"，可引者多矣。《泰誓》曰："受[2]有臣亿万，唯亿万心；予有臣三千，唯一心。"唯私故亿万心，唯无私故一心也。无私则一，一故能感。"天地变化，草木蕃。天地闭，贤人隐"，皆此气志为之。此圣人吃紧为人处，切须着眼。

[1] 从"首章"至此，《马一浮集》和《马一浮全集》断句皆有误。今据《崧高》原文订正。 [2] 受：即纣，指商纣王。

"三代之王也，必先其令闻。《诗》云：'明明天子，令闻不已。'三代之德也。"

此总叹三王之德，亦显不言之教。"奏假无言，时靡有争"，"不显惟德，百辟其刑之"，"予怀明德，不大声以色"，皆谓不言而信，令闻自宣。孟子曰"仁言不如仁声之入人深也"，引《诗·大雅·江汉》之篇，亦宣王时诗。夫仁声入人，不言自信，以其无私也。若乃"有言不信,尚口乃穷",则其去三代之德亦远矣。

"'弛其文德,协此四国',大王之德也。"

此别叹太王之德。明王者积德累仁,世济其美,然后令闻不已,民自归之也。诗亦《江汉》之篇,非为太王而作,特连类以及之。太王避狄居岐,以启王业,为其无私也。"文德"者,条理著见之称。蕴之则为玄德,敷之则为文德。在《诗》则为"无邪"之思,在《易》则为"无妄"之实。三王之德如是,一切圣人之德亦如是。所以为民父母而参天地者,全在于是。《诗》教主仁,观于是篇益信矣。

子夏蹶然而起,负墙而立,曰:"弟子敢不承乎?"

结文可知此是圣门问答轨范,实能领会深旨,不同卤莽承当也。

附语

《经解》曰:"天子者,与天地参,故德配天地,兼利万物,与日月并明,明照四海而不遗微小。其在朝廷则道仁圣礼义之序,燕处则听《雅》《颂》之音,行步则有环佩之声,升车则有和鸾之音,居处有礼,进退有度,百官得其宜,万事得其序。《诗》云:'淑人君子,其仪不忒;其仪不忒,正是四国。'此之谓也。"

老子曰:"圣人无私,所以成其私。"则是以无私为私也。若见有可私,焉能无私?仁者浑然与物同体,不见有可私者,换言之,是不见有物与之为对也。禅家法眼宗却深明此旨。天台韶在法眼坐下,有僧问:"十二时中如何得顿息众缘去?"法眼曰:"空与汝为缘邪?色与汝为缘邪?言空为缘,则空本无缘;言色为缘,则色心不二。日用中果何物与汝为缘乎?"韶闻言有省。又有问者曰:"如何是曹源一滴水?"法眼曰:"是曹源一滴水。"韶于是大悟,平生疑滞涣然冰释。

贾生曰:"贪夫徇财,烈士徇名,夸者死权,众庶冯生。"贪夫以财为可私,烈士以名为可私,夸者以权为可私,众庶以生为可私,世间妄执亦不出此四种。彼亦未尝不劳,然非劳天下也,劳其生也。

《通书》"问学圣人有要乎"一章,即显无私。无欲即无私也。"明通公溥"字道得出无私之实相。

佛氏有空、无相、无作三三昧，近于无私。私缘于有取，无相则无取，无作则无取，不取诸尘，不取功德相，然后能无私。

圆悟勤曰："日月运行太虚，未尝暂止，不道我有许多名相。天普盖，地普擎，长养万物，亦不道我有许多功行。得道之人亦复如是。于无功用中施功用，一切违顺境界皆以慈心摄受。"勤虽禅师，此言却与"三无私"相应。其曰"慈心摄受"，即"劳天下"之义也。又"出息不涉众缘，入息不居阴界"[1]，近于无声之乐，乃无私之本也。

[1]《从容录》第三则（大四八·二二九上）："王问曰：'何不看经？'祖云：'贫道入息不居阴界，出息不涉众缘；常转如是经，百千万亿卷。'"入息：吸气。阴界：指色、受、想、行、识五蕴境界。吸气看上去好像是身体上的事，但因心不执着五蕴境界，反而像不在五蕴境界中居留。出息：呼气。呼气，本是向外之动作，然谓"不涉众缘"，则因纵使向外呼气，然亦不迷于外在对境之事物，意味身处千姿万态之现象世界中，然任运自在，不为所动。

以四大言之，雷风是动相，水是湿相，火是暖相，土是坚相，即艮象也。

《说文》："神，天神，引出万物者也。""天，从一大。""祇，地祇，提出万物者也。""二，地之数也。""土，地之吐生万物者也。二象地之上、地之中。丨，物出形也。""地，元气初分，轻清阳为天，重浊阴为地，万物所陈列也。""神者，伸也。"化，古文从倒"人"〔匕〕。气不能有申而无屈，故"一阖一辟之谓变，往来不穷之谓通"，所以成变化而行鬼神也。

程子曰："抱得不哭底孩儿有甚么用？"禅师家曰："死水不藏龙。"又曰："莫守寒岩异草青，坐断白云宗不妙。"胡文定有颂云："手握《乾》《坤》杀活机，纵横施设在临时，满堂兔马非龙象，大用堂堂总不知。"大机大用，非过量人不可。所谓过量人者，其真过量哉？气志如神而已。

佛经云："转轮圣王[1]，王四天下，福德所感，七宝自然而至。"七宝皆是譬喻，唯臣宝最胜，此谓有主必有伴，如如来出世，必有文殊、普贤辅化，如来即表自心之全德，文殊、普贤则是表知行，此与"惟岳降神，生甫及申"同义。

　　[1] 转轮圣王：古印度神话中的圣王，因手持轮宝而得名，轮分金、银、铜、铁四种。持金轮宝的称金轮王，统领四大洲；持银轮宝的称银轮王，统领东、西、南三洲；持铜轮宝的称铜轮王，领有东、南二洲；持铁轮宝的称铁轮王，领有南阎浮提洲。他们都拥有七宝，以正法治天下。

　　令闻，是百姓归之名，亦即是天下归其仁，非可以幸致[1]。如秦政[2]自己刻石颂德，王莽令人上符瑞[3]，则何益矣！彼欲自造令闻，而所得者恶名也。虽有孝子慈孙，百世不能改矣。

　　[1] 幸致：侥幸得到。　　[2] 秦政：盖指秦王嬴政。　　[3] 符瑞：吉祥的征兆，多指帝王受命的征兆。

　　孔子称尧"焕乎其有文章"，可见尧、舜事业在孔子便谓之文章。又曰："文王既没，文不在兹乎？""文"字义可知，非如今之所谓文。《书》称尧曰"文思安安"，舜曰"濬哲文明"，禹曰"文命敷于四海"，又舜之嗣尧，"受终于文祖"[1]，皆以文为言，思之。又《大禹谟》："三旬，苗民逆命……益赞于禹曰：'惟德动天，无远弗届。满招损，谦受益。时乃天道，帝初于历山，往于田，日号泣于旻天，于父母。负罪引慝，祗载见瞽瞍，夔夔斋栗，瞽亦允若，至（诚）〔祗〕感神，矧兹有苗。'禹拜昌言曰：'俞，班师振旅。'帝乃诞敷文德，舞干羽于两阶。七旬，有苗格。"[3]须知虞夏君臣所言"文德"者系何事，此非三代以下所能梦见。

　　[1]《尚书·舜典》："正月上日，受终于文祖。"孔颖达疏："受终者，尧为天子，于此事终而授与舜。故知终谓尧终帝位之事，终言尧终舜始也。"　　[2] 旬：十日。赞：佐。届：至。益以此义佐禹，欲其修德致远。舜初耕于历山之时，为父母所疾，日号泣于旻天及父母，克己自责，不责于人。慝：恶。载：事也。夔夔：悚惧之貌。诚：和。矧：况。至和感神，况有苗乎！"祗载"，《马一浮集》和《马一浮全集》都误作"祗载"；"祗"，《马一浮集》和《马一浮全集》都误作"诚"，盖形近而误。今据原文改正。　　[3] 昌：当也。以益言为当，故拜受而然之，遂还师。兵入曰振旅，言整众。干，楯。羽，翳也。皆舞者所执。修阐文教，舞文舞于宾主阶间，抑武事。

378

◎ **研读**

著者讲述《诗教绪论》，赞同皮锡瑞"诗说愈古者愈可信"之见，主张超越毛、郑、三家之异同，溯源至孔子、子夏，所以其说《诗经》大义，直接以《礼记·孔子闲居》一篇为源头圭臬。其论《诗》可谓拨云见日，正本清源，妙理动人。

《泰和宜山会语》《复性书院讲录》注

礼教绪论

◎解题

《礼教绪论》是著者继《诗教绪论》之后，专门讲授礼教大义的讲义。

序　说

六艺之教莫先于《诗》，莫急于《礼》。诗者，志也；礼者，履也。在心为志，发言为诗；在心为德，行之为礼。故敦诗说礼，即是蹈德履仁。君子以仁存心，以义制事。诗主于仁，感而后兴；礼主于义，以敬为本。《坤·文言》曰："敬以直内，义以方外，敬义立而德不孤。""思无邪"即是敬，"闲邪存其诚"。故"诗以道志"，亦即是"敬以直内"也。"克己复礼为仁"，而后视听言动皆顺乎理。故"礼以道行"，亦即是"义以方外"也。此谓"《诗》之所至，《礼》亦至焉"。所行必与所志相应，亦即所行必与所言相应也。"言而履之，礼也"，行其所言，然后其言信而非妄；"行而乐之，乐也"，乐其所志，然后行和而中节[1]。此谓"《礼》之所至，《乐》亦至焉"。故即《诗》即《礼》即《乐》。华严家有帝网珠之喻，谓交光相罗[2]，重重无尽，一一珠中遍含百千珠相，交参互入，不杂不坏。六艺之道亦复如是，故言《诗》则摄《礼》，言《礼》则摄《乐》，《乐》亦《诗》摄，《书》亦《礼》摄，《易》与《春秋》亦互相摄，如此总别不二，方名为通。

[1]　"言而履之，礼也""行而乐之，乐也"都是《仲尼燕居》的原文。《马一浮集》和《马一浮全集》此段断句及标点符号略有出入。今据查考原文

订正。中（zhòng）节：中，是合乎的意思；节，是节度、分寸的意思。中节，意思是言行合乎礼义法度，无过无不及。语出《中庸》："喜怒哀乐之未发，谓之中；发而皆中节，谓之和。"　[2] 帝网珠：又名"帝网天珠"。帝释天尊悬宝珠网以装饰宫殿，这些宝珠的光明互相辉映，一珠现一切珠影，一切珠尽现一珠之中，各各如是，重重影现。

已释《孔子闲居》，略明《诗》之大义。今特举《仲尼燕居》，以为《礼》之大义亦当求之于此。二篇在《戴记》中本相次[1]，郑《目录》并云"于《别录》为通论"，实则一说《诗》，一说《礼》也。然说《诗》必达于礼乐之原，说《礼》则约归于言行之要，寻文义较然可知。

　　[1] 相次：亦作"相伙"。依为次第、相继。

此篇大旨有四：一曰礼周流无不遍也；二曰礼所以制中也；三曰礼者即事之治也；四子张问政，子曰"君子明于礼乐，举而措之而已"，明舍礼乐无以为政也。问者三人，子张、子贡、言游。据《论语》，子游为武城宰，子至武城，闻弦歌之声，是子游之娴于礼乐可知。谓子贡曰："汝，器也。"曰："何器也？"曰："瑚琏也。"是以宗庙之器许子贡。《大戴礼·卫将军文子篇》，子贡对卫将军文子曰："业功不伐，贵位不善，不侮可侮，不佚可佚，不敖无告，是颛孙（氏）〔师〕之行也。"[1]引孔子曰："其不伐〔则犹〕可能也，其不弊百姓则仁也。"又曰："先成其虑，及事而用之，是言偃之行也。"引孔子曰："欲能则学，欲知则问，欲善则讯，欲给则豫，当是如偃也得之矣。"是子张、子游之行皆中于礼可知也。故语三子者以礼，以其皆当机，而子游"领恶全好"[2]一问，孔子深然之。《礼运》一篇，亦为子游所说。彼篇子游问曰："如此乎礼之急也？"孔子曰："夫礼，先王以承天之道，以治人之情。故失之者死，得之者生。《诗》曰：'相鼠有体，人而无礼！人而无礼，胡不遄[3]死？'

是故夫礼必本于天，殽于地，列于鬼神，达于丧祭、射乡、冠昏、朝聘。故圣人以礼示之，故天下国家可得而正也。"其言之剀切与此篇云"治国而无礼，譬犹瞽之无相"同旨。但《礼运》是广说，此篇则是约说耳。

[1] "不伐""不善"的意思都是不夸耀。"不敖无告"，意思是不傲慢对待可怜的人。无告：是有苦却没有可以诉说的亲人。颛孙师，底本作"颛孙氏"，今据《大戴礼记》原文改。颛孙师（前504年—？）：复姓"颛孙"，名"师"，字子张。春秋战国时期陈国人，"孔门十二哲"之一，受儒教祭祀。[2]《礼记·仲尼燕居》："敢问礼也者，领恶而全好者与？"郑玄注："领，犹治也。"孔颖达疏："治去恶事而留全善事。"陈澔《集说》引刘氏曰："领恶，犹克己也。视听言动，非礼则勿。所以克去己私之恶，而全天理之善也。" [3] 遄（chuán）：快，迅速。

据《史记》《汉书·儒林传》，汉初言《礼》者，鲁高堂生[1]传《士礼》十七篇，即今《仪礼》。《艺文志》曰："孝宣世，后苍[2]最明。戴德、戴圣、庆普皆其弟子，三家列于学官。《礼古经》者，（五十六篇）出于鲁淹中〔及孔氏〕，与十七篇文相似，多三十九篇。及《明堂阴阳》《王史氏记》〔所见〕，多天子诸侯卿大夫之制，虽不能备，犹瘉[3]仓等推《士礼》而致于天子之说。"《礼记·奔丧》正义曰："郑云逸礼者"，谓"鲁淹中（所）得古礼五十七篇。按《论衡》：宣帝时，河内女子坏老屋，又得佚礼一篇，合五十七。其十七篇与〔今〕《仪礼》〔正〕同，〔其〕余四十篇藏在秘府，谓之逸《礼》。其《投壶礼》亦此类也。"又《六艺论》云："今《礼》行于世者，戴德、戴圣之学也。""戴德传记八十五篇，则《大戴礼》是也。按，今仅存三十九篇。戴圣传记四十九篇，则此《礼记》是也。"此言《礼》者，皆指《仪礼》，二《戴记》中实并录逸《礼》，如《迁庙》《衅庙》《公冠》《投壶》《奔丧》诸篇是也。又郑注亦引烝尝礼、禘于太庙礼、朝贡礼、巡狩礼、中霤[4]礼、王居明堂礼。清儒谓郑氏不信逸

382

《礼》，亦误也。朱子亦以"古《礼》五十六篇，不知何时失之"为可惜。然《周官》经六篇，西汉诸师无得见者。《仪礼》但名《礼》，无"仪"字，不知何时所加。《周礼》本题《周官》，亦不曰《周礼》。《后汉书·儒林传》云："中兴，郑众传《周官经》，后马融作《周官传》，授郑玄。玄作《周官注》。玄本习《小戴礼》，指《仪礼》，非指《礼记》。后以古经校之，古经指逸《礼》，即所谓《礼古经》，与十七篇同者。取其义长者训，故为郑氏学。玄又注小戴所传《礼记》四十九篇，通为三《礼》焉。"《董钧传》盖自郑君书行，始有三《礼》之目。《礼器》云："经礼三百，曲礼三千。"《中庸》曰："礼仪三百，威仪三千。"此言三百、三千者，特言礼之具备盛美，非克指其条文也。言"经""曲"者，举其小大之节耳。郑君以《周官》三百六十当经礼之数，而以《仪礼》为曲礼，其言实误。后儒说《礼》者皆宗郑氏，莫之能易，唯《汉书》臣瓒[5]注不误。臣瓒曰："经礼三百，谓冠婚吉凶。《周礼》三百，是官名也。"朱子亦曰："礼篇三名，《礼器》为胜。诸儒之说，瓒、叶为长。"按：三名谓经、曲、威仪。叶，指叶梦得。盖官制自是礼中制度之目。礼包制度，官制又是制度之一耳。《仲尼燕居篇》云："以之朝廷有礼，故官爵序。"又曰："制度在礼，文为在礼。"故言制度者，当详其义。制度是文，义是其本也。又《汉志》言后苍等"推士礼而致于天子"，其说亦误。礼经十七篇，不纯是士礼，其题《士礼》者，惟《冠》《昏》《丧》《相见》；若《少牢馈食》《有司彻》，明是大夫礼；《乡饮》《射》，则士、大夫同之；《燕礼》《大射》《聘礼》《公食大夫礼》，皆诸侯礼；《觐礼》是诸侯见天子礼。何云皆士礼也？天子之元子犹士，天下无生而贵者，则虽天子之子亦当用士礼。"三年之丧达乎天子，父母之丧无贵贱，一也。"自谅暗之制不行，后世帝王乃以日易月废，丧而临政，最无义理。郑注诸礼每曰"准此"，可知是即推致之义。礼文阙而不具者，以义推之，可以依准。又处礼之变者，不以义推，将何所措邪？如《曾子问》全是疑礼，孔子皆据义以答之，非必在三百、三千之数也。故今谓治礼当以义为主。又自朱子编《仪礼经传通解》，定《仪礼》为经，《礼记》为传，后儒并遵用之。元儒熊朋来曰："《士冠礼》自'记冠义'以后即《冠礼》之记，《士昏礼》自'记士昏礼，凡行事'以后即《昏礼》之记。惟《士相见》《大射》《少牢馈食》《有司彻》四篇不言记。其有记者十有三篇。其《丧服》一篇，子夏既为之传，而'记公子为其母'以后，又别为《丧服》之记。其记亦有传，是此记子夏以前已有之。"其言甚是。二《戴记》有古经，前已言之。又如《明堂》《月令》《王制》诸篇亦非是传，《曲礼》《内则》《少仪》《玉藻》则是"威仪三千"之属，故亦未可克定以《仪礼》为经，《礼记》为传也。郑学一乱于王肃，再乱于陈祥道。朱子最尊《仪礼》而宗郑。清儒唯江永《礼书纲目》最有体要，凌廷堪《礼经释例》，邵懿辰《礼经通论》，抑其次也。今谓沿三《礼》之名，义实未当。《周官》与《王制》同为制度，不必苦分今古，定别殷周，务求其义，皆可以备损益。《王制》与《周礼》制度显然不同，郑乃以《王制》为殷制，后儒尊信《周礼》者，又以《王制》为汉博士所为。其实《周官》不必制自周公，《王制》亦断非出于博士，皆七十子后学所记以为一王之法耳。其言制度，虽有所本，颇加损益，故致不同如此。学者苟得其意，自不泥矣。故谓《礼记》当与《仪礼》并重。二戴所录，多出七十子后学所记，不专说礼，多存六艺大旨。自《论语》外，记圣言独多而可信者，莫如此书。欲明礼以义起，于此可得损益之旨，不专以说古制为能事。故治礼不可以但明郑学为极，当求之二戴，直追游、夏之传。观孔子与弟子言礼，皆直抉根原。故制度可以损益，宫室衣服器用古今异宜，不可施之于今。苟得其义，则尽未来际不可易也。故今先举《仲尼燕居》以为学礼之嚆矢，学者以是求之，亦可思过半矣。然汉以来，治礼之源流亦不可不知也，故为粗举其大略如此。

［1］高堂生：复姓高堂，名伯，生卒年不详。西汉鲁（今山东省新泰市龙廷镇）人，专治古代礼制。　［2］后苍：字近君，生卒年不详，是西汉经学家，东海郡郯（今山东省郯城县）人，曾侍奉夏侯始昌。夏侯始昌精通"五经"，后苍也精通《诗》和《礼》。他还是研究《孝经》的专家，武帝时立为博士，官少府。后苍的子弟中，著名者有戴德、戴圣、庆普、萧望之、匡衡等人。　［3］瘉：同"愈"，意思是病好了。　［4］中霤（zhōng liù）：上古人穴居，在顶上开洞取明，雨水从洞口滴下，故谓之"霤"，后因称房室中央取明处为"中霤"，即今之"天窗"；古代五祀所祭对象之一，亦即指"宅神"，《礼记·郊特牲》："家主中霤而国主社。"孔颖达疏："中霤谓土神。"　［5］臣瓒（zàn）：西晋学者。姓氏及籍贯不详。汉末以来研究《汉书》的，曾有服虔、应劭、晋灼等十余家之多。但是这些学者的研究成果，均或多或少地存在着某些不尽如人意的地方，需要后人去进一步完善。在这种背景下，臣瓒很好地承接了这项工作。他在汇集前人研究成果的基础之上，附以己见，多据《汲冢古文》以驳前说之误，撰成《汉书集解音义》二十四卷。为后人研究和阅读《汉书》提供了很大方便。唐初颜师古为《汉书》作注，即大用臣瓒《集解音义》为据。然《集解音义》原书今已不传。

附语

《诗纬含神雾》曰："诗者，持也。"

《仲尼燕居》曰："礼者，理也。"

《论语》："君子义以为质，礼以行之，逊以出之，信以成之。"义为礼之质，所存是义，行出来便是礼。又礼与义本是性德，就其断制言之，则谓之义，就其节文言之，则谓之礼。居敬持志乃所以存仁，静专动直乃所以行义，故兴诗立礼皆性其情也。诗是元亨，礼是利贞。

"使女以礼周流，（而）无不遍〔也〕"，"以"字须着眼。如"为政以德""为国以礼""道之以德，齐之以礼"之"以"，六十四卦大象皆曰"以"，"以"犹"用"也。即"举而措之"之谓，亦即自然流出之意。犹俗语"拿出来便是"，禅家谓之"拈来便用"，无处不是，故周流而无不遍。若有一毫欠缺滞碍处，则不周不遍矣。

郑樵以后苍《曲台记》当《礼记》，实误。《隋志》谓刘向校定二百十四篇，戴德删为八十五篇，戴圣又删为四十六篇，尤误。二戴，武、宣时

《泰和宜山会语》《复性书院讲录》注

人，向校书在哀、平、成之世[1]。《汉志》云："记百三十一篇，（当出）七十子后学所记。"大小戴之书宜本此。

贾公彦《周礼疏序》谓："《周官》，孝武时始出。""以〔其〕始皇（独）〔特〕恶之故也。是以马融《传》云：秦自孝公以下用商君之法，其政酷烈，与《周官》相反，故始皇禁挟书，特疾恶欲绝灭之。孝武始除挟书之律，开献书之路，（故其书）既出于山岩屋壁，复入〔于〕秘府，五家之儒，莫得见焉。五家者，谓高堂生、萧奋、孟卿、二戴也。至孝成帝（时），〔达才通人〕刘向子歆校理秘书，始得序列，著于《录》《略》，然亡其《冬官》一篇，以《考工记》足之。时众儒〔并出〕，共排以为非，是唯歆独识。其年尚幼，务在广览博观，又〔多〕锐精于《春秋》，末年乃知〔其〕周公致太平之迹，〔迹〕具在（于）斯。其后杜子春能通其读，郑众、贾逵往受业焉。郑玄序云：'世祖以来，通人达士、大中大夫郑兴及子大司农众、故议郎卫次仲、侍中贾景伯、南郡太守马季长，皆作《周礼》解诂。'故林孝存以为武帝知《周官》末世渎乱不验之书，作《十论》《七难》以排弃之。何休亦以为六国阴谋之书。唯有郑玄遍览群经，知《周礼》者乃周公致太平之迹，故能答林难，使义得条通。"按：林、何之说殊乖义理，郑君亦尊信太过。清毛奇龄亦以为六国时人所作。《艺文志》于《乐经》云："魏文侯最为好古，孝文时得其乐人窦公（窦公时已二百余岁。）献其书，乃《周官·大宗伯》之《大司乐》章也。"是魏文侯时已有《周官》，出于春秋战国间人所作无疑。或以为刘歆伪撰，非也。

据许慎《五经异义》，《尚书》夏侯、欧阳说天子三公（司徒、司马、司空）、九卿、二十七大夫、八十一元士，凡百二十。与《王制》同。古《周礼》说三公为太师、太傅、太保，无官属；又立三少为三孤[2]，冢宰等为六卿，大夫、士、庶人在官者凡万二千。按：周公为傅，召公为保，太公为师，无为司徒、司空文，知三公皆官名。郑《驳》[3]无考，注《王制》则以为夏制。然据《牧誓》《立政》，实有司徒、司马、司空。据《顾命》"乃〔同〕召太保奭、芮伯、彤伯、毕公、卫侯、〔毛公〕"，是为六卿。盖今文家主九卿，古文家言六卿，不同。

[1] "哀、平、成"按时间先后顺序，应为"成、哀、平"。著者盖记忆有误。

[2]《大戴礼记·保傅》:"于是为置三少,皆上大夫也,曰:少保、少傅、少师。是与太子宴者也。"《汉书·百官公卿表序》:"太师、太傅、太保是为三公……又立三少为之副,少师、少傅、少保,是为孤卿,与六卿为九焉。"三少即三孤,是三公的副职,其地位低于公而高于卿。 [3] 郑《驳》:指东汉郑玄为反驳许慎《五经异义》而撰写的《驳五经异义》。《马一浮集》和《马一浮全集》中"驳"均未加书名号。

宇文周既设六部,又立九卿,是为重复。而直至明清,犹沿用不改。

又诸侯封地,广狭不同。孟子说与《王制》相应。郑君于《王制》《周礼》不同处多为调停之说。如《王制》言公侯方百里,《周官》公五百里,侯四百里,郑君言是后来益封。

《周礼》与《王制》不同者,(与《仪礼》亦不同。)一官制,二诸侯封地,三庙制,四聘、觐期间。《王制》"三年一大聘,五年一朝",《公羊》说同《左氏》说。十二年之间八聘、四朝、再会、一盟。郑氏以五年一朝、三年一聘为晋文襄之霸制。

又郑《驳异义》[1]曰:"《周礼》是周公之制,《王制》是孔子之后大贤所记先王之事。"

[1] 郑《驳异义》:即郑玄的《驳五经异义》。

王莽、苏绰、王安石之流,皆自托于行《周礼》,犹今之模仿西洋政制也。

《仲尼燕居》释义上

将释此文,约义分六科:

一、显遍义

二、显中义

三、原治　即广显遍中二义。

四、简过　即简非中非遍。

五、原政

六、简乱　前序后结可知。

一、显遍义

仲尼燕居，子张、子贡、言游侍。纵言至于礼。

燕，"宴"之假借字，安也。《论语》："子之燕居，申申如也，夭夭如也。"《玉藻》曰："燕居告温温。"燕、闲皆谓无事之时，不必定以退朝曰燕。《说文》："纵，缓也。"从容谈议谓之"纵言"，旧训"放"者失之。此为序分。

子曰："居，女三人者，吾语女礼，使女以礼周流无不遍也。"

此总显遍义。事无不该之谓"遍"。周流者，谓其运行周匝而不滞也。"以"犹"用"也。日用之间，莫非是礼，故曰："礼乐不可斯须去身。"《礼运》曰："夫礼必本于天，动而之地，列而之事，变而从时，协于分艺，其居人也曰养，郑注："养，当为'义'。"其行之以货力、辞让、饮食、冠昏、丧祭、射乡、朝聘。"乡，今本误作"御"，从邵懿辰说改。此所谓"周流无不遍也"。又曰："礼也者，义之实也。协诸义而协，则礼虽先王未之有，可以义起也。义者，艺之分、郑注："'艺'犹'才'也。"按曾子曰："德成而上，艺成而下。"艺亦以才言，人之才能须以义裁之，然后能尽其才而无失，故曰"艺之分"也。仁之节也。""故治国不以礼，犹无耜而耕也；为礼不本于义，犹耕而弗种也；为义而不讲之以学，犹种而弗耨也；讲之（以）〔于〕学而不合之以仁，犹耨而弗获也；合之以仁而不安之以乐，犹获而弗食也；安之以乐而不达于顺，犹食而弗肥也。"此有六重而约归于大顺。约事则曰遍，约理则曰顺，一也。

二、显中义

子贡越席而对曰："敢问何如？"子曰："敬而不中礼谓之野，恭而不中礼谓之给，勇而不中礼谓之逆。"子曰："给夺慈仁。"

将欲显中，先简其失，此犹告子路以"六言""六蔽"。"不好学"与"不中礼"，虽有"好"而不能全[1]，无修德则性德不能显也。故广说有六蔽，约说有三失。"不中礼"犹言无当于礼，亦即是"不讲之以学"也。又《论语》曰："恭而无礼则劳，慎而无礼则葸，勇而无礼则乱，直而无礼则绞。"亦与此同意。"给"谓"辩给"，辞之巧也。饰为辩给而托于慈仁，是依似乱德，故曰夺。

子曰："师，尔过，而商也不及。子产犹众人之母也，能食之，不能教也。"子贡越席而对曰："敢问将何以为此中者也？"子曰："礼乎礼！夫礼所以制中也。"

再简师、商[2]之失，因起子贡之问，正显中义。理无不得之谓中。制者，以义裁之也。子贡辩给有余，子张容仪甚盛，故须抑之；子夏规模稍狭，故须进之。言子产"能食不能教"者，谓其惠而不中礼，以喻"过犹不及"也。子贡虽悟其失，而未知其所以为中，因寄深叹于礼，而明"礼所以制中"。制之以义，乃无过、不及之患，犹能食而兼能教矣。"制中"之义，《礼器》详之。故曰："礼有以文为贵者"，"有以素为贵者"，"有以多为贵者"，"有以少为贵者"，"礼不同，不丰，不杀，盖言称也"[3]。"君子大牢而祭，谓之礼；匹士大牢而祭，谓之攘。管仲镂簋、朱弦、山节、藻棁，君子以为滥"；"晏平仲祀其先人，豚肩不掩豆，澣衣濯冠以朝，君子以为隘"。"君子之于礼，有直而行，有曲而杀，有经而等，有顺而讨，有撙而播，有推而进，有放而文，有放而不致，有顺而摭"[4]，"是故七介以相见，不然则已悫；三辞三让而至，不然则已蹙"[5]。是皆所以"制中"也。又《乐记》曰："礼主其减，乐主其盈。礼减而进，以进为文；乐盈而反，以反为文。"此亦"制中"之义。

[1]《马一浮集》和《马一浮全集》皆断句于"能"后，而以"全"属下句，误。　[2] 师：即孔子弟子子张。商：即孔子弟子子夏。　[3] 引文释义参见本文末"附语"第八段。　[4] 引文释义参见本文末"附语"第十段。　[5] 引文释义参见本文末"附语"第十一段。"已悫"犹"过悫"，悫（què），谨也，善也，愿也，诚也。"已蹙"犹"过蹙"，蹙（cù），紧迫。

三、原治

子贡退。言游进曰："敢问礼也者，领恶而全好者与？"子曰："然。"

郑注曰："领，犹治也。好，善也。"恶者，过、不及之名。善即中也。此与《礼器》言"释回增美"[1]同旨。夫礼本是性德之发于用者，性无有不善，即用无有不中，故曰"君子时中"。其有过、不及者，气质之偏为之也。"领恶而全好"者，乃以修德变化气质而全其性德之真，即是自易其恶，自至其中也。"无不遍"是以性言，"制中"则以修言。从性起修，从修显性，故子游因"制中"一语而有"领恶全好"之问，是悟"性修不二"之旨也。孔子然之，嘉其善会，故下文为广说遍、中二相，明即修即性；更以得失对勘，显即事之治，重在于修。此问牒前起后，于文应属显中义后分[2]，故不别立科题。

[1] 释回增美：去除邪僻，增加美善。释：放下。回：邪僻。　[2]"显中义后分"，《马一浮集》和《马一浮全集》均断句于"义"字后，而以"后分"独立成句误。"显中义"是本篇六科之第二科，"后分"是"后面部分"的意思。

"然则何如？"子曰："郊社之义，所以仁鬼神也；尝禘之礼，所以仁昭穆也；馈奠之礼，所以仁死丧也；射乡之礼，所以仁乡党也；食飨之礼，所以仁宾客也。"

此重显遍义，文有五重。举是心加诸彼之谓仁。仁之者，与之浑然同体，故"无不遍"也。孔子言"老者安之，朋友信之，少者怀之"。"安之""信之""怀之"者，即仁之也。幽明不异，故遍于鬼神；祖祢[1]同尊，故遍于昭穆[2]；死生不二，故遍于死丧；尊贤尚齿，故遍于乡党；养贤以及万民，故遍于宾客。"食以养阴，飨以养阳"[3]，食、飨皆养义。所接者，无有弗敬。行于宾客，其著见者。下文准此。推之郑注"仁，犹存也。〔凡〕存此者，所以全善之道〔也〕"，义亦通。

子曰："明乎郊社之义，尝禘之礼，治国其如指诸掌而已乎！"

[1] 祖祢（mí）：先祖和先父。 [2] 昭穆：宗庙的辈次排列。古代宗庙制度，天子七庙，诸侯五庙，大夫三庙。以天子而言，太祖庙居中；二、四、六世居左，称为"昭"；三、五、七世居右，称为"穆"。祭祀时，子孙也按此规定排列行礼。 [3] 语出《礼记集说》："食以养阴，而食在所主焉；飨以养阳，而饮在所主焉。"

别显郊社、尝禘之重。

"是故以之居处有礼，故长幼辨也；以之闺门之内有礼，故三族和也；以之朝廷有礼，故官爵序也；以之田猎有礼，故戎事闲也；以之军旅有礼，故武功成也。"

此文亦有五重，每句皆先显遍后显中。"以之"字须着眼，言用之周流也。

"是故宫室得其度，量鼎得其象，味得其时，乐得其节，车得其式，鬼神得其飨，丧纪[1]得其哀，辩说得其党，官得其体，政事得其施。加于身而错于前，凡众之动得其宜。"

[1] 丧纪：丧事。

此文别有十重，末句总括。每句互显即遍即中义。《易》曰："泽上有水，节。君子以制数度，议德行。"舜之始政，同律度量衡。物不可遗，故遍；各得其序，故中。其中也，所以能遍也；亦唯遍也，所以无不中也。"宫室得其度"，则不逾侈；"量鼎得其象"，则无奇衺[1]；"味得其时"，则非贪；"乐得其节"，则不滥；"车得其式"，则行有轨；"鬼神得其飨"，则祭不渎；"丧纪得其哀"，则恩有等；"辩说得其党"[2]，则言有章；"官得其体"，则任官惟贤；"政事得其施"，则庶绩咸熙[3]。自居处、言语、饮食、器用之末，达于道路，达于丧祭，达于朝廷，无弗遍也，无弗中也。加于民者，即"加于身"者。是"错于前"者，即生于心者。是"凡众之动"，即一人之动也。"协于义"谓之宜，唯遍唯中，故咸"得其宜"也。

[1] 衺（xié）：同"邪"。 [2] 党：这里是"统类"的意思。 [3] 庶绩咸熙：许多事业都兴办了起来，形容政绩显著。庶：众多。咸：皆。熙：兴盛。

子曰："礼者何也？即事之治也。君子有其事必有其治。治国而无礼，譬犹瞽之无相与，伥伥乎其何之？譬如终夜有求于幽室之中，非烛何见？若无礼，则手足无所措，耳目无所加，进退揖让无所制。"

此以"即事之治"，正显理遍于事。事得其理谓之治，事失其理谓之乱。治即理也，亦训为饬。"有其事必有其治"，言事物皆有当然之则，即所谓礼也。事外无理，故曰"即事之治"。全理即事，全事即理，理事交融，斯名为治。"治国而无礼"以下，设喻两重，所以劝修，先喻后法[1]。言"手足无所措"三句，则今时所谓机械生活，全无自主分者也。

[1] 先喻后法：本是佛学术语。先设比喻，后明正理。如"金刚般若"，金刚在先，是喻；般若在后，是法。

"是故以之居处，长幼失其别，闺门三族失其和，朝廷官爵失其序，田猎戎事失其策，军旅武功失其制，宫室失其度，量鼎失其象，味失其时，乐失其节，车失其式，鬼神失其飨，丧纪失其哀，辩说失其党，官失其体，政事失其施。加于身而错于前，凡众之动失其宜，如此则无以祖洽于众也。"

全翻上文可知。言用处差忒不与礼相应，其失有如此者，一失则一切失之矣。"祖洽"，郑注谓倡始合和[1]，犹今言"领导""协调"也。《礼运》曰："故唯圣人为知礼之不可以已也。故坏国、丧家、亡人，必先去其礼。"其言之严切如此。坏，即"治"之反；去，即失之极。自其性而言之，无弗遍、无弗中也。自其修而言之，有弗遍者，修之可使遍；有弗中者，制之可使中也。因子游"领恶全好"一问，为畅发"即事之治"，明理事不二，乃是因修显性义，得其语脉，庶可以言礼矣。

［1］《礼记注疏·仲尼燕居》郑玄原注："祖，始也。洽，合也。言失礼无以为众倡始，无以合和众。"

附语

事无不该之谓遍，理无不得之谓中，理事不二之谓治。即事得其理，亦即事外无理。理事相违之谓过，即事即理之谓政，即理外无事。事失其理之谓乱。

"列而之事"，郑云"法五祀"。今按："事"，当以《洪范》"五事"释之，则法象天地，阴阳、五行、四时俱备。"协于分艺"，则就人言，各使当其才、尽其分也。

清邵氏懿辰曰："货、力、辞、让、饮、食六者，礼之纬也。非货财、强力不能举其事，非文辞、揖让不能达其情，非酒醴、牢羞不能隆其养。冠、昏、丧、祭、射、乡、朝、聘八者，礼之经也。冠以明成人，昏以合男女，丧以仁父子，祭以严鬼神，乡饮以合乡里，燕射以成宾主，聘食以睦邦交，朝觐以辨上下。天下之人尽于此矣！天下之事亦尽于此矣！"

"艺之分，仁之节"，换言之，亦可谓才之规范，德之节目。

"治国不以礼"以下六重，皆性修合说，前后相望，先修后性。

野，是质胜文；给，是文胜质；逆，是文质俱欠，唯血气胜，故谓逆。文胜则巧伪滋，在三者之中其失最大，故申言之。

仁、知、信、直、勇、刚皆美德。上三是性，下三是才。愚、荡、贼、绞、乱、狂皆恶行。上三是己失，下三及于人。

文，如冕服有等之类；素，如至敬无文、大羹玄酒[1]之类；多，如

《泰和宜山会语》《复性书院讲录》注

庙制之类；少，如郊用特牲之类。不丰者，应少不可多；不杀者，应多不可少。

　　[1] 至敬无文：表达至极的敬意，无须虚文缛节。《礼记·礼器》："有以素为贵者，至敬无文。"大羹：不和五味的肉汁。玄酒：古代当酒用的水。

　　纮是冕饰边。楣谓之梁，梁上楹谓之棁[1]。

　　[1] 纮：音hóng。楣：音ér。棁：音zhuō。

　　郑注："直而行"："若始死，哭踊无节。""曲而杀"："若父在，为母期。""经而等"："若天子以下至士庶人为父母三年。""顺而讨"："讨，犹去也。若天子以十二。公以九，侯伯以七，子、男以五为节。""摲[1]而播"："'摲'之言芟也。"播，布也。正义谓：君祭，群臣助祭，分胙各有所得，芟上使布于下也。"推而进"，郑注："若王者之后得用天子之礼。""放而文"，正义：放者，法也。法天以为文。"放而不致"：谓如诸侯以下虽放法而不得极。"顺而摭"：摭犹拾也。郑云："若君沐粱，大夫沐稷，士沐粱。"卑不为嫌，是拾君之礼而用之。

　　[1] 摲（chàn）：芟除，除掉。

　　《聘义》："上公七介，侯伯五介，子男三介，所以明贵贱也。介绍而传命，君子于其所尊弗敢质，敬之至也。三让而后传命，三让而后入庙门，三揖而后至阶，三让而后升，所以致尊让也。""敬让者，君子之所以相接也。故诸侯相接以敬让，则不相侵陵。""减而不进则销"，销即销。"盈而不反则流"，放即流。故减者进之，盈者反之。程子曰："礼乐止在进反之间。"言损益得中也。

　　禘有二：一为时祭，一为大祭。此谓时祭也。《王制》："春礿，夏禘，秋尝；冬烝。"《尔雅》："春祠，夏礿"，秋、冬同。《诗·小雅·天保》："礿祠烝尝，于公先王。"郑云此周祭名。以禘为殷祭，殷，大也。《公羊传》曰："五年而再殷祭。"凡丧祭曰奠，虞始名祭。

宋严陵方氏慤曰："先郊社，后尝禘，尊亲之序也；先尝禘，后馈奠，吉凶之序也；先馈奠，后射乡，重轻之序也；先射乡，后食飨，众寡之序也。"

《王制》："凡养老，有虞氏以燕礼，夏后氏以飨礼，殷人以食礼，周人修而兼用之。"郑注："凡饮养阳气，凡食养阴气。阳用春夏，阴用秋冬。"《正义》引崔氏崔灵恩。云：燕者，殽烝于俎，行一献之礼，坐而饮酒。有虞氏帝道弘大，故养老以燕礼。飨则体荐而不介，爵盈而不饮，依尊卑而为献。夏后氏尚敬，故用飨礼。殷人质素，故用食礼。食则不饮酒，享太牢而已。皇氏云："飨礼备物兼燕与食，食礼有饭有殽[1]，虽设酒而不饮。燕礼者，凡正飨食，皆在庙，燕则于寝，燕以示慈惠。"按天子飨诸侯，诸侯相飨，皆下文所谓大飨，以别于飨耆老、飨孤子。

[1] 殽（yáo）：通"肴"，肉。

严陵方氏曰："量，器之大者。鼎，器之重者。"

《王制》："宗庙之器不粥于市"，"戎器不粥于市，用器不中度不粥于市"，"布帛精粗不中数，广狭不中量，不粥于市"，"五谷不时，果实不熟，不粥于市"[1]。

[1] 五个"粥"字都同"鬻"（yù），意思是"卖"。

《月令》四时五味异宜。《论语》："不时不食。"《中庸》言"车同轨，书同文"，车制古最重。

泽容水有限，过则溢，故为节。凡物之大小、轻重、高下、文质皆有数度，所以为节也。数谓多寡，度谓法制。度本以长短言之。

庄子曰："明于本数，系于末度。""其明而在数度者，旧法世传之史尚多有之。"如《洪范》九畴，所谓本数也；"事为之制，曲为之防"[1]，所谓末度也。

[1] 引自《汉书·礼乐志》："周监于二代，礼文尤具。事为之制，曲为之防。"曲为之防：形容周密而详审的防备。

《泰和宜山会语》《复性书院讲录》注

《王制》:"八政:饮食、衣服、事为、异别、度、量、数、制。"郑注:"事为,谓百工技艺。异别,五方用器不同。度,丈尺。量,斗斛。数,百十。制,布帛幅广狭。"

《汉书·律历志》曰:"推历生律制器,规圜矩方,权重衡平,准绳准,水准。嘉量","度长短者不失毫厘,量多少者不失圭撮,权轻重者不失黍絫。"[1]万物之数起于黄钟[2],黄钟初九,其实一龠[3],以长自乘,故八十一为日法,所以生权衡度量[4]。刘歆三统历本此推之。

党谓义类,非偏私。体谓实在,非虚滥。施谓敷布,非涂饰。

[1]张晏曰:"推历十二辰以生律吕也。""准,水平。量知多少,故曰嘉。"孟康曰:"豪,兔豪也。十豪为牦。"应劭曰:"圭,自然之形,阴阳之始也。四圭曰撮,三指撮之也。"孟康曰:"六十四黍为圭。"应劭曰:"十黍为絫(lěi),十絫为一铢。" [2]黄钟:十二律之一,声调最洪大响亮。在宫、商、角、徵、羽五音之中,宫属于中央黄钟,五音十二律由此而分。律、度、量、权、衡之数都起源于黄钟,故曰"万物之数起于黄钟"。明代张介宾《类经图翼》对此有比较详尽的解释,他说:"一以纵黍之长为分,九分为寸,九寸为黄钟,九而九之,得八十一分,取象雒书之九自相乘之数也,是为律本,此载于《淮南子》者;一以横黍之广为分,十分为寸,十寸为黄钟,十而十之,得百分,取象《河图》之十自相乘之数也,是为度母,此载于太史公者。二术虽异,其律则同,盖纵黍之八十一分,适当横黍之百分,而横黍之广,适与纵黍之长相合耳。此《河图》之偶,《洛书》之奇,参伍错综而律度方备,诚天地自然之妙,非由人力安排者也。二法之外,本无九十分为黄钟者。至于刘歆、班固,乃以九十分为黄钟,是又合于斜黍度者。推原其误,盖自京房始。房时去古未远,明知古法九分为寸,以其布算颇烦,初学难晓,乃创为之法而变九为十,故前后《汉志》,皆云九寸。今人宗九寸不宗余法者,惑于《汉志》之偏见耳。苟能变通而不惑于一偏,则纵横斜黍,皆合黄钟之律矣。" [3]龠(yuè):本义是竹管乐器。又为古代容量单位,等于半合(gě)。《汉书·律历志》:"量者,龠、合、升、斗、斛也,所以量多少也。本起于黄钟之龠,用度数审其容,以子谷秬黍中者千有二百实其龠,以井水准其概。合龠为合,十合为升,十升为斗,十斗为斛。""权者,铢、两、斤、钧、石(dàn)也,所以称物平施,知轻重也。本起于黄钟之重。一龠容千二百黍,重十二铢,两之为两。二十四铢为两。十六两为斤。三十斤为钧。四钧为石。" [4]《汉书·律历志》:"日法八十一。元始黄钟,初九自乘,一龠之数,得日法。"孟康曰:"分一日为八十一分,为三统之本母也。"

仲尼燕居释义下

四、原治之余

子曰："慎听之，女三人者，吾语女礼。犹有九焉，大飨有四焉。苟知此矣，虽在畎亩之中，事之，圣人已。两君相见，揖让而入门，入门而县兴，揖让而升堂，升堂而乐阕，下管《象武》，《夏籥》序兴，陈其荐俎，序其礼乐，备其百官，如此而后君子知仁焉。行中规，还中矩，和鸾中《采齐》。客出以《雍》，彻以《振羽》，是故君子无物而不在礼矣。入门而金作，示情也；升歌《清庙》，示德也；下而管《象》，示事也。是故古之君子，不必亲相与言也，以礼乐相示而已。"

此特举飨礼为言，亦以显遍。言"虽在畎亩之中，事之，圣人已"者，明礼必待其人而后行。苟得其本，虽无其位，不害为圣人。反之，则不知其义而徒有其文者未足以为礼也。遍有二义：一理遍，二事遍。事虽阙而理则具者，畎亩[1]犹明堂也，此显理遍。大飨有四，其事有九者，乃显事遍也。"犹有九焉"上疑有阙文。先儒说九事互异。郑注数"金再作、升歌《清庙》、下管《象》"为四，余五事不明。孔疏以"行中规"为五，"还中矩"为六，"和鸾中《采齐》"为七，"客出以《雍》"为八，"彻以《振羽》"为九。并引卢氏说："揖让而入门"，一也；"入门而县兴"，二也；"揖让而升堂"，三也；"升堂而乐阕"，四也；"下管《象武》"，五也；"《夏籥》序兴"，六也；"陈其荐俎"，七也；"序其礼乐"，八也；"备其百官"，九也。王肃以"揖让而入门，入门而县兴，揖让而升堂"为一，"升堂而乐阕"为二，"下管《象武》，《夏籥》序兴"为三，"陈其荐俎，序其礼乐，备其百官"为四，添下五事为九。今按"陈其荐俎"，"序其礼乐"，"备其百官"，"行中规"，"还中矩"，皆通言之，不可数为一事。必序欲[2]次为九者，宜以"揖让而入门"为一，"县兴"为二，"升堂""乐阕"为三，"升歌《清庙》"为四，"下管《象武》，《夏籥》序兴"为五、六，郑注："《象武》，武舞。《夏籥》，文舞。序，更也。堂下吹管，舞文、武之乐更起也。"按，既云"更起"，可数为二事。《正义》谓皇氏不宜通数"《夏籥》"者，非是。郑以八字通读为一句。注云"下管《象》"者，依下文"下而管《象》，示事也"，乃系省文。"中《采齐》"为七，"以《雍》"为八，"以《振羽》"为九。然诸儒俱为"大飨有四焉"一句所碍。审如是，则云"大飨有九事焉"可矣，何以上言九，下又言四？况四事即在九事之中，何为特出言之？次第似不宜尔。故疑"犹有九焉"非指大飨之事，上有阙文，与"大飨有四焉"句法同。"犹"字或是误字。

[1] 畎亩（quǎn mǔ）：田间、田地。　　[2] 序欲：疑为"欲序"之倒置。

言"大飨有四"者，据《曲礼》"大飨不问卜"，郑注："祭五帝于明堂。"又《月令》"季秋之月……大飨帝"，郑注："言大飨者，遍祭五帝也。《曲礼》曰'大飨不问卜'谓此。"是祭五帝名大飨，一也。《礼器》"大飨其王事与"，郑注："盛其馔与贡，谓祫祭[1]先王。"下文云："三牲鱼腊，四海九州之美味也；笾豆之荐，四时之和气也；内金，示和也；束帛加璧，尊德也；龟为前列，先知也；金次之，见情也；丹漆丝纩竹箭，与众共财也；其余无常货，各以其国之所有，则致远物也；其出也，肆夏而送之，盖重礼也。"此为天子大祫，诸侯来助祭之事甚明。又引孔子曰："诵《诗》三百，不足以一献；一献之礼，不足以大飨；大飨之礼，不足以大旅；大旅具矣，不足以飨帝。毋轻议礼。"郑注："大旅，祭五帝。飨帝，祭天。"是宗庙祫祭亦名大飨，二也。《郊特牲》："诸侯适天子，天子赐之礼大牢。""诸侯为宾，灌用郁鬯[2]，灌用臭也，大飨尚腶修[3]

而已矣。"郑注："亦不飨味也。此大飨，飨诸侯也。"上文"郊血，大飨腥，三献爓[4]，一献孰，至敬不飨味，而贵气臭也"，对郊为言之大飨乃指宗庙之飨。《周礼·春官·大宗伯》："以嘉礼亲万民"，"以飨燕之礼亲四方之宾客"。《秋官·掌客》："凡诸侯之礼"，上公"三飨三食三燕"，侯、伯"三飨再食再燕"，子、男"一飨一食一燕"。是天子飨诸侯亦名大飨，三也。又《郊特牲》："大飨君三重席而酢焉。"郑注："言诸侯相飨，献酢礼敌也。"《正义》："此大飨谓诸侯相朝，主君飨宾，宾主礼敌，故主君设三重席而受酢焉。""三重席是诸侯之礼，而又称君，故知诸侯相飨也。"是诸侯相朝，主君飨宾亦名大飨，四也。大飨之名有此四者，今举两君相见，则是属于第四，非指九事而言。

[1] 祫祭（xiá jì）：古代天子或诸侯把远近祖先的神主集合在太庙里进行祭祀。孔颖达疏："祫，合祭祖。大祖三年一祫。谓当祫之年则祝迎高、曾、祖、祢四庙，而于大祖庙祭之。天子祫祭则迎六庙之主。今言四庙者，举诸侯言也。"三年丧毕时举行一次，次年又举行一次，以后每五年一次。 [2] 郁鬯（yù chàng）：香酒，用鬯酒调和郁金之汁而成，古代用于祭祀或待宾。 [3] 腵（duàn）修：捣碎加以姜桂的干肉。 [4] 爓（xún）：同"燖"，古时在热汤里煮至半熟用于祭祀的肉，"祭礼有腥、燖、熟三献。"

又《郊特牲》云："宾入大门而奏《肆夏》，示易以敬也。卒爵而乐阕，孔子屡叹之。奠酬而工升歌，发德也。"《正义》曰："飨礼既亡，无可凭据。今约《大射》及《燕礼》解其奏乐及乐阕之节。"按此篇"两君相见"以下，正足以补飨礼之缺，故不定是九事也。言有九者，疑或指祭天之事。如言"明乎郊社之义，尝禘之礼，治国其如示诸掌"之例。按《礼记》正义引皇侃云："天有六天，岁有九祭。今本"九祭"字讹为"六"。冬至圜丘，一也。夏正郊天，二也。五时迎气，五也。通前为七也。九月大飨，八也。雩与郊禖[1]为祈祭，崔氏崔灵恩以雩为常祭，九也。如言"祭天有九，大飨有四"[2]，而下文别就诸侯相飨一义言之，则于文为顺。今但可阙疑，不敢辄为臆说。学者当深体"知仁""示德""无物而不在礼"是显遍义无疑。而曰"不必亲相与言，以礼乐相示而已"，亦不是专主飨礼而言，以飨礼推之可也。

[1] 雩(yú)：古代为求雨而举行的一种祭祀。郊禖(méi)：古帝王求子所祭之神。　[2] 此乃著者就孔子原文"犹有九焉，大飨有四焉"一句所做的带有猜测性质的新解释，非经典中实有此语。

五、简过

子曰："礼也者，理也。乐也者，节也。君子无理不动，无节不作。不能诗，于礼缪；不能乐，于礼素；薄于德，于礼虚。"

子曰："制度在礼，文为在礼，行之其在人乎？"子贡越席而对曰："敢问夔其穷与？"子曰："古之人与？古之人也，达于礼而不达于乐，谓之素；达于乐而不达于礼，谓之偏。夫夔达于乐而不达于礼，是以传于此名也。古之人也。"

此文分两节，先法后人。今初，将欲简过，更须明中。"礼也者，理也。乐也者，节也"，是申明中义。礼乐互说，节是理之节，理是节之理。理本中，所以为中者，以其有节也。"君子无理不动"，动即是中；"无节不作"，作必应节。是无往而非礼乐，中而兼遍也。"不能诗，于礼缪；不能乐，于礼素；薄于德，于礼虚"三句，正简过。不能诗乐，简不遍；缪、素，简不中。不遍则不中也。第三句双简不中不遍。缪谓违失，素谓空疏。旧训"朴"，谓无文也。引申则为空义。《易》"不素饱"，《诗》"不素餐兮"，皆训空。虚则文胜而无实，如法家辨等威[1]，明上下，有近于礼，而专任刑罚，惨刻寡恩，流为不仁，是有礼而无诗也。道家清虚夷旷，近于乐，其流至任诞废务，是有乐而无礼也。墨家兼爱，不识分殊，则倍于礼；俭而无节，其道太觳[2]，则乖于乐。名家驰骋辩说，务以胜人，其言破析，无当于诗；其道舛驳，无当于礼。此皆不中不遍之过。举此三过与前文不中礼之三失，以是推之，判六国时异说流失亦略尽矣。就本文三句言，则初句正判名、法二家，次句正判墨家，末句则判道家。道家以礼为忠信之薄，乃矫文胜之弊而过之，遂欲去礼，是亦"于礼虚"也。本以文胜为虚，欲救其失而径去其礼，是与之同过。

[1] 等威：意思是与一定的身份、地位相应的威仪。"辨等威"与"明上下"对偶，是先秦文献常用语。《马一浮集》和《马一浮全集》皆断句于"等"，而以"威"属下句，误。 [2] 觳（hú）：薄也。

上来简法，次节简人。"制度文为"，即指经曲[1]之数垂在方策者，行之在人，所谓"待其人而后行"也。子贡因问"何以为中"，得兼闻遍义，已悟有礼不可无乐，有乐不可无礼，故更有"夔其穷与？"之问。夔乃独以乐称，以视舜、禹则为偏而不遍。观《虞书》命夔"典乐，教胄子。直而温，宽而栗，刚而无虐，简而无傲"，皆乐德之中也，故以"古之人"称之。虽未许其遍，然是深达于乐德之人，亦是叹美之辞也。孔子之言，每叹古而惜今。如曰"古之愚也直，今之愚也诈"，"古之学者为己，今之学者为人"，自称"信而好古"，与[2]狂狷而恶乡愿。以狂狷皆志欲适古而不安于今者，乡愿则唯求合于今而不知有古者也。孟子称乡愿之行曰："生斯世也，为斯世也，善斯可矣。"是知言今者以表流俗，言古者则是出乎流俗者也。又言"成人"者即谓成德，礼乐皆得，谓之有德，亦谓之成人。《论语》曰："臧武仲之智，公绰之不欲，卞庄子之勇，冉求之艺，文之以礼乐，亦可以为成人矣。"四子皆偏至[3]之才，文之以礼乐，乃为成德。知此，则所谓"行之在人"者其为何如[4]，人亦可知矣。

[1] 经曲：盖"经礼""曲礼"之简称。《礼记·礼器》云："经礼三百、曲礼三千。" [2] 与：在此处是"赞同""肯定"之意。 [3] "偏至"，《马一浮集》和《马一浮全集》均作"遍至"，盖繁体字"偏""徧"形近而误。今依上下文意改正。某一方面达到最高成就，谓之"偏至"。 [4] 此处，

401

《泰和宜山会语》《复性书院讲录》注

《马一浮集》和《马一浮全集》均断句于"人"后,误。

六、原政

子张问政。子曰:"师乎,前,吾语女乎!君子明于礼乐,举而错之而已。"子张复问。子曰:"师,尔以为必铺几筵,升降酌献[1]酬酢,然后谓之礼乎?尔以为必行缀兆[2],兴羽籥[3],作钟鼓,然后谓之乐乎?言而履之,礼也;行而乐之,乐也。君子力此二者,以南面而立,夫是以天下太平也。诸侯朝,万物服体[4],而百官莫敢不承事矣。"

[1] 酌献:酌酒献客,设乐供神。 [2] 缀兆:古代乐舞中舞者的行列位置。 [3] 羽籥(yuè):古代祭祀或宴飨时舞者所持的舞具和乐器。羽:雉羽。籥:一种编组多管乐器。 [4] 服体:犹屈身。

此明即事即理,舍礼乐无以为政。故政之实,礼乐是也;礼乐之实,言行是也。以子张高明之资,犹疑政与礼乐为二事,复未知礼乐即是言行之相应而得其理者,故复告之以此。夫"安上治民,莫善于礼","移风易俗,莫善于乐","政者,正也",所以正己而正人也。舍礼乐,何以哉?以法制禁令为政者,是"不揣其本而齐其末"[1]也。《乐记》曰:"致乐以治心,则易直子谅之心〔油然而生矣。易直子谅之心〕生(生)则乐,乐则安,安则久,久则天,天则神。天则不言而信,神则不怒而威。""致礼以治躬则庄敬,庄敬则严威","民瞻其颜色而弗与争也,望其容貌而民不生易慢焉,故德辉动于内而民莫不承听,理发(于)〔诸〕外而民莫不承顺。故曰:致礼乐之道,举而错之天下,无难矣"。与此篇义旨相应。君子"言之必可行也","先行其言而后从之","言顾行,行顾言",是无言而弗履也。君子"不疑其所行","乐则行之,忧则违之",是无行而弗乐也。"言满天下无口过,行满天下无怨恶","内省不疚,何忧何惧？"唯其非礼弗履，故能"遁世无闷"[2]，其所以致礼乐之道者，在履其言、乐其行而已矣，南面以临天下与在畎亩之中无以异也。事理相望，则政为事而礼乐为理，礼乐为事而言行为理，言行为事而履与乐为理，履又为事而乐为理。一以贯之，则于斯义可无疑也。

[1] 语出《孟子·告子下》："不揣其本而齐其末，方寸之木，可使高于岑楼。" [2] 遁世无闷：指逃避世俗而心无烦忧。语出《周易·乾卦·文言》："不成乎名，遁世无闷。"

七、简乱

礼之所兴，众之所治也；礼之所废，众之所乱也。目巧之室，则有奥阼，席则有上下，车则有左右，行则有随，立则有序，古之义也[1]**。室而无奥阼，则乱于堂室也；席而无上下，则乱于席上也；车而无左右，则乱于车也；行而无随，则乱于途也；立而无序，则乱于位也。昔圣帝、明王、诸侯辨贵贱、长幼、远近、男女、外内，莫敢相逾越，皆由此途出也。**

[1] 这段话的大致意思见本文末"附语"的相应解释。

此以礼之兴废明治乱之所由。兴废在人，而治乱及众。"圣帝、明王、诸侯"者，兴礼之人也。"贵贱、长幼、远近、男女、外内"者，所治之众也。言古昔者，叹古之所兴、今之所废也。"有……""无……"五重对勘，由居处坐立推于途路，明得之则治亦遍，失之则乱亦遍也。由此途出则治，不由此途出则乱。《曲礼》曰"有礼则安，无礼则危"，得失之故可知矣。圣言反复申明，特拈中、遍二义，总显礼为性德之用无乎不在，而其言之要约又如此，故谓学者苟欲学礼，其必于此篇之言三致意焉。

三子者既得闻此言也于夫子，昭然若发蒙矣。

403

《泰和宜山会语》《复性书院讲录》注

　　记者之辞，结文可知。每揽佛氏三分科经，其流通分中记说法一会，必有若干人得法眼净[1]，亦犹此旨。若闻而不领，则是非器，犹瞽者无以与于五色，聋者无以与于五音也。三子者既是当机，故昭然若发矇[2]矣。

　　[1] 法眼净：(佛教术语)分明见真谛谓之法眼净。通于大小乘言之。小乘为于初果见四真谛之理，大乘为于初地得无生法忍。　　[2] 矇(méng)：有眼珠而看不见。发矇，是让看不见的人能看得见。

附语

　　《采齐》是佚诗。《玉藻》："趋以《采齐》，行以《肆夏》。"《振羽》，即《振鹭》。

　　严陵方氏曰："客出以《雍》，见客之能《雍》也。《振鹭》之诗曰：'在彼无恶，在此无斁。'彻以《振羽》，见主之无斁。且《雍》，禘太祖之诗也。其用大，故歌以送客。《振鹭》，助祭之《诗》也。其用小，故歌之以彻器而已。"又："诗本用之于禘与助祭，而用之大飨者，犹《鹿鸣》本以燕群臣，而又用之于乡饮酒也。示情者，宾主以情相接也；示德者，以德相让也；示事者，以事相成也。"

　　殷修，谓加椒姜而已。

　　《正义》："王者又各以夏正月祀其所受命之帝于南郊，雩祭行于南郊，祭五天帝而以五方之人帝配之。"人帝，如炎帝、太昊是。

　　智，近名、法家；不欲，近道家；勇与艺，近墨家。四家者，皆短于礼乐，即非其人。如四子之才，文之以礼乐，乃为成人，此谓可以行礼乐之人也。[1]

　　[1] 此段是延伸解释正文所引《论语》："臧武仲之智，公绰之不欲，卞庄子之勇，冉求之艺，文之以礼乐，亦可以为成人矣。"

　　缀兆，舞者之行列。《乐记》曰："其治民劳者，其舞行缀远；其治民逸者，其舞行缀短。"郑注："民劳者德薄，缀相去远，舞人少也。民逸则德盛，缀相去近，舞人多也。"字亦作"鄝"。鄝，聚也。《正义》曰："舞人行位之处，立表鄝以识之。"

方氏曰："'言而履之'，是践言也。'行而乐之'，是安行也。'万物'犹言万事，'服体'犹言各服其体，不相侵也。"即"万事得其序"之义。石林叶氏曰："履其礼而达所履于天下，行其乐而达所乐于天下，则功成治定而天下太平矣。"

作室者，工巧之事，工巧之运在目，故曰"目巧之室"。

方氏曰："隅有奥，尊者所处，以别于卑；阶有阼，主人所历，以别于宾。此'室有奥阼'也。席或以南方为上，或以西方为上，所谓'席有上下'也。乘车之法，君在左，勇士在右，所谓'车有左右'也。'父之齿随行'，'五年以长则肩随之'，所谓'行有随'也。天子南乡而立，公侯以下各有位，所谓'立有序'也。古礼如是，非徒以为文，各有义存焉，故曰'古之义'也。"

延平周氏曰："室之奥，席之上，车之左，行之前，立之东，阳也；室有阼，席有下，车有右，行有后，立有西，阴也。"

石林叶氏曰："一室、一席、一车、一行、一立，而幽明上下，各有所辨，况贵贱、长幼、远近之序，天理所具有哉。"

◎ 研读

人无礼不立，所以著者以学礼为当务之急。著者认为，想要了解诗教大义，不可不溯源于《礼记·孔子闲居》篇；想要了解礼教大义，不可不溯源于《礼记·仲尼燕居》篇。他说，《仲尼燕居》篇"大旨有四：一曰礼周流无不遍也；二曰礼所以制中也；三曰礼者即事之治也；四子张问政，子曰'君子明于礼乐，举而措之而已'，明舍礼乐无以为政也"。本篇中，著者不仅本其扎实丰富的礼学知识介绍了有关"三礼"的学术研究成果及其利弊得失，而且依据《仲尼燕居》系统阐述了孔子有关礼教大义的思想，对于我们了解礼教大义具有重要的参考价值。

复性书院讲录第五卷

洪范约义

◎ **解题**

《洪范》是《尚书》中的一篇，是箕子向周武王陈述"天地之大法"的珍贵文献，在《尚书》中具有提纲挈领的地位。"洪"是"大"的意思，"范"是"法"的意思，"洪范"的意思是治理人间的根本大法。"约义"的意思是简要的义理。"洪范约义"，就是简要地讲讲《洪范》一篇的义理。这是著者不无谦虚的说法，实则著者是想通过讲解《洪范》这一篇，以点带面地揭示整部《书经》的大义。

序　说

六经总为德教。而《尚书》道政事，皆原本于德。尧、舜、禹、汤、文、武所以同人心而出治道者，修德尽性而已矣。离德教则政事无所施，故曰"为政以德"。此其义具于《洪范》。自来说《尚书》，以《洪范》最为难明。汉董生及刘氏向、歆父子之徒，专推《春秋》灾异，宋后诸儒又多泥于象数。虽各有所明，皆不能无执滞。学者苦之。朱子颇称苏子瞻、曾子固[1]二家，其疏解文字简而能晰，于义则有阙。自九峰蔡氏《传》外，独明儒石斋黄氏[2]明义特为精醇。然石斋博综象纬[3]，犹详于历法，初学亦难骤解，且或非所急。其书上卷释义，下卷演图，初终二卷更定经文，亦未可尽依。今按"曰王省惟岁"至"则以风雨"八十七字，宜依苏氏《传》说，系之"五纪"下。"无偏无陂"至"以为天下王"一百字，宜依仁山金氏[4]《表注》说，系之"皇建其有极"下。"敛时五福"至"其作汝用咎"一百四十六字，及"惟辟作福"至"民用僭忒"四十八字，宜依金氏说，为"五福""六极"传，系之于后。如此，则文义皆属。黄氏前定本多依金氏，后定本别割"皇极之敷言"一段移置终篇，似未若金氏本为长。古书简册前后易于错置。《尚书》又出伏生口授，其后转写，焉能无讹？先儒疑其有错简处，并存其说。而于经文未敢辄改。此亦学者所当知。自余依文解义，鲜有发明者，不烦殚举。今谓《洪范》为尽性之书，箕子所传，盖舜禹之道。王者修德行仁，事义咸备于此。知皇极之表性德，然后知庶政皆为天工，非私智所能造作也。知日用不可或离，然后知万物各有伦序，非强力所能汩乱也。知"帝""天"皆一性之名，则知畀锡[5]非同符瑞；知灾祥即惠逆所兴，则知福极皆由自取。虽应《洛书》之数，实自然之理，而非有假于神异也。虽立卜筮之法，特询谋之详，非专听于蓍而龟也[6]。学者苟能寻此数端，亦可弗迷于众说。然此书事义闳阔，广说难尽。今所述者，特取简要而易明，故题曰"约义"。以视先儒旧训，互有详略。辞之支蔓，犹未尽翦。然每下一义，亦非苟然。若夫探赜索隐，钩深致远，则有俟于诸子之精思善学矣。

民国二十九年九月　马浮

［1］苏子瞻：即北宋文学家苏轼（1037—1101），字子瞻，一字和仲，号铁冠道人、东坡居士，世称苏东坡。眉州眉山（今四川省眉山市）人，祖籍河北栾城。曾子固：即北宋文学家曾巩（1019—1083），字子固，南丰（今属江西省）人。　［2］石斋黄氏：即黄道周。　［3］象纬：象数谶纬。亦指星象经纬，谓日月五星。　［4］金氏：指金履祥（1232—1303），元代学者。宋元间兰溪（今浙江省兰溪县桐山后金村）人。字吉父，号次农，自号桐阳叔子。宋亡入元，不仕，专意著述。晚年筑室隐居金华仁山下，讲学于丽泽书院，以淑后进。许谦、柳贯皆出其门，为浙东金华学派中坚，学者尊称为仁山

先生。　[5] 畀（bì）：给与。锡：同"赐"，给予，上级赏给下级。[6] "非专听于蓍而龟也"的"而"字，疑《马一浮集》排版时错位，当在"非"字前。

附语

　　纬候[1]多出于哀、平[2]之世，然自汉武封禅已好言符瑞，其后卒启新莽之乱。《东都事略·杜镐传》：王钦若劝真宗为祥瑞以镇服四夷，真宗疑焉，因问镐："河出图，洛出书，果何事？"镐遽对曰："此圣人神道设教耳。"真宗意遂决[3]。镐之对，真莠言[4]也。《易》言"神道"者，皆指用也。如言"显道神德行"，谓其道至神耳。岂有圣人而假托鬼神之事以罔民哉？"设教"犹言敷教耳，绝非假设之意。不读书，不通经，一言遂足以祸天下，可不慎哉！

　　[1] 纬候：纬书与《尚书中候》的合称，亦为纬书的通称。也表示谶纬之学，多言天象符瑞、占验灾异之术。　[2] 哀、平：汉哀帝刘欣（前25—前1，西汉第十三位皇帝）与汉平帝刘衎（前9—6，西汉第十四位皇帝）的并称。　[3] 真宗，是北宋第三位皇帝赵恒（968—1022）。杜镐（938—1013），字文周，常州府无锡县人，北宋大臣、目录学家、史学家。王钦若（962—1025），字定国，临江军新喻县（今江西新余）人。宋真宗、宋仁宗时期的宰相。　[4] 莠言：丑恶之言，坏话。

序　分

　　惟十有三祀[1]，王访于箕子。王乃言曰："呜呼！箕子，惟天阴骘[2]下民，相协厥居，我不知其彝伦[3]攸叙。"箕子乃言曰："我闻在昔鲧堙洪水，汩陈[4]其五行。帝乃震怒，不畀洪范九畴，彝伦攸斁[5]，鲧则殛[6]死，禹乃嗣兴。天乃锡禹洪范九畴，彝伦攸叙。"

　　[1] 祀：商朝称年为祀。　[2] 阴骘（zhì）：指上苍默默地安定下民。阴：暗中，冥冥中。骘：升也。升犹举也，举犹生也。　[3] 彝（yí）伦：常道、伦常。　[4] 汩（gǔ）陈：错乱陈列。汩：扰乱。　[5] 攸斁（yōu dù）：败坏。　[6] 殛（jí）：杀死。

此为序分，先儒训释已明者，今不具引。按《尔雅·释诂》："林、烝、天、帝、皇、王、后、辟、公、侯，君也。"程子曰："《诗》《书》多言帝与天，其实皆以表君德耳。"古语或称天，或称帝，或言性命，或言道德，不甚别异，皆以诠表此理。本迹体用，显隐总别，义相不同，得其条贯，斯可无惑。如言天帝者，在理为至大之称，在人为尊胜之目，初非有二。盖天人一性也，物我一体也。尽己则尽物，知性则知天。天者，万物之总名。人者，天地之合德。天不可外，物无可私，因物付物，以人治人，皆如其性而止，非能有加也。程子曰："圣人能使天下顺治，非能为物作则也，惟止之各于其所而已。"何以致之？则惟建极。故欲明《洪范》之义，须先明"皇极"之旨。

何谓"皇极"？皇者，大君之称；极，则至德之号。大君之立，必有至德，故曰"皇建其有极"也。苏氏曰："大而无际之谓皇，至而无余之谓极。"得之。舜"察于人伦"，"明于庶物"，"九德咸事"，"九功惟叙"，建极之大用也，故曰"天工人其代之"。称天而治者，以民物皆共此体性，虽"至赜而不可恶"，"至动而不可乱"，统之者天也，即理也。言"惟天阴骘下民，相协厥居"者，犹曰天叙、天秩、天命、天讨而已。"天聪明，自我民聪明；天明威，自我民明威"，民亦天也。《易》曰："后以裁成天地之道，辅相天地之宜，以左右民。"所谓"相协厥居"也。"默而成之"，故曰"阴骘"。各止其所，"既有典常"，故曰"彝伦"。粲然具陈，无隐弗显，斯谓"叙"也。殛鲧于羽山，舜陟位时事。"帝乃震怒"，指舜也。"畀锡"云者，犹言天所赋为命，非有授之者也。拂性倍理谓之"不畀"，理顺物从则曰"天锡"。忘功不有，奉天无私，故曰"天与之"。若必言授受，则是舜授之禹，非关洛出书也。程子曰："河不出图，洛不出书，《易》亦须作。西狩不获麟，《春秋》亦须作。"刘歆以为虙羲[1]氏继天而王，受《河图》，则而画之，八卦是也；禹治洪水，赐《雒书》，法而陈之，《洪范》是也。"河以通，乾出天苞；洛以流，坤吐地符"，实《春秋纬》之文。《系辞传》但言"天垂象，见吉凶，圣人象之；河出图，洛出书，圣人则之"，未尝以《河图》为《易》，《洛书》为《范》也。准程子言，则禹不得《洛书》，《洪范》亦须作。《汉书·五行传》引刘歆说，以"初一曰五行"至"威用六极"六十五字为《洛书》本文，不可据。龟书安得有文字？若有文字，决定是人所刻，如今出土之殷墟龟甲矣。"洪范九畴"者，犹曰"九种大法"耳。叙九功，行九德，岂必尽用《洛书》之数哉！数极于九乃是自然之理，得其理，则数在其中矣。欲明其数，求之先儒之书已足，故今略焉。

[1] 虙（fú）羲：即伏羲。

总叙九畴

初一曰五行，次二曰敬用五事，次三曰农用八政，次四曰协用五纪，次五曰建用皇极，次六曰乂用三德，次七曰明用稽疑，次八曰念用庶征，次九曰向用五福，威用六极。

此总叙九畴之目，以下别释。

五行不言"用"者，尽物之性，令各止其所而已，不可以"用"言，言用则疑于汩之也。老氏曰："天下神器，不可为也。为者败之，执者失之。"皇极不言数者，尽己之性，万物备焉，神应无方，用之不竭，更不丽于数也。佛氏曰"法身无为，不堕诸数"为近之。"极"是无名之名，名之不可，何有于数？有名斯有数也。寄位于五者，五为数之中。自一至四，自六至九，皆极之所由建也。凡言用者，皆自己出，为一心之大用，举而措之，非有假于外。周流贯浃于民物，以民物非离自心而别有也。

其次第如何？此理见于气之流行者，莫备于五行，故五行居一。其发于人心之用者，莫切于五事，故次以五事。施于民物之大者，莫要于八政，故次以八政。贯于岁时之序者，莫正于五纪，故次以五纪，然后皇极建焉。取人之善者，莫重于三德，故次以三德。尽物之情者，莫良于稽疑，故次以稽疑。验于吉凶之感者，莫速于庶征，故次以庶征。达于刑德之本者，莫著于福、极，故次以福、极终焉。

曰"敬用"者，五事最近，日用不离，不敬则失，敬而后能发其用也。曰"农用"者，八政皆厚生之事，惟敬用五事者能厚之，不敬则侵陵之害起而厚者薄矣。曰"协用"者，五纪以律天时，其用在和。岁月日时，星辰历数，一往而有常者也。王及卿士、师尹[1]、庶民，一体而无间者也。纪以别前后，位以定上下，皆所以和之。"不愆不忒"，"不陵不犯"，所谓协也。曰"建用"者，皇之所立，惟德而已。自天德言之，则曰太极；自君道言之，则曰皇极；自圣功言之，则曰人极：立乎其中而不偏不倚、不变不动者也。曰"乂用"者，刚柔正直[2]，正直即中也。己德既立，乃可以治人。治人者无他，使自易其刚柔之过，自至其正直之中而已。曰"明用"者，圣人之心虽极其明，犹恐未能尽人之明也，不敢谓无疑焉。大疑，犹孔子言大过[3]。圣人之心，虽纤芥不敢忽，故大之。大之者，慎之至也。谋及乃心，谋及卿士、庶民，犹恐其情有蔽，至于龟筮无情之物，而亦不敢遗。曰"庶几其无蔽"焉，则明之至矣。若其从违之数，则择之甚审，非可期于必同也。曰"念用"者，"念"亦敬而无失之意。雨旸寒燠风[4]者，在天则五气之宣流，在人则五事之征验也。若曰因灾异而后修省，则亦晚矣。曰"向用""威用"者，德为福而极为刑，圣人任德而不任刑。《易》曰："观我生，观民也。"[5]曾氏曰："福、极之在民者，皆吾所以致之，故以考己之得失于民也。"得之。盖民之好德，视吾心之所向而已；民之疾苦，若己推而纳诸沟中。是故威福之作，皆以"辟"言。辟者，法也。天秩天讨，好恶无作焉，是敛福保极之道也。皇极之用，大者尽于是矣。

[1] 师尹：《马一浮集》和《马一浮全集》均用顿号分隔为二，误。《洪范》："王省惟岁，卿士惟月，师尹惟日。"孔传："众正官之吏，分治其职，如日之有岁月。"孔颖达疏："师，众也。尹，正也。众正官之吏，谓卿士之下有正官大夫，与其同类之官为长。" [2] 刚柔正直：刚、柔、正直，即

411

"三德"。　[3]《论语·述而》：子曰："加我数年，五十以学《易》，可以无大过矣。"　[4] 旸（yáng）：《说文解字》："旸，日出也。" 燠（yù）：暖，热。孔安国曰："雨以润物，旸以干物，燠以长物，寒以成物，风以动物。"　[5]《周易》观卦九五《象》曰："观我生，观民也。"意思是，王者以中国为一人，民心之向背，无不自我，观我即所以观民也。

附语

　　天是至上义，至遍义；帝是谛审义：皆表理也。今人乃谓权力高于一切，古则以为理高于一切，德高于一切。其称天以临之者，皆是尊德性之辞。

　　止之各于其所，即是顺物之性。今人好言"征服自然""利用物质"，皆鲧之道，所谓"汩陈其五行"也。武王数纣之罪曰："暴殄天物，害虐烝民。"（《武成》）又曰："谓己有天命，谓敬不足行，谓祭无益，谓暴无伤。"（《泰誓中》）今之以暴力征服人国者，皆狎侮五常，暴殄天物也。故贵德不贵力，乃《书》教要义。

　　《孔传》："天与禹，洛出书。神龟负文而出，列于背，有数至于九。禹遂因而弟之，以成九类常道，所以次序。"《正义》："言'禹弟之'者，以天神言语必当简要，不应曲有次第。丁宁若此，故以为禹次弟之。"此最可笑。林之奇《书传》云："不畀，犹言'天夺之鉴'。天锡，犹言'天诱其衷'。"赵汝楳云："此如'天锡王勇智'、'天锡公纯嘏'之类是也。"《正义》引刘歆说后系之曰："先达共为此说。龟负《洛书》，经无其事，《中候》及诸纬多说黄帝、尧、舜、禹、汤、文、武受图书之事。""纬候之书不知谁作，通人讨核，谓伪起哀、平，虽复前汉之末始有此书，以前学者必相传此说，故孔（指安国。）"云云。是颖达亦颇疑之。但疏家无反注之例，故依违其说耳。

　　《系辞》"天一地二"一节，即《河图》数所自出。"天一生水，地六成之"，始见郑注《礼运》。《月令》皆举成数。扬雄《太玄》云："一六共宗，二七同道，三八为朋，四九为友，五五相守。"亦即《河图》数。《洛书》则本《乾凿度》"太一下行九宫"。郑注："太一，北辰之神名也。"

《尚书中候》叙"河出图，洛出书"自伏羲、黄帝至文、武皆有之，莫知竟谁属？朱子曰："俯仰远近，所取不一。然不过以验阴阳消息两端而已。"《启蒙》本《图》《书》，原卦画，亦不谓画卦必起于《图》也。

《大禹谟》："禹曰：'于帝念哉，德惟善政，政在养民。水、火、金、木、土、谷，惟修；正德、利用、厚生，惟和。九功惟叙，九叙惟歌。'帝曰：'俞，地平天成，六府三事允治，万世永赖，时乃功。'"[1]孔《传》曰："水土治曰平，五行叙曰成。"

[1] 孔颖达疏："养民者使水、火、金、木、土、谷，此六事惟当修治之；正身之德、利民之用、厚民之生，此三事惟当谐和之。"九功：即六事三事之和。六府三事：亦指此六、三。

古制如分州、井田、明堂皆以九为则。

《系辞》曰："是兴神物以前民用。""神物"不定是指蓍龟，亦犹神器之谓。"为"是以私意汩之，"执"是欲得而有之。"开物成务"者，不为不执，顺物之性，各止之于其所而已。（释"为者败之，执者失之"。）

"不堕诸数"者，犹"大德不官，大道不器"之意。如牟尼宝珠，五方异色，"仁者见之谓之仁，智者见之谓之智"。尧德"荡荡，民无能名"，"孔子博学而无所成名"，皆不堕诸数也。

自一至四是生数，自六至九是成数。

资于物而为用者，其用有竭。古之言用者不如是。

"三人占，则从二人之言"，即今取决多数之理。

今俗用投票表决，亦用抽签法，此亦卜筮之遗。其实投票亦何以异于蓍龟哉！以质直无伪之心行之，则是稽疑之道；以机械变诈之心行之，则阴谋耳。

"观我生，君子无咎"，《观》九五象辞[1]。王辅嗣曰：五为观主，"故观民之俗以察己之道，百姓有罪，在予一人"。程子曰："九五居人君之位，时之治乱，俗之美恶，系乎己而已。观己之生：若天下之俗皆君子矣，则是己之所为政化善也，乃无咎矣；若天下之俗未合君子之道，则是己之所为政治未善，不能免于咎也。""我生"，出于己者，人君欲观己之施为，当观于民，民俗善则政化善也。孟子曰："王者之民皞皞如也，霸者之民驩虞如也。"[2] 亦谓观民以知其政。

[1] "象辞"应改为"爻辞"。 [2]《孟子·尽心上》的原文是："霸者之民驩虞如也，王者之民皞皞如也。"意思是霸主的功业显著，百姓很快乐；圣王的功德浩荡，百姓怡然自得。驩虞：即欢娱。皞皞（hào）：广大自得的样子。

别释五行

别释初门。此尽物之性也。《易·系辞传》曰："在天成象，在地成形，变化见矣。"见乃谓之象，形乃谓之器。所以成变化者，皆气之所为也，故曰"一阴一阳之谓道"。盈天地间皆气也，气之所以流行而不息者则理也。《易》以八卦表之，《洪范》以五行表之，皆所以"通神明之德，类万物之情"也。言德者如乾健、坤顺、震动、艮止之属，言情者如"雷风相薄，水火不相射"之属，皆此理之著见者也，皆象也，而形器之生成变化由是兴焉。"有天地然后有万物"，万物之数不可以毕举也，其变化亦不可以终穷也。圣人尽物之性而知其资始资生之所由然，故约之以阴阳，冒天下之道而无不遍焉；定之以五行，统天下之物而无不摄焉。五行，一阴阳也。二气即一气也。一气即一理也。而理之行乎气中者，不能无消息、盈虚、屈伸、往复、升降、浮沉、聚散、阖辟、动静、幽显而成相对之象，唯尽性者能一之。故形而上之谓道，此理也；形而下之谓器，亦此理也。于气中见理，则全气皆理也；于器中见道，则离道无器也。老氏推之以本无，释氏拨之以幻有。方术小数溺滞于偏曲，凡愚殊俗迷执于断常。于是竞趋于战胜攻取之途，相倍相贼[1]，而万物皆失其理矣。此非观物之道也。观于《大易》《洪范》之所示，异而知其类，睽而知其通[2]，斯可以无惑焉，故须先释五行。按："五行"之名始于《洪范》。今略明其义，就经文分三：一、标名数，二、辨体性，三、寄味明功。

[1] 相倍相贼：互相背叛，互相伤害。"倍"通"背"。　[2] 意思是，懂得不同事物的统一性，知道矛盾双方的相通性。

标名数

一曰水，二曰火，三曰木，四曰金，五曰土。

一二三四五者，数也。水火木金土者，名也。气有阴阳燥湿，质有刚柔虚实，形有明暗动静，数有奇耦生成[1]。举此五者则具矣，更莫能外。"天一生水，地六成之于北；地二生火，天七成之于南；天三生木，地八成之于东；地四生金，天九成之于西；天五生土，地十成之，位乎中央"，本郑氏《易》注文。扬雄《太玄》云："一与六共宗，二与七同道，三与八为朋，四与九为友，五与五相守。"或即为郑氏所本，亦即《河图》数之所从出也。西九于南，南七于西，而处中唯五，即为《洛书》之数。今独举生数为言者，原其始也；《月令》则举成数，要其终也。天一何以生水？地二何以生火？当以十二消息[2]明之。《复》䷗、《临》䷒、《泰》䷊、《大壮》䷡、《夬》䷪、《乾》䷀、《姤》䷫、《遁》䷠、《否》䷋、《观》䷓、《剥》䷖、《坤》䷁十二卦以配十二月。《复》为十一月之卦，一阳生，故曰"天一生水"。水，阳之动也。《泰》为正月之卦，三阳生，故曰"天三生木"。木，阳之达也。《夬》为三月之卦，五阳生，土始寄王，故曰"天五生土"。土为冲气也。《遁》为六月之卦，二阴生，故曰"地二生火"。火，阴之炽也。孔颖达曰："阴数耦，故不取《姤》之一阴。"《观》为八月之卦，四阴生，故曰"地四生金"。金，阴之凝也。凡生数加五，即为成数。以阴阳之合德必为中数，万物皆丽于土也。周子曰："阳变阴合而生水火木金土。五气顺布，四时行焉。"朱子曰："五行质具于地，而气行于天。以质而语其生之序，则曰水火木金土，而水木阳也，火金阴也。以气而语其行之序，则曰木火土金水，而木火阳也，金水阴也。统而言之，则气阳而质阴。

错而言之，则动阳而静阴。盖五行之变不可穷，然无适而非阴阳之道，至其所以为阴阳者，又无适而非太极之本然也。"故周子又曰："水阴根阳，火阳根阴，五行阴阳，阴阳太极。"朱子又曰："阳变阴合，初生水火。水火，气也，流动闪烁，其体尚虚，其成形犹未定。次生木金，则确然有定形。"孔颖达曰："万物之生从微渐著，五行亦以微著为序。水最微为一，火渐著为二，木形实为三，金体固为四，土质博为五也。"《说文》云："水，准也。北方之行。象众水并流，中有微阳之气也。""木，冒也，冒地而生。东方之行。从中，下象其根。""火，毁也。南方之行。炎而上。象形。""金，禁也。阴气始起，万物禁止也。西方之行。生于土，从土，丷又注，象金在土中形。"今本作"五色金也。黄为之长，久薶不生衣，百炼不轻，从革不违"，恐系后人附益语。此据《五行大义》引，盖许君原文而被后人刊落者。"土，地之吐生万物者也。二象地之上，各本作'下'，从段玉裁注改。地之中，丨物出形也。"《春秋元命包》曰："水之为言演也，阴化淖濡[3]，流施潜行也。木之为言触也，气动跃也。火之为言委随也。土之为言吐也。"皆据《太平御览》引。"金"阙。此皆五行古义。他如《繁露》《白虎通》，疑杂有邹衍五德终始之说[4]，多博士迂曲之谈。如谓"木王土死，为子为父报仇"，"甲木畏金，以乙妻庚"之类，尤鄙诞害义。其悖于义理者，须加料简，以文繁不具引。

[1] 生成：这里是生数和成数的略称。一二三四五为生数，凡生数加五，即六七八九十为成数。　[2] 十二消息：即"十二消息卦"。在一个卦体中，凡阳爻去而阴爻来称为"消"；阴爻去而阳爻来称"息"。"十二消息卦"即被视为由"乾""坤"二卦各爻的"消""息"变化而来的。这十二卦是：复、临、泰、大壮、夬、乾、姤、遁、否、观、剥、坤。配以地支排序之月份，就是：复主十一（子）月，临主十二（丑）月，泰主正（寅）月，大壮主二（卯）月，夬主三（辰）月，乾主四（巳）月，姤主五（午）月，遁主六（未）月，否

十二消息卦图

主七（申）月，观主八（酉）月，剥主九（戌）月，坤主十（亥）月。
[3] 淖（nào）：《说文解字注》：" 淖，泥也。《左传》曰：'有淖于前，乃皆左右相违于淖。'杜注同。《仓颉篇》云'深泥也'。《字林》云'濡甚曰淖'。按泥淖以土与水合和为之，故'淖'引申之义训'和'。" 濡（rú）：沾湿，润泽。　　[4] 五德终始说：战国时期的阴阳家邹衍所主张的历史观念。"五德"是指五行（土、木、金、火、水）所代表的五种德性。"终始"指"五德"的周而复始的循环运转。邹衍常常以这个学说来为历史变迁、王朝兴衰作解释。如说"五德从所不胜，虞土、夏木、殷金、周火"（《文选》李善注引）。又说："代火者必将水"，"数备将徙于土"（《吕氏春秋·应同》）。他认为虞（舜）、夏、殷、周的历史是一个胜负转化的发展过程。它按照土、木、金、火、水依次相胜而具有阶段性，又按照始于土、终于水、徙于土的循环往复而具有周期性。

辨体性

水曰润下，火曰炎上，木曰曲直，金曰从革，土爰稼穑。

此辨其体性也。体以形质言，性以功能言。水以寒湿为体，润下为性，润而能下也。火以热燥为体，炎上为性，炎而且上也。木以柔韧[1]为体，曲直为性，曲而能直，谓其能从绳墨也。金以坚刚为体，从革为性，从而可革，谓其能就镕范[2]也。土德博厚，以含容持载为功，不独可以稼穑，言于是稼穑焉者，稼穑之所资于人尤重也。《淮南子》云："天地之袭精为阴阳，阴阳之专精为四时，四时之散精为万物。" 积阴之寒气，反者为水；积阳之热气，反者为火。水虽阴物，阳在其内，故水体内明，此谓其质阴而气阳也。火虽阳物，阴在其内，故火体内暗，此谓其质阳而气阴也。木为少阳，其体亦含阴气，故内空虚，外有花叶敷荣，此谓其阳含阴也。金为少阴，其体刚利，外质坚，内亦光明可照，此谓其阴含阳也。土包四德，故其体能兼虚实也。古之王者敬时敷政，皆顺五行之性，无敢违之，详在《明堂月令》。《五行传》曰："夺民农时，作为奸谋，则木不曲直。信道不笃，或耀虚伪，逸夫昌，邪胜正，则火不炎上。

417

治宫室，饰台榭，内多淫嬖，则稼穑不成。贪欲恣睢[3]，务立威胜，轻百姓，好攻战，则金不从革。简宗庙，废祭祀，逆天时，则水不润下。"石斋黄氏云："圣人观于五行，得其常质，又推其德性，以施于物。故于润下得其智，于炎上得其礼，于曲直得其仁，于从革得其义，于稼穑得其信。人主智不足以沁物，则为水不润下；礼不足以兴文，则为火不炎上；仁不能旁达，蠹生苞蘖[4]，则为木不曲直；义不能裁决，乍作乍止，则为金不从革；《诗》《书》不御，人民不殖，政令变更，教谏不入，则为土不爱稼穑。"黄氏之说，后胜于前矣。

[1] 韧（rèn）：同"韧"。柔软又结实，受外力作用时，虽然变形而不易折断，与"脆"相对。 [2] 镕（róng）范：熔铸器物的模型、模具、模子。 [3] 恣睢（zì suī）：放纵，放任；任意做坏事，形容凶残横暴，想怎么干就怎么干。 [4] 蠹（dù）：蛀蚀器物的虫子。苞蘖（bāo niè）：指树木旁生的枝叶，后用以比喻子孙后代。

寄味明功

润下作咸，炎上作苦，曲直作酸，从革作辛，稼穑作甘。

此寄味以明其功也。自性发用之谓"作"。望上"润下""炎上"言从性起相，其见于味者有是五种之相也。何以不言五声、五色、五臭，而独举味以为言者？《左氏传》郑子太叔引子产之言曰："天有六气，气为五味，发为五色，章为五声。"以味居首。《素问》亦曰："在天为玄，在地为味。"盖气之感于人者，声、色、臭、味四者之中，味为最近而最察。声、色、臭皆可与人同感，味则其所独知，犹佛氏所谓自证者也。《礼运》曰："人者，天地之心也，五行之端也，食味、别声、被色而生者也。"亦以味居首。圣人岂重味哉？亦观于气之著于物者味为甚，举一以该三，而其他可推而知也。五味得咸而坚，得苦而下，得酸而收，得辛而散，得甘而和。又苦急而甘缓，酸濇[1]而辛通，咸能作坚，亦能软坚。自土味外，其所作者皆其气之反也。润下则流，作咸则止；炎上则扬，作苦则降；曲直则舒，作酸则敛；从革则结，作辛则解：于此见变化气质之道焉。圣人体物之妙，无往而弗在也。裁成辅相[2]，所以尽物之性者，于此可见其一端。善学者思之。

[1]濇（sè）：同"涩"。不光滑、不顺畅。　[2]裁成辅相：典出《周易·泰卦·象传》："天地交，泰。后以财成天地之道，辅相天地之宜。"大意是，君王体察天地相交相宜之道，以裁制施政的方法，使民得以用天时地利。"财"通"裁"，意思是裁制或节制。"辅""相"，都是辅助的意思。

附语

《易》言太极，《礼》言太一，《诗》《书》言帝、天，皆为万物根本，无所谓造物主也。如言道器，言理气，言物变，皆原于孔子之《易》。道言其隐，器言其显也。气以流行言，理以主宰言，物以凝聚言，变以合散言，皆非二之。故两仪、四象、五行、八卦，总此一理。寻常说天地万物一体总是信不及，若知人与物之所由来同此一气，亦同此一理，自然无疑。故须直抉根原，此《洪范》所以首言五行也。

行，从彳、亍。会意字。象人行步，左右即表陰陽。会易本字从日从云，后乃加自，如言山有陰陽，即表物之两面。虽两面，其为物是一。

近人好言时间空间，不知此即变化之象。时空二名，实无从安立，以其同为变化也。唯以理气释之，然后摄无不尽。变化以气言，流行则以理言。"一阴一阳之谓道"，此"道"字与"理"字不异，即其行乎气中而非一非二者也。不杂故非一，不异故非二。言阴阳则非一，言道则非二矣。"行"之为言犹"道"也，唯不知形器之为象，不知象之为气，不知气之为理，于是触途成滞矣。（四时亦是阴阳五行，四方亦是阴阳五行。）

横渠云："一故神，两故化。（自注：'一云两在故不测，两云推行于一。'）"二者，即一之行也。如人有两足方成行，而人身是一。"为物不二"是一，"生物不测"是二。

横渠复云："有象斯有对，对必反其为；有反斯有仇，仇必和而解。"今俗所谓离心力、向心力者，即横渠所谓"爱恶之情，同出于太虚"也。

《泰和宜山会语》《复性书院讲录》注

"仇""反""和""解"字下得稍过,语便近险。今唯物论者云"正反合",亦微有似处。然此言"反"者以相成为义,彼言"反"者以相倍为义,便天地悬隔。

朱子讥东坡《易传》说爻象如两个物事相咬一般,盖专就爱恶相攻处说,颇类今之唯物论家。

金水内照,火日外映,故有明暗。

水火形动,金木形静。

奇耦以表阴阳,言"天一""地二",亦即阴阳奇耦之名耳。四方亦分表阴阳太少[1]。四时亦然。皆不可执以言。"行"者主变化,水、火、木、金、土皆象也。数亦象也。太、少即微著之象,生、成即太、少之象。以数表之,以画表之,以四时四方表之,皆贵于象见气,于气见理。

[1] 太少(shào):是太阴、太阳和少阴、少阳的略称。

十二消息不始于虞仲翔[1],《易纬》《春秋纬》《乐纬》皆有之。郑注《乾凿度》曰:"消息于《杂卦》为尊。"

[1] 虞仲翔:指虞翻(164—233),字仲翔,会稽余姚(今浙江省余姚市)人。三国时期吴国学者。

每月配一卦,如《乾》之初九属《复》,《坤》之初六属《姤》是也。《临》《观》以下仿此。故十二消息卦实每月得《乾》《坤》之一爻耳。卦者,挂也。象者,象也。观象而得其理,岂有定法?《河》《洛》之数亦象也,信卦象而不信《图》《书》,是知二五而不知十。如今人信自然科学而不信五行,亦是知二五而不知十。

金属可以揉和融冶是"从",范之为器则各有成形是"革"。

播种为稼,收获为穑。

"袭"言互相因藉也。"专"言分主一时之气。

《正蒙》曰:"木金者,土之华实[1]也,其性有水火之杂。故木之为物,水渍则生,火然[2]而不离也,盖得土之浮华于水火之交也。金之为物，得火之精于土之燥，得水之精于土之濡，故水火相待而不相害，铄之反流而不耗，盖得土之精实于水火之际也。"又曰："阳陷于阴为水，附于阴为火。"其言皆甚精。见《参两篇》。可思之。

[1] 华实：花朵与果实。　[2] 然：通"燃"。

气之著于物者味为甚，"著"字入声。

《人物志》云："凡人之质量中和最贵。中和之质必平淡无味，故能调成五材[1]，变化应节。是故观人察质，必先察其平淡，而后求其聪明。"刘昞注云："质白受采，味甘受和。""唯淡也，故五味得和焉。"故土之味无反而能入众味，在人则为忠信也。

[1]《左传·襄公二十七年》："天生五材，民并用之，废一不可"。杜预注："金，木，水，火，土也。"

别释五事

别释第二。此尽己之性也。"事"训职，犹言官司[1]。《尔雅·释诂》："职，主也。"孟子曰："心之官则思。"《周礼》六官皆言职，《内经》于藏府[2]皆名官。士者，事也[3]。《大雅》曰"武王岂不仕"，亦即"士"字。今之所谓事者，皆受之于人，若无与于己。然古之所谓事者，皆就己言，自一身而推之天下，皆己事也。故曰"己外无物"，"圣人无己，靡所不己"，"宇宙内事，即吾性分内事"。凡言事者，皆尽己之事也。性即理也，理事不二，理外无事，亦即性外无事。约之以五事，以为万事根本。五事皆尽其理，然后万事皆无失职。一有不举，则性德有亏，失其所以为己矣。"以言乎远则不御[4]，以言乎迩则不可离。事之最切而其用无尽者毕在于是。舍是岂别有乎？就经文分三：一标名，二显德，三明功。

[1] 官司：官吏的分职，百官。《左传·定公四年》："备物典策，官司彝器。"《马一浮集》和《马一浮全集》"官司"之间都加了顿号，分别官、司为

二，盖欲区别于作为诉讼的"官司"。　　[2]《内经》：即《黄帝内经》。藏府：即"脏腑"。　　[3]《说文》："士，事也。"　　[4]《周易·系辞》："夫《易》广矣大矣，以言乎远则不御，以言乎迩则静而正，以言乎天地之间则备矣。"不御：犹言"无止境"，《集解》引虞翻曰："御，止也。"

标名

一曰貌，二曰言，三曰视，四曰听，五曰思。

五事次第，先儒以配五行，其说互异。《五行传》以貌配木，言配金，视配火，听配水，思配土。此据《说卦》"《震》为足""《兑》为口""《离》为目""《坎》为耳"之象推之者也。然不能克指何卦为心之象，则思无所属。貌该动静，主全身，亦不可专以足言之。若以《说卦》配五行，则《坎》为水，《离》为火，《巽》为木，《乾》为金，《坤》为土。如是则貌木言金，又当取象于《乾》《巽》矣。《素问》以肝属木，开窍于目；肾属水，开窍于耳；肺属金，开窍于鼻；脾属土，开窍于口；心则属火而主言。《淮南·精神训》则以肺主目，肾主鼻，胆主口，肝主耳，又以肝为金而心为土，亦与《素问》不合。《说文》："心，土藏。""博士说以为火藏。""肾，水藏。""肺，金藏。""肝，木藏。""脾，土藏。"心脾皆配土而阙火，可疑。段玉裁云："'肺'下当云'火藏'也，博士说以为金藏。肝，金藏也，博士说以为木藏。脾，木藏也，博士说以为土藏。"《五经异义》引《今尚书》欧阳说[1]：肝，木；心，火；脾，土；肺，金；肾，水。《古尚书》说：脾，木；肺，火；心，土；肝，金；肾，水。欧阳说与《素问》同，《古尚书》说则与《月令》四时之祭同。许难郑驳[2]，文不具引。《太玄》亦用《古尚书》说。郑谓《月令》四时之祭乃以五藏之上下为次。冬位后，肾在下；夏位前，肺在上；春位小前[3]，故先脾；秋位小却[4]，故先肝。肾肝俱在鬲[5]下，肺心俱在鬲上。然医疾则从今文说乃有瘳。反之，不死则剧。古说之参差如此，其取象各有不同，不可执泥。

[1]《今尚书》：即"今文尚书"。《后汉书·孙期传》："济南伏生传《尚书》，授济南张生及千乘欧阳生。欧阳生授同郡儿宽，宽授欧阳生之子，世世相传，至曾孙欧阳高，为'尚书欧阳氏学'。" [2] 许难：指许慎作《五经异议》以非难今文经学。郑驳：指郑玄为反驳许慎而作《驳五经异议》。 [3] 小前：稍稍上前。 [4] 小却：稍稍退却。 [5] 鬲：通"膈"，横隔膜。《素问·风论篇》："食饮不下，鬲塞不通。"

石斋黄氏曰："《易》有《易》之序，《范》有《范》之序。其一二三四的然不爽[1]，岂宜背驰？"是也。蔡《传》曰："五行乃生数，自然之序。五事则本于五行，庶征则本于五事。"今按本经休征，明举五事之应，当从蔡《传》以貌泽配水，言扬配火，视散配木，听收配金，思通配土[2]，与初门五行生数之序相应，于义为安。盖在天为五行，在人为五事，皆此一气，皆此一理。释氏所谓"明不循根，寄根明发"[3]，故有无目之视，无耳之听，六根互用，皆得圆通，岂曰专滞于一官一能哉？总此五事，并为一心之妙用。圣人敬而用之，则以践形尽性。凡愚肆而失之，则以徇欲忘生。《洪范》建极之功，实以此门为最要。孔子答颜渊问仁之目[4]，曾子告孟敬子三贵之道[5]，《曲礼》约之以"毋不敬"[6]，《论语》广之为"九思"[7]，皆"敬用五事"之旨也。

[1] 的然（dí rán）：事实明白显然。不爽：没有差错。 [2] 五"配"原文，《马一浮集》和《马一浮全集》断句和标点多误。且"听"字误作"德"字，盖"听"的繁体字与"德"近形而误。今一并改正。 [3] 语出《大佛顶首楞严经·第四卷·第十四章》："不由前尘所起知见，明不循根，寄根明发，由是六根互相为用。"全句意为，既得六根脱缚而自在，其所起之知见，皆由法性自体起用，不受虚妄六根所蒙蔽，而是巧使六根，为我所用，所发之光明极其清净无染，由此可使六根互用，乃至一根可出生法性无尽之神妙功能。 [4]《论语·泰伯》：颜渊问仁。子曰："克己复礼为仁。一日克己复礼，天下归仁焉。为仁由己，而由人乎哉？"颜渊曰："请问其目。"子曰："非礼勿视，非礼勿听，非礼勿言，非礼勿动。"颜渊曰："回虽不敏，请事斯语矣。" [5]《论语·泰伯》：曾子有疾，孟敬子问之。曾子言曰："鸟之将

死，其鸣也哀；人之将死，其言也善。君子所贵乎道者三：动容貌，斯远暴慢矣；正颜色，斯近信矣；出辞气，斯远鄙倍矣。笾豆之事，则有司存。"　[6]《礼记·曲礼》："毋不敬，俨若思，安定辞，安民哉！"　[7]《论语·季氏》：孔子曰："君子有九思：视思明，听思聪，色思温，貌思恭，言思忠，事思敬，疑思问，忿思难，见得思义。"

显德

貌曰恭，言曰从，视曰明，听曰聪，思曰睿。

此明德性之发见于五事者，皆本然之理，人人具足者也。五事是气，五德是理。理行乎气中，其在貌则曰恭，在言则曰从，在视则曰明，在听则曰聪，在思则曰睿。如是则全气是理，谓之践形。其有不恭、不从、不明、不聪、不睿者，则是气之昏塞而理有所不行也。性德既隐而亦不能尽其形之用矣。

恭者，温粹敛摄，非可矫而饰也；从者，理顺辞达，非可袭而取也；明者，烛幽洞微，非以察察[1]为贵也；聪者，声入心通，非是循声逐物也；睿者，智照内发，非假强探力索也。五德之相，贯之者"思"；五事之用，发之者"敬"。故程子曰："敬也者，体信达顺之道，聪明睿智皆由此出。"唯敬而后能知性，唯敬而后能尽性，唯敬而后能践形。尧之"钦明文思"[2]，舜之"浚哲文明"[3]，禹之"安汝止，惟几惟康"[4]，汤之"圣敬日跻"[5]，文王之"于缉熙敬止"[6]，皆用是道也。石斋黄氏曰："天道言'行'，天之所自行；人道言'事'，人之所有事。""人事者，天道之精神也。天人之精神皆聚于敬；非敬则五事无其体，非敬则五行无其用。貌敬则恭，言敬则从，视敬则明，听敬则聪，思敬则睿。貌言视听思，皆人也；恭从明聪睿，则皆天也。人而天之，敬用之效也。"[7]全气是理，即人而天。理有所不行，即性有所不尽，而天人隔矣。此是圣人吃紧为人处。思之。

[1] 察察：明辨，清楚、洁净的样子。《老子》："众人察察，我独闷

冈。" 　　[2]钦明文思：出自《尚书·尧典》。郑玄注"敬事节用谓之钦""照临四方谓之明""经天纬地谓之文""虑深通敏谓之思"。　　[3]"浚哲文明"：出自《尚书·舜典》。浚哲：智虑高深。文明：文德辉耀。　　[4]惟几惟康：语出《尚书·皋陶谟》。朱彝尊《经义考》卷五十九："几者，动之微，吉之先见者也。"《尔雅·释诂》："康，安也。"　　[5]圣敬日跻：出自先秦的《诗经·商颂·长发》："汤降不迟，圣敬日跻。"汤：商汤，帝号太乙，商王朝的建立者。降：降生。跻：升。　　[6]"于缉熙敬止"出自《诗经·大雅·文王》："穆穆文王，于缉熙敬止。"于：语助词。缉：像纺线一样连绵不断。熙：火光盛大。敬：留心于当下。止：事事恰当。醇儒伍庸伯用四句诗来解释这两句："沉潜纯洁那文王，心功不断常光亮；时时留意在当前，样事做来都恰当。"　　[7]从"石斋黄氏曰"至此，皆引自黄道周《洪范明义》。《马一浮集》及《马一浮全集》标点均误，今据《洪范明义》订正。

明功

恭作肃，从作乂，明作晢，聪作谋，睿作圣。

凡言"作"者，指功用而言，亦曰功业、德业者，体用之殊称。体用不二，但就其具于自性者则谓之德，就其发于自性而措之天下、加之庶民者则谓之业。佛氏谓之自受用、他受用。自他不二，尽己之性，则能尽人之性，民物皆共此一理。德之及人者为业，等是性分内事也。"有孚颙若"[1]之谓肃，恭之所作，"仪刑万方"[2]也；"言为世法"[3]之谓乂，从之所作，如理如量也；"知人善鉴"之谓晢[4]，明之所作，物无遁形也；"兼听广纳"之谓谋，聪之所作，志无不通也；"事事无碍"之谓圣，睿之所作，从心所欲，更不逾矩也。肃则"不动而变"，乂则"不言而信"，晢则"不见而章"，谋则"不行而至"，圣则"无为而成"[5]。斯建极之根本，尽性之深功也。而其要则从敬入。所谓"夙夜基命宥密"[6]，圣人以此斋戒、神明其德者，岂有他哉？如是而已矣。其道实至简至易，其用则至大至神。悟之则当处湛然，迷之则转求转远。得其解者，知为盛德之形容；昧其原者，唯是数他人之宝藏。此非实下功夫、自悟自证不可，勿徒视为义训边事。

　　[1] 语出《周易·观卦》卦辞。孚：诚信。颙若：庄严肃穆的样子。[2] 语出《宋书·本纪第二》："忠肃之志，仪刑万方。"仪：威仪。刑：通"型"。万方：四面八方。仪刑万方，就是表率天下的意思。　　[3] 语出《吹剑录外集》："今伊川、晦庵二先生，言为世法，行为世师。"意思是，说出来的话能作为世人的法则。　　[4] 《说文》："晢（zhé），昭明也。"　　[5] "不动而变"出自《中庸·第二十六章》："故至诚无息。（中略）如此者，不见而章，不动而变，无为而成。"大意是，（有了至诚之心）不去表现就会彰明，不去发动就会造成变化，不去作为就能自然成功。"不言而信"出自《庄子·田子方》，指君子不用说什么就能得到别人的信任，形容有崇高的威望。"不行而至"出自《周易·系辞传》，意思是易道神妙，不用行走就能到达。[6] 语出《诗经·周颂·昊天有成命》。夙夜：日夜，朝夕。基：谋划。命：政令。宥（yòu）密：宽仁宁静。

　　按《论语》"颜渊问仁"章，《灯录》波罗提答异见王问性一段公案，与《洪范》五事对勘，便见释氏疏处，不及儒者之密。在《论语》问仁，仁即指本体；仁是性德之全，故识仁即是知性。"请问其目"，即指工夫。性不可见，见之于仁；仁不可见，见之于礼。礼之所在，仁即在焉；仁之所在，性即显焉。其事至近，不出视听言动四者，日用不离。苟无非礼，当体即仁，故曰"仁远乎哉？"视听言动皆气也，礼即理之行乎气中者也，仁则纯然天理也。四事皆礼，则全气是理，全情是性矣。不言"思"者，思贯四事也。参看《宜山会语·说视听言动》。五德之相，恭、从、明、聪、睿。以礼该之；五用之果，肃、乂、晢、谋、圣。以仁统之。如是则知《论语》此章与《洪范》五事之旨无殊也。波罗提乃达磨弟子，其与异见王问答，今略举之。

　　异见王问："何为佛？"提曰："见性是佛。"王问："性在何处？"提曰："性在作用。"王曰："是何作用？我今不见。"提曰："今现作用，王自不见。"王曰："于我有否？"提曰："王若作用，无有不是；王若不用，体亦难见。"王曰："若当用时，几处出现？"提曰："现处有八：在胎为身，出世为人，在眼曰见，在耳曰闻，在鼻辨香，在口谈论，在手执捉，在足运奔。遍现俱该沙界，收摄在一微尘。识者知是佛性，不识唤作精魂。"王闻偈已，心即开悟。

　　学者当知，此亦佛氏质朴之说，若但据此能见能闻者便谓之性，是祇[1]识得气，犹告子言"生之谓性"矣。告子言"生之谓性"与程子言"生之谓性"不同，告子以知觉运动言，故曰"食色，性也"，程子则以生之理言。波罗提末后四句却精，告子之言却粗，视波罗提犹太远在。后来禅师家却推勘转精，以此为"认识神"[2]。其言"识神"，犹儒者所谓"气"也。彼谓转识成智，即全气是理，彼以智当理也。程子曰："虽不见不闻，而见闻之理在。"始得。须知见闻之理方是性，不可便执见闻为性。《洪范》之明五德五用，《论语》之言礼言仁，乃是指出此气中之理，故与"在眼曰见，在耳曰闻"之说不同也。只看《洪范》曰："视曰明，听曰聪"，与彼语全别。故明道曰："论性不论气，则不备；论气不论性，则不明；二之则不是。"如此互勘，疏密可见。此须料简明白，亦使学者知今日是说经义，不是说禅也。至孟子"四端"之说，乃是教人于情中见性，亦是直指人心，令其当下察识。在五事中唯是"思"摄，故曰："乃若其情，则可以为善矣，乃所谓善也。"[3] "全气是理"与"全情是性"并无二致。圣贤千言万语，虽诠表之辞多端，祇是教人识取自性，合下用力而已。信得及者必不滞于名言，然既用名言，却须分疏审谛，不得儱侗。善学者自知。

[1] 祇（zhǐ）：正、恰、只。　　[2] 认识神：认，是错认。识神，禅宗专指能起意识作用者。无门关："学道之人不识真，只为从前认识神，无量劫来生死本，痴人唤作本来人。"　　[3] 语出《孟子·告子上》。

附语

　　君，古文作𠻒。上从𠂇表行，下从曰表言。𠙻之反为"司"，"后"训继体之君。"司"训"臣"，司事于外者。此许君说。其实古文"后""司"

《泰和宜山会语》《复性书院讲录》注

是一字。今出土古鉩[1]文正反不定，故"后稷"即是"司稷"也。上从"人"，下从"口"。《易》曰："后以施命诰四方"，是亦表言也。"事"从🈯，业省声。🈯，记事者也。从彐，持"中"。"中"表理，彐表动作，即所谓事也。𠂤从𠂤，在𠂤下，会意。𠂤即今之"堆"字，表众也。犹今言集团，领众人之事也。古文只作𠂤，如山字作𠂤，变形为𠂤。"山""阜"古亦系一字也。"职"从"耳"，亦达聪之意，古人制字之精如此。

[1] 鉩（xǐ）：古同"玺"。

"思"从"心"、从"囟"。囟，头会垴[1]盖也。"囟"表形体，"心"则表思虑，亦非指肉团心。

[1] 垴（nǎo）：古同"脑"。

皃，《说文》："颂仪也。""颂"即"容"字。"貌"从"豹"省声，是后起字。或从"页"，"页"亦"面"也，白象人面，儿古文奇字"人"。《内经》云："面为心之华。"故在心为思，见于面则为皃。其实视听言动皆是思摄，亦可以貌摄。故曰"威仪三千"，言其容貌之盛也。如"常视无诳"[1]、"不倾听"[2]、"视瞻毋回"[3]、"毋淫视"[4]、"毋侧听"[5]、"立毋跛，坐毋箕"[6]、"毋儳言"[7]"毋勦说"[8]之类。视听言动皆有貌也。贾谊有《容经》，疑即出于《曲礼》。又"言语之美，穆穆皇皇；朝廷之美，济济翔翔"[9]，皆言貌也。"子温而厉，威而不猛，恭而安"[10]，圣贤气象亦是貌。《诗》言"美盛德之形容"[11]，即谓心之貌。《诗》《书》叹德多形容辞，不可殚举，大抵貌之所摄至广。佛氏谓之"德相"。"相"字从"木"。郑氏说物之可观者莫如木，故以貌配木，亦有义。

[1] 《礼记·曲礼上》："幼子常视无诳。"《注》："'视'今之'示'字。"意思是，对于幼儿要恒常示范他们不欺诈。 [2] 《礼记·曲礼上》："立必正方，不倾听。"意思是，不要侧耳探听别人的说话。 [3] 《礼记·曲礼上》："将入户，视必下；入户奉扃，视瞻毋回。"《注》："扃，门关木也。入户之时，两手当心，如奉扃然，虽瞻视而不回转，嫌于干人私也。" [4] 《礼记·曲礼上》："毋淫视。"意思是，不要转动眼珠斜看。 [5] 《礼记·曲礼上》："毋侧听，毋噭应。"意思是，不要侧耳探

428

听别人的说话。　　[6]《礼记·曲礼上》："立毋跛,坐毋箕。"意思是,站立时要双腿挺直,不可一腿直立,一腿打弯,坐着时不要像畚箕一样把双腿叉开。　　[7]《礼记·曲礼上》："长者不及,毋儳言。"孔颖达疏:"长者正论甲事,未及乙事,少者不得辄以乙事杂甲事,暂然杂错师长之说。"儳（chán）言:指别人说话未完便插话,打乱别人的话题。　　[8]《礼记·曲礼上》："毋勦说,毋雷同。"勦（chāo）,一本作"剿"。郑玄注:"剿,犹擥也。谓取人之说,以为己说。"一说为截断别人的说话。俞樾《群经平议·礼记一》："'毋剿说,毋雷同',皆承上文'正尔容,听必恭'而言。长者有言当敬听之;若不待其言之毕,而横发议论以绝断之,是为剿说。"后人多从郑说。　　[9]引自《礼记·少仪》。"正义曰:此一节明诸事之宜。此'美'皆当为'仪'。'言语之美'者,谓与宾客言语。（中略）穆穆皇皇,皆美大之状。'济济翔翔'者,指在朝威仪。'济济翔翔'者,谓威仪厚重宽舒之貌。"　　[10]引自《论语·述而篇》。大意是,温和而严厉,威严但不凶暴,恭谦礼让却又自然安详。　　[11]语出《文选·卜商〈诗序〉》："颂者,美盛德之形容。"

释氏言六根,身当貌,意当思。然彼有浮尘根、胜义根[1]之别,此则唯是胜义根也。"明不循根"者,谓不逐缘生,不因境起,了然自觉也。"寄根明发"者,谓即无根尘,此理自在,特寄于诸根而显发耳,非是必待于根也。故曰:"灵光独耀,迥脱根尘。"此非实证实悟,无能领会。《圆通章》[2]三相,《楞严》本独赞耳根,实则诸根本无胜劣,并一心之妙用也。

　　[1]浮尘根,指世人所见的眼睛、耳朵、鼻子、舌头、身体等。这五根还只是眼、耳、鼻、舌、身五根的辅助器官,还不是真正能见、能听、能嗅、能言、能触的"胜义根"。胜义根才是眼、耳、鼻、舌、身五根之实体。心依"胜义根"而有发识取境之作用。　　[2]"章"字,《马一浮集》误作"常",《马一浮全集》不误。二者皆缺书名号。

庄子言"无听之以耳而听之以心,无听之以心而听之以气",此亦六根互用之旨。《楞严》亦云"心闻洞十方",与庄子同意。

如离娄之明,师旷之聪,犹是一官一能之事,与伯夷之清、柳下惠之和一例,非全德也。

言"寄"者,聪明睿智皆为心德,但在听则为聪,在视则为明。如在

《泰和宜山会语》《复性书院讲录》注

父曰慈，在子曰孝，本为一德。喻如在方成珪，遇圆成璧[1]。

[1] 珪：同"圭"。南北朝·谢惠连《雪赋》："既因方而为圭，亦遇圆而成璧。"圭、璧都是玉，形状不同。圭是下边方、上边或圆或尖的玉，璧是圆形的玉。整句话是形容雪因物的方圆不同而积聚成圭或璧的形态。

"从"是言其理顺，非"从违"之"从"。

"巧言、令色、足恭"，皆圣人之所恶。不诚即不仁也。大抵作意为之者皆不是，如翦彩为花，绝无生意。

《说文》"思"即训"睿"。

《人物志》曰："心质亮直，其仪劲固；心质休决，其仪进猛；心质平理，其仪安闲。"[1]夫容之动作，发乎心气，故诚仁必有温柔之色，诚勇必有矜奋之色，诚智必有明达之色。

[1] 心地光亮、直正，其仪容则强劲而稳固；心地美善、果决，其仪容则精进而勇猛；心地平和、顺物，其仪容则安宁而闲逸。

"目击而道存"[1]，更不假言说，可谓肃。

[1] 一个人具有深厚的道德修养，人们只看一眼便能感受得到他身上所承载的道。语出《庄子·田子方》。

如理，谓不可移易；如量，谓不可增损。

"胡来胡现，汉来汉现"[1]。释明

[1] 《五灯会元》卷十三之"云居怀岳禅师"：僧问："如何是大圆镜？"师曰："不鉴照。"曰："忽遇四方八面来时作么生？"师曰："胡来胡现，汉来汉现。"意思是，胡人来了显现胡人，汉人来了显现汉人，无须作意认识，却能准确无误。

闻一知十，闻乐知德。释聪

"尸居而龙现，雷声而渊默"[1]。释"不动而变""不言而信"。谋，非家至而户喻也。"民之所好好之，民之所恶恶之"[2]，自然同符。

[1]《庄子·天运》:"然则人固有尸居而龙见,雷声而渊默,发动如天地者乎?"《庄子·在宥》:"故君子苟能无解其五藏,无擢其聪明,尸居而龙见,渊默而雷声。"大意是,看似静如尸,实则动如龙;看似默默不语,实则如雷声震天。　[2]语出《礼记·大学》:"民之所好好之,民之所恶恶之,此之谓民之父母。"意思是说,老百姓喜欢什么,当权者就喜欢什么;老百姓厌恶什么,当权者就厌恶什么,这才称得上老百姓的父母官。

别释八政

别释第三。此尽人之性也。政者,正也,未有己不正而能正人者。尽己之性,所以正己;尽人之性,乃以正人。故五事之后,次以八政。五事者,八政之本;八政者,五事之施也。政、事于古浑言不别。《洪范》"八政"即《虞书》之"三事"。"正德,利用,厚生,惟和","三事允治",在《洪范》即谓之"农用八政"。《正义》引郑注:"'农'读为'醲'。"《论语》皇疏:"农,浓也。"实则古唯"农","浓""醲"皆后来孳乳[1]字。八政摄于三事,皆所以厚生,故曰"农用";皆所以正德,故名为"政"。《易·系辞》曰:"精义入神,以致用也。利用安身,以崇德也。"上句是从体起用,下句是摄用归体。精于义则利于用,故曰"利物足以和义",非如今语以物为利也。"厚生"者,厚其生之德;"利用"者,利其德之用;二事亦摄于正德。八政皆正人之事,即正德之事。曰"农用"者,犹言"利用,厚生"耳。《虞书》"在璇玑玉衡[2],以齐七政",是日月五星之运行亦名为政。"有能奋庸,熙帝之载"[3],载,事也。是帝之敷政亦名为事。《文王》之诗曰:"上天之载,无声无臭",毛传:"载,事也。"郑笺:"谓天道。"是天道亦名为事。《论语》"子曰:《书》云'孝乎惟孝,友于兄弟,施于有政',是亦为政。"是且名孝友为政矣。《中庸》曰:"为政在人,取人以身,修身以道,修道以仁。"五事之目,"修身以道"也;八政之目,"为政在人"也。《尔雅·释诂》:"绩、绪、采、业、服、宜、贯、公,事也。"如《书》"庶绩咸熙",

《诗》"缵禹之绪",《书》"亮采有邦",《易》"举而措之天下之民,谓之事业",《诗》"曾是在服",毛传:"服,政事也。"《周礼》"侯服、甸服",郑注:"言服王事也。"《论语》"务民之义"、义者,宜也。"仍旧贯",《诗》"夙夜在公",皆指政言,而《尔雅》俱释为事。是知古之所谓政者,视为伦常日用所当行之事,义在正己以正人,非有一毫权位之意存乎其间。如后世之力征经营,怙势贪利,据国窃号,厉民以求其所大欲者,是夷狄之道,五帝三王之罪人,不得目之为政也。此门经文但有标目,今略释"政"字义。

　　[1]孳(zī)乳:有繁殖之意,泛指派生。　[2]璇玑玉衡:由于记载简略,含意难以理解,从汉代起就产生两种不同看法:一主星象说,一主仪器说。孔传:"璇,美玉。玑衡,王者正天文之器,可运转者。"孔颖达疏:"玑衡者,玑为转运,衡为横箫,运玑使动于下,以衡望之。是王者正天文之器。汉世以来谓之浑天仪者是也。"一说为北斗七星,一至四星名魁,为璇玑;五至七星名杓,为玉衡。　[3]《尚书·舜典》:"有能奋庸,熙帝之载。"奋庸:谓努力建立功业。熙:兴盛,盛隆。载:事,事业。大意是,奋发张扬帝尧以来的业绩。

释八政之目

　　一曰食,二曰货,三曰祀,四曰司空,五曰司徒,六曰司寇,七曰宾,八曰师。

　　制民之产谓之食,通其有无谓之货,报本追远谓之祀,孟子所谓"使民养生丧死无憾"者也。凡任土作贡,分田制禄,皆属于食;布帛钱刀[1],懋迁市易[2],皆属于货;郊社宗庙,山川群神,皆属于祀。有生之伦,禀气赋形,不能无养,故先食;给其所求,使通而无乏,故次货;使知其生之所自来,资以为养者之所从出,而弗忘弗倍焉,故次祀。荀子曰:"无天地恶生?无先祖恶出?无君师恶治?"故古之王者及贤圣皆当祀。此三者之次第也。

　　[1]钱刀:意思是钱币、金钱。刀:古代一种刀形钱币。　　[2]懋

(mào)迁：贸易。语出《尚书·益稷》："懋迁有无化居。"孔传："勉劝天下，徙有之无，鱼盐徙山，林木徙川泽，交易其所居积。"懋：勤奋努力，古同"茂"，盛大，这里是勉励、鼓励的意思。迁：迁移，迁徙；变动，转变。市易：即市场交易。

司空之任，量地制邑以居民。《王制》曰："地邑民居，必参相得也"[1]。无旷土，无游民，食节事时，民咸安其居，乐事劝功，〔尊君亲上〕，然后兴学。"故次以司徒。《虞书》："慎徽五典，敬敷五教"[2]，司徒之任也。"《王制》曰："一道德以同俗"，"上贤以崇德，简不肖以绌恶"[3]，"不率[4]教者"，"屏之远方"。教之不从而后有刑，故次以司寇。"蛮夷猾夏，寇贼奸宄"[5]，则与众共弃之。"明于五刑，以弼五教"，司寇之任也。此又三者之次第也。

[1] 句意为，要使土地广狭、城邑大小、被安置民众的多少这三者互相配合得当。参，即叁（三）。　[2]《尚书正义·舜典第二》："徽，美也。五典，五常之教：父义，母慈，兄友，弟恭，子孝。"慎：慎重。敬：认真。敷：传播，广布。　[3] 句意为，尊尚贤人，所以崇奖有德；简去不肖，所以绌退恶人。简：选择。绌：辞退。　[4] 率：遵循。　[5]《尚书注疏》卷二："帝曰：皋陶，蛮夷猾夏，寇贼奸宄。"孔传："猾，乱也。夏，华夏。群行攻劫曰寇，杀人曰贼。在外曰奸，在内曰宄（guǐ）。"

按《今文尚书》夏侯、欧阳说，以天子立三公：一曰司徒，二曰司马，三曰司空。据《牧誓》"王曰：嗟我友邦冢君。御事：司徒、司马、司空、亚旅、师氏、千夫长、百夫长"，是犹周制诸侯大国之三卿也。《礼记》正义引崔氏云："大国立司徒，兼冢宰之事；立司马，兼宗伯之事；立司空，兼司寇之事。故鲁季孙为司徒，叔孙为司马，孟孙为司空。"然孔子为鲁司寇，是亦有"司寇"名。《古文周礼》说则以六官为六卿，而三公则为太师、太傅、太保。官制自周而益备。唐虞之世，舜命九官，无三公之目，亦未有司寇之名。禹为司空，契为司徒，皋陶为士，即司寇也。如弃为后稷，垂为共工，益为虞，则主食货之官也。伯夷为秩宗，则主祀之官也。夔为典乐，龙为纳言[1]，则司徒之佐也。独称三司者，职官之制可得而增损，其事义莫能外也。

　　[1]《龙氏纪略》："龙者，帝喾之庶子也。虞舜封龙作纳言，出纳君命。纳言为虞廷九官之一。"

　　宾所以待朝聘、会同[1]，师所以讨不义、除暴乱，有征而无战[2]。二者之次第亦犹司徒之与司寇也。不曰"兵"而曰"师"者，"耀德不观兵"[3]。兵统于刑，刑统于礼。师者，众也。师以"容民蓄众"为义[4]；众所归往，非曰以力服之也。八者皆"利用、厚生"之事，亦皆"正德"之事。是知《洪范》之所谓政者，正德而已矣。正己以正人，故曰尽人之性也。

　　[1] 会同：古代诸侯朝见天子的通称。《诗·小雅·车攻》："赤芾金舄，会同有绎。"毛《传》："时见曰会，殷见曰同。"　[2]《宋史·列传·世家二》："王者之师，有征而无战。"　[3]《国语·周语上》："先王耀德不观兵。"韦昭注："观，示也。"　[4]《周易·师卦》："象曰：君子以容民畜众。"孔颖达疏："容纳其民，畜养其众。"

　　按八政、三事，约而言之，祇是教、养二端。《虞书》曰："德惟善政，政在养民。"食货者，养之事；自祀以下，皆教所摄。"利用、厚生"，养也；"正德"，教也。寓教于养，故有制度；寓养于教，故有文为。制度文为皆在于礼。荀卿曰："礼者，养也。"不唯食货之养而已。文采以养其目，声音以养其耳，威仪以养其四体，理义以养其心，故教亦养也，养亦教也，教养合一，然后人性可尽也。故曰"道之以德，齐之以礼"，舍是非所以为政也。所谓富之者，"使有菽粟如水火"[1]；教之者，使人人皆有士君子之行。非如后世之言富强、务攻战也。故曰："不患寡而患不均，不患贫而患不安。盖均无贫，和无寡，安无倾。"[2]孟子曰："无政事，则财用不足。"[3]生之无道而用之无节，虽有府库之藏，非其有也。《王制》：

冢宰通三十年制国用，三年而余一年之蓄，量一年之所入而用其四分之三。"无九年之蓄曰不足，无六年之蓄曰急，无三年之蓄曰国非其国也。"《汉书·食货志》曰：余三年食曰登，再登曰平，三登曰太平。然后王德流洽，礼乐成焉。周室既衰，"暴君污吏慢其经界"[4]，"于是上贪民怨，灾害生而祸乱作。陵夷至于战国，贵诈力而贱仁（义）〔谊〕，先富有而后礼让。〔是时〕，李悝为魏文侯作尽地力之教。……（魏犹以致富强）〔行之魏国，国以富强〕。及秦孝公用商君，坏井田，开阡陌，急耕战之赏，〔虽非古道，犹以务本之故〕，倾邻国而雄诸侯。然王制遂灭，僭差（无）〔亡〕度。庶人之富者累巨万，而贫者食糟糠；有国强者兼州域，而弱者丧社稷。至于始皇，遂并天下，内兴功作，外攘夷狄，收泰半之赋，三分取其二。发闾左之戍。颜师古曰："闾，里门也。言居在里门之左者，一切发之。"应劭曰："未及取右而秦亡"。竭天下之资财以奉其政，犹未足以澹[5]其欲也。海内愁怨，遂用溃畔。"[6]盖唐虞三代之法，卒坏于秦。自兹以后，所以养民教民之道皆失之矣。今夷狄之有国者，盖皆用秦之道者也。孟子曰："不仁而得国者有之，不仁而得天下者未之有也。"观于《洪范》八政，不出教养二端，制之者礼，行之者仁，而后知王政之根原实为尽性之事，制度名物可变而其义不可以易。如有圣人复起，其必用斯道矣。

[1] 语出《孟子·尽心上》："圣人治天下，使有菽粟如水火。"意思是说，圣人治理天下，会让人民的菽粟像水和柴火一样充足。　[2] 语出《论语·季氏》。大意是说，不用担忧财富不多，只须担心财富不均；不必担忧人民太少，只须担忧境内不安。若是财富分配合理，便无所谓贫穷；境内和平团结，便不会觉得人少；境内平安，国家便不会倾危。　[3] 语出《孟子·尽心下》。　[4] 语出《孟子·滕文公上》："夫仁政必自经界始。经界不正，井地不均，谷禄不平，是故暴君污吏必慢其经界。"慢其经界，就是无视田地界限而侵占农民田地。　[5] 颜师古注："澹，古'赡'字也。赡，给也。"　[6] 本段从"于是上贪民怨"至此，全文引自《汉书·食货志第四上》（颜师古注），只有一段省略和个别字句出入。《马一浮集》和《马一浮全

集》均未核对原文，故标点符号均误，今一并校正。溃畔：亦作"溃叛"，意思是叛乱离散。

附语

尽人之性、尽物之性与尽己之性微有不同。尽己之性，尽乃竭尽无余之称，如"视欲极其明，听欲极其聪"是也。尽人之性，只是勿加以戕贼，勿加以污染，使得遂其生长，善而救其失，然后人得自尽焉而已矣，非能强而驱之也。尽物之性，亦只是因其本然之理，顺而导之，乃得尽其用，非可以私意造作，违其性，拂其理，而使养人者反以害人也。故"汩陈其五行"，则"彝伦攸斁"，是违反常理，而人不得资以为养，五事不得而安循，八政亦不得而具举矣。此《洪范》所以首五行，次五事，乃次以八政也。

如曰："淑人君子，其仪不忒；其仪不忒，正是四国"，貌之施也；"王言如丝，其出如纶；王言如纶，其出如綍"[1]，言之施也；"明四目，达四聪"，"文王视民如伤"，"禹闻（昌）〔善〕言则拜"，视听之施也；"如保赤子，心诚求之"，"周公思兼三王"，"夜以继日"，思之施也。群经此类甚多，不可具引，略举如上，可以是推之。

[1] 语出《礼记·缁衣》。孔颖达疏："'王言如纶，其出如綍'者，亦言渐大，出如綍也。綍又大于纶。"纶：较粗的丝线。綍（fú）：同"绋"，引棺的大绳索。

古之理财者量入为出，今之理财者量出为入。

古之理财以养民为义，民为邦本，故民为重。今之理财者以富国为义，民为国用，故国为重。古者藏富于民，今乃藏富于国。古者民用足则国无不足，今唯欲足其国而民恒苦不足。

以暴力侵略人国而求其国之利者，所谓"暴殄天物，（虐）害〔虐〕烝民"也，必不可久。即舍义理不言，但观历史先例可知。

《禹贡》分田为九等，是以土壤为差。《王制》"上农夫食九人，其次八人、七人、六人，下农夫食五人"，是以劳力为差。

地，谓山川沮泽[1]，所谓"广谷大川异制"[2]也。邑，《说文》曰：

"国也。"《左传》："凡邑有宗庙曰都，无曰邑。"今言都市，非古义矣。《尔雅》"邑外曰郊，郊外曰牧，牧外曰野"，皆民居，不独在邑。

[1] 沮泽（jǔ zé）：水草丛生的沼泽地带。　　[2] 语出《礼记·王制》："广谷大川异制，民生其间异俗。"句意为，深谷与大川不同，制度自然不同，生长在那里的人民的风俗也会不同。

史迁《货殖传序》曰："其善者因之，其次利导之，其次教诲之，其次整齐之，最下者与之争。"此亦道家之意。

《周礼》叙官甚繁，不如《王制》说义简要，故今不引《周礼》而引《王制》为说。

按"冢宰"之名始见于《伊训》，"司马"之名始见于《牧誓》，是司马之官实后起。据《周礼》，司马主武，实总师干[1]，在《洪范》则摄于师也。《司马法》[2]为言兵之祖。《周礼》"凡制军，万二千五百人为军"，王六军，只七万五千人；大国三军，次国二军，小国一军，二千五百人为师，此周制也。《大雅·常武》之诗"整我六师，以修我戎"，则六军亦称六师，春秋时犹有限制。盖自战国始务扩军，秦汉以来乃动称百万矣。

[1] 师干：本指军队的防御力量，后用以指军队。又指军队的统帅。"师干"《马一浮集》讹作"师千"。　　[2]《司马法》：春秋时期重要的军事著作之一。据唐朝宰相李靖所说，《司马法》本出自姜太公之手。商周秦汉的大司马，可以理解为现代的国防部长。司马法，从字面上解释就是国防部颁发的作战条例。姜太公曾担任周文王的大司马，故有周之司马法出自姜太公之说。而后世司马穰苴所写兵书名为《司马穰苴书》，不称《司马法》。

《周礼》：大司马"以九伐之法正邦国，冯弱犯寡则眚之，贼贤害民则伐之，暴内陵外则坛之，野荒民散则削之，负固不服则侵之，贼杀其亲则正之，放弑其君则残之，犯令陵政则杜之，外内乱、鸟兽行则灭之。"[1]是九伐之法无一而非正德之事也。《礼运》："使老有所终，壮有所用，幼有所长，矜寡孤独废疾者皆有所养。"《汉书·食货志》："民年二十受田，六十归田。七十以上，上所养也；十岁以下，上所长也；十一以上，上所强也。"（"强"谓教之。十年出就外傅，故曰"十一以上"也。）

[1] 宋·王昭禹《周礼详解》："强陵弱谓之冯弱；以众暴寡谓之犯寡。如是则诎其爵命，削其土地，使其强更弱，其众更寡，若人之眚瘦然。此所以正其冯弱犯寡之罪也。贤宜任之以在位者也，贼之则伤于义；民宜养之使就利者也，害之则伤于仁。伤于仁义则万民之所疾也。故会万民授兵焉，使致其伐若伐木然。此所以正其贼贤害民之罪也。内则暴其臣民，外则陵其四邻。暴其臣民，则非君国子民之道也；陵其四邻，则非睦乃四邻之道也。是又诸侯之所疾也，故会诸侯为坛焉，命以伐。此以正其暴内陵外之罪也。野荒，则以夺农时而地不治；民散，则屈民力而民不安。其为罪也，以有其地而不能治，故削其地之大而使小焉。此所以正其野荒民散之罪也。负固，则恃其地之险阻，不服则逆命以叛乎上。其为罪也，以有其地而不肯服也，故进入而侵其地，所以正其负固不服之罪。贼杀其亲则不仁者也，然而恩有隆杀，罪有轻重，正之以服属之法，则罪可知矣。放弑其君，则不义者也。义莫隆于君，而贼义谓之残，故残而杀之，以其罪重故也。犯令，则违上之命也；陵政，则干上之法也。故杜绝而伐之，以犯令陵政，无朝事之实故也。外内乱，则灭人道也。灭之则既灭其身矣，又废其嗣，以其使人失世类乎无人道故也。"

井田是制度，庠序学校之教是文为。

士农工商之目，实非阶级。所谓"学以居位曰士，开土植谷曰农，作巧成器曰工，通财鬻货曰商"[1]，非如印度之四族显分阶级也。（印度四种阶级：一婆罗门，此云净行；二刹帝力，此云王种；三毗舍，即商贾；四首陀，即农夫。）故伊尹耕于有莘则农也，傅说起于板筑则工也，而士皆出其中，何阶级之有？惟《管子》有云："四民不得杂处。士相与言仁义于闲晏[2]，工相与议技巧于官府，商相与语财利于市井，农相与谋稼穑于田野。朝夕从事，不见异物而迁焉。"是则责其专业分别甚严，而士乃近于今之所谓有闲阶级矣。此法家之意，非先王之道也。

[1] 语出《汉书·食货志上》。　[2] 闲晏：悠闲安逸。

别释五纪

别释第四。此上律天时，所以尽天地之性也。修人事即所以奉天时，尽其性以尽人物之性，即所以尽天地之性，故八政之后次以五纪也。八政曰"农用"，所以厚民之生；"厚生"即是"正德"。五纪曰"协用"，所以顺天之序。知天即是知人。《中庸》称仲尼"上律天时，下袭水土"，盖诸圣皆然。朱子曰"袭水土者，因其一定之理"，在《洪范》则首叙五行当之；"律天时者，法其自然之运"，在《洪范》则"协用五纪"当之。知天地人物一性无差，而后可以明《洪范》之义也。《左传》子太叔引子产说礼之言亦曰"则天之明，因地之性，生其六气、五行、五味、五色、五声，过则民失其性，是故为礼以奉之"，下文约言：为君臣上下以则地义，为父子兄弟以象天明，为刑威以类其震曜，为慈惠以效其生长，使哀乐不失，乃能协于天地之性。是知人物之性即天地之性也。《礼运》曰："圣人参于天地，并于鬼神，以治政"，"天生时而地生财"，"君以正用之"，并通于《洪范》之义。盖五行者，财也；五纪者，时也；八政者，正用之也。用之以正德，故曰正用。五事者，所以正之者也。曰"协用"者，即"与天地参"之义。"协"从"十""劦"，会意。劦者，同力也。十者，数之具，四方中央备矣。古文作"叶"，从"口"，取同声相应义，故训"龢"。"龢"从"龠"，龠者，管籥，以和众声。从"品"从"侖"。侖，理也。从"品"与"叶"从"口"同意。故"龢""协"互训。"厤"亦训"龢"。五行不言"用"而五纪言"用"者，"纪"本训别丝，丝缕之有统，待人而理；岁月日时之数，因人而纪。五行纯为天之所行，人不得而汨之。四时亦犹五行也，人不得而易之。立算以定岁法月法而无误者，则人之所纪也。古之圣人通乎昼夜之道而知制为历算之法，以治历明时。约之五纪，以明其常；推之庶征，以验其变。而后天人之道毕举而无遗，交洽而靡忒，在所以善用之。故曰：与天地参之谓协。以是知用五纪亦为尽性之事也。经文但有标目，亦如八政。今据苏氏传，洪迈、张九成、叶梦得、金履祥并与苏氏同。以"曰王省惟岁"至"月之从星，则以风雨"八十七字疑有错简，当系之此门别标五目之后，于义为顺。今先出五目：

释五纪之目

一曰岁，二曰月，三曰日，四曰星辰，五曰历数。

《尧典》："乃命羲和，钦若昊天，历象日月星辰，敬授民时。""日中，星鸟，以殷仲春。""日永，星火，以正仲夏。""宵中，星虚，以殷仲秋。""日短，星昴，以正仲冬。""帝曰：'咨！汝羲暨和。期三百有六旬有六日，以闰月定四时，成岁。'"及尧之禅舜[1]，命曰："咨！尔舜。天之历数在尔躬。""舜亦以授禹。"五字据《汉书·律历志》。五纪之法已具于此。按中土历法，唐、虞以前不可考。其后《周髀》主盖天[2]，自汉迄明皆主浑天[3]。张衡始作浑天仪。宋李心传《朝野杂记》[4]谓自黄帝至宋绍熙，历凡五十变。其最著者，则刘歆之《三统历》、唐一行之《大衍历》，元郭守敬之《授时历》而已。明《大统历》所本。清康熙间始用利玛窦、南怀仁之术，制《历象考成》。其推步视前为密，然旧法亦不可不知也。张行成[5]谓尧之历象为盖天法，舜之玑衡为浑天法，实则当时未有盖天、浑天之名也。简要言之，黄帝命大挠作甲子[6]，则已有十二辰之名。《尧典》候四仲之中星[7]，则已有二十八舍[8]之名。盖天无形体，古人见日月诸星之运行有其常度，因假定周天为三百六十五度四分度之一。以日月俱左旋，日行迟而月行速，日行一度，月行十三度又十九分度之一。日行周天则为一岁，月行二十九日有奇而一周天与日会谓之辰，十二会而岁周，故为十二月，即历十二辰而复会于旧次。复以每月昏旦所见之中星分为二十四气，以成四时。又以其余分置闰法，然后四时得其正。此岁月日时之大略也。一时则历三辰，每辰有节气、中气，故以星辰当时。蔡九峯谓：三年而不置闰，则春入于夏而时不定，子入于丑而岁不成。三失闰[9]则春皆入夏，十二失闰则子皆入丑。寒暑反易，农桑皆失其时矣。然天度本人所安立，余分推算不易精密，故《尧典》与《豳风》《月令》《左传》《国语》所言星辰前后往往不合。春秋之世多失闰，是由未知岁差之法也。《周髀》以地有升降四游[10]，则地动之说古已有之，《大戴礼》有《曾子地圜篇》。《周髀》云："地如覆槃，滂沱四陨而下。"亦谓地圆。亦未可以今法遽议古人之疏。又《尧典》以四仲候中星，则以建寅为岁首，故孔子特重夏时。《礼运》曰："天秉阳，垂日星；地秉阴，窍于山川，播五行于四时。""五行、四时、十二月，还相为本也。""圣人作则，以天地为本，以阴阳为端，以四时为柄，以日星为纪，月以为量，〔鬼神以为徒〕，五行以为质。"[11]其义并通于《洪范》五纪之次。岁以统月，月以统日，星辰以辨节气、正四时，而"历数"者则总言推步之法[12]也。亦犹五行之终言土，五事之终言思，皆贯于前之四者。自汉儒以来，每有误解历数，泥于邹衍五德终始之说，以为王者易姓受命之应，于是谶纬[13]符瑞纷然并兴，奸人窃以惑乱天下。此由于义理之不明也。"历数"犹言"历象"耳。就其悬象著明而可见者，则谓之象；就其立算推演而可知者，则谓之数。尧之命舜所以郑重如此者，亦以授时之典为尽性之事，不敢不敬而已，非有他义也。

[1] 禅舜：禅让帝位给舜。　[2] 盖天：我国古代的一种天体学说。认为天像一个斗笠，地像覆着的盘子。天在上，地在下，日月星辰随天盖而运动，其东升西没是由于近远所致，不是没入地下。　[3] 浑天：我国古代关于天体的一种学说。认为天地的形状浑圆如鸟卵，天包地外，就像壳裹卵黄一样。天半在地上，半在地下，其南北两极固定在天的两端，日月星辰每天绕南北两极的极轴旋转。　[4] 李心传（1166—1243），字微之，又字伯微，号秀岩，隆州井研（今四川省井研宝五乡四颗村）人，南宋大臣、史学家，著《建炎以来朝野杂记》与《建炎以来系年要录》，两书一经一纬，互相补充。[5] 此张行成乃南宋易学家，非唐朝宰相张行成，字文饶，学者称为"观物先生"，南宋临邛（今四川邛崃）人。其学以邵雍之说为归宿，祖于象数二图。代表作有《述衍》十八卷、《翼玄》十二卷、《元包数义》三卷、《潜虚衍义》十六卷等。　[6] 大挠：传说为黄帝史官，始作甲子。传说早在公元前2697年，中华始祖黄帝建部落时，命大挠氏探察天地之气机，探究五行，始作甲、乙、丙、丁、戊、己、庚、辛、壬、癸十天干，及子、丑、寅、卯、辰、巳、午、未、申、酉、戌、亥十二地支，相互配合成六十甲子用为纪历之

符号。　　[7]四仲之中星：是用黄昏时在正南方天空出现的四组恒星来定四个节气的方法，它是我国古人观测天象以确定季节的重要成果之一。《尚书·尧典》："日中星鸟，以殷仲春""日永星火，以正仲夏""宵中星虚，以殷仲秋""日短星昴，以正仲冬"。当鸟星（星宿一）升到正南中天时，正是仲春（春分），这时昼夜长度相等；当大火（心宿二）升到正南，正是仲夏（夏至），这时白昼时间最长；当虚星（虚宿一）升到正南，就是仲秋（秋分），这时昼夜长度又相等；当昴星（昴宿一）升到正南，就是仲冬（冬至），这时白昼最短。　　[8]二十八舍：即二十八宿。《史记·律书》："七正，二十八舍。"司马贞索引："二十八宿，七正之所舍也。舍，止也，言日月五星运行，或舍于二十八次之分也。"　　[9]失闰：当闰而不闰叫"失闰"。设置闰月系调整历法纪年与地球公转一周的时间差数的方法。农历为保持和公历（阳历）的回归年同步，古人采用设置闰月的方法解决。　　[10]升降四游：中国古人描述地球运动之术语。古人将地球运动称为"四游"。地球在宇宙空间有周年运动，在不同的季节里，地球在周年运动轨道上会有变化：夏至，地球在最北，地球升降极下；冬至，地球在最南，地球升降极上；春分、秋分，地球升降正中。　　[11]这段话也是全文引自《礼运》。《马一浮集》和《马一浮全集》盖均未核对原文，故标点符号均误。今一并校正。　　[12]推步之法：推算天象历法。古人谓日月转运于天，犹如人之行步，可推算而知。　　[13]谶纬（chèn wěi）：谶书和纬书的合称，属于神学。谶纬是盛行于秦汉时代的重要社会思潮，是传统文化的重要组成部分。谶是秦汉间预示吉凶的隐语，纬是汉代附会儒家经义衍生出来的一类书。

述训

曰：王省惟岁，卿士惟月，师尹惟日。岁、月、日、时无易，百谷用成，乂用明，俊民用章，家用平康。（岁、月）日、〔月、岁〕时既易，百谷用不成，乂用昏不明，俊民用微，家用不宁。庶民惟星，星有好风，星有好雨。日月之行，则有冬有夏。月之从星，则以风雨。

此为箕子因叙五纪而申说其义以示戒之辞，故加"曰"字以别之。旧因错简在"庶征"下，故先儒多以休征、咎征之应为说，未得其义。如《尚书大传》曰："凡六沴[1]之作，岁之朝，月之朝，日之朝，则后王受之；岁之中，月之中，日之中，则公卿受之；岁之夕，月之夕，日之夕，则庶民受之。"郑注："以正月尽四月为岁之朝，自五月尽八月为岁之中，自九月尽十二月为岁之夕。月则上旬为朝，中旬为中，下旬为夕。日则平旦至食时为朝，寅、卯、辰。禺中至日昳为中，巳、午、未。下侧至黄昏为夕[2]。酉、戌。'受之'，谓受其凶咎也。"是则当云"庶民惟日，而师尹无咎"也。余说亦准此。

[1] 沴（lì）：灾害。　[2] 平旦：天亮的时候。古人根据天色把夜半以后分为鸡鸣、昧旦、平旦三阶段。昧旦：指天将亮而未亮的时间。食时：特指进早餐的时刻。禺中：将近正午的时候。日昳（dié）：十二时之一，又名"日跌""日央"等，太阳偏西为"日跌"。黄昏：指日落以后到天还没有完全黑的这段时间。

今谓"省"本训"视"，犹"比"也。王于卿士，犹岁之统月；卿士于师尹，犹月之统日。"庶民惟星"者，犹节气也。王及卿士、师尹、庶民，各率其职而尽其性，则岁月日时无易矣。"章"者，显也；"微"者，晦也。家犹天下也。《礼运》曰："圣人以天下为一家，以中国为一人。""百谷用成"至"家用平康"者，各尽其性之效也。反之，则失其性而日月岁时易位矣。星有好风、好雨者，言民之好恶无定也。"箕好风，毕好雨"[1]，古占经之言。"日月之行，则有冬有夏"，谓刑德互用以成化也。"月之从星，则以风雨"者，谓当示之以好恶之正，而不可以徇民之欲也。此特因五纪以发其义，而非以释五纪也。如此则文义平易可瞭，若以庶征说之，反成迂曲矣。

[1] 古人认为，月亮经过箕星时风多，经过毕星时雨多。箕、毕，都属于二十八宿。

《泰和宜山会语》《复性书院讲录》注

附语

前谓：天者，万物之总名；人者，天地之合德。天地之性，即人之性也。故人之性尽而天地之性亦尽矣。《礼运》曰"人者，天地之心"，亦同此意。《易》"穷理尽性以至于命"，命即谓天地之性也，亦谓天道，亦谓天命。古人用"性""命"字无甚分别，分别是后起。

今人不知有自性，亦即不知有天道，视天地万物皆与自己不相干，于是人与人互相贼害，威侮五常，暴殄天物，而天地亦为之不位，万物亦为之不育矣。故天地人物一性为《洪范》要旨。

《孝经》曰："则天之明，因地之利，以顺天下。"子产与孔子同时，可见此语是当时习用之言。

《汉书·刑法志》曰："圣人既躬明悊之性，必通天地之心，制礼作教，立法设刑，动缘民情而则天象地。故曰先王立礼，'则天之明，因地之性'也。刑罚威狱，以类天之震曜杀僇也；温慈惠和，以效天之生殖长（养）〔育〕也。"亦节引子产语。

《左传》"天生五材"，即指五行。古"财""材"二字通用无别。

《系辞》曰："理财正辞，禁民为非曰义。"是理财亦所以正德。"理"之云者，因物之性而不汩乱之也，与后世以聚敛为理财者大异。正辞即正名。如以聚敛为理财，是教民为非也。

不能敬用五事者，必不能农用八政。六国之争攘，申、韩之刻薄，秦政之暴戾，汉唐之苟且，皆由五事不修，故八政失其理，民德不正而日趋于薄。此《洪范》所以重建极，而五事尤为建极之大本也。

昼夜之道，前无始而后无终。特假昼夜之象以表之耳。

《乐记》："百度得数而有常。"正义："百度谓昼夜百刻。"《周礼》义[1]分昼夜为十二时，每时八刻二十分，每刻六十分。此为古纪日之法，与今异。

[1] 义：在这里是仪制、法度的意思。

刘歆《三统历》日法八十一，即黄钟之数，以九自乘，即分一日为八十一分也。

黄钟律长九寸，围九分，以九乘九得积八十一则一日之分，故曰以律起历。度量衡之数皆原于律，故《虞书》曰"同律度量衡"也。

闰法十九为一章，合天地之终数。十九岁七闰为一章，历十九岁则无余分也。

朱子曰："鸟以象言，（南方朱鸟七宿。）火以次言，虚、昴以星名言。"按《月令》季秋为大火之次，日在房，与《尧典》不合。尧之时则在仲夏（夏至。）也。十二次即十二会，亦即十二辰。《周礼》保章氏以星土辨九州之地，在天为十二次、十二辰，在地为十二国、十二州。东方三辰为析木、（寅，燕，幽。）大火、（卯，宋，豫。）寿星。（辰，郑，兖。）南方三辰为鹑尾、（巳，楚，荆。）鹑火、（午，周，三河。）鹑首。（未，秦，雍。）西方三辰为实沈、（申，晋，益。）大梁、（酉，赵，冀。）降娄。（戌，鲁，徐。）北方三辰为娵訾[1]、（亥，卫，并。又曰豕韦[2]。）玄枵[3]、（子，齐，青。）星纪[4]。（丑，吴，越、扬。）此分野之说，实出于左氏。然天星无改易而列国有变迁，自中国之外，岂日星所不临哉？古人据此以为占，今不必更依此矣。

[1] 娵訾（jū zī）：亦作"娵觜"。星次名，在二十八宿中为室宿和壁宿。其位置相当于现代天文学上黄道十二宫中的双鱼宫。 [2] 豕韦：星宿名，室宿的别名。 [3] 玄枵（xiāo）：十二星次之一。与二十八宿相配为女、虚、危三宿。 [4] 星纪：星次名，十二次之一，二十八宿中之斗、牛二宿属之。

利玛窦于明万历间来中国，徐光启、李之藻皆从之学天算，中国之有西洋算学始此。（利氏中国文字甚通，其所著《乾坤体义》，佳书也。）南怀仁则在康熙时授之以官。又有熊三拔、阳玛诺，皆能以中国文著书，清人制历多采用其说。

说天有六家：浑天（喻如鸡子[1]，言天包地也。），出张衡。盖天（喻如笠。），即《周髀》法。宣夜，无师法，其说无考。安天，出虞喜。昕天，出姚信。穹天，出虞耸。后四皆无述焉。

[1] 鸡子：鸡蛋。

东方苍龙七宿，角、亢、氐、房、心、尾、箕；（占七十五度。）北方玄武七宿，斗、牛、女、虚、危、室、壁；（占九十八度四分度之一。）西方白虎七宿，奎、娄、胃、昴、毕、觜、参；（占八十度。）南方朱雀七宿，井、鬼、柳、星、张、翼、轸。（占百十二度。）见《周礼》注疏，又《左传》"天以（此）〔七〕纪"注。此为经星，亦曰恒星。岁为木星，荧惑为火星，太白为金星，北辰为水星，填为土星，此为五纬，亦曰行星。《舜典》"在璇玑玉衡，以齐七政"，即测日月五星之行度之仪器也。

《史记·天官书》不曰"宿"而曰"舍"。

今世天文学家以地球为太阳系中行星之一。太阳亦为恒星之一，距地球九千二百九十万里，较地球大至十万倍。距地近则见为大，距地远则见为小，是其余诸恒星可见者益远矣。然是皆假定之说。爱因斯坦又有光年之说，其测验虽进于古，然不能必其不差也。谓地球绕日而转，与谓日月绕地而转者，其实相同。如云驶月运，舟行岸移，未能克指其孰转也。《肇论》云："江河竞注而不流，日月历天而不周。"悟此，则知日转地转皆不过立法以推岁时耳。果得其行度不差，则二法皆可用也。

分度之法，始见《洛书甄曜度》。

今俗语亦言时辰，已迷其所自，盖四时即十二辰也。《礼运》曰："月三五而盈，三五而缺。"《月令》分七十二候，五日为一候，积三微而成著，则为月之中气，又十五日而为次月之节气。卦气纳甲，皆明此理。

明钦天监监副贝琳撰《七政》，推步本于《回回历》，亦分白羊、金牛等十二宫。闰日而不闰月，始有太阳年、太阴年之说。

《春秋·襄二十七年》"十二月〔乙卯〕朔，日有食之"，于是辰在申，司历以为在建戌，史书建亥。哀十二年，亦以建申之月为建亥。《左传》："火犹西流，司历过也。"是皆失闰所致，《春秋》讥之。

《豳风》"七月流火"与"日永，星火"不合，毛、郑俱以大火心星当之。《豳风》七月用夏正，盖追述后稷、公刘之世，陈王业之艰难以告成王。旧说以为周公所作。朱子云："七月，〔斗〕建申之月，夏之七月也。火，大火，心星〔也〕。以六月之昏，加于地之南方，至七月之昏则下而（西）流〔矣〕。"《月令》"季夏昏火中"，"孟秋昏建中"，朱子盖据《月令》为说。若尧之时，则在仲夏，以候夏至，是差二舍也。朱子谓尧时星中于午，《月令》差于未，然则《豳风》又差于中矣。《春秋·昭十七年》："冬，有星孛于大辰。"《公羊》："大辰者何？大火也。"《左传·昭三年》："张趯曰：'火中，寒暑乃退。'"杜注："火，心星。心以季夏昏中而暑退，季冬旦中而寒退。"然《月令》"季冬，旦氐中"，杜注亦与《月令》不合。（正义说氐之下即房、心，是亦差二宿也。）

《周书》有九纪，曰："辰以纪日，宿以纪月，日以纪德，月以纪刑，春以纪生，夏以纪长，秋以纪杀，冬以纪藏，岁以纪终。"此亦后起之说。自《周礼·春官·冯相氏》《保章氏》注疏之外，《淮南》《繁露》多存古义。恐繁，不具引。

四时之道，功成者退。寒往则暑来，暑往则寒来，此乃自然之运，于易姓受命无关。《繁露·三代改制质文篇》最可疑。如曰"帝迭首一色，顺数五〔帝〕而相复"。殷为白统，周为赤统，春秋新王为黑统。此殆出于邹衍，纬候述之，故汉人自以为继尧统，以火德王，附会可笑。元明以后色皆尚黄，始不用此说矣。

此出《左传》，谓"天有十日，人有十等"。十日，谓分一日为十时也。十等者，王、公、卿、士、仆、从、皂、隶、舆、台。此亦无义理。（释郑注。）

如曰"害于而家，凶于而国"，家国对言，则诸侯、大夫之称。但曰家者，不与国为对。

《汉书》："日有中道，月有九行。""巽在东南为风"，月行"东南入轸（分）则多风"。"西方为雨，〔雨〕少阴之位"，月行"西入毕则多雨。〔故〕《诗》（曰）〔云〕：'月离于毕，俾滂沱矣。'"[1]

[1] 本段从头至此都节引自《汉书·天文志》。轸、毕以及"雨，少阴之位"的"雨"，分别是二十八宿中的三宿名。"轸分"的"分"字为衍文。"雨，少阴之位"的"雨"字，《马一浮集》和《马一浮全集》皆遗漏。今一并校正。

447

别释皇极

别释第五。此标心德之总名，示尽性之极则也。皇为大君之称。极者，至德之号。皇以表人，极以表法。《论语》曰："人能弘道，非道弘人。"《中庸》曰："苟非至德，至道不凝焉。"《易·鼎》之象曰："君子以正位凝命。"皆谓道之所寄，待人而显，"苟非其人，道不虚行"，故《易》有君人五号[1]，而在《洪范》则寄之皇、王也。已明天地人物总为一性，一尽一切尽，无欠无余，名之为极。斯名之立，所以显大法之本原、圣人之妙用，"范围天地而不过，曲成万物而不遗"，所谓总该万法，不出一心也。曰"皇极"者，以表君德即天德也。天人合德，理绝名言，强名之曰"皇极"耳。在《易》曰"太极"，曰"乾元"、"坤元"；在《礼运》曰"太一"；在《春秋》义为"五始之元"[2]，为"王心"；在《诗》则通于"四始"[3]；在《大学》则曰"至善"，曰"絜矩之道"；在《中庸》则曰"至诚"、曰"大本"、"达道"；在《孝经》则曰"至德要道"；在《论语》则曰"吾道一以贯之"，则曰"从心所欲，不逾矩"；在《孟子》则曰"性善"、曰"尽心""知性""知天"；尧命舜之言则曰"道心"；周子本《易》与《洪范》而作《太极图说》，则曰"人极"：一切诠表，虽有多名，其能诠之体，所诠之相，总其会归，唯是"皇极"一义。即此本来具足，当人圆证之全体大用也。以佛义言之，则曰"真如"，曰"佛性"，曰"法身"，曰"一真法界"，曰"如来藏心"，曰"圆觉"，并是显此一理。迷则异执纷然，悟则忘言顿证。今不惜口过，不避讪谤，直为抉出，明者自知。九畴总摄于皇极而寄位于五者，前四后四诸言"用"者，皆皇极之用也。其体本寂而妙用无方，大用繁兴而虚中无我。离体无以成用，即用而不离体，体用一源，显微无间，故皇极亦言"用"也。据金氏《表注》以"无偏无陂"至"以为天下王"为皇极之敷言，当在"皇建其有极"下，今本错简。"敛时五福"至"其作汝用咎"一段当系之"九，五福"下，于义为安。今从之。诸门皆用带数释[4]，唯皇极不可以数言，义见前。黄氏《明义》谓经文止"皇建其有极"五字，以下则为敷言。亦是。按此是先出皇极之名，次明建用之旨。敷言则先叹德，次述训。今依次释之。

[1] 君人五号：《曲礼》孔疏引《五经异义》云："孟、京说《易》，有君人五号：'帝，天称，一也；王，美称，二也；天子，爵号，三也；大君者，兴盛行异，四也；大人者，圣人德备，五也。'" [2] 五始之元：《春秋》纪事，始以"元年、春、王、正月、公即位"等五事，谓之"五始"。五始之元，即"仁"。 [3] 四始：旧说《诗经》有四始，各家说法不一。说法一：指"风""小雅""大雅""颂"。说法二：指"风""小雅""大雅""颂"的首篇。《史记·孔子世家》："《关雎》之乱以为'风'始，《鹿鸣》为'小雅'始，《文王》为'大雅'始，《清庙》为'颂'始。"说法三：指"大雅"的《大明》，"小雅"的《四牡》《南有嘉鱼》《鸿雁》。《诗大序》："是谓四始。"孔颖达疏："《诗纬泛历枢》云：'《大明》在亥，水始也；《四牡》在寅，木始也；《嘉鱼》在巳，火始也；《鸿雁》在申，金始也。'"说法四：指农历正月旦（正月初一早晨，为岁始）、冬至、腊明日（腊日的第二天）、立春。[4] 带数释：法体挟带数法为名，名"带数释"。如"六根""三界"等，都是"带数释"。数：谓一、十、百、千等数。带：谓挟带。

明建用之旨

皇建其有极。

此明建用之旨也。皇极之极与太极之极，俱是表此理之极至。然太极不可言建、皇极则言建者，太极唯是表理，皇极则兼表人位也。太极不可言用、皇极则言用者，太极唯是显体，皇极则即体以明用也。

此"极"是人之所同具，不能建而用之，则隐而不显。能建而用之者，人也。唯其能建而用之，斯为人中之最胜，可以处于君位，故名之曰皇。极是所建，皇是能建。能、所不二。极是所证，皇是证者。人与理一，故称皇极。唯皇之极，是依主释；皇即是极，是持业释。前标名是合言，此明建，故分言。"其"非助词，指其不离当人，不假外求也。"有"者，谓其本有也。建则有，不建则无。"皇"如君人五号，位以表德。虽无其位，亦谓圣人，故周子变称为"人极"。今以《洪范》为箕子所陈舜、禹授受之道，故宜称皇极也。又"建"即是"用"，《中庸》所谓"唯天下至诚为能经纶天下之大经，立天下之大本"，"建诸天地而不悖"，"考诸三王而不缪"，"质诸鬼神而无疑，百世以俟圣人而不惑"者，是"建"义也。《洪范》诸门凡言"用"者，皆此"建用"所摄。又"建"是修德，"极"是性德，虽圣人不能执性废修，必因修以显性，故曰"皇建其有极"也。

敷言

无偏无陂，遵王之义；无有作好，遵王之道；无有作恶，尊王之路。无偏无党，王道荡荡；无党无偏，王道平平；无反无侧，王道正直。会其有极，归其有极。

先儒以此为皇极之敷言。敷言者，敷陈其事而形于言。疑即虞、夏之诗也。《虞书》曰："诗言志，歌永言。"郑氏《诗谱序》以为诗道放此，有夏"篇章泯弃，靡有孑遗"。实则此篇虽不能克定为禹时所作，当是最古之诗，略如《雅》《颂》，纯为叹德之辞。皇极之为德，本难以形容，今此反复咏叹，深有以得圣人之用心，实从性德中自然流出，真治世之元音也。

"皇""王"同义。变"皇极"而言"王道"者，王道即皇极之所行也。"极"以理言，"道"以事言，理事不二也。言无者八重，其要止在"无有作好""无有作恶"。圣人非无好恶也，但好仁恶不仁，好善恶恶，因物付物，纯然天理，而无一毫私意杂乎其间。"作"者，计较之私也。"作好""作恶"则纯是私意而好恶失其正，而偏陂、偏党、反侧之害起矣。正者不偏，直者不曲。心无私系时，其相本来如此，故其见于行事坦荡平易，廓然大公。若有纤毫私系，则其所以为好恶者，全是计较人我而不胜其回邪险巇[1]之情矣。庄子曰"克核太甚，则不肖之心应之"，亦此意。故八无者止是一无私耳。己私既尽，则偏陂诸相无自而生。"遵"犹"率"也。"遵王之义"，犹言"顺帝之则"，即"率性之谓道"也。会者，会通。归者，归趣。"一致而百虑"，故曰"会其有极"；"殊途而同归"，故曰"归其有极"。天下无性外之理，亦无性外之事。唯其不知性，则不能观其会通而言与理睽，天下始有异端；不能得其归趣而行与理违，天下始有暴行。是则皇极不建而私智用事，故"彝伦攸斁"，一切法皆成颠倒矣。以佛义言，皇极是"事事无碍法界"。爱憎取舍情尽，则无漏真智现前，是即"无有作好""无有作恶"。然后庄严万行，大用繁兴，"无不从此法界流，无不还归此法界"，即"会其有极，归其有极"也。

［1］回邪：不正，邪僻。险巇（xī）：形容山路危险，泛指道路艰难。

曰皇极之敷言，是彝是训，于帝其训。凡厥庶民，极之敷言，是训是行，以近天子之光。曰天子作民父母，以为天下王。

此箕子所述之辞。上"曰"字如五纪门"曰王省惟岁"之例。训者，顺也。"于帝其训"者，犹言"顺帝之则"也。言帝能顺此皇极之敷言，则为顺其"惟皇降衷"[1]之恒性。凡厥庶民，不惟顺其言而已，又能循而行之，则亦可为近圣之姿[2]也。天子以表圣德，即建极之皇也。庶民而近天子之光明，圣凡不隔。凡民能顺圣言，行圣行，则近圣矣。下"曰"字是语辞。"曰天子作民父母，以为天下王"者，言天子之于民，犹父母之于子，夫然后天下归往之。非建极，其孰能与于此？然当知建极不必定居天子之位，凡圣人皆能建极者也。虽凡民，皆可以为圣人，在"是训是行"而已。子曰："仁远乎哉？我欲仁，斯仁至矣。"言"近"也。人性是同，故尽性之事人人可及，在其自肯[3]而已。其要在"敬用五事"，而"无有作好""无有作恶"则庶几其近之矣。

［1］出自《尚书·商书·汤诰》："惟皇上帝，降衷于下民。"孔传："衷，

善也。"意思是，上天或天帝施善降福于下民。　[2] 姿：资质，天资，禀赋。　[3] 自肯：自己许可，自己愿意。

附语

皇，大君也。本《说文》。《尚书大传》以燧人、伏羲、神农为三皇。《说文》云："从自、王。自，始也。始王者，三皇。"是皇、王无别。始王者，始为天下所归往也。大君是其本义，引申为凡大之称。"皇极"与"太极"义本同。"太极"今音读如"泰"，古只作"大极"，亦不读如"泰"也。

《系辞》"古者包牺氏之王天下也"，"包牺氏没，神农氏作"，"神农氏没，黄帝、尧、舜作"，是五氏皆谓王，无后世"皇降而帝""帝降而王"之说。《易》"显诸仁，藏诸用，鼓万物而不与圣人同忧"，故太极唯是表理而不表人。《易》之君人五号乃表人，而《系辞传》犹多称圣人。圣人者，即是用《易》之人。犹《洪范》言皇者即是建极之人。故今谓皇是表人也。

"极"本训屋栋，引申为极至之称。《文言》赞《乾》《坤》曰"大哉""至哉"，皆"极"义。先儒以"中"训之，未能尽其义。如地之最高处曰北极，向上更无去处。名之为极，故以表性德之全。

理本寂然，非人不显。皇者，即是尽性之人；极者，即是所尽之性。人法合举，故曰皇极。

太极以下诸名，大抵皆以所证之理言，所行者即其所证。如"絜矩之道"[1]是以所行言。

[1] 度量矩形的一边就可以推知对边的长度。絜矩之道，意思是将心比心，换位思考。絜：度量。矩：矩形。

佛氏行、证分二位，行先证后，此则行、证是一位，无前后。

"极"是表其至极，"一"是表其不二。前于《太极图说》赘言中说：太极只是一个实理之假名，所以明万事万物同出于一原，同归于一致。只此太极遍与万物，为体为用，为色为心，为气为质，为知为能，而无或可遗，无有或间者也。皇极则是表此实理之在人者。极即是实理，与太极之义全同，但加"皇"字，则是指证此实理之人，故与《易》言"太极"、《礼》言"太一"者初无不同。其不同者，此兼人法，彼则专表法耳。先儒多将"皇"字释作形容字，则"皇建其有极"便说不通。

佛书喻如天帝释有百千名号，其实帝释是一。魏、晋人善名理者谓其宗曰"名教"，如乐广谓"名教中自有乐地"是也。"名教"犹言名字之教，谓不为多名所惑也。后世乃以为礼教之称，与其初旨异矣。一名不喻，更立一名，故世愈晚而名愈多，乃不得已之事。若忘言顿证，自无许多说话也。

古人默而成之，不言而信，何须分疏？后世多方分疏，析理愈明而证理愈少，皆缘只执名字，不曾"反闻闻自性"[1]耳。

[1] 出自佛家经典《楞严经》。大意是，通过反观耳根听闻的本质而彻悟自心的觉性。

《华严》云："一切众生具有如来智慧德相，但以妄想执着而不证得。"此即谓人人皆具此极而不能建用也。证得则能建用矣。

经籍中凡言"立德""立身"者准此。又，"建"有"成"义，如《易》言"成之者性也""成性存存"[1]。成性，即建极也。立德亦曰成德，立身亦曰成身，皆"建"义。建是体，立、成是用、行。

[1] 《周易·系辞上》："一阴一阳之谓道，继之者善也，成之者性也。""成性存存，道义之门。"性：本性。存存：存而又存。指用《周易》的道理修身养性，而成就仁善的德性，并且不断地涵养蕴存这种德性。

此言"有""无"，是隐显之称。心德显现，大用流行，触处全彰，是有；私欲障蔽，真性埋没，不得透露，一切放倒，则无矣。（释"建则有，不建则无"。）

下文云"攸好德"，即是好恶之正，犹《诗》言"民之秉彝，好是懿德"也。又曰："无有淫朋，无有比德。""淫朋""比德"即"作好""作恶"矣。《论语》"周而不比""和而不同""群而不党"准此。

《泰和宜山会语》《复性书院讲录》注

此"作"字与"作肃""作乂"之义不同。一从自性起用,一由私意出发,程子所谓"著一分去陪奉他"是也。好仁恶不仁,是动于天理之自然,如人在阴则惨,在阳则舒,见山川风日之美则胸怀畅朗,遇疾痛惨怛之事则颦蹙[1]忧伤。此皆天机,不能自已,初无起心造意于其间也。此好恶之境,人人皆同,初无歧异,其中不著人我。若"爱之欲其生,恶之欲其死"[2],"莫知其苗之硕,莫知其子之恶"[3],则好恶之境从人而异,看朱成碧[4],见杌疑人[5],悉成颠倒,而不胜其揣量计度之苦矣。故其心总是偏倚委曲,无复本来正直之相,是惑也。以此"作好""作恶"之心应物,一切事物皆非其本然,遂成睽绝,而"偏党""反侧"之害纷然并起矣。不著人我则平怀,好底还他好,恶底还他恶,恰如其分而止。一著人我,则先必溢其情,(八分变作十分。)继乃移其境。(可好者或成可恶。)此无他,一则因物而无作,一则由己而成妄也。

[1] 颦蹙(pín cù):皱眉皱额,比喻忧愁不乐,亦作"颦顣"。 [2]《论语·颜渊》:"爱之欲其生,恶之欲其死,既欲其生,又欲其死,是惑也。" [3] 语出《礼记·大学》。意思是,没有人知道自己的孩子不好,没有人知道自己的庄稼长得好。 [4] 将红的看成绿的。形容眼睛发花,视觉模糊。朱:大红色。碧:翠绿色。 [5] 见杌疑人:见到无枝之木便怀疑是个人,形容眼力昏花。

不偏即不著。《大学》"之其所亲爱""哀矜""畏敬""傲惰而辟焉"[1],辟即偏也。"心有所忿懥""恐惧""好乐""忧患","则不得其正"[2]。

[1]《礼记·大学》:"所谓齐其家在修其身者:人之其所亲爱而辟焉,之其所贱恶而辟焉,之其所畏敬而辟焉,之其所哀矜而辟焉,之其所敖惰而辟焉。""辟"通"僻"。 [2]《大学》:"所谓修身在正其心者,身有所忿懥(zhì),则不得其正;有所恐惧,则不得其正;有所好乐,则不得其正;有所忧患,则不得其正。"

"天子"犹言"佛","庶民"犹言"众生"。一切众生能行佛道,则亦邻于佛。孟子曰:"人皆可以为尧、舜","诵尧之言,行尧之行,则尧而已矣。"

佛言菩萨视众生如"一子地"[1]，即《诗》"恺悌君子，民之父母"之谓也。孟子曰：伯夷、伊尹、孔子不同道，"得百里之地而君之，皆能有以朝诸侯，有天下；行一不义，杀一不辜，而得天下，皆不为也，是则同"。天下之谓父母者，苟非溺爱不明，其爱子之心亦无不同者，未有贼杀其子而可为父母之道者也。今夷狄之俗，率天下以暴者，终为民之所弃无疑也。

[1] 一子地：（佛教术语）"极爱一子地"的略称。地，是实证境界的阶位。丁福保《佛学大词典》："谓菩萨证化他之果、极怜愍众生之位也。《涅槃经》十六《梵行品》所谓：'菩萨摩诃萨，修慈悲喜已，得住极爱一子地。善男子！云何是地名曰极爱，复名一子？善男子！譬如父母见子安隐，心大欢喜，菩萨摩诃萨，住是地中亦复如是。视诸众生同一子，见修善，生大欢喜，是故此地名曰极爱。善男子！譬如父母见子遇患，心生苦恼，愍之愁毒，初不舍离，菩萨摩诃萨住是地中亦复如是。见诸众生为烦恼病缠切，心生愁恼，忧念如子身诸毛孔，血皆流出，是故此地名为一子。'是也。"

别释三德

别释第六。此亦尽人之性也。《洪范》之序，皇极寄位于五，以五为天地之中数，前四与后四相望，亦有精粗显微之别。皇极是其本，八者皆是其迹。人之生也，莫不秉五行之气，具五事之用，措于民为八政，协于天为五纪，建用之道，行乎其中，此其显者也。若夫三德望八政，则其相益深细，稽疑、庶征、福极望五行、五事、五纪亦准此。虽同为建用，同在迹门，此是其微者也。

八政一归于正德，然多举事相，今出三德，乃明正德所以，故曰"乂用"也。"乂"本训芟草。从丿、乀，象左右去之，引申为"治"义。《说文》："辥，治也。"从辟，以表法。辟者，法也。此是后起字，群经凡训"治"者，皆作"乂"。如曰"有能俾乂""烝烝乂""政乃乂""俊乂在官""万邦作乂"。《虞书》尤多用"乂"字。治人之道无他，去其气质之偏，使复其性德之正而已，是乃尽人之性也。

古人说性，多兼气质而言。气质亦谓之才，不能无刚柔偏胜之过，去其过者而得于中正，则谓之德。德者，得也。乃其本然之德得之于己而非从人得者也。孟子曰："有成德者，有达才者。"学问之道，欲其自得之，谓使人自尽其性、自成其德也。佛氏亦曰："知一切法即心，自性成就慧身，不由他悟。"又曰："一念回机，便同本得。"义实同符。《洪范》止言三德而不言五德者，五德唯表性具，三德则兼气质。以言"性具"则无假于克治，以言"气质"则须变化而始成。

"乂用"云者，正是潜行密用，化其气之驳者，使返乎理之纯也。周子所谓"使人自易其恶，自至其中"，横渠所谓"德胜其气则性命于德"者，皆此义也。乂而用之，则全气是理，而刚柔皆妙德矣。又五德之相，亦分阴阳刚柔。此指性具之德相，非气质之相。三德虽兼气质言，及其成德，性、修不二，亦可以摄五德。故举三德以该一切德相而无余。非修无以显性，故曰"乂用"。乂即是修，德即是性也。此门经文止于"高明柔克"，其"惟辟作福"至"民用僭忒"一段文字，疑是错简。今依金氏《表注》，系之"九，五福"门。此是先出三德之名，次乃分释其目。

释三德之目

一曰正直，二曰刚克，三曰柔克。平康正直，强弗友刚克，燮友柔克，沈潜刚克[1]，高明柔克。

详此文当分为二：先释三德之目，自"平康"以下分释，有五种机。三德即是对治此五种机之用，皆可使之成德也。正，从"止""一"，会意。"止"，足也。"一"[2]，足所履也。以表践履纯一。古无"趾"字。《诗》"麟之止"，《易》"贲其止"，皆谓足。金文作𧿹，象足形。后乃变为止。许书曰："下基也。象草木出有址，故以止为足。"是以其本义为引申义。盖由许君未见金文耳。直，从"十""目""𠃊"，会意。"𠃊"读若"隐"，匿也。十目，极其明也，故"直"训"正见"。此据许书说，甚谛。明幽洞微，以表知见透彻。《系辞传》曰："夫乾，其静也专，其动也直。"《乾·象传》曰："乾道变化，各正性命，保合太和，乃利贞。"凡《易》言"贞"者，正也。"贞于一"，即止于一也。《坤·文言》："敬以直内，义以方外。"此皆"正直"本义，引申为无偏曲之称，又兼"大"义。故曰"正大而天地之情可见矣"，"直方大，不习，无不利"。"正""直"皆具"大"义也。悳，从"直""心"，会意。"德"是后起字，本训"升"。即表正直是心之本相。既无偏曲，自无时不中，故"正直"亦兼"中"义。《易》爻象之"得正""得中"又当别说。大中至正，德之全也。曰"刚克""柔克"者，刚柔并是才，刚而能克，柔而能克，则刚柔皆为德矣。"克"本训"肩"，《诗》"佛时仔肩"[3]，谓能任重也。佛氏谓之堪忍。引申为"胜"义。胜过一切顺逆境界，不为物转；胜过一切微细惑障，不被己谩[4]：是之谓克。犹"我战则克"之"克"，"克己复礼"是也。"刚克"是表断德，"柔克"是表智德。"直养而无害"是断德也，"敦厚以崇礼"是智德也。智、断二德是用佛义。彼谓断除烦恼净尽名断，照了诸法无碍名智，义实相应。以"刚克"是"显诸仁"，故以配断德；"柔克"是"藏诸用"，故以配智德。若以"悲智双运"说，则又当以"刚克"配智，"柔克"配悲。二德冥符即为正直，故三德实一德也。

[1] "沉潜"，《马一浮集》和《马一浮全集》均误作"沉僭"，今据《洪范》原文校正。　[2] "一"字，《马一浮集》和《马一浮全集》皆无，据上下文当有，否则文意不通，且这几句的标点符号多不精确，今补正。[3] 《诗·周颂·敬之》："佛时仔肩。"郑玄笺："佛，辅也；时，是也；仔肩，任也。"　[4] 谩（mán）：欺骗。

以下释五种机者。义用之道先须辨机，因材而笃。机有差别，故用有差别，其应无方而实无二致。平者，本无偏陂；康者，质近安行。若斯之人，不烦雕琢，示以正直，无假言诠，当下圆成，旷世一遇，上上之机也。"强弗友刚克，燮友柔克"者，略如佛氏折、摄二门。前者质近强立而乏巽顺[1]，矜其廉隅则成崖岸[2]，其辩足以自信，其守足以自坚，斯亦外道之俦[3]也。若斯者宜折而服之，乃可以弗畔，故用刚克。后者甘白之姿[4]，易施和采，疏通悦畅，告往知来，其入则如时雨之润，其进则如江河之决，斯近道之器也。若斯者直摄而受之，可与有成，故用柔克。此二类机亦是上根，未易数遘[5]。前者如如来降服外道，谓"如世良马见鞭影而行"[6]是也；后者如孔子谓颜子"回于吾言无所不悦"[7]是也。又其次者，则"沈潜刚克，高明柔克"。皆用对治门，应病与药以变化之。沈潜者，深沈静默，有近于狷。高明者，抗厉发越[8]，有近于狂。二者皆善有所章而不能无蔽，抗即违中，拘亦失理。

[1]《礼记·学记》："九年知类通达，强立而不反，谓之大成。"强立：意思是刚直、刚正。与"巽顺"相反。 [2] 廉隅：棱角，比喻端方不苟的行为、品性。崖岸：高峻的山坡或水边。比喻性行兀傲岩峻。 [3] 儁（jùn）：古同"俊"。才过千人称为"俊"。 [4] 甜味容易与诸味和合，白色容易接纳诸彩。"甘白之姿"意思是为人资质清虚素洁，容易导入中道。姿：同"资"。 [5] 数遘（gòu）：经常遇到。 [6] 语出宋代释道原的《景德传灯录》卷二十七。 [7] 语出《论语·先进》。回：即颜回。说：同"悦"。 [8] 抗厉：高尚严正。发越：激扬，激昂。

孔子曰："吾党之小子狂简，斐然成章，不知所以裁之。"裁之之道，即用"刚克""柔克"也。前者如孔子之于子夏，后者如孔子之于子张是已。此皆因其气禀之不同，故裁成有别。见鄙则竭其两端[1]，勇过则广陈六蔽[2]，圣人接人之道亦具于此矣。故曰："不得中行而与之，必也狂狷乎！"若夫中行之士，上可跻于平康，次亦侪于夔友。强进者，或往而不反，则狂之过也；静退者，或局而少通，则狷之失也。五类之机亦摄一切机俱尽，下此者则是气质之昏，难与语上，所谓"下愚不移"，为乂用之所弗及，虽圣人末如之何也。佛氏谓之"一阐提"。圣人有以知凡人义理之性唯是正直，而其气质之性不出刚柔，故乂用之道在使刚柔同归于正直，如斯之谓正德，如斯之谓尽人之性也。

[1] 典出《论语·子罕》。子曰："吾有知乎哉？无知也。有鄙夫问于我，空空如也，我叩其两端而竭焉。" [2] 典出《论语·阳货》。孔子对子路说："好仁不好学，其蔽也愚；好知不好学，其蔽也荡；好信不好学，其蔽也贼；好直不好学，其蔽也绞；好勇不好学，其蔽也乱；好刚不好学，其蔽也狂。"

又《虞书》命夔"教胄子，直而温，宽而栗，刚而无虐，简而无傲"，皋陶陈九德曰"宽而栗，柔而立，愿而恭，乱而敬，扰而毅，直而温，简而廉，刚而塞，强而义"，言象之广略不同，实皆义用"刚克""柔克"之道。上一字是才，如"宽""柔"之类，即气质之性也；合下一字方谓之德，如"栗""立"之类。气质变化，刚柔合德，即是正直，乃为义理之性矣。曰"日宣三德"、"日严祗敬六德"，"翕受敷施，九德咸事"者，皆指修也。修即克之事，亦即义用也。尽己之性如此，尽人之性亦如此，善会者可知。《论语》记子"温而厉，威而不猛，恭而安"，则是指气象言，然气象亦是德之形于外者。又"刚而无虐"则无法家之失。其实法家乃虐而非刚。"简而无傲"则无道家之失。道家正是简而傲。德、失是相对为名，德者得此，失者失此也。名家谓偏至为才，兼才为德，乃有合于"刚克""柔克"之旨。至老氏"上德不德"，"下德不失德"[1]之说，不与儒者同科。此须料简，亦学者所当知。

[1] 《老子》第三十八章："上德不德，是以有德；下德不失德，是以无德。"

附语

向来说六艺总为德教，而《书》以道政事，皆原本于德。故孔子言"为政以德"是《书》教要义。以本迹相望说，八门望皇极，则皇极是本，八者是迹；以前后相望说，则八政是迹，而三德又是其本。故曰"为政以德"即是从本垂迹，由迹显本。离本无以为迹，离德无以为政。

《泰和宜山会语》《复性书院讲录》注

政是正己以正人，治是修己以治人，此乃"政治"真义。今人好言政治，只知尚权力、计利害，与古义天地悬隔。

刚中、柔中，即是中正。

气质之变化与风俗之移易，皆在无形之中潜移默化，其用微隐，几不可见。故曰"导之以礼乐而民和睦，示之以好恶而民知禁"。古之君子不必亲相与言也，以礼乐相示而已。

气之驳杂者只是粗，不能涵养用敬，则不知其粗也。修己治人譬如炼金，销去杂质，则存者皆精纯，如此则成妙。

全气是理，浑然一德。分而言之，则理妙而气神。

成德即是成性。修己是修，治人亦是修。故子路问政，孔子只言"修己以敬"便足。子路未喻，乃曰"修己以安人"。谓舜"无为而治"，"恭己正南面而已矣"，"夫何为哉"。舜之无为，正是乂用。人人有士君子之行，非家至而日见之也[1]。

[1]《孝经注疏》卷七"广至德章第十三"：子曰："君子之教以孝也，非家至而日见之也。"注："言教不必家到户至，日见而语之。但行孝于内，其化自流于外。"

密、康，静也。勰、燮，和也。俱《尔雅·释诂》文。释"平康"与"燮友"。

《论语》"人之生也直"，此"直"字全表性德。如曰"好直不好学，其蔽也绞"，"孰谓微生高直"，"恶讦以为直者"，此"直"者却是作意为直，便成为罔[1]。如"居简而行简"，上"简"字是作意为简，一般不知居敬则行自简，故谓多却一"简"字。"敬以直内，义以方外"，都不费安排，非涵养用敬之久，亦不能体会到心相本直。

[1] 罔（wǎng）：不正直。

《释诂》："胜、肩、戡、刘，克也。""堪"、"戡"是一字。"克"、"堪"是声转。(释"'克'本训'肩'")

孟子是刚克，颜子是柔克，故曰"孟子尽雄辩，颜子尽岂弟"[1]。

[1]《近思录》卷十四原文是："孔子尽是明快人，颜子尽岂弟，孟子尽雄辩。"岂弟（kǎi tì）：和乐平易。

礼主减，减便有抑退之意。颜子"有若无，实若虚，犯而不校"，皆智德也。

刚克是果断发扬之意多，故显。不曰勇而曰仁者，仁必有勇也。

柔克是藏密含弘之意多，故曰"藏诸用"。

又孟子接人多用折法，颜子则摄的意思多，孔子折摄二门并用。

折摄二门，不离开示悟入[1]。令彼舍除粗习要假开示之力，是克之。及其悟入，则是自克。然开示亦别无他法，只是教伊自克耳。

[1] 开示悟入：丁福保《佛学大词典》："（佛教术语）开佛知见，示佛知见，使悟佛知见，入佛知见也。是显佛出世本怀之语。《法华经·方便品》曰：'舍利弗！云何名诸佛世尊唯以一大事因缘故出现于世？诸佛世尊欲令众生开佛知见，使得清净故，出现于世。欲示众生佛之知见故，出现于世。欲令众生悟佛知见故，出现于世。'"

"燮友"易于信解，不甚费力。"强弗友"者，不予摧伏，则不能入信。然外道亦是天姿劲爽可喜，但破其邪执便成法器，故在五类机中反居"燮友"之前。此乃假佛家机用为说，不如此不能将此理显出。当舜、禹之时，并无许多名目也。后来禅师家大机大用，实不谋而合，彼固不曾治《洪范》。先儒多识得此意，但不肯明说耳。

又当知所言用处，并不定假言说。无言说时，其用方大，莫非教也。但就言说看，亦可得其用处。会得此事，便已入理，然后于今所说者乃无疑矣。

大鉴云："解用三十六对法，出没即离两边。"[1]其言虽近拙，然实暗合"竭其两端"之旨。善会者自知。

[1] 大鉴：是禅宗六祖惠能的谥号。三十六对法，是他在圆寂前咐嘱弟子之三十六种相对性概念，称作"三十六对"，又称"三科三十六对法门"。一为对法外境，无情五对：天与地对、日与月对、明与暗对、阴与阳对、水与火对。二为法相语言，十二对：语与法对、有与无对、有色与无色对、有相与无相对、有漏与无漏对、色与空

对、动与静对、清与浊对、凡与圣对、僧与俗对、老与少对、大与小对。三为自性起用，十九对：长与短对、邪与正对、痴与慧对、愚与智对、乱与定对、慈与毒对、戒与非对、直与曲对、实与虚对、险与平对、烦恼与菩提对、常与无常对、悲与害对、喜与嗔对、舍与悭对、进与退对、生与灭对、法身与色身对、化身与报身对。《六祖大师法宝坛经》云："此三十六对法，若解用，即道贯一切经法，出入即离两边，自性动用，共人言语，外于相离相，内于空离空。若全著相，即长邪见；若全执空，即长无明。"

告子路以"六言六蔽"，着眼在"好学"，好学即是教伊自克也。克则无蔽。

六言"好仁""好智"……皆指气质所近而言，故着得一"好"字，非径指性德。任其一往则偏，偏故成蔽。荀子所谓"墨子蔽于用而不知文，惠子蔽于辞而不知实，慎子蔽于法而不知贤，庄子蔽于天而不知人"之类，未始非道之一隅，而昧乎大方则成一往不返矣。好学者无他，只是识得对治，即竭两端之教也。大鉴谓"问'有'将'无'对，问'明'将'暗'对"，明得此旨。

九德[1]，前五是刚克，柔而克之以刚也；后四是柔克，刚而克之以柔也。前五上一字皆有弛缓之意，下一字皆有严肃之意。后四上一字皆有发扬之意，下一字皆有敛抑之意。两者相济则成变化，此乃所谓克也。

[1] 九德：出自《尚书·皋陶谟》。皋陶曰："宽而栗，柔而立，愿而恭，乱而敬，扰而毅，直而温，简而廉，刚而塞，强而义，彰厥有常，吉哉！"注："宽而栗：性宽弘而能庄栗。柔而立：和柔而能立事。愿而恭：悫愿而恭恪。乱而敬：乱，治也，有治而能谨敬。扰而毅：扰，顺也；致果为毅。直而温：行正直而气温和。简而廉：性简大而有廉隅。刚而塞：刚断而实塞。强而义：无所屈挠，动必合义。"

别释稽疑

别释第七。此兼尽人、物之性也。"稽"本训"留止"，凡详审而不忽者必留，故引申为求其同异之称。得其同者，始为尽稽之能事，故稽亦训同[1]。疑者，惑也，即不明之谓。明者照了，无复余疑，凡有疑者，由于昧略。明之与疑，亲体相反，绝疑袪惑，须极其明，故曰"明用"也。圣人达聪明目，兼听并观，故曰"无稽之言勿听，弗询之谋勿庸"[2]。所以尽人之明，不殊于己，不唯乐取于人，亦且不遗于物，然后尽其明之大用。盖性无不明，疑因情蔽，情存物我，同异斯兴。圣人俯顺群情，设为"三占从二"之训，使异者可以从同，而同者亦不恶于异，斯为各尽其情。而内断于心，知群情之无蔽者，即其性之本明也。是即"执两用中"之道，从违即是两端，用中罔有不吉。非尽人物之性而能若是乎？夫异同之故，由明暗而生。明者见其为同，暗者执之为异。唯明者于异见同而不坏异相，故能得其通；暗者于同见异而执无同相，故卒成于瞀。实则同异二计，皆顺情而得名。情计炽然，方成乖隔。异若不生，同亦不立；以有异故，同相得成。智者深观，二相俱泯，复何疑哉！然圣人示教，乃为群伦，寓忧喜于众心，同吉凶于民患，虽复智照洞然，犹必周爰咨度[3]，务使人无不达之情，物无不尽之理，而后天下偏蔽之私无得而有焉，斯其所以为尽性之道也。先儒说此门，多详于事相而略于义旨，故今申言之。此为总标，向下经文分四：一、立人命占；二、出卜筮之目；三、定三占从二之训；四、辨从违吉凶。

[1] 段玉裁《说文解字注》："稽，留止也。玄应书引留止曰稽。高注《战国策》曰：'留其日，稽留其日也。'凡稽留则有审慎求详之意，故为稽考。'禹会诸侯于会稽'，稽，计也。稽考则求其同异。" [2] 语出《尚书·虞书·大禹谟》。意思是，无信验的话不要听，独断的谋划不要用。 [3] 语出《诗经·小雅·皇皇者华》："载驰载驱，周爰咨度。"毛传："咨礼义所宜为度。"使臣秉承国君之明命，重任在身，故必须以咨周善道，广询博访。周：周到。咨度：犹今言顾问、咨询。

立人命占

择建立卜筮人，乃命卜筮。

《易·系辞传》曰："以卜筮者尚其占。"见卜、筮通称"占"。《曲礼》曰："龟为卜，策为筮。策，谓蓍也。卜筮者，先圣王之所以使民信时日、敬鬼神"，"决嫌疑，定犹豫也"。正义引刘向云：卜筮用龟蓍者，"蓍之言耆，龟之言久。龟千岁而灵，蓍百年而神，以其长久，故能辨吉凶也。"《系辞》云："定天下之吉凶，成天下之亹亹者，莫大乎蓍龟。""蓍之德圆而神，卦之德方以知。""神以知来，知以藏往。""圣人幽赞于神明而生蓍，观变于阴阳而立卦。"又云："极数知来之谓占。""君子将有为也，将有行也，问焉而以言。其受命也如响，无有远近幽深，遂知来物。非天下之至精，其孰能与于此？"是知卜筮之义，贵在藏往知来。蓍龟非神，神自人耳。《说文》："占，视兆问也。"龟之有兆，自人灼之；蓍之有数，自人揲[1]之。龟蓍无言，"问焉而以言"者，皆人也。人不自任其私智，致其精诚，其神明即寄于蓍龟而显。蓍龟之神，人之神也。故曰："择建立卜筮人，乃命卜筮。"人是能占，卜筮是所占，是知以立人为重也。《周礼·春官》宗伯所属有太卜、卜师、龟人、菙氏[2]、占人、筮人。虞夏质朴，未必备官，故直曰"立卜筮人"耳。

[1] 揲（shé）：古代数蓍草以占卜吉凶。　　[2] 菙（chuí）氏：古官名。掌灼龟之木，用于占卜。

出卜筮之目

曰雨，曰霁，曰蒙，曰驿，曰克，曰贞，曰悔，凡七。卜五，占用；二衍忒。[1]

[1]《马一浮集》和《马一浮全集》都据蔡传断句而加标点符号为"凡七。卜五，占用二，衍忒"。而著者却主张"从郑读"，则断句和标点符号宜相应变更为"凡七。卜五，占用；二衍忒"。

按《曲礼》曰："外事以刚日，内事以柔日。凡卜筮日，旬之外曰'远某日'，旬之内曰'近某日'。丧事先远日，吉事先近日。"其命龟筮之辞曰："假尔泰龟有常，假尔泰蓍有常。"是卜筮之用盖始于卜日，其后乃施之他事。今殷墟出土龟甲文，其可辨识者大抵皆卜日之辞也。如曰"壬戌卜，贞。王往田雨"，[甲骨文]"丁丑贞。今夕不雨一夕"[甲骨文]之类。郑注："大事卜，小事筮。"大事如《周礼》"大贞，卜立君，卜大封"之类，小事如常祀筮日[1]之类。雨、霁、蒙、驿、克者，龟之兆也。《周礼·太卜》郑注引《古文尚书》作"雨、霁、圛、蟊[2]、克"，《说文》"圛"下亦引"《商书》曰圛。按《说文》引《洪范》皆谓之《商书》。圛者，升云半有半无"。郑云："色泽者。"蟊者，郑云"气不泽郁冥也"。克，"色气相犯入"。初不以配五行。《太卜》云："其经兆之体皆百有二十。"《占人》："凡卜筮，君占体，大夫占色，史占墨，卜人占坼。"郑云："体，兆象。色，兆气。墨，兆广。坼，兆衅。体有吉凶，色有善恶，墨有大小，坼有微明。"贾疏释云："其兆直上向背者为木兆，直下向足者为水兆，邪向背者为火兆，邪向下者为金兆，横者为土兆，是兆象也。'色兆气'者，就兆中视其色气，似有雨及雨止之等，是兆气也。'墨兆广'者，据兆之正衅处为兆广。'坼兆衅'者，就正墨旁有奇衅鏬[3]者为兆衅也。"按《周礼》经兆百二十后出，故繁，《洪范》但举五兆而已。郑说较孔传为精，蔡《传》亦本孔。当从之。贞悔者，筮所得之卦也。《左传》："秦伯伐晋，卜徒父筮之，吉。""其卦遇蛊"，"蛊之贞，风也；其悔，山也。岁云秋矣，我落其实，而取其材，所以克也"。此指不变之卦而言。贞者，正也。"悔"之为言"晦"也，晦犹终也。先得内卦，后得外卦，故以贞悔名之。"凡七。卜五，占用二，衍忒。"按《史记·宋微子世家》"占"下多"之"字，"忒"作"貣"[4]。《集解》引郑注云："'卜五，占之用'，谓雨、霁、圛、蟊、克也。'二衍貣'，谓贞悔也。"与蔡《传》读异。孔传无，蔡读系依《正义》说。今谓宜从郑读。"忒"字宜作"貣"，貣谓变也。《说文》："貣，从人求物也。"以物与人亦曰貣，是交换义。"二衍貣"，盖兼卦变言之，非"差忒"字。

[1] 常祀：固定的祭祀。筮（shì）日：行卜筮礼仪之当日。　[2] 圛：音yì。蟊：音máo。义见下文著者自释。　[3] 鏬（xià）："罅"的讹字，即缝隙、裂缝。　[4] 貣：音tè。

定三占从二之训

立时人作卜筮，三人占，则从二人之言。

时，是也。再牒前立人。郑注云："将立卜筮人，乃先命名兆卦[1]而分别之。兆卦之名凡七，龟用五，《易》用二。审此道者乃立之也。"云"作"者，明卜筮是人作，审之在人也。"三人占则从二人之言"者，《曲礼》云"卜筮不过三，卜筮不相袭"。此有二说。郑云："求吉不过三。鲁四卜郊，《春秋》讥之。"此谓卜而不吉，可再卜、三卜，至三皆不吉，则谓之逆，不更卜也。筮亦如之。崔灵恩云："大事龟筮并用者，先用三王筮，次用三王龟。三王筮谓《连山》《归藏》《周易》。三王龟谓颛顼玉兆，帝尧瓦兆，周原兆。始是，一也。三如是，乃为三也。若初始之时，三筮三龟皆凶，则止。或逆多从少，或从多逆少，如此者，皆至于三也。"此以卜筮分言之，一则谓先筮而后卜，若一吉一凶，虽筮逆，犹得卜之。此亦郑说。是则一筮再卜为三，此以卜筮通言之。然与"卜筮不相袭"之义有违。如《左传》晋献公欲以骊姬为夫人，卜之，不吉。筮之，吉。公曰："从筮。"卜人曰："筮短龟长，不如从长。"是即筮从龟逆也。

[1] 兆卦：兆是卜龟甲所得，卦是揲筮所得。

蔡氏曰："凡卜筮，必立三人。""谓之三人，非三卜筮也。"按蔡《传》义是，明以人为重也。《左传·成三年》楚伐郑。晋栾书救郑，楚师还。晋师遂侵蔡。楚以申、息之师救蔡，赵同、赵括欲战，武子将许之。知庄子、范文子、韩献子谏之，以为不可。乃遂还。于是军师之欲战者众。或谓栾武子曰："圣人与众同欲，是以济事，盍从众？子之佐十一人，其不欲战者三人而已。《商书》曰'三人占，从二人'，众故也。"武子曰："善钧[1]从众。夫善，众之主也。三卿为主，可谓众矣。从之，不亦可乎？"石斋黄氏曰："武子可谓通于道者也。"故三占从二者，必三人者钧[2]贤智也。若不问其贤否而唯舍少以从多，则世间愚不肖之数恒过于贤智，其违道而害事也必矣。今人亦盛言服从多数而不知其蔽也，夫岂明用之旨哉？

[1][2] 钧：皆通"均"。

辨从违吉凶

汝则有大疑，谋及乃心，谋及卿士，谋及庶人，谋及卜筮。汝则从、龟从、筮从、卿士从、庶民从，是之谓大同。身其康强，子孙其逢吉。汝则从、龟从、筮从、卿士逆、庶民逆，吉。卿士从、龟从、筮从、汝则逆、庶民逆，吉。庶民从、龟从、筮从、汝则逆、卿士逆，吉。汝则从、龟从、筮逆、卿士逆、庶民逆，作内吉，作外凶。龟筮共违于人，用静吉，用作凶。

此疑为箕子告武王之辞，故称"汝"。圣人无疑也，因众人之疑而疑。大之者，慎之也。《易·系辞》曰："人谋鬼谋，百姓与能。"《左传》叔孙豹说《皇皇者华》曰："访问于善为咨"，"咨难为谋"。《说文》曰："虑难为谋。"《虞书》多言"咨"。如"咨四岳""咨十有二牧""畴咨若时登庸""畴咨若予采"是也。"咨难"读如"问难"之"难"。杜注云："问患难。"今与杜异义。"谋及乃心"，谓设为宾主自相问难，以尽其理也。龟筮无心，以人之心为心，圣人以百姓心为心，五者皆从是一心也，故谓大同。不唯身安，泽流后世，谋之至善，明用之极也。向下三重从多逆少者，皆吉。黄氏曰"龟筮信于庶民。士民之智，绌于天也。唯君同天，故不徇士民。天同卿士，则君绌于卿士。庶民同天，则从庶民，而君与卿士皆绌于庶民"，是也。从少逆多者一，作内吉，作外凶。君同龟而卿士庶民同筮，则舍龟而

《泰和宜山会语》《复性书院讲录》注

从筮。君亦绌于士民,不可以从征伐之事矣。至龟筮共违于人,则君与卿士、庶民皆绌焉,一切兴作之事皆不得焉,故曰"用静吉,用作凶"也。"吉凶之道,贞胜者也。"人失其正,则贞在龟筮矣,此示诫之言也。由来缙绅[1]之议,或不智于刍荛[2]。有执之情,终难期于神物。非深达于天人之际,曷足以前民成务[3]哉?若夫临机不断,委筑室于道谋[4];陈善无闻,乃乞灵于异术[5];与专己而拂人、假众以欺世者等在昏暗之科,君子贱之。观乎此,则从违之数亦可知矣。此稽疑所以为尽人物之性也。

[1] 缙绅:原意是插笏于带(古代朝会时官宦所执的手板,有事就写在上面,以备遗忘),旧时官宦的装束,转用为官宦的代称。 [2] 刍荛(chú ráo):割草打柴,也指割草打柴的人。 [3] 语出《周易·系辞上》:"是以明于天之道,而察于民之故,是兴神物以前民用。"高亨注:"前,先导也。此句言圣人取此神物蓍草以占事,作人民用以占事之先导。"后以"前民"谓引导人民。《周易·系辞上》:"夫《易》开物成务,冒天下之道,如斯而已者也。""成务"的意思是成就事务。 [4]《诗经·小雅·小旻》:"筑室于道谋,是用不溃于成。"大意是说,盖房子去征求行人的意见,这房子是盖不成的。 [5] 异术:指法术,也指异端邪说。

附语

《睽》之象曰:"上火下泽,睽。君子以同而异。"程《传》曰"盖于秉彝则同,于世俗之失则异。不能大同则拂理乱常,不能独异则随俗习非",是也。世俗颠倒,往往以惑为明。如《睽》之上九居卦终则睽极,阳刚居上则刚极,在《离》之上则用明之极。(此言"用明",乃是自以为明。)睽极则怫戾[1]而难合,刚极则躁暴而不详,明极则过察而多疑,故成"睽孤"之象。及"遇雨之吉,群疑亡",此何故邪?须知疑亡以后,方是本明,方能明用。

[1] 怫戾(fú lì):违逆,乖张,暴恶。怫:古同"拂"。

疑思问,问之弗知,弗措也。问者不定问人,先须自问,即"谋及乃心"也。今人好怀疑，好言问题，求解决，其方法则疏，往往以不解解之。故其言真理皆假定之说，是始于疑而终于疑也。如何能到不疑之地？禅师家曰："亲者不问，问者不亲。"[1]若直下无疑，何须更问？疑起于异，同则无疑。故稽疑者，尽其疑以至于同，然后无疑也。故问题愈多者，知其疑愈甚，是毕生在惑中也，焉得明？

[1]《景德传灯录》第七卷中记录唐朝禅师夹山与定山的一则公案。有一天，夹山与定山一路边走边说，定山说："生死中无佛即非生死。"夹山说："生死中有佛即不迷生死。"二人上山参拜法常禅师，夹山就说出两人的观点，问禅师："不知我俩的看法哪个比较亲近禅旨？"法常禅师回答："一亲一疏。"夹山问："哪个亲？"法常禅师回答他："暂且去吧，明天来。"第二天，夹山赶紧上山再问法常禅师，法常禅师答说："亲者不问，问者不亲。"夹山禅师听后惭愧难当。

《论语》曰："知者不惑"，"智者乐"。《乐记》曰："君子乐得其道，小人乐得其欲。以道制欲，则乐而不乱；以欲忘道，则惑而不乐。"故知"惑"与"乐"对，即是"明"与"疑"对。佛氏以疑属根本烦恼，实则贪、嗔、疑、慢、邪见俱是痴摄。人之有疑者，必其义理不明也。圣人以明对治之，决去其疑，则复其本然矣。"达磨西来，只觅一个不受人惑底人"[1]是也。儒者谓之解蔽祛惑，佛氏谓之解黏去缚，岂有他道哉？纳约自牖[2]，就其本明之不息者使自明之耳。沩山曰："从闻入理，闻理深妙，心自圆明，不居惑地。"若闻而不入理，与不闻同。终身住在惑地，自甘系缚，圣人亦无如之何。稽疑一门是善权方便[3]，以彼夺此，使其自释，而圣人无与焉。故其用处最为难知也。

[1] 语出《镇州临济慧照禅师语录》："自达磨大师从西土来，只是觅个不受人惑底人。后遇二祖，一言便了，始知从前虚用功夫。" [2] 纳约自牖：语出《周易·坎卦》：六四爻辞。《伊川易传》："纳约，谓进结于君之道。牖，开通之义。室之暗也，故设牖所以通明。自牖，言自通明之处，以况君心所明处……谓人臣以忠信善道结于君心，必自其所明处乃能入也。" [3] 善权方便：即随顺机宜而施设的巧妙智用。又作"方便善巧""善巧方便""权巧方便""善方便""巧方便""权方便"，或单称为"善巧""善权""巧便""方便"。

三同二异，从三，从其同者也。(释"使异者可以从同"。)二不妨三，是异不碍同，何必恶之。(释"同者亦不恶于异"。)

无蔽即同。

本明无异。

同异二端。(释"两"。)

从其明者，即用中也。

明者见其为同，不立同见。

暗者执之为异，则立异见。

不坏异相，以不立同见故。

暗者于同见异，以无见于同，唯见于异故。

执无同相，以立异见故。

同亦是计，为破异故，说名为同，非执同相也。(如《庄子》："狙公赋芧[1]，曰：'朝三而暮四。'众狙皆怒。曰：'然则朝四暮三。'众狙皆悦。名实未亏而喜怒为用。"故曰："劳神明为一而不知其同也，谓之朝三。"郭注云："达者之于一，岂劳神故哉？若劳神明于为一，不足赖也。与彼不一者，无以异矣。"按此谓"劳神明于一者"，即"立同相"也。又曰："圣人和之以是非，而休乎天钧，是之谓两行。"两行者，即任其同异不相碍。故曰"达者知通为一"，为是不用而寓诸庸。庸也者，用也。用也者，通也。通也者，得也。)

[1] 芧(xù)：栎实，亦指栎树。

《楞严》云："十方如来及大菩萨，于其自住三摩地中。见与见缘，并所想相，如虚空华，本无所有。此见及缘，元是菩提妙净明体。云何于中有是非是？"此即"一真一切真"也。故谓文殊："如汝文殊，更有文殊，是文殊者，为无文殊？"文殊白言："如是世尊，我真文殊，无是文殊。何以故？若有是者，则二文殊。然我今日非无文殊，于中实无是非二相。"佛言："此见妙明，与诸空尘，亦复如是。本是妙明无上菩提净圆真心，妄为色空及与闻见。如弟二月，谁为是月，又谁非月？文殊，但一月真，中间自无是月非月。"按此中"是"、"非"字即谓"同相"、"异相"。又"六根解结喻"中略云："巾体是同，因结有异"，"初绾结成，名为弟一，如是乃至弟六结生","六结若存，斯弟六名终非弟一","如是，六结不同，循顾本因，一巾所造","毕竟同中，生毕竟异","此结若存，是非蠭[1]起，于中自生，此结非彼，彼结非此","结若不生，则无彼此。尚不名一，六云何成？"此亦显唯是一真，则同异二相俱亡也。《庄子·德充符》："自其异者视之，肝胆楚越也；自其同者视之，万物皆一也。"是犹有同异二相。又《天下篇》引惠施语："大同而与小同异，此之谓小同异。万物毕同毕异，此之谓大同异。"郭注云："同体异分，故曰小同异。死生、祸福、寒暑、昼夜、动静、变化，众辨莫同，异之至也；众异同于一物，同之至也，则万物之同异一矣。若坚白，无不合、无不离也。若火含阴，水含阳，火中之阴异于水，水中之阳异于火，然则水异于水，火异于火。至异异所同，至同同所异，故曰大同异。"此谓同中有异，异中有同。"至异异其所同"者，异相因同相而生也。"至同同其所异"者，同相因异相而生也。坚白合则同，坚白离则异，是谓同体异分，小同异也。水异于水，火异于火，此谓毕同毕异。水火毕同，其中所含之阴阳毕异，此谓大同异。详惠施、郭象之说，已校《德充符》篇之言为精，然同异二相未能双泯，持校《楞严》，故自不逮。所以引此者，欲穷究"同异一相"之理，以此理不明，终有疑在。稽疑一门，正为此设，因其倒见，示以正知。虽卒难领会，正好参究，故不避言语之烦。若苦其难而忽之，亦末如之何也。

[1] 蠭（fēng）：同"蜂"。

"蓍之德圆而神"，谓无方无体。
"卦之德方以知"，谓八卦成列。
"神以知来"，来无相。
"知以藏往"，往有迹。
"圣人幽赞于神明而生蓍"，未有卦名。
"观变于阴阳而立卦"，数生则变。
极数是方。

知来是圆。

"无有远近幽深",圆也。

"遂知来物",神也。

来者其相未显而理已在,所谓"万象森然毕具"也。"藏往"不是经验,"知来"不是推测,以藏往则无往,知来则无来。不往而往,所以为智;不来而来,所以为神。欲知来,往者是;欲知往,来者是[1]。故往实无往,来亦非来。此即《中论》"不来亦不去"之旨,亦即《肇论》"物各性住于一世"之谓也。此义骤难解会。象山谓人有一身之蓍龟,却看得活。

[1] "欲知来,往者是;欲知往,来者是",《马一浮集》和《马一浮全集》句逗皆误,盖未解其意也。今为订正。

"亿则屡中"[1],亦等蓍龟,而不得谓之神。"知微知彰"[2],知存知亡,"不逆诈,不亿不信,抑亦先觉者"[3],乃神也。

[1] 语出《论语·先进》:"赐不受命,而货殖焉,亿则屡中。"亿:通"臆"。中(zhòng):符合。意思是料事总能与实际相符。 [2] 既了解细小的萌芽状态,又了解发展起来后的显著特征;形容了解事物发展的始末。语出《周易·系辞下》:"君子知微知彰,知柔知刚,万夫之望。"微:细小。彰:明显。 [3] 语出《论语·宪问》:子曰:"不逆诈,不亿不信,抑亦先觉者,是贤乎!"逆:事先猜测。逆诈:据颜师古,"谓以诈意逆猜人也"。亿:通"臆",主观臆测。

后世相人术亦观气色,配五行。龟卜之书已不传,可据者,仅此灼文有如许分别,亦察之甚精矣。(释《周礼·占人》郑注[1]。)

[1] 指"出卜筮之目"一节所引"《占人》:'凡卜筮,君占体,大夫占色,史占墨,卜人占坼。'郑云:'体,兆象。色,兆气。墨,兆广。坼,兆衅。体有吉凶,色有善恶,墨有大小,坼有微明。'"

又遇卦变,则以本卦为贞,之卦[1]为悔。如《晋语》"公子重耳筮得国。遇贞《屯》、悔《豫》,皆八",谓初与五用九变,四用六变,其不变者，在两卦皆为八也。此沙随程氏说。高诱注曰："《震》在《屯》为贞，在《豫》为悔。八谓震两阴爻，在贞在悔皆不动，故曰'皆八'，谓爻无为也。"按此说亦通。似以程说为长，故《启蒙》用之。

[1] 钱大昕《答问一》："问：'卦变'之说，汉儒谓之'之卦'。诸家所说各殊，愿闻其审。曰：虞仲翔说《易》，专取'旁通'与'之卦'。旁通者，《乾》与《坤》、《坎》与《离》、《艮》与《兑》、《震》与《巽》交相变也。'之卦'则以两爻交易而得一卦。"

石斋改"忒"为"弋"，以"大衍之数五十，其用四十有九，虚其一而不用"释之，近凿，不可从。

《诗》："我龟既厌，不我告犹。"《易》："原筮，元永贞，无咎。"[1]"再三渎，渎则不告。"

[1] 语出《周易·比》："比吉，原筮，元永贞，无咎。"《东坡易传》："比吉，比未有不吉者也。然而比非其人，今虽吉，后必有咎。故曰'原筮'。筮所从也，'原'，再也。再筮，慎之至也。'元'，始也，始既已从之矣，后虽欲变，其可得乎？故曰'元永贞'。始既已从之，则终身为之贞；知将终身贞之，故再筮而后从。"

占通卜、筮而言。使三人占之，所灼之兆、所得之卦，必各各不同。曰"从三人之言"者，是从其言，非从其占也。然命占同时用三人，经籍中在他处无征，此亦以理推之耳，不可泥。

《虞书》用"咨"字不尽是叹辞。今所举例，明是"咨访"义，如"咨，汝羲暨和""咨，尔舜"方是叹辞。

舜命禹之辞曰："昆命于元龟，朕志先定，询谋佥同，鬼神其依，龟筮协从。"是大同之象也。

武王曰："纣有臣亿万人，惟亿万心；朕有臣三千，惟一心。"盖君臣上下之心皆一于义理，故无弗同也。孟子曰："心之所同然者何也？谓理也，义也。"人之心若理欲交战，义利不明，是二心也。小人之心一于利欲，不知有义理。然利欲之贼其心永无宁息之时，与人争利永无可同之势，其所得者，"心劳日拙"[1]而已，"凶终隙末"[2]而已，安有康强逢

473

吉[3]之报哉？

[1] 心劳日拙：语出《尚书·周书·周官》："恭俭惟德，无载尔伪。作德，心逸日休；作伪，心劳日拙。"意思是，刻意做作的人虽然挖空心思，到头来不但捞不到好处，处境反而一天比一天糟。　　[2] 凶终隙末：指彼此友谊不能始终保持，最终朋友变成了仇敌。凶，杀人。隙，嫌隙，仇恨。终、末：最后，结果。《后汉书·王丹传》："张、陈凶其终，萧、朱隙其末，故知全之者鲜矣。"汉朝时期，有管鲍之交的张耳与陈余两人特别要好，曾经发誓要为刎颈至交，后来张耳成为汉朝的将领，与陈余产生了矛盾，最终在泜水边杀了陈余。萧育与朱博两位至交好友，也同样因为各自利益而反目成仇。　　[3] 康强逢吉：祝贺老年人身体健康，子孙吉利。典出《尚书·洪范》："身其康强，子孙其逢吉。"康强：安乐强健。逢吉：遇到吉利。

别释庶征

别释第八。此尽己之性以尽天地之性也。《中庸》曰："不息则久，久则征，征则悠远，悠远则博厚，博厚则高明。""博厚配地，高明配天，悠久无疆"，此纯以自性言。《中庸》又曰："诚则形，形则著，著则明，明则动，动则变，变则化。"其言形、著、明、动、变、化，皆征也。《坤·文言》"美在其中而畅于四支，发于事业"，孟子言"仁义礼智根于心"，"睟然见于面，盎于背，施于四体，四体不言而喻"，此亦是征。又曰"致中和，天地位焉，万物育焉"，此兼以天地言。盖己之心即天地之心，己之气即天地之气，非有二也。故朱子注曰："吾心之正，则天地之心亦正矣；吾之气顺，而天地之气亦顺矣。""致中和"是尽己之性，"位""育"则是尽天地之性也。在《洪范》则五事门之五功德相[1]，致中和也；庶征门之休征，即位育也。以后望前，则五事是因大，庶征是果大。因该果海，果彻因源。但据因而言，明自性所具功德之相而已足，不须简过。克果而言，则有休、咎二趣差别。推其由致，系乎一念所感，敬胜则为休征，怠胜则为咎征。亦犹佛氏言染净业报所现有圣凡诸趣、国土不同也。彼言一念即三大阿僧祇劫[2]，三大阿僧祇劫不过一念，谓之"念劫圆融"。在《洪范》则曰"念用"。念用者，念念相继，敬而无失，则其征唯休，一念不相应则咎征立至。念即是感，征即是应，其为休咎，皆此一念之用也。五事是心，五征是气，休咎全在一心而五气随之。气即念之所作，故曰"念用"也。休咎，如言"作德，心逸日休"，"惧以终始，其要无咎"，皆以心言；灾祥，则以境言。了境唯心，离心无境，故不言灾祥而言休咎也。《说文》："徵，召也。从𡈼，从微省。""𡈼，善也。从人、士"。"士，事也"。即微而显之义。许君曰："𡈼微为徵，行于微而闻达者即徵也。"此是"征庸"义，下"闻达"字尤未妥。今谓是"显现"义，似差得其本意。故引申为"成"，为"明"，为"验"，为"应"。"杞不足征也"，郑注于《礼运》训"成"，于《中庸》训"明"。《论语》皇疏亦训"成"。感于此，应于彼，则谓感召。此感及应，并一心之所现，则谓征验。庶者，众也。众感非一，约之唯五。五事得失，约以时恒，摄一切征俱尽。先儒说此门，自伏生《大传》，《汉书·五行志》录董生及刘氏父子诸说，并推灾异，克指事实，定配五行，失在执滞。由未知休咎之别在心而不在境也。《汉书·五行志》：景、武之世，董仲舒治《公羊春秋》，始推阴阳，为儒者宗。宣、元之后，刘向治《谷梁春秋》，数其祸福，傅之《洪范》，与仲舒错至。向子歆[3]治《左氏传》，其《春秋》意亦已乖矣。言《五行传》又颇不同。今之所明，以天地之气摄归自己，然后尽性之义始显。故于一切灾异之说置而不谈。就经文，此为总标，向下分三：一、出五征之目，二、显时恒，三、判休咎。

[1] 五事：貌、言、视、听、思。五功：肃、乂、晢、谋、圣。五德：恭、从、明、聪、睿。　[2] 三大阿僧祇劫：（佛教术语）菩萨成佛之年时也。阿僧祇劫者，译言无数长时，菩萨之阶位有五十位。以之区别为三期之无数长时。十信十住十行十回向之四十位，为第一阿僧祇劫；十地之中，自初地至第七地，为第二阿僧祇劫；自八地至十地为第三阿僧祇劫。第十地卒，即佛果也。（丁福保《佛学大词典》）　[3] 向子歆：指刘向（前77—前6）的儿子刘歆（前50—23）。

五征之目

曰雨，曰旸，曰燠，曰寒，曰风。

按先儒以此配五行，其说互异。据《五行传》，以雨配木，旸配金，燠配火，寒配水，风配土。蔡《传》则以雨配水，旸配火，燠配木，寒配金，与旧说全异，唯风配土同。虽各有义据，亦与以五事克配五行今古异执等同一例，不可定依。唯孔传曰"雨以润物，旸以干物，燠以成物，寒以收物，风以动物"，似本之《说卦传》。《正义》谓与郑注、《五行传》同意，恐未必然。《说卦传》曰："神也者，妙万物而为言者也。动万物者莫疾乎雷，挠万物者莫疾乎风，燥万物者莫熯乎火，说万物莫说乎泽，润万物者莫润乎水，终万物、始万物者莫盛乎艮。故水火相逮，雷风不相悖，山泽通气，然后能变化，既成万物也。"若以五征配卦象，则《坎》为雨，《离》为旸，燠为木气属《震》，寒为泽气属《兑》，风者善行而数变，周于八方，动于四时，以应八卦。《乐记》所谓"八风从律而不奸"，正如思贯四事，圣总众德。圣人备四时之气，故以风为圣征，此较之配五行，于义亦顺，其实一也。《素问·阴阳纪象大论》："天有四时五行以生长收藏，以生寒暑燥湿风。"暑即旸，燥即燠，湿即雨。然彼以寒配水，暑配火，燥配金，湿配土，风配木，别是一义，而其为五气则一。在人则为五志，谓喜、怒、忧、悲、恐。《齐诗》则说六情为喜、怒、哀、乐、好、恶。此皆古义，取象各有不同，不可执泥。天地四时之气，以此五者约之，亦已具摄。然不曰气而曰征者，明其为五事之应，是天地之气即己之气也。

显时恒

曰时五者来备，各以其叙，庶草蕃庑。一极备，凶；一极无，凶。

此文复分二："曰时"至"庶草蕃庑"显时，"极备""极无"二句显恒，即简过。"当其可之谓时"，"来备"谓无阙，"以叙"谓不乱[1]。"庶草蕃庑"，以其效言，即《易》所谓"天地变化草木蕃"也。"极备"则过，"极无"则阙，即下文所谓"恒"。"恒"之为言不时也。其来不以时，恒患其过，故谓"极备"。恒旸则无雨，恒雨则无旸，故谓"极无"。其凶可知。《说文》："吉，善也。""吉"从"士""口"，会意。"士，事也"。与"㕚"之从"士"同意。《系辞》曰"吉人之辞寡"，故从"口"。"凶，恶也。象地穿交陷其中也。"按"交"字当做"✕""✕"，即古文"五"字。"凵"象地陷形，非张口之"凵"。按此为指事兼会意字。段玉裁单云指事，非。五陷地中，五行汩矣。《系辞传》曰："吉凶者，言乎其失得也。"[2] 五事得其理，则五征以时，故吉；五事失其理，则五征不时，故凶。凡言吉凶者，亦如佛氏之言善趣恶趣[3]，皆自心所作，非自外至者也。

[1] 从"即简过"至此，《马一浮集》和《马一浮全集》均断句错误。今据上下文意一一订正。《礼记·学记》："大学之法，禁于未发之谓豫，当其可之谓时。" [2]《马一浮集》所引为"吉凶者，失得之象也"，漏"言乎其"三字而多"之象"二字。《马一浮全集》补足"言乎其"三字而仍多"之象"二字。今据《系辞传》原文订正。 [3] 善趣、恶趣：佛教术语，六道之中，地狱、饿鬼、畜生、修罗，为"四恶趣"，而人、天为"二善趣"。又地狱、饿鬼、畜生为"三恶道"，修罗、人、天为"三善趣"。（丁福保《佛学大词典》）

判休咎

曰休征：曰肃，时雨若；曰乂，时旸若；曰晢，时燠若；曰谋，时寒若；曰圣，时风若。曰咎征：曰狂，恒雨若；曰僭，恒旸若；曰豫，恒燠若；曰急，恒寒若；曰蒙，恒风若。

孔《传》以休征、咎征为美行、恶行之验，是已。"休"本训止息，引申为美。美与善同意。恶之止息即美也。咎者，灾也，与"凶"互训。故休咎即善恶义。孔曰"君行敬则时雨顺之"，"君行狂则常雨顺之"，以"若"训"顺"。今据"畴若予上下草木鸟兽"，"鱼鳖咸若"，当训"顺"。如"有孚颙若"，"史巫纷若"，"不节若，则嗟若"，此"若"字皆训"如"。雨旸时则为顺，恒则为逆，故此言"若"者，犹"如""然"也。若、如、然，一声之转。时乃通变之正，恒则一往之偏。克念则圣，罔念则狂，故五德可翻为五恶，而其形于气者，邪正斯异。雨旸寒燠风者，特以象之耳。休征如平人[1]，咎征如病人。五事之修，在天为祯祥，在人为美德。其失也，则在天为沴气[2]，在人为恶疾。心气之感，即天人之应也。君子之道，或默或语，或出或处，唯义之适。犹时雨则雨，时旸则旸也。《艮》之《象传》曰："时止则止，时行则行，动静不失其时，其道光明。"知此者乃可以语于"时"义。若"知进而不知退，知存而不知亡，知得而不知丧"，则恒雨恒旸之象也。故为"穷之灾"，穷上而不反下，直情径行，夷狄之道，凶咎莫大焉。反"恭"为"狂"，身安肆也；反"从"为"僭"，言诞谩也；反"明"为"豫"，躭放逸也；明者，物来即照，不容拟议，豫则怠缓而失照，故为明之反也。庄子曰："蛇怜风，风怜目，目怜心。"此言风行甚速，而目之视尤速于风，心尤速于目也。反"聪"为"急"，忽不择也；谓听之不审谛。听本主收，收之过急，则为闭藏。反"睿"为"蒙"，迷不觉也。《大学》曰"心不在焉，视而不见，听而不闻"，此之谓矣。盖敬用则诸根猛利，失念则暗钝无功也。恒雨恒寒是阴盛之象，在人则为萎弱，柔恶也；恒旸恒燠是阳盛之象，在人则为躁暴，刚恶也。恒风则表动乱不宁，遍行于四者之中，是知一念不觉，则四咎俱至。故狂、僭、豫、急并是蒙摄，亦犹贪、瞋、疑、慢并是痴摄也。五休德在五事门"释五功德"中已说，故今略。夫善言天者，必有验于人，雨旸寒燠之在天，犹视听言貌之在人也。天岂远人哉？验之于天而难知，不若验之于己而易得。见灾异而始戒惧，何如慎之于几先[3]？今一人之身忽病疟疠[4]，寒暑犹为之易位，至于合众人之痴暗，天地有不为之变色者乎？圣人于此示休咎之所由致，使人知尽己之性即所以尽天地之性。此诚谛之言也。李方山云："十世古今，始终不离于当念；无边刹土[5]，自他不隔于毫端。"善学者思之。

[1] 平人：没病的人。《黄帝内经素问·平人气象论》："平人者，不病也。" [2] 沴（lì）气：灾害不祥之气。 [3] 几先：犹机先，先兆。谓事物刚刚萌芽时。 [4] 疟疠（nüè lì）：疟疾；疟疫。 [5] 刹土：《马一浮全集》误作"土境"，今据《马一浮集》原文改。刹土：佛教词语，指田土、国土。

附语

"无息"是本体不息，尚有功夫在，不然则不须说"久"也。常人念念起灭不停，亦何尝有息？但圣人是本心之明不息，常人则是妄心不息；圣人是此心清净，德相功用不息，常人则是烦恼尘劳不息耳。

《中庸》说"至诚"，唯显性德；说"致中和""致曲"，下一"致"字，即显修德。其实言尽性，亦是性修合说，"尽"亦是修德也。以性德言之，自心本是正直，天地本来自位，万物本来自育。唯因失念，则不中和，遂至不位、不育耳。"致中和"，在《洪范》即"敬用五事"以复其自心正直之本相。位、育即"念用庶征……五者来备，各以其叙"也。

《洪范》要旨，在明天地人物本是一性。换言之，即是共此一理，共此一气也。理无差别而气有差别。其差别者，非是截然两个，有一则有二，二即一之两面也。故横渠自注"一故神"曰"两在故不测"，注"两故化"曰"推行于一"。唯"一物两体，气也"句，"体"字下得未莹，若作"一体二用"，似校显[1]。如太极是体，阴阳即依此体所起之二用，虽显成二用，然是相依而生，不是各成两个物事，所以说"两故化"仍是"推行于一"也。《中庸》直曰"其为物不二，故其生物不测"。"生物"，是"两故化"；"不测"，即"一故神"也。只此一理行乎气中，因有往来屈伸，见为二相，不知只是此一理，即只是此一气耳。世俗迷倒，妄计天地是天地，万物是万物，人是人，我是我，都不相干。如印度外道计大自在天[2]生万物，基督教立造物主之说，皆由不知一理一气，万物同出于一源，求其故不得，因别立一个生之者，依旧天是天、人是人，终成两个去，此皆儒者所不许。唯佛氏云"若人欲了知，三世一切佛，当知法界性，一切唯心造"，此却甚谛。彼立十法界，染净差别总为一心所造，犹此言休咎是一念所成也。不敬即怠，非休即咎，此亦是一念之两端，亦是一体二用也，在人所以用之如何耳。五事约而言之，不过言行。如言出加民，行发及远，吉凶违应即"征"也。故曰："言行，君子之枢机。枢机之发，荣辱之主也。"[3]《系辞》所言"荣辱"，即当此所谓"休咎"。

[1] 校（jiào）：同"较"，比较。《马一浮全集》第一册（上）自"故横渠自注"至"似校显"，断句错误较多，今据张载《正蒙》原文改正。 [2] 大自在天：外道之主神也。梵语"摩酰首罗"讹略，正为"摩酰湿伐涅"，译言"大自在"。在色界之顶，为三千界之主。此大自在天有二种：一曰"毗舍阇摩酰首罗"，一曰"净居摩酰首罗"。"毗舍阇"为鬼类之名，摩酰首罗论师之所祀，有二目八臂，乘白牛，住于色界。密教以之为大日如来之应现。 [3] 语出《周易·系辞上》："君子居其室，出其言善，则千里之外应之，况其迩者乎？居其室，出其言不善，则千里之外违之，况其迩者乎？言出乎身，加乎民；行发乎迩，见乎远。言行，君子之枢机。枢机之发，荣辱之主也。言行，君子之所以动天地也，可不慎乎！"

又"吉凶悔吝生乎动"，动即是"念"，吉凶悔吝即是"征"。微者即是念，显者即是征。

孟子曰"爱人者，人恒爱之；敬人者，人恒敬之"，"杀人之父，人亦杀其父；杀人之兄，人亦杀其兄"，此即感召也；"人必自侮，而后人侮之"，"国必自伐，而后人伐之"，亦感召也。《易》曰："自我致戎，夫谁咎也？""'负且乘，致寇至'，盗之招也。"[1]"祸福无不自己求之者"，此皆明休咎在己而不在物，在心而不在境也。

[1]《周易·解卦》六三："负且乘，致寇至，贞吝。"《象》曰："负且乘，亦可丑也。自我致戎，又谁咎也？"《易·系辞上》：子曰："作《易》者，其知盗乎？《易》曰：'负且乘，致寇至。'负也者，小人之事也。乘也者，君子之器也。小人而乘君子之器，盗思夺之矣。上慢下暴，盗思伐之矣。慢藏诲盗，冶容诲淫。《易》曰：'负且乘，致寇至。'盗之招也。"

先儒推灾异，亦非不知是由人致，但以休咎属境，不知离心无前境。故此征即未形，其为休咎已定。从其后而言之，不若直揭其本耳。邵子曰："思虑未起，鬼神莫知，不由乎我，更由乎谁？"乃是直抉根原语。

《大戴礼·曾子天圜篇》："阳之精气曰神，阴之精气曰灵。神灵者，品物之本也，而礼乐仁义之祖也，而善否治乱所兴作也。阴阳之气各（从）〔静〕其所，则静矣。(此谓"艮以止之"。)偏则风，俱则雷，交则电，乱则雾，和则雨。阳气胜则散为雨露，阴气胜则凝为霜雪。阳之专气为雹，阴之专气为霰。霰雹者，一气之化也。"亦说得精。《素问》以"四气调神""生气通天"命篇，人生于气交之中，故人之气必与天地之气相应。

八风者，艮为条风，立春至；震为明庶风，春分至；巽为清明风，立夏至；离为景风，夏至至；坤为凉风，立秋至；兑为阊阖风，秋分至；乾为不周风，立冬至；坎为广莫风，冬至至。《春秋考异邮》[1]云："阳立于五，极于九，（故）五九四十五日（而）一变。"即以八卦分主四时十二辰也。《周礼·保章氏》："以十有二风察天地之和。"郑注云："十二辰皆有风，吹其律以知和否，其道亡矣。《春秋·襄十八年》楚师伐郑，师旷曰：'吾骤歌北风，又歌南风，南风不竞，〔多死声，〕楚必无功。'"是其事也。此又分为十二风以配十二律。《尔雅》则但有四方之风：东，谷风；南，凯风；西，泰风；北，凉风。亦即四时之风也。此见雨旸寒燠皆与风俱，故风之义尤广，圣之象所以为时风也。

[1]《春秋考异邮》：汉无名氏撰，谶纬类典籍，《春秋纬》十四种之一。亦名《春秋纬考异邮》，宋均注。宋以后散佚。言风雨气候及物象变化与人事政教相应，说明万物应天之道。关于书名之义，明孙瑴《古微书》云："此篇专谈物应耳。"清赵在翰《七纬·春秋纬叙目》云："异成气错，溃败有由，王侯元德，天下为邮。"意谓天垂政象，以见吉凶，考其灾异祯祥，天人通邮，符应不爽，故名《考异邮》。

《楞严》立"别业妄见""同分妄见"喻。如目眚则见灯光别有圆影，捏目则见月有二，此是别业妄见。如两国同在一洲，此国之人睹诸一切不祥境界，彼国之人不见有此，是此一国人之同分妄见。以此说灾异，实与《大戴礼·天圜篇》同意。但彼以为妄者，妄实非无，眚所成故。眚即恶业，失念是也。妄为灾异，咎征是也。知此则于"天地本来自位，万物本来自育"之义可无疑矣。

克念即是敬用，罔念即是失念。敬用如平人，失念如病人。

失念即不敬，佛氏谓之偷心。偷心即自欺也。大鉴云："汝当一念自知非，自己灵光常显现。"人只是不自知非，捡点他人；即明知自非，又必文饰躲避，不肯自承。此即媮[1]心也。

[1] 媮（tōu）：同"偷"。

先儒推春秋灾异，皆指某种灾异为某事之应，在五行何属，言人人殊[1]，此皆据其后而推之。今谓不必论其事，但知有是理，慎其所感，则灾害不作。乃原其所由致者而言，如此乃符"念用"之旨。"念"在"征"先，所谓"先天而天弗违"也。

[1] 言人人殊：每人说的话都不一样，指各有自己的见解。

病疟所感喻别业妄见，众暗喻同分妄见。灾异即位、育之反，若正直中和，安得有咎征？《法华》云："众生见劫尽，大火所烧时，我此土安隐，天人常充满。"禅师家每云"长安虽闹，我国晏然"，彼乃深证"中和""位育"，实得力于"念用"也。此先儒所不肯说，今不惜眉毛，特为拈出，若等闲听过，吾亦不奈何。

别释五福六极

别释第九。统下六极以为总标。因文便，故别出。此尽人之性以尽己之性也。《洪范》终篇将以示同民之忧乐，显尽性之极致。故明斯民福、极之本，乃己心咸、向所为，所以施回向于众生，会万物为自己。"回向"是佛氏语，其义为回无为心，向涅槃路。以己所行真实，知十方众生皆我本性，随顺等观一切众生而不取众生相，性德圆成，法界量尽。义实与《洪范》此门相应，故取以相发。摄俗归真，回真入俗，故须广陈诸趣，通贯群伦。有一物之未安，皆自心之未尽。然后真俗双融，物我无间，圆满交彻，更无余事。望前庶征门，则前是"本隐以之显"，此是"推见以至隐"也。或疑福极是报境，何故目之为性？是不明"依正不二"之理也。略见前说《孝经大义》。已明心外无境，性外无事，则知福极皆由自致，非性而何？岂别有加之者哉！或曰：既由当人自致，何预向威？不知物我一体，吾心之用，用在观民，民之或登衽席，或陷水火，皆系吾此心此理之向背为转移，安则俱安，危则俱殆。故成物即所以成己，尽己乃所以尽人，血脉相通，气类相感，为其一性也。若痛痒无关，性于何有在？《易·观》之九五曰："观我生，君子无咎。"象曰："观我生，观民也。"王辅嗣注云："观民〔之俗〕以察己之道。"程子云："我生出于己者，人君欲观己之施为善否，当观于民，民俗善则政化善也。若天下之俗皆君子，乃无咎矣。其有未合君子之道，则是己之所为政治未善，不能免于咎也。"是知民之福极，皆我所生。故武王曰："万方有罪，罪在朕躬。"圣人本无过咎，而引天下之过咎归之于己，故为至德。今人不见己过，每以自己之过咎推之于人，故成怨尤。此由于不知自性，故不能仁以为己任，而终不免为小人也。佛氏之言曰："如一众生未成佛，终不于此取泥洹[1]。"为是言者，可谓知尽性之道，明"向用"之旨者矣。向者，示以趣向之途；威者，致其惕惧之意。"威用"，《大传》作"畏用"。古书多以"威"为"畏"。《诗·常棣》"死生不威"，毛传曰："威，畏也。"《史记·宋世家》《汉书·五行志》引《洪范》亦作"畏用"。"福"之为言备也，德备则为福。"极"之为言变也，失德则致变。此与"皇极"字异义。《素问·天元纪大论》曰："物极谓之变。"王冰注："气之散易曰极。"盖"极"之引申义为"终""尽"，由"终""尽"义而引申则为"极""变"，由"极""变"义而引申又为"病""困"。训"病"，见《吕览·适音》注；训"困"，见《汉书·匈奴传》注。凡物之病者，皆其变也。备乃指其本具，变则简其非常，故福是恒规，犹今言"正常"。而极为变相。犹今言"变态"。心安理得则无适而非和顺祯祥，相变体殊则虚受一切身心大苦。"情生智隔，相变体殊"，亦佛氏语。此"体"字稍粗，如言"形体"之"体"。此乃福极之真谛，非同末俗之肤言。盖克果则万行庄严，非由幸致，故曰"向"；畏因则履霜知戒，驯至坚冰[2]，故曰"威"。圣人用之以为刑德之原、治忽之本[3]，未有觊幸[4]苟得而可以为福，趋避矫饰而可免于患者也。"德厚者流光"[5]，名为"福"；"小惩而大诫"[6]，命曰"威"。所以拯拔行迷，消其殃咎，示以取舍之正而非增彼欣厌之私，彰其苦乐之因而非倚为赏罚之柄。故虽向威异用而摄以一慈，迷悟在他而视之犹己。喻如汞之泻地，高下同流；器之在埏[7]，大小殊制。然而江、淮、河、汉，湿性无差；钗、钏、瓶、盆，金质非异。虽复圣凡迥隔，净秽悬殊，皆此一心之所作也。圣人用处深微，大愿无尽，故知观民之旨，方可以言尽性矣。向下分释福极之目，此门经文似仅止此。据金氏《表注》，以"敛时五福"及"唯辟作威"两段文字为此门之传。今疑彼文当为箕子诫武王之辞，后当别释。凡九门所举诸目，则箕子所述舜、禹相传之书也，亦不必更分经传，但金氏系之此门，文义较然明白，故从之。今先出五福。

[1] 泥洹：即涅槃，又名"灭度"，是灭尽烦恼和度脱生死的意思。　[2] 典出《周易·坤》："初六，履霜坚冰至。象曰：履霜坚冰，阴始凝也；驯致其道，至坚冰也。"　[3] 刑德：刑罚与教化；刑罚与恩赏。治忽：亦作"治智"，意思是治理与忽怠。　[4] 觊(jì)幸：非分之想，侥幸之望。　[5] 《春秋穀梁传·僖公》："故德厚者流光，德薄者流卑。"注："'光'犹远也，'卑'犹近也。"　[6] 意思是给予小的惩罚，而要给予大的劝诫。《周易·系辞下》：子曰："小人不耻不仁，不畏不义，不见利不劝，不威不惩。小惩而大诫，此小人之福也。"　[7] 埏(shān)：用水和(huó)土。

释五福之目

一曰寿，二曰富，三曰康宁，四曰攸好德，五曰考终命。

此五种胜相，皆不可以俗谛言。凡《诗》中颂德之辞多言福禄寿考，亦准此。盖福者，即是德相，德不具不可以言福，故五相中唯"攸好德"备摄诸胜相。俗以长年为寿，而不知可尽者非寿也；以多财为富，而不知有待者非富也；以强健无疾为康宁，而不知

"安处善，乐循理"[1]乃真坦荡荡也；以尽其天年为考终命，而不知尽其道而死者乃正命也。故非拨无世谛。以有"攸好德"，则四者皆备；否则四者皆非。盗跖不寿于颜回，夷齐[2]无憾于衰命，然后知操行不轨而逸乐富厚者非福也。庄生以彭殇[3]为可齐，佛氏以罪福为性空，皆一往之谈，非笃论矣。

[1]《四书章句集注·论语集注》："乐则心广体胖而忘其贫，好礼则安处善，乐循理，亦不自知其富矣。" [2]夷齐：伯夷和叔齐的并称。[3]彭殇：犹言寿夭。语本《庄子·齐物论》"莫寿于殇子，而彭祖为夭"。彭：彭祖，指高寿。殇：未成年而死。

六极

一曰凶短折，二曰疾，三曰忧，四曰贫，五曰恶，六曰弱。

此翻五胜相而为六种劣相，世人之所恶者。唯五恶相较隐，乃不自知。不知好德之反即是恶，而五者随之，故诸劣相唯是恶摄。《素问·上古天真论》曰："上古之人，其知道者"，"能形与神俱而尽终其天年，度百岁乃去"。是短折乃其变也，而不得其死尤为变之大者。精神内守，病安从来？是疾亦起于变也。乐天知命，本自无忧。庄敬日强，安得有弱？见大忘小，何致患贫？故知未能免于五者之患，皆由不好德也。好德则无恶，无恶则五种劣相无自而生，故知五境唯是一恶也。德是其常，恶因变有。境随心现，理得情忘。荣期[1]无悴于行歌，尚平[2]深观于损益，亦非拨无世谛。苟为贤智，无恶撄心，自不为贫贱忧戚所困也。圣人示人以"向用"者，好德而已矣。其畏之者，恶而已矣。具德则受用无穷，去恶则纤毫务绝，如是则一切境缘唯福无极。众人熙熙如春登台，极乐现前，太平可致矣。此非尽人之性以尽己之性而何？佛氏言世界是诸佛愿力所持，以《洪范》言之，则是圣人向、威二用之德所持，此义甚明也。《易》六十四卦终于《既济》《未济》，《洪范》九畴终于"五福""六极"，何邪？明物不可以终穷，而圣人尽性之功亦与物而无

《泰和宜山会语》《复性书院讲录》注

尽也。思之！

[1] 荣期：春秋隐士荣启期（前571—前474）的略称，字昌伯，春秋时期郕国（今山东省汶上县北）人。传说曾行于郕之野，语孔子，自言得三乐：为人，又为男子，又行年九十。后用为知足自乐之典。 [2] 尚平：东汉尚长。后用为不以家事自累的典实。《后汉书》卷八十三《逸民列传·向长》："向长，字子平，河内朝歌人也。隐居不仕，性尚中和，好通《老》《易》。贫无资食，好事者更馈焉，受之取足而反其余。王莽大司空王邑辟之，连年乃至，欲荐之于莽，固辞乃止。潜隐于家。读《易》至损、益卦，喟然叹曰：'吾已知富不如贫，贵不如贱，但未知死何如生耳。'建武中，男女娶嫁既毕，敕断家事勿相关，当如我死也。于是遂肆意，与同好北海禽庆俱游五岳名山，竟不知所终。"唐·李贤注引《高士传》："'向'字作'尚'。"

述训

敛时五福，用敷锡厥庶民。惟时厥庶民于汝极，锡汝保极。凡厥庶民，无有淫朋，人无有比德，惟皇作极。

此下皆为箕子告武王之辞，申明向、威二用之旨，道在观民也。陈《洪范》既毕，于其终篇深致诰诫，语特丁宁，犹佛经之有付嘱品[1]也。文分四节，先总后别，总一别三。多说向，少说威，明向用则威用在其中，亦非有二也。今初是总说。

"敛时五福"至"锡汝保极"者，此"极"字是指"皇极"。言汝之锡民，民亦锡汝，明其为一体也。"凡厥庶民"至"惟皇作极"者，正明观民。观民而无淫朋、比德，乃惟皇所作之极。是民之有失德，即己之失德也。自其圆证之理而言，则谓之"皇极"；自其显发之相而言，则谓之"好德"；自其具足诸受用而言，则谓之"福"：皆一性之异名也。皇与庶民，皆此一性之所现。敛者，言乎福德之聚也；保者，言乎任持之密也。敛之在己是自受用，敷锡于民是他受用。庶民于汝所证之理秉受是同，自他不二。汝之保任是事，亦惟民之锡。犹佛氏言众生之类是佛土也。离庶民则无皇，离众生亦无佛。"锡"之云者，理顺物从，义同赋畀[2]，非曰有物可取而予之也。汝之锡

486

民，犹言授记[3]；民之锡汝，则是归依[4]。教之所被，机感同符，故云交锡耳。"淫朋"乃昵过而增非，"比德"则偏私而为党，皆染污之情也。庶民无是染污，则皆清净德相，犹《圆觉》所谓"一身清净，多身清净；一世界清净，多世界清净"，故曰"观我生，君子无咎"。言"惟皇作极"者，民之协极，即汝所作也。此总说向用、观民之旨。蔡《传》以人为有位之人，别于庶民。今按：民、人无别，但庶民以众言，人则指一人之身言，举一以该众，即多以明一，故参互说之，并无二义。

[1] 付嘱品：付嘱，又作"咐嘱""付属"或"嘱累"。付：与物。嘱：托事，乃以言语托所思之意，多表示佛陀托付弘传教法之意。品：相当于汉语经典的篇章。付属品通常都在佛经的最后。　[2] 赋畀（bì）：给予，特指天赋的权利。　[3] 授记：主要指证言未来成佛之意。最著名者，如释尊于过去世得燃灯佛之授记。　[4] 归依：（佛教术语）于胜者归投依伏也。亦作"皈依"。《大乘义章》十曰："归投依伏，故曰归依。归投之相，如子归父。依伏之义，如民依王，如怯依勇。"《法界次第》上之上曰："归以反还为义，依者凭也。"

凡厥庶民，有猷有为有守，汝则念之。不协于极，不罹于咎，皇则受之。而康而色，曰："予攸好德。"汝则锡之福，时人斯其惟皇之极。

此与下节皆承上"敷锡"而言，别简观民在于协极。此节明"攸好德"乃为福，是协极也。下节明"无好德"，则虽锡之福亦为咎，是不协极，故罹咎也。《学记》曰："发虑宪，求善良，足以謏闻[1]，不足以动众。就贤体远，足以动众，未足以化民。"观民之"有猷有为有守"者，是其才之美为可念也。如是之人，虽不协于极，亦不罹于咎，是汝所当摄受也。三"有"亦有浅深。有谋虑者，未必能行；有措施者，未必能久。三者具，虽或可免于咎，而卒未能入德者何也？己见犹存而好德之心不笃，故不协于极耳。"而康而色，曰'予攸好德'"者，蔡《传》曰"见于外而有安和之色，发于中而有好德之言"是也。如是则为具德之人，而诸福自备。曰"汝锡"者，实犹天锡，而是人之所证者无他，亦惟皇所证之极耳。此明向用之旨在同得同证也。若尧、舜、禹、稷、契、皋陶、伯益，君臣同德，弼亮[2]天工是已。曰"念之"、曰"受之"、曰"锡之"，亦有浅深次第。《金刚经》云"如来善护念诸菩萨，善付嘱诸菩萨"，却与此同意。

[1] 谀（xiǎo）闻：小有声名，常用作谦词。　[2] 弼亮：辅佐。参见《尚书·周书·毕命》篇。周康王对毕公说："惟公懋德，克勤小物，弼亮四世。"感恩毕公辅佐文、武、成、康四世的功勋。孔颖达疏："亮，佐也。"

无虐茕独而畏高明。人之有能有为，使羞其行，而邦其昌。凡厥正人，既富方谷。汝弗能使有好于而家，时人斯其辜。于其无好德，汝虽锡之福，其作汝用咎。

上显是器，此简非器。是器，可期同德同证，为其"攸好德"也；非器则否，为其"无好德"，故终咎也。"无虐茕独而畏高明"者，犹曰"不侮鳏寡，不畏强御"[1]，"不轻未学"[2]，不重多闻[3]。观民之道，运心平等，非有好恶。是器非器，咸其自为。茕独不可弃，高明不足矜。虐，犹言少之；畏，犹言多之。高明，以所处言。扬子云曰："高明之家，鬼瞰其室。"《月令》："可以居高明。"此指世俗所谓富贵有势位之人，与三德门"高明柔克"以气质言者不同。"无"即"毋"字，古多以"无"为"毋"。禁止辞。将简非器，诫观民不可有成心也。"有能"比"有猷"为粗，又阙"有守"，是不足以言守。明其劣于前者，其行务在进取，谓可以善邦国，是为功利之说者也。言"正人"者，不务正己而好言正人。"既富方谷"，是其所持之说。如是之人而汝好之，任以家国之事，则适以成是人之辜而已，为其"无好德"也。汝若引为同德而谓可锡之福者，其所施为不惟不协于极，必罹于咎，乃是汝之咎也。此明向用之失，若秦孝公之用商鞅，始皇之用李斯，是其类也。箕子之垂诫深矣。

［1］《钦定礼记义疏》卷一："吕氏大临曰：'古之君子，不侮鳏寡，不畏强御。'"　　［2］《佛说四十二章经》说调伏人生有二十种难处。其中第十三难是"不轻未学难"。意思是，不轻视尚未学习佛陀正法的人很难做到。　　［3］《楞严经》云："虽有多闻，若不修行，与不闻等。如人说食，终不能饱。"

惟辟作福，惟辟作威，惟辟玉食。臣无有作福作威玉食。臣之有作福作威玉食，其害于而家，凶于而国。人用侧颇僻，民用僭忒。

此乃申言威用之失。推向威二用而变言刑德，明其为人君持法之道不可移于臣下也。"向""威"对文，则"威"是戒惧之意；"威""福"对文，则"威"是刑威之称。刑威之用，亦是使人戒惧而期于无刑也。辟者，法也。"皇""王""后""辟"，同为君称。此独变言"辟"者，"天命有德""天讨有罪"，是为奉天之法，天即理也。非人君之所得专也。"玉食"者，民之所奉于君，亦曰"天禄"。君能奉法，始得有之。故曰"惟辟作福，惟辟作威，惟辟玉食"也。是必奉法惟谨，岂曰威福自恣，竭天下以奉一人哉？此与法家之尊法者不同。此谓天理之自然，彼则私意之所制。"臣无有作福作威玉食"者，位以表德，有道之世，君臣之位以德为差，君尽君道，臣尽臣道，安有僭侈[1]之事？惟君失其道，乃魁柄[2]下移，权臣执国。臣而如此，凶害可知。不独祸国，亦覆其家。君臣亦失，民亦随之。"颇僻""僭忒"[3]，极言民德之堕，皆由在上者有以致之。《大学》所谓"一人贪戾，一国作乱"也。箕子、武王，贤圣之人也。以贤圣与贤圣言，而其辞之严切如此，非盛德其孰能与于斯？此非三代以下所能梦见也。故谓此篇之旨，略如佛氏诸经之有付嘱品。所释文义颇与先儒不同，亦未敢谓其尽当，是在学者善会而深体之耳。

［1］僭侈（jiàn chǐ）：奢侈过度。　　［2］魁柄：指朝政大权。　　［3］颇僻：邪佞，不正。僭忒（jiàn tuī）：谓越礼逾制，心怀疑贰。蔡传："颇，不平也；僻，不公也。僭，逾；忒，过也。"

释文既讫，须以六艺会通。学者当知，《洪范》九畴亦可总摄六艺。夫舜、禹之授受，箕、武之问答，皆道其所证之性分内事而已。举而措之以为政，因而笃之以为教，皆不离乎是也，故曰《洪范》。洪范者，大法也。大者，莫能外也；法者，可轨持也。九畴之目，名以"彝伦"。"彝"之言常，"伦"之言理。常者，不可易也；理者，性所具也。当时固无"六艺"之名，亦无《书》教之别也。及孔子删《书》，《洪范》始列于《书》教。然先圣后圣，其揆一也。六艺之旨，交参互入，周遍含容，故九畴之义亦遍摄六艺而无余。如五行出于阴阳，则摄《易》；五事贯于行履，则摄《礼》；八政统于制度，亦是摄《礼》。五纪，治历明时，则摄《易》；历必应乎律数，则摄《乐》。三德，刚柔合德，见《诗》《乐》之化神也；稽疑，会异归同，见《礼》《乐》之用一也。庶征，则《易》吉凶失得之几也；福极，则《春秋》治乱之符也。而皇极总摄六艺之归一于性德。敬用，则《礼》之本；农用，则《礼》之施；协用，则《乐》之效；乂用，则《诗》《乐》之移风易俗也；明用，则《礼》《乐》之节民心、和民声也；念用，则《易》之微显阐幽也；向、威，则《春秋》之善善恶恶也。是八者，莫非皇极之大用。六艺之所由兴，即皇极之所由建也。五行者，气也；皇极者，理也。气无乎不遍，理亦无乎不遍。理行乎气中而用始形。气不可以言用，凡言用者皆理也。用而不应理，则是不协于极，必罹于咎，是曰"汩陈其五行"而"彝伦攸斁"也。六艺之道亦"建用皇极"而已矣。离极而言用，是离性而言道，则其所谓道者，私智之凿也；舍道而言教，则其所谓教者，习染之污也；舍德而言政，则其所谓政者，罔民[1]之事也；舍道而言法，则其所谓法者，厉民[2]之具也。此其为用乃无一而当矣。是知弃先圣之言而从夷狄之制者，必其违乎六艺，倍乎皇极，而失其本心者也。学者明乎此，则体用、隐显、本末、内外无乎不该，亦可以知所择矣。郑氏曰："举一纲而万目张，解一卷而众篇明。"然后知《洪范》为尽性之书，六艺皆尽性之教。是乃谛实之理，决非影响之谈。道不远人，行之由己，证之唯性，慎勿以言说知解当之，上负先圣，下负己灵也。

[1] 罔民：欺骗陷害百姓。《孟子·梁惠王上》："及陷于罪，然后从而刑之，是罔民也。"赵岐注："是由张罗罔以罔民者也。"罔：同"网"。　[2] 厉民：苛待人民。

附语

圣人无忧乐，以天下之忧乐为忧乐；圣人无吉凶，以众生之吉凶为吉凶。故曰"吉凶与民同患"。

"老者安之，朋友信之，少者怀之"，向用也；"德之不修，学之不讲，闻义不能徙，不善不能改，是吾忧也"，威用也。"君子笃恭而天下平"，福也；"上无礼，下无学，贼民兴，丧无日矣"，极也。"无一物不得其所"为福，"一夫不获"即极。

"福""极"因俗立名，"向""威"乃是真心之用。

庶征是显，念是隐。福极是见，向威是隐。前是由本说到迹，此是从迹说到本。

"依正"犹形影也。

《洪范》言福极，犹佛氏言佛土净秽也。《维摩经》云："众生之类是菩萨佛土，所以者何？菩萨随所化众生而取佛土，随所调伏众生而取佛土。"肇公注云："群生万端，业行不同"，"美恶自彼，于我无定。无定之土，乃曰真土。然则土之净秽，系于众生，故曰'众生之类是菩萨佛土'也。""佛土者，即众生之影响耳。夫形修则景长，形短则景促，岂日月使之然乎？形自然耳。故随所化众生之多少而取佛土之广狭也"，"随其弃恶多少、行善浅深以成其国"。此所谓"化"即"向用"也，所谓"调伏"即"威用"也。又经云："菩萨取于净国，皆为饶益诸众生故。譬如有人欲于空地造立宫室，随意无碍；若于虚空，终不能成。菩萨如是，为成就众生，故愿取佛国"，"非于空也"。肇云："二乘澄神虚无，不因众生，故无净土。"须知彼所谓"佛土"即"我生"也，"众生"即"民"也。若不能成物者，己亦无成。换言之，即若无众生，亦无佛土也。圣人以天下为一家，中国为一人。若以民物为外，则如造屋于空，不成其为圣德矣。

圣人之用心，不独视人之饥溺犹己而已，见人之陷于不善若疮痏[1]之在身，故其为人之切自不容已。识仁知性，然后于斯言无疑。否则人我炽然，怨尤丛集，终身不得入也。

[1] 疮痏（wěi）：指疮疡、伤痕；生疮疡。

六经总明德教，即是向用之旨。"礼，释回增美"；"教，长善救失"。释回、救失即威用也。

《维摩经》云："深心是菩萨净土。菩萨成佛时，具足功德，众生来生其国。"此言福者，即具足功德之谓也。法身流转五道，即是变。

《素问》云："物生谓之化，物极谓之变，阴阳不测谓之神，神用无方谓之圣。"

世俗鄙夫只知趋利避害，唯存徼福之心，不知修德之事。为善而责报，等于求市利而图博进[1]也。为恶而畏人知，等于见金不见人，犯罪而逃匿也。有一等人，为导俗之浅言，专以福报诱人，是增长其利心，无异教人为恶。故儒者深恶为佛氏之说者以求死后福利为归，痛斥其为利。朱子亦曰："西方论缘业，卑卑喻群愚。"观梁武见达磨便问："朕造寺写经度僧无算，有何功德？"达磨曰："并无功德。此人天小果，有漏之因，如影随形，虽有非实。"帝曰："如何是真功德？"磨曰："净智妙圆，体自空寂。如是功德，不以世求，斯可爽然无惑。"知梁武原是俗汉，达磨之言已将此辈破斥无余，岂希求福报、怀挟利心者所能依托哉？自明季袁了凡一派至今，流毒未已。此须料简。

[1] 博进：赌博所用的钱。

先儒每斥佛氏怖畏生死，欲求解免，只是为利。此语校驳斥求福报者转深，然大乘教义实不然。不见有生死可出，故曰："众魔乐生死，菩萨于生死而不舍；外道乐诸见，菩萨于诸见而不动。"[1]生死涅盘等同一相，方为究竟，安有所谓出世间法邪？此非为佛氏回护，理实如然。所以引其言者，亦欲借以显义，非是强为傅会也。切勿误会好。

[1]《大慧普觉禅师语录》引《净名》云："众魔者乐生死，菩萨于生死而不舍；外道者乐诸见，菩萨于诸见而不动。"净名，指古印度大士维摩诘，也指《维摩诘经》。

说刑德、治忽犹粗，说威向更深细，故谓威向二用是其原。

老子曰："知足者富"，"死而不亡者寿"。说寿、富二相甚谛。

康宁是正直之果，有"安而行之"气象。《尧典》："文思安安。"禹曰："惟几惟康。"《西铭》曰："存吾顺事，没吾宁也。"下"宁"字尤精。

人不能脱利欲者，到老寿只是桎梏而死，不得为正命。"有杀身以成仁"者，却是正命。

此引《史记·伯夷列传》中语。观史迁此文，词激而怨，非闻道者之言也。（释"盗跖不寿于颜渊"二语。）

"殇子为寿，彭祖为夭。"庄子之意特以为物无不足耳。然终似矫枉太过，坏世间相，便非圆音，故不及老氏。

"罪性空"却是，以性中本无罪相，因染幻而有也。"福性空"则不可，以性中本具无量功德相，不可言无也。《维摩》偈云："无我无造无受者，善恶之业亦不亡。"却如其分。

福即是德，极即是恶。背尘合觉是向，远离垢染是畏。《易》曰："君子以遏恶扬善，顺天休命。""扬善"是向用，"遏恶"是威用，"顺天休命"谓尽其性也。

"由也不得其死"，"回也不幸短命"，非凶短折乎？伯牛恶疾，王骀形残，非疾乎？饭疏食饮水，箪瓢陋巷，非贫乎？文王"忧心悄悄，愠于群小"，非忧乎？赵文子"退然如不胜衣，其言呐呐然如不出口"[1]，非弱乎？然皆不害其为君子，何也？以其无恶也。

[1]《礼记·檀弓下》："晋人谓文子知人。文子其中退然如不胜衣，其言呐呐然如不出诸其口。及遇事而发，凛乎不可犯。"中：身也。退：柔和貌。呐呐（nà nà）：形容说话声音低沉或含混不清。

《泰和宜山会语》《复性书院讲录》注

《大宝积经》云:"善顺菩萨得劫初铃,声言欲以施舍卫城中最贫者。有最胜长者最贫,欲乞之。善顺云:'汝非贫者,波斯匿王乃为最贫,我当施之。'因语王曰:'贪求无厌足,是为最贫者。'王闻而内愧,曰:'仁者之言,孰为证之?'善顺曰:'如来能证之。'于是佛告波斯匿王:'若依世法,王为人王,则善顺贫而王富;若持梵行,则善顺富而王贫。'"此虽寓言,却可发人深省。今人惊怖夷狄富强,不知以道眼观,则彼正是贫弱。今之具六极者,侵略国与阴谋家是也。以其唯恶而无德,故不明《洪范》向威二用之旨,世界众生永无宁日。质而言之,盖彼之所向者是恶,而所恶者是德,恰成颠倒也。

向威二用是圣人无尽之用。一切圣人垂教于后世,行化于当年,皆是此用。圣人虽殁,此用不息。即今讲《洪范》,亦是此不息之用。闻而有悟,即是"攸好德",即是圣人所向;闻如不闻,即是"无好德",即是圣人所威。其实庶民亦只有此二类,福极皆其自取,圣人非能锡之。但圣人之心常欲锡之以福,是即其所向也。汝若无好德,虽欲锡之福而不能。汝自作咎,圣人无如汝何。

质而言之,好德即是好仁,无好德即是不好仁。好仁恶不仁,好善恶恶,亦即是向威二用,人皆有之。但在凡民不能成为大用,故必待文王而兴。在圣人分上,即是将此心扩充到极处,斯成无尽之用耳。

"民之秉彝,好是懿德"。好善恶恶,性也。然非知德,亦不能好德。故孔子每曰:"知德者鲜矣。""吾未见好德者也。"好古、好学亦同此意。非知之深,不能好之切也。

敬者,德之聚也。德之聚即是福之聚。

"保合太和,乃利贞。"禅家于大彻后,每曰"善自保任",盖长养法身,尤要潜行密用。故圣人分上仍是"日新其德",岂曰无事?洞山禅以"无为无事人,犹是金锁难"[1]是也。曰:诚则无事矣,夫何为哉?此只是谓"行其所无事",非无行也。故老氏亦曰"为无为,事无事"。在佛氏谓之"无相三昧""无作三昧"[2],亦曰"无功用道,方是究竟"。一切圣人皆如是。此"利贞"乃所以为"元亨","元亨"仍须继之以"利贞"也。

[1] 典出《五灯会元》卷一七"隆兴府黄龙慧南禅师"。问："'无为无事人，犹是金锁难，未审过在什么处？'师曰：'一字入公门，九牛车不出。'曰：'学人未晓，乞师方便。'师曰：'大庾岭头，笑却成哭。'""金锁难"是针对"铁锁难"而言的。铁锁，指束缚苦恼人的烦恼、妄念；金锁，指束缚清净无为的道人的开悟，即对"无"的执着。　　[2] 无相三昧：是与灭谛之灭、静、妙、离四行相相应之三昧也。无作三昧：又云"无愿三昧""无起三昧"，是与苦谛之苦、无常二行相，集谛之因、集、生、缘四行相相应之三昧。

"雍也，可使南面"，是为仲弓授记。"用之则行，舍之则藏"，是为颜渊授记。"人皆可以为尧舜"，是为一切人授记。

孟子称孔子曰："自生民以来未之有也。""乃所愿则学孔子"，此意即同"民锡"。

《淮南子》曰："遗腹子上垄，虽随众哭泣，而无所归心。"此谓生不识父，但知有父而已。人不知德，不知圣，虽随众赞叹，承认有圣人，实无所归心，与《淮南》遗腹子之喻无别。

"协极"，即是与此理相应。"攸好德"，则自然相应，故为福。"锡之福"者，亦曰"汝性元来具足"耳。

"不协于极，不罹于咎"，犹佛氏所谓"不定聚"[1]众生也。协于极则是"正定聚"，罹咎则是"邪定聚"，亦曰"恶聚"。

[1] 聚：聚类、聚集。依众生根机之别，分类聚集之，可有三类：其性正邪未属，遇善缘则成正定（聚），得恶缘则成邪定（聚）者，以其不定，故称"不定聚"。

人之见性与否，在言语气象上勘验，明眼人一点瞒他不得。

"过去诸佛亦如是，现在诸佛亦如是，未来诸佛亦如是"，"我如是，汝亦如是"，是"时人斯其惟皇之极"也。圣王之好恶，纯然天理，故成为向威二用。若下文言"臣之有作福作威"者，即是"作好""作恶"，出于私意，故凶也。

"强陵弱，众暴寡"，"居上位而陵下，居下位而援上"，皆是"虐茕独""畏高明"也。"君子上交不谄，下交不渎，其知几乎！"孔子为颜子授记以此，是即"锡之福"也。

《泰和宜山会语》《复性书院讲录》注

从来圣贤，皆不轻肯人。如孔子一生未尝以仁许人，亦不敢以仁自居。后来禅家颇知此意。必须久经锻炼，从不轻许。若私智小慧，未得谓得，未证谓证，信口雌黄，论量古今，只是一群瞎汉相趁，教人堕坑落堑[1]耳。此即"其作汝用咎"也。可为深诫。"知人则哲，能官人安民则惠"，尧、舜本领在此。故三代以上，君臣皆圣贤；三代以下，君臣多不相知。唯是好恶用事，故成颠倒。

[1] 堕坑落堑（qiàn）：掉进泥坑里，跌入壕沟中，比喻陷入错误境地。

孟子曰："夫志，气之帅也。"人之志不能率气，则纯是气用事。横渠所谓"德不胜其气，则性命于气"者，是即"臣之作福作威玉食"也。《内经》虽只明得气边事，然其说气直是精微。如十二官以心为君主之官，神明出焉；肺为辅相之官，制节出焉；膻中者，臣使之官，喜乐出焉。心藏神而肺主气，膻中亦气之守也。余若肝为将军之官，胆为中正之官，脾为仓廪之官，肾为作强之官[1]，皆有义。譬如明主当阳则百官受职，君者出令而无所受令。即以养生之道言之，亦必精神内守，真气从之，乃为合法。神不能率气，则气为身害矣。其实神特气之精者而已，犹必以神主气而后得其序，自有君臣之别。此亦可悟臣之僭上，即谓气之夺志也。洞山禅立"君臣五位"[2]，必臣奉于君，子顺于父。其言君臣父子，皆以明体用。质言之，则理是君，气是臣；理是父，气是子；理是体，气是用也。体若不立，依世法言之，便是无君。纵有君位，不能统摄群下，则"颇僻""僭忒"纷然并兴，如何能跻于治邪？学者须先明一身之君臣，然后于此理乃可无疑也。（有其君而无其臣，亦不能成化。）

[1] 因为肾主骨生髓，主生长发育与生殖。故肾气充盛则筋骨强健，动作敏捷，精力充沛，生殖机能正常，胎孕得以化生，因此肾为"作强之官"。　　[2] 君臣五位：佛教禅宗曹洞宗的教义和教学方法。用"正"（体、空、真、理净）、"偏"（用、有、俗、事染）、"兼"（非正非偏，亦即中道）三个概念，配以"君""臣"之位，用以分析佛教真如与其派生之世界万有的关系；亦用作教授不同对象的方法。共有五种，但名目不完全一致。

《内经》义亦易明。如人气分有病，则是辅相之官失职，气不能顺其节制矣。情志大病，莫甚于好恶不当，是臣使之官失职也。臣使之官，喜乐所出，其不能应理，即是"臣之作福作威"也。

人之有耳目口体，能知觉运动，气也；其义理之性则理也。举五事言之，貌、言、视、听、思，皆气也；恭、从、明、聪、睿，是理也；肃、乂、晢、谋、圣，其用也。（即此理之功用。凡民日用之间皆不离五事，而无五功德相者，何哉？气之昏蔽而理有所不行也。理行乎气中，其用始显。）

◎研读

这是著者通过讲解《尚书·洪范》一篇，以点带面讲述《书经》大义的讲义。"自来说《尚书》，以《洪范》最为难明"，著者探赜索隐，钩深致远，对《洪范》一篇从文本到义理都做了博采众长、取精用弘的工作，对前贤的《洪范》研究工作大有推进，堪称《洪范》研究的巅峰之作。整篇讲义以孔子"为政以德"为主脑，以"建用皇极"为核心，阐明"《尚书》道政事，皆原本于德"的宗旨。《洪范》九畴，"皇极"位居第五，总揽前四后四。"'皇'为大君之称，'极'者至德之号。'皇'以表人，'极'以表法"，故曰："离极而言用，是离性而言道，则其所谓道者，私智之凿也；舍道而言教，则其所谓教者，习染之污也；舍德而言政，则其所谓政者，罔民之事也；舍道而言法，则其所谓法者，厉民之具也。此其为用乃无一而当矣。是知弃先圣之言而从夷狄之制者，必其违乎六艺，倍乎皇极，而失其本心者也"。尽去枝蔓，返本宗圣，妙理动人，是我国传统政教的光辉文献，值得当今世界关心政治、研究政治乃至从事政治的学者和政治家们认真参考。

复性书院讲录第六卷

观象卮言

◎ 解题

《周易·系辞传》云:"在天成象,在地成形,变化见矣。"在天之日月星辰阴晴雨雪,在地之山河草木鸟兽虫鱼,在人之父子君臣夫妇兄弟朋友,乃至《易》之卦爻象彖,莫不是易道所呈变化之象。马一浮说:"学《易》之要,观象而已。"卮,本来是酒器,马一浮自题"卮言",有三重含义:一是"不执"义,二是"不尽"义,三是虽然言却"未尝言"义。郭象说:"卮满则倾,空则仰,非持故也。况之于言,因物随变,唯彼之从。"马一浮取此意,表示自己讲《周易》亦"不执持一己之见",且"随顺旧师所说,亦不主于一家,但取言说方便足以显义而已"。卮满了也不多,且其器形是圆的,所以司马贞用"卮言"形容支离无首尾之言。马一浮认为这就像喝海水,"虽仅一滴,而咸味具足,但取知味,不尽其量"。马一浮使用"卮言"的第三重含义,用庄子的话说,就是"言无言,终身言,未尝言。终身不言,未尝不言"。古人亦常用为对自己著作的谦词,如《艺苑卮言》《经学卮言》。马一浮把自己阐述《易经》大义的这篇讲义命名为《观象卮言》,亦含谦虚之意。

序 说

天下之道，统于六艺而已；六艺之教，终于《易》而已。学《易》之要，观象而已；观象之要，求之十翼[1]而已。孔子晚而系《易》，十翼之文幸未失坠，其辞甚约而其旨甚明。商瞿[2]、子夏之徒初不闻别为之传，今传子夏《易传》是晚出依托。自汉而后，师说始分。由京、孟逮于虞、荀[3]，虽各有所推衍，或出纬候，其书亦阙不具。王辅嗣始创忘象之论[4]，其后言象者寖流于方伎。直至伊川[5]特重玩辞，然辞固未能离乎象也；邵氏[6]长于极数，然数固未尝不本于理也。清儒力攻图书[7]，将"天一地二"之言亦可废乎？近人恶言义理，将"穷理尽性"之说为虚诞乎？何其若是之纷纷[8]也？大抵观变者不必尚占，观象者先求尽辞，故说义不能祧王、程[9]，玩占不能废京房。在汉则子云[10]之《太玄》，在宋则尧夫之《皇极》，象数之宗也。若必以伏羲为先天，文王为后天，则与《文言》不符。不有十翼，《易》其终为卜筮之书乎？"圣人设卦观象，系辞焉而明吉凶"，皆忧患后世不得已而垂言。《易》者，象也。象也者，像也。卦固象也，言亦象也，故曰"圣人立象以尽意"，"系辞焉以尽其言"。所以设卦，为观象也；系之以辞，为明吉凶也。能尽其意者，非由象乎？明吉凶者，非由辞乎？然则观象者，亦在尽其意而已，何事于"忘"？乾马坤牛之象，易知也；吉凶悔吝、刚柔变化之象，微而难知也。未得其意而遽言忘象，未得其辞而遽云忘言，其可乎？且"忘象"之象亦象也，"忘言"之言亦言也，是以圣人曰"尽"而不曰"忘"。寻言以观象而象可得也，寻象以观意而意可尽也。数犹象也，象即理也，从其所言之异则有之。若曰可遗，何谓"以言乎天地之间则备"邪？与其求之后儒，何如直探之十翼？今为初学者聊示津逮[11]，未遑博引，但欲粗明观象之法，直抉根

《泰和宜山会语》《复性书院讲录》注

原，刊落枝叶，必以十翼为本。间有取于二氏之说，假彼明此，为求其易喻。然临机施设，未能精思，略引端绪，不务幽玄，广可千言，约则数语，了不次第，故曰"卮言"。冀或少助学者寻绎，匪敢自居于说《易》也。

[1] 十翼：即《易传》，是注释《周易》的著作，内容包括《彖》上下、《象》上下、《文言》、《系辞》上下、《说卦》、《序卦》、《杂卦》共十篇，故称"十翼"。　[2] 商瞿（前522—?），商姓，名瞿，字子木，春秋末年鲁国人，比孔子小二十九岁。孔子传《易经》给他，他后来又传《易经》给楚人子弘。　[3] 京：指京房（前77—前37），西汉《易》学家者，本姓李，字君明，推律自定为京氏，东郡顿丘（今河南省清丰县西南）人。孟：指孟喜，西汉今文《易》学家，字长卿，西汉东海兰陵（今山东省苍山西南）人。虞：指虞翻（164—233），字仲翔，会稽余姚（今浙江省余姚市）人。三国时期吴国学者，精通《易经》。荀：指荀爽（128—190），颍川颍阴（今河南省许昌市）人。东汉末年大臣、经学家。其易学思想主要见于李鼎祚《周易集解》所辑荀氏《易注》。　[4] 王辅嗣：指王弼（226—249），字辅嗣，山阳高平（今山东省微山县）人。三国时期曹魏经学家、哲学家，魏晋玄学的代表人物及创始人之一。著作主要有《老子注》《老子指略》《周易注》《周易略例》四部。其《易》学主张"得意忘象"。　[5] 伊川：指程颐（1033—1107），字正叔，世居中山，后徙为河南府洛阳（今河南省洛阳市）人，世称伊川先生。北宋理学家、教育家。著作有《周易程氏传》等。　[6] 邵氏：指邵雍（1011—1077），字尧夫，谥康节，北宋理学家、数学家、诗人，与周敦颐、张载、程颢、程颐并称"北宋五子"。师从李之才学《河图》《洛书》与伏羲八卦，学有大成，并著有《皇极经世》《观物内外篇》《先天图》《渔樵问对》《伊川击壤集》《梅花诗》等。　[7] 图书：《河图》《洛书》的简称。　[8] 纷纷：多而杂乱的样子。　[9] 祧（tiāo）：把隔了几代的祖宗的神主迁入远祖的庙，引申为超越。王、程：指王弼和程颐。　[10] 子云：指扬雄（前53—18），字子云，蜀郡郫县（今四川省成都市郫都区）人。汉朝时期辞赋家、思想家。著有《法言》《太玄》等，将源于老子之道的"玄"作为最高范畴，并构筑宇宙生成图式，探索事物发展规律，是汉朝道家思想的继承和发展者。[11] 津逮：指由津渡而到达，比喻通过一定的途径而达到目的。

附语

《系辞传》曰："夫《易》何为者也？夫《易》开物成务，冒天下之道，如斯而已者也。"《易》为六艺之原，亦为六艺之归。《乾》《坤》开物，六子成务。六艺之道，效天法地，所以成身。"以通天下之志"，《诗》《书》是也；"以定天下之业"，《礼》《乐》是也；"以断天下之疑"，《易》《春秋》是也。冒者，覆也。如天之无不覆帱[1]，即摄无不尽之意。知《易》"冒天下之道"，即知六艺冒天下之道。"无不从此法界流，无不还归此法界"，故谓六艺之教终于《易》也。

[1] 覆帱（dào）：覆盖，指施恩、加惠。

《华严》"法界"之名与《易》"义"相准。

"忘象"之说本于庄子，然庄子即是深于观象者，其所言莫非象也。

《河图》数即本于《系传》"天地之数五十有五"一节。《太玄》一六共宗，二七同道，三八为朋，四九为友，五五相守，画出来即《河图》[1]也。《洛书》九宫[2]出《乾凿度》，皆出汉人，不始于宋也。

[1] 《河图》：是中国古代流传下来的神秘图案（见下图）。其来由是中华文明史上的千古之谜。"河图洛书"在现存文献中最早收录于《尚书》，其次在《易传》以及诸子百家亦有收录。　　[2] 《洛书》：表述天地变化脉络之数；"洛书"之意，其实就是"脉络图"，是表述天地空间变化脉络的图案（见下图）。一般认为《河图》为体，《洛书》为用；《河图》主常，《洛书》主变；《河图》重合，《洛书》重分；方圆相藏，阴阳相抱，相互为用。太极、八卦、周易、六甲、九星、风水等等皆可追源至此。

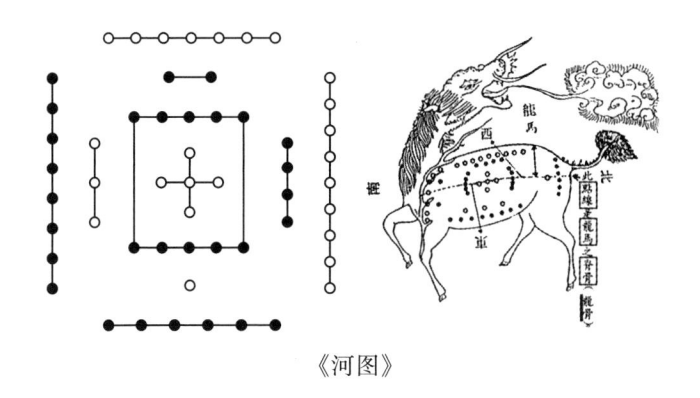

《河图》

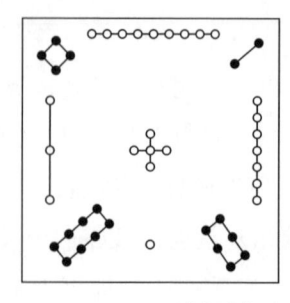

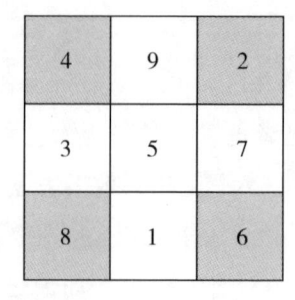

《洛书》九宫格对照图

占是古法。"观变"云者，不必定指卦变。人心一动，变即从此始矣。有变而之吉，有变而之凶，其象亦见于卦，占者据卦象以断，其吉凶可知也。然吉凶之道，皆由自致，初不待于占。玩占者，在观其吉凶之所由而慎之于动，岂必曰事蓍龟哉！

司马温公[1]曰："《易》有七、八、九、六，谓之四象。《玄》有一、二、三，谓之三摹。"按扬雄立天、地、人三玄，玄即道也。其画以一为天玄一方，--为地玄二方，---为人玄三方。是以一为天数，二为地数，三为人数，人道必兼天地之道也。三摹而四分之，为方、州、部、家，极于八十一首以当卦，合为七百二十九赞以当爻，所谓准《易》也。

[1] 司马温公：指司马光（1019—1086），字君实，号迂叟，陕州夏县涑水乡（今山西省夏县）人，世称涑水先生。北宋政治家、史学家、文学家。

扬雄善用奇，邵子善用偶。

"先天而天弗违"者，得乎理而一于天者也；"后天而奉天时"者，顺乎理而合于天者也。老氏谓之"吾不知谁之子，象帝之先"，佛氏谓"一心遍现十法界，当知法界性，一切唯心造"，先天也。"上律天时，下袭水土"，"存心养性，所以事天"，后天也。老氏亦言治人事天。性德是先天，未见气时，此理已具，所谓"冲漠无朕"者也。修德是后天，形而后有，"善反之而存"者也。所谓"体性达顺""配义与道"者也。是知不可以先天、后天分属伏羲、文王。

象是能诠，意是所诠。

吉凶是《易》之情，辞是圣人之情。《易》之情见于象，"圣人之情见于辞","是故其辞危。危者使平，易者使倾"[1]也。

[1] 语出《周易·系辞下》："危者使平，易者使倾。"意为自知危险而保持戒备的人，能够平安；自以为平安而失去警惕的人，则会倾覆。

数在象后，理在象先。离理无以为象，离象无以为数。物之象即心之象也。

题"卮言"者，亦有二义：一不执义，二不尽义。不执者，郭象云："卮满则倾，空则仰，非持故也。况之于言，因物随变，唯彼之从。"此言不执持一己之见，乃随顺旧师所说，亦不主于一家，但取言说方便足以显义而已。不尽义者，卮本酒器，满亦无多。又其为器也形圆，故司马贞以为支离无首尾之言。然如饮海，虽仅一滴，而咸味具足，但取知味，不尽其量也。

又庄子所谓"和以天倪"者，自释云"不言则齐，齐与言不齐，言与齐不齐也，故曰'无言'。言无言，终身言，未尝言；终身不言，未尝不言"，夫是之谓"和以天倪"。[1]

[1] 出自《庄子·寓言》："卮言日出，和以天倪，因以曼衍，所以穷年。"和，合也。郭象注："天倪者，自然之分也。"著者所说的庄子"自释"，实际上自释的是"卮言"，而不是"和以天倪"。庄子自释"和以天倪"在《齐物论》中："何谓和之以天倪？曰：是不是，然不然。是若果是也，则是之异乎不是也，亦无辩；然若果然也，则然之异乎不然也，亦无辩。"

约旨　卦始　本象

《说卦传》曰："昔者圣人之作《易》也，将以顺性命之理，是以立天之道曰阴与阳，立地之道曰柔与刚，立人之道曰仁与义。"《系辞传》曰："《易》之为书也，广大悉备，有天道焉，有人道焉，有地道焉。兼三才而两之，故六。六者非他也，三才之道也。"是知三才之道所以立者，即是"顺性命之理"也。凡言"理"，与"道"有微显之别。理本寂然，但可冥证；道则著察，见之流行。就流行言,则曰三才;就本寂言,唯是一理。"性命"亦浑言不别,析言则别。性唯是理,命则兼气。理本纯全[1],气有偏驳[2],故性无际畔[3],命有终始。然有是气则必有是理,故命亦以理言也。顺此性命之理,乃道之所以行。不言"行"而言"立"者,立而后能行也。顺理,即"率性"之谓也;立道,即"至命"之谓也。故又曰:"穷理尽性以至于命。"此《易》之所为作也。知圣人作《易》之旨如此,然后乃可以言学《易》之道。

[1] 纯全:纯正而无杂。 [2] 偏驳:义与"纯全"相反。偏:不正。驳,不纯。 [3] 际畔:边际,界限。

圣人作《易》,乃是称性称理,非假安排。《系辞传》曰:"《易》有太极,是生两仪。两仪生四象。四象生八卦。八卦定吉凶。吉凶生大业。"当知言"有"者,谓法尔如然[1],非是执有[2];谓"生"者,谓依性起相[3],非是沈空[4]。从缘显现故谓"生",乃不生而生;遍与诸法为体故谓"有",乃不有而有。太极者,一理至极之名;两仪者,二气初分之号。一理不可见,于二气见之。画卦之初,以奇偶象阴阳,亦以象动静。动静无端,阴阳无始,本不可思议。欲拟诸形容,唯奇偶之象似之。一奇一偶,其数为三。盖有一则有二,有二则有三。老氏曰"一生二,二生三,三生万物",邵氏曰"《易》有真数三而已"是也。一分为二,二分为四,四分为八,则八卦成列矣。

[1] 法尔如然:即"法尔如是",佛教用语,意为本来就是这样。 [2] 执有:佛教术语,不知本性空无有相而妄识执着为有。 [3] 依性起相:佛教用语,意思是由无相的性体而缘起各种假相。 [4] 沈空:佛教术语,大乘菩萨二阿僧祇劫之终,于第七地专修无相观,上无菩萨之可求,下无众生之可度。于是钝根怯弱之菩萨,著此空相而废自他之大行,谓之"七地沈空之难"。"沈"同"沉"。

附图

两仪 仪者，匹也。董生云："自内出者，非匹不行；自外入者，无主不止。"从体起用，谓之"自内出"；会相归性，谓之"自外入"。太极为主，两仪为匹，两仪所以行太极也。出入、内外皆是假名，不可执碍。

▅▅▅ 阳　　▅▅ ▅▅ 阴

四象 阴阳之中复分阴阳，则成太、少。太阳为阳中之阳，少阴为阳中之阴，少阳为阴中之阳，太阴为阴中之阴。

☰ 太阳　　☱ 少阴　　☲ 少阳　　☷ 太阴

八卦 凡为阳爻者十二，阴爻亦十二。自《乾》至《震》顺观之，自《坤》至《巽》逆观之，则阴爻阳爻互易，所谓"八卦相错"也。

☰ 乾一　　☱ 兑二　　☲ 离三　　☳ 震四

☴ 巽五　　☵ 坎六　　☶ 艮七　　☷ 坤八

因而重之，八分为十六，十六分为三十二，三十二分为六十四，则六十四卦具，于奇偶之画上再加一奇一偶，凡六位而成。（图略。）此谓"分阴分阳，迭用柔刚"。"刚柔相推而生变化"，此谓"上下无常，刚柔相易"也。《易》之名书，本取"变易"为义。圣人观于此变易之象，而知其为不易之理，又有以得其简易之用。故郑氏以三义说之[1]，为能得其旨也。唐释杜顺作《华严法界观门》，实与三易[2]之旨冥符。"真空观"当"不易"义，"理事无碍观"当"变易"义，"周遍含容观"当"简易"义。易即一真法界也。此义恐初机难喻，不欲敷演，如有善学者，可自思之。此为八卦生起之序，"吉凶"、"大业"向后别释。观象须从此起。重卦六十四，即此八卦之行布。阴阳、刚柔、往来、上下、进退、消息，变化之象也。太极以象一心，八卦以象万物。"心外无物"，故曰"阴阳一太极也"。"天地设位，而易行乎其中"，"《乾》《坤》成列，而易立乎其中"，故曰："《乾》《坤》，其易之蕴邪？"又曰："《乾》《坤》，其易之门邪？""阖户谓之坤，辟户谓之乾，一阖一辟谓之变，往来不穷谓之通。"统之以《乾》《坤》，而天地之德可通也；约之以六子[3]，而万物之情可类也。故以气之流行言之，则为天、地、雷、风、水、火、山、泽之象；以其德之力用言之，则为健、顺、动、入、陷、丽、止、说[4]之象；动、陷、止皆健之属，入、丽、说皆顺之属。以其相对言之，则为刚柔、起止、上下、见伏[5]之象；以其相成言之，则为定位、通气、相薄不相悖、相逮不相射之象[6]；以其屈伸聚散言之，则有动、散、润、烜、止、说、君、藏之象[7]，亦即雷霆、风雨、日月、寒暑之象[8]。所以行变化、成万物者略摄于是矣。观于天地之道而人道可知，观于《乾》《坤》六子之象而六十四卦之象可知，而一心、阴阳、动静之象可知。"乾道变化，各正性命"，非精义入神，其孰能与于此？此性命之原也。如是观者，是名贞观。此观象之初门也。

[1][2] 三义、三易：指"易"的三种含义。郑玄《易赞》《易论》认为："易简一也，变易二也，不易三也。" [3] 六子：指八卦中乾为父，坤为母，其余六卦为六子。震为长男，坎为中男，艮为少男，兑为少女，离为中女，巽为长女。 [4] 说：通"悦"。 [5] 见伏：显现与潜伏。 [6]《说卦传》："天地定位，山泽通气，雷风相薄，水火不相射，八卦相错。""雷风相薄"，《说卦传》第六章作"雷风不相悖"。"水火不相射"，《说卦传》第六章又作"水火不相逮"。李守力《周易密钥》说："'雷风不相悖'即'雷风相薄'，'水火不相射'即'水火相射'。"段玉裁《说文解字注》："按林木相迫不可入曰薄。引伸凡相迫皆曰薄。如外薄四海，日月薄蚀皆是。"王引之《经传释词》："《玉篇》曰：'不，词也。'经传所用，或作'丕'，或作'否'，其实一也。有发声者，有承上文者。"杨树达《词诠》："按古'不''丕'通用。'丕'为无义之助词者甚多，故'不'亦有为助词而无义者。"似皆与著者取义不同。 [7]《说卦传》第四章："雷以动之，风以散之，雨以润之，日以烜之，艮以止之，兑以说之，乾以君之，坤以藏之。"烜（xuǎn）：晒干。 [8]《系辞上》："在天成象，在地成形，变化见矣。是故刚柔相摩，八卦相荡，鼓之以雷霆，润之以风雨；日月运行，一寒一暑。"

《系辞传》曰："《易》之为书也不可远，为道也屡迁。""以言乎远则不御，以言乎迩则静而正。""近取诸身，远取诸物。"又曰："无有远近幽深，遂知来物。"此何谓也？道在近而求诸远，不知其不可远也。道无远近，远近由人。若一往说向外去，是远之也。昔有设问曰："眼何不自见其睫毛？"答曰："只为太近。"思之。

"屡迁"，谓吉凶以情迁。然"变动不居，周流六虚"，直须见其不迁始得。说"屡迁"便作屡迁会，也只是参死句[1]。初机闻说"观象"便执有外境，不知象只是自心之影，切忌错会。

[1] 语出《五灯会元·鼎州德山缘密圆明禅师》："但参活句，莫参死句。活句下荐得，永劫无滞。'一尘一佛国，一叶一释迦'，是死句。"

附语

《易》即是明此太极以下之理耳，非谓《易》之下有一太极。犹无极而太极，不是说太极之上更有一无极也。《易》与太极总是假名。一切名言施设皆不得已，执即成碍，故言"生"言"有"皆须活看。

邵子曰："心为太极。"此语最谛。又曰："道为太极，心外无道也。"按邵子用老氏"天法道"之说。

"神无方而易无体"，"无方"言其妙，"无体"言其寂，非谓虚无也。一切诸法皆其用之神，由此可知其体无乎不在，而非有一定之形体也。故不落有无，不涉生灭。

有一物于此，必有其两端，是有奇则偶已在其中矣。是以一涵三为圆。圆者，径一而围三。三即三其一也。偶者必方。方者，径一而围四。四即二其二也。三其一仍为奇，二其二仍为偶，如是可至无穷。举本而言，则奇偶尽之矣。偶生于奇，由两而四而八，即加一倍法也。

太极无象，本不可图。周子以圆相表之，明其无终始耳，岂可执圆相以为太极哉？

从体起用，即本隐之显；摄用归体，即推见至隐。

有斯象斯有数。阴阳，气也。气之未形，（气之方始，未有形质。）亦不可象，强以奇偶象之，有奇偶之画则有数矣。故天数一，地数二，合之而三。天则圆，故一。地与天对，故二。人在天地之中，故三也。

程子曰："理必有对，生生之本也。有上则有下，有质则有文。一不独立，二必为文。非知道者，孰能识之？"

董子谓："凡物必有合，上下、左右、前后、寒暑、昼夜，皆其合也。"此程子所谓"万事万物，皆相对出来"。

分为四象，则四时五行之理具焉。其象则二阳二阴者二，一阳一阴、一阴一阳者各一。合太、少之数均为五，（太阳一，太阴四，少阴二，少阳三。一与四合为五，二与三合亦为五也。又一二三四之积为十，亦为五与五之合。）其序则一、二、三、四中含九、八、七、六而两，其五行之理已具于中，《河》《洛》之数亦于此见之。

太阳 水 一 九

少阴 火 二 八

少阳 木 三 七

太阴 金 四 六

《河图》之数五。一得五则为六，故一六共宗。二得五则为七，故二七同道。三得五则为八，故三八为朋。四得五则为九，故四九为友。

《洛书》之数十。九者，十分一之余，故九与一对。七者，十分三之余，故三与七对。八者，十分二之余；六者，十分四之余：故二、四、六、八分布四隅，亦各相对也。

周子谓阳根于阴，阴根于阳，一动一静，五为其根。张子谓阴阳之精互藏其宅，于四象见之。

分四象为八卦，则一岁十二月二十四气亦已具于其中，万物生成之理备矣。演之为十二消息，实即《乾》《坤》二卦之六爻也。至用六十四卦，如孟喜之卦气、（卦气亦出于《乾凿度》。）京房之六十律、邵子之方圆图，而律历之数理无遗矣。

王辅嗣曰："处璇玑以观大运，则天地之动未足怪也；据会要以观方来，则六合辐凑未足多也。"孰谓辅嗣而不知观象哉？

邵子曰："八卦之象不易者四：《乾》《坤》《坎》《离》。反易者二：《震》反为《艮》，《巽》反为《兑》。"

阳卦多阴，阴卦多阳。《震》《坎》《艮》皆二阴，《巽》《离》《兑》皆二阳。三男皆得《乾》之一爻，以阳统阴。三女皆得《坤》之一爻，以阴御阳。所谓"阴阳合德，而刚柔有体"也。

九宫数则《坎》一、《离》九、《震》三、《兑》七、《坤》二、《巽》四、《乾》六、《艮》八。

天地之道变易而成化，人道亦须变易而成能。变易之象易见，不易之理难见，见此则简易之用得矣。"仁者见之谓之仁，知者见之谓之知，百姓日用而不知，故君子之道鲜矣。"天地之道即圣人之道，即君子之道，不见则不免为小人。问：如何得见此道？答曰：直须变易一番始得。

云"各正性命"，是"物物一太极也"。性命本正，而不知顺其理者，乃违性而逆命。孟子曰："尽其道而死者，正命也；桎梏死者，非正命也。"未至生顺没宁，皆为桎梏，可不惧哉？

"精义入神，以致用也。"神即是用，故术家以八卦为八神。六子效《乾》《坤》之用以成万物，人必效六子之用以合《乾》《坤》，方可"尽性至命"。所以观象，其义在此，不精于义，安能得之？

原吉凶　释德业

"八卦定吉凶，吉凶生大业"，何谓也？"八卦成列，象在其中。因而重之，爻在其中。刚柔相推，变在其中。系辞焉而命之，动在其中。"此言有象斯有爻，爻即象也；有动斯有变，变即动也。观乎八卦之象，则六十四卦之变可知，不待于占也。象者，象天下之赜[1]者也。爻者，效天下之动者也。"爻象动乎内，吉凶见乎外。""吉凶悔吝者，生乎动者也。"夫天下之至赜至动者非心乎？心外无物，凡物之赜、动皆心为之也。心本象太极，当其寂然，唯是一理，无象可得；动而后分为阴阳，斯命之曰气，而理即行乎其中，故曰"一阴一阳之谓道"。天地万物由此安立，其象已具于八卦，故曰："八卦以象告，爻象以情言，刚柔杂居，而吉凶可见矣。""道有变动，故曰爻。不曰卦有变动，是知观变不在占也。爻有等，"方以类聚，物以群分"，所谓"等"也。故曰物。"乾，阳物也。坤，阴物也。"物虽多，阴阳尽之。"有天地然后又万物"，故《乾》《坤》为大父母，六十四卦之阳爻皆《乾》也，其阴爻皆《坤》也。物相杂，"六爻相杂，唯其时物"，即"刚柔杂居"之谓。故曰文。两故文。文不当，阴阳、刚柔不当其位。故吉凶生焉。"是知吉凶定于八卦者，实则定于一心之阴阳动静耳。

[1]《易·系辞》："圣人有以见天下之赜。"《疏》："赜，谓幽深难见。"《说文解字注》："赜，京氏作啧。按徐铉《说文叙》辨俗书讹谬，不合六书之体者，以'赜'为假借之字，当通用'啧'。"

程子《易序》曰："万物之生，负阴而抱阳，莫不有太极，莫不有两仪，絪缊[1]交感，变化不穷。形一受其生，神一发其智，情伪出焉，万绪起焉。《太极图说》曰："形既生矣，神发知矣，五性感动而善恶分、万事出矣。"程子之言本此。《易》所以定吉凶而生大业。故《易》者，阴阳之道也；卦者，阴阳之物也；爻者，阴阳之动也。卦虽不同，所同者奇偶；爻虽不同，所同者九六。是以六十四卦为其体，三百八十四爻互为其用。按，体用相望，实有四重，程子于此只说得一重。以六十四卦望八卦说，则八卦为其体，六十四卦为其用；以八卦望《乾》《坤》说，则《乾》《坤》为其体，六子为其用；以两仪、四象、八卦望太极说，则太极为其体，而两仪、四象、八卦为其用也。远在六合之外，近在一身之中，暂于瞬息，微于动静，莫不有卦之象焉，莫不有爻之义焉。""时固未始有一，而卦亦未始有定象；事固未始有穷，而爻亦未始有定位。按，此深得"变动不居，周流六虚"之旨。以一时而索卦，则拘于无变，非《易》也。以一事而明爻，则窒而不通，非《易》也。知所谓卦爻象象之义，而不知有卦爻象象之用，亦非《易》也。故得之于精神之运，心术之动"，"然后可以谓之知《易》也。虽然，《易》之有卦，《易》之已形者也；卦之有爻，卦之已见者也。已形已见者可以言知，未形未见者不可以名求，则所谓《易》者，果何如哉？此学者所当知也"。观于程子此言，应知卦象爻义不可但求之于《易》之书，当返而求之于一心之动静，可以无疑也。

[1] 细缊（yīn yùn）：古代指天地阴阳二气交互作用的状态。《易·系辞下》："天地细缊，万物化醇；男女构精，万物化生。"孔颖达《疏》："细缊，相附著之义。"高亨注："细缊借为氤氲，阴阳二气交融也。"

《系辞传》曰："变动以利言，吉凶以情迁，是故爱恶相攻而吉凶生，远近相取而悔吝生，情伪相感而利害生。""利者义之和"，然则害者即义之贼也。"利物足以和义"，然则伤物则害义矣。"乾始能以美利利天下，不言所利，大矣哉。"和义故美，害义则恶。不言所利为大，言所利则小。《易》之言利害也如此，其诸异乎后世之言利害者夫。曰攻、曰取、曰感，皆指一心之动象，所谓情也。迁即易也。吉凶、悔吝、利害皆无定而可易，及其已形已见，则定矣。《易》之为教，在随时变易以从道。故"惧以终始，其要无咎"，"因贰以济民行，以明得失之报"。贰者何？吉凶是也。动而得其理，则阴阳、刚柔皆吉；失其理，则阴阳、刚柔皆凶。故阴阳有淑慝[1]，刚柔有善恶。"吉凶者，言乎其失得也。"此如佛氏之论染净迷悟，非同世俗之计成败祸福。圣人之言实至明白，若无此二途，则《易》亦可不作，何由生大业耶？故曰："《乾》《坤》毁，则无以见《易》。《易》不可见，则《乾》《坤》或几乎息矣。"

[1] 淑慝（tè）：犹善恶。

曷言乎失得也？此当求诸《乾》《坤》。"《乾》知大始，《坤》作成物。《乾》以易知，《坤》以简能。易则易知，简则易从。""易简而天下之理得矣。天下之理得而成位乎其中矣。""成位"犹言成性、成能。"夫《乾》确然，示人易矣。夫《坤》隤然，示人简矣。爻也者，效此者也。象也者，象此者也。""夫乾，天下之至健也，德行恒易以知险。夫坤，天下之至顺也，德行恒简以知阻。"由此观之，险阻者，易简之反也。得之以易简，失之以险阻。易简为吉，险阻为凶。不得乎易简者，不能知险阻，即不能定吉凶也。下文曰"定天下之吉凶，成天下之亹亹"，是即"生大业"之谓。"动而贞夫一"，不亦易乎。"承天而时行"，不亦简乎。"因其时而惕"，是知险也。"先迷后得"，是知阻也。"知进而不知退"，则险矣。"疑其所行"，则阻矣。君子得乾之易以为德，故可久；得坤之简以为业，故可大。可久故日新，可大故富有。"乾知大始"，故主乎知而为乐。"坤作成物"，故主乎行而为礼。"知崇礼卑，崇效天，卑法地"，故"乐由天作，礼以地制"。"大乐必易，大礼必简。""明乎天地，然后能兴礼乐。"和且序，夫何险阻之有？此谓"吉凶贞胜"，此谓"盛德大业"。"黄帝、尧、舜垂衣裳而天下治，盖取诸《乾》《坤》"，易简之道也。观象之要，莫先于四句："吉凶者，失得之象也。悔吝者，忧虞[1]之象也。变化者，进退之象也。刚柔者，昼夜之象也。"初句实摄后三，故曰"吉凶生而悔吝著"。已知失得者吉凶之所由致，当知悔吝者吉凶之萌渐也。悔则来者可追，尚可至于吉；吝则执而不舍，终必至于凶。忧思虞度[2]，皆疑而未得之象，不知变易从道者也。知进退，则知变化矣；知变化，则知失得矣。变化不出刚柔，进退亦犹昼夜。或进而上，或退而下，"上下无常"也。明暗相代，犹"刚柔相易"也。下言"六爻之动，三极之道也"，是知道之变动，地道必承于天，人道必兼法天地，然后无失道而常吉也。

[1] 忧虞：忧虑。 [2] 虞度：谋虑。

德业者，体用之殊称，知能之极果，亦即礼乐之本原，《乾》《坤》之大法也。"开物"为德，"成务"为业。"知周万物"者，德也；"道济天下"者，业也。大故配天，广故配地。"寂然不动"者，德之至也；"感而遂通天下之故"者，业之神也。"明于天之道"，德也；"察于民之故"，业也。"观其会通"者，德也；"行其典礼"者，业也。唯极深而后能通天下之志，德也；唯研几而后能成天下之务，业也。"定天下之吉凶"者，德也；"成天下之亹亹"者，业也。合深与几谓之神，合德与业谓之道，合易与简谓之《易》。故曰："神无方而易无体。"体《乾》《坤》，则能知《易》矣，是以观象必先求之《乾》《坤》。

附语

世人迷执心外有物，故见物而不见心，不知物者是心所生，即心之象。汝若无心，安得有物？或若难[1]言"人死无知，是心已灭而物现在"，此人双堕断、常二过[2]。心灭是断，物在是常。不知心本无常，物亦不住。前念灭已，后念续生，方死方生，岂待命断？是汝妄心自为起灭。智者观之，一切诸法以缘生故，皆是无常，是名"变易"。而汝真心能照诸缘，不从缘有，"灵光独耀，迥脱根尘"[3]，缘起不生，缘离不灭，诸无常法于中显现，犹如明镜，物来即照，物去仍存，是名"不易"。离此不易之心，亦无一切变易之物，喻如无镜，象亦不生。是知"变易"故非常，"不易"故非断，"非常非断"[4]，"简易"明矣。

[1] 难（nán）：诘难，诘问驳难。　[2] 断、常二过：即佛教术语"断常二见"。断见，是执身心断灭之见，属于无见。常见，是执身心常住之见，属于有见。《智度论》曰："见有二种：一者常，二者断。常见者，见五众（五蕴也）常心忍乐，断见者见五众灭心忍乐。一切众生，多堕此二见中。"　[3] 语出《五灯会元·洪州百丈山怀海禅师》。迥脱根尘，意思是大觉智照真常妙性，远离眼耳鼻舌身意六根对色声香味触法六尘的攀援不已。　[4] 非常非断：龙树《中论》以"八不"偈显示佛教的中道思想："不生亦不灭，不常亦不断，不一亦不异，不来亦不去。能说是因缘，善灭诸戏论。我稽首礼佛，诸说中第一。"《六祖坛经》："佛言：善根有二：一者常，二者无常，佛性非常非无常，是故不断，名为不二。"

当知真心不落生死，是即恒性。缘境而生之心是妄心[1]也。以离境则无心，故凡夫所执即是此缘心[2]。故曰："以缘心听法，则其法亦缘。"[3]

《泰和宜山会语》《复性书院讲录》注

[1] 妄心：冯达庵《佛法要论·世界篇》："心有真有妄，一而二，二而一。凡众之心，奔逸放弛，念念流变，曾无一息之停，此妄心也。奔逸知所止，放弛知所摄，寂寂然归于光明普照之妙，此真心也。握要言之：妄心所以为妄，在以能觉之心，对待所觉之境，心境角立，能所沟分。"　　[2] 缘心：攀缘事物之心。　　[3] 语出《楞严经》："佛告阿难，汝等尚以缘心听法，此法亦缘，非得法性。"

《易》言"寂""感"，"寂"谓真常绝待，故非断；"感"谓缘起无碍，故非常。喻如镜体不动而能现诸相，诸相无常而镜体自若。凡夫谬见，以寂为断，以无常为常，真颠倒见也。又"法喻难齐，不可执碍"，此亦假彼明此，不得已之言。《圆觉》云："妄有缘气于中积聚，是名为心。"此即凡夫所执之妄心也。

妄心即当人心，真心即当道心。然非有二心也，只是一心迷、悟之别。因此立二名耳。

"神一发其智"[1]，此"神"谓识神[2]，此"智"非真智，乃情解，亦名识心[3]分别。定者，有主之称，犹俗言"有把柄"。邵子曰："思虑未起，鬼神莫知。不由乎我，更由乎谁？"思之。

[1] 语出朱熹《周易本义》："形一受其生，神一发其智，情伪出焉，万绪起焉。"　　[2] 识神：见本书《洪范约义·别释五事明功》的注释。　　[3] 识心：（佛教术语）六识或八识之心王也。《楞严经》一曰："一切世间十种众生，同将识心居住身内。"（丁福保《佛学大词典》）

实则观象即是观心，天地万物之象即汝心之象也。道即汝道，物即汝物，动即汝动。若离汝心而别有卦爻，此卦爻者有何用处？

一念应健，则是《乾》象。一念应顺，则是《坤》象。"动乎险中"，则是《屯》象。"险而止"，则是《蒙》象。"刚反"则是《复》象[1]。"柔遇"则是《姤》象[2]。一念阳亢，则是"亢龙有悔"之义。一念阴凝，则是"履霜坚冰"之义。一念"正中"，则有"君德"之义。一念"直方大"，则有"不习无不利"之义。例此，可知"六爻之义易以贡"[3]，故爻以义言也。

[1]《周易·复卦》彖曰:"复亨,刚反动而以顺行。" [2]《周易·姤》彖曰:"姤,遇也,柔遇刚也。" [3] 语出《周易·系辞上》:"是故蓍之德圆而神,卦之德方以知,六爻之义易以贡。圣人以此洗心,退藏于密,吉凶与民同患。"韩康伯:"贡,告也。六爻变易,以告吉凶。"意思是说,《易经》是通过六爻变化,来告知吉凶的。

用九、用六之变,是用爻;彖、象是用卦[1]。(此指大象言。)

[1] 此句《马一浮集》和《马一浮全集》皆断句于"彖"后,误。实则《彖》和《大象》皆是用卦而不是用爻。今据《易》学常识订正。

义由《易》显,用之在人。果能知《易》,即能用《易》。

《坤·文言》:"至柔而动也刚,至静而德方。"

攻者,敌对之意。"主客相形""攻守异势"皆名为攻。情莫甚于爱恶,"爱之欲其生,恶之欲其死","是惑也"。爱恶得其正则吉,失其正则凶。爱恶在物而不在己则无私,又何咎?言"攻"者,由其出于私也。远者为物,近者为身,身见、物见皆名为"取"。悔者,悔其有取,近阳,可至吉。吝者,执取益坚,近阴,故终凶。情者,实也。伪者,妄也。诚感则通,故利。妄感则碍,故害。

无小人则无君子,无乱则无治,无凡则无圣,无众生则无佛,无烦恼则无般若[1],皆贰也。一得一失,一吉一凶,然后天下之变不可胜穷也。

[1] 般若:冯达庵《大鉴禅师传》:"'般若'者,智慧也。自性观照,了了分明,于一切法,不取不舍。"

理在气中,性在情中,如"水中盐味,色里胶青"[1]。

[1] 语出傅大士《心王铭》:"水中盐味,色里胶青,决定是有,不见其形。"盐溶于水中,可以尝出盐的味道,但是看不见盐的形体;青色染料与胶和水混合在一起,但是已分不出哪是青染料哪是胶了。比喻心与物融为一体,没有痕迹可寻。

以两仪望太极,则太极是理,两仪是气。(两仪即《乾》《坤》。)以《乾》

《坤》相望说，则乾是气之理，坤是理之气。气之理为知，理之气为能。万物资始于理，资生于气。全理在气，故易知；全气即理，故简能。不言气单言理者，《乾》《坤》知能即气也，是气必得是理而后顺，亦即是"顺性命之理"也。故曰成位即成性、成能。天道不已，故确乎不拔，人之性也。地道无成，故隤乎其顺，人之情也。全气是理，即全情是性矣。

德行亦体用之名，体用重重无尽。《乾》《坤》相望说，则乾为体，坤为用，乾为德，坤为行。就《乾》《坤》对待言之，则《乾》《坤》又各有其体用也。

险阻并不难会。险即阳陷阴中之象，恒易则不陷于阴，知险而能出。阻即阳为阴阻之象，恒简则不阻于阳，"动而不括"[1]。是气也，莫非天理之流行矣。

[1] 语出《周易·系辞下》："动而不括，出而有获。"《广雅·释诂》："括，塞也。"姚配中："括，闭也。"

佛氏谓"如来藏在缠"[1]，"法身流转五道"[2]，即险阻也。"翻三染成三德"[3]，转众生五阴[4]成法性，五阴即易简也。

[1]《藏要·大乘密严经品目》："如来藏在缠。其出缠者，在人名法身，在法名法界。"丁福保《佛学大词典》："（术语）真如在烦恼中，谓之如来藏。真如出烦恼，谓之法身。" [2] 法藏《华严·发菩提心章》："六、事能隐理门。谓真理随缘成诸事法，然此事法既违于理，遂令事显理不现也。如水成波，动显静隐。经云：'法身流转五道，名曰众生。故众生现时，法身不现也。'"五道：丁福保《佛学大词典》："（名数）为有情往来之所，故曰道。有五处：一地狱道，二饿鬼道，三畜生道，四人道，五天道。与'五趣'同。" [3] 语出《华严经随疏演义钞》。翻：即翻转之义。"三染"者，谓苦、惑、业也。以其皆能染污本性，不得清净故也。"三德"者，谓法身、般若、解脱。皆具常乐我净之德，名为"三德"。 [4] 五阴：亦名"五蕴"。丁福保《佛学大词典》："（术语）色、受、想、行、识之五法，皆积集为性者，故云五蕴。""'阴'有荫覆与阴积之二义。"

动必以天，"贞夫一者也"。情顺乎性，气顺乎志，"承天而时行"也。转七识为平等性智，转八识为大圆镜智，"日新之谓盛德"也。转六识为妙观察智，转五识为成所作智[1]，"富有之谓大业"也。

[1] 参见丁福保《佛学大词典》"五智"条："（名数）显教转八识而成就四智，以立为究竟之报身如来。密教于此加第九识所转之法界体性智而为五智，以为金刚界智法身之大日如来：一、法界体性智，是转奄摩罗识所得，法界有差别之义。诸法差别，其数过于尘沙，是为法界。法界体性，即六大也。大日住于此六大法界之三昧，名为法界体性智，主方便究竟之德。二、大圆镜智，是转阿赖耶识所得，显现法界之万象，如大圆镜之智也。三、平等性智，是转末那识所得，成诸法平等作用之智也。四、妙观察智，是转意识所得，分别好妙诸法而观察众机，说法断疑之智也。五、成所作智，是转眼等之五识所得，成就自利利他妙业之智也。"

六根门头全是大用。富哉，业乎！

乐是文殊妙智，礼是普贤万行。

"翻三染成三德"者，谓翻苦身成法身德，翻烦恼成般若德，翻结业成解脱德也。

佛氏用"业"字不是好字。无论善业、恶业，业总以动作为义。《易》中用"业"字即硕异。此业唯是清净相，亦即是无相。行乃是大用现前之义。"大业"云者，略如佛氏所谓无量无边功德也。执名言则不可通。

"天高地下，万物散殊，而礼制流行矣；流而不息，合同而化，而乐兴焉。"[1] 散者必合，殊者必同，行者必化，是谓"《乾》《坤》合德""礼乐同原"。序则无乖，和则无阻矣。

[1] 语出江永《礼书纲目》卷七十五。

发心[1]是悔，二执[2]是吝。

[1] 发心：丁福保《佛学大词典》："（术语）发菩提心也。愿求无上菩提之心也。"并引《维摩经》慧远疏曰："期求正真道，名为发心。" [2] 二执：即我执和法执。

若犹有碍膺之物[1]，岂能免于悔吝？

[1] 碍膺之物：犹"成见在胸"，喻如物阻胸中。

《泰和宜山会语》《复性书院讲录》注

古德云："出息不涉众缘，入息不居阴界。"[1] 是真能"随时变易以从道"者也。

[1] 朱时恩《佛祖纲目》："般若多罗，东印度人，得法于不如蜜多。因东印度国王请斋次。王乃问：'诸人尽转经，师独为何不转？'多罗曰：'贫道出息不涉众缘，入息不居阴界，常转如是经百千万亿卷，非但一卷两卷。'"

进退犹"消息"[1]，昼夜即明暗。人有刚明气分，方可入德；柔暗者，终堕险阻而已。可不惧哉！

[1] 语出《周易·丰卦》："天地盈虚，与时消息"高亨注："消息犹消长也。"

"夫《易》，圣人所以崇德而广业也。"又曰："夫《易》，圣人所以极深而研几也。"是知"极深研几"即"所以崇德广业"，即所以"开物成务"。"极深研几"是成性，"崇德广业"是成能，"开物成务"是成位。略如佛氏之三身：极深研几成就法身，崇德广业成就报身，开物成务成就应身，亦即性法身、般若身、解脱身也。

"合深与几谓之神"三句，亦如《涅槃》所谓"圆伊三点"ꙮ"非三非一，而三而一"[1]。虽周濂溪为知此理，故曰："诚精故明，神应故妙，几微故幽。诚、神、几曰圣人。"《易》言"深"，《通书》言"诚"，其义一也。

[1] 圆伊三点：指梵文ꙮ字（发音相当于汉字"伊"）之形状由三笔组成，譬喻佛教所说"三智"的关系。《大般涅槃经疏》卷三："今明佛有一智、三智。三智一智，非三非一，而三而一。一、道种智，外破诸暗。二、一切智，能反自照。三、一切种智，非内非外，非自非他。"《马一浮集》和《马一浮全集》"圆伊三点"作"ꙮ"，误。今据悉昙体梵文"ꙮ"字字形改正。

无方，故无乎不在；无体，故遍与诸法为体。

"阴阳合德，而刚柔有体。以体天地之撰，以通神明之德。"何谓天地之撰？易简是也。神明亦谓天地。（天神地明。）得乎易简之旨，乃能体《乾》《坤》矣。

"方以类聚，物以群分，吉凶生矣。""方"、"物"二字须着眼。方乃寄位以明义，物则杂物以撰德。如《坤》之象曰："'西南得朋'，乃与类行。'东北丧朋'，乃终有庆。"西南阴位，东北阳位。《艮》象曰："君子以思不出其位。"《恒》象曰："君子以立不易方。"《艮》《震》《巽》皆阳位也。《同人》象曰："君子以类族辨物。"《未济》象曰："君子以慎辨物居方。"天与火皆上，是类也。又《离》为日，"日月丽乎天"，故为天之类。君子观于此象，当辨物之各有其类。族，即聚也。《未济》三阴、三阳皆失位。君子于此观象，当慎辨其物，慎居其方。是则未来之吉凶可得而定，故谓"吉凶生大业"也。略举一例，在学者自思之。书不尽言，言不尽意也。

又："龙战于野，其血玄黄。"《文言》曰："为其嫌于无阳也，故称龙焉。犹未离其类也，故称血焉。夫玄黄者，天地之杂也。"此言阴阳相薄则皆伤也。

审言行

夫学《易》者，匪曰吾于《易》之书能言其义而已，将求有以得乎《易》之道也。已明观象必于《乾》《坤》，于《乾》《坤》而得其易简，斯可以成盛德大业，是知顺性命之理而人道乃可得而立也。易简之理于何求之？曰："敬以直内，义以方外"，则可以入德而几于易矣；"庸言之信，庸行之谨"，则可以居业而得于简矣。或疑既言德本于乾知，业本于坤能，曷为《乾》《坤》文言乃互易之[1]？曰：昔贤以《坤》六二为贤人之学，当知坤承天而合乾德，易乃所以为简，气顺于理也；《乾》九二为圣人之学，当知乾道变化流行则为坤业，简必根于易，理见于气也，此之谓天地合德。乾以统天，地在其中；坤以应地，天在其中。乾坤一元也，易简一理也，德业一心也。故言德必该业，言业必举德。是故"忠信所以进德"，"修辞立其诚所以居业"，于《乾》之九三言之；"敬义立而德不孤"，

"不疑其所行"，于《坤》之六二言之。学者苟欲求学《易》之道，舍此末由也。

[1] "互易"的"易"是交换的意思。"敬以直内，义以方外"，本来是《坤》卦六二文言，著者却用它来说《乾》的"易知"；"庸言之信，庸行之谨"本来是《乾》卦九二文言，著者却用它来说《坤》的"简能"。

知易斯能用《易》矣，尽性斯能至命矣。观《乾》《坤》则知其用备于六子也，顺性命则知其理不离五事也。盖六子各得《乾》《坤》之一体，故欲体《乾》《坤》则必用六子。五事并出性命之一源，故欲顺性命则必敬五事。效《乾》《坤》之用者莫大于《坎》《离》，顺性命之理者莫要于言行，故上经终《坎》《离》，下经首《咸》《恒》。圣人示人学《易》之要，所以"崇德广业"者，必以言行为重也。天地之道，所以行变化、成万物者，雷、风、水、山、泽是已；人之道，所以定吉凶、生大业者，视、听、言、动、思是已，岂有别哉！六子并统于《乾》《坤》而五事约摄于言行，故圣人重之。视听者，思之存；言行者，思之发。思贯五事而言行亦该余三，就其见于外而能及人者言之也。既于《乾》之九二著"庸言之信，庸行之谨"为君德，复于《大畜》之象著之曰"君子以多识前言往行，以畜其德"，于《家人》之象著之曰"君子以言有物而行有恒"。《大畜》言其远者，《家人》言其近者。《系辞传》说爻象最先者，特于《中孚》之九二"鸣鹤在阴，其子和之"，物类犹然，而况于人。畅发其义曰："君子居其室，出其言善，则千里之外应之，况其迩者乎？居其室，出其言不善，则千里之外违之，况其迩者乎？言出乎身，加乎民。行发乎迩，见于远。言行，君子之枢机。枢机之发，荣辱之主也。言行，君子之所以动天地也，可不慎乎？"《系辞》上传终之曰："神而明之，存乎其人。默而成之，不言而信，存乎德行。"此明德行既成，乃不待于言也。下传终之曰："将叛者，其辞惭。中心疑者，其辞枝。吉人之辞寡。躁人之辞多。诬善之人，其辞游。失其守者，其辞屈。"明六人之中，吉一而已，五皆由其言而可以知其失也。圣人言之，郑重分明如此。今观天下之为言者应在何科，吾人日用之间自居何等，奈何不之察乎？

今以五事配八卦，明用《易》之道。当知思用《乾》《坤》，视听用《坎》《离》，言用《艮》《兑》，行用《震》《巽》。此先儒所未言，然求之卦象，实有合者，故称理而谈，俟之悬解耳。何以言之？"顺性命之理"者，必原于思。思通乎道，则天地定位之象也，亦乾君坤藏之象也。人受气于天，受形于地。资乾以为知，资坤以为能。思也者，贯乎知能，即理之所由行也。汝若不思，同于土木；汝若邪思，则为凶咎。思睿作圣，乃知天命。佛氏谓之"法身"，亦曰"慧命"，此纯以理言。若夫分段生死，随气聚散，佛氏归之结业[1]，凡愚执为己命者，此乃夭寿无常，安能"成位乎其中"哉！其透得此关，一生参学事毕。视极其明，听极其聪，声入而心通，物来而自照，此"水火相逮"之相也。"或默或语"，《艮》《兑》之象也。《艮》止，《兑》说。"或出或处"，《震》《巽》之象也。《震》起，《巽》伏。"言出乎身，加乎民"，"山泽通气"之象也。"行发乎迩，见乎远"，"雷风相薄"之象也。先儒以此为先天八卦，实则以显用中之体也。

[1] 结业：(佛教术语) 惑谓之结，由惑而起之善恶所作谓之业。(丁福保《佛学大词典》)

更以重卦言之，用《乾》《坤》则兼《泰》《否》。"性其情"者，理主乎内，气顺乎外，则为《泰》；反之，则为《否》。用《坎》《离》亦兼《既》《未》。观乎"重明""继照"，以"化成天下"，所以"与日月合其明"。观乎"习坎""心亨"，以"习教事"，所以以音声为教体，教从闻入，习坎也。心闻洞十方，心亨也。视听之功也。《既济》"刚柔正而位当"，收视返听而得其理也。《未济》"不当位而刚柔应"，徇声逐色而失之外驰也。合《艮》《兑》而成《咸》，"圣人

《泰和宜山会语》《复性书院讲录》注

感人心而天下和平"，言之感以虚受也。合《震》《巽》而成《恒》，"圣人久于其道而天下化成"，行之久而不易也。下经首《咸》《恒》，明人道之应乎《乾》《坤》也。故曰"言行所以动天地"，"观其所感""观其所恒"而"天地万物之情可见"矣。又观于"兼山"而得内外皆止之象，则动静语默一如，莫非止也。观于"丽泽"而彼己皆说之象，则主伴相融、机教相感，莫非说也。观于"洊雷"而得"震来虩虩"之象，则"恐惧修省"不容已也[1]。观于"随风"而得"申命"之象，则重言反复不为赘也。此并通言行言之，故《艮》《兑》《震》《巽》皆在下经，其义可见。所以终于《既》《未》者，又以示《坎》《离》之用有当有不当也。大哉，言行乎，人道之所由立矣！

[1]《周易·震卦》："洊雷震，君子以恐惧修省。"孔颖达疏："洊(jiàn)者，重也，因仍也。雷相因仍，乃为威震也。"虩虩(xì xì)：形容恐惧的样子。

"帝出乎《震》，齐乎《巽》，相见乎《离》，致役乎《坤》，说言乎《兑》，战乎《乾》，劳乎《坎》，〔成言乎《艮》〕"[1]，下又言"万物出乎《震》"，何也？帝者，心也。物者，法也。帝出则物出，犹言"心生则法生"也。上言心而下言物，心外无物，断可识矣。"出乎《震》"，大用始兴也。"齐乎《巽》"，万法森然也。"相见乎《离》"，万物并睹也。"致役乎《坤》"，万物并育也。"说言乎《兑》"，感应道交也。"战乎《乾》"，济于险难也。阴阳相薄，犹言理欲交战。圣人示之以"克己复礼"，是犹"拨乱反正"矣。故曰"我战则克"。"劳乎《坎》"，归根复命[2]也。伊耆氏《蜡辞》[3]："土反其宅，水归其壑，昆虫毋作，草木归其泽。"此言万物之所归也。"成言乎艮"，终则有始也。此文专显大用之神，特寄位以明其义。先儒以此为后天八卦，实则以显体中之用也。《艮》《兑》明著以"言"，其余皆是行摄。又言行并是思摄，万物并是帝摄，善会可知。又复当知"敬以直内"是用《艮》也，"义以方外"是用《兑》也。"说言"则义，"成言"则敬。"说言乎《兑》"是权，"成言乎《艮》"是实。开权以显实[4]，为实以施权。大哉，言行乎，《易》道之所由行矣！

[1] 语出《周易·说卦传》。《马一浮集》和《马一浮全集》均无"成言乎《艮》"四字，但据下文，当属漏引，今补之。　[2] 典出《道德经》第十六章："致虚极，守静笃；万物并作，吾以观复。夫物芸芸，各复归其根。归根曰静，静曰复命。"　[3]《礼记·郊特牲》："伊耆氏始为蜡。"郑玄注："伊耆氏，古天子号也。"孔颖达疏："《明堂》云：'土鼓、苇籥，伊耆氏之乐。'《礼运》云：'夫礼之初，始诸饮食，蒉桴而土鼓。'俱称土鼓，则伊耆氏，神农也。以其初为田事，故为蜡祭，以报天也。"蜡祭（zhà jì）：岁末祭祀百神。　[4] 开除三乘权便，显示一乘真实义。

附语

闻说易简，便以为已得之，谈何容易！须知求之实有功夫在。又闻说"敬""义"，亦只是换一种名言，若不实下"直内""方外"功夫，济得甚事？学若不能入德，只是说闲话。

"庸言""庸行"，人最易忽，不知此乃是入圣之要门。圣人吃紧为人处，便教汝谨其言行。然不用"敬义夹持"功夫，开口举足便错，如何得相应去？各宜自勘，勿以为老生常谈。若于此无入处，亦更不欲饶舌矣。

《乾》九四文言，亦以"进德修业欲及时也"为言。

知是知其义，用是行其道。

理气合一，方可言"至命"。

《震》《坎》《艮》本《坤》体，各得《乾》之一爻，则为阳卦。《巽》《离》《兑》本《乾》体，各得《坤》之一爻，而为阴卦。

性以理言，命兼气言。离五事岂别有个性命？

《论语》四事不言"思"，知其礼与非礼者即思也。《洪范》言"貌"而不言"动"，盖动兼隐显，行为行事，貌则见于威仪。"行""动"亦浑言不别。"言""行"对文，"言""动"亦对文。《系辞传》亦谓之"云为"。若言心行则动，念即已是行矣。总之思贯四事，视听言动必与心俱，无心安能视听言动？故举"言""行"可摄余三。

感应之理，所谓诚于此则动于彼，"同声相应，同气相求"，各从其类也。佛氏立种性差别，儒家谓之气类。（"种性"字不妥，不若"气类"字用得恰当。）言由其气之有驳杂，故为理行之碍，因而不一其类。若其气既一，未有不能应者。《中孚》"信及豚鱼"，豚鱼与人为异类矣，而犹足以孚之，极言其理之一也。此言违应，乃唯责在言边，圣人欲人务存其感而已。

"荣辱"字须善会。乃就其及人者之有益无益为言，益则为荣，无益则为辱，非以其言之被尊信为荣，被轻贱为辱也。义与《涅槃》言"荣枯四倒"[1]相似，但彼以滋润惑业为荣，此则以长善益物为荣，是乃大异。但就其用字绝不同于世俗所计，则有相似处耳。彼以四荣表凡夫四倒（无常计常、非乐计乐等），四枯表二乘四倒（常计无常、乐计非乐等）。

[1] 荣枯四倒：参见丁福保《佛学大词典》"四枯四荣"词条："（譬喻）佛于拘尸那城娑罗双树间入灭时，东西南北各有双树，每面双树，一荣一枯，故曰四枯四荣……'言枯荣者，大经云：东方双者喻常无常，南方双者喻乐无乐，西方双者喻我无我，北方双者喻净不净。四方各双，故名双树。方而皆悉一枯一荣，荣喻于常等，枯喻无常等。如来于中入般涅槃，表非枯非荣。荣即表假，枯即表空，即是于其空假中间而入秘密藏。'"

凡言行既出，虽在一室，实周遍法界，不失不坏。故曰："三灾弥纶而行业湛然。"[1]"一言以为智，一言以为不智。"[2]"君子于其言，无所苟而已矣。"[3]

[1] 语出僧肇《肇论·物不迁论》。三灾分小三灾和大三灾两类。中劫末起的称为"小三灾"：一刀兵，二疾疫，三饥馑。"过住劫，则入坏劫，坏劫有二十增减劫。前十九增减劫，坏有情世间。最后一增减劫，坏器世间。坏此器世间有火灾、水灾、风灾之三者，是曰大三灾。"（丁福保《佛学大词典》） [2] 这是子贡之言。语出《论语·子张》。 [3] 这是孔子批评子路之言。语出《论语·子路》。

庄子谓：孔子见温伯雪子而不言，子路问之，孔子曰："若夫人者，目击而道存矣，亦不可以容声矣。"禅师家谓作家[1]相见如两镜交辉，于中无物。（"无物"谓无影。）于此见得，可知成德之人以言为赘，实无所事于言。凡言皆不得已为未悟者设耳，岂有自贵其言者哉！

[1] 作家：（佛教术语）禅宗大有机用者之称。（丁福保《佛学大词典》）

以孟子所举诐、淫、邪、遁格量之[1]，惭是邪，枝是诐，多是淫，游是诐而兼邪，屈是遁。叛、诬由于沈溺、离畔，失在离、陷。疑即蔽，谓障隔。躁即陷，谓沈溺。放荡失守则是穷也[2]。

[1]《孟子·公孙丑上》："诐辞知其所蔽，淫辞知其所陷，邪辞知其所离，遁辞知其所穷。" [2] 这段话须结合《孟子·公孙丑上》的四句和《周易·系辞下》中的六句才能明了。《周易·系辞下》："将叛者其辞惭，中心疑者其辞枝，吉人之辞寡，躁人之辞多，诬善之人其辞游，失其守者其辞屈。"

"天尊地卑，乾坤定矣。"理为主而气从之，非定位而何？君是主宰义，藏是翕聚义。若无理为之主，是气便驰散消失了，成得甚么能？

佛氏转八识成四智[1]，乃是真成能也。

[1] 参见"原吉凶 释德业"节"附语""五智"条注释。

《参同契》以《坎》《离》为《乾》《坤》之二用，所谓"《坎》《离》匡廓，运毂正轴"[1]。又以纳甲定晦朔弦望[2]，以六十卦定火候升降，所谓"朔旦《屯》直事，至暮《蒙》当受，昼夜各一卦，用之如次序"。彼却实在能得其用也。

[1]《周易参同契》："《乾》《坤》者，易之门户，众卦之父母。《坎》《离》匡廓，运毂正轴。"《上阳子参同契分章注》："何谓'《坎》《离》匡廓'？盖阳乘阴，则《乾》中虚而为《离》；阴乘阳，则《坤》腹实而为《坎》。故《坎》《离》继《乾》《坤》之体，而为阴阳之匡廓。比《乾》《坤》之于《坎》《离》，犹车辐之于毂轴：《乾》《坤》正《坎》《离》之辐，《坎》《离》辏《乾》《坤》之毂。老子曰：'三十辐共一毂。'此大小阴阳之旨同也。"匡廓：轮廓，边廓。 [2] 纳甲：指卦或爻的纳（配）干支，甲代表干支。将十干纳于八卦，并与五行、方位相配合。即《乾》纳甲，《坤》纳乙，甲乙为木，表示东方；《艮》纳丙，《兑》纳丁，丙丁为火，表示南方；

《泰和宜山会语》《复性书院讲录》注

《坎》纳戊，《离》纳己，戊己为土，表示中央；《震》纳庚，《巽》纳辛，庚辛为金，表示西方；《乾》纳壬，《坤》纳癸，壬癸为水，表示北方。甲为十干之首，举一以概其余，故名。晦朔弦望：月绕地行，地至何处亦随之而行。每日行十三度十分有奇，故每月有盈亏之别，阴历每月一朔一望，月初则全晦，历二三日成弯形，再四五日见其半，再七八日见其盈，至是又渐渐亏缺以至于晦。因月体无发光之本能，恒藉日光之反射而有不同，当全晦时，即月在日与地之间，日月同一经度，月之受光面不能反射于地球之上，是为"朔"。及离朔七日余而距日九十度时，日在月后，渐见其半面，是谓"上弦"。至于月与日正对面为一百八十度，日月又同一经度，地在日与月之间，月球之受光面完全向地球，故光圆而为"望"。离望七日许，距日亦九十度，日行于月前，又仅见其半面，是谓"下弦"。至距日愈近，仍介于日与地之间，光又全晦而为朔矣。

《坎》《离》之用亦不专主视听，用《易》之道亦存乎其人耳。人之视必有所丽，如火之必丽于薪。听则远近无隔，如火有然[1]灭明暗，水则不舍昼夜。此《楞严》所以赞耳根圆通也。

[1] 语见于朱熹的《周易参同契注》，亦见于宋人储泳（约1101—1165）所注《周易参同契》卷上。

以《乾》一、《兑》二、《离》三、《震》四、《巽》五、《坎》六、《艮》七、《坤》八成卦自然之序。观之《震》《巽》最近，亦相薄之象。"不疾而速，不行而至"者，孰有过于雷风者乎？

《既》《未》义亦甚广，今特取其一义耳，不可执碍。

或以《序卦》明言男女、夫妇，今何以"言行"说之？不知《易》凡言男女，亦犹言阴阳、刚柔，皆象也。如言"乾道成男，坤道成女"，何以下文紧接"乾以易知，坤以简能"，此与男女何涉邪？《序卦》上下经皆言"有天地，然后有万物"，善会者便知此是言有理气然后有动静，有动静然后有阴阳，有阴阳然后有刚柔，有刚柔然后有消息、盈虚、往来、上下，有此而后有变化。如《序卦》下经一段亦可作如是会。有性情然后有知能，有知能然后有德业，有德业然后有言行，有言行然后有礼乐，有礼乐然后仁义乃有以行。（即当"礼义有所错"。）是之谓"立人之道"也。

又《序卦》凡言"天地"者，亦可谓心；凡言"万物"者，亦可谓法。法无定相，从心所现，故六十四卦之变化皆统于《乾》《坤》。

《丹经》以《坎》《离》为夫妇，亦主一身言。禅家立君臣五位，又立父子、宾主之喻，皆主一心言。故男女、夫妇、父子、君臣、上下，虽不坏世间相，而一心之体用实具如是等相而无遗也。

西北，阴盛之地，本非阳位。《乾》所以寄位于西北者，以阳胜阴也，其为寄位之义甚明。"天下有道，（某）〔丘〕不与易也。"[1]自古圣贤应现，多在乱世，亦即《乾》位西北之理。

[1] 语出《论语·微子》。"易"是改变、变革的意思，不是《易经》之"易"。《马一浮集》和《马一浮全集》皆失考。今订正。

自"相见乎《离》，致役乎《坤》"以下，皆言成物之功。此云"战"者，乃指力拔群机之陷溺为言，犹佛氏之降伏魔外，非谓其用之后尚有物欲之累也。（"战乎《乾》"注。）

老氏所谓"功成身退，天之道"，佛氏谓之"归寂"，即"八相成道"之"入涅槃"也[1]。（"劳乎坎"注。）

[1] 八相成道：丁福保《佛学大词典》："（名数）佛陀以成道为中心，示现由始至终一期之相状，谓之'八相成道'。'成道'虽为八相中之一，然为八相中之主脑，故别揭成道之名。八相经论所说有没不同，而大要有二说。《大乘起信论》所说者，一、降兜率，先住于兜率天，在彼天四千岁。见时机熟，遂乘白象由彼天降下之相也。二、入胎，乘白象由摩耶夫人左胁入胎之相也。三、住胎，在母胎行住坐卧一日六时为诸天说法之相也。四、出胎，四月八日于蓝毗尼园由摩耶右胁出生之相也。五、出家，十九岁（或二十五岁）观世之无常，出王宫入山学道之相也。六、成道，经六年苦行，在菩提树下成佛得道之相也。七、转法轮，成道以后五十年间说法普度人天之相也。八、入灭，八十岁在娑罗双树下入于涅槃之相也。《起信论》曰：'随其愿力能现八种，利益众生。所谓从兜率天退、入胎、住胎、出胎、出家、成道、转法轮、入于涅槃。'天台大师之《四教仪》，除第三之住胎，加入第五降魔之相为八相。"

终则有始，不可作轮回见。法身慧命无令断绝，故有继绍。薪尽火传，佛佛道同，圣贤血脉亦复如是。

《艮》以一阳止二阴于下，所以为止。不敬何以能止？故"用敬"是用《艮》象。《兑》以一阴居二阳之上,阴说于阳而为阳所说,故为"方外"之义。由佛氏言之,便是回真入俗。"敬"是般若,"义"是沤和[1],亦用《艮》《兑》之象也。

[1] 沤和:丁福保《佛学大词典》:"(术语),又作沤和俱舍罗,伛和拘舍罗。译曰方便胜智,善巧方便,方便善巧。"

"说言"是方说,"成言"是说了,应缘已毕也。《兑》是有言之教,《艮》是无言之教[1]。凡有言说悉皆是权,将此有言底显那个无言底,无言底方是实也。凡自觉自证境界,不能与人共者,是实行;入鄽垂手[2],方便济他者,是权行也。然当知权实不二,乃名道也。圣人之道、《易》之道皆寄于言行。凡夫、小人亦有其言行,则为凡夫、小人之道。《易》之为教,正在简去此过,使与圣人同得同证而已,非有他也。如此,言行焉得不审!

[1] 本段是就《说卦传》"说言乎《兑》""成言乎《艮》"两句而做的补充阐释。"说"同"悦"。 [2] 入鄽垂手:"鄽"指市井,"入鄽垂手"即是垂下慈悲之手返回红尘深处去度芸芸众生。

辨小大

《系辞传》曰:"齐小大者存乎卦,辨吉凶者存乎辞。""是故卦有小大,辞有险易。"先儒皆以阴阳为小大,如《泰》曰"小往大来",《否》曰"大往小来",义最易见。卦之以小大名者,如《小畜》䷈ "柔得位而上下应之",以阴畜阳,所畜者小,故为小畜。《大畜》䷙ "刚上而尚贤",能止乎健,大而正,所畜者大,故为大畜。《小过》䷽ "柔得中","刚失位而不中","可小事","不可大事",故为小者过。《大过》䷛ "刚过而中","本末弱",阴衰之象,故为大者过。《大壮》䷡ "刚以动",故为大者壮,又曰"大者正"。《大有》䷍ "柔得尊位大中,而上下应之,其德刚健而文明",故曰大有。《小畜》亦柔得位而上下应之，然非尊位，又不中，故无大义。可以畜众而不能有众也。《临》☷☱"大亨以正"，"刚浸而长"也。《观》☴☷"大观在上"，"下观而化"也。《丰》☳☲"明以动"，故致丰大。彖曰："'王假之'，尚大也。'勿忧，宜日中'，宜照天下也。"《旅》☲☶"止而丽乎明"，故曰"小亨"。小大之义以是推之，圣人之意可见矣。凡言"大吉""大亨""道大光""志大行""利见大人""利涉大川"，皆指阳爻言之。程子《上下篇义》曰："卦以阳盛者居上，阴盛者居下。"所谓盛者，或以卦，或以爻，取义不同。如《剥》以卦言，则阴长而阳剥也；以爻言，则阳极于上，又一阳为众阴主也。《大壮》以卦言，则阳长而壮；以爻言，则阴盛于上。用各于其所，不相害也，此亦当知。六十四卦，三百八十四爻，刚柔杂居，阴阳各得其半，是齐也。齐则曷言乎小大也？为其有杂焉。《坤·文言》曰："玄黄者，天地之杂也。"《系辞传》曰："物相杂，故曰文。文不当，故吉凶生焉。"又曰："刚柔杂居，而吉凶可见矣。"故形为小大。小大者，拟之之辞也。"天尊地卑，乾坤定矣。卑高以陈，贵贱位矣。动静有常，刚柔断矣。方以类聚，物以群分，吉凶生矣。"如是则小大不齐矣。以阳统阴，贵大贱小，然后不齐者乃可得而齐也。《复》☷☳阳尚微，则曰"复小而辨于物"，犹以为小也。《姤》☰☴阴始生，而曰"女壮，勿用取女"，戒其浸盛也。《复》初九、《姤》初六，当与《乾》《坤》初爻义合看。损《泰》☷☰之九三以益于上，则为《损》☶☱，是由《泰》而始衰。损《否》☰☷之九四以益于下，则为《益》☴☳，是由《否》而始盛。故曰"损益，盛衰之始"，"盛衰"犹"小大"也。损益之道，齐之义也。《泰》《否》以内外言，《损》《益》以上下言，各有取义。次《复》以《无妄》☰☳，"刚自外来，而为主于内"，则曰"大亨以正，天之命也"。次《姤》以《萃》☱☷，曰"顺以说"，"利见大人"，"聚以正也"，"'利有攸往'，顺天命也"。《无妄》"不利有攸往"，彖曰："无妄之往，何之矣？"言有往则妄也。而在《萃》则有往，吉。此可对看。两卦皆取刚中而应，而一则曰"天之命"，一则曰"顺天命"，其义不同，亦所以齐之也。如是以观，则小大之义为辞之所未及者，亦可得而知矣。

然圣人叹大斥小之言随处可见，亦不仅系于卦。知卦有小大，则知道有小大。《论语》曰："虽小道，必有可观者焉，致远恐泥。"而《易》之为书，乃所以"探赜索隐，钩深致远"者也。故曰："其道甚大，百物不废"。又曰："夫《易》广矣大矣"。大哉，《易》之为书也。故学《易》者决不可自安于小。《易》道本大，从而为之说者乃反小之，是不可以不简也。今先明"大"之为义，更约十种大以引申圣人叹大之教。欲显"大"义，略说有十重：

一、大是周遍义，举一全该故。

二、大是包蕴义，含摄无尽故。

三、大是自在义，随时变易故。

四、大是无碍义，通而不睽故。

五、大是无尽义，为物终始故。

六、大是无方义，无有远近故。

七、大是无为义，感而恒寂故。

八、大是不测义，两在不二故。

九、大是即物义，与物为体义。

十、大是无我义，虚中而应故。

此十重义若欲分疏，将嫌辞费，故但略举，以俟善会者思之。又当知：不易，故大是显其理之常也。真常绝待，故非"断"，即当于佛氏之言"体大"。变易，故大是显其气之变也。缘起无碍，故非"常"，即当于佛氏之言"相大"。简易，故大是显其用之神也。于不易中示变易，于变易中见不易。"不舍一法，不立一法"，乃许"随处作主，遇缘即宗"。"言满天下无口过，行满天下无怨恶"，虽大用繁兴而其体恒寂，是故"可与酬酢，可与佑神"，即当于佛氏之言"用大"。若于此理而不能契，是犹自安于小也。

学《易》直是难言。盖在圣人得之则为妙用，在凡愚执之即成死法。此贤首[1]所谓"微言滞于心首，转为缘虑之场；实际居于目前，翻成名相之境"也。尝谓二氏之学实能于费中见隐[2]，故当为《易》教所摄。彼其言有失之者，则私小之惑犹存耳。然此是"微细所知愚"[3]未尽，亦非凡夫粗执所能梦见。若夫善言大者，老、庄亦不易几[4]也。老子之言道也，曰"吾强为之名曰大"，"寂兮寥兮，独立而不改"。是显"体大"也；"大曰逝，逝曰远"，周行而不殆。是显"相大"也；"远曰反"，归根复命。是显"用大"也。又言"大音希声，大象无形"，"大道甚夷，而民好径"，是皆有得于简易者。庄生之言，浩瀚有近于奢而实善言大，文多不烦具引，但举其一语曰"不同同之之谓大"，《天地篇》。岂非《华严》同异一相之旨乎？大抵老、庄皆深于《易》，而不能无失。"洁静精微"，则佛氏圆顿之教实有之，非必其出于《易》之书也。若谓此非《易》教所能摄，是《易》道有所遗而不备矣。然此非执言语、泥文字者所能领会，今亦未遑料简，所以及此者，以见非游心于玄义，殆不足以知《易》道之大耳。

[1] 贤首：即唐朝高僧法藏。　　[2]《中庸》云："君子之道费而隐。"费：广大。隐：精微。　　[3] 语出《古尊宿语录》卷三："故佛断二愚：一者微细所知愚，二者极微细所知愚。"　　[4] 几（jī）：将近，相去不远。

十种大者，一曰"教大"，教是能诠。二曰"理大"，理是所诠。三曰"德大"，德是能证。四曰"位大"，位是所证。五曰"人大"，人是成己之仁。六曰"业大"，业是成物之智。七曰"时大"，所遇之时。八曰"义大"，随时之用。九曰"器大"，器即万物之总相。十曰"道大"，道即实理之显现。向下别释。

附语

《系辞传》曰："齐小大者存乎卦，辨吉凶者存乎辞。""是故卦有小大，辞有险易。"此段文未具引，据全段看，决不是说卦变。下文曰："辞也者，各指其所之。"旧说为"之卦"之"之"，恐未然。"之"犹"往"也。或之吉，或之凶，是明失得二报亦即迷悟二途、善恶二趣也。在本节

《泰和宜山会语》《复性书院讲录》注

即是贵贱二位。不然，则"忧悔吝者存乎介，震无咎者存乎悔"都无著处。所以说言象、言变、言失得、言小疵、言补过皆以心言，假卦象以显此心之象耳。（心外无卦，心外无象。）阴阳、小大取义亦非可克定。如《乾》《坤》相望，则《乾》大而《坤》小。六子望《乾》《坤》，则《乾》《坤》为大而六子为小。六子相望，则《坎》《离》为大而《震》《巽》《艮》《兑》为小，以《坎》《离》为阴阳之中也。又三男为大，三女为小。以六十四卦言之，则八纯卦为大，其余皆为小。以上下篇分言之，则阳盛之卦居上篇，阴盛之卦居下篇。（详见程子《上下篇》之义。）以每卦之义言之，则又以阳爻为主者为阳卦，阴爻为主者为阴卦。其小大之义亦不可克定，如《复》一阳则为小，《临》二阳则为大，《同人》《大有》皆以阴爻为主而俱有大义。以是推之，可知自人言之，则性是阳大，习是阴小，气之顺乎理者为大，其拂乎理者为小。

"阳卦奇，阴卦耦"是指《乾》《坤》，"阳卦多阴，阴卦多阳"是指六子说，"一君而二民"，"二君而一民"亦是假象。在人则性为君，为阳；习为民，为阴；志气为君，为阳；形体为民，为阴。然不可竟以三男为君子，三女为小人也。

"明以动"是自证[1]发用，故大。"止而丽乎明"是依他[2]，故小。然必利贞，正知正见犹曰"小亨"，若其非正，亦非"丽乎明"之象矣。

[1] 证：丁福保《佛学大词典》："修习正法，如实体验而悟入真理，称为证；即以智慧契合于真理。依其所悟，能证得智慧之结果，称为证果。或次第履行修行阶段而证，称为分证。与'教''行'并称三法；与'教''行''信'并称四法。证，有契会真理而悟入之意，故有契证、证契、证会、证悟、证入等语词。又证之境地，乃唯有自己体验之意，故有己证、内证、自内证之称。就能证而言，称为证智、证知。对修因而言，称为证得、证果。对教法或教道而言，则称证法或证道。" [2] 依他：丁福保《佛学大词典》："（术语）非自然之法，而为依于他之因缘而起之法，是曰依他法，亦云依他起性。"

《序卦》言"穷大者必失其居"，又是一义。

朱子曰：《太玄》八十一首，"七百三十赞，乃三百六十五日之昼夜。昼爻吉，夜爻凶"，"此可为典要之书也。圣人之《易》则有变通，如此卦以阳居阳则吉，他卦以阳居阳或不为吉；此卦以阴居阴则凶，他卦以阴居阴或不为凶。此所以不可为典要〔之书也〕"。

"《蒙》杂而著"[1]，"山下有险"是杂，止之以正是著。

[1] 语出《周易·杂卦传》："《屯》见而不失其居。蒙杂而著。"

"《恒》杂而不厌"[1]，"雷风相与"是杂，"刚柔皆应"是恒。

[1] 语出《周易·系辞下》："《恒》杂而不厌，《损》先难而后易。"

《系辞传》曰："《易》之为书也，原始要终，以为质也。六爻相杂，唯其时物也。"上句明象，下句明爻。"原始要终"则杂者齐矣。"象者，才也。"才即是质。卦生于初，穷于上，一卦有一卦之始终，六十四卦有六十四卦之始终。

虞仲翔《卦变图》以"一阴一阳之卦各六，皆自《复》䷗《姤》䷫而变"；"二阴二阳之卦各九，皆自《临》䷒《遁》䷠而变"；"三阴三阳之卦各十，皆自《泰》䷊《否》䷋而变"；"唯《中孚》䷼《小过》䷽为变例"；"凡变卦皆从《乾》䷀《坤》䷁来"是也。但须知一念之动即是变，不必定要占。《损》䷨《益》䷩由《泰》䷊《否》䷋来，是用朱子发说，即本自虞氏。[1]又详上经从《乾》《坤》至《泰》《否》十二卦，下经从《咸》《恒》至《损》《益》亦十二卦，知《否》《泰》为反其类，则知《损》《益》为盛衰之始。《礼》之"释回增美"，《学》之"长善捄失"，皆损益之义也。损益之义即"裁成"、"辅相"之道，是"所以齐其不齐"也。

[1] 本段《马一浮集》和《马一浮全集》本来均无卦象，今为便于读者直观文义，特辅以卦象。又本段断句和标点符号有几处错误，今一一随文校正。朱子发，即朱震（1072—1138），字子发，世称汉上先生，湖北荆门人，北宋、南宋之际的著名大臣、理学家。著有《周易卦图》三卷、《周易丛说》一卷、《汉上易解》、《汉上易集传》八卷、《春秋左氏讲义》三卷。

老、庄皆善言损益。老子曰："为学日益，为道日损。损之又损，以至于无为。无为而无不为。"是为损其习惑至于都尽，则道自显也。故又曰："故物或损之而益，或益之而损。"今人不知增上习气为非，正是益其所当损，习气为主于内，则成《否》矣。反之而能损其习气以至于尽，则理为主于内而气顺于外，则成《泰》。圣人特重其始，故于《杂卦》发此义。

上经之《剥》《复》是观天行以示教，下经之《夬》《姤》是因人事以示教。"《夬》☱，决也，刚决柔也。君子道长，小人道忧也。"明明是由人决之。决之也者，自决之也。然天人亦不可一向分说，如《否》《剥》明言"小人道长"，但阴盛之时自有此象。

"复则无妄"，故直曰"天之命"。无妄，诚也。更不可往，往则杂于气矣，故曰"其匪正有眚"。

"萃，聚也。"谓气聚以正，说于理，故"利有攸往"。气往，顺于理也，故曰"顺天命"。

"探赜索隐，钩深致远"。下文曰："定天下之凶吉，成天下之亹亹者，莫大乎蓍龟。"不善会者遂谓此为蓍龟之事，于人无与。不知下文言《乾》《坤》"德行恒易、简"，"以知险、阻"下，亦有此两句，则是属之《乾》《坤》。若不是人法《乾》《坤》，则《乾》《坤》又于人何与？此皆以《易》为远也。今俗久不用蓍龟，不成《易》遂于人无用？故象山谓蓍龟只在人底身内，真善学《易》者！若学《易》只顾说蓍龟，又济得甚事？蓍龟在圣人用之则大，今人用之则小。

"其道甚大，百物不废"，此文下曰"惧以终始，其要无咎，此之谓《易》之道也"，须着眼。

"太极生两仪"一章，《启蒙》原卦画用邵子说，为自然之序，胡东樵[1]硬说是揲蓍，不是画卦。今无蓍可揲，不成卦也？没了太极，两仪亦并消失，成何道理？

[1] 胡东樵：指胡渭（1633—1714），清代经学家、地理学家。初名渭生，字朏明，号东樵。浙江省德清市人。年十五为县学生，入太学，笃志经义，尤精舆地学。清康熙二十九年（1690），尚书徐乾学奉诏修《大清一统志》，延胡渭分纂。此外还著有《禹贡锥指》《易图明辨》《洪范正论》《大学翼真》等。

古人淳厚质朴，故重卜筮。其卜筮便灵。国有大事如立储、建国邑、行师皆卜之。试问今日尚可用否？司马季主、严君平之流亦善说道理[1]，唯管公明、郭景纯则只说事[2]，少说理矣。汉武征匈奴，卜之而吉，轮台一诏乃悔之，自谓"计谋、卦兆皆反缪"[3]，此何邪？今既不主尚占，则揲蓍之法可存而不论。

[1]《史记·日者列传》："楚人司马季主，通《易经》，博闻远见。"司马季主在与宣扬孔孟之道的宋忠、贾谊辩论易道之广大时，使宋、贾二人"忽而自失，芒乎无色，怅然嗫口不能言"。严君平，名遵，西汉时蜀郡郫县人，一生淡泊名利，在成都卖卜时，"日得百钱，即闭户下帘"，通读《老子》《庄子》《易经》等典籍，深入钻研《周易》数理和老庄哲学，直至融会贯通，求得真知灼见，《蜀中广记》和《高士传》称他"知天文，认星象，善占卜，通玄学"。　[2] 管公明：指管辂（210—256），字公明，平原郡平原县（今山东省平原县）人。三国时期曹魏术士，北宋时，获封平原县子，世称"管平原"。郭景纯：指郭璞（276—324），字景纯。河东郡闻喜县（今山西省闻喜县）人。两晋时期著名文学家、训诂学家、风水学者。　[3]《轮台诏》，又称"轮台诏令"，是汉武帝刘彻于征和四年（前89）所下的诏书。武帝在其中否决了桑弘羊等大臣在西域轮台地区屯田的提案，并对派遣李广利远征匈奴之事表示悔恨。诏书原文载于《汉书·西域传》，事亦见《资治通鉴·汉纪十四》。

朱子说"圣人视《易》如云行水流，初无定相"，又曰"圣人道理只在口边，不是安排来。如三陈九卦，只为上面说忧患，便偶尔拈出此九卦来"，发如此一项道理意思自足。若论处忧患，则《屯》《蹇》岂不是处忧患？后人只泥著象数说，却晓他不得。又谓"'《乾》，元亨利贞'，当初卦辞只说'大亨而利于贞'，及孔子便说为四德"。今按《易》在孔子未作十翼以前，恐只是卜筮之书。卦辞爻辞本为占用，到孔子便说出许多道理来，亦是《易》之所包蕴，但圣人见之，他人自不见耳。故曰"仁者见之谓之仁，智者见之谓之智，百姓日用而不知"也。

《文言》便比《象》《彖》说得广。《系辞传》中说卦爻象又比《象》《彖》说得广。《说卦》《杂卦》每以一字说一卦之义，却又能以一字摄尽许多义，此岂寻行数墨[1]所能测？

[1] 寻行（háng）数墨：只会诵读文句，而不能理解义理；也指专在文字上下

《泰和宜山会语》《复性书院讲录》注

功夫。

"不舍一法,不立一法","随处作主,遇缘即宗"四句是禅语,却合易简之旨,故借以明之。"不舍""不立"只是循天理之自然,不以私意安排。"随处作主,遇缘即宗",只是一切处、一切时皆能顺理以为气之主,自己作得主在,便不为气之所拘、不为物之所转,到此方有自由分,方毂得易简。切忌错会,以有我之私为能作主,如是则是认贼为子也。

"可与酬酢,可与佑神"上面是说揲蓍成卦,然"天下之能事"、"显道神德行",及下文"知变化之道者,其知神之所为乎",皆指人言,不属蓍草,不关挂扐[1]。若欲从蓍草上觅,转求转远,故尝谓"蓍龟非神,神自人耳"。

[1] 扐(lè):古代数蓍草占卜,将零数夹在手指中间称"扐"。

"不舍""不立"四句,即是"随时变易以从道"也。不得易简之旨,亦不解如何是变易、如何从道。

二氏之失只是执有胜义谛[1],禅家谓之圣见犹存。在儒者言之,则犹不免于私小。然佛氏在圆顿教中已斥之无余,老、庄虽观缘而觉犹住。《涅槃》论见处即真用处,未是。

[1] 胜义谛:法相宗所立二谛之一。对于世俗谛而谓之胜义谛,即真谛也。

径是小路,夷是无险阻。

"不同同之"者,非是强同,理本同而人自异也。"天下何思何虑?天下同归而殊途,一致而百虑。天下何思何虑?"此即同异一相,易简之至也。初机不能骤语及此,以上蔡之资,伊川犹嫌其"发得太早"[1],故今只略示其端耳。若于此理不深距[2]者,向后自悟。

[1] 《近思录》卷二《为学》载:谢显道(上蔡)见伊川,伊川曰:"近日事如何?"对曰:"天下何思何虑?"伊川曰:"是则是有此理,贤却发得太早。" [2] 距:同"拒"。

释教大理大

一曰"教大"者。应知圣人言行可为法于天下，皆为名教，不独被于当年，将以贻于后世，则不得不寄之文字简策，于是有六艺之书，以为六艺之教。然书非即是教，教之所由寓也。佛氏谓此土以音声为教体。准此而言，亦可以名言为教体。就六艺言之，《诗》之风、雅、颂，《书》之典、谟、训、诰、誓、命皆言也；《礼》之丧、祭、射、乡、冠、昏、朝、聘皆行也；《乐》之五音、十二律、六代之乐皆声也；《春秋》二百十四年之行事皆事也；《易》之六十四卦、三百八十四爻皆象也。此亦教体也。然《诗》有志焉，《书》有政焉，《礼》《乐》有本焉，《春秋》有义焉。由前之说是其形体，由后之说乃其所以为体也。在《易》则曰"设卦观象"，"立象以尽意"，"系辞焉以尽其言"。若是，则举《易》之教体固不离卦象，亦不即卦象，而言与意乃其所以为体，而意又言之体也。奇偶是画，阴阳刚柔是象，往来上下是爻，系之以辞而后吉凶可见，故必由辞以见意，乃可以明《易》之教体矣。

《系辞传》曰："圣人有以见天下之至赜，而拟诸其形容，象其物宜，是故谓之象。圣人有以见天下之至动，而观其会通，以行其典礼，系辞焉以断其吉凶，是故谓之爻。"按此文凡两见。"极天下之赜者存乎卦；鼓天下之动者存乎辞；化而裁之存乎变；推而行之存乎通；神而明之，存乎其人；默而成之，不言而信，存乎德行。"凡言"存"者，谓教体所由寓。又曰："八卦成列，象在其中矣。因而重之，爻在其中矣。刚柔相推，变在其中矣。系辞焉而命之，动在其中矣。凡言"在其中"者，亦谓教体所由寓。吉凶悔吝者，生乎动者也。刚柔者，立本者也。变通者，趣时者也。吉凶者，贞胜者也。天地之道，贞观者也。日月之道，贞明者也。天下之动，贞夫一者也。

夫乾确然，示人易矣。夫坤隤然，示人简矣。爻也者，效此者也。象也者，象此者也。爻象动乎内，吉凶见乎外，非指内外卦。功业见乎变，非指卦变。圣人之情见乎辞。"又曰："言天下之至赜而不可恶也。言天下之至动而不可乱也。拟之而后言，议之而后动，拟议以成其变化。"综此数段文观之，应知爻象之所示待辞而后见，辞有险易，即指其所之之吉凶。险以动，即之凶。易以动，即之吉。"之"非谓之卦，因其之吉、之凶不同，故指之之辞有险易也。而是吉凶之所生，皆此心之赜动为之。圣人有以见乎此，故设卦立象而系辞焉以命之。"拟议以成其变化"，明其"贞夫一者"也。心之变动应乎爻象，因以爻象示教，故不可执爻象以为教体，当求之言意。犹因指以见月，不可执指以为月也。凡言"《易》之为书"者，喻如指；言"易之为道"者，喻如月。准此推之。

次当明教起因缘。《系辞传》曰："《易》之兴也，其于中古乎？作《易》者，其有忧患乎？"又曰："《易》之兴也，其当殷之末世、周之盛德邪？当文王与纣之事邪？是故其辞危。危者使平，易者使倾。"忧危者，坦夷之由。慢易者，倾覆之渐。此示安不忘危、治不忘乱之旨，非谓辞之险易也。其道甚大，百物不废。惧以终始，其要无咎。此之谓《易》之道也。"又曰："明于忧患与故。无有师保，如临父母。初率其辞而揆其方，既有典常。苟非其人，道不虚行。"又曰："其称名也，杂而不越。于稽其类，其衰世之意邪？夫《易》彰往而察来，而微显阐幽。往者虽显而实微，来者虽微而可察。推见至隐谓之微显，本隐之显谓之阐幽。开而当名辨物，正言断辞，则备矣。其称名也小，其取类也大。其旨远，其辞文，其言曲而中，其事肆而隐。因贰以济民行，以明失得之报。"此明教起因缘，兼显教体之大。圣人吉凶与民同患，其辞不容不危，其情不容不惧。自非衰世，教亦不兴，民行无失，何待于济？故知忧患而作乃是圣人之情。圣人何忧？忧民之自罹于凶咎耳。"鼓天下之动者存乎辞"，教之以"贞夫一"而已矣，岂有他哉？

教体之大，本通六艺言之。如"正得失，动天地，感鬼神"，《诗》教之大也。恢弘至德，以显二帝、三王之治，《书》教之大也。"〔大〕乐与天地同和，〔大〕礼与天地同节"，《礼》《乐》之大也。"善善恶恶，贤贤贱不肖，存亡国，继绝世，补敝起废"，"拨乱反正"，《春秋》之大也。而《易》以《乾》《坤》统礼乐，以《咸》《恒》统言行，则《诗》《书》《礼》《乐》之旨在焉。"亦要存亡吉凶，则居可知矣"，则《春秋》之义在焉。故《诗》《书》《礼》《乐》《春秋》之教皆统于《易》，所以为六艺之原。以六艺别言之，则教体俱大；合言之，则所以为《诗》《书》《礼》《乐》《春秋》之教体者莫非《易》也。一摄一切，一切摄一。一入一切，一切入一。一中有一切，一切中有一。交参全遍，镕融无碍。故以《诗》《书》《礼》《乐》《春秋》望《易》，则又以《易》教为至大也。

二曰"理大"者。言之所寄为教，教之所显为理。"圣人之作《易》也，将以顺性命之理"，上句是教，下句是理。所以言"顺性命之理"者，理必顺性命故，离性命无以为理故；以理为有外者，不顺性命则非理故，理即性命故。圣人言之决定如此，而学者乃以性命为空谈，将为理者可求之于外；可由抟量、卜度、安排、计较而成；可从人得，不由己悟；但驰骛辨说，便将为证会，不求与行履相应。是不唯不能入理，直不知有性命也。如此，则《易》之为教，于人何与焉？故不得其理者不能知《易》教之大也。

《系辞传》曰："《易》与天地准，故能弥纶天地之道。仰以观于天文，俯以察于地理，是故知幽明之故。原始反终，故知死生之说。精气为物，游魂为变，是故知鬼神之情状。与天地相似，故不违。知周乎万物，而道济天下，故不过。旁行而不流，乐天知命，故不忧。安土敦乎仁，故能爱。范围天地之化而不过，曲成万物而不遗，通乎昼夜之道而知，故神无方而《易》无体。"此一段文字是显"理大"也。应知所谓"天地之道""幽明之故""死生之说""鬼神之情状",乃至"范围天地""曲成万物""通乎昼夜",凡此诸名不厌缠複以申明之者,皆摄于"性命之理"一言而无余,善思之可解。此是一句中具三句。朱子曰:"禅家有三句,一、函盖乾坤句,二、截断众流句,三、随波逐浪句。圣人言语亦然。如'以言乎远则不御,以言乎迩则静而正',此函盖乾坤句也。〔如〕'《复》其见天地之心','神也者,妙万物而为言',此截断众流句。〔如〕'《井》以辨义(《巽》以行权)'〔等句〕,只是随道理说将去,此随波逐浪句也。"[1]今准是推之,如"神无方而《易》无体",是函盖乾坤句。"吉凶者,贞胜者也。天下之动,贞夫一者也",是截断众流句。"仰以观于天文,俯以察于地理",是随波逐浪句。何谓"顺性命之理"是"一句中具三句"?[2]思之。

[1] 从"朱子曰"至此,全部引自《朱子语类·卷七十六·易十二》,著者引用时只添加了"《巽》以行权"一句,并将"《复》其见天地之心"至"此截断众流句"一段,与"《井》以辨义"至"此随波逐浪句也"一段互换了一下位置而已。《马一浮集》和《马一浮全集》盖未细致查核,标点符号错误较多。今一并校正。 [2] 这一句《马一浮集》和《马一浮全集》的断句和标点符号有误,盖未深入理解前文所致。今特为校正。

又"以体天地之撰,以通神明之德","以类万物之情",亦数数言之,并是显"理大"。得意者自不滞于名言,自能触途冥会,不烦具引也。

附语

《中庸》三句[1]相望,道为教之所依,性为道之所出。若无此性,道从何来?教从何起?言行与道相应始名为教。而此言行乃本于知能,知能资于《乾》《坤》,成之为德业,形之为礼乐,何事而不摄?此所以为大也。

[1] 《中庸》三句:指《中庸》开篇的"天命之谓性,率性之谓道,修道之谓教"三句。

庄子曰："古之所谓道术者，果恶乎在？"曰："无乎不在。"曰："神何由降？明何由出？圣有所生，（性也，德也。）王有所成，（道也，业也。）皆原于一。不离于宗，谓之天人。（法身德。）不离于精，谓之神人。（般若德。）不离于真，谓之至人。（解脱德。）以天为宗，（性。）以德为本，（道。）以道为门，（教。）兆于变化，谓之圣人。"此与《易》《中庸》相应。

书是形体，教是精神，如形体为精神之所寄。

名即文字，言即语言。然言语、音声为阳，文字只著于竹帛，则为阴。参活句是阳，参死句则是阴。

执言语、泥文字者，不能知教体。

《周礼·大司乐》："教国子，舞《云门》《大卷》《大咸》《大韶》《大夏》《大濩》《大武》。"此为六乐。《云门》《大卷》，黄帝乐。《大咸》，尧乐。《大韶》，舜乐。后三为三代乐。

乐最易亡，据《周礼》应具云六律、六同、五声、八音、六舞，今唯音、律尚可考也。

"林放问礼之本"，便叹曰："大哉问！"曾子谓"君子所贵乎道者三"[1]，乃其本也。后世治礼者，只了得笾豆之事。

[1] 语出《论语·泰伯》，曾子有疾，孟敬子问之。曾子言曰："鸟之将死，其鸣也哀；人之将死，其言也善。君子所贵乎道者三：动容貌，斯远暴慢矣；正颜色，斯近信矣；出辞气，斯远鄙倍矣。笾豆之事，则有司存。"

今治《易》者，只在卦象上著倒，不求圣人之意，卦象便成无用。

曰见、曰拟、曰观、曰行、曰断，皆有人在。[1]"见"字吃紧，此见若不真，下稍全错。

[1] 此为就正文所引《系辞传》中"圣人有以见天下之赜，而拟诸其形容，象其物宜，是故谓之象。圣人有以见天下之动，而观其会通，以行其典礼，系辞焉以断其吉凶，是故谓之爻"一段话而做的补充阐释。

说"存"有六重，前后相望，展转推责，以求其体，结归德行[1]。可知专以卦辞为教体者，不能得之也。

《泰和宜山会语》《复性书院讲录》注

[1]《周易·系辞上》:"是故列贵贱者存乎位,齐小大者存乎卦,辩吉凶者存乎辞,忧悔吝者存乎介,震无咎者存乎悔。""默而成之,不言而信,存乎德行。"

上言"鼓天下之动者存乎辞",今曰动在辞之所命,可知动不是指变占。揲蓍成卦亦由人,蓍不能自动,凡言居、动,皆就人说。

爻象皆以象心。刚柔者,此心之刚柔也。变通者,此心之变通也。

得于易简,则"贞夫一"矣。《乾》《坤》所示乃是无言之教。爻者,效此。象者,象此。正显示教体。"动乎内"者,几也。"见乎外"者,应也。因变以成业,寄辞以达情,皆圣人不得已之事。

"初辞拟之,卒成之终。""辞拟之"者,谓来者可知也。见微而知其著,见始而知其终,故曰"卒成之",言不相违也。"议"如"议狱缓死"之议,据理而定之意。"拟议"不是未定之辞,变化由此而成,故圣人言动并是教体。

"君子易其心而后语,安其身而后动",则所之皆吉矣。

"原始要终,以为质"一段,唯"其初难知,其上易知"及下文"二与四、三与五同功而异位"是说爻位,其余"始""终"字皆非以一卦言。旧解为"六爻相杂"及"非其中爻不备"二语所碍,遂俱说成卦爻,而于首句"《易》之为书也"一语反忽之。[1] 理会文字,直是不易。

[1] 本段乃就《系辞下传》第九章而言。

明如是为吉,如是为凶,所谓拟议也。"忧悔吝""震无咎","所以成变化"也。吉凶既定,则不可以变矣。佛氏谓之"定业难回"[1]。

[1] 定业:丁福保《佛学大词典》:"(术语)定受生死苦果之定业因也。此有善恶之二:善之定业,定受乐果;恶之定业,定受苦果。"难回:意思是难以挽回,难以改变。本段乃就《周易·系辞上·第三章》而言。

据此所说"教起因缘",可知《易》在上古只是卜筮之书,卦辞、爻辞亦不定为何人所作。如必以属之文王、周公,则孔子何不明言之而为是疑辞邪？《明夷》六五爻辞有"箕子之明夷"，则必在箕子之后无疑，说为"荄滋"者无义。（《释文》引赵宾语[1]。）《象传》明言"内文明而外柔顺，以蒙大难，文王以之"，"内难而能正其志，箕子以之"，此正与"殷之末世、周之盛德"文相应，乃是假文王、箕子之事以明卦爻之义耳。孔子以前《易》只掌于太卜，未以为教也，故《易》教实自有十翼而后大。"文王演《易》"，不能强为之说，恐亦只是观象、玩辞而已。

[1]《周易注疏》："《明夷》六五，《音义》：刘向云：'今《易》箕子作荄滋。'邹湛云：'训箕为荄，诂子为滋，漫衍无经，不可致诘。'臣良裘按：《汉书·儒林传》：'蜀人赵宾好小数书，后为《易》，饰《易》文，以为箕子者，万物方荄滋也'。颜师古《注》引《象传》'箕子以之'之文以斥其妄。班固谓'宾持论巧慧，易家不能难'云。"关于赵宾的争论，还可参看今人金生杨《赵宾易学刍议》一文（载《中华文化论坛》2003年第4期）。

上言"不可为典要"，明屡迁之情在人也。此言"既有典常"，明辞之所指吉凶之理不可易也。"率其辞"则能知《易》，"揆其方"则能用《易》。"非其人"，《易》道亦何由行？"道不虚行"者，即"人能弘道，非道弘人"之意。[1]

[1] 本段乃就《周易·系辞下·第八章》而言。

"开"之为言，显示也。肇公云："名有召物之功，物无应名之实。"盖物非名也。名者，所以辨物，而不即是物，故不可执，执则成碍。"正言断辞"，正"辨物"之功也。"言""辞"皆"名"也。此与"依义莫依文"相似。"物"是以其义言之，"名"是指文字。"名"是名字，"类"是义类。二句指象。"旨"是意，"辞"是言。"曲而中"故"文"，"肆而隐"故"远"。变言"事"者，意之所显是事也。[1]

[1] 本段附语是解释《易经·系辞下传》第六章的一段，须结合《系辞传》原文才能理解，否则不知所云。《系辞下传》原文是，子曰："夫《易》，彰往而察来，而微显阐幽，开而当名辨物，正言断辞，则备矣。其称名也小，其取类也大。其旨远，其辞文。其言曲而中，其事肆而隐。因贰以济民行，以明失得之报。"著者所说"二句指

《泰和宜山会语》《复性书院讲录》注

象"的"二句",当指"其称名也小,其取类也大"二句。

佛氏之教有小大偏圆,中土圣人六艺之教唯大无小,唯圆无偏。教相本大,机则有小,则大教被小机则成为小,故简小叹大亦是权说。

《乾·文言》于上九发其义曰:"'亢'之为言也,知进而不知退,知存而不知亡,知得而不知丧。""知进退、存亡而不失其正者,其唯圣人乎。"又于《坤》之初六发其义曰:"臣弑其君,子弑其父,非一朝一夕之故,其所由来者渐矣,由辩之不早辩也。"此《春秋》之所为作也。

《诗》《书》多言"帝""天"。《易》多言"性""命"。说《礼》《乐》亦多言"性""命",多言"理"。六艺之旨约归于此,会者自知。

"乾元"是性,"坤元"是命,合德曰人。"资始"者理,"资生"者气,总为一理也。切忌随语生解,作二元会。

老子不言"性""命",而言"天""道",言"常"。庄子多言"性""命"。佛氏多言"性",少言"命"。

治经仍是"穷理尽性至命"之学。儒者不明"性""命"之理,决不能通六艺。而二氏之徒乃盛谈"性""命",末流滋失。于是治经者乃相戒不谈"性""命",弃金担麻,买[1]椟还珠,庄子所谓"倒置之民"也。(《缮性篇》云:"滑欲于俗思以求致其明,谓之'蔽蒙之民'。""丧己于物,失性于俗者,谓之'倒置之民'。"此篇在《庄子》为最醇。盖乱其心于欲而役思以求明者,其蔽益甚,所谓去性而从于心也。郭云:"营外亏内,其置为倒。"崔云:"逆其性命而不顺为倒。"二注并精。)

[1] "买",《马一浮全集》误作"贾",盖繁体字"買"与"賈"形近而误。

或疑:既云作《易》因于忧患,何以言"乐天知命故不忧"?是二义相违。按《列子·仲尼篇》孔子语颜回曰:"若奚独乐?"回曰:"夫子奚独忧?吾昔闻之夫子曰'乐天知命故不忧',回所以乐也。"孔子愀然曰:"汝徒知乐天知命之无忧,未知乐天知命有忧之大也。"文繁不具引。

御寇虽寓言,却答得此问不失。

"《易》与天地准"此一段文约《易》之义趣都尽。有一句相应则分证，全相应则全证，证此理者便谓之德。故曰"穷神知化，德之盛也"。故先举"理大"，次言"德大"。应知：天地者，吾心之天地也；万物者，吾心之万物也；幽明者，吾心之幽明也；生死者，吾心之生死也；鬼神者，吾心之鬼神也；昼夜者，吾心之昼夜也；神是吾心之神；《易》是吾心之《易》。此之谓"性命之理"。与此理相应为顺，不相应则违。顺此理则人道可得而立，违则"《易》不可见"而"《乾》《坤》或几乎息矣"。

《易》是显此理，然体之、通之、类之者谁邪？是"存乎其人"也。与上文数举"知"字皆当急着眼。

"天地之撰"，是无为，是至诚；"神明之德"，是智照；"万物之情"，只吉凶二途[1]。（吉凶以情迁。）

[1] 以上两段涉及《周易·系辞下》第二章"于是始作八卦，以通神明之德，以类万物之情"；第六章"以体天地之撰，以通神明之德"。

崔伯玉撰《张衡碑》云："数术穷天地，制作侔造化。"人之思虑必极渊微，方可以通神明、体天地而类万物。否则不能契理，于《易》何有哉？

佛氏所谓般若，气分[1]亦必"洁静精微"乃能至之，故与《易》教相应。散心安能学《易》乎？

[1] 气分：旧谓人和物所受元气的分限，引申为气息、气质。《马一浮集》和《马一浮全集》均连"气分般若"成句，误。

欲知《诗》教之大者，看《诗·大序》。四始[1]皆大义，如《春秋》之"元"也。不分《风》《雅》《颂》，不分正、变[2]，能见其大，方为知《诗》。《诗教绪论》[3]已略说。至《风》《雅》相望，亦可分小大。《序言》言"以一国之事，系一人之本，谓之风；言天下之事，形四方之风，谓之雅"，是《雅》望《风》则《雅》为大。"政有小大，故有小雅焉，有大雅焉。"《雅》中又以《大雅》为大，观《鹿鸣》《文王》便可见。"《颂》者，美盛德之形容，以其成功告于神明"，又比《雅》为大。（以下七节释

《泰和宜山会语》《复性书院讲录》注

"教大",通六艺。)

　　[1] 四始:说见《洪范约义·别释皇极》的注释。　　[2] 正、变:指《诗经》的正风、正雅和变风、变雅。　　[3] "《诗教绪论》"《马一浮集》和《马一浮全集》均误作"《诗教诸论》"。今据《复性书院讲录》卷四的实际标题改。

　　"《小雅》尽废则四夷交侵,中国微矣。"[1]《诗》之有系于国本如是。《诗》教之失虽已久,然其遗泽犹有存者,俗之近厚者是。观今世新文化运动愈盛而夷狄之祸愈亟,亦此理也。盖人心益偷,风俗益薄,自然感召如此。

　　[1] 语出明·贺复征《文章辨体汇选》卷三百六十:"《菁菁者莪》废则无礼仪矣,《小雅》尽废则四夷交侵,中国微矣。"

　　欲知《书》教之大,看《论语》称"大哉!尧之为君。唯天为大,唯尧则之";"巍巍乎!舜、禹之有天下也,而不与焉";"禹,吾无间然";谓《韶》"尽美""尽善",《武》"未尽善",圣人之意可知。故《虞书》望夏、殷、周之书,则《虞书》为大。三代相望,又以夏为大。秦穆霸者而录其言[1],为其近于王也。帝、王皆大,霸则小。

　　[1] 秦穆:指秦穆公(前682—前621),一作秦缪公,嬴姓,赵氏,名任好,秦德公少子,秦宣公、秦成公之弟,还是缪氏先祖,春秋时期秦国国君,公元前659年至前621年在位。被《史记》认定为"春秋五霸"之一。录其言:指《尚书》中所录《秦誓》一篇,是秦穆公誓众之辞。《尚书序》说:"秦穆公伐郑,晋襄公率师败诸崤。还归,做《秦誓》。"(事载《左传》鲁僖公三十二年、三十三年)

　　《礼》《乐》教中叹大之言尤多。八礼[1]皆大,于中丧、祭为大。祭礼之中又以郊、社、禘、尝为大。看《礼运》《乐记》《郊特牲》《祭义》《祭统》《哀公问》诸篇,皆就大之为义发挥可见。如《中庸》"仁者人也,亲亲为大。义者宜也,尊贤为大",《哀公问》"人道政为大","古之为政,爱人为大。所以治爱人,礼为大。所以治礼,敬为大。敬之至矣,大昏为大"[2],"爱与敬,其政之本欤",层层推勘,皆显大也。如此推之可知,不烦具引。

[1] 八礼：指周代《仪礼》所讲的冠、婚、丧、祭、射、乡、朝、聘八种礼。[2]《马一浮集》"大昏为大"之后用六角括号添加了"大昏至矣"，《马一浮全集》又删去六角括号，直接把整理者添加的内容当作著者原稿，实属多余，今复其旧。

又《周礼·大宗伯》"以凶礼哀邦国之忧，以丧礼哀死亡，以荒礼哀凶札，以吊礼哀祸灾，以襘[1]礼哀围败，（郑注："同盟者，合会财货以更其所丧。如《春秋·襄三十年》'冬，会于澶渊，宋灾故'是其类。"《疏》谓"合货财以济之"，左氏云"谋归宋财"是也。《大行人》云："致襘以补诸侯之灾。"《小行人》亦云："若国师役则命犒襘之。"按此乃诸侯礼，今国际间宁复有是？）以恤礼哀寇乱，以宾礼亲邦国"，"以军礼同邦国"，"以嘉礼亲万民"，皆本于爱敬之所施也。（是即无缘慈、同体大悲[2]之见于行者。）

[1] 襘（guì）：古代诸侯会聚财物接济盟国。　　[2] 无缘慈：佛具大慈心，虽与众生无缘，但也发大慈心而救度之。同体大悲：指观一切众生与己身同体，而生起拔苦与乐、平等绝对之悲心，亦即初地以上之菩萨，摄众生于自体，以众生之苦为己苦，生起哀伤之心。

又《大司乐》"以乐德教国子，中、和、祗、庸、孝、友。以乐语教国子，兴、道、讽、诵、言、语"，（郑注："兴者，以善物喻善事。道，读曰导，言古以剀今也。倍文曰讽。以声节之曰诵。发端曰言。答述曰语。"按此即指乐歌。"诗言志，歌永言"，凡言可被于声律者皆摄之。）其下方言"以乐舞教国子，舞《云门》《大卷》"云云，是乐德、乐语先于舞也。（此并是乐体。）至乐之为用，则曰"以六律、六同、五声、八音、六舞大合乐，以致鬼神示，（"示"即"祇"字。）以和邦国，以谐万民，以安宾客，以说远人，以作动物"。（"作"为"感"之。）又曰："一变而致羽物及川泽之示。再变而致赢[1]物及山林之示。三变而致鳞物及丘陵之示。四变而致毛物及坟衍[2]之示。五变而致介物[3]及土示。六变而致象物[4]及天神。"（象物谓有象而无形。）故又曰："七变而天神降。八变而地示出。九变而人鬼享。"此乐教之大，尤显"法界一性"之义，非精思恐难喻，不更举。

[1] 蠃（luǒ）：短毛的兽类。 [2] 坟衍：水边和低下平坦的土地。 [3] 介物：有甲壳的动物。 [4] 象物：郑玄注："象物，有象在天，所谓四灵者，天地之神。四灵之知，非德至和则不至。《礼运》曰：'何谓四灵？麟、凤、龟、龙谓之四灵。'"

《春秋》之大，学者习闻，广说难尽，故略之。

释德大位大

三曰"德大"者。已明教之所显该摄于一理，得此理者名之为德。"德"之为言"得"也。《乾》得之而为健，《坤》得之而为顺；人资于《乾》《坤》而得之为易简。故曰"易简而天下之理得"，又曰"易简之善配至德"也。"至德"即《乾》《坤》健顺之德。"易简之善"，则以人之得于《乾》《坤》者言之。

"阴阳合德，而刚柔有体"，何谓也？阴阳，气也。理行乎其中乃谓之道，则阴阳皆正矣，故曰"合德"。刚柔，质也。理位乎其中而为之体，则刚柔皆善矣，故曰"有体"。刚柔者，立本者也。体立故曰本。在人得之为仁义之德，行之为仁义之道。故理得而后有"德"之名，德著而后有"道"之名，行成而后有"业"之名。理与德，默而自证，故属"乾知""成己"，性也；道与业，行而后见，故属"坤能""成物"，命也[1]。

[1] 本句中涉及多组理学概念的比照。《马一浮集》和《马一浮全集》的句读和标点比较粗糙。今为显示著者学理之精湛，重新标点。

"知崇礼卑，崇效天"，"自强不息"，所以成己也；"卑法地"，"厚德载物"，所以成物也。坤顺承天，故命必根于性，业必出于德，物必会诸己。《乾》《坤》合德，性命一原，物我一体。知"天地"为万物之总名，则知"人"为天地之合德。会万物为自己者，乃与天地同其大矣。

"体仁足以长人"者，以人为体也。"体物而不可遗"者，以物为体也。"体天地之撰"者，以天地为体也。乾健坤顺，乾刚坤柔，兼之为"合德"，同之为"有体"[1]，此所以为大也。

[1] 语出《周易·系辞传》："《乾》《坤》其易之门邪？乾，阳物也；坤，阴物也。阴阳合德，而刚柔有体。"

语《乾》之德则曰"元亨利贞"，语《坤》之德则曰"直方大"，语人之德则曰"仁礼义智"，或曰"中正仁义"，一也。三即一，故曰"合德"；一即三，故曰"有体"。"坤至柔而动也刚"，直其正也。"至静而德方"，方其义也。"直"是元亨，"方"是利贞，合之故"大"。在人则为"敬义立而德不孤"。"君子体仁足以长人"，仁也。"嘉会足以合礼"，礼也。"利物足以和义"，义也。"贞固足以干事"，智也。"君子行此四德者，故曰：'《乾》，元亨利贞。'"君子者，体《乾》之人也，用《易》之人也。《文言》于《乾》之六爻明曰君子，曰大人，曰圣人，曰贤人，其称龙德、君德、天德皆指人，言人而合于天者也。人之德即天地之德，人之心即天地之心。人而不能与天地合其德者，谓之"小人"，甚则谓之"匪人"。然则舍人而言《易》，其不足以知《易》明矣。

六十四卦《大象》皆示人以修德之事，一一具言之，则为六十四种德相，而皆统于《乾》《坤》，俱摄于易简，所谓"总该万德，不出一心"也。又于九卦发其例曰："《履》，德之基也。《谦》，德之柄也。《复》，德之本也。《恒》，德之固也。《损》，德之修也。《益》，德之裕也。《困》，德之辨也。《井》，德之地也。《巽》，德之制也。"善会者，余卦皆可准此推之。

以性、修二德[1]言之，则"元亨利贞""仁礼义智"是性德，"敬义直方"是修德。又"元亨"是性德，"利贞"是修德。"仁义"是性德，"礼智"是修德。亦可"仁智"是性德，"礼义"是修德；唯"仁"是性德，"义礼智"皆是修德。全性起修，故《乾》统

《坤》。全修在性，故《坤》承《乾》。《乾》《坤》合德，故性修不二也。性德必易，仁、智也；修德必简，敬、义也。性德亲而久，纯乎德者也；修德有功而大，兼乎业者也。"穷理尽性以至于命"，亦兼性、修言之。曰穷、曰尽、曰至，皆修也。曰理、曰性、曰命，皆性也。圣人之教皆因修以显性，不执性以废修。

[1] 性、修二德：佛学术语。性德，谓本来性具之德，如矿中所含之金。修德，谓修成之德，如炼矿所得之金。

"天地之大德曰生"，又曰"生生之谓易，成象之谓乾，效法之谓坤"，何谓也？曰："本隐以之显"[1]曰"生"。未生不是无，既生不是有，故横渠曰："大《易》不言有无，言有无者，诸子之陋也。"孔颖达《尚书正义》曰"万物之生，从微至著"，亦颇得此意。谓之生者，双离断常故，盖常则不生，既常矣，又何生焉。断亦不生。既断则不更生。"消息盈虚，天行也"，变易故非常；"天地之道，恒久而不已也"，不易故非断。以是二义，故"生"义得成。"原始"则无始而成始，"要终"则无终而成终。终则有始，故"不常亦不断"[2]也。成始乃所以成终，成终乃所以成始。如昼之终即夜之始，寒之终即暑之始，惑之终即智之始。"始""终"同时，"迎之不见其首，随之不见其尾"。就其隐者言之，则谓之寂；就其显者言之，则谓之生。"成象之谓乾，效法之谓坤"，理之显者也。故曰"《乾》《坤》毁则无以见《易》"，"生生之谓《易》"，则于显中见隐，于气中见理，于变易中见不易。夫然后"至赜而不可恶，至动而不可乱"，而"易简之理得"矣。

[1]《汉书·司马相如传》（颜师古注）："司马迁称'《春秋》推见至隐，《易》本隐以之显。'"本隐以之显：由隐而显也，即是以天道合之人事。人事是显，天道是隐。　　[2] 语出龙树菩萨《中观论》之"八不"颂。

四曰"位大"者。《系辞传》曰："天下之理得，而成位乎其中矣。"《乾》之《彖传》曰："大明终始，六位时成，时乘六龙以御天。乾道变化，各正性命。"明非专指五之尊位而言。《乾》之九三《文言》曰："知至至之，可与几也。知终终之，可与存义也。是故居上位而不骄，在下位而不忧。"上九《文言》曰："贵而无位，高而无民，贤人在下位而无辅，是以动而有悔也。"《谦》之九三《系传》曰："劳而不伐，有功而不德，厚之至也。语以其功下人者是也。德言盛，礼言恭。谦也者，致恭以存其位者也。"[1]夫三非上位也，上非下位也，何以圣人之言不定若此？是知"列贵贱者存乎位"，非克定以爻位言之，而以三画以下为地，四画以上为天；或以初、二为地，三、四为人，五、上为天；或以初为元士，二为大夫，三为三公，四为诸侯，五为天子，上为宗庙：皆不可以泥也。《乾凿度》曰"方盛则托吉，将衰则寄凶，阴阳不正谓之失位"，似矣。然《系传》又曰："二与四同功而异位，其善不同，二多誉，四多惧，近也。""三与五同功而异位，三多凶，五多功，贵贱之等也。"其下又曰："柔之为道，不利远者。""其柔危，其刚胜邪？"则其所谓远近、贵贱者，又专以刚柔言之，是知凡言"位"者皆寄也。"帝出乎《震》"，言八卦方位亦寄也。"飞龙在天，乃位乎天德"，"变动不居，周流六虚"，"《乾》元用九，天德不可为首"。《未济》虽不当位而刚柔应，其故何邪？"若夫杂物撰德，辨是与非，则非中爻不备"，不定以阴居阴、以阳居阳始为当也。"乾坤成列，而《易》立乎其中"[2]，"立"即"位"字。六十四卦，其阳爻皆乾也，其阴爻皆坤也，是谓"乾坤成列"也。其为一卦之主者，必其得乎《乾》《坤》之一德者也。王辅嗣曰："众不能治众，治众者，至寡者也。动不能制动，制天下之动者，贞夫一者也。""故六爻相错，可举一以明也；刚柔相乘，可立主以定也。""少者，多之所贵；寡者，众之所宗。"非易简之德，则何以繁而不忧乱，变而不忧惑邪？故"天地之大德曰生，圣人之大宝曰位"，"理得而成位乎其中"，失德则失位。所谓

"贵贱之等"者，乃在德而不在位也。《乾》曰"大生"，《坤》曰"广生"[3]；《乾》曰"日新"，《坤》曰"富有"[4]，是知位大者位乎其德也。德大故位大，其义明矣。余义"人大"中说。

[1] 从"劳而不伐"至此，都是《乾卦》九三《系辞》中的话。《马一浮集》和《马一浮全集》都截止于"厚之至也"，查考未精也。"语以其功下人者也。"孔颖达疏："能以有功卑下于人者也。" [2] 语出《周易·系辞上·第十二章》。"立乎其中"，《马一浮全集》误作"位乎其中"，今据《系辞传》校正。 [3] 《周易·系辞上·第六章》："夫乾，其静也专、其动也直，是以大生焉。夫坤，其静也翕，其动也辟，是以广生焉。" [4] 《周易·系辞上·第五章》："富有之谓大业，日新之谓盛德。"

附语

老子曰"天得一以清，地得一以宁，神得一以灵，谷得一以盈，万物得一以生，候王得一以为天下贞"，亦是，但下言"天无以清，将恐裂；地无以宁，将恐发；神无以灵，将恐歇；谷无以盈，将恐竭；万物无以生，将恐灭；候王无以贞，将恐蹶。故贵以贱为本，高以下为基"，意思便差了。

若广说[1]亦可言《震》得之而为起，《艮》得之而为止，《坎》得之而为雨之润，《离》得之而为日之明，《巽》得之而为风之散，《兑》得之而为泽之说。

[1] 接续正文中"乾得之而为健，坤得之而为顺"而说。

庄子亦谓"道可得而不可见"，"狶韦氏得之，以挈天地；伏戏得之，以袭气母；维斗得之，终古不忒；日月得之，终古不息"[1]云云，亦有见于此，但以下说得太奢。（《大宗师》）

[1] 引自《庄子·大宗师》。狶韦（xī wéi）氏：传说中的古帝王名。伏戏：即伏羲。成玄英疏："北斗为众星纲维，故曰维斗。"

《坤》六五《文言》曰："黄中通理，正位居体。""居体"即"立本"义。

仁，体刚而用柔；义，体柔而用刚。仁义相望，则仁为体，义为用；仁为阳，义为阴。仁义之中又分体用、阴阳。"德"是体之名，"道"是用之名。德与道又自有其阴阳。

成己可以自至，成物则须待缘。物我一体，成物元是性分内事，但物之气有不齐，不得不谓之命。然圣人尽性至命，故"知其不可而为之"。

孟子曰："仁之于父子也，义之于君臣也，礼之于宾主也，知之于贤者也，圣人之于天道也，命也，有性焉，君子不谓命也。"上言"目之于色，耳之于声"四句，明明是气而曰"性也，有命焉"，此"命"字是以理言。下言"命也，有性焉"，此"命"字是以气言。

理无差别，气有差别。性是物我所共，命乃万有不齐。气质之性亦是命。圣人会万物为自己者，不唯因其一理故，即此不齐之气，亦是一气也。

庄子曰"忘己之人，是之谓入于天"，（《天地》）"忘"字有病。庄子每好言"忘"，圣人只说"尽己"。

临济曰："佛者，心清净是；法者，心光明是；道者，处处无碍净光是。"此语亦谛。彼所谓"佛"，当此所谓"理"，"法"当"德"，"道"即"行业"也。

中是礼，正是智。

《坤》之"直""方"即《乾》之"直""专"。翕是坤德，辟是乾德。"其动也辟"，是与乾合德。在人则是气之动顺乎理，而理气合一也。

质言之，则乾是性德，坤是修德。"全性起修"，故于《乾》亦示修德。如初九言"不易乎世，不成乎名"，九二言"庸言之信[1]，庸行之谨"，九三、九四并言"进德修业"。"全修在性"，故于《坤》六二言"不习无不利"，六五言"正位居体"，亦显示此为性德。性修不二，即是体用一原，显微无间，《乾》《坤》合德，志气如神也。

[1]"信"字，《马一浮集》和《马一浮全集》都误作"言"。今据《周易》原文改。

庄子实有"执性废修"之弊，禅师家末流亦然。此病最误人。如《田子方》篇设为老聃告孔子之言曰："水之于汋也，无为而才自然矣。至人之于德也，不修而物不能离焉。若天之自高，地之自厚，日月之自明，夫何修焉？"此便是"执性废修"之言。

《灯录》，南岳参六祖，祖问："甚么处来？"曰："嵩山来。"祖曰："甚么物？怎么来？"师无语。遂经八载，忽然有省，乃白祖曰："某甲有个会处。"祖曰："作么生？"师曰："说似一物，即不中。"祖曰："还假修证否？"师曰："修证则不无，污染即不得。"祖曰："只此不污染，诸佛之所护念，汝既如是，吾亦如是。""污染即不得"是性德，"修证则不无"是修德。禅家末流往往有"执性废修"之病。

庄子曰"自本自根，未有天地，自古以固存。神鬼神帝，生天生地"，似有见于生者，而又言"外生"，[1] 则不是，生不可得而外也。世俗执"分段生死"[2] 为生，则是执一沤为全海。此如电光石火无可把捉，未得谓之生也。善言生者，当知生不是常，亦不是断。通三世、古今、十方、万类，皆此生理之所充遍，而专言人生者，井蛙夏虫[3] 之见也。

[1]《庄子·大宗师》："已外物矣，吾又守之，九日而后能外生；已外生矣，而后能朝彻。" [2] 分段生死：丁福保《佛学大词典》："（术语）二种生死之一，为轮回六道凡身之生死也。轮回六道之身，各随其业因而寿命有分限，形体有段别，故曰分段。《大乘义章》八本曰：'言分段者，六道果报，三世分异，名为分段。分段之法，始起为生，终谢为死。'" [3] 井蛙夏虫：井里的青蛙和只生活在夏天的昆虫。比喻见识浅陋狭隘，或见识浅陋狭隘的人。

又质言之，生即是变，所以生者乃是不变。此以生之理言，故曰"天地之大德"。

"所以成变化而行鬼神"，即此生之理。

佛氏言诸法不自生、不他生、不共生、不无因生，是故说缘生。缘生之法，生则有灭。生唯缘生，灭唯缘灭，故彼之言生乃仗缘托境，无自体性。《易》之言生，则唯是实理，故不可以生为幻。此与佛氏显然不同。然"不常不断"义则甚谛，故不得遗之。汉儒说"性者生之质"，只见得气质之性，若改作"生之理"则是也。佛氏实能见性，然其说生多是遮诠，故不可尽用。《易》教唯用表诠，不用遮诠[1]。学者当知遮则以生为过咎，表则显其唯是一真也。

[1] 遮诠：佛教术语。谓从反面来说明事理。与"表诠"共称"二诠"。如说盐，不淡是遮，云咸是表；说水，不干是遮，云湿是表。遮者，遣其所非；表者，显其所是。

《系传》开篇便言"天尊地卑，乾坤定矣。卑高以陈，贵贱位矣"。此见尊卑、贵贱实指乾坤言，然"崇高莫大乎富贵"，贵指乾，富指坤。乾，大生。坤，广生。广大配天地，何有乎贵贱？盖必阴阳合德而后成大。阴不从阳，气不顺理，则小矣。所以扶阳抑阴、贵大贱小皆示教之言耳，岂曰贵天而贱地哉！善会者可知。

质言之，六爻皆人位，而天地在其中。内卦为因位，外卦为果位。中爻是指二、五，不兼三、四。六二、九五乃并言"中""正"，九二、六五则只言"中"，不言"正"。若六三、九四俱言"位不当"。九、六皆从乾坤来，故六十四卦之主爻皆具乾坤之一德者也。曰"成位乎其中"者，德合乾坤则无往而不位也。在天而天，处人而人，时则不同，位未尝异。故曰"变动不居，周流六虚，上下无常，刚柔相易，不可为典要"也。佛氏言"一心遍现十法界"，与此义通。

陆亘问南泉[1]："天王居何地位？"泉曰："若是天王即非地位。"陆曰："某闻天王是居初地。"泉曰："应以天王身得度者，即现天王身而为说法。"南泉未必学《易》，若问"六位时成，时乘六龙以御天"意旨若何，却是南泉善会参。

[1] 陆亘（764—834），吴郡吴县人，唐朝刺史，也是南泉普愿（748—834）禅师的得法在家弟子。普愿，俗姓王，河南新郑人，马祖道一禅师的得法弟子，因隐居于池州南泉院三十年未曾下山，世称"南泉禅师"。

释人大业大时大义大

五曰"人大"者。位乃应迹之称，人则实证之号。《乾凿度》引

《泰和宜山会语》《复性书院讲录》注

孔子曰："《易》有君人五号：帝者，天称；王者，美行；天子者，爵号；大君者，与上行异；大人者，圣明德备也。变文以著名，题德以别操。"郑注云："夫至人者一也，应迹不同而生五号，故百姓变其文名，别其操行。"是也。按《爻辞》罕称"帝"，如"帝乙归妹""高宗伐鬼方"明为殷人占辞，"箕子之明夷"又出殷后，故曰"其当殷之末世、周之盛德邪"。《象辞》言"享于帝，立庙"，"殷荐之上帝，以配祖考"，则是天称。然称人者实不止五号，如圣人、贤人、君子、丈人，亦皆题德之目。又有幽人、武人、丈夫、王臣诸号，各于当卦见义。大抵王、公、君、后固兼德位而言，大人、君子唯是以德为主。实证此德谓之"成性"，亦谓之"成位"，亦谓之"成能"，即是"成己""成德""成业"也。《乾》九二"利见大人，君德也"，王辅嗣注："虽非君位，君之德也。"《正义》云："二、五俱是大人，为天下所利见。"郑氏说"九二利见九五之大人"，非也。按，伊川以二五互说，校郑说为进，然不若以"天下利见于义"为允。如《讼》《蹇》亦俱言"利见大人"[1]，以讼之时，唯大人为能以中正之德治讼；蹇之时，唯大人为能以中正之德济难，故"为天下所利见"也。《否》之"'大人否亨'，不乱群也"，"休否，大人吉"，"大人之吉，位正当也"；《萃》之"'利见大人亨'，聚以正也"；《困》"'贞大人吉'，以刚中也"；《革》之"大人虎变"，"革而当"也；《巽》之"利见大人"，顺以正也。准此推之，知"大人"者所以表中正之德。《离》称"大人以继明照于四方"，亦指六二。仁、礼为"中"，义、智为"正"，本之则为"性命之理"，行之则曰"仁义之道"。"大人者，与天地合其德"，即是顺性命之理而立人之道者也。详《易》称"大人"与"圣人"无别。《乾》九五《文言》"圣人作而万物睹"，"大人"变称"圣人"。若析言之，则作《易》者必称"圣人"，体《易》之德者称"大人"，用《易》之道者称"君子"。"体《易》"者，与道为一，人外无道也；"用《易》"者，全体作用，如人视听言动皆从己出，无藉于他也；

"作《易》"者，即体《易》用《易》之人，设卦观象所以教人体《易》用《易》者也。故曰"神而明之，存乎其人"，"苟非其人，道不虚行"。爻辞中称"君子"者亦是体《易》，如《乾》九三、九四，《坤》六二、六五，爻辞与《文言》俱称"君子"。《乾》初九"龙德而隐"，亦宜为君子。《坤》六四"括囊"，《文言》变称"贤人"。《革》上六"君子豹变"。此皆体《易》之君子。《大象》所名"君子"则皆以用《易》为言。又如《遁》九四"好遁，君子吉"，《明夷》初九"君子于行"，则又以时言之。善会可知。

[1]《讼》："有孚窒，惕中吉，终凶。利见大人。不利涉大川。"《蹇》："利西南，不利东北，利见大人，贞吉。"

六曰"业大"者。得于体谓之"德"，见于用谓之"业"。位者，称德为名。业者，依人而见。《系传》于十二卦发其义，历称包牺、神农、黄帝、尧、舜、后世圣人，标其人也。自"结绳为网罟"以至"作书契"，事相不同，皆所以利天下，举其业也。其曰"后世圣人易之"者，通其变之义也。"功业见乎变"，所以成之者人也。必曰"圣人"者，人大故业大。"日新之谓盛德"，体乾也；"富有之谓大业"，体坤也。自非与乾坤合德之大人，何以"通天下之志"、"定天下之业"乎？故曰"化而裁之谓之变，推而行之谓之通，举而措之天下之民谓之事业"。约言之，则曰"通变之谓事"。又重言之曰"化而裁之存乎变，推而行之存乎通，神而明之存乎其人"。上言"业"而下言"人"，所以显德由人证、业由人兴。其辞之反复申明如此，圣人之情可见矣。能体乎此者，应知《易》所以"崇德广业"。"崇德"以成己言，"广业"以成物言。己外无物，成己成物皆所以成性也，所以顺性命之理而立人之道者也，故曰"成性存存，道义之门"[1]。

[1] 语出《周易·系辞上》。性：本性。存存：存而又存。指用《周易》的道理修身养性而成就仁善的德性，并且不断地涵养蕴存这种德性，就是找到了进入天地之道和义理真谛的门户。

七曰"时大"、八曰"义大"者。此当合释。变是"时",通其变是"义"。又通变是"时","使民不倦""使民宜之"是"义"。寄位亦以明时,著业乃以存义。位大故时大,业大故义大也。六十四卦有六十四卦之时,在一卦中六位又各有其时,如于初言"反",于上言"穷",此一卦之时。善用者不失其时,皆谓之"义"。圣人特于《乾》卦著之,《彖传》曰"大明终始,六位时成,时乘六龙以御天"是也。《文言》曰:"'潜龙勿用',阳气潜藏。'见龙在田',天下文明。'终日乾乾',与时偕行。'或跃在渊',乾道乃革。'飞龙在天',乃位乎天德。'亢龙有悔',与时偕极。'乾元用九',乃见天则。"九三《文言》"因其时而惕",九四"君子进德修业,欲及时也",亦明拈出"时"字。此以明"六位时成"。上句标时,下句显义。盖义因时出,时以义成,随时变易以从道,乃所谓"义"也。若违道以从时,则不唯害义,亦不知时。时、义一也。《彖传》专言"时大"者四卦:《颐》《大过》《解》《革》。言"时义大"者四卦:《豫》《遯》《姤》《旅》。言"时用大"者三卦:《坎》《睽》《蹇》。言"天地之大义"者二卦:《家人》《归妹》。而于《随》,特变其文曰"随时之义大矣哉";于《艮》,则曰"时止则止,时行则行,动静不失其时,其道光明"。此显随时之义,实本艮止之德,止其所而后能行义也。余若《临》《观》之言"天道",《剥》《复》之言"天行",《损》《益》之言"与时偕行",并显时、义之大。《杂卦传》曰:"《履》,不处也。《需》,不进也。"《履》之《彖传》曰:"刚中正,履帝位而不疚,光明也。"《需》之《彖传》曰:"刚健而不陷,其义不困穷矣。"《杂卦》以时言,《彖传》则以义言。关氏曰:"履而不处者,其周公乎?需而不进者,其仲尼乎?"此亦得之。关子明《易传》相传是阮逸[1]依托,然有好语不得遗之。欲知时、义者应如是会:夫寒暑、昼夜、消息、盈虚,时也。"或出或处,或默或语","知进退存亡而不失其正者",义也。若以随人为时、徇外为义,则失之远矣。《咸》九三《象》曰:

"志在随人，所执下也。"赵州有言曰："老僧使得十二时，汝等诸人被十二时使。"此语好！"使得十二时"为义，"被十二时使"则无义。当知闻道者虽不读《易》，其言自与《易》相应，安得以为禅而遗之？

[1] 阮逸：又称阮逸女，字天隐，建州建阳（今属福建省）人。天圣五年（1027）进士。北宋音乐家，精通经学，擅长辞赋。著作有《易筌》六卷，《文中子注》十卷，《乐论》《王制井田图》各若干卷，《钟律仪并图》三卷，《皇祐新乐图记》三卷。

附语

从本垂迹[1]，故寄位以明德；由迹显本，故略位而称人。具此德者，人也；履此位者，亦人也；见此业者，亦人也。四者相望，位、业是权名，人、德是实义。又人亦是权名，唯德是实义。无其德而居位者，则其位为虚；非其人而妄作者，则其业为妄。《系传》释《困》六三爻辞[2]曰"非所据而据焉，身必危"，老子曰"不知常，妄作，凶"，此之谓也。

[1]"本""迹"二字是著者说理经常用到的术语，实际上取用自佛教术语"本迹"：丁福保《佛学大词典》"本迹"条："（术语）本地与垂迹也。初地已上法身之菩萨及佛，由自己之实身，变作许多之应化身，以化众生。其实身为本地，分身为垂迹。地者，能生之义，为利物，而自本身垂万化，故能现之本，谓为'本地'；所现之末，谓为'垂迹'……《维摩经·序》曰：'非本无以垂迹，非迹无以显本。本迹虽殊，而不思议一也。'" [2]《困》卦六三爻辞是："困于石，据于蒺藜，入于其宫，不见其妻，凶。"

"天地设位，圣人成能"，即所谓"成位乎其中也"。"赞天地之化育"，"裁成天地之道，辅相天地之宜"，是成能；"与天地合其德"，"与天地参"，是成位。

以三德、三身言之，性是法身，德即般若，业即解脱。

以爻位言之，二是因位，五是果位。

以名号言之，君子是因地[1]之号，大人、圣人是果地[2]之号。亦可君子是等觉[3]，大人、圣人是妙觉[4]也。

[1] 丁福保《佛学大词典》"因地"条："为'果地'之对称。地者，位地、阶位

之意。指修行佛道之阶位。亦即指由因行至证果间之阶位。与'因位'同义。可分为二种：一是对佛果之果位而言，等觉以下者悉为因地。如《教行信证》卷二之'法藏菩萨因位时'一语，系对阿弥陀佛之果地而言。盖法藏菩萨系阿弥陀佛于往昔因位时之名号。二是对初地以上之菩萨而言，地前菩萨之阶位皆为因地。亦即对已证位者，称未证位者为因地。" [2] 丁福保《佛学大词典》"果地"条："相对于'因位''因地'而言。即依因位之修行而得妙觉果满之极位。又作果位、果极。" [3] 丁福保《佛学大词典》"等觉"条："（术语）佛之异称。'等'者平等，'觉'者觉悟，诸佛觉悟，平等一如，故名等觉"。又："大乘阶位五十二位中第五十一位之菩萨曰等觉。是菩萨之极位也"。 [4] 丁福保《佛学大词典》"妙觉"条："（术语）自觉觉他，觉行圆满，而不可思议，曰妙觉。即佛果之无上正觉也。二乘止于自觉，无觉他之功；菩萨虽自觉觉他并行，而未圆满；独佛二觉圆满，觉体不可思议也。"

凡说经义须会遮、表二诠。遮是遣非荡执，如言"不常不断"、"不一不异"等。表乃显德正名，如中正、仁义、圣贤等。二氏意存破相，多用遮诠；六经唯是显性，多用表诠。设卦观象皆表诠也。"中正"所以表刚柔之德，"大人"以表具此德之人。然学者莫向卦爻上觅，要识此德此人，须向自己心性中求之，否则终不可得，只成虚说。又《易》言"无方""无体""无思""无为"，亦是遮诠。

孟子曰："大而化之之谓圣，圣而不可知之〔之〕谓神。"[1] 是以圣人最为尊胜，神则只是显圣之妙用，非谓圣人以上更有一等神人。然庄子则曰："至人无己，神人无功，圣人无名。"是则更有"神人"之目，但三名无胜劣，其意亦略如佛氏之三身。

[1] 语出《孟子·尽心章句下》。《马一浮集》和《马一浮全集》均漏一"之"字。今补之。

《论语》曰："人能弘道，非道弘人。"《经解》说六艺，皆人、法对举。如曰"絜静精微，《易》教也"，"《易》之失贼"，"其为人也，絜静精微而不贼，则深于《易》者也"。学《易》，非絜静精微亦不能究其义。直饶于经义能通晓无滞，而于日用中全不与道相应，即非其人。徒逞知解，增长我慢，即名为"贼"，不唯不足以弘道，而反以害道，则何益矣？

更安望其能体《易》、用《易》哉？学者各宜自勘，以后更不饶舌。

"唯深也，故能通天下之志"，崇德也；"唯几也，故能成天下之务"，广业也。吉凶之萌渐，治乱之由致，皆出于几。定天下之业者，几也。几见而业定，业定而务成矣。圣人所以易天下、利天下者，唯其几耳，故曰"知几其神乎"。然唯极深始能研几，此是吃紧为人处，急着眼看。

"化而裁之"，犹曰制而用之。"裁""制"互训。（《说文》："裁，制衣也。""制，裁也。"）取义于衣以布帛裁而成，衣是布帛之变也。朱子曰：如一岁分为四时，是一岁之变也。不变不足以成岁。"日月相推而明生焉"，"寒暑相推而岁成焉"，"刚柔相推，变在其中矣"，是即"通"之义。

门者，人之所出入也，故门以出入为义。《论语》曰："谁能出不由户，何莫由斯道也？"亦是法喻双举。《易》每言"门"，言"出入"，如"《乾》《坤》其《易》之门邪"，"其出入以度"，"利用出入"，"出入无疾"。此何义邪？"乾知大始"，故曰"出"；"坤作成物"，故曰"入"也。《震》得《乾》之一爻为"出"，《巽》得《坤》之一爻为"入"，故曰"《乾》《坤》其《易》之门邪"。老子言"天门开阖"，庄子言"万物皆出于机，皆入于机"，亦此义。言"存存"者，不息义，常恒义。性即法界一性。曰"道义之门"者，犹言"无不从此法界流，无不还归此法界"也。有人问古德："一大藏教从何而来？"答曰："我道尽从这里去。"彼却会得此旨。

明管东溟自言不明"乾元用九"之义，后读《华严·如来出现品》，忽然顿悟[1]。今日读《易》者，只将先儒传注草草一看便谓已了，如何能体《易》、用《易》？

[1] 管东溟：指管志道（1536—1608），字登之，号东溟。明太仓人。隆庆五年（1571）进士。初入京师时，曾到西山碧云寺阅览佛经，一次读到《华严经》中"法界圆融"时，忽然联想到《易·乾卦》"用九"之义，由此认识到历史上百家学术，犹如群龙相聚，它们性原相通，理本一致。他据此进一步提出了他的"三教并行"的思想，认为儒释道三家不应该互相规范、指责，伸己以屈人；而应以儒治儒，以释治释，以老治老，使其互相条贯，互不妨碍，这就是"事事无碍"，如此则万物"并育而不相害"。

专言"时"与言"时义"、言"时用"何以不同？思之。

《杂卦传》："大畜，时也。""无妄，灾也。"何以独于《大畜》言"时"？思之。

孟子曰："禹、稷、颜子，易地则皆然。"地实时也，位也。其"皆然"者则义也。圣人视履尊位与畎亩同，视配天享帝、养圣贤、养万民与饮食之道同，视天下之人归之与深山木石同。会得此者可以为周公，亦可以为孔子，始可与言时、义。

佛氏曰："欲明佛性义，须知时节因缘，时节若至，其理自彰。"此是个甚时节？若人悟本，他自知时。未到此田地，"只是被十二时使"也，如何明得时、义？

释器大道大

九曰"器大"、十曰"道大"者。亦当合释。器者，万物聚散之目。道者，此理流行之称。道无定称而器有成形，二名无所不摄。自佛氏言之，即是色、心二法[1]也。老氏曰："朴散则为器，圣人用之，则为官长。"亦曰"器长"，犹《易》言"主器"。"不敢为天下先，故能为器长"，即"长而不宰"之意[2]。彼以朴为道也。二氏之言亦不出道、器二义。过此以往，竭天下之言有以知其莫能外于此也。如有所不摄，则非大矣。器即气也，道即理也。合则曰气，散则曰器。"万物散殊"，皆名为器。"流而不息，合而同化"[3]，以气言也。寂则曰理，通则曰道，其实一也。立二名而义始备，从而二之则不是。然以道望理，则理隐而道显；以器望道，则道隐而器显。《系传》有两段文明此义，今具引以证之。

[1] 色、心二法：佛教术语。法，相当于现象。色法，相当于物质现象；心法，相当于精神现象。　[2] 器：祭器。《周易·序卦》："主器者莫若长子。"古代国君的长子主宗庙祭器，因以称太子为"主器"。器长：指万物的首领。"长而不宰"，语出《道德经》，意思是滋养万物而不宰制它们。　[3] 引

文出自《礼记·乐记第十九》："天高地下，万物散殊，而礼制行矣；流而不息，合而同化，而乐兴焉。"

一曰："是故阖户谓之坤，辟户谓之乾，一阖一辟谓之变，往来不穷谓之通。见乃谓之象，形乃谓之器，制而用之谓之法。利用出入，民咸用之谓之神。"乾者，万物之所出；坤者，万物之所入。故以"阖"、"辟"言之。阖则阳变而阴，辟则阴变而阳，故谓变。阖往而辟来，未尝有间息，故谓通。气聚而见犹微，故曰象。凝成而形则著，故曰器也。末二句义见后。一曰："乾坤成列，而《易》立乎其中矣。乾坤毁则无以见《易》。《易》不可见则乾坤或几乎息矣。体不可见，于用见之，用息则几于体息矣。然体不可息，用亦不可息也。体用重重无尽。思之可知。"百姓日用而不知"，用且不见，则几于息，安能见体？余义详后。是故形而上者谓之道，形而下者谓之器。化而裁之谓之变，推而行之谓之通，举而措置天下之民谓之事业。"

详此两段文，前文先言"阖""辟""往""来"，继言"形""见"，终乃言"制"、"用"。后文先出"道""器"，继言"化""裁""推""行"，终乃言"事业"。本之皆由《乾》《坤》而来。前文明"器"之所由成，后文明"道"之所由行也。由"辟""阖"、"往""来"而"见"焉、"形"焉者，天也。"制而用之""利用出入"者，人也。"乾坤成列"，即"一阖一辟"也。"《易》立乎其中"，即"往来不穷"也。"道"在"象"先，故曰"形而上"；"器"在"形"后，故曰"形而下"：皆天也。"化而裁之""推而行之""举而错之"者，人也。说"变""通"在"器"前者，主天言；说"变""通"在器后者，主人言。道者何也？即此变通者是。天道成器，人道制器。"制"即化裁之谓，"用"即推行之谓。"制"非造作义，切忌错会。天人一理，故道器不二。器者，道之所寓。凡民见器而不见道，故心外有物。圣人见器莫非道也，故道外无事，器之所在，道即在焉。故曰："备物致用，立功成器，以为天下利，莫大乎圣人。""《易》有君子之道四：以言者尚其辞，以动者尚其变，以制器者尚其象，以卜筮者尚其占。"夫"辞""变""象""占"皆所以"备物致用"也。言"制器者"，即"变而通之以尽利"，"制而用之谓之法"也。象谓变化之象也，象事知器。象者，器之所从出而道之所由显也，故君子尚之。"盈天地之间者唯万物"，即盈天地间皆象也，盈天地间皆器也，亦即盈天地间皆道也。故曰："以言乎天地之间则备矣。""精义入神"，所以致用。"神也者，妙万物而为言"，万物之聚散皆器也，变化之所成也。"知变化之道者，其知神之所为乎？"曷言乎"神之所为"也？谓此"变化之道"即此理之流行者是也。故曰："利用出入，民咸用之，谓之神。""百姓日用而不知"，不知其神也。唯神应无方，斯举器是道，乃可以致用，乃可以尽神。凡民见之则小，圣人见之则大；凡民用之则不知，圣人用之则神；凡民用之不足以利天下，圣人用之乃足以利天下。故曰："备物致用，立成器以为天下利，莫大乎圣人也。"若滞于一偏一曲而目为致用者，不亦小乎？"穷神知化"，德之盛也。"知化"而后能为"器长"，宰物而不随于物。"穷神"而后能为"道枢"。"得其环中，以应无穷。"[1]非圣人其孰能与于此？观于此而有会者，庶几不囿于闻见之知，亦可于器无所执，于道无所惑矣。故知凡言"体天地之撰，通神明之德""类万物之情"者，总为显此一心之大用，其亦可以无疑也。

[1]语出《庄子·齐物论》："彼是莫得其偶，谓之道枢。枢始得其环中，以应无穷。"

附语

道、器二名即是色、心二法。此乃㹀[1]略言之，若精析义理分齐，则道、器可摄色、心二法，而彼色、心义不能摄此。以彼言"心""心所"法[2]，犹是"器"摄，非独根、境[3]相对成色为器也。彼以色为心所现影，二俱是妄。此以器为道之流行，唯是一真。唯彼言"无为法"[4]，其分齐乃当于此言"道"。横渠《正蒙》所简正此义也。若《般若》明色、

564

空不二,《华严》显一真法界,则与此分齐无差,故贤首判相宗为始教。

[1] 觕(cū):同"粗"。 [2] 佛教法相唯识学,有八大心王和五十一心所。心所,是"心所有法"之略。为心王之所有,而有贪嗔等别作用之心法也。 [3] 根、境:亦佛教术语。根:指眼、耳、鼻、舌、身、意六根。境:指色、声、香、味、触、法六尘,为六根之对境。 [4] 丁福保《佛学大词典》"无为法":"(术语)离因缘造作之法也,有三无为、六无为等。三无为中之择灭无为,六无为中之真如无为,即涅槃也。涅槃为无为法中之最胜者。《四十二章经》曰:'解无为法,名曰沙门。'"

又佛氏立"众生世间"、(亦曰"情世间"。)"器世间"二名。五阴和合名为"众生",山河大地名之为"器"。世间即差别相,("世"为隔别义,"间"者差分义。)在此唯是"器"摄。若言情与无情共一真,方可当此言"道"。

老子曰:"天下神器不可为也,不可执也。为者败之,执者失之。"是"器"亦属无为,故与般若宗近。

今言唯心、唯物者,详其分齐,彼所言"心"皆是"器"摄。以唯是识心虚妄计度,又较佛氏相宗之言为粗也,故唯见器而不见道。

《学记》曰:"大德不官,大道不器。"《论语》曰:"君子不器。"此乃以道、器为通、局之称,别是一义。言各有当,不可掍[1]滥。

[1] 掍(hùn):古同"混",同,混合。

用"理""气""道""器"字要分晓,有时随文不别,少体会便成儱侗。今举最浅显而易知者示一例。如耳目口体是器也;其能视听言动者,气也;所以为视听言动之则者,理也;视听言动皆应于理则道也。水火山泽,器也;燥湿止聚,气也;其所以如此者,理也;各顺其理以成用者,道也。

象之大者,日月是也,历法由是而制。器之大者,山泽是也,声律由是而生。凡声律皆风气之动,动而和则为乐。十二辟卦即历法之十二辰,亦即十二律。八卦以配八风,声为风气之动,应属雷风。今言山泽者,"山泽通气",亦即"雷风相薄"。但雷风无形,只可言气;山泽有形,乃可名器耳。

天道不变化则何由形见?故形见即变化也。人道不变通则何以制用?

《泰和宜山会语》《复性书院讲录》注

故制用即变通也。

《大戴礼·哀公问五义篇》孔子对哀公问圣人曰："所谓圣人者，知通乎大道，应变而不穷，能测万物之情性者也。大道者，所以变化而凝成万物者也。情性也者，所以理然不然取舍者也。故其事大，配乎天地，参乎日月，杂于云霓，总要万物，穆穆纯纯。其莫之能循，若天之司，莫之能职，百姓淡然不知其善。若此，则可谓圣人矣。"（《荀子·哀公篇》文小异。）

历象日月星辰，象之大者也。同律度量衡，器之大者也。《大戴礼·曾子天圜篇》："圣人慎守日月之数，以察星辰之行，以序四时之顺逆，谓之历。截十二管，以索八音之上下清浊，谓之律。律居阴而治阳，历居阳而治阴，律历迭相治也，其间不容发。"此即制器尚象、象事制器之义。欲明象数，必通律历。历者，天气之变化；律者，地气之变化。言"居阴而治阳"者，地气动而天气应之也；"居阳而治阴"者，天气行而地气应之也。天地之气应，是阳变阴合而万物生，故曰"迭相治"。"成变化""行鬼神""既成万物"，皆此之谓也。《齐诗》说"观性以历，观情以律"，（匡衡、翼奉[1]俱言之。）义亦精。

[1] 匡衡：生卒年不详，东海郡承县（今山东省枣庄市峄城区）人。西汉经学家，官至丞相。匡家世代务农，但却十分好学，勤奋努力，由于家境贫寒，他不得不靠替人帮工以获取读书费用，"凿壁借光"的故事被世人广为称颂。翼奉：西汉经学家。字少君，东海下邳（今睢宁西北）人。颛学不仕，好律历阴阳之占。治齐《诗》，与萧望之、匡衡同师后苍。

"致"者，推而极之之谓，乃大用现前更无余欠。俗解乃以"知效一官""行效一能"当之，失其义矣。

神者，言乎其不测也。凡言"神"，皆明用。

圣人用处，百姓不知，故曰神。"阴阳不测"，以天之生物言；"圣而不可知"，以圣人之成物言。

教家言"内闳外现"，禅家言"不存轨则"[1]，皆神也。

[1]《宗宝道独禅师语录》："此则其内闳外现，阴翊法运者也。"隋·僧璨《信心铭》："究竟穷极，不存轨则。"

"明则有礼乐，幽则有鬼神"。礼乐之进反有迹，鬼神之屈伸无象。"成变化"即"行鬼神"，行无朕[1]而成可睹也。

[1] 无朕：没有迹象或先兆。

更无心外法能与心为缘，是故一切法皆心也。是心能出一切法，是心遍摄一切法，是心即是一切法。圣贤千言万语只明此义，说"性命之理"乃是显此心之本体，说"三才之道"乃是显此心之大用，所以作《易》垂教，只是要人识得此心耳。若不知性命之理，则此心之体不显，寻常日用只是随顺习气，全无自由分，是谓"失其本心"。故曰"仁者见之谓之仁，智者见之谓之智，百姓日用而不知"也。"显诸仁"，言识仁则体显也；"藏诸用"，言智发则用备也。（仁以表体，用即是智。）全体在用，故名"藏"；全用是体，故名"显"。此之谓"心要"，此之谓"六艺之原"。

《易》言"无妄"，无妄即诚，心本无妄，失之乃妄。妄者，亡也，罔也。故儒者简"染"只言习气，不曰"妄心"；佛氏名"心"则真妄迢然。学者未析名相，往往迷乱，一往斥破[1]，则以心为幻法，先儒所以非之。若其圆顿教[2]义，唯显真常，固不得而异之也。此亦学者所当知。

[1] 一往：意思是"一概""一律""完全"。斥破：是斥责、毁坏的意思。
[2] 圆顿教：《天台教学辞典》："圆教之全名。《华严经》称为'圆顿教'，乃台宗所立。以《华严经》为化仪之顿教、化法之圆教。《维摩经玄疏》卷一中，分为圆顿教与次第渐圆教，以《华严》为'圆顿教'，以《三藏》《方等》《般若》为'渐圆教'。"

复次"絜静精微，《易》教也"，"絜静精微而不贼"，何谓也？"絜"者，无垢义。杂染尽，不受诸惑，斯名"絜"。"静"者，不迁义。散乱心息，无诸攀缘杂虑，常住正念，斯名"静"。"精"者，真实义。"观一切法一相"[1]，是谓"精"。（"皮肤脱落尽，唯有一真实。"到此见地，方得稳密。）"微"者，深密义。"见诸相非相"[2]，是谓"微"。（离名绝相，唯一真际。诸相即器，凡夫见之，唯是器相。圣人于器，唯见是道，即是"见诸相非相"也。）如此方能深入《易》教。（絜静是止，精微是观。止用《艮》，动亦定，静亦定也。观用《巽》，见万物之絜齐也。一切行门用《震》，一切言教用《兑》。建化利物用《离》，万物相见，

567

《泰和宜山会语》《复性书院讲录》注

"显诸仁",大悲也。会己归寂用《坎》,万物所归,"藏诸用",大智也。此即顺乾坤性命之理,得乎易简之德者也。如此方可立人之道。)然有纤毫人见、法见即名为"贼"。此见若不剿绝,为人即祸生矣。是故曰"惧以终始,其要无咎"也。末后之教于此揭尽,可以息言矣。

[1] 语出《续藏经·华严纲》:"观一切法一相无相,亦不坏于诸法自性。" [2] 语出《金刚般若波罗蜜多经》:"凡所有相,皆是虚妄。若见诸相非相,即见如来。"

◎研读

本卷是著者阐述《易经》大义的著作,充分体现了"从大处落脉"的风范。在《序说》一开篇,著者就把学习《易经》的心得概括为四句话和盘托出:"天下之道,统于六艺而已;六艺之教,终于《易》而已。学《易》之要,观象而已;观象之要,求之十翼而已。"强调学习《易经》,首先要弄清圣人作《易》的宗旨是什么。著者引《说卦传》曰:"昔者圣人之作《易》也,将以顺性命之理,是以立天之道曰阴与阳,立地之道曰柔与刚,立人之道曰仁与义。"也就是说,圣人作《易》的根本宗旨就是"顺性命之理"。"性命之理"四字,是著者阐述《易经》的枢纽。其说卦谈爻,原吉凶,释德业,审言行,辨大小,无不以"性命之理"为标准。整篇《观象卮言》完全建立在"性命之理"的基础上。著者讲述《易经》大义,特别拈出十"大"分别予以阐明。十"大"分别是教大、理大、德大、位大、人大、业大、时大、义大、器大、道大。其所谓"大",归根结底还是以"性命之理"为大。不能紧扣"性命之理",势必玩物丧志,迷不知返。如何"顺性命之理"?著者的回答非常简易,那就是落实《乾》卦九二《文言》所说的"庸言之信,庸行之谨"和《坤》卦六二《文言》所说的"敬以直内,义以方外"。